TRAUM
SYMBOLE

TRAUM
SYMBOLE

10 000 TRÄUME ERKLÄRT UND GEDEUTET

Gustavus Hindman Miller

LUDWIG

An Element Book
Copyright © Element Book Limited 1996
Revidierte Textfassung © Barnes and Noble, Inc. 1996

Englische Originalausgabe unter dem Titel
10,000 Dreams Interpreted 1996 im Verlag
ELEMENT BOOKS LIMITED
Shaftesbury, Dorset, SP7 8BP, England

Alle Rechte der deutschsprachigen Ausgabe
© 1997 W. Ludwig Buchverlag in der Südwest Verlag GmbH & Co.KG, München

Übersetzung: GAIA Text, München
Satz und Produktion: GAIA Text, München
Titelbild: Tony Stone, München (N.N.)

Printed in Italy

Gedruckt auf chlorfrei gebleichtem Papier

ISBN 3-7787-3620-5

Inhalt

VORWORT
Seite 6

WIE BENUTZE ICH DIESES BUCH?
Seite 7

EINLEITUNG
Seite 8

TRAUMSYMBOLE
Seite 26

DAS TIERREICH *Seite 28*

DIE PFLANZENWELT *Seite 56*

FELSEN UND MINERALE *Seite 68*

DAS WETTER UND DIE ELEMENTE *Seite 74*

ZEIT UND JAHRESZEITEN *Seite 82*

WELTRAUM, STERNE, PLANETEN *Seite 84*

MENSCHEN UND ORTE *Seite 85*

KÖRPER UND SEELE *Seite 91*

KRANKHEIT UND GESUNDHEIT *Seite 106*

GEBURT UND TOD *Seite 118*

LIEBE UND FREUNDSCHAFT *Seite 124*

FAMILIE UND HEIRAT *Seite 127*

ESSEN UND TRINKEN *Seite 133*

KLEIDUNG UND JUWELEN *Seite 154*

UNTERHALTUNG UND FREIZEIT *Seite 164*

SPORT, SPIELZEUG UND SPIELE *Seite 174*

BILDUNG, KUNST UND HANDWERK *Seite 179*

GEBÄUDE UND BAUWERKE *Seite 188*

ARBEIT UND INDUSTRIE *Seite 194*

GEWERBE UND HANDEL *Seite 202*

HAUS UND HEIM *Seite 205*

DAS ÖFFENTLICHE LEBEN *Seite 219*

REISE UND VERKEHR *Seite 221*

MEDIEN UND BOTSCHAFTEN *Seite 229*

WOHLSTAND UND ARMUT *Seite 238*

VERBRECHEN UND BESTRAFUNG *Seite 245*

LASTER UND TUGENDEN *Seite 250*

ANGST UND ABSCHEU *Seite 253*

SCHLECHTES BENEHMEN *Seite 254*

RUIN UND ZERSTÖRUNG *Seite 255*

FREUDE UND TRAURIGKEIT *Seite 256*

RUHM UND EHRE *Seite 259*

KRIEG UND FRIEDEN *Seite 260*

UNFÄLLE UND ABENTEUER *Seite 265*

BEWEGUNG IM TRAUM *Seite 267*

SCHICKSAL UND ZUKUNFT *Seite 269*

GEHEIMNISSE UND MYSTERIEN *Seite 270*

MAGIE UND MYTHEN *Seite 272*

GERÄUSCHE UND VISIONEN *Seite 274*

RELIGIÖSE THEMEN *Seite 277*

WEGWEISER ZU IHREN TRÄUMEN
Seite 283

DANKSAGUNG
Seite 304

Vorwort

Dieses bahnbrechende Buch galt zur Zeit seines Erscheinens als Meilenstein in der Geschichte der Traumdeutung. Gustavus Hindman Miller vertrat die Ansicht, daß Träume unser Leben ganz wesentlich beeinflussen, und er besaß die Gabe, seine Deutung der wichtigsten Traumsymbole in allgemeinverständlichen Worten auszudrücken. Abgesehen davon glaubte Miller auch, mit seinen Interpretationen die Zukunft vorhersagen zu können.

Für dieses Buch wählte Miller ganz gewöhnliche, damals für bedeutungslos gehaltene Traumsymbole, deren verborgenen Aussagegehalt er entschlüsselt zu haben meinte. Seine – auf Intuition beruhende – Methode der Traumdeutung war weder mysteriös noch formelhaft, sondern basierte einzig auf instinktiven und rein analytischen Schlüssen.

Millers Traumdeutung erschien mehrere Jahre, bevor der namhafte Schweizer Psychoanalytiker Carl Gustav Jung (1875–1961) seine Theorie der Traumdeutung entwickelte, die das moderne Denken wesentlich mitbestimmt hat. Jungs berühmte Seminare fanden erst 1928 statt, weshalb Miller als Pionier auf dem Feld der Traumforschung gelten kann. Auch wenn sein Ansatz in eine deutlich andere Richtung führt, sollten Millers Deutungsversuche nicht automatisch im Gegensatz zur Jungschen Analyse, sondern durchaus als ergänzender Kontrapunkt betrachtet werden.

FARBIGE ABBILDUNGEN ILLUSTRIEREN UND BELEBEN DEN TEXT.

DIE EINLEITUNG VON G. H. MILLER GIBT EINBLICK IN DIE DENKWEISE DES AUTORS.

EIN KLASSIKER WIRD AKTUALISIERT

Obwohl Millers Deutung auf primären Traumsymbolen beruht und insofern keineswegs als überholt gelten muß, war er doch ein Kind seiner Zeit. Anfang unseres Jahrhunderts verfaßt, spiegeln deshalb viele seiner Stichpunkte die Sitten und Zwänge jener Epoche wider, während andere thematisch oder stilistisch heute schlichtweg überholt sind.

TRAUMSYMBOLE WERDEN DURCH KUNSTWERKE, PHOTOGRAPHIEN ODER STICHE ANSCHAULICH GEMACHT.

Millers Hauptanliegen jedoch – dem Leser einen Leitfaden zur Entschlüsselung seiner Traumbilder in die Hand zu geben und ihm damit den Weg zu seinem Unbewußten zu weisen – hat an Aktualität und Relevanz bis heute nichts verloren. Um diesem Anliegen auch an der Schwelle zum nächsten Jahrtausend gerecht zu werden, hat der namhafte Parapsychologe Dr. Hans Holzer fast einhundert neue Einträge verfaßt, mehrere Dutzend erweitert und den ursprünglichen Text stellenweise so aktualisiert, daß er den Ansprüchen des modernen Lesers genügt.

Die revidierte, reich bebilderte Auflage, die Sie in Händen halten, ist als Hommage an Millers Werk gedacht, weshalb auch gewisse stilistische und grammatikalische Eigentümlichkeiten beibehalten wurden, die heute antiquiert erscheinen.

> »Ein Traum ist ein Ereignis, das aus dem Unterbewußtsein durchsickert, wenn sich alle bewußten Sinne zur Ruhe begeben haben oder bereits dem Vergessen anheimgefallen sind.
> Dann lebt die Seele ausschließlich in der Zukunft oder vor dem bewußten Dasein, das heißt, sie lebt dem Menschen seine Zukunft vor und zeigt ihm Möglichkeiten auf, die ihn befähigen, seine Taten zu planen und sein Dasein als vollkommenes Leben zu gestalten.«
>
> GUSTAVUS HINDMAN MILLER

Wie benutze ich dieses Buch?

Das Buch *Traumsymbole* ist in drei Teile gegliedert: die Einleitung, den Hauptteil mit der Deutung der Traumsymbole und das Register, den »Wegweiser zu Ihren Träumen«. Die **Einleitung** entspricht dem Text der Originalausgabe, in dem Gustavus Hindman Miller dem zeitgenössischen Leser seine Theorie der Traumdeutung erläutert und ihre Bedeutung im täglichen Leben sowie den logischen Ansatz seiner Interpretationsmethode aufzuzeigen versucht.

Die **Traumsymbole** bilden den Hauptteil dieses Nachschlagewerkes. Die Stichpunkte sind in vierzig Abschnitte gegliedert – angefangen von Fauna und Flora über fast alle Bereiche menschlichen Denkens und Daseins bis hin zum Aspekt des Religiös-Geistlichen. Unter jedem Stichwort werden ein oder mehrere Träume zum betreffenden Thema erläutert. Wenn Sie sich beim Aufwachen an ein bestimmtes Traumsymbol erinnern, können Sie unter dem entsprechenden Stichwort nachschlagen. Haben Sie zum Beispiel von einem Hund geträumt, lesen Sie die »Hundeträume«, die im Abschnitt »Das Tierreich« zu finden sind. Hier steht, wie dieser spezielle Traum gedeutet werden kann; außerdem finden Sie unter Umständen Hinweise auf ein ähnliches Traumbild, das Ihr Traumerlebnis noch genauer auszuleuchten vermag.

In den Fußzeilen sind jeweils eine Reihe von Begriffen aufgelistet, die den Leser auf verwandte Stichwörter verweisen. Um sich im Labyrinth der Träume besser zurechtzufinden, sollten Sie als erstes immer im dritten Teil des Buches, dem »**Wegweiser zu Ihren Träumen**«, nachschlagen, in dem alle Traumsymbole in alphabetischer Reihenfolge aufgelistet sind; darüber hinaus wird auch auf Querverweise aufmerksam gemacht, so daß Ihnen bei der Deutung kein Aspekt Ihres Traumes entgeht.

EIN KURZER EINLEITUNGSTEXT INFORMIERT SUMMARISCH ÜBER DIE IN DIESEM KAPITEL BEHANDELTEN TRÄUME.

DIE TRAUMSYMBOLE SIND NACH THEMENBEREICHEN ZUSAMMENGEFASST.

ZWISCHENTITEL WEISEN AUF SPEZIELLE ASPEKTE INNERHALB DES THEMENBEREICHS HIN.

QUERVERWEISE ZU VERWANDTEN TRAUMSYMBOLEN.

DIE FUSSZEILE VERWEIST DEN LESER AUF WEITERE WICHTIGE TRAUMSYMBOLE IN ANDEREN ABSCHNITTEN DES BUCHES.

ALLE TRAUMSYMBOLE SIND UNTER DEM ENTSPRECHENDEN STICHWORT IN ALPHABETISCHER REIHENFOLGE AUFGELISTET.

DIE RUBRIK »SIEHE AUCH« WEIST DEN LESER AUF ÄHNLICHE SYMBOLE HIN.

Einleitung

Träume sind Bruchteile dessen, was auf uns zukommt. Wir träumen, was schon bald geschehen wird.

BAILEY

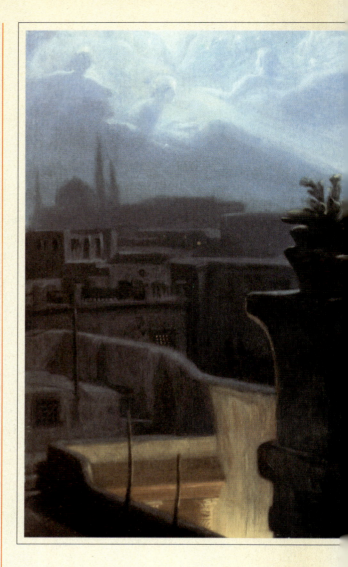

IN DER BIBEL und den heiligen Schriften anderer Religionen finden sich substantielle Hinweise auf die Bedeutung des Traums als göttliche Offenbarung. Platon, Goethe, Napoleon und Shakespeare sprachen bestimmten Träumen prophetischen Wert zu. Josef beobachtete, wie sich elf Sterne des Tierkreises vor ihm, dem zwölften Stern, neigten. Die Hungersnot in Ägypten wurde durch eine Vision fetter und magerer Rinder angekündigt. Und die Eltern Christi erfuhren eine Warnung vor dem grausamen Edikt des Herodes und flohen daraufhin mit dem Knaben nach Ägypten.

Die Ehefrau von Pilatus riet ihrem Mann nach einem vielsagenden Traum, sich nicht mit der Verurteilung Christi zu belasten. Er wusch sich folglich die Hände in Unschuld, folgte jedoch dem Ruf des Mobs und übergab Jesus dem Volk, daß er gekreuzigt würde. Barabbas, den berüchtigten Räuber, aber ließ er frei.

DIE ULTIMA RATIO aller menschlichen Urteilskraft und Weisheit besteht darin, die Lüste des Fleisches auf Kosten des Geistes zu befriedigen. Die Propheten und jene, die der Quelle universellen Wissens besonders nahestanden, nutzten Träume weit häufiger als andere Mittel der Weissagung.

TRÄUME IN DER GESCHICHTE

DIE POLITISCHE wie die Geistesgeschichte ist von Beispielen für prophetische Träume durchzogen. Schon in der Antike will Gennadios über eine Traumerscheinung von der Unsterblichkeit der Seele erfahren haben.

Durch einen Traum von Cecilia Metella, der Frau eines Konsuls, wurde der römische Senat veranlaßt, den Wiederaufbau des Jupiter-Tempels anzuordnen.

Kaiser Marcian sah im Traum den Bogen des Hunnenkönigs brechen – und zwar in der Nacht, in der Attila tatsächlich starb.

Plutarch berichtet, daß Augustus, obwohl krank, durch den Traum eines Freundes gewarnt sein Zelt verließ, das wenige Stunden später der Feind einnahm. Das Bett, auf dem er geruht hatte, wurde von Schwerthieben zerfetzt.

Hätte Julius Caesar den Traum seiner Frau Calpurnia nicht als Humbug abgetan, wäre er seiner Ermordung vielleicht entgangen.

Petrarca erschien seine Angebetete Laura an ebenjenem Tag im Traum, an dem sie starb. Daraufhin verfaßte er sein berühmtes Gedicht »Der Triumph des Todes«.

Krösus mußte im Traum zusehen, wie sein Sohn getötet wurde.

Cicero erzählt von zwei Reisenden aus Arkadien, die in unterschiedlichen Herbergen abstiegen – einer in einem Gasthof, der andere in einem Privathaus. Nachts träumte letzterem, sein Freund flehe ihn um Hilfe an. Er erwachte, schlief aber, da er dem Traum keinerlei Bedeutung beimaß, sofort wieder ein. Da erschien ihm sein Freund aufs neue, allerdings nur, um ihm mitzuteilen, daß es nun zu spät sei, er sei bereits ermordet worden und sein Leichnam sei auf einem Karren unter einer Ladung Unrat versteckt. Die Leiche wurde am folgenden Tag auf ebendiesem Wagen entdeckt. Von Cicero stammen auch die Worte: »Wen die Götter lieben, dem offenbaren sie sich im Schlaf.«

Chrysipp verfaßte ein Buch über Träume als göttliche Weissagungen. Darin bezeichnet er exakte Traumdeutung als echte Prophezeiung, fügt aber hinzu, daß sie wie alle übrigen Künste, bei denen der Mensch auf Mutmaßungen angewiesen ist, nicht unfehlbar sei.

EINLEITUNG

EIN TRAUM VOM ORIENT

Platon stimmte mit der gängigen Meinung seiner Zeit darin überein, daß die Seele während des Schlafes göttliche Botschaften empfangen könne. Condorcet schrieb und philosophierte im Traum mit größerer Virtuosität als im Zustand des Wachseins.

Der Geiger und Komponist Tartini wurde von einem Traum zu seiner »Teufelstrillersonate« inspiriert. Coleridge verfaßte seine Gedichtfragmente »Kublai Khan« unter dem Einfluß eines Traums.

Auch in den Werken griechischer und römischer Klassiker sind viele Traumschilderungen erwähnt. Homer schrieb einigen Träumen einen göttlichen Ursprung zu. Im dritten und vierten Jahrhundert war der Glaube an den übernatürlichen Ursprung des Traums so weit verbreitet, daß die Geistlichkeit, sich auf klassische und biblische Quellen berufend, ihn als Doktrin in die christliche Lehre aufnahm.

Synesios bezeichnete Träume als beste und zuverlässigste Methode der Weissagung, die darüber hinaus arm und reich gleichermaßen offenstehe.

Aristoteles meinte, in manchen Träumen kämen Prophezeiungen vor, die keineswegs unglaubhaft seien. Camille Flammarion vertritt in seinem Buch über warnende und prophetische Traumbilder die Überzeugung, daß die Existenz von vorhersagenden Träumen als gesichert gelten müsse.

Die Jungfrau von Orléans sah ihren Tod voraus.

Und der französische Philosoph und Transzendentalist Cazotte informierte Condorcet über die Umstände seines drohenden Todes.

Von der Antike über das Mittelalter bis auf den heutigen Tag haben sich die Träume der Menschen nicht geändert.

Träume werden als direkte Verbindung zwischen dem Verstand und dem Übersinnlichen angesehen. Um auf diesen Weg zu gelangen, gibt es verschiedene Methoden: den normalen Tiefschlaf, Fieberphantasien von Kranken oder die opiatbegünstigte Meditation oben.

TRÄUME IN DEM BUCH
»DAS UNBEKANNTE«

DIE FOLGENDEN Auszüge aus dem Buch *Das Unbekannte* des französischen Astronomen Camille Flammarion, denen ich einige eigene Gedanken hinzugefügt habe, werden dem Leser das Anliegen dieses Buches bildhaft nahebringen:

»Wenn wir zuweilen ohne Augen sehen und ohne Ohren hören können, liegt es nicht an einer unnatürlichen Eskalation unseres Gesichts- und Gehörsinns, denn diese würde eher das Gegenteil beweisen, sondern an einem übernatürlichen Sehvermögen.

Bedingt durch eine innere Vision, vermag die Seele nicht nur jedes Geschehen aus größerer Distanz zu beurteilen, sondern kann auch das Zukünftige vorhersehen. Potentiell existiert die Zukunft nämlich bereits, da die Ursachen, die kommende Ereignisse auslösen, schon feststehen.«

»POSITIVE BEOBACHTUNGEN belegen die Existenz einer übersinnlichen Welt, die genauso real ist wie die, die wir wahrnehmen.

Berechtigt uns die Vermutung, daß die Seele von einer ihr zugehörigen Macht gelenkt wird, nicht zu dem Schluß, daß sie tatsächlich existiert und nicht nur das bloße Resultat einer Gehirnfunktion ist?

Existiert denn Licht an sich?
Existiert denn Hitze an sich?
Existieren denn Geräusche an sich?
Nein.
Sie sind lediglich durch Bewegung ausgelöste Manifestationen.

Was wir Licht nennen, ist ein optischer Sinneseindruck, der durch Schwingungen im Äther (400–756 Billionen pro Sekunde) ausgelöst wird.

Was wir Hitze nennen, ist ein Sinneseindruck, der durch ähnliche Schwingungen (350–600 Billionen) entsteht.

Die Sonne erhellt den Weltraum um Mitternacht genauso wie zur Mittagszeit. Die Temperatur im Weltraum liegt bei ungefähr 270 Grad unter Null.

Was wir Geräusch nennen, ist ein Sinneseindruck, den tonlose Luftschwingungen in unserem Gehör (32 000–36 000 pro Sekunde) veranlassen.«

✶✶✶✶✶

»Eine Vielzahl wissenschaftlicher Begriffe steht einzig für Resultate, nicht für die jeweilige Ursache.

Bei der Seele könnte es ebenso sein.

Alle Beobachtungen, Empfindungen, Eindrücke an Gehörtem und Gesehenem, die in diesem Buch wiedergegeben werden, könnten genausogut dem Verstand entsprungen sein.

Das ist zweifellos wahr, aber es muß nicht so sein. Es spricht sogar eine ganze Menge dagegen.

Betrachten wir ein Beispiel.«

Wir blättern auf Seite 156.

»Eine junge Frau, die von ihrem Mann sehr geliebt wurde, stirbt in Moskau. Zur selben Stunde sah ihr Schwiegervater sie in Pulkowo, unweit von St. Petersburg, neben sich gehen. Plötzlich war sie verschwunden. Überrascht und entsetzt telegraphierte er seinem Sohn, der ihn daraufhin über die Krankheit und den Tod der Schwiegertochter informierte.

Wir sehen uns gezwungen anzunehmen, das IRGEND ETWAS von der sterbenden Frau ausging, was ihren Schwiegervater berührte. Dieses Unbekannte könnte wie im Falle des Lichts eine ätherische Schwingung, lediglich ein Resultat, eine Auswirkung gewesen sein. Aber diese Auswirkung muß eine Ursache gehabt haben, und diese Ursache ging ganz offensichtlich von der sterbenden Frau aus. Kann das Gehirn eine solche Projektion hervorbringen? Ich denke nicht, daß irgendein Anatom oder Arzt diese Frage bejahen wird. Es drängt sich folglich der Gedanke an eine unbekannte Kraft auf, die nicht von unserem körperlichen Ich ausgeht, sondern von etwas anderem, was in uns ruht.«

Nehmen wir ein anderes Beispiel *(siehe Seite 57)*.

»Eine Frau hört in ihrem Haus Gesang. Sie erkennt die Stimme einer Freundin, die jetzt in einem Kloster lebt, und sie fällt in Ohnmacht, weil sie überzeugt ist, die Stimme einer Toten vernommen zu haben. Im selben Moment stirbt ebendiese Freundin tatsächlich, etwa zwanzig Meilen entfernt.

Müssen wir nicht den Eindruck gewinnen, daß hier eine Seele Verbindung zu einer anderen aufgenommen hat?«

Hier noch ein weiteres Beispiel *(Seite 163)*.

»Die Frau eines Kapitäns der Kriegsmarine sieht ihren Mann eines Nachts vor sich stehen, die Hände gegen die Brust gepreßt und das Gesicht schmerzverzerrt. Die Erregung, die sie dabei verspürt, bringt sie zu der Überzeugung, daß er entweder getötet oder schwer verwundet wurde. Das war am 14. November. Das Kriegsministerium teilt später mit, daß er am 15. November gefallen sei. Sie besteht darauf, dieses Datum nochmals zu überprüfen. Bei der Untersuchung kommt heraus, daß er am 14. starb.

Ein sechsjähriges Kind fährt mitten im Spiel hoch und schreit voller Schrecken: ›Mama, ich habe Mama gesehen!‹ In diesem Moment stirbt die Mutter, weit von ihrem Kind entfernt *(Seite 124)*.

Bei einem Ball bleibt ein junges Mädchen mitten im Tanz abrupt stehen und bricht in Tränen aus. ›Mein Vater ist tot. Ich habe ihn gerade gesehen.‹ In diesem Augenblick stirbt ihr Vater. Sie hatte nicht einmal gewußt, daß er krank war.

Bei allen diesen Beispielen handelt es sich sichtlich nicht um physiologische Vorgänge zwischen zwei Gehirnen, sondern offenbar um die psychische Verbindung zwischen zwei Seelen. Unseres Erachtens weisen sie untrüglich auf die Existenz einer unbekannten Kraft hin.

Es ist zweifelsohne nicht einfach, zwischen dem Zugehörigkeitsbereich der Seele und dem des Gehirns zu trennen. Wir können uns in unserem Urteilsvermögen nur von dem Gefühl leiten lassen, das sich bei der Erörterung dieses Phänomens in uns regt. So hat schließlich alle Wissenschaft ihren Anfang genommen. Und hat denn nicht jeder zuweilen das Gefühl, es mit der Manifestation von

---

*Aus: Camille Flammarion, *Das Unbekannte*, erschienen 1900 bei Harper & Brothers in englischer Sprache.

EINLEITUNG

SATAN WACHT NEBEN DEM SCHLAFENDEN CHRISTUS

Geisteswesen und nicht mit bloßen greifbaren Fakten zu tun zu haben?

Dieser Eindruck erhärtet sich, wenn wir die Seelenkräfte, die im Traum und beim Schlafwandeln aktiv werden, genauer unter die Lupe nehmen.

Ein Bruder erfährt durch einen furchtbaren Alptraum vom Tod seiner jüngeren Schwester.

Ein junges Mädchen erblickt im Traum ihren späteren Ehemann.

Eine Mutter sieht ihr Kind blutüberströmt im Straßengraben liegen.

Eine Frau besucht im Traum ihren Mann auf einem weit entfernten Schiff, und ihr Mann nimmt diesen Besuch, der von einer dritten Person beobachtet wird, tatsächlich wahr.

Eine Dame sieht und beschreibt das Körperinnere ihrer sterbenden Mutter. Der Autopsiebefund bestätigt ihre Worte.

Ein Herr beobachtet im Traum, wie eine ihm bekannte Dame abends am Bahnsteig steht. Sie trat die Reise ganz spontan an.

Ein Richter wird im Schlaf Zeuge eines Verbrechens, das sich drei Jahre später haargenau so abspielt.

Mehrere Personen berichten, daß sie Städte und Landschaften betrachteten, ohne jemals dort gewesen zu sein, und daß sie sich in Situationen sahen, die ihnen später tatsächlich widerfuhren.

Eine Mutter hört im Traum ihre Tochter von deren geplanter Hochzeit berichten – sechs Monate bevor dieses Thema überhaupt aktuell wurde.

Häufig werden Todesfälle präzise vorausgesagt.

Ein Schlafwandler berichtet davon, einen Diebstahl beobachtet zu haben, der sich später genau so abspielte.

Ein junges Mädchen sieht ihren Verlobten oder eine enge Freundin im Sterben liegen (solche Träume sind sehr häufig).

Alle diese Beispiele zeigen die unbekannten Kräfte der Seele. Ich wenigstens bin überzeugt, daß die Gabe des Sehens nicht als ›Fehl‹-Funktion des Gehirns gedeutet werden kann.

Ich denke, daß wir entweder die genannten Fakten abstreiten oder aber zugeben müssen, daß sie eine geistige oder seelische Ursache übersinnlicher Art haben. Skeptikern, die Neuem gegenüber nicht aufgeschlossen sind, empfehle ich, das Ganze sofort als krankhafte Einbildung oder schiere Koinzidenz abzutun. Damit werden sie sich leichter tun. Wer die Fakten negiert und sich gegen die Tatbestände sperrt, könnte natürlich auch behaupten, daß es sich bei den Menschen, die mir diese Geschichten anvertraut haben, um Scherzbolde handelt, die mich auf den Arm nehmen wollten. So etwas ist erwiesenermaßen bereits vorgekommen.

Ich bin jedoch überzeugt, daß diese Phänomene Beweis für die Existenz einer Seele sind, die mit derzeit noch unbekannten Kräften begabt ist. Dies ist der logische Weg, unsere Studie zu beginnen, und möglicherweise führt er dazu, daß wir uns auch mit der Frage nach einem Leben nach dem Tode bzw. nach der Unsterblichkeit befassen. Daß Gedankenübertragung möglich ist, ist erwiesen, warum also nicht auch eine Verbindung seelischer Ströme? Räumliche Entfernung scheint in diesen Fällen kein Hindernis zu sein, und manchmal dünkt es, als wäre auch die Zeit ausgeschaltet.«

Träume spielen in der christlichen Tradition eine zentrale Rolle. Christus selbst schöpfte während seiner Wanderschaft durch die Wüste aus ihnen seine Kraft. Nicht einmal der Teufel oben **wagte es, die Trance Jesu zu unterbrechen.**

FRAGMENTARISCHE GEDANKEN AUS DEM REICH DER TRÄUME

DER MENSCH ist ein Mikrokosmos aus unendlich kleinen Atomen, der durch Abspaltung vom Großen Rund entstanden ist und eine eigene Nische innehat. Absorbiert er während der Umdrehungen des Großes Runds weitere Materie, dehnt sich sein Kreis entsprechend aus. Gelingt es ihm darüber hinaus, auch Atome aus der universellen Wissensquelle aufzunehmen, vergrößert oder verkleinert er seinen Kreis – je nachdem, wieviel dieser geistigen Nahrung aufzunehmen er fähig ist.

Dieses geistige und stoffliche Manna steht immer zur Verfügung, und es obliegt jedem einzelnen, sich davon zu bedienen. Ernährt er sich allein von stofflicher Kost, verengt und verzerrt sich der Kreis des Menschen. Begreift er hingegen die wahren Bedürfnisse seines Kreises, lehnt manches also ab und läßt anderem sorgfältige Pflege zuteil werden, wird sich der Kreis zu einem physischen und mentalen Rund gestalten.

Abweichungen und Widersprüche sollten bei der Ermessung des individuellen Lebenskreises vermieden werden. Objektives Leben ist einer der geringsten und unbedeutendsten Bestandteile wahren Lebens.

Das geträumte Leben ist reicher an Bedeutung und vermittelt mehr Wissen über das innere oder göttliche Dasein, als es das äußere Leben des Menschen zu tun vermag. Der Verstand zieht seine Kraft aus der Zwiesprache mit den Träumen des Großen Runds. Halten Sie deshalb vor Beginn eines jeden größeren Vorhabens Rücksprache mit Ihrem ganzen Kreis. Halbe Ratschläge oder solche, die allein die stoffliche Ebene erfassen, bedingen häufig Versagen vor dem Ziel, während ein wahrer und umfassender Rat Erfolg und dauerhaftes Glück hätte bescheren können.

Der Mensch sollte in seinem subjektiven Raum leben und die Verflechtungen mit allen anderen Kreisen immer wieder kritisch betrachten. Nur durch den Kontakt mit anderen, die im großen Haus des subjektiven Bewußtseins gewirkt haben und bereits in das Licht der spirituellen Sonne aufgestiegen sind, kann er seine eigene Welt fruchtbarer und schöner gestalten.

EINIGE EMPIRISCHE BEWEISE

VOR EINIGEN JAHREN erzählte mir eine Person, die ich »A« nennen will, den folgenden Traum: »Ich interessiere mich nicht für Faustkampf, aber in einem Traum habe ich die Prügelei zwischen Corbett und Fitzsimmons genau gesehen, und zwar vier Tage, bevor sie stattfand. Zwei Tage davor träumte ich wieder: jetzt von einem Pferderennen, bei dem der Favorit zu gewinnen schien. Aber kurz vor der Ziellinie schob sich plötzlich ein kleiner schwarzer Gaul an die Spitze, und die Menge tobte: »Fitzsimmons gewinnt!«

»B« berichtet diesen Traum: »Ich sah amerikanische Soldaten in graubraunen Uniformen mit der Siegesflagge – zwei Wochen vor Ausbruch des spanisch-amerikanischen Krieges, also auch lange bevor jemand wissen konnte, wie ihre Uniform aussehen würde. Später erschien mir, auch mehrere Tage zuvor, die Vernichtung der Cervera-Flotte durch die amerikanische Marine.«

GEZEICHNET B.

»Bald nach Beginn der Unruhen in Südafrika sah ich im Traum ein heftiges Gefecht zwischen Briten und Buren, wobei erstere schwere Verluste erlitten. Kurz danach folgte ein zweiter Traum, in dem ich die Gegner in einen für beide Seiten ungeheuer verlustreichen Kampf verwickelt sah, aus dem keiner als Sieger hervorging. Beide schienen am Ende ihrer Kraft.«

GEZEICHNET C.

»D« erzählte mir folgendes: »Man hatte mir nahegelegt, daß die beiden Getreide Mais und Weizen zu weit auseinanderlägen, und daß ich Mais kaufen solle. Mittags legte ich mich vor dem Essen noch etwas nieder. Ich hatte kaum die Augen geschlossen, als eine Stimme flüsterte: ›Den Mais nicht kaufen, sondern verkaufen.‹ ›Was soll das heißen?‹ fragte ich. ›Verkaufe zum jetzigen Preis, und kaufe zu 23 7/8.‹« Dies berichtete ein erfolgreicher Geschäftsmann, der niemals spekuliert. Ich beobachtete also den Maismarkt, der sich tatsächlich in der angekündigten Weise entwickelte.

Hier unterhält sich der Träumende mit einer fremden Intelligenz, deren Wissen vollkommen unerklärlich scheint. Es konnte sich folglich nicht um unbewußte Gedankengänge des Kaufmanns handeln, der dieses Wissen unmöglich hätte besitzen können. Wurde die Nachricht mittels der Energie des wachen Verstandes auf das subjektive Bewußtsein übertragen? Das ist undenkbar, da er keinerlei diesbezügliche Gedanken hegte.

WIR MÜSSEN ALSO nach anderen Erklärungen suchen. War es das Höhere Selbst, das Abraham im Halbdunkel der frühen Geistesgeschichte erschien? War es die göttliche Stimme, die Krishna in seiner Entrücktheit Trost spendete? War es das Licht, das Gautama (Buddha) in die fremden Weiten Asiens führte? War es der Tröster, der Jesu in der Bedrängnis beistand? Oder war es Paulus' unerschütterliches Vertrauen in ein irdisches Glaubensgebäude? Eines läßt sich mit Sicherheit sagen: daß es nicht dem rationalen Gedankengut des rein Stofflichen entsprang, denn das würde diesem inneren Bewußtsein, dem jede Religion ihre Hoffnungen, ihre Versprechen und ihren Glauben verdankt, sämtliche Türen verschließen. So bleiben also die Schrecken der römischen Kreuzigung den diebischen Zwillingen Aberglaube und Skepsis überlassen, während der Engel der Verheißung die Welt uneingeschränkt mit den Früchten und Verlockungen dauernder Macht und Versprechen trösten darf. Die eisernen Ketten, die diese hydraköpfigen Drachen mit ihren Sinnesgiften um Liebe und Schicksal legen, können nur durch das Licht der Weisheit und Erkenntnis gesprengt werden.

> **Der Mensch kann nicht wider die Naturgesetze handeln. Aber kennen wir sie denn alle? Wahre Philosophie sucht nach Lösungen und leugnet sie nicht.**
>
> LYTTON

SUBJEKTIVES BEWUSSTSEIN ODER DAS HÖHERE SELBST

Die auf Seite 12 und unten beschriebenen Träume lassen sich bis auf zwei Ausnahmen nicht durch Telepathie erklären, da das mentale Traumbild in keiner Weise real greifbar gewesen wäre. Dies würde lediglich das Traumerlebnis von »E« erklären, das aller Wahrscheinlichkeit nach erst nach dem Mord stattfand.

In der Vision von »F« öffnete eine weißgekleidete Erscheinung die Tür und schwebte durch das Zimmer, um sich danach mit einer Geste zu verabschieden, die eindeutig besagte: »Ich habe Dir alles genommen.« Ganz zweifellos passierte dies in genau dem Moment, in dem das Kind starb.

Tagtäglich erleben Tausende rechtschaffener, ehrlicher und geistig völlig normaler Menschen ähnliche Visionen, die den Offenbarungen indischer Yogis oder Erzählungen aus dem Alten Testament gleichen.

Trotzdem wird die Existenz dieser wahrhaftigen und lebendigen Intelligenz, die ständig Zugang zu unserer Seele sucht und uns vor drohenden Gefahren warnen will, noch immer angezweifelt. Eher glaubt man an Zauberei oder Schwarze Magie als an das Höhere (oder christliche) Selbst, von dem uns Sagen und Heilige aller Zeiten berichten.

Dem Paulus offenbarte es sich als große persönliche Wahrheit, die er unermüdlich zu finden trachtete. Manch eigenwilligem Kind unserer Zeit erscheint es in Gestalt eines toten Freundes oder Verwandten, um sich dem im stofflichen Denken verhafteten Verstand zu nähern und seine Warnungen wirkungsvoll zu übermitteln.

Für jene, die sich für die Lehren Christi interessierten, nach seinem Tod jedoch an ihm zu zweifeln begannen, materialisierte sich dieses Höhere Selbst in Gestalt des Herrn, damit auch ihr materiell orientiertes Denken die spirituelle Bedeutung seiner Lehre erkennen konnte. Und so nähert sich Gott bis zum heutigen Tag, wo Zweifel und Versuchung moralische und instinktive Fähigkeiten trüben, dem Menschen durch das Höhere Selbst während des Schlafes, um ihm seine Absichten kundzutun.

TRAUMBEISPIELE

Ein glaubwürdiger Bürger berichtet den folgenden Traum: »Im Dezember 1878 sah ich im Traum meinen Schwager Henry Yarnell mit einem blutigen Messer im Leib. Ich wachte auf, schlief aber bald wieder ein. Beim zweiten Mal träumte mir eine ähnliche Szene, nur handelte es sich diesmal um eine Schußwunde. Danach lag ich lange wach. Der Traum hatte mich derart beunruhigt, daß ich mich zum Haus meines Schwagers begab. Ich war noch nicht weit gekommen, als ich einem Bekannten begegnete, der mir mitteilte, daß mein Schwager erschossen worden war.«

Gezeichnet E.

Ein bekannter Einwohner von Chattanooga, Tennessee, verbürgt sich für folgende Aussage:

»Am 19. Februar 1878 wohnte ich bei einer Familie in der Christopher Street in New York. Meine Frau und das Baby weilten zu Besuch bei meinen Eltern auf dem Lande. Da erkrankte das Baby, bekam Hirnfieber, danach ein Gehirnödem, und schließlich starb es.

In unserer Hausgemeinschaft waren wir damals vier Strohwitwer, und um uns die Zeit zu vertreiben, hatten wir einen Strohwitwer-Club gegründet. Wir trafen uns fast jeden Abend nach dem Essen im Speisezimmer und spielten bis etwa elf Uhr Karten. Am oben genannten Tag träumte mir, daß wir uns wie gewöhnlich nach dem Spielabend auf unsere Zimmer begaben. Am zweiten Treppenabsatz nahm ich hinter mir eine leise Bewegung wahr, und als ich mich umdrehte, sah ich, daß mir eine hochgewachsene Gestalt in einem langen weißen Gewand folgte. Es schien sich um einen Mann zu handeln – er war fast zwei Meter groß –, und er folgte mir die Treppe hinauf bis in mein Zimmer. Er schritt den ganzen Raum ab, als suche er etwas, wandte sich dann aber wieder zur Tür. Dort hielt er kurz ein und bedeutete mir mit einer Geste: Ich habe Dir alles genommen. An folgenden Morgen gegen halb zehn erreichte mich ein Telegramm von meiner Frau, daß unser einziges Kind gestorben sei.«

Gezeichnet F.

Ein angesehener Bürger von Chattanooga, Tennessee, verbürgt sich für folgende Geschichte:

»Ich hatte einen Schulfreund, Willie T., mit dem ich mich schon als Kind wunderbar verstand. Wir waren echte Kumpel, das heißt, wir waren fast immer zusammen, in der Schule wie auch daheim, und später machten wir sogar im Keller von Willies Elternhaus ein Laien-Schattenspieltheater auf. Das nur, damit Sie eine Vorstellung davon bekommen, wie nahe wir einander standen. Irgendwann während dieser Zeit (ich kann mich heute nicht mehr an das genaue Datum erinnern) hatte ich einen merkwürdigen Traum: Mein Kumpel kam mit ausgestreckten Armen auf mich zu und wollte mir die Hand schütteln; er sagte: ›Wir werden uns nicht mehr sehen.‹ Mit diesen Worten endete der Traum. Ich dachte mir nichts weiter dabei und hatte die Angelegenheit schon fast vergessen, als sich eines Tages, etwa eine Woche später – ich hatte ihn zwischendurch nicht mehr gesehen – ein schrecklicher Unfall ereignete: Er war mit einem anderen Freund, W. McC., auf der Jagd, als dessen Flinte versehentlich losging und Willie in den Kopf getroffen wurde. Er war auf der Stelle tot. Als ich diese furchtbare Nachricht vernahm, fiel mir der Traum wieder ein. Bis heute gibt mir das Ganze große Rätsel auf.«

Gezeichnet G.

Die Personen, die die obigen Träume hatten, leben noch. Auf Wunsch können ihre Namen und Adressen bekanntgegeben werden. Keiner von ihnen ist besonders gläubig oder besitzt irgendeine Neigung zum Spiritismus.

DIE GERADE

DER ORBIT der geistigen Welt verläuft auf einer Geraden, während die stoffliche Welt doch eher die Kurven bevorzugt. Mühsam quält sich der Mensch durch den Sumpf und die Wüsten der Scharlatanerie, um einen Blick auf die Zukunft zu erhaschen, anstatt einfach der Geraden des inneren Bewußtseins zu folgen, die die Verbindung zu der grenzenlosen Allmacht bildet, von der er – mittels seines Glaubens und seines gesunden Urteilsvermögens – jene geistigen Eindrücke und Nachrichten empfangen kann, die der suchenden Seele Trost und Erfüllung spenden.

DIE PHILOSOPHIE des wahren Meisters ist die Gerade. Pythagoras, Platon und Christus schufen Winkel, indem sie die kirchlichen und scheinheiligen Konventionen ihrer Zeit durchbrachen. Die neuen Winkel und Kurven, die in der kühnen Philosophie des bescheidenen Nazareners begründet sind, machen seither unerbittlich Front gegen die Sophisterei der Pharisäer.

WER EIN AKTIVES LEBEN führt, das Geistige ausschließt und sich der verlockenden Faszination irdischer Angelegenheiten, Vergnügen und Geschäfte hingibt, träumt seltener als jemand, der solchen Dingen weniger Bedeutung beimißt. Menschen, die zur erstgenannten Gruppe gehören, brauchen zur Zufriedenheit die sinnliche Wärme ihrer Umwelt. Sie jagen dem Geld nach, suchen ihr Glück in einem anderen Menschen oder in Äußerlichkeiten und werden deshalb oft enttäuscht. Die Zufriedenheit der zweiten Gruppe jedoch, die weltliche Genüsse als etwas Flüchtiges ansieht, hängt allein vom Wissen um jenen Frieden ab, der jenseits alles fleischlichen Verstehens liegt.

Wie Buddha und Christus, die ihre sinnlichen Begierden vierzig Tage und Nächte lang unterdrückten und der Versuchung widerstanden, wohnt ihnen eine große Kraft inne. Ihre Zahl ist klein, und sie werden nie enttäuscht; erstere gehen in die Millionen.

KÖRPER UND SEELE

DIE NATUR ist dreifaltig, und auch der Mensch ist es. Die Verbindung aus eins und zwei läßt die Trinität entstehen, die schon in der Antike der Philosophie zugrunde lag.

Der Mensch besitzt einen grobstofflichen, sichtbaren Körper, ein Atom der grobstofflichen oder sichtbaren Welt. Als Gegenstück dazu hat er eine Seele, die unsichtbar, subjektiv und ebenso unvollkommen und fehlerhaft ist wie der äußere Mensch.

Die Seele ist nicht nur Teil des Menschen, sondern der wirkliche Mensch. Sie ist das innere, unsterbliche Ebenbild dessen, was sich äußerlich und innerlich ereignet. Alle Gedanken und Handlungen steigen über das objektive Bewußtsein in die Seele auf.

Der Körper reagiert auf ein Wimpernzucken ebenso rasch wie auf eine Bewegung des ganzen Leibes. Durch ihn sind die Schritte des Menschen genauso gezählt wie die Anzahl der Kopfhaare. So entsteht ein unsichtbares Gegenstück. Es ist das Buch von Leben und Tod, mittels dessen Mensch sich selbst beurteilt oder von einer anderen Instanz gerichtet wird. Ist das Buch voll, kann nichts weiter hinzugefügt, aber auch nichts daraus entfernt werden. Manchmal öffnet es sich dem Menschen schon im Traum, vollständiger Einblick aber wird erst im Tode gewährt.

DER MENSCH BESITZT AUCH EINEN GEISTIGEN KÖRPER, der ebenfalls subjektiv, aber ätherischer ist als die Seele. Es handelt sich um ein unendlich kleines Atom, das von der Zusammensetzung her der geistigen, grenzenlosen Allmacht des Kosmos verwandt ist. Wie die große stoffliche Sonne, die als das Zentrum allen sichtbaren Lichts und aller Wärme anzusehen ist, darauf hinzielt, den Pesthauch des Sumpfes auszutrocknen, und ihre hellen Strahlen in die tiefsten und finstersten Klüfte der Erde schickt, so bemüht sich die große geistige Sonne, von der erstere nur ein sichtbares Abbild ist, darum, die menschliche Seele und den Verstand des Menschen mit göttlicher Weisheit zu erleuchten, damit er fähig werde, die geistige Kraft in seinem Inneren zu erkennen.

Häresie und liederliche Fleischeslust, schamlose Sinnlichkeit und abscheuerregende Hemmungslosigkeit streben ohne Unterlaß aus dem Pfuhl der Sünde heraus danach, die warnenden Rufe des Nazaräers zu übertönen, indem sie die listigen, blutschänderischen Töchter böser Gedanken gegen die Menschen hetzen.

DER OBJEKTIVE VERSTAND ist dann am aktivsten, wenn der Körper wach ist. Die subjektiven Einflüsse hingegen kommen am stärksten zum Tragen und erfüllen den Geist vor allem dann, wenn der physische Körper schläft. Die höhere Intelligenz kann nur dann eindringen, wenn der menschliche Wille ausgeschaltet ist. Ein Mensch, der ausschließlich auf der sinnlichen Ebene lebt, wird sein Wissen durch seine Sinne erwerben und – zumindest solange er in diesem Zustand verharrt – keine geistigen Erkenntnisse oder prophetischen Träume erfahren.

NUR WENIGE MÄNNER UND FRAUEN sind indes so tief gesunken, daß sie die leise Stimme aus der Wüste nicht mehr vernehmen. Die Einwohner von Sodom und Gomorrha, versunken im Sumpf von Ausschweifung und ungezählten Verbrechen, fielen dem Gericht Gottes anheim und fanden keine Gnade, bevor das Feuer, das sie in ihren Seelen entfacht hatten, sie nicht verzehrt hatte. Die Mauern von Jericho stürzten erst, als die Hure Rahab in Sicherheit war und das Volk sieben Tage lang dem Gestampfe von Josuas marschierenden Soldaten und dem Klang der Posaunen hatte lauschen müssen.

> **Im Traum des Gesichts in der Nacht, wenn der Schlaf auf die Leute fällt, wenn sie schlafen auf dem Bette, da öffnet er das Ohr der Leute, und schreckt sie, und züchtigt sie, daß er den Menschen von seinem Vornehmen wende, und beschirme ihn vor Hoffart.**
>
> HIOB 33:15

Der Prophet Jona rief die ehebrecherischen Einwohner Ninives mehrmals zur Umkehr und zu Bußriten auf, bevor die Stadt vernichtet wurde.

Als David gerade in den Armen der verführerischen Batseda weilte, da vernahm er die Strafrede des Propheten Nathan. Gott sieht die Person nicht an und wird mit jedem sprechen, der ihm nicht sein Herz verschließt.

Frauen träumen häufiger und auch lebhafter als Männer, weil ihre Traumbilder weniger dem Einfluß äußerer Umstände ausgesetzt sind.

PROPHETISCHE TRÄUME

Alle Träume sind in gewisser Hinsicht prophetische oder Warnträume – manche mehr, manche weniger. Die meisten Menschen sind sich dessen nicht bewußt, aber dem aufmerksamen Träumer entgeht es nicht. Es gibt auch Menschen, denen jegliche Musikalität abgeht und die keine Noten lesen können. Und es gibt Menschen, die Farben nicht unterscheiden können. Für erstere existiert keine Klang-, für zweitere keine Farbharmonie.

Sie hören und sehen, erkennen aber die dahinterliegende Kunst nicht. Niemand jedoch würde dem Musiker oder dem Maler sagen, seine Kunst sei trügerisch und lediglich eine Sinnesillusion.

Ein Mensch gibt an, überhaupt nie zu träumen, ein anderer nur manchmal und wieder ein anderer recht häufig. Keiner versucht, seine Träume zu deuten oder sie mit späteren Geschehnissen in Verbindung zu bringen. Daher der irrtümliche Schluß: »Träume sind Schäume.« (Schopenhauer stellte treffend fest, daß kein Mensch über seinen Horizont blicken könne. Intelligenz erscheine dem, dem sie fehle, nicht als Mangel.) Der erste Fall ist dem des Blinden vergleichbar, der die Existenz von Licht abstreitet, weil er nicht in der Lage ist, es wahrzunehmen. Der zweite und dritte erinnern an einen Farbenblinden, der zwar sehen kann, aber stur darauf beharrt, zwei verschiedene Farben mit dem jeweils falschen Namen zu belegen.

Ein vierter Mensch sieht im Traum einen Freund neben seinem Bett. Das Bild wirkt so real, daß er aufsteht und ein Streichholz entzündet. Als er sich vergewissert hat, daß niemand im Zimmer ist, wirft er einen Blick auf die Uhr und legt sich wieder hin. Am nächsten Tag erfährt er, daß sein Freund in der vergangenen Nacht gestorben ist, und zwar genau zum Zeitpunkt der Vision.

Ein andermal hört er im Traum die Stimme eines Freundes einen Todesschrei ausstoßen. Bald darauf erhält er die Nachricht, daß selbiger Freund Opfer eines schlimmen Unfalls geworden ist.

Der dritte Mensch, von dem berichtet wurde, hat ähnliche Traumerfahrungen gemacht, bezeichnet sie aber als Zufälle.

Der vierte Mensch wiederum träumt davon, durch grüne Mais-, Gras- oder Weizenfelder zu schreiten. Ihm fällt auf, daß auf solche Traumbilder stets einige ersprießliche Tage folgen. Er bemerkt auch, daß wenn sein Weg im Traum von Felsbrocken oder anderen Hindernissen blockiert ist, eher ungünstige Ereignisse geschehen.

*Authentische Berichte in Camille Flammarion, *Das Unbekannte*.

Gelingt ihm im Traum die Bezwingung eines Berges, dessen Gipfel jedoch kahl und unwirtlich ist, wird er sein Ziel zwar erreichen, daraus jedoch keinen Profit ziehen. Grünt und blüht es oben jedoch, winken größere Gewinne. Erblickt er trübe Gewässer, könnten Krankheit, beruflicher Mißerfolg oder Grund zu Eifersucht anstehen.

Ein Alptraum bedeutet dem Träumenden, verstärkt auf sich achtzugeben, sich zu entspannen, die Arme im Schlaf unten zu behalten und viel frische Luft zu tanken.

Er nennt anschließend noch viele ähnliche Fälle, was ihn zu dem Schluß kommen läßt, daß gewisse Träume eine Warnung beinhalten.

DIE DREI TRAUMARTEN

Man unterscheidet drei reine Arten von Träumen: subjektive, körperliche und geistige. Sie beziehen sich auf Vergangenheit, Gegenwart und Zukunft und werden durch vergangene oder subjektive, körperliche und geistige Ursachen ausgelöst. Letztere sind immer prophetisch – vor allem dann, wenn der betreffende Traum im Wachzustand einen tiefen Eindruck hinterläßt. Auch die beiden erstgenannten können warnende oder hellseherische Elemente enthalten, wenngleich sich ihre wahre Bedeutung hinter allegorischen Symbolen verbirgt. Sie entstehen aus zufälligen Bildern der Vergangenheit, die sich im Bewußtsein des Träumenden festgesetzt haben. Er findet sich im Elternhaus wieder, seine Mutter blaß und alt, vielleicht aber auch mit frischer Gesichtsfarbe und bei bester Gesundheit. All das deutet auf bevorstehendes Unheil oder Glück hin.

***Körperliche Träume* sind mehr oder weniger unbedeutend.** Sie werden in der Regel durch den wachen Verstand beeinflußt und besitzen dann keinerlei prophetische Bedeutung.

Träume, die durch den Genuß von Opiaten, durch Fieber, Hypnose oder Krankheiten ausgelöst sind, fallen unter diese Kategorie. Ein leidenschaftlicher Spieler wird häufig von Karten träumen. Erscheinen sie ihm im Tiefschlaf, ist eine Warnung nicht ausgeschlossen. Tauchen sie hingegen in einer Art Tagtraum oder während des Einschlafens auf, sollte man ihnen keine Bedeutung beimessen. Derartige Träume spiegeln lediglich den körperlichen und den Bewußtseinszustand des Träumenden wider.

Wie oft betrachten wir uns in einem Spiegel und zögern dann nicht, die nötigen Änderungen vorzunehmen, um unsere Kleidung oder Frisur den herrschenden Anstandsregeln anzupassen. Warum schenken wir nicht auch den geistigen Bildern, die der Spiegel unserer Seele auf den Verstand zurückwirft, mehr Beachtung?

Geistige Träume kommen über das Höhere Selbst zu uns, dringen in das Reich der Seele vor und lassen vor dem geistigen Auge kommende Ereignisse ablaufen. Gelingt es uns, Kopf und Seele in Harmonie mit unserem Höheren Selbst zu bringen, werden wir eins mit ihm und deshalb auch eins mit der grenzenlosen Allmacht. Über das Höhere Selbst erreichen wir die Unendlichkeit. Über das Niedere Selbst stürzen wir in den Strudel der Materie.

GEISTIGE TRÄUME

DIESE TRÄUME gehören der grenzenlosen Allmacht an, bis sie in das Leben des Menschen vordringen. Danach werden sie Teil der persönlichen Seele. Was noch nicht stattgefunden hat, steht außerhalb der Persönlichkeit. Sobald ein Mensch es jedoch sieht oder erlebt, wird dieses Ding augenblicklich Teil seiner Seele. Hellseher oder Gedankenleser können also nie mehr erfahren, als im persönlichen Ich enthalten ist, da die Zukunft allein Gott oder der grenzenlosen Allmacht obliegt und in keiner Weise greifbar ist. Wir können die Zukunft folglich nur durch die Kanäle des Höheren Selbst erkennen – denn dieses ist als große Wahrheit ständig bestrebt, sich über das Fleischliche zu offenbaren.

Wissenschaftler haben überzeugende Beweise dafür erbracht, daß Telepathie möglich ist. Bestimmte Nachrichten oder Eindrücke können demzufolge von Mensch zu Mensch über viele Meilen hinweg übermittelt werden. Am besten funktioniert die Übertragung, wenn einer oder beide Beteiligten in Trance sind · oder sogar schlafen.

ZUR GEDANKENÜBERTRAGUNG oder zum Gedankenlesen benötigt man eine positiv und eine negativ gepolte Person. Dieselben Gesetze, die die Übermittlung mentaler Inhalte zwischen zwei Menschen ermöglichen, können die betreffende Person auch in Harmonie mit dem Unendlichen bringen, so daß sie wahre und nützliche Warnungen erfahre. Homer, Aristoteles und andere antike Denker schlossen diese Möglichkeit nicht aus.

In der Bibel finden sich zahlreiche Hinweise darauf, daß Träumen prophetische Bedeutung beizumessen ist. Hat das Gesetz ätherischer Schwingungen denn jüngst eine Wandlung erfahren, die den Kontakt zwischen der Seele und ihrem geistigen Vater gravierender stört als den Kontakt mit ihrer stofflichen Mutter oder Umwelt?

WIR VERSTEHEN die großen Naturgesetze nur in ihren Auswirkungen. Wir wissen, daß Pflanzen in gesundem Boden bei ausreichend Licht, Wärme und Feuchtigkeit gedeihen und eine bestimmte Art von Früchten ausbilden. Wir können daraus zwar gewisse Folgerungen ableiten, den Vorgang des Wachstums selbst aber ebensowenig erklären wie die Tatsache, daß tropische Vögel

---

EINIGE FRAGEN UND ANTWORTEN ZUM THEMA TRÄUME

FRAGE: *Was ist ein Traum?*
ANTWORT: Ein Traum ist ein Ereignis, das aus dem Unterbewußtsein durchsickert, wenn sich alle bewußten Sinne zur Ruhe begeben haben oder bereits dem Vergessen anheimgefallen sind.

Dann lebt die Seele ausschließlich in der Zukunft oder vor dem bewußten Dasein, das heißt, sie lebt dem Menschen seine Zukunft vor und zeigt ihm Möglichkeiten auf, die ihn befähigen, seine Taten zu planen und sein Dasein als vollkommenes Leben zu gestalten.

FRAGE: *Welche Beziehung besteht zwischen dem Durchschnittsmenschen und seinen Träumen?*
ANTWORT: Für einen Durchschnittsmenschen hat ein Traum dieselbe Beziehung zu seinem objektiven Leben wie für den idealen Träumenden, wird jedoch als Freude oder Leid auf einer niedereren, materiellen Ebene erlebt.

FRAGE: *Warum kann man dann seine Träume nicht immer richtig deuten?*
ANTWORT: So, wie es manchmal nicht gelingt, einen Gedanken in Worte zu fassen, so können auch Träume unklar im Ausdruck sein.

FRAGE: *Wenn Träume sich auf die Zukunft beziehen – warum träumen wir dann so oft von Vergangenem?*
ANTWORT: Träume von vergangenen Ereignissen dienen dazu, Gutes oder Schlechtes anzukündigen. Bisweilen prägen sie sich dem subjektiven Bewußtsein so zwingend ein, daß der erwachende Verstand diese Traumbilder nicht eliminieren kann.

FRAGE: *Warum taucht unsere Umwelt so oft in unseren Träumen auf?*
ANTWORT: Weil die Zukunft des Menschen durch die Gegenwart beeinflußt ist. Tut er in der Gegenwart wissentlich Böses oder Gutes, wirkt sich das notwendigerweise auf seine Träume aus, die ja Boten der Zukunft sind.

Frage: *Was ist eine Erscheinung?*
Antwort: Eine Erscheinung ist das subjektive Bewußtsein, das die Zukunft kennt und beseelt von dem Wunsch, seine derzeitige Wohnstätte – den Körper – vor drohenden Gefahren zu warnen, die Gestalt eines lieben Menschen annimmt, weil ihm dies der wirksamste Weg dünkt, sein Wissen mitzuteilen.

FRAGE: *Wie geht das subjektive Bewußtsein mit der Zeit um?*
ANTWORT: Es kennt weder Vergangenheit noch Zukunft. Es ist die lebendige Gegenwart.

FRAGE: *Wenn dies so ist, warum können wir dann nicht ebensoviel über die Zukunft erfahren wie über die Vergangenheit?*
ANTWORT: Weil Ereignisse einer Prozession gleichen. Mehrere finden gleichzeitig statt und wirken auf das subjektive Bewußtsein; vor dem wachen Verstand vorbeigezogen, werden sie auch andernorts wahrgenommen und hinterlassen so einen nachhaltigeren Eindruck.

FRAGE: *Ein konkretes Beispiel: Jemand schließt seine Augen und sieht vor sich ein Gesicht mit wohlgeformter Stirn, aber mißgestaltetem, verzerrtem Kiefer. Wie erklären Sie dieses Phänomen?*
ANTWORT: Der Übergang vom Wachsein zum Schlaf hatte sich seiner bemächtigt. Das Gesicht war der Ausdruck seiner realen Gedanken in Verbindung mit dem Nachklingen der banalen Geschäftigkeit. Seine Gedanken waren stark und gesund, aber seine Kraft war erschöpft. Sein Verstand ist nicht im Gleichgewicht mit seiner Seele, da ein vollkommenes geistiges Bild nur produziert werden kann, wenn auch die Harmonie stimmt. Wäre dies der Fall gewesen, hätte er sein wirkliches Ebenbild erblickt.

Seien Sie deshalb bestrebt, Ihr Umfeld stets harmonisch zu gestalten. Und bedenken Sie, daß das Leben nur vollkommen sein kann, wenn alle Umstände miteinander in Einklang stehen.

ein leuchtendes Federkleid tragen, während Vögel grauerer Regionen trister gefärbt und in der Arktis heimische gar fast immer weiß sind.

Wir sehen grell zuckende Blitze und vernehmen das drohende Grollen des Donners. Aber haben wir dafür eine bessere Erklärung als die, die Wissenschaftler uns für andere Naturgewalten wie Verstand, Liebe und Haß oder die weibliche Intuition anbieten können?

Wie steht es um das Anthelium der skandinavischen Gebirge, wie um die Fata Morganen, von denen Forscher und Reisende berichten?

Widersprechen diese Phänomene nicht dem Gesetz der Optik? Müssen wir die Feinheiten des Artikulierens und die dahinterstehenden Kräfte kennen, um distinkt sprechen zu können? Müssen wir auf den Glauben an eine unendliche Vielfalt verzichten, weil wir sie nicht begreifen können? Und können wir behaupten, das Endliche sei kein Teil der unendlichen Vielfalt, weil es sie nicht gebe?

Kein Naturwissenschaftler wäre so engstirnig, die unendliche Menge der Zahlen anzuzweifeln. Und existieren unendlich viele Zahlen, so ist jede Ziffer ein Teil dieser unendlichen Vielfalt. Dieses Gedankenspiel liefert uns eine Parallele für das endliche und das unendliche Bewußtsein aus dem Reich der Mathematik, dem Eckstein aller exakten Wissenschaften. Einer anderen Art von Unendlichkeit, der unendlichen Geisteskraft nämlich, entspringen die geistigen Träume. Sie sind Spiegelungen der Wahrheit und kommen deshalb wesentlich seltener vor als Träume anderer Art.

GEMISCHTE TRÄUME

FÜR GEMISCHTE TRÄUME sind eine Vielzahl von Ereignissen verantwortlich, die einer oder mehreren Quellen entspringen können und gleichzeitig zur Wirkung kommen – vergleichbar dem Effekt, der auf einer Zeitung entsteht, die durch zwei oder mehr Druckwalzen mit unterschiedlich großen Schrifttypen gelaufen ist.

Es ist, als säße man vor einem Spiegel, in dem gleichzeitig mehrere Gesichter oder Bilder auftauchen, aber sofort wieder verschwinden. Dann ist es schwierig, einen exakten Eindruck davon zu gewinnen, was sich soeben vor Ihren Augen abgespielt hat.

Auch wenn Sie aus einem Zug blicken, der mit zwei Meilen pro Minute durch die Landschaft rollt, wird Ihr Verstand nicht in der Lage sein, die einzelnen Pflanzen klar voneinander zu unterscheiden.

Auf ähnliche Weise können sich die verschiedenen Vorgänge in einem Traum überschneiden.

Eine Frau kann vom Erhalt eines Briefes träumen und in Verbindung damit ein trübes Gewässer oder eine vegetationslose Landschaft sehen. Kurz darauf bekommt sie tatsächlich einen Brief unter ähnlichen Umständen ausgehändigt, Gewässer oder Wüste aber fehlen.

Es handelt sich hierbei um einen Mischtraum mit mehr als einer Ursache. Der erste Teil wird buchstäblich Realität und gehört zum Typus geistiger Traum; der andere Teil ist subjektiv und besitzt deshalb allegorische Bedeutung. In Verbindung mit dem Brief verhieß er drohendes Unheil.

Gemischte Träume sind schwieriger zu deuten als geistige. In solchen Träumen können Gewässer, Häuser, Briefe, Geld, Menschen und jede Menge anderer Dinge erscheinen. Am nächsten Tag überqueren Sie möglicherweise einen Fluß oder erhalten einen Brief, während die übrigen Dinge ungesehen bleiben. Ein gutes oder negatives Ereignis wird jedoch folgen.

Andererseits können Ihnen nach einem ähnlichen Traum weder reale Gewässer noch Briefe begegnen, doch werden Sie die anderen Traumbilder sehen und die im Brief angekündigten erfreulichen oder schmerzlichen Nachrichten in anderer Form empfangen.

ALLEGORISCHE TRÄUME

ALLEGORISCHE TRÄUME bilden den Kern dieses Buches. Träume, in denen alltägliche Dinge vorkommen, werden gewöhnlich als bedeutungslos abgetan.

Deshalb will ich mit Hilfe der mir innewohnenden okkulten Kräfte versuchen, ihre verborgene esoterische Bedeutung aufzudecken.

TRÄUME EREIGNEN sich auf der subjektiven Ebene und sollten deshalb von subjektiver Intelligenz gedeutet werden. Genau das zu tun habe ich mich ehrlich und redlich bemüht. Viele Nächte hindurch habe ich geduldig darauf gewartet, daß meine Hand automatisch, also von höherer Kraft geführt, die subjektiven Deutungen niederschreibt, ohne die Präsenz einer höheren Geisteskraft. Dennoch ließen andere Kräfte meine Hand so schnell sie nur konnte über das Blatt fliegen.

Ich will es meinem Leser überlassen, ob er diese automatische Niederschrift als das Werk äußerer Kräfte sehen will, die sich durch das Medium manifestieren, oder aber darin das Ergebnis autosuggestiver Einflüsse auf das subjektive Bewußtsein erkennt.

Es gibt Leute, die mit Nachdruck behaupten, ein gesunder Mensch träume nicht. Das mag in gewisser Hinsicht sogar stimmen, doch umschließt das menschliche Dasein gleichermaßen Vergangenheit, Gegenwart und Zukunft. Vergangenheit und Zukunft aber erfassen mehr als das gegenwärtige Umfeld des Menschen. Die Gegenwart ist lediglich die aktuelle Bühne, die gesamte Bühne aber besteht aus der Verbindung von Vergangenheit und Zukunft.

Kein Mensch kann sich davon freisprechen, denn obwohl diese Zustände als vergangen oder zukünftig empfunden werden, sind sie durch die höheren Sinne doch stets gegenwärtig. Ein Mensch wird sich nur dann ungetrübter Gesundheit erfreuen, wenn diese Zustände in Harmonie mit der Gegenwart sind. Im Normalzustand kann sich das persönliche Ich deshalb auch niemals von der Vergangenheit oder von Zukunftsängsten lösen.

DER GEIST DES NEUEN JAHRHUNDERTS

DER LESER SOLLTE sich stets vor Augen halten, daß kein Traum dem Menschen zweimal erscheint. Man mag sehr ähnliche Träume haben, aber irgendeine Kleinigkeit wird immer anders sein. Die Natur scheint exakte Kopien zu mißbilligen. Zwei identische Träume sind ebenso unvorstellbar wie zwei identische Grashalme. Kein Mensch erlebt zwei Tage, die sich aufs Haar gleichen, und unterschiedliche Einflüsse und Gefühle bedingen unterschiedliche Traumbilder. Völlig identische Produktionen sind allein eine Erfindung des Menschen und nicht die Sache Gottes oder der Natur.

Da kein Mensch zweimal genau denselben Bewußtseinszustand erlebt, wird er auch niemals zweimal genau denselben Traum träumen. Zur Deutung von Träumen, die immer nur annäherungsweise erfolgen kann, teilt man diese am besten in Familien ein. Dabei habe ich versucht, etwas präziser als meine Vorgänger vorzugehen.

TRAUMSYMBOLE

JEDER MENSCH ist mit Gesundheit und Krankheit, Liebe und Haß, Erfolg und Mißerfolg vertraut. Krankheit, Haß und Mißerfolg gehören verwandten Familien an und verbünden sich auch häufig, so daß schwer zu sagen ist, ob der Träumende in einer Liebesangelegenheit, gesundheitlich oder geschäftlich betroffen sein wird. Immer jedoch künden schlechte Symbole von drohendem Unheil, das allerdings je nach günstigen oder ungünstigen Zeichen abgeschwächt oder verstärkt werden kann.

Kündet das Traumsymbol einem Landarbeiter also Reichtum und Glück an, so mag er eine 50-Cent-Münze geschenkt bekommen oder eine gute Arbeit finden, während dasselbe Symbol einem reichen Mann viele Dollar oder einen höchst profitablen Geschäftsabschluß verheißt.

Es ist wie im stofflichen Bereich: Man hört einen Karren vorbeiholpern, kann aber aus dem Rumpeln der Räder nicht schließen, ob er Wäschestücke, Lebensmittel oder Kurzwaren geladen hat. Die Größe des Wagens und ob die Ladung schwer oder leicht ist, läßt sich jedoch in etwa abschätzen. Alles übrige erkennt man erst, wenn er ins Blickfeld kommt. Genauso verhält es sich mit Traumsymbolen. Wir merken möglicherweise, ob sie bedeutungsschwer sind und ob sie Gutes oder Schlechtes verheißen, aber ihre volle Bedeutung wird erst ersichtlich, wenn sie vor den objektiven Sinnen Gestalt annehmen.

Die Ankündigung des Todes, ein besonders häufiges Traumbild, wird in einem anderen Teil dieses Kapitels behandelt.

IM SCHLAF ist der Wille außer Kraft gesetzt und das Bewußtsein seinen eigenen Phantasien überlassen. Ungezügelte Einbildungskraft kann einen minimalen feindlichen Übergriff derart übertreiben, daß er im Symbol eines gewaltigen Haifisches erscheint, obwohl tatsächlich ein wesentlich weniger unheilschwangeres Bild angezeigt war.

Ein Frau mag im Wachzustand eine Schlange sehen und darüber aus Furcht jede Selbstbeherrschung verlieren. Sie glaubt, von dem Tier verfolgt zu werden, während es sich in Wahrheit in die genau entgegengesetzte Richtung bewegt. Auf ähnliche Weise können Träume zuweilen ins Irreale abgleiten.

Während des Schlafs verliert das Bewußtsein seine Vernunft und seinen Willen, während sich die Wahrnehmung gleichzeitig derart zuspitzt, daß ein leises Klopfen zum Pistolenschuß wird.

Im Schlaf reagiert das Bewußtsein nicht nur besonders empfindlich auf Geräusche und Licht, sondern erkennt auch Kommendes oft Stunden oder gar Tage vor dem dem wachen Verstand.

Dies steht aber niemals in Widerspruch zu den Naturgesetzen. Die Ameise haust tief unter der Erde und weiß doch, wann die Erntezeit naht.

Auf ähnliche Art kann ein Eichhörnchen einen zutreffenderen Wetterbericht abgeben als das Wetteramt. Mit sicherem Instinkt erkennt es eine drohende Kältefront rund vierundzwanzig Stunden im voraus und wird sich einen entsprechenden Unterschlupf suchen.

ZUSAMMENWIRKEN VON GEIST UND MATERIE

DEM SCHLAFENDEN Menschen offenbart sich ein Teil der Zukunft also durch intuitive Wahrnehmung unsichtbarer Vorzeichen, während er im Wachzustand durch logisches Denken etwas über sie in Erfahrung zu bringen hofft. Ersteres folgt den Gesetzen der geistigen Welt, das zweite hingegen den Gesetzen der Materie. Auf keines von beiden sollte man sich allein verlassen. Nur gemeinsam nämlich verkörpern sie das männliche und weibliche Prinzip und verschmelzen im Idealfall zu einem harmonischen Ganzen.

Allein auf diesem Wege kann der Mensch hoffen, sich dem Vollkommenen anzunähern, jenen Zustand, in dem er die Einflüsse selbst steuert, anstatt ihnen ausgeliefert zu sein, wie es bei den meisten von uns noch immer der Fall ist.

EINLEITUNG

Gott, die höchste subjektive Quelle aller Intelligenz, kann durch einen Traum im menschlichen Bewußtsein, der höchsten objektiven Quelle der Intelligenz, Eindrücke oder auch Vorahnungen hinterlassen.

Die stoffliche Sonne schickt ihre Strahlen in die finstersten Klüfte der Erde, und Gott, die geistige Sonne, beschenkt die passive und aufnahmebereite Seele mit geistigem Licht.

Wenn er sich in eine Höhle zurückzieht oder in seinem Haus verbarrikadiert, vermag ein Mensch alles stoffliche Licht auszuschließen. Und versinkt seine Seele dann gar im Morast ausschweifenden Lebens, wird auch kein geistiges Licht mehr zu ihm vordringen.

Wie dem Erdreich durch Mißbrauch so viel Lebenskraft entzogen werden kann, daß weder Sonnenlicht noch kostbares Himmelsnaß wieder fruchtbares Leben wecken können, so kann auch das Geistige völlig absterben, wenn der Humus der Seele unter dem wuchernden Unkraut materieller Gelüste erstickt.

DAS TRAUMBEWUSSTSEIN wird häufig vom wachen Verstand beeinflußt. Verweilt der Verstand also länger bei einer bestimmten Sache, so beeinflußt dies mehr oder weniger den Traum, der dem Verstand dann seinerseits Hilfestellung leisten kann. Eingebettet in die grenzenlose Allmacht, kann die persönliche Zukunft in das Traumbewußtsein eindringen und dort Vorahnungen von Todes- und Unglücksfällen auslösen.

Das objektive Bewußtsein bejubelt oder beklagt Vergangenheit und Gegenwart, während das geistige Bewußtsein mit der Zukunft ringt und deshalb über Bevorstehendes frohlockt oder auch stöhnt.

Das eine ist das Barometer der Vergangenheit, das andere das der Zukunft.

Wenn wir die geistigen Eindrücke des Traumbewußtseins mit Hilfe der Deutungen dieses Buches sorgfältig ausleuchten, wird es uns vielleicht gelingen, unser zukünftiges Leben in Einklang mit dem großen Kosmos zu führen.

WIE ENTWICKLE ICH DIE FÄHIGKEIT ZUM TRÄUMEN?

HALTEN SIE Ihren Kopf möglichst frei von materiellem Unrat, und schlafen Sie in einem Negativzustand ein (Ungeübte müssen dies freilich trainieren). Körper und Geist vollständig entspannen und sich so auf Träume vorbereiten, die als Realitäten oder Erläuterungen zukünftiger Ereignisse erscheinen.

Die Bedeutung eines einzelnen Symbols mag im Traum selbst klar erscheinen, seine volle Tragweite jedoch erkennen wir erst im Wachsein. Das Prinzip des Fortschritts kann in Gestalt eines Engels *links* erfahren werden. Pferde *unten* sind äußerst symbolträchtig; ihr Auftauchen im Traum läßt ganz unterschiedliche Deutungen zu.

PFERDE

TRÄUME VON VERWANDTEN

BEGEGNEN SIE im Traum einem verstorbenen Verwandten, der Ihnen ein Versprechen abnimmt, bedeutet dies eine Warnung vor drohendem Unheil, sofern Sie ihn nicht ernst nehmen. Schlimmste Konsequenzen lassen sich vermeiden, wenn das Bewußtsein die Funktionsweise und die Einsichten des Höheren Selbst begreift. Die Stimme eines Verwandten ist nichts anderes als dieses Höhere Selbst, das sich so Zugang zum Bewußtsein verschafft. Zwischen normalen körperlichen Wesen herrscht so wenig Geistesverwandtschaft, daß man sich, wenn es um Glück und Zufriedenheit geht, mehr auf sein eigenes subjektives Urteil verlassen sollte.

Unsere weltlichen Erlebnisse tragen also zu unserer geistigen Entwicklung bei, während umgekehrt unser geistiges Wissen unser irdisches Dasein mitbestimmt. Ohne das harmonische Zusammenwirken dieser beiden Kräfte kann sich die göttliche Vorsehung nicht erfüllen.

Dies kann nur über das körperliche Bewußtsein oder den Verstand geschehen, der die animalischen Gefühle des Herzens bestimmt. Nur auf diese Weise werden wir nicht unseres Nächsten Gut begehren oder uns wegen einer Bagatelle mit unseren Brüdern überwerfen.

Haben die selbstsüchtigen weltlichen Gelüste das Haus erst einmal verlassen, wird es sich mit göttlicher Liebe und Weisheit füllen, ohne die sich Leib und Seele weder wohl fühlen noch entfalten können.

THEORIE ZUR TRAUMDEUTUNG

DIE METHODE, nach der in diesem Buch Träume gedeutet werden, ist ebenso einfach wie logisch. Sie werden überrascht sein, wie viele der vorhergesehenen Ereignisse tatsächlich eintreten. Behandelt werden Gedanken und Träume. Impliziert ein Traumsymbol bestimmte Gedankengänge oder Zeichen, sind diese bei der Deutung stets mit berücksichtigt.

GEDANKEN ENTSPRINGEN *dem sichtbaren, Träume dem unsichtbaren Bewußtsein.* Nur ein geringer Teil der Lebenslektionen wird im Wachzustand erfahren. Den größten Teil des wachen Bewußtseins füllen müßige, unzusammenhängende Gedanken, die ebenso rasch wieder dem Vergessen anheimfallen. Dasselbe trifft auch auf das Traumbewußtsein zu. Viele unserer Gedanken sind Tagträume, und viele unserer Träume sind Nachtgedanken. Genauso wie das, was wir tagsüber an Gutem oder Schlechtem getan haben, unser Bewußtsein quält oder entzückt, erheitern oder bekümmern im Traum erlebte Freuden und Ängste die realen Sinne.

Von einem Schriftsteller stammen die Worte: »Alles, was auf Erden existiert, hat einen Gegenpart im Himmel.« Christus sprach: »Wie ein Mensch denkt, so ist er.« Ein Hindu-Sprichwort besagt: »Der Mensch ist das Resultat seines Denkens. Er entwickelt sich zu dem, womit er sich beschäftigt.« Ein moderner Metaphysiker meint dazu: »Unsere Gedanken sind wirkliche Materie und prägen unseren Charakter; sie hinterlassen ihren Abdruck auf unserem Charakter; je nachdem, was wir im Leben anstreben, versehen sie unsere Aura mit Schönheit oder Scheußlichkeit.« Jeder böse Gedanke und jede Übeltat hingegen werfen einen negativen Schatten, jedes Lächeln und jede gute Tat werden von einem Schutzengel begleitet.

Negativen Gedanken folgen ganze Armeen dieser schaurigen Wahngebilde, die einander mit ebenjenen Vorsätzen jagen, denen sie ihre Entstehung verdanken. Wer um diese Tatsache weiß, versteht, warum wir unser Denken stets in positive Bahnen lenken müssen.

Gedanken sind die subjektive und kreative Kraft hinter jeder Tat. Taten sind die objektiven Folgen des Denkens. Wesen und Art der Gedanken, die uns heute beschäftigen, bestimmen also über Erfolg oder Mißerfolg von morgen.

WIDERSPRÜCHLICHE TRÄUME

VERSTEIFT SICH unser Denken auf bestimmte Dinge, so verzerrt es sich zum Subjektiven hin und wird Träume hervorrufen, die der wachen Realität diametral entgegengesetzt sind. Dennoch glaubt der Träumer sich dabei in gewisser Weise wach und fühlt sich am Morgen nach solchen Träumen weder körperlich noch seelisch erfrischt. Wird der subjektive Zustand des Träumers nämlich von materiellen Dingen beherrscht, kann kein erholsamer Schlaf eintreten.

BEWUSSTSEINSARTEN

DAS UNPERSÖNLICHE Bewußtsein sieht die Dinge, als gäbe es keine Zeit. Das objektive Bewußtsein ist stets bestrebt, in das Reich des Geistes einzudringen, während das geistige Bewußtsein in die Materie vorzustoßen versucht.

Das kosmische Bewußtsein, das mit den Plänen und Gesetzen des Makrokosmos in Einklang steht, wird durch das Wirken des Mikrokosmos sichtbar, dem es seine direkte Absicht durch Erprobung übermittelt.

Das innere oder Traumbewußtsein vermag subjektive Formen und Spiegelbilder schon wahrzunehmen, bevor sie sich im Mikrokosmos manifestieren. Ihre Bedeutung kleidet sich häufig in Symbole, doch wird zuweilen auch etwas exakt so übermittelt, wie es im objektiven Leben erscheint. Unsere individuellen Gedankenbilder, die am objektiven Bewußtsein bereits vorübergezogen sind, können von einem fähigen Gedankenleser registriert werden; ihre Spiegelbilder jedoch, die sich auf unsere Zukunft beziehen, aber ausschließlich im Subjektiven existieren, sind, wenn überhaupt, dann nur durch die Kraft des Höheren Selbst übertragbar. Aus diesem Grund ermahnen uns die Weisen, das Selbst sorgfältig zu studieren. Mit dem Körperbewußtsein nehmen wir lediglich Gegenständliches, mit dem inneren Bewußtsein nur subjektive Dinge auf. Diesen von Paulus aufgestellten Lehrsatz haben Menschen mit übersinnlicher Wahrnehmung immer wieder bestätigt. Mit Unterstützung mathematischer und geographischer Daten vermag unser Verstand in einer objektiven Vorhersage das Zentrum eines Wirbelsturms zu ermitteln oder Regenwolken mehrere Tage im voraus anzukündigen. Nach Ausschluß aller Eventualitäten und unter Ausschaltung neutralisierender Einflüsse wird das Vorausgesagte mit Sicherheit eintreten.

DER ASTRONOM weiß die Bewegung der Planeten und Gestirne Jahrhunderte im voraus zu bestimmen. Dies gelingt ihm nicht durch Überschreitung der Grenzen zwischen geistiger und stofflicher Welt. Die subjektiven Kräfte funktionieren nach eigenen Gesetzen und wissen über ihr eigenes körperliches Dasein ebensowenig Bescheid wie unsere Sinnesorgane über die dem Leib innewohnende Seele. Es ist bekannt, daß das Gewissen durch exzessiven Lebenswandel lahmgelegt, durch ein Leben in Rechtschaffenheit und Vernunft aber auch gestärkt werden kann. Auf ähnliche Weise empfängt das subjektive Bewußtsein über seine eigenen Sinne gewisse unsichtbare Übel, die im Mikrokosmos ihre Gestaltwerdung anstreben. Es weiß, daß diese dem objektiven Bewußtsein Schaden zufügen und auf Dauer die Verbindung und den Austausch zwischen den beiden Aspekten des Menschen empfindlich stören können. Geistige Akzeptanz stofflicher Gegenstände gibt es darin nicht, wie im weltlichen Leben ja auch kein Sinnesorgan zur Aufnahme spiritueller Bilder und Spiegelbilder existiert. Während ersteres allein der Formen gewahr wird, die sich auf seiner Ebene manifestieren, bemerkt letzteres nur diejenigen seiner Sphäre. Beide mögen das Gute erkennen, das diese Manifestationen auf ihr jeweiliges Pendant ausstrahlen, doch haben wir keinerlei Grund zu der Annahme, daß gewöhnliche objektive oder subjektive Zustände visionäre Kräfte besitzen, die über ihre eigene Ebene hinausreichen.

DAS MENSCHLICHE BEWUSSTSEIN vermag das kosmische Bewußtsein durch seine Gedanken und Taten so zu beeinflussen, daß im Makrokosmos Spiegelbilder des Guten oder Bösen entstehen, die sich ihrerseits auf die geistige Aura des Mikrokosmos auswirken und schließlich konkrete Gestalt annehmen. In diesem Zustand sind sie subjektiv wahrnehmbar und können folglich im Schlaf als Traumbilder auftauchen.

VERZERRTE TRAUMBILDER

DA DER WILLE im Schlaf außer Kraft gesetzt ist, ist das Traumbewußtsein weit anfälliger für Übertreibungen als der wache Verstand. Traumsymbole erscheinen deshalb häufig zu grauenvollen Wahngebilden verzerrt, die Angst und Schrecken verbreiten.

DER ALPTRAUM

Böse oder rechtschaffene Handlungen, die erst jüngst erfolgt sind, beeinflussen das Bewußtsein nachhaltiger als solche, die bereits längere Zeit zurückliegen. Entsprechend wird ein kurz bevorstehendes Heil oder Unheil im Traumbewußtsein tiefere und lebhaftere Eindrücke hinterlassen als eines, das erst in fernerer Zukunft ansteht. Doch gibt es im Leben eines jeden Menschen Ereignisse, die sich unvergeßlich eingeprägt haben und deshalb Anlaß zu immerwährendem Stolz oder nie endender Reue geben. Solche bedeutsamen Ereignisse existieren auch in der Zukunft und versuchen, sich durch das unendliche Labyrinth zum Traumbewußtsein vorzukämpfen. Sind Ihre Sinne aufnahmebereit, werden Sie diese Mahnungen wahrnehmen. Es sind Fälle bekannt, in denen Ereignisse viele Jahre im voraus vorhergesagt wurden.

Nicht alle Träume sind schön oder prophetisch. Furchtbare Alpträume *oben* **können bleibende Ängste auslösen. Träume kommen zu jedem Menschen – zu Armen und Reichen, Sündern und Heiligen. Die hl. Cäcilia, Schutzpatronin der Musik, träumt von ihrer Kunst** *gegenüber.*

KOMPLEXITÄT DER TRAUMDEUTUNG

WIR WOLLEN nicht behaupten, daß dieses Buch sämtliche Träume zu deuten vermag oder daß Ihnen die darin enthaltenen Schlüssel alle Geheimnisse der Zukunft oder auch nur dies ihres eigenen Charakters eröffnen werden. Bei genauem Studium der Definitionen und der Ebene, auf der sie entstanden, werden Sie jedoch in der Lage sein, Ihre eigenen Träume zu deuten.

Die Verknüpfungsmöglichkeiten zwischen Traum und Traumeinflüssen sind schier unendlich. Man kann sie lediglich klassifizieren und auf ihre Existenz hinweisen. Analysieren aber lassen sie sich weder in Bruchstücken noch als Ganzes. In der Mathematik gibt es neun Ziffern, die sich zu einer unbegrenzten Zahl von Kombinationen zusammenfügen lassen.

Die Symbole O und 1 stehen laut Definition für NICHTSEIN und SEIN, beziehungsweise für Tod und Leben. Die Zahl eins ist einer grenzenlosen Erweiterung unterworfen und treibt zusammenhanglos im unendlichen Weit der Zahlen. Wie im Pflanzenreich winzige Samenkörner stumm ihre magische Verwandlung zu Blume, Strauch oder Baum vollziehen und dank wunderbarer Intuition den Widrigkeiten der Jahreszeiten trotzen, so steht der Mensch allein im unendlichen Weit seines eigenen Daseins oder Mikrokosmos. Der Mensch ist Form und Spiegelbild zugleich. Eine Form dessen, was im Weltenplan bereits existiert, und ein Spiegelbild des zukünftigen Lebens, das noch darauf harrt, sich auf einer anderen Ebene zu offenbaren. Dort werden die Geschehnisse im Leben des einzelnen subjektiv sein, so, wie es Kindheitserlebnisse jetzt schon sind. Seine Träume, Gedanken und Handlungen sowie die Einflüsse, die sie auslösten, sind unendlich und einzigartig, ebensowenig zählbar oder reproduzierbar wie die Blätter des Waldes. Daher läßt sich die volle Bedeutung eines Traumes auch niemals formal erschließen. Wer dieses Buch jedoch weise benutzt, dem wird es helfen, fast allen Träumen auf die Spur zu kommen und ihre wahre Bedeutung zu ermitteln.

EIN ERFAHRENER ARZT berücksichtigt bei der Behandlung eines Patienten dessen Alter, Temperament und momentanen Gesundheitszustand. Ebenso sollte der Traumdeuter über geistigen Zustand, Gesundheit, Gewohnheiten und Temperament des Träumers Bescheid wissen. Über diese Dinge vermag niemand besser Auskunft zu geben als der Träumende selbst. Mit Hilfe dieses Buches und seines inneren Lichts wird er seine Träume folglich selbst deuten können.

KEIN TRAUM GLEICHT DEM ANDEREN

WELCHES SYMBOL auch immer in Ihrem Traum erscheint – es ist mit Sicherheit dasjenige, das Sie am eindrücklichsten warnen wird beziehungsweise am schmerzhaftesten trifft. Da sich zwei Menschen niemals zur selben Zeit im gleichen Zustand befinden, werden selbst gleiche Symbole nie eine identische Botschaft übermitteln. Ein und derselbe Traum kann nicht für alle Geschäfts- und Liebesangelegenheiten gelten. Und um zwei Menschen das gleiche mitzuteilen, können völlig unterschiedliche Symbole nötig sein.

Beim Träumen schwankt die Wahrnehmung genauso, wie es im Wachzustand der Fall ist. Man empfindet den Duft einer Rose niemals absolut gleich stark, auch wenn die äußeren Umstände scheinbar identisch sind.

Stets nach Vollkommenheit strebend, gibt sich die Schöpfung nie mit jener Gleichförmigkeit zufrieden, die dem menschlichen Verstand entspringt, sondern verleiht jedem Ding seine eigene Intelligenz und Schönheit. Diese wunderbare Vielfalt zieht sich durch die gesamte Schöpfung. Zwei Rosen mögen gleich aussehen, und doch blüht und duftet jede anders als ihre Schwester. Sie mögen glauben, identische Träume zu haben, doch kommt es stets zu Abweichungen, die nur einfach nicht wahrgenommen werden. Die Natur ist kein Müßiggänger, sondern ersinnt ständig neue Kompositionen. Selbst im Traum tauchen also immer wieder Veränderungen auf, die das subjektive Gefühl von Glück oder Trauer jedoch nicht berühren.

Menschen von gleichem oder ähnlichem Temperament werden von einem bestimmten Traumbild nachhaltiger angesprochen als Vertreter des entgegengesetzten Typus.

Gesetzt den Fall, eine fünfundzwanzigjährige Frau und ein fünfzehnjähriges Mädchen träumen beide von einer Hochzeit, so würde für beide nur in ungefähr dieselbe Deutung zutreffen – genauso, wie beide an derselben Rose riechen und doch einen anderen Duft wahrnehmen können. Trotz äußerlicher Identität spielen doch jedesmal andere Einflüsse eine Rolle.

Eine junge Frau erfährt im Traum eine Warnung vor drohendem Unheil, während einer anderen Frau gleichen Alters dieselbe Mahnung, wenn auch in Gestalt anderer Symbole, offenbart wird. Während eine die tiefere Bedeutung erkennt, fällt sie der zweiten nicht auf, und sie glaubt, keine Warnung empfangen zu haben.

Unter uns leben Menschen, denen es an subjektiver, körperlicher oder geistiger Stärke mangelt und die deshalb keine Traumsymbole empfangen, weil sie nicht über die innere Kraft verfügen, diese Eindrücke zu verarbeiten.

Für einen solchen Mangel gibt es verschiedene Gründe. Man kann ihn durch völligen Stumpfsinn erklären, aber auch durch Gedächtnisverlust, nervöse Störungen oder absolutes Desinteresse an irgendwelchen Warnungen des eigenen Traumbewußtseins.

Wenn jemand nachts etwas träumt, was am darauffolgenden Tag tatsächlich geschieht, hat das nichts mit Allegorie zu tun. Dann ist es das Höhere Selbst, das dem Bewußtsein die unmittelbare Zukunft offenbart.

Schließlich gibt es keinen logischen Grund, warum der Mensch bevorstehende Ereignisse nicht voraussehen soll. Nur wird diese Fähigkeit kaum jemals so gefördert wie die äußeren Sinne. Die Allegorie kommt deshalb ins Spiel, weil der Mensch seine geistigen Fähigkeiten zugunsten der körperlichen vernachlässigt.

Er klammert sich an das Wohl und Wehe der realen Welt und verschließt sich deshalb gegenüber dem Geistigen.

DIE HL. CÄCILIA TRÄUMT VON DER MUSIK

TRÄUME VON WENIGER PROPHETISCHEM CHARAKTER

DIE VÖGEL DES HIMMELS

DIE TIERE DER ERDE

DIE GESCHÖPFE DES MEERES

SIND DIE ORGANE eines Menschen nicht mehr in der Lage, ihre eigentliche Funktion zu erfüllen, so verändert sich seine Persönlichkeit. Träume, die in diesem Zustand erfahren werden, besitzen keinerlei prophetische Bedeutung, es sei denn, den Träumer auf diese Fehlfunktion seines Körpers hinzuweisen.

Träume sind Symbole, die dazu dienen, dem objektiven oder körperlichen Bewußtsein ein Gefühl für bevorstehendes Wohl oder Wehe zu vermitteln. Veranlaßt wird dies durch die Subjektivität, die geistige Instanz des Menschen. Der Kreis der Seele seinerseits liegt nur knapp außerhalb der Körperlichkeit und hat einen wesentlichen Anteil daran. Sämtliche Gedanken und Sehnsüchte dringen zuerst in die Seele oder das körperliche Bewußtsein ein, bevor sie zum Geist vorstoßen. Häufig ist die Seele so angefüllt mit materiellen oder oberflächlichen Gedanken, daß die geistigen Symbole verdrängt werden. Dann kommt es zu scheinbar widersprüchlichen Träumen. Sämtliche Ideen und Gedanken, die materiellen Quellen entspringen, sammeln sich in diesem Kreis. Sodann greift sich das Bewußtsein die höheren Gedanken heraus, flicht sie in eine größere, umfassendere Kraft ein und bestärkt den Menschen so in seinem eigenen Urteilsvermögen.

Daraus erwächst ein weiterer Kreis, die geistige Subjektivität oder höchste Instanz von Intelligenz, die ein Mensch erreichen kann. Dieser Kreis ist der »geistige Mensch« und von der Zusammensetzung her der geistigen Seele des Makrokosmos oder Universums verwandt. Je nachdem, ob wir es als Bestandteil des Seins ansehen oder nicht, gewinnt oder verliert er an Bedeutung. Der geistige Entwicklungsprozeß ähnelt dem des Tier- und Pflanzenreiches. Die Bäume am Rand des Waldes vermögen den Winden besser zu widerstehen als die in der Mitte, einfach weil sie an Stürme gewöhnt sind. Sie haben ihre Wurzeln weit tiefer in die Erde getrieben, und ihre Äste sind mit dickerer Rinde ausgestattet.

Für das Tierreich trifft das gleiche zu. Das Bewußtsein entwickelt sich – wie die Muskeln des Körpers – durch ständiges Training. Je stärker man es fordert, desto mehr Wissen oder Macht gewinnt es. Gleicht sich der Mensch im Denken und Verhalten also einem Affen, einem Tiger, einer Ziege, einer Schlange oder einem Lamm an, so übernimmt er auch deren Eigenschaften und wird von Eifersucht, Begierde, Sinnlichkeit oder Duldsamkeit geleitet werden. Zur Verdeutlichung: Ist er listig und verschlagen, zieht er den Fuchs des Mikrokosmos auf sich und wird diesem Tier im Denken und Handeln ähnlich. Überwiegt die Selbstsüchtigkeit, tritt das Schwein in Erscheinung, und er wird von stofflichen Gelüsten beherrscht werden. Andererseits kann er auf ähnlichem Wege auch das Geistige in sich wecken. Ihrer unendlichen Vielfalt zum Trotz werden die Naturgesetze wunderbar durchschaubar, wenn man sie auf die körperliche und moralische Entwicklung des Menschen bezieht.

Der Mensch besitzt die Anlage zur Sublimierung. Gibt er sich jedoch den verderbten Begierden hin und schließt die geistigen Möglichkeiten aus, werden alle höheren Bestrebungen hinfällig und wird die geistige Subjektiviät all ihrer Chancen beraubt.

Der Egoist nutzt die Kräfte der Natur, während ein normaler Mensch sein erwachendes Bewußtsein mit Hilfe von Träumen gestalten kann. Da der Gebrauch einer Fähigkeit, die der Mensch nicht von Natur aus besitzt, unmöglich ist, wird ein Tauber selten von Tönen, ein Blinder kaum jemals vom Licht träumen.

Viele Menschen berichten von Träumen, deren zentrale Symbole dem Reich der Natur entstammen. Es können Träume von Vögeln *oben links*, Tieren der Erde *oben Mitte* oder Geschöpfen des Meeres *oben rechts* sein. Tierträume weisen bei genauerer Betrachtung häufig darauf hin, daß sich der Träumende mit Verhaltensweisen oder Geisteshaltungen beschäftigt, die mit der Eigenart des entsprechenden Tieres zu tun haben.

KOSMISCHE ZUSAMMENHÄNGE

DER MENSCH ist ein Mikrokosmos, eine eigene kleine Welt für sich. Er besitzt eine Seele und ein geistiges Firmament, das von Astralstaub und der Milchstraße begrenzt wird und mit geheimnisvollen Sternbildern geschmückt ist. Es läßt sich am besten durch Folgeschlüsse und genaue Selbstbeobachtung erfahren.

Außerdem besitzt er eine körperliche Ebene mit Ozeanen, Seen, Flüssen, fruchtbaren Tälern, Wüsten und Gebirgen. Wie im Makrokosmos stehen sie alle in unmittelbarer Abhängigkeit zueinander.

Hier ruht das Mysterium des Seins, das größte aller Wesenheiten. Wer hier forscht, wird auf nicht weniger Erstaunliches und Ehrfurchterweckendes stoßen als der Geologe, der im Dunkel der Erdschichten nach weiteren Mosaiksteinen für das große Bild sucht, oder der Astronom, der die Himmel des Makrokosmos auf neue Sonnen und Planeten durchstreift.

Beide Ebenen sind untrennbar miteinander verbunden. Es ist ein Lächeln oder ein Übel des Firmaments, das die Erde segnet oder verseucht, und folglich wird das unreine Firmament eines Mikrokosmos auch dessen Körper und Seele vergiften. Bei Gedankendürre oder Befall durch Schädlinge werden sich die Wüsten vergrößern, und im dampfenden Dschungel greifen Mord und Unzucht um sich.

VOR GROSSEN REVOLUTIONEN oder Katastrophen türmen sich am Horizont des Traumbewußtseins düstere Wolken auf. Verheerende Stürme brauen sich zusammen, und grell zuckende Blitze entladen ihre Energie. Drohendes Donnergrollen wird erschallen, Glocken werden klingen und merkwürdige Klopfgeräusche ertönen. Schatten werden sich zeigen, bekannte Stimmen werden Sie flehend anrufen. Namenlose Besucher werden Ihnen erscheinen. Kämpfe mit furchterregenden Titanen, körperliche und geistige Qualen harren Ihrer. Wahngebilde der schlimmsten Art werden Ihre Phantasie heimsuchen. Flüchtige Gestalten, gehüllt in Laken aus weißlichem Nebel und mit schauderhaft verzerrter Fratze, werden sich an Sie klammern. Seuchen und Hungersnöte werden alles blühende Leben vernichten.

Wir alle könnten so des Nachts gewarnt werden, wenn wir nur genügend subjektive Stärke entwickelten, um die Bilder aufnehmen zu können, die uns das Traumbewußtsein zu übermitteln versucht. Aller Vernunft und Erkenntnis zum Trotz fahren wir jedoch Tag um Tag fort, unsere Seele mit den sündhaften Früchten zu nähren, bis die Schlingpflanzen der Selbstsucht alle anderen Kräfte erstickt haben. Dann trägt die Seele Gedankenbilder in Gestalt bösartiger Tiere, tollwütiger Katzen, bissiger Hunde, todbringender Schlangen, giftiger Reptilien, schleimiger Würmer und widerwärtiger behaarter Insekten in sich. Sie alle haben ihren Ursprung in Gier, Lüsternheit, Neid, Eifersucht, Lästerei, Unersättlichkeit und anderen schändlichen Gedanken. Ist die Seele mit einer solchen Ansammlung aus Schmutz und Schund erfüllt, wie kann man da noch an der Existenz der Hölle zweifeln und wie soll man noch Hoffnungen hegen, daß jemals wieder die Heiterkeit Einzug in das Leben hält?

VERGIFTEN BÖSE GEDANKEN unsere Seele mit gefräßigen Mikroben, so können gute Gedanken und Taten deren vernichtendem Einfluß entgegenwirken und ihre Brut ausrotten. Eingedenk dieser großen und ewigen Wahrheit sollte der Mensch stets seine Umwelt mit Nachsicht betrachten, seine Zunge und sein Temperament zügeln, nur beste Gedanken hegen, sich der Armen annehmen, Trost in der Tiefe des Seins suchen und sein Leben von Duldsamkeit regieren lassen.

So wird er den Samen zu einer vollkommenen Zukunft legen. Seine Tag- und Nachtgedanken werden in Einklang stehen und auf ein Ende im Frieden mit sich selbst zugehen. Hilfreiche geistige Warnungen werden sich in sein Traumbewußtsein senken, so zart und sanft, wie sich der Tau auf die Blumen oder der Kuß der Mutter auf die Lippen des Kindes legt.

WENN UNSERE äußeren Lebensumstände von inneren Kräften geführt werden, erfahren wir aus unserem Inneren stets trostreichen Zuspruch. Denn wirklich gesegnet sind jene, die die göttliche Liebe im Kosmos ihres eigenen Bewußtseins suchen.

DER TRAUM

Viele Künstler haben versucht, im Bild das Wesen des Traums festzuhalten – ebenso real und vertraut wie bizarr und phantastisch. Dieses Gemälde: Der Traum oben rechts ist ein Werk von Odilon Redon (1840–1916).

DIE TRÄUME

10 000 Träume

Das Tierreich

In unseren Träumen tauchen alle möglichen Tiere auf, und jedes hat seine eigene, ganz spezielle Bedeutung. Auf den folgenden Seiten finden Sie Erläuterungen zu den wichtigsten Traumsymbolen – wilden Tieren, Haustieren, Vögeln und Insekten, Fischen und Reptilien – sowie Deutungsmöglichkeiten zu deren charakteristischen Verhaltensweisen.

Zoos und Käfige

KÄFIG
Sehen Sie im Traum einen *Vogelkäfig* mit vielen Vögeln, werden Sie gewaltige Reichtümer anhäufen und viele hübsche und liebenswerte Kinder haben. Sitzt im Käfig nur ein Vogel, deutet dies eine reiche Heirat an. Ein Käfig ohne Vogel dagegen weist auf Durchbrennen oder Tod eines Familienmitglieds hin.

Ein *Käfig mit wilden Tieren* steht für Ihren Triumph über einen Feind oder ein Mißgeschick. Sind Sie zusammen mit ihnen eingesperrt, sollten Sie sich vor Unfällen auf einer Reise hüten. ◎

MENAGERIE
Wenn Sie im Traum eine *Menagerie* besuchen, können verschiedene kleinere Ärgernisse bevorstehen. ◎

TIERPARK
Der Besuch in einem *Tierpark* gilt als Zeichen dafür, daß Sie ein wechselvolles Schicksal erwartet. Manchmal wird es so aussehen, als würden Ihre Feinde Sie überwältigen, dann wieder stehen Sie kurz vor dem ganz großen Erfolg. Außerdem werden Sie auf Reisen und bei Aufenthalten in fremden Ländern viele wertvolle Erfahrungen sammeln. ◎

Tierträume können sich um ein sanftes, blökendes Schaf *oben,* einen geschwätzigen Ara *oben rechts,* aber auch um einen spitzbübischen Makak *gegenüber* drehen.

Tierstimmen

SCHAF

GACKERN
Wer im Traum Hühner gackern *hört, muß mit einem Todesfall in der Nachbarschaft rechnen. Krankheit wird zu Armut führen.* ✸

SCHREIEN
Das Schreien eines Esels gilt als Anzeichen für unerfreuliche Nachrichten oder Störungen. ✸

BLÖKEN
Wenn Sie im Traum Lämmer blöken *hören, kündigt das neue Aufgaben und Pflichten an, die jedoch nicht unangenehm sein müssen.* ✸

Einzelne Körperteile

SCHNAUZEN
Erscheinen in Ihrem Traum *Schnauzen,* ist Gefahr im Verzug. Feindseligkeit und Schwierigkeiten erwarten Sie. ◎

FLÜGEL
Wenn Sie im Traum *Flügel* besitzen, stehen Ihnen Ängste um einen lieben Menschen bevor, der sich auf eine weite Reise begeben hat. Sehen Sie hingegen *Vogelflügel,* wird Ihre Not bald ein Ende haben, und Sie werden zu Geld und Ehren kommen. ◎

ARA

SCHWANZ
Taucht in Ihrem Traum nur der *Schwanz eines Tieres* auf, könnte sich Vorfreude rasch in Ärger verwandeln.

Einem Tier *den Schwanz abzuschneiden* bedeutet, sich durch eigene Unvorsichtigkeit ins Unglück zu bringen.

Wächst Ihnen im Traum ein Tierschwanz, werden eigene Übeltaten Sie ins Verderben stürzen, und merkwürdige Umstände lassen Sie verdutzt aussehen. ◎

TIERFELL UND -HAUT
Erscheint Ihnen ein *Tierfell* oder eine *Tierhaut,* verheißt dies Profit und einen sicheren Arbeitsplatz. ◎

KÄFIG *siehe* VOGEL *Seite* 43 ◆ GACKERN *siehe* HENNE *Seite* 39 ◆ SCHREIEN *siehe* ESEL *Seite* 38 ◆ BLÖKEN *siehe* LAMM *Seite* 36 ◆
FLÜGEL *siehe* VOGEL *Seite* 43

Das Tierreich

Wilde Tiere bringen ein Element des Ungezähmten in die Traumlandschaft. Dieses Kapitel stellt eine Vielzahl von Raub- und Beutetieren vor – von imposantem Großwild und geschmeidigen Raubkatzen des Dschungels über den schlauen Fuchs und den bösen Wolf bis hin zu den scheuen Tieren des Waldes.

MAKAK

Großwild

NASHORN
Erblicken Sie im Traum ein *Nashorn*, zeichnet sich ein schlimmer Verlust ab, und Sie könnten in unerwartete Schwierigkeiten geraten.

Ein Nashorn zu erlegen heißt, Hindernisse mit Bravour zu meistern. ◎

ELEFANT
Wenn Sie im Traum auf einem *Elefanten* reiten, dürfen Sie auf soliden Reichtum hoffen und werden Auszeichnungen empfangen. Geschäftlich und zu Hause haben Sie alles im Griff.

Viele Elefanten verheißen immensen Reichtum. Ein *einzelner Elefant* signalisiert ein bescheidenes, aber sicheres Auskommen.

Füttern Sie im Traum einen Elefanten, schätzt man im Bekanntenkreis Ihr freundliches Wesen. ◎

ANTILOPE
Zeigen sich in Ihrem Traum *Antilopen*, kann ein ehrgeiziges Ziel Realität werden, sofern Sie die nötige Energie aufbringen.

Träumt eine junge Frau davon, daß eine *Antilope einen Abhang hinabstürzt*, ist damit zu rechnen, daß ihr ein Mann zum Verderben wird. ◎

BÜFFEL
Tötet eine Frau im Traum viele *Büffel*, läßt sie sich auf ein gewagtes Unternehmen ein; mit viel Willenskraft wird sie die Anerkennung der Männer gewinnen, und möglicherweise gehen auch langgehegte Wünsche in Erfüllung.

Kreuzt ein Büffel Ihren Weg, deutet dies auf mächtige, aber dumme Feinde hin, die sich Ihnen in den Weg stellen. Durch kluges Vorgehen läßt sich jedoch das Schlimmste verhüten. ◎

Affen

MENSCHENAFFE
Dieser Traum kündigt die Erkrankung eines lieben Menschen an.

Turnt ein kleinerer Menschenaffe in einem Baum, ist Vorsicht geboten. Ein falscher Freund sorgt für Unstimmigkeiten. Das Traumsymbol steht für Betrug und Täuschung. ✻

ORANG-UTAN
Die Begegnung mit einem Orang-Utan will mitteilen, daß jemand Ihren Einfluß ausnützen will. Bei einer Frau kann der Traum auf die Untreue des Geliebten hinweisen. ✻

BÄR
Ein *Bär* kann Anzeichen dafür sein, daß Sie es mit gewaltiger Konkurrenz zu tun bekommen.

Einen *Bären zu erlegen,* steht für die Befreiung aus Verwicklungen.

Erscheint ein Bär einer jungen Frau im Traum, muß sie mit einer gefährlichen Rivalin oder einem anderen Mißgeschick rechnen. ◎

KÄNGURUH
Wenn Sie im Traum ein *Känguruh* sehen, werden Sie einen hinterlistigen Mitbewerber ausschalten, der Sie in ein schlechtes Licht rücken will.

Werden Sie von einem *Känguruh angegriffen,* ist Ihr Ruf in Gefahr.

Töten Sie ein Känguruh, werden Sie Erfolg haben.

Ein *Känguruhfell* bedeutet, daß Sie auf dem Weg zum Erfolg sind. ◎

ZEBRA
Wer von einem *Zebra* träumt, zeigt dadurch eine Neigung für schnelle Geschäfte. Erscheint Ihnen ein wildes Zebra in der Steppe, haben Sie Flausen im Kopf, die Sie von Sinnvollerem abhalten. ◎

AFFE
Sehen Sie im Traum einen Affen, sollten Sie sich vor Schmeichlern in acht nehmen.

Ein toter Affe verheißt den Rückzug ihres schlimmsten Feindes.

Träumt eine junge Frau von einem Affen, sollte sie rasch heiraten, da ihr Verlobter ihr Untreue unterstellt.

Wenn eine Frau einen Affen füttert, geht sie einem Schmeichler auf den Leim. ✻

Seehunde und Eisbären

SEEHUND
Ein Traum mit *Seehunden* will sagen, daß Sie nach einer Stellung streben, die auf Dauer Ihre Kräfte übersteigt.

Seehundträume deuten gewöhnlich darauf hin, daß der Träumer unzufrieden ist und ein (zu) hohes Ziel anstrebt. ◎

EISBÄR
Eisbären gelten als Vorboten eines Betrugs; das Unglück naht in freundlicher Gestalt. Ihre erbittertesten Feinde werden sich als Freunde ausgeben. Rivalen überholen Sie.

Ein Eisbärfell signalisiert die Bezwingung aller Hindernisse, die Ihnen im Weg stehen. ◎

ELEFANT siehe ELFENBEIN Seite 70 ◆ AFFEN siehe BÄUME Seite 64 ◆ KÄNGURUH siehe TIERFELL Seite 28 ◆ EISBÄR siehe TIERFELL Seite 28

Raubkatzen

TIGER

Kommt im Traum ein **Tiger** auf Sie zu, fühlen Sie sich von Feinden verfolgt. Greift er Sie an, versetzt Sie eine Niederlage in düstere Stimmung. Gelingt es Ihnen, den Angriff abzuwehren, dürfen Sie in allen Unternehmungen auf Erfolg hoffen.

Läuft ein Tiger vor Ihnen davon, werden Sie alle Hindernisse überwinden und in eine hohe Stellung aufsteigen. **Tiger im Käfig** bedeuten, daß Sie Ihren Widersachern einen Strich durch die Rechnung machen. Ein **Tigerfell** heißt, daß Sie auf dem besten Weg sind, zu Wohlstand und Luxus zu kommen.

LÖWE

Wer von einem **Löwen** träumt, wird von einer starken Kraft getrieben.

Gelingt es Ihnen, den Löwen zu zähmen, erwarten Sie Erfolge in jeder Hinsicht. Überwältigt Sie der Löwe, könnten Sie leicht das Ziel von Angriffen werden.

Löwen im Käfig drücken aus, daß Ihr Erfolg stark davon abhängt, wie Sie mit Ihren Gegnern umgehen. Sehen Sie einen **Löwenbändiger**, winkt Ihnen geschäftlicher Erfolg, und Ihr geistiges Potential erhöht sich. Frauen werden Sie umschwärmen.

Löwenbabys stehen für neue Unternehmungen, die bei entsprechender Zuwendung erfolgreich verlaufen. Träumt eine junge Frau von jungen Löwen, stehen ihr neue, faszinierende Liebhaber ins Haus.

Sieht eine Frau im Traum **Daniel in der Löwengrube**, wird sie durch Charme und Intelligenz Reichtum erlangen und den Mann ihrer Träume erobern.

Hört ein Mann **Löwen brüllen**, erwarten ihn eine plötzliche Beförderung und die Gunst der Frauen.

Wenn ein Löwe Sie bedrohlich **anfaucht** und die Zähne fletscht, ist Ihr Aufstieg zur Macht bedroht.

Ein **Löwenfell** dagegen verheißt Reichtum und Glück.

Wer im Traum **auf einem Löwen reitet,** beweist Mut und Durchhaltevermögen und wird alle Schwierigkeiten spielend meistern.

Müssen Sie Ihre Kinder mit einem Taschenmesser gegen einen Löwen verteidigen, steht zu befürchten, daß Widersacher auf der Lauer liegen und auch erfolgreich zuschlagen, wenn Sie sich durch ein raffiniertes Ablenkungsmanöver von Ihren Pflichten abbringen lassen.

PANTHER

Erscheint Ihnen im Traum ein **Panther**, der Ihnen Furcht einflößt, könnte es sein, daß eine Liebes- oder Geschäftsbeziehung unerwartet in die Brüche geht, weil widrige Einflüsse gegen Sie Front machen. Können Sie ihn jedoch töten oder zähmen, stehen Freude und Erfolg bevor.

Fühlen Sie sich durch einen Panther bedroht, stehen berufliche Enttäuschungen ins Haus. Jemand, der Ihnen ein Versprechen gegeben hat, könnte einen Rückzieher machen.

Wenn Sie das **Fauchen eines Panthers** hören und Furcht und Schrecken verspüren, zeichnen sich unschöne Neuigkeiten, Gewinneinbußen oder Unstimmigkeiten ab. Empfinden Sie keine Furcht, wird es nicht so schlimm.

LUCHS

Zeigt sich in Ihrem Traum ein **Luchs**, ist damit zu rechnen, daß Feinde Ihre Geschäfte unterminieren oder familiären Unfrieden stiften. Seien Sie wachsam!

Einer Frau, die von einem Luchs träumt, droht eine Rivalin den Geliebten auszuspannen. Kann sie **den Luchs töten**, wird sie die Konkurrentin aus dem Feld schlagen.

LEOPARD

Ein **Leopard**, der Sie anspringt, kündigt an, daß fälschlich gesetztes Vertrauen einen bereits in greifbare Nähe gerückten Erfolg gefährdet.

Wer im Traum einen Leoparden tötet, darf auf bevorstehende Siege hoffen. Ein **Leopard im Käfig** weist darauf hin, daß Sie zwar Feinde haben, diese Ihnen jedoch nicht gefährlich werden können.

Versucht ein **Leopard in freier Wildbahn** vor Ihnen zu flüchten, erwarten Sie geschäftliche oder private Blamagen, die sich mit etwas Mühe jedoch aus der Welt schaffen lassen.

Träume von einem **Leopardenfell** besagen, daß Ihre Vorhaben durch einen unredlichen Menschen, der jedoch Ihre Achtung genießt, gefährdet sind.

LEOPARD

TIGER, LÖWE, LEOPARD *siehe* TIERFELL *Seite 28* ◆ TIGER, LÖWE *siehe* KÄFIG *Seite 28* ◆ PANTHER *siehe* KATZE *Seite 40,* ÄNGSTIGUNG *Seite 253,* STIMME *Seite 276*

Fuchs und Wolf

FUCHS
Wer im Traum einen Fuchs jagt, läßt sich auf zweifelhafte Spekulationen und riskante Liebschaften ein.

Dringt ein Fuchs in Ihren Hof ein, sollten Sie sich vor neidischen Freunden hüten, die Sie in Verruf bringen wollen.

Einen Fuchs *töten heißt*, *daß Sie jedes Vorhaben erfolgreich abschließen können.*

WOLF
Wenn Sie von einem *Wolf* träumen, weist dies darauf hin, daß Sie einen diebischen Mitarbeiter haben, der auch Betriebsgeheimnisse ausplaudert.

Können Sie einen *Wolf töten*, werden Sie hinterlistige Widersacher, die Sie blamieren wollen, ausschalten.

Träumen Sie vom *Geheul eines Wolfes*, werden Sie einer Verschwörung auf die Spur kommen.

HYÄNE
Begegnet Ihnen im Traum eine *Hyäne*, kann dies bevorstehende Enttäuschungen und Mißerfolge sowie mangelnde Kooperationsbereitschaft Ihrer Mitarbeiter bedeuten. Wenn ein Liebespaar diesen Traum hat, sind häufige Streitereien abzusehen.

Werden Sie *von einer Hyäne angegriffen*, kommen Sie in Kontakt mit Wichtigtuern.

Raubkatzen wie der Leopard *links* **bevölkern naturgemäß weniger friedliche Traumlandschaften als etwa weiße Kaninchen** *rechts.* **Hasen** *oben* **sorgen für mehr Unruhe.**

Feld- und Waldtiere

FELDHASE

HIRSCH
Wer im Traum *Hirsche* sieht, dem wird wahre und ehrliche Freundschaft angetragen und manches Vergnügen bereitet werden.

REH
Ein sehr erfreulicher Traum, der jungen Leuten tiefe und reine Freundschaft und Verheirateten eine harmonische Ehe verspricht.

Wer ein *Reh tötet*, wird von Feinden verfolgt werden. Geschäftsleuten sagt eine *Jagd auf Rehe* das Scheitern ihrer Vorhaben voraus.

KITZ
Ein *Kitz* im Traum zu sehen, verheißt viele ehrliche und aufrichtige Freunde. Junge Leute dürfen auf einen treuen Partner hoffen.

RENTIER
Das Traumsymbol *Rentier* steht für Pflichterfüllung und treue Freundschaft auch in schwierigen Zeiten.

Einen *Rentierschlitten zu fahren* kann auf qualvolle Stunden deuten, in denen Ihnen jedoch Freunde zur Seite stehen.

WASCHBÄR
Wer von einem *Waschbär* träumt, mag von falschen Freunden hinters Licht geführt werden.

MURMELTIER
Sichten Sie im Traum ein *Murmeltier*, werden schlaue Feinde Sie in Gestalt schöner Frauen verführen.

Für eine junge Frau kann es Anzeichen dafür sein, daß ihre Zukunft von Versuchungen bestimmt ist.

STACHELSCHWEIN
Ein Traum von einem *Stachelschwein* kann andeuten, daß Sie neuen Unternehmungen und neuen Freundschaften von vornherein ablehnend gegenüberstehen.

Bei einer jungen Frau ist es ein Zeichen, daß sie Angst vor ihrem Geliebten hat.

Ein *totes Stachelschwein* kündigt das Ende von Mißständen an.

KANINCHEN
Hoppeln *Kaninchen* durch Ihren Traum, steht eine Wandlung zum Besseren bevor, und Sie werden Ihren Vorteil klarer erkennen.

Weiße Kaninchen stehen für treue Liebe, ganz gleich, ob Sie verheiratet oder noch ledig sind.

Sehen Sie ausgelassene *Kaninchen beim Spiel*, werden Sie viel Freude an Kindern haben.

HASE
Rennt ein *Feldhase* im Traum vor Ihnen davon, wird etwas Wertvolles auf mysteriösem Wege verschwinden. Fangen Sie einen *Hasen*, zeichnet sich Ihr Sieg in einem Wettkampf ab.

Stallhasen stellen einen ordentlichen, aber nicht sonderlich intelligenten (Geschäfts-)Partner in Aussicht.

Ein *toter Hase* kann das Ableben eines Freundes ankündigen.

Werden *Hasen von Hunden gehetzt*, sind Streitigkeiten zwischen Ihren Freunden nicht zu vermeiden.

Wenn Sie davon träumen, einen *Hasen zu erschießen*, werden Sie gezwungen sein, Ihr rechtmäßiges Eigentum mit gewaltsamen Mitteln zu verteidigen.

DAS WEISSE KANINCHEN

REH *siehe* **JAGEN** *Seite 174* ◆ **HASE** *siehe* **SCHIESSEN** *Seite 263*

Tiere des Waldes

DACHS
Der **Dachs** als Traumsymbol verheißt das glückliche Ende langer Entbehrungen.

SPITZMAUS
Wer von einer **Spitzmaus** träumt, wird sich um das seelische Wohl eines Freundes kümmern müssen; es kann aber auch bedeuten, daß Sie den Schwierigkeiten des Alltags nicht gewachsen sind.

NERZ
Sehen Sie im Traum einen **Nerz**, werden Sie es mit schlauen Gegnern aufnehmen müssen. Töten Sie einen, erfüllen sich manche Sehnsüchte.

Hat eine junge Frau eine Schwäche für einen **Nerzmantel**, wird sie bei einem sehr eifersüchtigen Mann Liebe und Geborgenheit finden.

WIESEL
Ein **Wiesel** auf Beutezug zu beobachten gilt als Warnung vor der falschen Freundlichkeit früherer Feinde, die Ihnen zu gegebener Zeit nur das Genick brechen wollen. Erlegen Sie ein Wiesel, können Sie solche oder ähnliche Pläne durchkreuzen.

EICHHÖRNCHEN

EICHHÖRNCHEN
Erblickt man im Traum ein **Eichhörnchen**, steht bald lieber Besuch ins Haus. Auch in geschäftlicher Hinsicht geht es voran.

Wer ein **Eichhörnchen tötet**, macht sich unbeliebt.

Ein **Eichhörnchen zu streicheln** signalisiert familiäre Freuden. Wird eines von einem Hund gejagt, sind Unstimmigkeiten zwischen Freunden zu befürchten.

MAULWURF
Zeigen sich Ihnen **Maulwürfe**, könnten Sie unbekannte Feinde haben.

Wer im Traum einen **Maulwurf fängt**, wird mit allem fertig und erlangt Ruhm und Ehre.

OTTER

Biber und Otter

OTTER
Tauchen und spielen **Otter** im klaren Wasser, verheißt dies Glück. Unverheirateten steht die baldige Trauung bevor; die Ehe wird glücklich. Bereits verheiratete Frauen dürfen von ihrem Mann ungewohnt viel Zärtlichkeit erwarten.

BIBER
Wenn Sie im Traum **Biber** beobachten, zeichnet sich – Ausdauer und Geduld vorausgesetzt – eine Verbesserung der Lebensumstände ab.

Wird ein **Biber wegen seines Fells getötet**, steht eine Anklage wegen unschicklichen Betragens bevor.

FLEDERMAUS

Fledermäuse
Menschen, die von diesen wenig beliebten Tieren träumen, erwartet ein schlimmes Los. Trauer und Katastrophen stehen ihnen bevor. Der Tod der Eltern oder guter Freunde kann daraufhin ebenso folgen wie der Verlust des Augenlichts oder von Gliedmaßen. Eine weiße Fledermaus gilt als sicheres Todessymbol. Häufig stirbt bald darauf ein Kind.

Im Traum mögen Sie Eichhörnchen *ganz oben,* **Ottern** *links oder* **Fledermäuse** *oben sehen. Pferde* **rechts** *und Gegenstände, die mit Pferden zu tun haben, sind ein sehr häufiges Traumsymbol.*

NERZ *siehe* PELZ *Seite* 157 ◆ EICHHÖRNCHEN *siehe* HUND *Seite* 41 ◆ FLEDERMÄUSE *siehe* VAMPIR *Seite* 273

Das Tierreich

Die nächsten Seiten befassen sich mit Tieren, die friedlich mit dem Menschen zusammenleben – mit gemütvoll dreinschauenden Kühen, blökenden Schafen, lautstark gackerndem Federvieh und natürlich Katzen und Hunden. Pferde genießen wegen ihrer gebändigten Kraft eine Sonderstellung.

Pferde und Pferdesport

PFERDEHÄNDLER
Taucht in Ihrem Traum ein **Pferdehändler** auf, werden zweifelhafte Unternehmungen gewinnbringend ausgehen.

Werden Sie von einem betrogen, stehen echte Verluste zu befürchten. Gelingt Ihnen ein vorteilhafter Tausch, verbessert sich Ihre finanzielle Lage. ◉

STALL
Ein **Stall** als Traumsymbol kündigt Glück und vorteilhafte Umstände an.

Feuer im Stall kann auf erfolgreiche Neuerungen hinweisen. ◉

REITEN
Wer im Traum **reitet**, muß mit Unerfreulichem rechnen. Häufig folgt auf diesen Traum eine Erkrankung.

Langsames Reiten ist ein Ausdruck für unbefriedigend verlaufende Geschäfte.

Schnelles Reiten kann ein Omen für kommenden Reichtum sein. ◉

REITSCHULE
Wenn Sie **Reitunterricht nehmen**, wird ein falscher Freund versuchen, Sie auszubooten, doch Sie haben die Angelegenheit im Griff. ◉

HUFEISEN
Das **Hufeisen** verheißt erfolgreiche Geschäfte und Glück in Liebesdingen.

Zerbrochene Hufeisen stehen für heraufziehendes Unheil oder auch Krankheit.

Finden Sie ein **Hufeisen an einem Weidezaun**, wird der Erfolg Ihre kühnsten Hoffnungen übertreffen.

Liegt eines vor Ihnen auf der Straße, winken Gewinne aus völlig überraschender Quelle. ◉

PFERDE

SATTEL
Ein vielversprechendes Traumsymbol, das gute Neuigkeiten verheißt und auch unerwarteten Besuch ankündigen kann. Eventuelle Reisepläne stehen unter einem guten Stern. ◉

PFERDEGESCHIRR
Sehen Sie sich im Traum als stolzer Besitzer eines nagelneuen **Pferdegeschirrs**, werden Sie bald eine erfreuliche Reise antreten. ◉

HALFTER
Von einem jungen Pferd zu träumen, dem man ein **Halfter** anlegt, läßt darauf hoffen, daß in Geschäfts- und Liebesangelegenheiten alles nach Wunsch verläuft. Andere Dinge gehalftert zu sehen, verheißt, daß Sie auf Ihr Glück noch eine Weile warten müssen. ◉

REITEN

ZAUMZEUG
Ein **Zaumzeug** steht für das Engagement in einem Unternehmen, das viel Sorgen bereitet, letztlich jedoch gut und gewinnträchtig ausgeht. Ist es alt oder beschädigt, kündigen sich Schwierigkeiten an, die Sie möglicherweise in die Knie zwingen.

Ist die **Trense verrostet**, werden Sie von einem Feind hinters Licht geführt, oder eine Frau wird Sie in eine Intrige verwickeln. ◉

GERTE
Von einer **Reitgerte** zu träumen deutet auf gravierende Meinungsverschiedenheiten und eine unerquickliche Freundschaft hin. ◉

PFERDE STRIEGELN
Striegeln Sie im Traum ein Pferd, müssen Sie große geistige und körperliche Anstrengungen in Kauf nehmen, wenn Sie Ihr Ziel erreichen wollen. Glänzt das gestriegelte Roß, werden Sie es jedoch erreichen. ◉

PFERDEHÄNDLER, HALFTER, PFERDE STRIEGELN siehe PFERDETRÄUME Seite 34f. ◆ STALL siehe FEUER Seite 80

Pferdeträume

Sollten Sie im Traum einen **Schimmel** sehen, dürfen Sie auf Wohlstand und nette Zusammentreffen mit Freunden und schönen Frauen hoffen. Ist er schmutzig und abgemagert, könnte ein eifersüchtiger Freund Ihr Vertrauen mißbrauchen. Ein **Rappe** steht für wachsendes Vermögen, doch werden Sie dazu betrügerische Mittel einsetzen und sich schuldig machen. Träumt eine Frau von einem schwarzen Roß, ist zu befürchten, daß ihr Mann sie betrügt.

Dunkle Pferde gelten als Zeichen für Reichtum in Verbindung mit Unzufriedenheit. Flüchtige Vergnügungen stehen bevor.

Wer im Traum auf einem **schönen Braunen** reitet, darf auf wachsendes Vermögen und Leidenschaft hoffen. Frauen sollten sich vor aufdringlichen Avancen in acht nehmen.

Sieht man Pferde an sich vorbeilaufen, zeichnen sich ruhige, faule Tage ab.

Geht Ihr Pferd mit Ihnen durch, drohen Verluste durch die Unfähigkeit eines Freundes oder Arbeitgebers.

Rennt ein Pferd zusammen mit anderen davon, werden Sie von kranken Freunden hören.

Edle Hengste künden von Erfolg und hohem Lebensstandard, aber auch unziemlicher Leidenschaft.

Zuchtstuten gelten als Anzeichen für aufrichtige Gefühle zwischen Liebenden, verheiratet oder nicht.

Wer **ein Pferd durch eine Furt reitet**, dem winkt das Glück. Hat der Fluß eine starke Strömung oder führt er trübes Wasser, steht freilich eine kleinere Enttäuschung ins Haus.

Mit einem Pferd durch einen klaren, malerischen Fluß zu **schwimmen**, verheißt höchste Seligkeit. Geschäftsleute dürfen mit einem gewaltigen Gewinn rechnen.

Ein **verletztes Pferd** kann ausdrücken, daß ein Freund in Verlegenheit gerät, während ein **totes Pferd** Enttäuschungen verschiedener Art ankündigt.

Reiten Sie im Traum ein **störrisches Pferd**, werden sich Ihre Wünsche nur schwer realisieren lassen. Wirft es Sie ab, haben Sie vermutlich einen Konkurrenten, der ihren lukrative Geschäfte vermasseln will.

Schlägt ein Pferd aus und trifft es Sie, werden Sie von einem geliebten Menschen eine Abfuhr erhalten. Schwache Gesundheit kann Ihrem Glück im Weg stehen.

Wenn Sie **ein Pferd einfangen** und es aufzäumen und satteln oder einspannen, zeichnen sich große geschäftliche Erfolge ab. Entwischt es Ihnen, haben Sie Pech.

Wird ein **Pferd beschlagen**, ist Ihnen der Erfolg sicher. Frauen verheißt dieser Traum einen guten und treuen Ehemann.

Beschlagen Sie selbst das Pferd, könnte es Ihnen gelingen, sich etwas bislang Fragliches zu sichern.

Träume von **Rennpferden** sind Ausdruck für ein Zuviel an Ausschweifungen und Luxus. Einem Bauern freilich signalisieren sie Wohlstand.

Träumen Sie, selbst **ein Pferd im Rennen zu reiten**, werden Sie reich und glücklich.

Töten Sie ein Pferd, wird Ihr Egoismus Freunde in die Flucht schlagen.

In Gesellschaft von Männern **ohne Sattel zu reiten** heißt, daß Ihnen ehrliche Menschen zur Seite stehen. Sind auch Frauen dabei, kommen Gefühle ins Spiel, die Sie viel Geld kosten und sogar in den finanziellen Ruin treiben können.

Ein Pferd zu striegeln weist darauf hin, daß Ihnen Pflicht vor Vergnügen geht.

Wer im Traum einem Pferd **Mähne oder Schweif kämmt**, wird in Geldangelegenheiten eine glückliche Hand haben. Belesene Menschen gehen gewissenhaft ihrer Arbeit nach, andere sehen besorgt zu, ihre Interessen zu wahren.

Pferdeträume allgemein künden von kommendem Wohlstand und außerordentlicher Lebensfreude.

Schecken in Träumen verheißen Profit in verschiedenen Unternehmungen.

SCHECKEN

DIE ROSSE DES POSEIDON

Ohne Sattel zu reiten deutet an, daß man durch harte Arbeit Reichtümer erwirbt und Zufriedenheit findet.

Zugpferde stehen für Wohlstand, dem jedoch diverse Hindernisse vorangehen. Auch in der Liebe sind Schwierigkeiten zu erwarten.

Wenn Sie **bergauf reiten** und Ihr Pferd stürzt, Sie aber trotzdem zum Gipfel gelangen, werden Sie Ihr Glück machen, aber auch gegen Feinde und Eifersucht ankämpfen müssen. Erreichen Sie den Gipfel mitsamt Ihrem Roß, dürfen Sie auf einen phantastischen Aufstieg hoffen.

Reitet ein junges Mädchen im Traum einen **Rappen**, stehen ihr Verhandlungen mit einer Autoritätsperson bevor. Einige Wünsche gehen in Erfüllung, aber nicht zum erwarteten Zeitpunkt. Allgemein symbolisieren schwarze Pferde Verzögerungen.

Ein lahmendes Pferd gilt als Omen für unerwartete Unannehmlichkeiten unter ansonsten günstigen Umständen.

Versuchen Sie, ein Pferd mit einem kaputten und zu kleinen Eisen zu beschlagen, wird man Sie wegen Betrugs zur Rechenschaft ziehen.

Bergab zu reiten heißt, daß Sie eine Enttäuschung erwartet. Träumt eine junge Frau, daß ein Freund hinter ihr reitet, darf sie sich der Aufmerksamkeit vieler erfolgreicher Männer sicher sein. Empfindet sie dabei Furcht, könnte Eifersucht ins Spiel kommen. Verwandelt sich ihr Pferd in ein Schwein, wird sie ehrenhafte Heiratsanträge ausschlagen und so lange auf ihrer Freiheit beharren, bis alle Aussichten auf eine vorteilhafte Ehe geschwunden sind. Balanciert das Schwein allerdings anschließend grazil auf einer Telegraphenleitung, steigen ihre Chancen wieder.

Reitet eine junge Frau im Traum **auf einem Schimmel über Berg und Tal** und wird sie dabei von jemandem auf einem Rappen verfolgt, erwartet sie ein Auf und Ab aus Freude und Trauer; jemand bemüht sich unablässig, sie ins Unglück zu stürzen.

Kommt ein Pferd durch die Luft geflogen und verwandelt es sich im Näherkommen in einen Menschen, der an Ihre Tür klopft und Sie mit etwas bewirft, das wie ein Stück Gummi aussieht, sich dann aber als große Bienen entpuppt, so werden Ihre Hoffnungen enttäuscht, und verlorenes Gut kann trotz größter Anstrengungen nicht zurückgewonnen werden. Tiere in Menschengestalt verheißen dem Träumer bedeutende Fortschritte und viele neue Freunde, ohne sich dafür zu verausgaben. Ist die Erscheinung durch Krankheit oder Ausschlag entstellt, droht das Mißlingen eines ausgeklügelten Plans ◉

Traumpferde können Ihnen ganz naturgetreu *gegenüber*, aber auch in symbolischer Gestalt – zum Beispiel als die weißen Rösser des Meeresgottes Poseidon *oben* – erscheinen.

Die Pferdefamilie

HENGST

Wer von einem **Hengst** träumt, darf auf blühende Zeiten und eine Stellung hoffen, die Ruhm und Ehre bringt.

Reiten Sie einen Hengst, werden Sie auf ungewöhnlichem Wege zu Macht und Reichtum aufsteigen. Allerdings wird der Erfolg Ihre Moralvorstellungen und Ihren Gerechtigkeitssinn untergraben.

Hat das Tier **Tollwut**, verleitet der Reichtum, der Sie umgibt, Sie zu Arroganz, führt zu Entfremdung von Ihren Freunden und verleitet Sie zu zweifelhaften Vergnügen. ◉

STUTE

Sehen Sie im Traum **Stuten auf der Weide**, zeichnen sich berufliche und private Erfolge ab. Verdorrtes Weideland weist auf kommende Armut, aber zuverlässige Freunde hin. Einer Frau verheißt dieser Traum eine gute Ehe und reizende Kinder. ◉

PONY

Ponys gelten als Omen dafür, daß moderate Spekulationen von Erfolg gekrönt werden. ◉

FOHLEN

Von einem **Fohlen** zu träumen deutet auf neue, erfolgversprechende Unternehmungen hin. ◉

HENGST *siehe* **TOLLWUT** *Seite 110*, REITEN *Seite 33* ◆ STUTE *siehe* **PFERDETRÄUME** *Seite 34f.*

Schafe und Schäfer

SCHAF
Wer im Traum **Schafe schert**, darf auf eine profitable Zeit hoffen.

Schafherden stehen für gewinnträchtige Unternehmen. Wirken die Tiere jedoch struppig und krank, müssen Sie mit dem Scheitern eines vielversprechenden Planes rechnen.

Schaffleisch zu essen kann bedeuten, daß jemand böswillig Ihre Gefühle verletzt.

LAMM
Lämmchen, die auf einer grünen Weide herumspringen, symbolisieren reine Freundschaft und Freude. Bauern erwartet eine reiche Ernte, alle übrigen eine satte Gewinnmitnahme.

Sehen Sie im Traum ein **totes Lamm**, drohen Trauer und Einsamkeit. Blut auf dem weißen Fell eines Lammes bedeutet, daß Unschuldige durch Verrat und Missetaten anderer leiden müssen.

Ein **verirrtes Lämmchen** gilt als Symbol für einen eigensinnigen Schutzbefohlenen. Seien Sie vorsichtig in allem, was Sie tun.

Lammfelle stehen für Bequemlichkeit und Vergnügen auf Kosten anderer.

Schlachten Sie im Traum ein Lamm seines Fleisches wegen, werden Sie Wohlstand gegen Zufriedenheit eintauschen.

Lammkoteletts zu essen kann das Anzeichen für eine Krankheit und die Angst um das Wohl von Kindern sein.

Beobachten Sie **Lämmer beim Säugen**, winkt Ihnen Freude durch nette und intelligente Hausgenossen und viele liebenswerte Kinder.

Träumen Sie, daß **Hunde oder Wölfe ein Lamm reißen**, müssen Unschuldige die Anzüglichkeiten böswilliger Zeitgenossen ertragen.

Wenn Sie **Lämmer blöken** hören, spekuliert jemand auf Ihre Großzügigkeit.

Lämmchen im Schneesturm oder Regen weisen auf Enttäuschungen hin, wo eigentlich Freude und Besserung zu erwarten waren.

Sind Sie der **Besitzer von Lämmern**, dürfen Sie auf fröhliche und profitable Zeiten hoffen.

Wer im Traum **ein Lamm auf dem Arm trägt**, wird mit der Sorge um andere belastet, die sich dafür jedoch überschwenglich bedanken.

Ein Lamm zu scheren kann Kälte und Berechnung ausdrücken. Sie sind zwar ehrlich, aber geradezu unmenschlich.

Träumt eine Frau, daß Sie **einem Lamm das Fell abzieht** und dabei entdeckt, daß sie ihr eigenes Kind häutet, so ist zu befürchten, daß sie anderen Leid zufügt und sich damit selbst Schmerzen bereitet.

WIDDER
Werden Sie im Traum von einem **Widder** verfolgt, kündigt sich drohendes Unheil an.

Grast er friedlich im Grünen, haben Sie einflußreiche Freunde, die sich mit aller Kraft zu Ihren Gunsten einsetzen.

SCHÄFER
Sehen Sie **Schäfer, die gut auf ihre Herde achten**, stehen eine reiche Ernte, satte Erträge und viel Freude ins Haus.

Wirken sie hingegen träge und saumselig, drohen Erkrankung und schmerzlicher Verlust.

DAS GOLDENE VLIES

Ziegen und Zicklein

ZICKLEIN
Von einem **Zicklein** zu träumen zeigt an, daß Sie keine Skrupel kennen, wenn es um Geschäft oder Vergnügen geht. Sie werden einem lieben Menschen wehtun.

ZIEGE
Laufen **Ziegen** auf einem Bauernhof herum, sind gutes Wetter und eine ertragreiche Ernte zu erwarten. Sehen Sie sie an einem anderen Ort, weist der Traum auf waghalsige Transaktionen, aber auch wachsenden Reichtum hin.

Geht ein **Ziegenbock** mit den Hörnern auf Sie los, ist Vorsicht vor Spionen angeraten.

Träumt eine Frau davon, einen **Ziegenbock zu reiten**, wird sie wegen unziemlichen Verhaltens verachtet werden.

Trinkt eine Frau im Traum **Ziegenmilch**, wird Sie des Geldes wegen heiraten und ihren Entschluß nicht bereuen.

Schweine

MASTSCHWEIN
Sehen Sie im Traum feiste, gesund wirkende Mastschweine, **stehen rege Geschäfte bevor.** Schlanke Mastschweine kündigen lästige Arbeiten und Ärger mit Personal und Kindern an. Eine Sau mit Ferkeln *dagegen verheißt dem Bauern reiche Ernte und anderen blühende Geschäfte.*

Hören Sie Schweine **quieken**, drohen unerfreuliche Neuigkeiten von entfernten Freunden, ein Todesfall oder die Unfähigkeit, kommende wichtige Geschäfte richtig einzuschätzen.

Wenn Sie Ihre eigenen Mastschweine füttern, *wird sich Ihr persönlicher Besitz mehren.*

Handeln Sie mit Schweinen, werden Sie beträchtliche Reichtümer anhäufen, aber auch hart arbeiten müssen. ✻

SCHWEIN
Fette, gesunde Schweine *gelten als Omen für kommende Erfolge.* Suhlen sie sich im Schlamm, werden Sie durch Ihre Machenschaften in Verruf geraten. Einer jungen Frau stellt dieser Traum einen eifersüchtigen und geizigen Mann in Aussicht, der aller Wahrscheinlichkeit nach jedoch reich ist. ✻

Träume von Haustieren wie Kühe und Schweine wirken erdverbunden. Zuweilen nehmen diese Tiere jedoch einen mythischen Status an, wie etwa der Widder mit dem Goldenen Vlies *links*.

Kühe und Rinder

RIND
Gut im Futter stehende Rinder, die zufrieden auf einer saftigen Weide grasen, verheißen Wohlstand und Glück durch einen geistesverwandten Partner.

Sehen Sie dagegen *magere, heruntergekommene Rinder*, zeichnet sich ein Leben voller Mühen und Plagen ab, weil Sie alle Energie auf unliebsame Details verschwenden. Nehmen Sie diesen Traum zum Anlaß, Ihr Leben zu ändern!

Rinder in wilder, panikartiger Flucht deuten darauf hin, daß Sie all Ihre Kraft aufbieten müssen, um Ihre Karriere in die richtige Richtung zu lenken.

Wer im Traum *Kühe zur Melkzeit* sieht, wird großen Wohlstand erringen. Einer jungen Frau winken danach Liebesfreuden.

Melken Sie *Kühe mit prallem Euter*, wartet das Glück oder immenser Reichtum auf Sie. Hat ein Kalb die Milch vorher getrunken, könnten Sie durch Nachlässigkeit Ihre Liebste oder kostbares Eigentum verlieren.

Tauchen in Ihrem Traum *Kälbchen* auf, werden Sie hohes gesellschaftliches Ansehen und das Herz eines treuen Freundes gewinnen. In beruflicher Hinsicht sind hohe Verkaufserlöse zu erwarten. In der Liebe ist eine respektable Verbindung in Aussicht. Wirken die Kälber mager, dürfen Sie dasselbe erhoffen, müssen jedoch viel härter darum kämpfen.

Rinder mit langen Hörnern und bösem Blick verkörpern Feinde. ◉

STIER
Werden Sie von einem *Stier* verfolgt, droht Ärger im Geschäft; neidische und eifersüchtige Konkurrenten machen Ihnen mit ihren Intrigen das Leben schwer.

Begegnet eine junge Frau im Traum einem Stier, wird sie einen Heiratsantrag erhalten. Für ihre Zukunft wird es jedoch besser sein, ihn abzulehnen.

Spießt ein Stier jemanden auf, kommt die Rechnung dafür, daß Sie unrechtmäßig mit fremdem Gut umgegangen sind.

Ein *weißer Stier* symbolisiert Gewinn und gilt als Zeichen für den Aufstieg in eine höhere Ebene jenseits materialistischen Denkens. ◉

KUH
Kühe, die darauf warten, gemolken zu werden, versprechen die Erfüllung von Wünschen. ◉

JUNGER STIER
Sie sind von guten Freunden umgeben, werden aber auch von Feinden bedroht. Er ist ein Symbol für gute Gesundheit. ◉

KALB
Weiden *Kälbchen* friedvoll auf einer grünen Wiese, stehen fröhliche Feste ins Haus. Wer sein Vermögen mehren will, hat jetzt eine Glückssträhne. ◉

OCHSE
Ein gutgenährter *Ochse* verheißt eine führende Position in Ihrer Gemeinde und Bewunderung des weiblichen Geschlechts.

Fette Ochsen auf der Weide stehen für Reichtum und eine Beförderung, die Ihre kühnsten Erwartungen übertrifft. Sind die Tiere mager, wird Ihr Vermögen zusammenschmelzen, und Freunde werden von Ihnen abfallen.

Erscheinen Ihnen *zwei gut zusammenpassende Ochsen im Gespann*, werden Sie eine glückliche Ehe führen oder haben bereits den passenden Partner gefunden.

Ein *toter Ochse* gilt als Omen für einen schmerzlichen Verlust.

Trinken Ochsen aus einem sauberen Brunnen oder Wasserlauf, werden Sie ein langersehntes Gut erlangen – vielleicht in Gestalt einer liebenden und schönen Gattin. Frauen signalisiert dieser Traum die Zuneigung ihres Liebsten. ◉

SCHWEINE *siehe* SCHLAMM *Seite* 90 ◆ RIND, KUH *siehe* MILCH *Seite* 144 ◆ KALB *siehe* RASEN *Seite* 56 ◆ OCHSE *siehe* JOCH *Seite* 38, WASSER *Seite* 78

Lasttiere

ESEL
Erscheint Ihnen im Traum ein **Esel**, müssen Sie mit diversen Ärgernissen rechnen; Neuigkeiten oder Lieferungen verzögern sich.

Werden Sie **von einem Esel verfolgt** und haben Angst, könnten Sie das Opfer eines Skandals werden.

Weigern Sie sich, auf einem Esel zu reiten, stehen möglicherweise überflüssige Streitereien ins Haus.

Schreit ein Esel Ihnen ins Gesicht, wird ein skrupelloser Zeitgenosse Sie vor aller Öffentlichkeit bezichtigen.

Klingt sein Ruf melancholisch in die Nacht hinein, entbindet Sie der Tod eines nahestehenden Menschen von lästigen Pflichten und bringt Reichtum.

Kommen in Ihrem Traum **schwer beladene Lastesel** vor, wird Ihre Geduld belohnt.

Reiten Sie selbst auf einem Esel, kann dies auf Reisen in ferne Länder und zu schwer zugänglichen Orten hindeuten.

Reiten andere Leute auf einem Esel, zeichnet sich eine magere Erbschaft und ein mühevolles Leben ab.

Wenn Sie mehrere würdige alte Männer auf Eseln reiten sehen, bäumt sich das Christliche in Ihnen gegen Ihre schamlose Selbstsucht auf, und Sie werden anfangen, über Rechte und Pflichten gegenüber Ihren Mitmenschen nachzudenken.

Lenken Sie im Traum einen **Eselskarren**, müssen Sie all Ihre Kraft aufbringen, um einen Verzweiflungsangriff Ihrer Gegner abzuwehren. Verliebte sollten sich vor hinterhältigen Mitmenschen in acht nehmen.

Schlägt ein Esel nach Ihnen aus, halten Sie an unrechtmäßigen Verbindungen fest, die Ihnen nichts als Angst vor Verrat einbringen.

Führen Sie einen Esel am Halfter, werden Sie jede Situation meistern und manches Frauenherz gewinnen.

Wenn **Kinder Esel reiten oder fahren**, signalisiert dies Gesundheit und Gehorsam der Kleinen.

Fallen Sie von einem Esel oder **wirft er Sie ab**, ist Pech und Enttäuschung in weltlichen Dingen zu erwarten. Liebespaare werden sich streiten und möglicherweise trennen.

Ein **toter Esel** steht für das Verlangen nach lasterhaften Ausschweifungen.

Wer im Traum **Eselsmilch trinkt**, gibt wunderlichen Gelüsten nach, auch wenn er dadurch wichtige Pflichten vernachlässigt.

Beobachten Sie im Traum einen **fremden Esel in Ihrem Garten**, weist dies darauf hin, daß eine Erbschaft bevorsteht.

Wenn Sie durch Kauf oder Schenkung in **Besitz eines Esels** gelangen, dürfen Sie sich auf eine hohe Stellung im Beruf oder in der Gesellschaft freuen. Alleinstehende finden einen gleichgesinnten Partner.

Ein **weißer Esel** symbolisiert sicheren und anhaltenden Wohlstand, der es Ihnen ermöglicht, sich ganz mit Ihren Liebhabereien zu befassen. Einer Frau verheißt dieser Traum den langerhofften Zugang zu einer bestimmten Gesellschaftsschicht.

MAULTIER
Wer im Traum auf einem **Maultier** reitet, hat sich auf höchst unsichere Geschäfte eingelassen. Erreichen Sie Ihr Ziel ohne weitere Zwischenfälle, winkt als Lohn für die Angst jedoch satter Gewinn.

Träumt eine junge Frau von einem **weißen Maultier**, wird sie einen reichen Ausländer heiraten – oder einen wohlhabenden Mann, mit dem sie sich nicht versteht.

Laufen die Maultiere vor ihr davon, werden sie zwar viele Verehrer und Schönlinge umgeben, aber sie wird keinen Heiratsantrag erhalten.

Werden Sie **von einem Maultier getreten**, kriselt es gerade in Ihrer Liebesbeziehung.

Ein **totes Maultier** steht für gebrochene Heiratsversprechen und gesellschaftlichen Abstieg.

Tragen von Lasten

LAST
Haben Sie im Traum eine **Last zu schleppen**, deutet dies auf ein langes Dasein mit vielerlei Verpflichtungen im Wohltätigkeitsbereich hin.

Unter einer Last zusammenzubrechen, könnte ein Zeichen dafür sein, daß man sich überfordert fühlt.

Werden anderen Lasten aufgebürdet, steht jemandem eine Verhandlung bevor, die Sie interessieren könnte.

BÜRDE
Wird Ihnen eine schwere **Bürde** auferlegt, werden Sie unter Ungerechtigkeiten leiden müssen, weil Ihre Feinde von mächtiger Seite Unterstützung erfahren. Schaffen Sie es, die Bürde abzuschütteln, werden Sie große Erfolge erzielen.

JOCH
Erscheint Ihnen im Traum ein **Joch, werden Sie sich widerwillig den Wünschen anderer beugen oder fremden Sitten anpassen müssen.**

Spannen Sie Ochsen unter ein Joch, **werden Ihnen unterstellte Personen Ihre Ratschläge annehmen. Lassen sich die Ochsen nicht einspannen, müssen Sie sich um einen verlorenen Freund sorgen.**

Wüstenschiffe

DROMEDAR
Wem im Traum ein **Dromedar** begegnet, wird unerwartete Wohltaten empfangen, seine neuen Ehren mit Würde zu tragen wissen und großzügig Almosen verteilen. Liebende weist dieses Traumsymbol auf gegenseitiges Einverständnis hin.

KAMEL
Kamele deuten an, daß Sie selbst in Zeiten bitterster Not und unter größten Schwierigkeiten die nötige Geduld und Kraft aufbringen. Selbst hoffnungslos erscheinende Situationen und Umstände können Sie nicht entmutigen.

Wer im Traum **ein Kamel besitzt**, darf auf ertragreiche Unternehmungen hoffen.

Sehen Sie **eine Kamelkarawane durch die Wüste ziehen**, werden Sie Unterstützung erfahren, wenn alles aussichtslos wirkt, oder wider Erwarten von einer Krankheit genesen.

Federvieh

HAHN

HUHN
Erscheinen Ihnen im Traum **Hühner**, zeichnen sich Pflichten ab, die jedoch zu Ihrem Vorteil sein können.

Küken oder Junghennen sagen glückliche Unternehmungen voraus, die allerdings einigen Kraftaufwand erfordern.

Hühner auf der Stange deuten an, daß Feinde Ihnen Böses wollen.

Hühnchen essen gilt als Anzeichen dafür, daß Egoismus Ihrem sonst guten Ruf schadet. Liebe und Beruf bleiben im ungewissen.

HAHN
Wer von einem **Hahn** träumt, wird erfolgreich und bekannt, darüber aber auch entsprechend eingebildet.

Hahnenkämpfe gelten als Symbol für Auseinandersetzungen.

KRÄHEN
Träumen Sie von einem **Hahnenschrei am Morgen**, kündigt sich Gutes an. Sind Sie alleinstehend, können Sie auf eine baldige Heirat und ein komfortables Heim hoffen.

Ertönt das **Krähen in der Nacht** und klingt verzweifelt, werden Sie bald Grund zum Weinen haben.

Beobachten Sie zwei **Streithähne**, steht eine Trennung ins Haus. Dieser Traum geht meist einem unerfreulichen Ereignis voraus. Das Krähen eines Hahnes sollte Petrus daran erinnern, daß er Christus dreimal verleugnet hatte. Es mag auch Ihnen im Traum als Warnung erscheinen.

HENNE
Wenn Sie von **Hennen** träumen, steht möglicherweise ein Familientreffen an.

TRUTHAHN
Sehen Sie im Traum **Truthähne**, winkt eine exzellente Ernte.

Sind die Vögel **auf dem Weg zum Markt**, werden Ihre Geschäfte einen erkennbaren Aufschwung nehmen.

Erblicken Sie **kranke oder tote Truthühner**, ist zu befürchten, daß Ihr Stolz durch dringende Sparmaßnahmen leidet.

Wenn Sie im Traum **Truthahn essen**, steht ein festliches Ereignis bevor.

Fliegende Truthühner verkünden einen raschen Aufstieg zu großer Berühmtheit.

Sie als **Federwild** auf einer Jagd zu schießen gilt als Zeichen für rücksichtslose Anhäufung von Reichtümern.

GANS
Hören Sie im Traum **Gänse schnattern,** kann dies einem Todesfall in der Familie vorangehen.

Schwimmen die Tiere in einem Gewässer, wächst Ihr Vermögen langsam, aber stetig.

Gänse auf einer Wiese künden von sicherem Erfolg. Sehen Sie sie tot daliegen, müssen Sie mit Verlust und Unbilden rechnen.

Frisch Verliebte finden durch Gänse ihre Zuneigung bestätigt.

Rupfen Sie Gänse, werden Sie es zu Stand und Ehre bringen. Sie zu essen bedeutet, daß Ihre Besitztümer Anlaß zu Streitigkeiten geben.

GEFLÜGEL
Erscheint Ihnen im Traum **Geflügel**, kann dies kurzzeitige Sorgen oder eine Krankheit bedeuten. Einer Frau kündet ein solcher Traum eine kurze Erkrankung oder das Zerwürfnis mit Freunden an.

KÜKEN
Sieht eine junge Frau im Traum Federvieh mit **Küken**, kommen diverse lästige Pflichten auf sie zu. Sie muß sich um viele Kinder kümmern.

Anderen Leuten stellt dieser Traum wachsenden Reichtum in Aussicht.

Träume von Eseln gegenüber Maultieren und Lasten können reale Arbeiten und Sorgen symbolisieren. Gackerndes Federvieh oben links deutet auf lautstarke Konfrontationen.

Katzen und Kätzchen

KATZEN

KATZE
Sehen Sie im Traum eine **Katze**, und es gelingt Ihnen nicht, sie zu vertreiben oder umzubringen, gilt dies als schlechtes Omen. Greift die Katze Sie an, werden Sie es mit Gegnern zu tun bekommen, die vor nichts zurückschrecken, um Ihren Namen durch den Schmutz zu ziehen und Sie Ihres Vermögens zu berauben. Können Sie das Tier jedoch verjagen, meistern Sie selbst schwierigste Probleme und gewinnen Ansehen und Reichtum.

Begegnet Ihnen eine **abgemagerte, hinterhältig dreinschauende Katze**, müssen Sie mit schlechten Neuigkeiten rechnen; ein Freund könnte im Sterben liegen. Schaffen Sie es, das Tier in die Flucht zu jagen, mag er jedoch wieder genesen.

Wer im Traum eine Katze **schreien oder maunzen** hört, sollte darauf gefaßt sein, daß ein falscher Freund hinter seinem Rücken gegen ihn intrigiert.

Wenn Sie von einer Katze **gekratzt werden**, kann ein Feind Sie um allen Profit aus einem langjährigen Geschäft bringen.

Träumt eine junge Frau, sie halte eine **Katze oder ein Kätzchen im Arm**, besteht Gefahr, daß sie sich zu ungehörigem Verhalten verleiten läßt.

Eine **saubere weiße Katze** symbolisiert Verwicklungen, die zwar auf den ersten Blick harmlos scheinen, dann aber zu Geldverlust führen und Anlaß zu Trauer geben.

Wenn ein Geschäftsmann von einer Katze träumt, sollte er all seine Energie auf sein Unternehmen richten, da die Konkurrenz nicht schläft und ihn dazu zwingen könnte, unter Preis zu verkaufen und, falls ihn das noch nicht in den Ruin treibt, zu noch schlimmeren Mitteln zu greifen.

Eine Katze und eine Schlange in friedlicher Eintracht zeigen kommenden Ärger an. Möglicherweise planen Sie, einen Feind einzuladen, um ihn auszuhorchen, weil Sie einem angeblich Sie betreffenden Geheimnis auf die Spur kommen wollen.

KÄTZCHEN
Träumt eine Frau von einem wunderschönen **wohlgenährten weißen Kätzchen**, sollte sie sich vor hinterlistigen Betrügern in acht nehmen. Jemand versucht sie zu umgarnen, doch kann sie dank ihres gesunden Urteilsvermögens Schlimmeres verhüten.

Sind die Kätzchen schmutzig oder gefleckt und mager, könnte sie unverschämten Indiskretionen zum Opfer fallen.

Allgemein stehen **Kätzchen als Traumsymbol** für kleinere Ärgernisse und Sorgen.

Werden Sie im Traum Zeuge, wie **Schlangen junge Kätzchen töten**, haben Sie Feinde, die sich bei dem Versuch, Ihnen etwas anzutun, selbst schaden.

Träume von Katzen *oben links* übermitteln meist eine Warnung vor Betrug. Mäuse dagegen *rechts*, ihre traditionellen Beutetiere, stehen für Aktionen feindlich gesinnter Personen. Hundeträume *gegenüber* künden meist Erfreulicheres an. Ratten *gegenüber oben* sind im Traum nicht beliebter als im wirklichen Leben.

Mäuse und Mausefallen

MAUS
Träumt eine Frau von einer Maus, droht ihr ein raffinierter, verräterischer Feind.

MÄUSE
Mäuse sagen häusliche Schwierigkeiten und unehrliches Verhalten von Freunden voraus. Geschäftliche Vorhaben laufen nicht erwartungsgemäß.

Wer Mäuse umbringt, *wird seine Feinde bezwingen. Wem sie entwischen, dem stehen zweifelhafte Auseinandersetzungen bevor.*

Eine junge Frau wird durch Mäuse vor unbekannten Feinden gewarnt. Erblickt sie eine Maus in ihren Kleidern, könnte sie in einen bösen Skandal verwickelt werden.

MAUSEFALLE
Wer im Traum eine Mausefalle erblickt, sollte Vorsicht walten lassen, da es jemand auf ihn abgesehen hat.

Sitzen viele Mäuse in der Falle, könnten Sie in die Hand von Feinden geraten.

Stellen Sie die Falle auf, können Sie Ihre Gegner mit einem raffinierten Plan ausschalten.

MAUS

Ratten und Rattenfallen

RATTE

RATTE
Begegnen Ihnen im Traum Ratten, *werden Sie von Ihren Nachbarn hintergangen. Auch Ärger mit Ihren Kompagnons ist vorprogrammiert.*

Ratten zu fangen *bedeutet, daß Sie die Falschheit Ihrer Konkurrenten durchschauen und sie überholen können.*

Wer eine Ratte umbringt, *wird aus jedem Wettstreit als Sieger hervorgehen.* ❋

RATTENFALLE
Geraten Sie im Traum in eine Rattenfalle, *droht der Verlust eines kostbaren Objekts.*

Eine leere Rattenfalle verheißt die Abwesenheit möglicher Konkurrenz, während eine defekte das Ende unliebsamer Bindungen ankündigen kann.

Stellen Sie eine Rattenfalle auf, *durchschauen Sie rechtzeitig die trickreichen Pläne Ihrer Gegner und können sie deshalb durchkreuzen.* ❋

Hundeträume

HUND
Träume von einem **bösartigen Hund** können unabwendbares Mißgeschick ankündigen. **Spielen Sie mit einem Hund**, stehen beträchtliche Gewinne und treue Freunde in Aussicht.

Wer einen **schönen Hund besitzt**, wird große Reichtümer sein eigen nennen.

Werden Sie im Traum **von einem Bluthund verfolgt**, könnten Sie einer Versuchung erliegen, die Ihren Untergang nach sich zieht.

Kleine Hunde stehen für niedere Gedanken und Lust an frivolen Vergnügungen.

Werden Sie **von Hunden gebissen**, steht privat oder beruflich ein Streit ins Haus.

Struppige Hunde künden von mißlichen Geschäften oder kranken Kindern.

Besuchen Sie eine **Hundeausstellung**, dürfen Sie auf vielerlei kleine Glücksfälle hoffen.

Hundebellen kann unerfreulichen Neuigkeiten vorauseilen. Höchstwahrscheinlich stehen Schwierigkeiten bevor.

Sehen Sie **Hunde auf der Jagd** nach größeren Beutetieren, werden Sie alles mit ungewohnter Forschheit angehen.

Aufgeputzte Schoßhündchen zeugen von Eitelkeit, Egoismus und Engstirnigkeit ihres Besitzers. Einer jungen Frau sagt dieser Traum einen Gecken als Geliebten voraus.

Wer sich beim Anblick einer **großen Dogge** fürchtet, wird Probleme haben, über das Mittelmaß hinauszuwachsen. Einer Frau verheißt dieser Traum einen weisen Gatten.

Hören Sie im Traum **Hunde knurren**, sind Sie möglicherweise intriganten Leuten ausgeliefert oder werden zu Hause mit unschönen Neuigkeiten konfrontiert.

Das **einsame Jaulen eines Hundes** kann den Tod oder die lange Trennung von Freunden mitteilen.

Knurrende und kämpfende Hunde deuten Erniedrigung durch Feinde an.

Sehen Sie im Traum **Hunde und Katzen** scheinbar friedlich nebeneinander liegen und dann plötzlich aufeinander losgehen, steht ein Fiasko in Liebes- und Geschäftsangelegenheiten bevor – sofern Sie die beiden nicht trennen können.

Kommt ein **freundlicher weißer Hund** auf Sie zu, sollten Sie dies als Omen für glückliche Zusammentreffen ansehen. Eine Frau kann bald darauf heiraten.

Ein vielköpfiger Hund deutet an, daß Sie sich zu verzetteln drohen. Erfolg fordert immer volle Konzentration. Nehmen Sie diesen Traum zum Anlaß, Ihre Energie gezielter einzusetzen.

Wenn Sie von einem **bösartigen Hund** träumen, werden selbst größte Anstrengungen nicht den gewünschten Erfolg bringen. Beißt er Sie, könnte ein geliebter Mensch am Rande des Wahnsinns stehen oder ein tragisches Erlebnis drohen.

HUND

Reisen Sie allein und **folgt Ihnen ein Hund**, dürfen Sie auf treue und ergebene Freunde zählen.

Sehen Sie im Traum **Hunde schwimmen**, brauchen Sie nur die Hand nach dem Glück auszustrecken.

Tötet ein Hund eine Katze, winken erfolgversprechende Geschäfte und ein unerhoffter Glücksfall.

Auch wenn **ein Hund eine Schlange umbringt**, gilt dies als gutes Omen. ◉

Junge Hunde

WELPEN
Wenn Sie von **Welpen** träumen, werden Sie unschuldig vom Pech verfolgten Menschen helfen und dafür Dankbarkeit ernten. Außerdem dürfen Sie sich, sofern die Welpen munter sind, auf starke Freundschaftsbande und wachsenden Reichtum freuen. Sind sie mickerig, drohen hingegen Einbußen.

Bissige Hunde

BÖSARTIGER HUND
Begegnet Ihnen im Traum ein **bösartiger Hund**, müssen Sie mit Angriffen auf sich und Ihre Freunde rechnen. Können Sie den Hund töten, werden Sie Gesinnungsgegner bezwingen und finanziellen Gewinn einfahren.

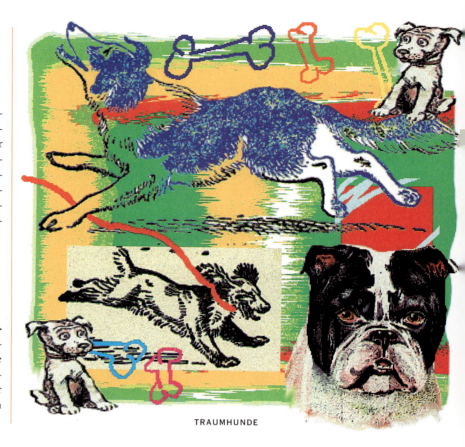

TRAUMHUNDE

Hunderassen

BULLDOGGE
Betreten Sie im Traum fremden Grund und Boden und greift Sie eine **Bulldogge** an, besteht Gefahr, daß Sie die Gesetze Ihres Landes oder Ihre Grenzen überschreiten.

Kommt Ihnen eine **freundliche Dogge** entgegen, steht trotz aufwieglerischer Kritik Ihrer Gegner ein Aufstieg bevor.

JAGDHUND
Jagdhunde auf einer Jagd deuten auf kommende Freuden und Veränderungen zum Guten hin.

Träumt eine Frau von Jagdhunden, wird sie sich in einen Mann unter ihrem Stand verlieben. Folgen ihr viele Jagdhunde, wird sie zahlreiche Verehrer haben, aber vergebens auf die wahre Liebe hoffen.

SCHOSSHÜNDCHEN
Der Traum von einem **Schoßhündchen** sagt aus, daß Ihnen Freunde in schweren Zeiten beistehen. Wirkt das Tier abgemagert und kränklich, müssen Sie sich auf Schwierigkeiten gefaßt machen.

WINDHUND
Träume von **Windhunden** verheißen in der Regel Gutes. Folgt einer einem Mädchen, dürfen Sie auf eine völlig unerwartete Erbschaft hoffen. Gehört Ihnen das Tier, helfen Ihnen Freunde, obwohl Sie Feinde erwartet hatten.

JAGDHUNDE

Das Tierreich

Vögel sind aufgrund ihrer Flugfähigkeit wichtige Traumsymbole. Auf den folgenden Seiten finden Sie viele der gefiederten Gäste, die uns im Traum besuchen – vom majestätischen Adler bis hin zum winzigen Spatz und vom würdigen Schwan bis zum geschwätzigen Papagei. Zur Sprache kommen hier auch Insekten wie etwa Spinnen.

Vögel und Vogelnester

VOGEL
Wer von **Vögeln mit prächtigem Gefieder** träumt, dem winkt das Glück. Frauen dürfen sich auf einen reichen und liebenswerten Partner freuen.

Vögel in der Mauser oder solche, die nicht singen, weisen auf unmenschliche Behandlung von aus der Gesellschaft Ausgestoßenen hin.

Sehen Sie einen **verletzten Vogel**, steht tiefer Kummer durch fehlgeleitete Nachkommen in Aussicht.

Vögel im Flug verheißen Erfolg und Wohlstand. Das mächtige Gute vertreibt alle Widrigkeiten.

Vögel zu fangen ist kein schlechtes Omen. Sie sprechen zu hören weist auf eine besonders ausgeprägte Wahrnehmungsfähigkeit hin.

Wird mit einem **Gewehr auf Vögel geschossen**, könnte eine Hungersnot drohen.

VOGELNEST
Ein **leeres Vogelnest** deutet auf gedrückte Stimmung und schlechte Berufsaussichten. Liegen **Eier** darin, werden Ihre Bemühungen von Erfolg gekrönt sein.

Jungvögel im Nest weisen auf erfolgreiche Reisen und zufriedenstellende Geschäfte hin. Wirken die Piepmätze verlassen, müssen Sie mit Sorgen rechnen, die Sie jedoch durch eigene Unachtsamkeit verschuldet haben.

NEST
Sehen Sie im Traum **Vogelnester,** zeigt dies Ihr Interesse an einem erfolgversprechenden Unternehmen. Einer jungen Frau kündigt sich dadurch ein Wechsel des Wohnsitzes an.

Ein **leeres Nest** steht für Kummer wegen eines abwesenden Freundes.

Gelege von Hühnern weisen auf eine Vorliebe für häusliche Belange sowie fröhliche und gehorsame Kinder hin.

Ein **Nest mit kaputten Eiern** gilt als Ausdruck für Enttäuschung und Mißerfolg.

FEDER

FEDER
Sehen Sie im Traum um sich herum **Federn** fallen, werden Sie es im Leben relativ leicht haben.

Adlerfedern künden an, daß Sie Ihre Ziele erreichen werden.

Hühnerfedern hingegen stellen kleinere Ärgernisse in Aussicht.

Kaufen oder verkaufen Sie **Gänse- oder Entenfedern**, stehen Sparsamkeit und Wohlstand bevor.

Wer von **schwarzen Federn** träumt, muß mit Enttäuschungen und unerwiderter Liebe rechnen.

Einer Frau verheißen **Straußen- oder andere Zierfedern** den Aufstieg in eine höhere Gesellschaftsschicht.

Nachtvögel

WALDKAUZ

EULE
Erklingt Ihnen im Traum der unheimliche Schrei einer **Eule**, sollten Sie es als Warnung auffassen. Der Tod ist näher, als Sie vielleicht glauben, und Sie dürfen Ihr Leben nicht unnötig aufs Spiel setzen. Häufig folgt auf diesen Traum unerquickliche Kunde von Freunden oder Verwandten.

Eine **tote Eule** soll ausdrücken, daß Sie oder jemand, der Ihnen nahesteht, nur knapp dem Tode entrinnt.

Wer im Traum eine Eule sieht, könnte von Feinden bedroht sein.

KÄUZCHEN
Der klagende Schrei eines **Käuzchens** kann einer Schreckensbotschaft vorangehen, die die schlimme Erkrankung oder gar den Tod eines lieben Freundes meldet.

NACHTIGALL
Lauschen Sie im Traum dem herrlichen Gesang einer **Nachtigall**, dürfen Sie auf ein angenehmes Leben in Wohlstand und Gesundheit hoffen. Ein besonders schöner Traum für Verliebte und junge Eltern.

Bleibt die **Nachtigall stumm**, kommt es möglicherweise zu kleineren Mißverständnissen unter Freunden.

Träume von Hunden im allgemeinen *links oben* oder von speziellen Hunderassen *links unten* haben jeweils ihre eigene Bedeutung. Federn *rechts* können verschiedene Bedeutung besitzen, während ein Waldkauz *ganz rechts oben* als schlechtes Omen gilt.

Greifvögel

HABICHT

HABICHT
Der Traum von einem **Habicht** signalisiert, daß intrigante Leute Sie hinters Licht führen wollen.

Wer *einen Habicht erlegt*, wird nach langen Auseinandersetzungen den Sieg davontragen.

Kann eine junge Frau im Traum einen *Habicht von ihrem Hühnerhof verjagen*, wird sie dank ständiger Aufmerksamkeit ihr Ziel erreichen, und sei es noch so ausgefallen. Der Traum bedeutet aber auch, daß sich Feinde in Ihrer Nähe befinden und nur auf einen Fehler von Ihnen warten. Gelingt es Ihnen, den Raubvogel zu vertreiben, winkt beruflicher Erfolg.

Ein *toter Habicht* verheißt den Untergang Ihrer Feinde.

Erschießen Sie einen Habicht, steht Ihnen ein Wettstreit bevor, aus dem Sie vermutlich als Sieger hervorgehen werden. ◎

FALKE
Wem im Traum ein **Falke** begegnet, der wird wegen seines Reichtums viel Neid auf sich ziehen. Einer jungen Frau droht die Verleumdung durch eine Rivalin. ◎

ADLER
Sehen Sie im Traum einen **Adler** hoch über sich durch die Lüfte gleiten, haben Sie vermutlich große Ambitionen und setzen alles daran, diese zu verwirklichen. Vermutlich gelingt Ihnen das auch.

Thront ein Adler in einiger Entfernung auf einem Felsvorsprung, können Sie es zu Ruhm und Wohlstand und einem der höchsten Ämter im Lande bringen.

Junge Adler in ihrem Horst stellen Beziehungen zu den allerhöchsten Kreisen in Aussicht und deuten an, daß Sie aus deren Ratschlägen Profit ziehen können. Zu gegebener Zeit kommen Sie in den Genuß eines bedeutenden Erbes.

Töten Sie einen Adler, lassen Sie sich auf Ihrem Weg nach oben von nichts aufhalten.

Wenn Sie im Traum *Adlerfleisch essen*, weist dies auf einen mächtigen Willen hin, der weder Tod noch Teufel scheut. Immense Reichtümer harren Ihrer.

Ein *von anderen erlegter Adler* gilt als Anzeichen dafür, daß man Ihnen Rang und Reichtum rücksichtslos aberkennt.

Reiten Sie auf Adlerschwingen, ist eine lange Reise in weitgehend noch unerforschte Länder angezeigt. Sie suchen Weisheit und Wohlstand und werden beides später auch erlangen. ◎

Aasfresser

GEIER
Erscheinen Ihnen im Traum **Geier**, kann dies anzeigen, daß es eine intrigante Person darauf abgesehen hat, Ihnen zu schaden. Träumt eine Frau von einem Geier, wird sie ein Opfer von Verleumdung und bösartigem Klatsch. ◎

GEIER

BUSSARD
Hören Sie im Traum einen **Bussard** sprechen, kommt ein längst vergessener Skandal wieder ans Licht, und Sie werden mit illegalen Machenschaften in Verbindung gebracht.

Sitzt er auf einem Zug, könnte Sie ein Unfall oder Verlust ereilen.

Fliegen die Vögel auf, sobald Sie näher kommen, wird es Ihnen gelingen, skandalträchtige Meinungsverschiedenheiten zwischen Freunden zu schlichten.

Generell stehen Bussarde als Traumsymbol für anzüglichen Klatsch oder ärgerliche Skandale.

KRÄHE
Träume von **Krähen** zeigen Unglück und Kummer an.

Hören Sie die Vögel *krächzen*, wird man sie zu einem ungünstigen Handel zu überreden versuchen. Einen jungen Mann warnt dieses Traumsymbol vor dem Charme raffinierter Frauen. ◎

RABE
Wem im Traum ein **Rabe** erscheint, der muß mit einer Schicksalswende und Unfrieden rechnen. Eine junge Frau kann er über die Untreue ihres Geliebten informieren. ◎

SAATKRÄHE
Saatkrähen können ein Anzeichen dafür sein, daß Ihre Freunde zwar treu sind, intellektuell und auch sonst aber nicht dieselben Ansprüche an das Leben stellen wie Sie.

Eine *tote Saatkrähe* gilt als Bote für Krankheit oder Tod in allernächster Zukunft. ◎

Das Tierreich

Diebische Vögel

DOHLE
Als Traumsymbol kündet die **Dohle** von Erkrankung und Streit. Wer eine Dohle fängt, überlistet seine Feinde; wer eine tötet, gelangt in den Besitz umstrittenen Eigentums.

ELSTER
Von einer **Elster** zu träumen deutet auf Unzufriedenheit und Auseinandersetzungen hin. Hüten Sie nach einem solchen Traum Ihre Zunge.

EICHELHÄHER
Ein **Eichelhäher** signalisiert netten Besuch von Freunden und interessanten Klatsch.

Wer einen **Eichelhäher einfängt**, darf auf erfreuliche Aufgaben hoffen.

Ein **toter Eichelhäher** weist auf häuslichen Unfrieden und eine wechselvolle Zukunft hin.

Wasservögel

KRANICH
Sehen Sie im Traum einen Schwarm **Kraniche** nordwärts ziehen, kann dies ein Anzeichen für eine wenig erfreuliche Geschäftsentwicklung sein. Frauen kündet dieser Traum fast immer eine Enttäuschung an. Ziehen sie gen Süden, steht das Wiedersehen mit lieben Freunden ins Haus.

Setzen die Kraniche zur Landung an, zeichnen sich Geschäfte von ungewöhnlicher Wichtigkeit ab.

ENTE
Paddeln **Wildenten** in einem klaren Gewässer, stehen Fernreisen unter einem guten Stern.

Weiße Enten bedeuten Sparsamkeit und eine gute Ernte.

Auf Entenjagd zu gehen sagt eine Verschiebung bei der Realisation von Plänen voraus.

Sehen Sie **erschossene Enten**, könnten sich Feinde in Ihre Privatangelegenheiten mischen.

Fliegende Enten verheißen eine glückliche Zukunft sowie Heirat und Kinder in einem neuen Heim.

SCHWAN

SCHWAN
Beobachten Sie **weiße Schwäne**, dann haben Sie gute Zukunftsaussichten.

Ein **schwarzer Schwan** in der Nähe eines klaren Gewässers weist auf illegitime Vergnügungen hin.

Ein **toter Schwan** symbolisiert Überdruß und Unzufriedenheit.

Sehen Sie **fliegende Schwäne**, könnte ein Wunschtraum in Erfüllung gehen.

PELIKAN
Tauchen in Ihrem Traum **Pelikane** auf, wechseln sich Erfolge und Enttäuschungen ab.

Können Sie einen **Pelikan fangen**, schalten Sie ungünstige Einflüsse aus.

Einen zu töten zeigt an, daß Sie rücksichtslos über die Rechte anderer hinweggehen.

Sehen Sie **Pelikane im Flug**, droht Ihnen eine Anklage.

MÖWE
Möwen prophezeien friedvolle Verhandlungen mit unnachgiebigen Geschäftsleuten.

Erblickt man **tote Möwen**, steht Freunden eine Entzweiung bevor.

....
Habichte *gegenüber oben*, **Geier** *gegenüber Mitte*, **Kraniche** *links* und **Schwäne** *oben* haben ganz eigene Bedeutungen.

KRANICHE

Stimmenimitatoren

PAPAGEI
Papageiengeplapper kann für müßigen Klatsch und frivole Beschäftigungen unter Freunden stehen.

Sehen Sie die Vögel schlafen, kündigt sich die friedliche Unterbrechung in einem familiären Streit an.

Träumt eine junge Frau, sie *besitze einen Papagei*, besteht die Gefahr, daß ihr Zukünftiger sie für zänkisch hält.

Lehren Sie einen Papagei das Sprechen, steht Ärger im Privatleben bevor. Ein *toter Papagei* sagt den Verlust geselliger Freunde voraus. ◉

SPOTTDROSSEL
Erscheint Ihnen im Traum eine *Spottdrossel*, werden Sie zu einer netten Gesellschaft eingeladen, und Ihre Vorhaben laufen ganz nach Plan.

Sieht eine Frau eine *verletzte oder tote Spottdrossel*, steht ihr Zerwürfnis mit einem Freund oder Liebhaber bevor. ◉

SITTICH

KANARIENVOGEL
Zwitschert in Ihrem Traum dieser Sänger, dürfen Sie sich auf unerwartete Vergnügungen freuen. Jungen Menschen verheißt der *Besitz eines Kanarienvogels* den Aufstieg in gebildete Kreise, möglicherweise auch das glückliche Ende eines Liebestraums.

Singvögel

Erhalten Sie einen *Kanarienvogel als Geschenk*, zeichnet sich eine Erbschaft ab. Wer einen *Kanarienvogel verschenkt*, bekommt seinen sehnlichsten Wunsch nicht erfüllt.

Stirbt der Vogel, sollten Sie sich vor untreuen Freunden in acht nehmen.

Singende Kanarienvögel in einer luxuriösen Wohnung stellen ein Leben in Reichtum und zahlreiche gute Freunde in Aussicht. Ist er unnatürlich grell gefärbt, könnte es sein, daß Sie sich trügerischen Hoffnungen hingeben. Blindes Vertrauen ist Ihr schlimmster Feind. Eine junge Frau sollte sich nach diesem Traum vor Schmeichlern hüten, weil sie sonst unweigerlich enttäuscht wird. ◉

LERCHE
Lerchen im Flug sind Ausdruck für hehre, weitgesteckte Ziele, nach deren Erlangung Sie jede Selbstsucht ablegen und sich ganz der Barmherzigkeit verschreiben.

Hören Sie sie im Flug *singen*, werden Sie in einer neuen Wohnung viel Glück finden und Ihre Geschäfte florieren.

Stürzen die Vögel singend zur Erde, wird Sie mitten im Verwirrspiel der Lüste das Unglück ereilen.

Eine *verletzte oder tote Lerche* kündet von Trauer oder Tod.

Eine *Lerche zu töten* bedeutet, Unschuldigen mutwillig Leid zuzufügen.

Fliegen die Vögel fröhlich um Sie herum, ist Fortuna Ihnen hold.

Lerchen *in einer Falle zu fangen* deutet auf leicht erringbare Ehre und Liebe.

Sie beim Fressen zu beobachten, gilt als Omen für eine reiche Ernte. ◉

Wald- und Wiesenvögel

KUCKUCK

KUCKUCK
Wer von einem *Kuckuck* träumt, muß damit rechnen, daß der Ruin eines Freundes seinem sorglosen Dasein ein abruptes Ende bereitet.

Hören Sie einen *Kuckuck rufen*, drohen Krankheit, Tod oder Unfall eines Familienmitglieds. ◉

SCHWALBE
Von *Schwalben* zu träumen ist Zeichen von Frieden und harmonischem Familienleben.

Eine *verletzte oder tote Schwalbe* steht für viel Kummer. ◉

SPATZ
Sehen Sie im Traum *Spatzen*, sind Sie von Liebe und Luxus umgeben und haben ein offenes Ohr für jeden, der Ihnen sein Leid klagt. Ihre Großzügigkeit macht Sie beliebt.

Verletzte Spatzen prophezeien Traurigkeit. ◉

PIROL
Schwirrt ein *Pirol* durch Ihre Träume, wirft ein großes Ereignis seine drohenden Schatten voraus, und Sie fürchten sich vor der Zukunft.

Ist der Vogel krank oder tot, müssen Sie die Torheiten anderer ausbaden. ◉

Ein Kuckuck *links* gilt als schlechtes Omen. **Papageien** *oben* verheißen gesellschaftlichen Aufstieg, während **Ringeltauben** *gegenüber* ruhige Träume bescheren.

Tauben

FRIEDENSTAUBE

Beobachten Sie im Traum **Friedenstauben** bei der Paarung und beim Nestbau, stehen friedliche Zeiten und häusliche Freuden bevor.

Wenn Sie den **klagenden Ruf einer Taube** vernehmen, könnte Kummer und Enttäuschung durch den Tod eines Menschen bevorstehen, an den Sie sich um Hilfe gewandt hatten. Häufig kündigt dieser Traum den Tod eines Vaters an.

Eine **tote Friedenstaube** mag auf die Trennung vom Ehepartner durch Tod oder Untreue hinweisen.

Weiße Friedenstauben gelten als Omen für eine gute Ernte und denkbar treue Freunde. Ein Schwarm weißer Tauben verheißt ruhige, unschuldige Vergnügungen und eine glückliche Zukunft.

Bringt Ihnen eine Friedenstaube einen Brief, werden Sie eine erfreuliche Botschaft von Freunden erhalten. Möglicherweise steht die Versöhnung zweier zerstrittener Liebender an. Wirkt die Taube erschöpft, wird die frohe Kunde von leiser Trauer überschattet. Geht es ums Geschäft, könnte ein kurzer Rückschlag bevorstehen. Ein Brief mit ungünstiger Nachricht signalisiert drohende Krankheit oder finanziellen Ruin.

TAUBE

Wenn Sie im Traum **Haustauben** sehen und über ihrem Schlag gurren hören, dürfen Sie auf häuslichen Frieden hoffen. Einer jungen Frau verheißt dieser Traum eine glückliche Ehe.

Werden Tauben als **Ziel für Schießübungen** benutzt und nehmen Sie daran teil, zeigt sich Ihr Hang zur Grausamkeit auch in Ihren Taten. Seien Sie vor niederen Vergnügungen gewarnt.

Tauben im Flug stehen für die Lösung von Mißverständnissen und kündigen möglicherweise Neuigkeiten an.

RINGELTAUBEN

Federwild

REBHUHN

Wer im Traum **Rebhühner** sieht, hat gute Aussichten auf finanzielle Gewinne. Fangen Sie sie, dürfen Sie auf die Gunst des Schicksals hoffen.

Sie zu **töten** gilt als Vorzeichen für Erfolg, doch werden Sie einen Großteil Ihres Vermögens abgeben müssen.

Rebhühner zu verspeisen symbolisiert den Genuß verdienter Ehren.

Sehen Sie Rebhühner fliegen, stehen zukünftige Unternehmungen unter einem guten Stern.

FASAN

Als Traumsymbol stehen **Fasanen** für den herzlichen Zusammenhalt unter Freunden.

Einen **Fasan zu essen** könnte darauf hinweisen, daß die Eifersucht Ihrer Frau Sie davon abhält, sich mit Ihren Freunden zu treffen.

Wer einen **Fasan schießt**, der stellt sein eigenes Vergnügen über die Bedürfnisse anderer.

WACHTEL

Erscheinen Ihnen im Traum **lebende Wachteln**, gilt dies als ausgezeichnetes Omen; sind die Vögel tot, ist Gefahr in Verzug.

Der Strauß

Wer von einem **Strauß** träumt, wird insgeheim Reichtümer anhäufen, gleichzeitig aber erniedrigende Beziehungen zu Frauen unterhalten.

Einen **Strauß zu fangen** deutet auf weite Vergnügungsreisen und ständigen Wissenszuwachs hin.

Pfau

Bei Menschen, die von **Pfauen** träumen, verbirgt sich hinter einer glänzenden Fassade von Äußerlichkeiten wie Vergnügungen und Luxus echtes Elend; Kummer und Mißerfolge stehen drohend bevor.

Träumt eine Frau davon, **Pfauenfedern zu besitzen**, könnte sie sich in der Einschätzung eines Mannes sehr täuschen.

Hören Sie beim Anblick des prachtvoll geschlagenen **Pfauenrads** die grauenhaft schrille Stimme des Vogels, müssen Sie sich vor einer nach außen hin sehr gepflegten Person in acht nehmen.

Wachteln zu schießen kann ungute Gefühle Ihrer Freunde anzeigen.

Wer **Wachteln ißt**, beweist dadurch einen extravaganten Lebensstil.

10 000 Träume

Insekten

AMEISEN
Wer von **Ameisen** träumt, sollte sich auf viele kleine Unannehmlichkeiten und ärgerliche Sorgen einrichten. Irgendwie klappt an diesem Tag gar nichts.

KÄFER
Kriechen **Käfer** auf Ihnen herum, sind Armut und Unpäßlichkeit angezeigt. Sie umzubringen ist ein gutes Omen.

MAIKÄFER
Maikäfer können einen unliebsamen Kompagnon ankündigen, obwohl Sie einen kooperativen erwartet hatten.

RÜSSELKÄFER
Rüsselkäfer stehen für Geschäftsverlust und falsche Liebesbezeugungen.

KÄFER

VIELERLEI KRABBELTIERE

Stechende Insekten

BIENEN
Bienen symbolisieren erfreuliche und profitable Betriebsamkeit.

Einem Offizier sagen sie gehorsame Schergen, einem Prediger neue Gemeindemitglieder und einem Geschäftsmann guten Umsatz voraus.

Eltern dürfen nach einem solchen Traum auf viel Freude mit ihrem Nachwuchs hoffen.

Werden Sie **von einer Biene gestochen**, kommen Verlust oder Verletzung durch einen Freund auf Sie zu.

WESPEN
Erscheinen Ihnen im Traum **Wespen**, werden Feinde Sie unverschämt diffamieren.

Sticht eine Wespe Sie, bekommen Sie Neid und Haß zu spüren.

Wespen umzubringen steht für die Fähigkeit, furchtlos für seine Rechte einzutreten und einem Gegner notfalls auch an die Gurgel zu gehen.

HORNISSEN
Eine **Hornisse** kündigt das Ende eine lebenslangen Freundschaft und Geldeinbußen an.

Sitzt eine junge Frau im Traum in einem **Hornissennest**, werden Neiderinnen erbittert versuchen, sie zu erniedrigen.

MOSKITOS
Sehen Sie im Traum **Moskitos** oder **Stechmücken**, werden Sie vergeblich versuchen, sich den Attacken heimtückischer Feinde zu widersetzen. Ihr Vermögen wird darunter leiden.

Können Sie die **Mücken erschlagen**, werden Sie häusliches Glück genießen.

Fliegen und -fallen

FLIEGEN
Wer von **Fliegen** träumt, der ist von einer ansteckenden Krankheit bedroht oder von Feinden umzingelt. Einer jungen Frau sagt dieses Traumsymbol Unglück voraus. Kann sie die Fliegen töten oder vertreiben, wird sie die Liebe ihres Auserwählten zurückgewinnen.

BIENE

FLIEGENFALLE
Sehen Sie im Traum eine **Fliegenfalle**, ist eine heimliche Verschwörung gegen Sie im Gange. Ist sie voller Fliegen, können kleinere Verlegenheiten größeres Unheil abwenden.

FLIEGENFÄNGER
Papierne Fliegenfänger sagen eine Erkrankung oder Streit mit Freunden voraus.

Spinnen und Spinnweben

SPINNE

Wer von **Spinnen** träumt, geht seine Unternehmungen gewissenhaft an, was sich durch entsprechenden Erfolg bezahlt macht.

Beobachten Sie eine Spinne beim **Weben ihres Netzes**, werden Sie sich in Ihrem Heim sicher und geborgen fühlen.

Eine **Spinne zu töten** prophezeit Streit mit Ihrem Ehepartner beziehungsweise Freund oder Freundin.

Werden Sie **von einer Spinne gebissen**, werden Sie betrogen.

Sehen Sie im Traum **viele Spinnen** in ihren Netzen hängen, dürfen Sie sich auf günstige Umstände, Glück, Gesundheit und Freunde freuen.

Kommt eine **große Spinne auf Sie zugekrochen**, steht rascher Erfolg ins Haus, sofern Sie gefährliche Kontakte meiden. Ist die große Spinne in Begleitung einer kleineren, fühlen Sie sich eine Zeitlang unbesiegbar. Werden Sie von der größeren gebissen, entwenden Feinde Ihr Vermögen. Beißt die kleinere, stehen kleinere Gehässigkeiten und Eifersüchteleien bevor.

Flüchten Sie im Traum vor einer großen Spinne, droht der Verlust Ihres Vermögens.

Töten Sie eine Spinne, winkt zu gegebener Zeit ein schöner Besitz. Erwacht das Tier hinterher wieder zum Leben und verfolgt Sie, ist mit Krankheit und wechselhaftem Glück zu rechnen.

Erblickt eine junge Frau im Traum **goldene Spinnen**, steigen ihre Chancen auf ein glückliches Leben und neue Freunde. ◉

SPINNWEBEN

Spinnweben symbolisieren erfreuliche Beziehungen und Unternehmungen. ◉

Läuse, Flöhe und anderes Ungeziefer

LAUS

LAUS
Erscheint Ihnen im Traum eine Laus, *fühlen Sie Ihre Gesundheit bedroht, und ein Gegner setzt Ihnen beträchtlich zu.* ✽

LÄUSE
Läuse *als Traumsymbol lassen auf Sorgen und Scherereien schließen. Häufig folgen daraufhin diverse Gebrechen.*

Läuse an Pflanzen *sagen Hungersnöte und Verluste voraus.*

Haben Sie selbst Läuse, *stehen unschöne Meinungsverschiedenheiten mit Bekannten zu befürchten.*

Wer im Traum Läuse fängt, *ist anfällig für Krankheiten und düstere Gedanken.* ✽

UNGEZIEFER
Krabbelt Ungeziefer *durch Ihre Träume, müssen Sie mit Erkrankung oder Unbilden rechnen. Können Sie es abschütteln, ist Erfolg angezeigt, andernfalls droht im Verwandtenkreis vielleicht der Tod.* ✽

TARANTELN
Wer im Traum einer **Tarantel** begegnet, sollte sich vor bösartigen Feinden hüten.

Eine **Tarantel zu töten**, verheißt ein glückliches Ende nach viel Ärger. ◉

FLÖHE
Wer von **Flöhen** träumt, ist in Gefahr, sich leicht provozieren zu lassen. Nehmen Sie diesen Traum als Warnung!

Wird eine Frau im Traum von Flöhen gebissen, *werden falsche Freunde sie verleumden.* Flöhe auf ihrem Liebsten zu entdecken gilt als Zeichen von Wankelmut. ✽

ZECKEN
Kriechen Ihnen im Traum Zecken über die Haut, müssen Sie verstärkt auf Ihre Gesundheit achten. Zuweilen ist eine rasche Reise an ein Krankenbett vonnöten.

Eine Zecke **zu zerquetschen** bedeutet, daß Sie sich von verräterischen Feinden gestört fühlen.

Erblicken Sie große Zecken **an Tieren**, sind Feinde mit allen Mitteln darauf aus, Ihnen Ihren Besitz abzunehmen. ✽

WANZEN
Wenn Sie von **Wanzen** träumen, kann es zu widerwärtigen Komplikationen kommen. Ganze Familien leiden unter der Nachlässigkeit des Personals, und es droht sogar Erkrankung. ✽

SPINNE

Insekten wie **Käfer** *gegenüber oben*, **Bienen** *gegenüber unten*, **Läuse** *ganz oben* und **Spinnen** *wie die Tarantel oben* können des öfteren durch unsere Träume kriechen, ohne dabei etwas Unerfreuliches anzuzeigen.

Heuschrecken und Skorpione

GRASHÜPFER
Sehen Sie im Traum *Grashüpfer* im Gemüsebeet, bedrohen Feinde Ihr wertvollstes Gut. Sitzen sie auf verwelkten Gräsern, müssen Sie auf Ihre Gesundheit achten und mit enttäuschenden Geschäften rechnen.

Verdunkeln Grashüpfer die Sonne, stehen Ärgernisse und Bedrückung bevor, die Sie aus dem Weg räumen sollten. Wenn Sie dabei eine glückliche Hand zeigen, wird sich alles zum besten wenden. Machen Sie andere Leute auf die Tiere aufmerksam, ist mehr Diskretion ratsam.

LAUBHEUSCHRECKE
Hören Sie das Zirpen von großen grünen *Laubheuschrecken*, kann dies auf Mißerfolge und eine ungewöhnliche Abhängigkeit von anderen hinweisen. Wenn ein Kranker Sie nach Laubheuschrecken fragt, dürfen Sie mit unerwarteten Ereignissen rechnen.

Erblickt eine Frau im Traum Laubheuschrecken, zeichnet sich ein Streit mit ihrem Mann ab.

GRILLE
Das Zirpen von *Grillen* kündigt melancholische Neuigkeiten an, möglicherweise den Tod eines Freundes.

Beobachten Sie Grillen, steht Ihnen der Kampf mit der Armut bevor.

HEUSCHRECKE
Heuschrecken können auf berufliche Diskrepanzen deuten, die Ihnen große Sorgen bereiten.

Einer Frau sagt dieser Traum, daß sie ihre Zuneigung auf Unwürdige verschwendet.

SKORPION
Wer von einem *Skorpion* träumt, sollte sich vor falschen Freunden hüten, die es auf sein Vermögen abgesehen haben. Können Sie das Tier nicht töten, stehen gravierende Verluste bevor.

Schmetterlinge und Nachtfalter

SCHMETTERLING

SCHMETTERLING
Sehen Sie einen *Schmetterling* zwischen Blumen und grünen Gräsern, dürfen Sie auf baldigen Wohlstand hoffen.

Gaukeln die Falter durch die Gegend, könnte bald Nachricht von lieben Freunden oder von jemandem, der sie gesehen hat, eintreffen. Einer jungen Frau verheißt dieser Traum glückliche Liebe mit lebenslanger Bindung.

RAUPE
Wem im Traum eine *Raupe* begegnet, der wird in allernächster Zukunft mit niederträchtigen Leuten zu tun bekommen und sollte sich deshalb vor undurchsichtigen Geschäften hüten. In Liebe oder Beruf steht eine Enttäuschung bevor.

Von einer Raupe zu träumen kann ein Anzeichen für peinliche Situationen sein. Möglicherweise steht eine kleinere Belohnung ins Haus.

Während Träume von Schmetterlingen *oben* stets Gutes verheißen, gelten Nachtfalter *rechts* nicht immer als Glücksboten.

NACHTFALTER
Erscheint in Ihrem Traum ein *Nachtfalter*, treiben kleinere Kümmernisse Sie zu einem übereilten, langfristig ungünstigen Entschluß. Zu Hause droht Unfrieden.

MOTTE
Motten sollen eine unausweichliche Erkrankung prophezeien; die Versuchung, sich selbst oder jemand anderem die Schuld dafür in die Schuhe zu schieben, ist groß.

Sieht eine Frau eine Motte nachts durchs Zimmer schwirren, zeichnen sich unerfüllte Wünsche ab.

Beobachten Sie eine Motte, die sich irgendwo niederläßt oder aus Ihrem Blickfeld verschwindet, ist der Tod eines nahen Freundes oder Verwandten zu befürchten.

TAG- UND NACHTFALTER

Fische, die durch Ihre Traumlandschaft schwimmen, haben vielfältigen Symbolgehalt, da sie – in einem anderen Element beheimatet – unbewußte Gedankengänge repräsentieren. Eine andere, geradezu hypnotische Kraft üben Reptilien aus; besonders Schlangen werden als ebenso faszinierend wie beängstigend empfunden.

Fische und Angeln

FISCH

Sehen Sie im Traum *Fische* in klarem Wasser, gewinnen Sie die Gunst der Reichen und Mächtigen.

Tote Fische signalisieren den Verlust von Macht und Reichtum durch eine schlimme Katastrophe.

Einer jungen Frau verheißt ein Fischtraum einen gutaussehenden und talentierten Mann.

Wer im Traum einen *Katzenfisch* fängt, wird von Feinden in Verlegenheit gebracht, kann mit Glück und Geistesgegenwart jedoch Schlimmeres verhüten.

Waten Sie als *Angler* durchs Wasser und fangen viele Fische, werden Sie durch eigenen Fleiß große Reichtümer erwerben.

Das Traumsymbol *Fischen* steht für Energie und gutes Wirtschaften. Fangen Sie jedoch keinen, werden Sie sich vergeblich um Ruhm und Erkenntnis bemühen.

Fisch zu essen gilt als Zeichen für dauerhafte Freundschaften.

FISCH

Träume von Fischen oben *sind fast immer positiv.* Angelhaken *rechts oben und anderes Fischereizubehör zeigen ebenfalls günstige Geschäftsbeziehungen an.*

Fischfang und Sportangeln

ANGLER/FISCHER
Zeigt sich in Ihrem Traum ein Angler, *sind Sie dem Reichtum näher als erwartet.*

ANGELHAKEN
Wenn Sie von einem Angelhaken *träumen, verfügen Sie über alle nötigen Voraussetzungen, um zu Ruhm und Ehren zu gelangen. Sie müssen sie nur richtig einsetzen.*

ANGELHAKEN

FISCHMARKT
Der Besuch eines Fischmarkts *verheißt Einkünfte und Vergnügen.*

Verdorbene tote Fische *künden von Unbill, die sich hinter einer attraktiven Fassade verbirgt.*

NETZ
Ein Fischernetz *zeigt viele kleine Freuden und Einnahmen an. Ist es zerrissen, kündet es freilich von Enttäuschungen.*

Zierfische

FISCHTEICH
Gewahren Sie einen *Fischteich* mit trübem Wasser, müssen Sie aufgrund Ihres ausschweifenden Lebens mit Krankheit rechnen. Ein fischreicher Teich läßt auf profitable Unternehmungen hoffen, während ein *leerer Teich* Todfeinde ankündigen kann.

Fällt eine junge Frau im Traum in einen *klaren Fischteich*, darf sie Glück und große Liebe erwarten. Ein trüber Teich verheißt das Gegenteil.

GOLDFISCHE
Goldfische symbolisieren viele erfolgreiche Abenteuer. Einer jungen Frau sagt dieser Traum einen wohlhabenden, liebenswerten Gatten voraus. Sind die *Goldfische krank*, vereiteln schlimme Enttäuschungen ihre Pläne.

Lachs und Forelle

LACHS
Lachse gelten als gutes Omen: Glück und angenehme Pflichten stehen Ihnen bevor.

Verspeist eine junge Frau einen Lachs, wird sie einen fröhlichen Mann heiraten, der über die Mittel verfügt, sie zufriedenzustellen.

FORELLE
Sichten Sie im Traum *Forellen*, wird sich Ihr Vermögen mehren. Essen Sie eine, werden Sie in guten Verhältnissen leben.

Angeln Sie eine Forelle, sind Ihnen Freude und Einkünfte sicher. Springt sie zurück ins Wasser, ist Ihr Vergnügen nur von kurzer Dauer.

Fangen Sie sie im Netz, winkt unerwarteter Geldsegen.

Eine *Forelle im trüben Wasser* ist Ausdruck einer unglücklichen Liebe.

Aalglatte Kerlchen

AAL
Aale sind vielverspechende Traumsymbole, sofern es Ihnen gelingt, das Tier festzuhalten. Sonst zerrinnt Ihnen das Glück zwischen den Fingern. Ein *Aal im klaren Wasser* zeigt einer Frau neue, aber vergängliche Freuden auf.

Ein *toter Aal* deutet einen Sieg über Ihre schlimmsten Feinde an. Liebenden verheißt er das glückliche Ende einer langen Werbung.

HERING
Heringe stehen für momentane Sparsamkeit. Später winkt jedoch Erfolg.

Raubfische

HECHT
Erscheint in Ihrem Traum ein *Hecht*, stehen gespannte Beziehungen mit Freunden an, ohne daß Sie den Grund dafür kennen.

Wer einen *Hecht fängt*, wird viele Schwierigkeiten überwinden. Einen *Hecht zu essen* zeigt an, daß Sie alle Probleme gemeistert haben.

HAI
Träume von einem *Haifisch* sagen ernst zu nehmende Feinde voraus.

Werden Sie *von einem Hai verfolgt und angegriffen*, versinken Sie aufgrund unvermeidlicher Rückschläge in Mutlosigkeit.

Tauchen Haie im klaren Wasser, sollten Sie damit rechnen, daß Ihr Erfolg bei Frauen und im Beruf nicht ewig anhält, da Neider an Ihrer Position sägen. Ein *toter Hai* stellt Versöhnung und neue Gewinne in Aussicht.

Schaltiere

KRABBEN
Wer von *Krabben* träumt, wird in Komplikationen verwickelt, zu deren Lösung ein sicheres Urteilsvermögen nötig ist. Liebenden bedeutet dieser Traum ein langes und schwieriges Werben.

LANGUSTEN
Junge Leute müssen sich nach diesem Traum vor Täuschung und Betrug in acht nehmen.

MUSCHELN
Muscheln zeigen geringen Wohlstand, aber Zufriedenheit und häusliche Freuden an.

Meeressäuger

WALFISCH

DELPHIN
Von *Delphinen zu träumen* kann Ausdruck für eine neue Regierung sein. Kein sehr gutes Traumsymbol.

TÜMMLER
Beobachten Sie im Traum Tümmler, sind Sie nicht in der Lage, andere für Ihre Unternehmungen zu gewinnen.

WALFISCH
Wer im Traum einen *Walfisch sieht, der auf ein Schiff zuschwimmt,* der fühlt sich zwischen Pflichten hin und her gerissen und könnte sein Hab und Gut verlieren.

Ist der Wal kraftlos, *fällt es Ihnen leicht, zwischen Pflicht und Neigung zu entscheiden. Es winken Erfolge.*

Bringt der Wal ein Schiff zum Kentern, *geraten Sie in einen Strudel der Wirrungen und Irrungen.*

HAIFISCH

Schlangen und Reptilien

REPTIL
Werden Sie im Traum von einem **Reptil** angegriffen, müssen Sie mit gewaltigem Ärger rechnen. Gelingt es Ihnen, es zu töten, werden Sie letztlich siegreich aus der Sache hervorgehen.

Erwacht ein **totgeglaubtes Reptil** wieder zum Leben, kommen unerfreuliche Angelegenheiten erneut aufs Tapet, und zwar mit verstärkter Feindseligkeit.

Tun Ihnen die Tiere nichts, leiden Sie zwar unter Hohn und Spott, nehmen aber keinen ernsthaften Schaden.

Begegnen einer jungen Frau im Traum **verschiedene Reptilien**, bürdet ihr das Schicksal diverse Ärgernisse auf. Ihr Liebster schaut anderen Frauen nach. Wird sie von einem Tier gebissen, könnte ihr eine Rivalin den Mann ausspannen.

SCHLANGE
Schlangen stehen für Krankheitsanfälligkeit und Depressionen im allgemeinen. Für gewöhnlich folgen auf einen solchen Traum allerlei Enttäuschungen.

Eklige Würmer

WÜRMER
Wer von **Würmern** träumt, kann durch niedere Intrigen übler Feinde zu Schaden kommen.

Sieht eine junge Frau Gewürm über sich kriechen, wird sie zu einer Geldheirat neigen. Kann sie die Tiere abschütteln, wird sie sich aus der materiellen Lethargie befreien und ein gutes und sinnvolles Leben führen.

Würmer als Fischköder zu benutzen bezeichnet die Fähigkeit, selbst feindlich gesinnte Kräfte zum eigenen Wohl einzusetzen.

Gift- und Würgeschlangen

VIPER
Von einer Katastrophe bedroht fühlt sich, wer von einer **Viper** träumt.

Werden Sie im Traum von einer vielfarbigen Viper angegriffen, die sich scheinbar unbeschränkt zu teilen vermag, sind Feinde auf Ihren Ruin aus, die zwar getrennt vorgehen, aber ein gemeinsames Ziel verfolgen.

BOA CONSTRICTOR
Diese Schlange symbolisiert in etwa dasselbe wie der Teufel. Stürmische Zeiten stehen bevor, und Sie werden von der Menschheit enttäuscht. Eine Boa Constrictor zu töten gilt als gutes Omen.

NATTER
Ein ungutes Traumsymbol. Frauen könnten den Respekt vor der Obrigkeit verlieren, und Todfeinde arbeiten daran, Sie zu diffamieren. Liebende werden einander unrecht tun.

Träume von Krabben *gegenüber links*, Hai *gegenüber unten*, und Walfischen *gegenüber oben* haben ganz eigenen Symbolgehalt. Erscheinen Ihnen im Traum Schlangen *rechts* und Reptilien, kann dies großes Unglück prophezeien.

KREUZOTTER
Beobachten Sie im Traum eine **Kreuzotter**, und ein toter Freund, der scheinbar jedoch noch atmet, setzt sich beim Biß der Schlange auf, woraufhin beide im Gebüsch verschwinden, werden Sie sich um gute Freunde Sorgen machen. Sie können aber auch selbst von einem Verlust getroffen werden.

Träumt eine junge Frau von einer **Kreuzotter**, steht ihr Ärger durch eine hinterhältige Person bevor. Kriecht die Schlange vor ihr davon, setzt sie sich erfolgreich gegen alle Angriffe zur Wehr.

KLEOPATRA BEGEHT SELBSTMORD DURCH SCHLANGENBISS

Schlangenträume

Wird eine Frau im Traum von einer toten **Schlange** gebissen, wird sie unter den Händeln eines falschen Freundes zu leiden haben.

Träume von **mehreren Schlangen** gelten als Vorboten des Bösen. Winden sie sich und fallen über andere her, stehen finanzielle Schwierigkeiten und Reue ins Haus. Können Sie sie umbringen, schöpfen Sie Ihre Möglichkeiten voll aus und genießen den wohlverdienten Triumph über Ihre Feinde.

Wenn Sie über Schlangen hinwegsteigen, leben Sie in ständiger Furcht vor Krankheit; selbstsüchtige Personen wollen Ihnen Ihren Platz streitig machen.

Werden Sie **von einer Schlange gebissen**, besteht Gefahr, daß Sie sich den negativen Tendenzen beugen und daß Feinde Sie geschäftlich schädigen.

Wenn sich eine **gewöhnliche gesprenkelte Schlange** aus dem Grünen auf Sie zu schlängelt, woraufhin Sie beiseite treten und den Vorfall gleich wieder vergessen, woauf sie sich Ihnen aber erneut in gigantischer Größe nähert und es Ihnen dann nur mit viel Mühe gelingt, ihrem Angriff zu entkommen, bis sie schließlich Ihrem Augenfeld entschwindet, dann haben Sie bald das Gefühl, geringschätzig behandelt zu werden. Erkrankungen, Beklommenheit und Unfreundlichkeit werden in Ihrer Vorstellungskraft gewaltige Dimensionen annehmen, dann jedoch auch wieder auf ein gesundes Maß schrumpfen. Zuletzt können Sie all den in der Einbildung entstandenen Ärger beiseite schieben und Ihre Pflichten wiederaufnehmen.

Windet sich eine Schlange um Sie herum und züngelt Ihnen ins Gesicht, könnten Sie in eine Lage kommen, in der Sie sich Ihren Feinden völlig ausgeliefert fühlen; möglicherweise droht eine Erkrankung.

Halten Sie **Schlangen souverän in der Hand**, verfügen Sie über taktisches Geschick und überwinden dadurch alle Widrigkeiten.

Verwandeln sich Haare vor Ihren Augen **in Schlangen,** wachsen sich scheinbar unbedeutende Zwischenfälle zu größeren Problemen aus.

Nimmt eine Schlange unnatürliche Formen an, kommen Schwierigkeiten auf Sie zu, die Sie mit Ruhe und Willenskraft jedoch in den Griff bekommen.

Treten Sie beim Baden **auf eine Schlange**, entpuppt sich ein scheinbares Vergnügen als ärgerliches Hindernis.

Beobachten Sie im Traum, daß jemand anderer von einer Schlange gebissen wird, könnten Sie einen Freund beleidigen oder verletzen.

Kleine oder junge Schlangen wollen

VON EINER SCHLANGE BEDROHT

ALLIGATOR UND SCHLANGE

Sie vor gastfreundlichen Personen warnen, die Ihnen beruflich den Garaus machen wollen.

Sehen Sie **Kinder mit Schlangen spielen**, müssen Sie Freunde von Feinden trennen. Träumt eine Frau, ein Kind lege ihr eine Schlange auf den Hinterkopf und sie höre das Tier zischen, wird sie sich überreden lassen, ein Gut aufzugeben, das sie besser behalten hätte.

Erblicken Sie auf einem Weg **Schlangen hinter einem Freund**, die sich aufrichten, könnten Sie eine Verschwörung aufdecken, die sich gegen Sie beide richtet. Glauben Sie, Ihr Freund habe die Sache im Griff, wird sich eine höhere Instanz einschalten und zu Ihren Gunsten wirken.

Kann eine Frau im Traum **eine Schlange hypnotisieren**, versucht jemand, ihre Rechte zu beschneiden, doch kann sie auf die Hilfe von einflußreichen Freunden zählen. ◉

Schlangen und Reptilien kriechen durch viele Träume und tauchen manchmal gemeinsam auf *oben*. Als Traumsymbol ist ihre Deutung ungeheuer vielfältig. Erblicken Sie eine Schlange aus sicherer Entfernung *gegenüber links*, bedeutet dies etwas anderes, als wenn das Tier Sie unmittelbar bedroht *links*. Auch Krokodile *gegenüber* können Furcht einflößen.

Das Tierreich

Frösche und Kröten

FROSCH
Im Traum **Frösche** zu fangen kann ein Anzeichen dafür sein, daß Sie zuwenig auf Ihre Gesundheit achten, was im Familienkreis Anlaß zu Sorge gibt.

Für gute, vertrauenswürdige Freunde stehen **Frösche im Gras**.

Erscheint einer Frau ein **Ochsenfrosch**, steht die Heirat mit einem reichen Witwer bevor; gemeinsame Kinder festigen die Bindung.

Frösche in einem Sumpf sagen Ärger voraus, den Sie dank der Güte anderer jedoch meistern.

Frösche zu essen stellt flüchtige Vergnügen in Aussicht. Hören Sie die Tiere **quaken**, werden Sie Freunde besuchen, damit jedoch nichts erreichen. ◎

KRÖTE
Kröten gelten als schlechtes Omen. Einer Frau können sie ankündigen, daß jemand versucht, ihren guten Namen durch den Schmutz zu ziehen.

Bringen Sie eine Kröte um, wird Ihr Urteil in Frage gestellt.

Wenn Sie eine anfassen, können Sie sich am Ruin eines Freundes mitschuldig machen. ◎

KAULQUAPPE
Kaulquappen stehen für unsichere Spekulationen.

Sieht eine junge Frau Kaulquappen im klaren Wasser, wird sie eine Bindung mit einem reichen, aber unmoralischen Mann eingehen. ◎

Gefährliche Reptilien

KROKODIL
Wer von einem solchen Reptil träumt, mag von seinen engsten Freunden betrogen werden. Allerorten warten Feinde auf Sie.

Treten Sie im Traum auf den **Rücken eines Krokodils**, könnten Sie Ärger bekommen, den abzuwenden großen Kraftaufwand erfordert. Nehmen Sie diese Warnung ernst, und vertrauen Sie nach einem solchen Traum niemandem. ◎

ALLIGATOR
Wer von einem **Alligator** träumt, ohne das Tier zu töten, muß mit einer Pechsträhne rechnen. Ein Warntraum. ◎

KROKODIL

Kriechtiere

SCHNECKE
Kriechen etwa **schleimige Schnecken** durch Ihren Traum, werden Sie sich in Ihrem Umfeld nicht wohl fühlen.

Treten Sie auf eine Schnecke, kommen Sie in Kontakt mit abstoßenden Menschen. ◎

SCHILDKRÖTE
Begegnet Ihnen im Traum eine **Schildkröte**, verbessert ein unerwarteter Zwischenfall Ihre berufliche Situation; Sie dürfen sich freuen.

Wer **Schildkrötensuppe** trinkt, findet auf Kosten anderer Vergnügen an einer gemeinen Intrige. ◎

Chamäleons und Eidechsen

CHAMÄLEON
Sehen Sie Ihre Liebste mit einem **Chamäleon an der Leine**, wird sie sich Ihres Vertrauens unwürdig erweisen, wenn sie anderswo bessere Chancen sieht. Normalerweise symbolisieren Chamäleons Betrug und Aufstieg, auch auf Kosten anderer. ◎

ECHSE
Träume von **Echsen** künden von drohenden Angriffen durch Feinde.

Töten Sie eine Echse, gewinnen Sie verlorenes Gut zurück. Entwischt das Tier, müssen Sie mit Ärgernissen in Liebe und Beruf rechnen.

Träumt eine Frau, daß ihr **eine Echse über den Rock kriecht**, stehen ihr Unglück und Kummer bevor. Ihr Ehemann könnte einen schweren Unfall erleiden und sie mittellos zurücklassen, so daß sie sich selbst mühen muß, um einen kargen Unterhalt zu verdienen. ◎

FROSCH *siehe* GRAS *Seite* 56, MARSCHLAND *Seite* 90, ESSEN *Seite* 133 ◆ KAULQUAPPE *siehe* WASSER *Seite* 78 ◆ SCHILDKRÖTE *siehe* SUPPE *Seite* 135 ◆ ECHSE *siehe* SCHRAMME *Seite* 112

Die Pflanzenwelt

Ebenso wie Charaktere in Träumen ihre Rollen tauschen, ändert sich auch die Traumlandschaft. In diesem Abschnitt geht es um Pflanzen: grüne Träume im Ambiente eines Gartens und seiner Blumenbeete, die symmetrische Eleganz eines angelegten Parks, die glückliche Gewißheit auf dem Bauernhof zur Erntezeit und die geheimnisvolle Verlockung von Bäumen und Wäldern.

Parks und Gärten

PARK
Ein gepflegter **Park** deutet auf eine genußreiche Freizeit hin. Gehen Sie mit Ihrem Liebhaber spazieren, werden Sie eine harmonische und glückliche Ehe führen.

Ungepflegte Parks ohne Grünflächen und Blattwerk künden unerwartete Rückschläge an.

GLÄNZENDE BLÄTTER

GARTEN
Ein **Garten** voll immergrüner Pflanzen und Blumen verheißt großen inneren Frieden und Wohlergehen.

Gemüse sagt Trübsal oder den Verlust von Vermögen sowie Verleumdungen voraus. Frauen verkündet dieser Traum, daß sie berühmt oder im Privatleben sehr glücklich sein werden.

Gehen Sie mit Ihrem Liebhaber durch einen Garten voll blühender Büsche und Pflanzen, deutet dies auf ungetrübtes Glück und finanzielle Unabhängigkeit hin.

ÜPPIGES GRÜN

Gras und Rasen

GRAS
Dies ist wirklich ein sehr verheißungsvoller Traum. Er verspricht dem Händler ein erfolgreiches Leben und schnellen Reichtum, den Literaten und Künstlern Ruhm und allen Liebenden eine sichere Reise durch die Turbulenzen der Liebe.

Ein schroffer Berg jenseits einer **grünen Grasebene** verheißt Ärger.

Gehen Sie über **grünes Gras** mit versengten Flecken, deutet dies auf Krankheit hin.

Bei einem perfekten Traum weist das Gras keine Mängel auf. **Verwelktes Gras** verkündet das Gegenteil.

RASEN
Gehen Sie über einen gepflegten **Rasen,** dann stehen Ihnen freudige Ereignisse und Reichtum bevor.

Die Teilnahme an einer fröhlichen Party auf dem Rasen verkündet viele weltliche Vergnügen und Geschäftsverbindungen.

Wartet eine junge Frau auf einem **grünen Rasen** auf einen Freund oder Liebhaber, dann werden sich ihre Wünsche im Hinblick auf Reichtum und Ehe erfüllen. Ist das Gras tot und der **Rasen morastig,** sind Streitigkeiten und Trennung zu erwarten.

Kriechen Schlangen vor Ihren Füßen, werden Verrat und böse Anspielungen Sie zur Verzweiflung bringen.

RASENMÄHER
Benutzen Sie im Traum einen **Rasenmäher,** werden Sie bald eine soziale Aufgabe übernehmen.

Die Pflanzenwelt

EIN GARTEN IM SOMMER

Gartenarbeiten und -werkzeuge

HARKE
Das Benutzen einer **Harke** verheißt, daß Arbeit, die Sie anderen übertragen haben, erst durch Ihre Beaufsichtigung beendet wird.

Eine *zerbrochene Harke* bedeutet, daß Krankheit oder Unfall Ihre Pläne durchkreuzen.

Sehen Sie *andere harken,* dann werden Sie am Glück anderer teilhaben können. ◎

HACKE
Sehen Sie im Traum eine **Hacke,** dann werden Sie in Zukunft keine Zeit zur Muße haben, weil die Existenz anderer von Ihrer Arbeit abhängt.

Das *Benutzen einer Hacke* bedeutet, daß Sie nie arm sein werden, weil Sie Ihre Energie in sichere Bahnen lenken.

Träumt eine Frau vom Hacken, wird sie von anderen unabhängig sein, da sie sich selbst versorgt.

Für Liebhaber ist dieser Traum ein Zeichen für Treue.

Schlägt ein Feind mit einer Hacke nach Ihnen, dann werden Ihre Interessen von Feinden bedroht, doch mit Vorsicht gehen Sie einer wirklichen Gefahr aus dem Weg. ◎

JÄTEN
Ein Traum, in dem Sie *jäten,* verkündet, daß Sie mit einer Arbeit, die Ihnen Ehre einbringen wird, nur schwer vorankommen.

Sehen Sie *andere jäten,* dann befürchten Sie, daß Feinde Ihre Pläne durchkreuzen. ◎

SPATEN
Träumen Sie von einem sogenannten *Spaten,* dann müssen Sie eine Arbeit abschließen, deren Beaufsichtigung Ihnen viel Ärger einbringen wird. ◎

HOHLSPATEL
Ein *Hohlspatel* verkündet, daß in einem ungünstigen Geschäft eine Wende einkehrt und Sie die Armut überwinden.

Bei einem rostigen oder kaputten Hohlspatel ist Ihnen das Unglück unabwendbar auf den Fersen. ◎

Ein Blumenstrauß

BLUMEN
In der Umarmung des Schlafes betritt sie Reiche voll Blumen, deren Liebe und Liebkosungen sie glücklich erwachen lassen.

Blühende **Blumen** im Garten verheißen Freude und Gewinn, wenn sie farbenfroh und frisch sind; weiße hingegen verkünden Traurigkeit. *Verwelkte Blumen* sagen Enttäuschung und düstere Zeiten voraus.

Erhält eine junge Frau einen *Strauß mit unterschiedlichen Blumen,* dann wird sie viele Verehrer haben.

Mit *weißen Blumen* geschmückte Gräber oder Urnen sind für das Vergnügen und weltliche Freuden von Nachteil.

In dürrer Erde stehende **blühende Blumen** ohne Blätter verkünden eine schmerzhafte Erfahrung, doch mit Ihrer Energie und Heiterkeit werden Sie bald wieder zu Ansehen und Glück gelangen. ◎

BLUMENSTRAUSS
Ein wunderschöner und farbenfroher **Blumenstrauß** verheißt eine Erbschaft von einem reichen und unbekannten Verwandten sowie lustige Treffen mit jungen Leuten.

Ein *verwelkter Blumenstrauß* bedeutet Krankheit und Tod. ◎

KRANZ
Ein *Kranz* aus frischen Blumen bedeutet, daß sich Ihnen bald großartige Gelegenheiten bieten, reich zu werden.

Ein *verwelkter Kranz* steht für Krankheit und enttäuschte Liebe.

Ein *Brautkranz* verkündet das glückliche Ende unsicherer Verlobungen. ◎

....

Träume von Pflanzen und Gärten sind normalerweise angenehm und verkünden erfreuliche Ereignisse. Sie können von einer üppigen, dschungelartigen Landschaft *gegenüber* **oder von einem Bauerngarten im Sommer** *oben* **träumen.**

HARKE siehe ZERBRECHEN Seite 265 ◆ SPATEN siehe SPIELKARTEN Seite 176 ◆ HOHLSPATEL siehe ROST Seite 255 ◆ BLUMEN siehe GRAB Seite 122 ◆ KRANZ siehe HOCHZEITSKLEID Seite 131

Rosen auf allen Wegen

ROSE

Blühende **Rosen** bedeuten, daß ein freudiges Ereignis naht und Ihr Liebster Ihnen treu ergeben ist.

Träumt eine junge Frau davon, **Rosen zu pflücken,** dann wird sie bald ein Heiratsangebot erhalten, das ihr sehr gefällt.

Verwelkte Rosen verkünden die Abwesenheit der Liebsten.

Weiße Rosen ohne Sonnenschein oder Tau verheißen eine schwere, wenn nicht sogar tödliche Krankheit.

Das Einatmen ihres Duftes bringt ungetrübte Freude.

Träumt eine junge Frau von **Rosen auf einer Anhöhe,** die sie pflückt und zu Sträußen bindet, bedeutet dies, daß sie das Angebot einer geschätzten Person sehr glücklich machen wird.

DAMASZENERROSE

Ein **Damaszener-Rosenstrauch** in voller Pracht und Blüte deutet darauf hin, daß in Ihrer Familie bald eine Hochzeit stattfindet und große Hoffnungen sich bald erfüllen.

Steckt ein Liebhaber Ihnen **diese Rose ins Haar,** dann wird man sie betrügen. Erhält eine Frau einen **Strauß Damaszenerrosen** im Frühling, wird sie einen treuen Liebhaber haben, erhält sie ihn jedoch im Winter, werden ihre Hoffnungen zunichte gemacht.

ROSENSTRAUCH

Sehen Sie einen **Rosenstrauch** mit Blättern, aber ohne Blüten, bedeutet dies, daß sie in denkbar günstigen Verhältnissen leben. Ein toter Rosenstrauch hingegen verkündet Unglück und Krankheit für Sie oder Verwandte.

BLUMENPFLEGE

Duftende Blüten

JASMIN
Jasmin verheißt ein köstliches Vergnügen, das jedoch nur von kurzer Dauer ist.

GEISSBLATT
Sehen oder pflücken Sie **Geißblätter,** dann werden Sie zufrieden und glücklich sein und eine außergewöhnlich harmonische Ehe führen.

DAHLIE
Dahlien verkünden dem Träumer Glück, wenn sie frisch und von leuchtender Farbe sind.

....

Herrlich duftende Blumen mögen im wirklichen Leben schön sein, sind in Ihren Träumen jedoch häufig unglückliche Omen. Sie können von bestimmten Blumen wie Rosen *links* oder von Gartenarbeiten *oben* träumen.

BUSCHROSEN UND RANKENDE ROSEN

Die Pflanzenwelt

Gartenblumen

CHRYSANTHEME
Das Pflücken von weißen **Chrysanthemen** bedeutet Verlust und große Bestürzung; farbige hingegen sagen angenehme Verabredungen voraus.

Ein **Chrysanthemenstrauß** verkündet, daß Ihnen Liebe entgegengebracht wird, Sie diese aber aus dummem Ehrgeiz verschmähen.

Gehen Sie eine Straße mit **weißen Chrysanthemen** entlang, wobei hier und da eine gelbe zu sehen ist, kündigt dies ein seltsames Gefühl von Trauer und Verlust an, das zu einer Entfaltung der Gefühle und neuer Kraft führt.

Sehen Sie sich diese weißen Blumen im Vorübergehen an und haben plötzlich das Gefühl, daß Ihre Seele den Körper verläßt und eine Stimme laut ruft »Ehre sei Gott, meinem Schöpfer«, dann steht Ihnen in naher Zukunft eine Krise bevor. Werden einige Ihrer Freunde ohnmächtig und greifen andere wahrhaftige geistige und weltliche Ideen auf, dann werden Sie die eigentliche Bedeutung des Lebens erfassen. Der Tod ist Ihnen in diesen Träumen oft nahe. ◉

LILIE
Lilien prophezeien eine harte Strafe durch Krankheit und Tod.

Wachsende Lilien mit reichem Blattwerk deuten für junge Leute auf frühe Heirat und eine daraufffolgende Trennung durch den Tod hin.

Kleine Kinder inmitten der Blumen verkünden Krankheit und eine schwache Konstitution.

Träumt eine junge Frau davon, daß sie **Lilien** bewundert oder **pflückt**, dann wird ihr eine mit Freude verbundene große Traurigkeit vorhergesagt, da der von ihr geliebte Mann schwer erkrankt, vielleicht sogar frühzeitig stirbt. Sind sie verwelkt, ist der Kummer noch näher als erwartet.

Atmen Sie den **Duft von Lilien** ein, wird der Kummer ihre geistigen Fähigkeiten läutern und steigern. ◉

SEEROSE
Träumen Sie von **Seerosen** oder sehen sie wachsen, dann stehen Ihnen sowohl Wohlstand als auch Kummer oder Trauer bevor. ◉

MYRTE
Myrten mit Blättern und Blüten verkünden, daß Ihre Wünsche in Erfüllung gehen und Sie innere Freude empfinden.

Träumt eine junge Frau davon, einen **Myrtenzweig** zu tragen, dann wird ihr eine frühe Heirat mit einem wohlhabenden und intelligenten Mann vorhergesagt.

Ist er verwelkt, dann bleibt ihr wegen ihres nachlässigen Verhaltens das Glück versagt. ◉

HYAZINTHE
Sehen oder pflücken Sie in Ihrem Traum **Hyazinthen**, dann steht Ihnen eine schmerzhafte Trennung von einem Freund bevor, was jedoch letztendlich gut für Sie ist. ◉

Gänseblümchen und Löwenzahn

GÄNSEBLÜMCHEN
Ein Strauß *Gänseblümchen* verheißt Traurigkeit; befinden Sie sich jedoch auf einer Wiese, auf der diese hübschen Blumen blühen, wobei die Sonne scheint und die Vögel zwitschern, dann werden sich Glück, Gesundheit und Reichtum miteinander vereinen und Sie Ihr Leben lang begleiten.

Sehen Sie diese Blumen außerhalb der passenden Jahreszeit, wird das Böse über Sie hereinbrechen. ✻

LÖWENZAHN
Blühender Löwenzahn *verheißt erfreuliche Begegnungen und eine glückliche Umgebung.* ✻

Wald- und Wiesenblumen

MOHNBLUMEN
Mohnblumen stehen für eine Zeit verführerischer Freuden und günstiger Geschäfte, die jedoch kein festes Fundament haben.

Atmen Sie ihren Duft ein, werden Sie das Opfer listiger Überredungskünste und Schmeicheleien sein. ◉

VEILCHEN
Sehen oder pflücken Sie **Veilchen**, dann wird es in Ihrem Leben freudige Anlässe geben, bei denen Sie die Gunst einer Ihnen vorgesetzten Person gewinnen.

Eine junge Frau, die sie pflückt, wird bald ihren zukünftigen Ehemann treffen.

Sind sie trocken oder verwelkt, dann wird ihre Liebe verschmäht und abgewiesen. ◉

RINGELBLUME
Ringelblumen bedeuten, daß Sie sich Zufriedenheit und Genügsamkeit zum Ziel setzen sollten. ◉

PRIMEL
Schmückt diese kleine Blume das Gras zu Ihren Füßen, ist dies ein Omen für Vergnügen voll Wohlergehen und Frieden. ◉

SCHLÜSSELBLUME
Das Pflücken von **Schlüsselblumen** verheißt ein unglückliches Ende enger Freundschaften; wachsende hingegen sagen Liebenden eine bedingte Tauglichkeit voraus. Ein böser Traum.

Stehen sie in voller Blüte, steht Ihnen eine Krise bevor. Nach diesem Traum kann ein glückliches Zuhause auseinanderfallen. ◉

10 000 Träume

Träume vom Leben auf dem Bauernhof geben sowohl die Idylle als auch die harte Arbeit beim Einbringen der Ernte wieder. In diesem Abschnitt wird die Bedeutung der verschiedenen zahlreichen Feldfrüchte sowie der Werkzeuge, Kenntnisse und Verfahren erklärt, die notwendig sind, damit aus den wiegenden Kornfeldern mit Getreide gefüllte Kornkammern werden.

Auf dem Bauernhof

BAUERNHOF
Träumen Sie davon, auf dem **Bauernhof** zu leben, dann werden Sie in Ihren Unternehmungen eine glückliche Hand haben.

Einen Bauernhof zu kaufen verheißt dem Bauern eine gefüllte Kornkammer, dem Geschäftsmann profitablen Handel und Reisenden und Seefahrern eine sichere Reise.

Besuchen Sie einen Bauernhof, kündet dies von erfreulichen Zusammenschlüssen.

FELDER
Totes Getreide oder **stoppelige Felder** prophezeien dem Träumer düstere Zukunftsaussichten.

Grüne Felder oder solche mit reifem Korn oder Getreide verkünden allen Klassen großen Reichtum und Glück.

Frisch **gepflügte Felder** bedeuten Zuwachs Ihres Vermögens und baldige Ehrungen.

Feldfrüchte und Getreide

MAIS UND MAISFELDER
Das Enthülsen der **Maiskolben** verheißt vielfältigen Erfolg und Freude. Wenn Sie andere bei der Maisernte sehen, werden Sie am Glück von Freunden oder Verwandten teilhaben.

Wandern Sie durch ein grünes und üppiges **Maisfeld** mit schwer herunterhängenden Kolben, deutet dies auf großen Wohlstand für den Bauern hin. Es verheißt gutes Getreide und reiche Ernten sowie Harmonie zu Hause. Jungen Leuten werden viel Freude und wahre Freunde vorhergesagt. Sind die Kolben jedoch verdorben, kündigt dies Enttäuschungen und Verluste an.

Wird **junger Mais** neu gepflügt, verheißt dies Gunst bei einflußreichen Personen und zukünftigen Erfolg. Reifer Mais verkündet Ruhm und Wohlstand. Wird er geerntet, bedeutet dies, daß Ihre größten Wünsche in Erfüllung gehen.

Geschälter Mais deutet auf ertragreiche Verbindungen und uneingeschränkte Begünstigungen hin.

Das **Essen von grünem Mais** verheißt Harmonie unter Freunden und glückliche Verbindungen für junge Leute.

ROGGEN
Roggen verspricht Gutes, da Wohlstand Ihnen eine glänzende Zukunft bescheren wird

Aus **Roggen hergestellter Kaffee** bedeutet, daß Vergnügen und gesundes Urteilsvermögen im Einklang stehen und Ihre Geschäfte ohne unangenehme Reibungen verlaufen.

Vieh in Roggenfeldern verkündet Wohlstand.

DAS PFLÜGEN DER FELDER

Reicher Kompost

DÜNGER
Dünger ist ein gutes Omen. Nach diesem Traum wird Ihnen viel Gutes beschert. Insbesondere Bauern werden einen Anstieg ihres Vermögens erfahren.

DÜNGER

MISTHAUFEN
Träumen Sie von einem **Misthaufen, stehen Ihnen Gewinne aus Quellen ins Haus, die sie am wenigsten erwartet haben. Für den Bauern ist dies ein glücklicher Traum, da er gutes Wetter und eine Fülle von Pflanzen- und Viehzeugnissen vorhersagt. Für eine junge Frau bedeutet dies, daß sie einen sehr reichen Mann heiraten wird.**

KLEE
Wandert der Träumer durch Felder mit duftendem **Klee**, dann werden alle Wünsche in seine Reichweite gelangen. Dem Bauern werden gute Ernten und jungen Leuten Wohlstand vorhergesagt. **Verbrannte Kleefelder** verkünden herzzerreißende und kummervolle Seufzer.

Klee bedeutet, daß Sie bald von Reichtum überhäuft werden. Träumt eine junge Frau von einer durch blühenden Klee kriechenden Schlange, dann wird die Liebe sie früh enttäuschen, und sie empfindet ihre Umgebung als düster und entmutigend.

GERSTENFELD
Dem Träumer werden sich die größten Wünsche erfüllen, und sämtliche Bemühungen werden mit Erfolg gekrönt. Zerfall bedeutet jedoch wie immer Verlust.

Die Pflanzenwelt

Weizen und Hafer

HAFERFLOCKEN

WEIZEN

Große *Weizenfelder* verkünden erfreuliche Aussichten für Ihre vielfältigen Interessen.

Ist der *Weizen reif*, ist Ihnen ihr Glück sicher, und Liebe wird Ihr freudiger Begleiter sein.

Große, deutliche *Weizenkörner*, die durch die Dreschmaschine laufen, bedeuten, daß der Wohlstand seine Tore für Sie öffnet.

Bei Weizen in Säcken oder Tonnen wird Ihr Entschluß, den Gipfel des Erfolgs zu erreichen, bald mit einem Sieg gekrönt, und Ihre Liebesangelegenheiten werden auf festem Boden stehen.

Ist Ihre Kornkammer nicht gut abgedeckt, so daß der Inhalt feucht wird, dann haben Sie zwar ein Vermögen angehäuft, aber ihre Rechte nicht gesichert, weshalb sich Ihre Gewinne durch die Machenschaften von Feinden verringern werden.

Wenn Sie Weizen in Ihrer Hand reiben und essen, dann werden Sie zu Ihrem Recht kommen und es sichern.

Steigen Sie auf einen steilen, mit Weizen bedeckten Hügel und glauben Sie, daß Sie sich an den Weizenhalmen hochziehen, dann werden Sie großen Wohlstand genießen und jedes Vorhaben zum Erfolg führen.

HAFER

Bestimmt *Hafer* Ihren Traum, wird Ihnen viel Gutes vorhergesagt. Das Glück und Harmonie in der Familie ist dem Bauern hold.

Bei **verdorbenem Hafer** wird Trauer an die Stelle glänzender Aussichten treten.

Hopfen und Wein

HOPFEN

Hopfen steht für Sparsamkeit, Energie und die Kraft, nahezu jedes unterbreitete Geschäft in Angriff zu nehmen und zu meistern. Hopfen ist für alle Klassen, Liebenden und Händler ein günstiges Zeichen.

WEIN

Wein verspricht Erfolg und Glück. Eine gute Gesundheit erwartet jene, die blühenden Wein sehen. Ist der Wein tot, wird Ihnen ein wichtiges Geschäft nicht gelingen.

Giftige Weine verkünden, daß Sie das Opfer eines geschickten Plans sind und ihre Gesundheit gefährden.

WEINBERG

Ein *Weinberg* verheißt günstige Spekulationen und ein glückliches Liebesleben.

Der Besuch eines ungepflegten und übelriechenden Weinberges bedeutet, daß Enttäuschungen Ihre sehnsüchtigsten Erwartungen überschatten werden.

Plantagenanbau

ZUCKERROHR

Wachsendes *Zuckerrohr* verkündet günstige Aussichten auf ein Vermögen. Wird es geschnitten, bedeutet dies ein völliges Versagen in sämtlichen Unternehmungen.

HANF

Hanf steht für Erfolg in allen Unternehmungen. Träumt eine junge Frau, daß sie durch den *Anbau von Hanf* einen Unfall erleidet, dann erwartet sie ein heftiger Streit und die Trennung von ihrem Freund.

HANFSAMEN

Hanfsamen verkünden eine baldige tiefe und anhaltende Freundschaft. Dem Geschäftsmann ergeben sich auch günstige Gelegenheiten des Gelderwerbs.

Sie können von Arbeiten in der Landwirtschaft wie dem Pflügen *gegenüber unten* **oder der Düngerzubereitung** *gegenüber oben* **träumen, von Getreide wie Hafer oder dem jährlichen Ereignis der Weinlese** *unten*.

WEINLESE

WEIZEN siehe FELDER Seite 60, GETREIDEKORN Seite 62, ESSEN Seite 133, HÜGEL Seite 90 ◆ HOPFEN siehe BIER, BRAUEREI Seite 151 ◆
WEIN siehe GIFT Seite 247 ◆ WEINBERG siehe GERUCH Seite 98

Das Pflügen der Felder

PFLUG
Ein **Pflug** steht für ungewöhnlichen Erfolg und einen erfreulichen Höhepunkt im Geschäftsleben.

Pflügende Personen verkünden Aktivität sowie zunehmendes Wissen und Vermögen.

Sieht eine junge Frau ihren Liebhaber pflügen, dann wird sie einen reichen Ehemann haben. Ihre Freude wird tief und anhaltend sein.

Pflügen Sie selbst, dann werden Sie schnell an Besitz und Freuden gewinnen.

SENSE
Eine **Sense** verheißt, daß Unfälle oder Krankheiten sie daran hindern, Ihren Geschäften nachzugehen oder Reisen zu unternehmen.

Eine **alte oder kaputte Sense** bedeutet Trennung von Freunden oder geschäftlichen Mißerfolg.

MISTGABEL
Mistgabeln stehen für Kämpfe zur Aufbesserung Ihres Vermögens und für schwere körperliche oder geistige Arbeit.

Werden Sie von jemandem mit einer Mistgabel angegriffen, dann haben Sie persönliche Feinde ohne Skrupel, Ihnen Schaden zuzufügen.

DAS MÄHEN VON GETREIDE

SENSE

Den Samen ausstreuen

SAMEN
Samen verkünden zunehmenden Wohlstand, auch entgegen ungünstiger Anzeichen.

SÄEN
Das **Säen** von Samen verheißt dem Bauern eine ertragreiche Zukunft, wenn er in frisch gepflügtem Boden einsät.

GETREIDEKORN
Getreidekörner sind äußerst positiv und deuten Reichtum und Glück an. Einer jungen Frau verkündet dieser Traum Vermögen. Sie wird reiche Männer treffen, die sie anbeten.

Einbringen der Garben

ERNTE
Die **Erntezeit** ist ein Vorbote von Wohlstand und Freude. Sind die Ernteerträge ergiebig, ist dies ein gutes Zeichen, da die Regierung sich bemüht, alle Zustände zu verbessern.

Eine **schlechte Ernte** ist ein Zeichen für geringe Einnahmen.

GARBEN
Garben verkünden erfreuliche Anlässe. Wohlstand bietet ein Panorama für freudige Ereignisse, und Unternehmungen und Glück gewinnen an Boden.

Sehen Sie andere beim Säen, werden Ihnen viele Geschäfte vorhergesagt, die allen Nutzen bringen.

GARBEN

Träume über die Ernte symbolisieren gewöhnlich ertragreiche Tätigkeiten im Leben. Sie können von Geräten wie der Sense *oben Mitte*, von Erntetätigkeiten *unten* träumen oder die Ernte selbst *gegenüber oben* bzw. das Ergebnis der harten Arbeit wie goldene Garben *oben* sehen.

PFLUG siehe FELDER Seite 60 ◆ GETREIDEKORN siehe MAIS UND MAISFELDER Seite 60, DRESCHEN Seite 63 ◆ ERNTE siehe GETREIDEMÄHER, ÄHREN LESEN, DRESCHEN, SCHEUNE Seite 63

Die Pflanzenwelt

DIE ERNTE EINBRINGEN

Das Erntefest

GETREIDEMÄHER

Sind **Getreidemäher** geschäftig bei der Arbeit, bedeutet dies Wohlstand und Zufriedenheit. Scheinen sie durch vertrocknete Stoppeln zu fahren, wird es keine gute Ernte und demzufolge Geschäftseinbußen geben.

Stehen die Mäher still, wird mitten im Glück ein entmutigendes Ereignis stattfinden.

Eine kaputte **Mähmaschine** kündigt den Verlust des Arbeitsplatzes oder Enttäuschung im Handel an. ◎

ÄHREN LESEN

Sind **Ährenleser** während der Erntezeit bei der Arbeit, verheißt dies ein blühendes Geschäft und reiche Ernteerträge für den Bauern.

Arbeiten Sie mit den Ährenlesern zusammen, werden Sie nach einigem Ärger bei der Durchsetzung Ihrer Rechte Besitz erlangen. Einer Frau sagt dieser Traum die Heirat mit einem Fremden voraus. ◎

DRESCHEN

Das **Dreschen** von Getreide bedeutet großen Erfolg im Geschäftsleben und Glück in der Familie. Viel Stroh und kleine Körner verheißen jedoch erfolglose Geschäfte.

Haben Sie beim Dreschen eine Panne oder einen Unfall, dann werden Sie mitten im Reichtum großen Kummer erleiden. ◎

SCHEUNE

Eine **Scheune** ist ein Omen für großen Wohlstand, wenn sie mit reifem, trockenem Getreide und perfekten Ähren gefüllt und von fettem Vieh umgeben ist. ◎

Heu, Stroh und Spreu

HEU

Wenn sie **Heu** mähen, werden Sie im Leben viel Gutes erfahren. Als Bauer, werden Sie reiche Ernteerträge haben.

Felder mit **frisch geschnittenem Heu** sind ein Zeichen für außergewöhnlichen Reichtum.

Laden Sie das Heu auf und bringen es in die Scheune, ist Ihnen Ihr Glück sicher, und Sie werden großen Gewinn aus einem Geschäft ziehen.

Heufuhren auf der Straße verheißen Treffen mit einflußreichen Fremden, die viel zu Ihrer Freude beitragen.

Verfüttern Sie Heu an Vieh, dann werden Sie jemandem Hilfe anbieten, der Ihnen diesen Gefallen mit Liebe und einer Beförderung danken wird. ◎

STROH

Stroh bedeutet, daß Ihr Leben von Leere und Mißerfolg bedroht ist.

Brennende Strohballen sind ein Signal für ertragreiche Zeiten.

Geben Sie dem Vieh Stroh, dann werden Sie jene, die auf Sie angewiesen sind, schlecht versorgen. ◎

SPREU

Spreu verkündet ein sinnloses und erfolgloses Unternehmen und eine schlechte Gesundheit, die große Sorgen bereitet.

Träumt eine Frau von **Spreuhaufen**, dann wird sie viele Stunden mit sinnlosem und bösem Geschwätz verbringen, was ihr einen schlechten Ruf einbringt. Ihr Ehemann, der sonst für ihren Unterhalt gesorgt hätte, verläßt sie daraufhin. ◎

Bäume wurden in der Traumlandschaft schon immer als einflußreiche Symbole angesehen. Dieser Abschnitt handelt von einzelnen Baumarten, spezifischen Baumgruppen und der Ansammlung von Bäumen und Büschen in Gehölz und Wäldern. Die Verwendung und Bedeutung von Holz und Nutzholz sowie der Ertrag des Waldes wird ebenso untersucht.

Wälder, Bäume und Holz

WALD
Befinden Sie sich in einem dichten *Wald,* dann stehen Ihnen Einbußen im Handel, unglückliche Einflüsse zu Hause und Ärger in der Familie bevor. Kälte und Hunger sagen eine lange Reise zur Erledigung einer unangenehmen Sache voraus.

Ein *Wald mit stattlichen belaubten Bäumen* bedeutet Wohlstand und Vergnügen. Literaten verkündet dieser Traum Ruhm und große öffentliche Anerkennung.

Eine junge Frau berichtet von folgendem Traum und seiner Erfüllung: »Ich befand mich in einem seltsamen Wald, in dem anscheinend Kokospalmen mit roten und gelben Beeren standen. Der Boden war mit Laub bedeckt, das ich unter meinen Füßen knistern hörte. Am nächsten Nachmittag erhielt ich ein Telegramm mit einer Nachricht über den Tod eines lieben Cousins.«

BAUM
Bäume mit jungen Blättern sagen die glückliche Erfüllung von Hoffnungen und Träumen voraus. *Tote Bäume* signalisieren Kummer und Verlust.

Das *Klettern auf einen Baum* ist ein Zeichen für schnellen Aufstieg.

Ihn zu fällen oder mit den Wurzeln herauszureißen bedeutet, daß Sie Ihre Energien und Ihren Reichtum verschwenden.

Soeben gefällte *grüne Bäume* verheißen, daß Freude und Wohlstand durch ein Unglück getrübt werden.

GEHÖLZ
Je nach Art des *Gehölzes* erwartet Sie eine natürliche persönliche Änderung. Ist es grün, wird es Glück bringen, ist das Laub jedoch gefallen, wird sich bald eine Katastrophe einstellen.

Brennendes Gehölz besagt, daß sich Ihre Pläne zufriedenstellend entwickeln. Das Glück wird Ihnen wohlgesinnt sein.

Handeln Sie mit *Brennholz,* dann werden Sie ein Vermögen durch entschlossenen Kampf machen.

Wurzeln und Zweige, Blätter und Blüten

HECKE
Immergrüne *Hecken* verkünden Freude und Gewinn.

Kahle Hecken verheißen Kummer und unkluge Handlungen.

Träumt eine junge Frau davon, mit ihrem Liebhaber an einer *grünen Hecke* entlang zu wandern, dann wird sie bald verheiratet sein.

Stecken Sie in einer *dornigen Hecke* fest, dann werden Sie im Geschäftsleben behindert. Für Liebende bedeutet dieser Traum Streit und Eifersucht.

ZWEIG
Er verkündet Reichtum und viele schöne Stunden mit Freunden, wenn er voller Früchte und grüner Blätter ist. Ist er jedoch vertrocknet, erwarten Sie traurige Nachrichten von den Abwesenden.

BLATT
Blätter stehen für Glück und wunderbaren Gewinn im Geschäftsleben.

Verwelkte Blätter verkünden, daß falsche Hoffnungen und düstere Vorboten ihre Gedanken in einen Strudel der Verzagtheit ziehen.

Träumt eine junge Frau von verwelkten Blättern, dann wird sie auf dem Weg zur Ehe allein gelassen. Manchmal spielt auch der Tod eine Rolle.

Sind die Blätter *grün und frisch,* wird die junge Frau eine Erbschaft machen und einen wohlhabenden und attraktiven Mann heiraten.

BLÜTE
Bäume und Sträucher *in Blüte* verheißen Ihnen eine Zeit des angenehmen Wohlstands.

WURZEL
Wurzeln verkünden Unglück, da sowohl die Geschäfte als auch die Gesundheit nachlassen.

Wurzeln als Medizin warnen vor einer herannahenden Krankheit oder vor Kummer.

EIN VERZAUBERTER WALD

Die Pflanzenwelt

Besondere Bäume

EICHE
Ein **Eichenwald** verheißt großen Wohlstand in sämtlichen Lebenslagen.

Eine **Eiche voller Eicheln** sagt Wachstum und Beförderung voraus.

Eine **verdorrte Eiche** verkündet plötzliche und schockierende Überraschungen.

Träumen Liebende von Eichen, dann werden sie bald unter günstigen Umständen zu zweit durchs Leben gehen. ◎

EICHEL
Eicheln sind ein Zeichen für angenehme Dinge und großen Gewinn.

Das Aufsammeln vom Boden verheißt Erfolg nach langwierigen Bemühungen. Wenn eine Frau sie ißt, dann wird sie von einer arbeitsintensiven Stelle auf einen ruhigen und angenehmen Posten befördert.

Werden Sie von Bäumen geschüttelt, dann erfüllen sich Ihre Wünsche im Geschäfts- oder Liebesleben schnell.

Grüne Eicheln am Baum oder verstreut auf dem Boden verkünden eine Verbesserung Ihrer Angelegenheiten. Faule oder **vertrocknete** bringen Enttäuschungen und Ablehnung.

Wenn Sie sie grün vom Baum pflücken, werden Sie Ihre eigenen Interessen durch Eile und Indiskretion verletzen. ◎

WEIDE
Weiden verkünden, daß Sie bald eine traurige Reise unternehmen, in Ihrem Kummer jedoch von treuen Freunden getröstet werden. ◎

KIEFER

KIEFER
Kiefern sagen Erfolg in sämtlichen Unternehmungen voraus.

Eine **tote Kiefer** prophezeit einer Frau Trauer und Sorgen. ◎

ZEDER
Grüne, wohlgeformte **Zedern** kündigen einen erfreulichen Erfolg in einem Unternehmen an.

Sind sie tot oder krank, erwartet Sie Verzweiflung. Sie werden Ihre Ziele nicht erreichen. ◎

EIBE
Eiben sind Vorboten von Krankheit und Enttäuschung. Sitzt eine junge Frau unter einer Eibe, wird sie viele zermürbende Ängste um die Treue ihres

EIBE

Liebhabers ausstehen. Steht ihr Liebhaber bei einer Eibe, wird sie möglicherweise von seiner Krankheit erfahren. Bewundert sie eine Eibe, wird sie sich von ihren Verwandten durch Mißheirat entfremden.

Eine **tote Eibe** ohne Nadeln kündigt einen tragischen Tod in der Familie an. Vermögen wird über Ihren Verlust nicht hinwegtrösten. ◎

PAPPEL
Pappeln sind ein gutes Omen, wenn sie Blüten oder Blätter tragen.

Steht eine junge Frau mit ihrem Liebhaber unter den Blüten und Blättern einer »**Tulpenpappel**«, dann werden sich ihre Hoffnungen erfüllen. Ihr Liebhaber wird gut aussehen und höflich sein. Reichtum und Freunde werden sie umgeben. Ist sie ohne Laub und verdorrt, stehen ihr Enttäuschungen bevor.

WACHOLDER
Ein **Wacholder** verkündet Glück und Reichtum nach traurigen Verhältnissen. Für eine junge Frau ist dieser Traum ein Zeichen für eine glückliche Zukunft nach enttäuschenden Liebesaffären. Für Kranke ist dies der Vorbote für eine schnelle Gesundung.

WACHOLDER

Das Essen oder Sammeln der **Wacholderbeeren** verheißt Ärger und Krankheit. ◎

Palmen und Lorbeerbäume

PALME
Palmen sind Vorboten von vielversprechenden Situationen und Glück von einer höheren Sorte.

Geht eine junge Frau eine **Palmenallee** hinunter, ist dies ein Omen für ein fröhliches Zuhause und einen treuen Ehemann. Sind die Palmen verwelkt, wird ein unerwartetes trauriges Ereignis ihre gewohnte Heiterkeit erschüttern. ◎

LORBEERBAUM
Bei einem **Lorbeerbaum** erwartet Sie eine unbeschwerte freie Zeit mit vielen angenehmen Zerstreuungen. In Zeiten der Erholung werden viele Kenntnisse wiederholt. Es ist ganz allgemein ein guter Traum. ◎

Träumen Sie von Wäldern und Bäumen, dann entweder von bestimmten Bäumen wie der Pinie *links*, **der Eibe** *Mitte* **oder dem Lorbeerbaum** *oben* **oder von einem geheimnisvollen Wald in seiner Ganzheit** *gegenüber*.

Immergrüne Pflanzen

LORBEERSTRAUCH
Lorbeersträucher bringen Erfolg und Ruhm. Sie werden neue Eroberungen in der Liebe machen. Unternehmen werden viele Erfolge verzeichnen.

Schmückt eine junge Frau den Kopf ihres Liebhabers mit Lorbeer, dann wird sie sowohl einen treuen als auch einen berühmten Mann haben.

MISTEL
Misteln verkünden Glück und große Freuden.

Für junge Leute ist es ein Omen für angenehmen Zeitvertreib.

In Zusammenhang mit wenig verheißungsvollen Zeichen tritt an Stelle von Freude Enttäuschung.

EFEU
Efeu an Bäumen oder Häusern verheißt eine ausgezeichnete Gesundheit und wachsenden Wohlstand. Auf diesen Traum werden zahllose Freuden folgen. Einer jungen Frau kündigen sich viele Ehrungen an. Sieht sie im Mondschein an einer Wand rankendes Efeu, dann wird sie heimliche Treffen mit jungen Männern haben.

Verwelkter Efeu steht für aufgelöste Verlobungen und Traurigkeit.

IMMERGRÜN
Dieser Traum prophezeit zahllose Quellen von Reichtum, Glück und Wissen. Es ist für alle Klassen ein Anzeichen für möglichen Reichtum.

EFEU

Moose und Farne

MOOS
Moos bedeutet, daß Sie untergeordnete Stellen besetzen werden. Wächst es jedoch in fruchtbarem Boden, werden Ihnen Auszeichnungen zuteil.

FARN
Farne verheißen, daß böse Vorzeichen durch glückliche Stunden vertrieben werden.

Sind sie verwelkt, dann werden viele und unterschiedliche Krankheiten in Ihrem Familienkreis Sie stark beunruhigen.

Kletten und Brombeersträucher

BROMBEERSTRAUCH
Haben Sie sich in *Brombeersträuchern* verfangen, so ist dies ein schlechtes Zeichen. Prozesse werden gegen Sie angestrengt, und eine Krankheit wird über Sie kommen.

BAUMHEIDE
Stecken Sie in *Baumheidesträuchern* fest, dann werden Sie vor bösen Feinden gewarnt. Schaffen Sie es jedoch, sich aus ihnen zu befreien, dann werden Ihnen loyale Freunde in jeder Notlage zur Seite stehen.

KLETTE
Kletten bedeuten, daß Sie sich abmühen, um eine unangenehme Last loszuwerden und eine Änderung der Umgebung wünschen.

DER MISTELPFLÜCKER

Die Pflanzenwelt

Weihnachtliches Grün

WEIHNACHTSMANN

WEIHNACHTSSCHEIT
Weihnachtsscheite *verkünden, daß sich freudige Erwartungen durch die Anwesenheit bei großen Festlichkeiten erfüllen.*

WEIHNACHTSBAUM
Ein Weihnachtsbaum *steht für freudige Anlässe und die Verheißung von Glück.*

Ist der Schmuck entfernt, dann wird Sie ein schmerzhaftes Ereignis nach festlichen Anlässen erwarten.

Stiche und Bisse

NESSELN
Das Wandern durch **Nesseln**, ohne gestochen zu werden, verheißt Wohlstand.

Werden Sie gestochen, dann sind Sie mit sich selbst unzufrieden und machen andere unglücklich.

Geht eine junge Frau durch Nesseln, werden Ihr verschiedene Männer einen Heiratsantrag machen. Ihre Entscheidung wird sie mit ängstlichen Vorahnungen erfüllen.

Nesseln sind verhängnisvolle Zeichen für beengte Verhältnisse und Ungehorsam von Kindern oder Bediensteten.

DORNEN
Dornen bedeuten, daß jegliche Anstrengung um Erfolg von Bösem unterwandert wird.

Sind sie unter grünem Blattwerk versteckt, dann wird Ihr Glück durch geheime Feinde beeinträchtigt.

EIN DORNIGER PLATZ

Holzverarbeitung

NUTZHOLZ
Nutzholz ist ein Zeichen für glückliche Zeiten und eine friedliche Umgebung.

Scheinbar totes Nutzholz verheißt große Enttäuschungen.

SCHNITTHOLZ
Schnittholz bedeutet viele schwierige Aufgaben, jedoch nur geringe Belohnung oder Freude.

Brennende **Holzstöße** sind ein Zeichen für Gewinn aus unerwarteter Quelle.

Das *Sägen von Schnittholz* sagt unkluge Transaktionen im Geschäftsleben und Unglück voraus.

BAUMSTUMPF
Ein **Baumstumpf** verkündet, daß Sie Rückschläge erfahren und von Ihrem gewohnten Lebensweg abweichen.

Felder mit Baumstümpfen bedeuten, daß Sie sich nicht selbst gegen hereinbrechende Not wehren können.

Sie auszugraben oder herauszureißen ist ein Zeichen dafür, daß Sie sich selbst aus Ihrer ärmlichen Umgebung befreien, indem Sie Gefühle und Stolz beiseite schieben und der Wirklichkeit des Lebens mit der Entschlossenheit begegnen, jeden Widerstand zu überwinden.

HOLZSTOSS
Ein **Holzstoß** bedeutet Unzufriedenheit im Geschäft und Mißverständnisse in der Liebe.

STREICHHÖLZER
Streichhölzer sind ein Omen für Unglück.

In Träumen über den Wald können auch Pflanzen wie Misteln *gegenüber unten* oder Eiben *gegenüber oben* vorkommen. Dornen *oben* sind ebenso unangenehm wie ein Bett aus diesen Pflanzen in Wirklichkeit. Weihnachtsscheite und -bäume *oben links* bedeuten immer gute Laune.

NESSELN siehe STICH Seite 112 ◆ DORNEN siehe BLATT Seite 64 ◆ NUTZHOLZ siehe FELDER Seite 60, GRABEN Seite 193

Felsen und Minerale

Auch das Reich der Minerale hat in unseren Träumen seinen Platz. Gewachsene Felsen, poliertes Metall und kalte, glänzende Steine kommen ebenso vor wie grob behauener Stein und Kieselsteine, Industrieerzeugnisse und Chemikalien. Glas, das bereits etwas Geheimnisvolles im wachen Leben hat, ist auch in unserer Traumwelt sehr bedeutend.

Felsen und Minerale

MINERALE
Minerale verheißen, daß Ihre derzeitige düstere Perspektive sich sofort aufhellen wird.

Das Gehen über mineralhaltiges Land verkündet Kummer, dem Sie entfliehen und sich davon in Ihrem Umfeld erholen.

FELSEN
Felsen kündigen Rückschläge sowie Zwietracht und generell Unglück an.

Klettern Sie auf einen *steilen Felsen*, bedeutet dies sofortigen Ärger und ein enttäuschendes Umfeld.

DER STEINBRECHER

Steine, Sand und Kies

STEINE
Steine prophezeien unzählige Schwierigkeiten und Fehlschläge.

Gehen Sie zwischen Felsen oder Steinen spazieren, wird Ihr Weg zumindest eine Zeitlang uneben und holprig sein.

Handeln Sie mit *erzhaltigem Gestein*, werden Sie nach Mißerfolg in mehreren Branchen jetzt geschäftlich erfolgreich sein. Bringt das Geschäft keinen Gewinn, werden Sie Enttäuschungen erleben. Verspüren Sie beim Abschluß des Geschäfts große Angst, dann werden Sie etwas für Sie Profitables kaufen oder verkaufen.

Kleine Steine oder Kieselsteine bedeuten, daß Sie kleine Sorgen oder Ärgernisse beunruhigen.

Wenn Sie einen Stein werfen, werden Sie jemandem berechtigterweise Vorhaltungen machen.

Wollen Sie einen Stein oder Kieselstein nach einer streitsüchtigen Person werfen, dann wird ein Unglück nicht eintreten.

STEINMETZ
Ein *Steinmetz* bei der Arbeit verheißt Enttäuschungen.

Sind Sie selbst ein Steinmetz, dann werden ihre Mühen ohne Erfolg und Ihre Kollegen träge sein.

STEINBRUCH
Sind Sie in einem *Steinbruch* und sehen Arbeiter, dann werden Sie durch harte Arbeit vorankommen.

Ein *stillgelegter Steinbruch* verheißt Fehlschläge, Enttäuschungen und oft den Tod.

KIESELSTEINE
Träumt eine junge Frau von einem *Kieselsteinweg*, wird sie viele Rivalinnen haben und feststellen, daß auch andere Charme haben. Sie ist selbstsüchtig und sollte hinsichtlich der Fehler anderer nachsichtig sein.

KIES
Kies steht für erfolglose Pläne und Unternehmen.

Kies zusammen mit Dreck verkündet unglückliche Spekulationen und den Verlust eines großen Vermögens.

SAND
Sand verheißt große Not und Einbußen.

STAUB
Staub bedeutet, daß skrupellose Menschen mit Ihnen Geschäfte machen, denen Sie durch Wachsamkeit auf die Spur kommen können.

Träume über Minerale können von der Festigkeit des Steins *links* bis zur geheimnisvollen Transparenz des Glases *gegenüber oben* **reichen**.

Felsen und Minerale

Glas und Kristall

GLAS

Blicken Sie durch **Glas**, dann werden bittere Enttäuschungen Ihre glänzendsten Aussichten überschatten.

Ihr **Bild in einem Spiegel** verkündet Untreue und Vernachlässigung in der Ehe sowie erfolglose Spekulationen.

Sehen Sie sich und ein anderes Gesicht im Spiegel, dann werden Sie ein Doppelleben führen und Ihre Freunde betrügen.

Sieht eine Frau ihren Ehemann im Spiegel, ist dies eine Warnung, daß sie Grund zur Sorge um ihr Glück und ihre Ehre haben wird.

Erblickt eine Frau andere Männer als ihren Mann oder Partner im Spiegel, wird man ihre unüberlegte und indiskrete Affäre, die für sie beschämend ist und ihren Verwandten Kummer bereitet, entdecken.

Sieht ein Mann fremde Frauen in einem Spiegel, dann wird er seine Gesundheit und seine Geschäfte durch unkluge Beziehungen ruinieren.

Ein **zerbrochener Spiegel** verheißt einen frühen Unfalltod.

Das Zerbrechen von Glasgeschirr oder von Fenstern verkündet die unvorteilhafte Auflösung von Unternehmen.

Erhalten Sie **geschliffenes Glas**, so werden Sie wegen Ihres Scharfsinns und Ihrer Talente bewundert.

Verschenken Sie Schmuck aus geschliffenem Glas, dann werden Sie in Ihren Unternehmungen scheitern.

Können Sie deutlich durch ein **Glasfenster** sehen, dann werden Sie eine Stelle von untergeordnetem Rang einnehmen. Ist das Glas trübe, werden Sie sich in einer unglücklichen Lage befinden. ◎

GLASBLÄSER

Sehen Sie **Glasbläser** bei der Arbeit, denken Sie über eine Änderung im Berufsleben nach, die scheinbar eine Verbesserung ist, sich jedoch für Sie als nachteilig erweist. ◎

GLASSCHEIBEN

GLASSCHEIBE

Tragen Sie eine **Glasscheibe**, dann sind Ihre Geschäfte unsicher. Zerbrechen Sie sie, wird sich Mißerfolg einstellen.

Sprechen Sie mit jemandem durch eine Glasscheibe, werden Sie in naher Zukunft recht unangenehme Hindernisse überwinden müssen. ◎

TREIBHAUS

Ein **Treibhaus** verkündet, daß Sie durch Schmeicheleien letztendlich verletzt werden. Träumt eine junge Frau davon, in einem **Treibhaus zu leben**, droht ihr Ärger und der Verlust ihres guten Rufes. ◎

KRISTALL

In diesem verhängnisvollen Traum ist **Kristall** in jeder Form ein unheilvolles Zeichen für künftige Niederlagen, sowohl in sozialer als auch in beruflicher Hinsicht. Dieser Traum wird oft von Elektrostürmen begleitet, die Stadt und Land verwüsten.

Sieht eine Frau ein mit Kristall **eingerichtetes Eßzimmer**, einschließlich der Stühle, dann hat sie Grund zu der Annahme, daß von ihr sehr geschätzte Personen dieses Ansehen nicht mehr verdienen; sie wird jedoch feststellen, daß sich andere in diesem Raum befanden, die auch von diesem düsteren Traum betroffen sind. ◎

GLAS siehe **BILDNIS** Seite 274, **SPIEGEL**, **GESICHT** Seite 101, **EHEMANN** Seite 132, **ZERBRECHEN** Seite 265, **ESSGESCHIRR** Seite 209, **FENSTER** Seite 213 ◆ GLASSCHEIBE siehe **SPRECHEN** Seite 230 ◆ KRISTALL siehe **STURM** Seite 76, **STUHL** Seite 214

Ebenholz, Elfenbein, Korallen und Muscheln

EBENHOLZ
Möbel und auch andere Artikel aus **Ebenholz** kündigen häufigen verletzenden Zank und Streit im eigenen Heim an. ◉

ELFENBEIN
Elfenbein ist ein günstiges Zeichen für das Glück des Träumers.

Große Stücke aus Elfenbein, die getragen werden, bedeuten finanziellen Erfolg und ungetrübte Freuden. ◉

KORALLEN
Farbige Korallen sind ein Zeichen für anhaltende Freundschaften, die Ihnen bei Ärger stets Zuflucht bieten.

Weiße Korallen hingegen verheißen Untreue und sind ein Warnsignal für die Liebe. ◉

MUSCHELN
Gehen Sie spazieren und sammeln **Muscheln**, bedeutet dies Zügellosigkeit. Vergnügen werden nur Reue und bittere Erinnerungen hinterlassen. ◉

MUSCHEL

TIEFSEEKORALLEN

Kohle und Asche

KOHLE
Glühende Kohlen verkünden Vergnügen und viele angenehme Veränderungen in Ihrem Leben.

Der Umgang mit Kohle verheißt ungetrübte Freude.

Glanzlose Kohle bedeutet Ärger und Enttäuschungen. ◉

HOLZKOHLE
Nicht entzündete **Holzkohle** kündigt armselige Verhältnisse und großes Unglück an. Brennt sie mit glühenden Kohlen, bestehen Aussichten auf eine große Steigerung des Vermögens und ungetrübte Freuden. ◉

ASCHE
Asche ist ein Omen für Leid und viele schmerzliche Veränderungen sowie Mißernten für den Bauern und erfolglose Geschäfte für den Händler. ◉

RUSS
Ruß bedeutet Mißerfolg in Ihren Geschäften. Liebende sind streitsüchtig und nur mit Mühe zufriedenzustellen. ◉

ELFENBEIN siehe ELEFANT Seite 29 ◆ MUSCHELN siehe AUSTERNSCHALEN Seite 136 ◆ KOHLE siehe ZECHE UND KOHLENMINE Seite 195

Felsen und Minerale

ZIERMETALL

Edelsteine

JASPIS
Jaspis ist ein gutes Omen für Erfolg und Liebe. *Verliert* eine junge Frau *einen Jaspis*, ist dies ein Zeichen für Unstimmigkeiten mit ihrem Liebhaber. ◎

ADAMANTAN
Adamantan (ein sehr harter Stein) verheißt, daß ein für Sie lebenswichtiger Wunsch sich nicht erfüllt. ◎

MARMOR
Ein *Marmor*-Bruch bedeutet, daß Ihr Leben zwar finanziell erfolgreich sein wird, Sie jedoch in Ihrem Umfeld keine Zuneigung erfahren.

Das *Polieren von Marmor* verheißt eine erfreuliche Erbschaft.

Ist er zerbrochen, werden Sie bei Ihren Teilhabern in Ungnade fallen, da Sie sich über jede Moral hinwegsetzen. ◎

ALABASTER
Alabaster verkündet Erfolg in allen rechtlichen Angelegenheiten.

Das Zerbrechen einer *Figur* oder eines Gefäßes aus *Alabaster* bedeutet Kummer und Reue.

Verliert eine junge Frau einen *Alabasterbehälter* mit Weihrauch, dann wird sie ihren Liebhaber oder ihr Vermögen verlieren, weil sie nicht auf ihren guten Ruf achtet. ◎

Ziermetall

KUPFER
Kupfer bedeutet Unterdrückung durch Vorgesetzte. ◎

MESSING
Messing verheißt schnellen beruflichen Aufstieg, doch trotz einer scheinbar soliden Position befürchten Sie insgeheim, vom Glück verlassen zu werden. ◎

ZINN
Zinn kündigt eingeschränkte Verhältnisse an. ◎

BRONZE
Träumt eine Frau von einer *Bronzestatue*, dann wird sie sich vergeblich um den Mann bemühen, den sie als ihren Ehemann auserwählt hat.

Gibt die Statue Leben oder Bewegung wieder, wird sie in eine Liebesaffäre ohne anschließende Heirat verwickelt sein. Dieser Traum kann einer Person Enttäuschung bringen.

Schlangen oder Insekten aus Bronze kündigen Neid und Ruin an.

Bei *Bronzemetallen* wird Ihr Glück unsicher und nicht zufriedenstellend sein. ◎

Edelmetalle

GOLD
Der Umgang mit *Gold* verheißt, daß sämtliche Unternehmen außergewöhnlich erfolgreich sein werden. Erhält eine Frau Geschenke aus Gold, entweder Münzen oder Schmuck, wird sie einen reichen, jedoch gewinnsüchtigen Mann heiraten.

Finden Sie Gold, werden Ihnen Ihre außergewöhnlichen Fähigkeiten Reichtum einbringen.

Verlieren Sie Gold, werden Sie die größte Chance Ihres Lebens durch Nachlässigkeit verpassen.

Finden Sie eine *Goldader*, so wird Ihnen eine beunruhigende Auszeichnung zuteil werden.

Ziehen Sie die Arbeit in einer *Goldmine* in Betracht, dann wollen Sie sich unrechtmäßig die Rechte anderer aneignen und sollten sich vor privaten Skandalen hüten. ◎

GOLD

SILBER
Silber warnt vor einer zu starken Abhängigkeit von Geld, um wirklich glücklich und zufrieden zu sein.

Finden Sie *Silbergeld*, ist dies ein Zeichen für Pflichtversäumnisse gegenüber anderen. Um Ihre Ruhe zu haben, kommen Sie zu häufig zu voreiligen Schlüssen.

Tafelsilber verheißt Sorgen und unbefriedigte Wünsche. ◎

Ihre steinigen Träume enthalten vielleicht die Schönheit von Muscheln *gegenüber oben* **oder Meereskorallen** *gegenüber unten*; **Träume von Ziermetallen** *oben links* **und Edelmetallen** *oben* **sind auch häufig.**

MARMOR *siehe* STEINBRUCH *Seite* 68, POLIEREN *Seite* 218 ◆ ALABASTER *siehe* KNOCHENBRUCH *Seite* 265 ◆ BRONZE *siehe* STATUE *Seite* 182, SCHLANGE *Seite* 53, INSEKTEN *Seite* 48 ◆ GOLD *siehe* SCHMUCK *Seite* 162, BLATTGOLD *Seite* 163, MÜNZEN *Seite* 242, GELD *Seite* 239 ◆ SILBER *siehe* MÜNZEN *Seite* 242

Nutzmetalle

METALLEGIERUNG
Eine **Metallegierung** bedeutet, daß Sie sich aufgrund von Komplikationen über Ihr Geschäft ärgern.

Träumt eine Frau von Metallegierungen, werden Kummer und Ärger jede Freude überschatten. ◎

ALUMINIUM
Aluminium steht für Zufriedenheit mit jeglichem Besitz, sei er noch so klein.

Sind **Aluminiumschmuck oder -geschirr** einer Frau angelaufen, dann erwartet sie ungewohnten und unerwarteten Kummer sowie Verluste. ◎

EISEN
Eisen ist ein grausames Omen für Leid.

Zieht eine **Eisenlast** Sie hinunter, steht dies für geistige Verwirrung und materiellen Verlust.

Das **Schlagen mit Eisen** bedeutet Selbstsucht und Grausamkeit gegenüber abhängigen Personen.

Die **Herstellung von Eisen** verkündet, daß sie ungerechte Mittel zur Anhäufung von Reichtum anwenden werden.

Der **Verkauf von Eisen** kündigt zweifelhaften Erfolg an. Ihre Freunde werden keinen anständigen Charakter haben.

Altes, rostiges Eisen bedeutet Armut und Enttäuschung.

Bei einem **Preisrückgang von Eisen** werden Sie erkennen, daß Glück ein unsicherer Faktor in Ihrem Leben ist.

Ein Preisanstieg des Eisens ist ein Hoffnungsschimmer bei düsteren Perspektiven.

Bei **rotglühendem Eisen** werden Sie wegen des falschen Einsatzes Ihrer Energien Mißerfolg haben. ◎

EISENBLECH
Eisenblech bedeutet, daß Sie unglücklicherweise auf die Ermahnungen anderer hören. Das Gehen darauf verheißt unangenehme Verbindungen. ◎

GESCHMOLZENES METALL

BLEI
Blei verkündet Mißerfolg bei jeder Anstellung.

Eine **Bleimine** ist ein Zeichen dafür, daß Ihre Freunde mit Argwohn auf Ihren Gelderwerb blicken. Sie werden über den Betrug und den schlechten Charakter Ihres Geliebten empört sein.

Bleierz verheißt Kummer und Unfälle. Geschäfte werden überschattet.

Die **Jagd nach Blei** kündigt Unzufriedenheit und einen ständigen Arbeitsplatzwechsel an.

Das **Schmelzen von Blei** bedeutet, daß Sie sich selbst und anderen durch Ihre Ungeduld Mißerfolg bringen. ◎

BLEIWEISS
Bleiweiß verheißt, daß Verwandte oder Kinder wegen Ihrer Nachlässigkeit in Gefahr sind. Reichtum wird Ihnen kaum zuteil werden.

ZINK
Sehen Sie oder arbeiten Sie mit **Zink**, dann werden Sie wesentliche und sehr wirksame Fortschritte erzielen. In allen Bereichen des Geschäfts wird es lebhaft zugehen.

Zinkerz verspricht großen Erfolg. ◎

Flüssiges Vermögen

ÖL
Das **Einölen** verkündet Ereignisse, bei denen Sie die treibende Kraft sind.

Große Mengen Öl stehen für Überschüsse bei angenehmen Unternehmen.

Träumt ein Mann vom **Geschäft mit Öl**, bedeutet dies ein erfolgloses Liebesleben, da er ungewöhnliche Zugeständnisse machen muß.

Träumt eine Frau davon, mit Öl eingerieben zu werden, dann wird sie für indiskrete Annäherungen offen sein. ✺

TERPENTIN
Terpentin verheißt, daß die nahe Zukunft unprofitable und entmutigende Verpflichtungen für Sie bereithält.

Versorgt eine Frau die Wunde eines anderen mit Terpentin, dann wird Sie Freundschaften und die Gunst anderer durch ihre Mildtätigkeit gewinnen. ✺

TEER
Teer **warnt Sie vor Fallen und Plänen verräterischer Feinde.**

Teer auf Ihren Händen oder Ihrer Kleidung **verkündet Krankheit und Kummer.** ✺

Auch Nutzmetalle *oben* haben einen Platz in der Traumwelt. Chemikalien *gegenüber oben* und *gegenüber unten* verbreiten in den Träumen ihre Gerüche.

Gefährliche Chemikalien

SÄURE
Das Trinken von **Säure** ist ein Traum, der viele Ängste verbreitet.

Trinkt eine Frau **säuerliche Liköre**, dann wird sie in eine kompromittierende Lage geraten; auch die Gesundheit kann betroffen sein.

Bei **giftigen Säuren** wird vielleicht ein Verrat gegen Sie aufgedeckt.

VITRIOL
Vitriol (Schwefelsäure) ist ein Zeichen dafür, daß eine unschuldige Person von Ihnen getadelt wird.

Schütten Sie es auf Menschen, dann grollen Sie Personenkreisen, die Ihnen Gutes wollen.

Hat eine junge Frau eine eifersüchtige Rivalin, die es ihr ins Gesicht schüttet, wird sie dem Haß einer Person unschuldig zum Opfer fallen. Einem Geschäftsmann verheißt dieser Traum Feinde und Schikanen.

SALPETER
Salpeter bedeutet, daß großer Kummer durch eine Veränderung in Ihrem Leben noch verstärkt wird.

AMMONIAK
Ammoniak verkündet, daß der Träumer sich über das Verhalten eines Freundes ärgern wird. Diesem Traum werden Streitigkeiten und der Bruch von Freundschaften folgen.

Sieht eine junge Frau **durchsichtige Flaschen mit Ammoniak**, wird sie sich in dem Charakter eines angeblichen Freundes täuschen.

ALAUN
Alaun verheißt die Vereitelung ausgeklügelter Pläne.

Das **Schmecken von Alaun** kündigt Gewissensbisse aufgrund von bösen Absichten gegenüber einer unschuldigen Person an.

Träumt eine Frau von großen Mengen Alaun, wird ihre Ehe von Enttäuschungen und fehlender Zuneigung geprägt sein.

CHEMIKALIEN

PHOSPHOR
Phosphor ist ein Zeichen für flüchtige Freuden.

Einer jungen Frau verkündet es großartigen, jedoch traurigen und kurzen Erfolg bei Verehrern.

SCHWEFEL
Schwefel warnt Sie, in Ihren Geschäften äußerst diskret vorzugehen, da Ihnen ein faules Spiel droht.

Brennender Schwefel ist ein Omen dafür, daß Ihr Vermögen mehr Aufmerksamkeit verlangen wird.

Das Essen von Schwefel verheißt Gesundheit und Vergnügen.

QUECKSILBER
Quecksilber prophezeit unglückliche Veränderungen durch den ständigen Druck von Widersachern.

Leidet eine Frau an einer **Quecksilbervergiftung**, dann wird sie von ihrer Familie verlassen und von ihr getrennt werden.

Kalk

KALK
Kalk bedeutet, daß Sie von Unheil heimgesucht werden, Ihr Vermögen danach jedoch noch größer und umfangreicher als vorher ist.

KALKOFEN
Ein **Kalkofen** verkündet, daß Spekulationen in der Liebe oder im Berufsleben in unmittelbarer Zukunft nicht günstig sind.

DER ALCHIMIST BEI DER ARBEIT

Das Wetter und die Elemente

In diesem Abschnitt werden die Winde, die durch unsere Träume wehen, sowie der Regen und Schnee, der darin fällt, untersucht. Es wird auch ein Blick auf die Bedeutung von durch Wind und Regen ausgelöste Naturkatastrophen geworfen. Träume mit Feuer und Wasser werden ebenfalls betrachtet; Wasser ist ein starkes Symbol und taucht in unseren Träumen in vielen Formen auf.

Wetter und Temperatur

WETTER
Das *Wetter* verkündet ein wechselhaftes Schicksal. Erst machen Sie enorme Fortschritte, um dann plötzlich mit Zweifeln und nahenden Fehlschlägen konfrontiert zu werden.

Lesen Sie die Berichte eines *Wetteramtes*, dann werden Sie nach langen Überlegungen Ihren Wohnort wechseln, hieraus jedoch am Ende einen Nutzen ziehen.

Eine *Wetterhexe* verheißt unangenehme Zustände in Ihrer Familie.

Beschwören sie das Wetter, kündigt dies Streitigkeiten zu Hause und Enttäuschungen im Berufsleben an.

BAROMETER
Ein *Barometer* verheißt, daß eine günstige Änderung Ihrer Angelegenheiten bevorsteht.

Ist es zerbrochen, werden sich unerwartet unangenehme geschäftliche Zwischenfälle ereignen.

KÄLTE
Leiden Sie unter *Kälte*, ist dies eine Warnung, gut auf sich aufzupassen. Feinde wollen Sie zerstören. Auch Ihre Gesundheit ist bedroht.

HITZE
Macht Ihnen *Hitze* zu schaffen, dann können Sie Pläne nicht ausführen, weil ein Freund Sie betrügt. Hitze ist kein günstiger Traum.

Nebel und Tau

NÄSSE
Sind sie *naß*, dann kann ein mögliches Vergnügen Sie in Schäden und Krankheiten verwickeln. Sie werden gewarnt, nicht auf die Schmeicheleien anscheinend wohlmeinender Leute einzugehen.

Ist eine junge Frau *triefend naß*, dann wird sie zu ihrer Schande in eine Affäre mit einem verheirateten Mann verwickelt sein.

FEUCHTIGKEIT
Bei plötzlicher *Feuchtigkeit* werden Sie Ihre Feinde zwar verbissen bekämpfen, ihnen jedoch schließlich haushoch unterliegen.

WOLKEN
Dunkle, große *Wolken* verkünden Unglück und ein schlechtes Management. Fällt Regen, bedeutet dies Ärger und Krankheit.

Helle, durchsichtige Wolken, durch die die Sonne scheint, kündigen Erfolg nach langem Ärger an.

Gepaart mit leuchtenden Sternen verheißen sie flüchtiges Vergnügen und geringe Fortschritte.

FEINER NEBEL
Sind Sie von *feinem Nebel* eingehüllt, kündigt dies privates Glück an. Lichtet sich der Nebel, wird Ihr Ärger bald vorübergehen.

Fremde Menschen im Nebel bedeuten, daß Sie von dem Unglück anderer profitieren werden.

DICHTER NEBEL
Fahren Sie durch *dichten Nebel*, bedeutet dies viel Ärger. Tauchen Sie daraus wieder hervor, steht Ihnen eine ermüdende Reise bevor.

Träumt eine junge Frau davon, in dichtem Nebel zu sein, dann wird sie in einen obszönen Skandal verwickelt; taucht sie aus dem Nebel auf, wird sie ihre Unschuld beweisen.

TAU
Spüren Sie, wie *Tau* auf sie *niederfällt*, so werden Sie von einem Fieber oder einer bösartigen Krankheit heimgesucht. Im Sonnenschein *glitzernder Tau* auf dem Gras jedoch bedeutet, daß Sie von großen Ehren und Reichtum überhäuft werden. Sind Sie ledig, werden Sie bald eine reiche Heirat machen.

AUF DER FLUCHT VOR DER HITZE

WETTER siehe **HEXE** Seite 272 ◆ **BAROMETER** siehe **ZERBRECHEN** Seite 265 ◆ **NÄSSE** siehe **WASSER** Seite 78, **REGEN** Seite 75 ◆ **WOLKEN** siehe **SONNE, STERNE** Seite 84 ◆ **DICHTER NEBEL** siehe **REISE** Seite 221 ◆ **TAU** siehe **FIEBER** Seite 107, **GRAS** Seite 56

Das Wetter und die Elemente

Die Regenzeit

REGENBOGEN
Ein **Regenbogen** verkündet außergewöhnliche Ereignisse. Die Geschäfte werden vielversprechender sein, und die Ernte wird reichliche Erträge bringen.

Liebenden verheißt er großes Glück in der Beziehung.

Ein tiefer Regenbogen über grünen Bäumen bedeutet uneingeschränkten Erfolg. ◎

REGEN
Halten Sie sich in einem **Regenschauer** bei klarem Wetter draußen auf, dann werden Sie Vergnügungen mit jugendlichem Eifer genießen und ein Vermögen machen.

Fällt der Regen aus dunklen Wolken, wird Sie die Tragweite Ihrer Unternehmungen beunruhigen.

Sehen und hören Sie heraufziehenden Regen und werden nicht naß, so werden Ihre Pläne erfolgreich und Ihre Ziele schnell erreicht sein.

Sitzen Sie im Haus und sehen durch das Fenster einen **Platzregen**, dann werden Sie Glück haben, und leidenschaftliche Liebe wird belohnt.

Das **Platschen des Regens** auf dem Dach verkündet Glück und Freude zu Hause. Sie werden ein bescheidenes Vermögen erlangen.

Ist Ihr Haus bei Regen und klarem Wetter undicht, steht Ihnen unerwartet ein verbotenes Vergnügen bevor; ist das Wetter jedoch scheußlich und trübe, erwartet sie das Gegenteil und zudem Entlarvung.

Bedauern Sie, eine Pflicht nicht erfüllt zu haben, während Sie dem **Regen lauschen**, dann werden Sie Vergnügen suchen.

Stehen andere im Regen, werden Sie Freunden kein Vertrauen schenken.

Träumt eine junge Frau davon, daß Ihre Kleidung naß und dreckig wird, während **sie im Regen steht**, dann wird sie sich mit jemandem taktlos amüsieren und den Argwohn von Freunden erregen, weil sie dummen Vergnügen nachgeht.

Fällt der Regen auf das Vieh, bedeutet dies Enttäuschung im Geschäftsleben und Unerfreuliches in gesellschaftlichen Dingen.

Stürmischer Regen verheißt immer Unglück. ◎

REGENSCHAUER
Sind Sie in einem **Regenschauer**, dann werden Ihnen das Studium der Weltschöpfung und der wohldosierte Genuß egoistischer Freuden ein herrliches Vergnügen bereiten. ◎

PFÜTZE
Treten Sie in **Pfützen** aus klarem Wasser, verheißt dies Ärger, der jedoch wiedergutgemacht wird. Ist das Wasser schmutzig, werden Sie einige Unannehmlichkeiten haben.

Treten Sie in eine Pfütze und bekommen nasse Füße, dann wird auf Freude am Ende Schaden folgen. ◎

Luft und Wind

LUFT
Dieser Traum verheißt einen heruntergekommenen Zustand und dem Träumer nichts Gutes.

Atmen Sie **heiße Luft** ein, dann begehen Sie aufgrund von Bedrängnis eine Übeltat.

Verspüren Sie **kalte Luft**, verheißt dies Diskrepanzen im Berufsleben und Widersprüche in den Beziehungen zu Hause.

Macht Ihnen Feuchtigkeit zu schaffen, wird ein Fluch auf Ihnen lasten, der Ihren Optimismus bald erschöpfen wird. ◎

WESTWIND
Der **Westwind** (eine sanfte, leichte Brise) verheißt, daß Sie ein Vermögen für das Objekt Ihrer Begierde opfern und Ihr Werben auf Zuneigung stößt.

Träumt eine junge Frau davon, daß das **Wispern der Westwinde** sie betrübt, wird sie eine unruhige Zeit durch die erzwungene Abwesenheit ihres Liebhabers haben. ◎

WIND
Weht ein sanfter, trauriger **Wind**, werden Sie durch einen Trauerfall ein großes Vermögen bekommen.

Hören Sie den **Wind pfeifen**, dann werden Sie sich von einer Person entfremden, deren Leben ohne Sie beeutungslos ist.

Gehen Sie flott einem *frischen Wind* entgegen, so werden Sie Versuchungen mutig widerstehen und das Glück mit großer Entschlossenheit verfolgen.

Bläst der Wind Sie gegen Ihren Wunsch vorwärts, verheißt dies berufliche Fehlschläge und Enttäuschungen in der Liebe. Bläst der Wind in Ihre gewünschte Richtung, dann werden Sie unerwartete und hilfreiche Verbündete finden oder einen natürlichen Vorteil gegenüber einem Rivalen oder Konkurrenten haben. ◎

Ruhe

Eine ruhige See verkündet das erfolgreiche Ende eines zweifelhaften Unternehmens.

Fühlen Sie sich ruhig und glücklich, ist dies ein Zeichen für ein langes Leben. ✻

Hitze *gegenüber* ist vielleicht eines der Elemente, die ihr Traumklima beeinflussen.

Stürmisches Wetter

STEIFE BRISE
Weht Ihnen eine *steife Brise* entgegen, bedeutet dies geschäftliche Verluste und Ärger für Berufstätige. ◎

HEFTIGER WINDSTOSS
Heftige Windstöße verkünden enttäuschende Geschäfte. ◎

GEWITTER
Bei *Gewitter* werden Sie fürchterlichen Ärger haben, und Freunde werden sich Ihnen gegenüber gleichgültig verhalten. ◎

DONNER
Hören Sie *Donner*, werden Ihnen bald Rückschläge im Berufsleben drohen.

SCHUTZSUCHE

Bei *Donner und Regen* erwarten Sie Ärger und Kummer.

Hören Sie beängstigende *Donnerschläge*, die die Erde erschüttern, ist dies ein Zeichen für große Verluste und Enttäuschungen. ◎

STURM
Sehen Sie einen herannahenden *Sturm*, verkündet dies anhaltende Krankheit, ungünstige Geschäfte und Trennung von Freunden. Zieht der Sturm vorüber, wird Ihr Kummer nicht so groß sein. ◎

Blitzschläge

BLITZ
Blitze in Träumen kündigen Ihnen Glück und Reichtum von kurzer Dauer an.

EIN STURM NAHT

Schlägt der Blitz in Ihrer Nähe ein und spüren Sie den Schlag, dann wird Ihnen das Glück eines Freundes Schaden zufügen oder Sie ärgern sich über Klatschbasen und Lästermäuler.

Fährt ein *fahler Blitz* durch dunkle Wolken, ist dies ein Omen für Kummer. Auf Glück werden bald Schwierigkeiten folgen.

Werden Sie vom Blitz getroffen, heißt dies, daß Ihnen unerwarteter Kummer im Beruf oder in der Liebe bevorsteht.

Ein *Blitz über Ihrem Kopf* verkündet Freude und Gewinn.

Bei einem Blitz im Süden wird der Erfolg eine Zeitlang ausbleiben. Ist er im Südwesten, dann ist Ihnen das Glück auf den Fersen. Im Westen werden Ihre Aussichten besser als vorher sein. Der Norden verheißt, daß Hindernisse überwunden werden müssen, bevor sich Ihre Aussichten verbessern. Bei Blitzen im Osten werden Sie schnell Gunst und Vermögen gewinnen.

Blitze aus bedrohlich aussehenden Wolken sind immer ein Vorbote von drohendem Verlust. Geschäftsleute sollten sich um ihre Geschäfte und Frauen um ihre Männer oder Mütter kümmern; Kinder und Kranke bedürfen der Obhut. ◎

BLITZABLEITER
Ein *Blitzableiter* verheißt die drohende Zerstörung einer aufwendigen Arbeit.

Verwandelt er sich in eine Schlange, dann werden Feinde mit ihren gegen Sie geschmiedeten Plänen Erfolg haben.

Schlägt der Blitz in einen Blitzableiter, wird es einen Unfall oder plötzliche Nachrichten geben, die Ihnen Kummer bereiten.

Stellen Sie einen auf, dann werden Sie davor gewarnt, ein neues Geschäft zu eröffnen, da dieses Sie wahrscheinlich enttäuschen wird.

Wenn Sie einen entfernen, werden Sie Ihre Pläne ändern und damit Ihre Interessen fördern.

Viele Blitzableiter sind ein Zeichen für eine Reihe von Unglücksfällen. ◎

In Träumen hat das Klima eine große Bedeutung. Sie können von einem heftigen Regenguß überrascht werden *oben* oder das dramatische Spiel der Blitze beobachten *links;* in sehr kühlen Träumen laufen Sie vielleicht Schlittschuh *gegenüber oben* oder kämpfen sich durch die Schneemassen *gegenüber unten*.

Eis, Frost und Schnee

EIS

SCHLITTSCHUH LAUFEN

Eis verheißt viel Kummer. Boshafte Menschen wollen Ihnen bei Ihrer besten Arbeit ein Bein stellen.

Schwimmendes Eis in einem Strom mit klarem Wasser bedeutet, daß Ihr Glück durch mürrische und neidische Freunde zerstört wird.

Gehen Sie auf Eis spazieren, setzen Sie soliden Komfort und Ansehen für flüchtige Vergnügen aufs Spiel.

Geht eine junge Frau auf Eis, ist dies eine Warnung, daß nur ein dünner Schleier sie vor Schande bewahrt.

Stellen Sie Eis her, dann werden Sie durch Geltungsbedürfnis und Eigensucht im Leben versagen.

Das Essen von Eis verkündet Krankheit. Trinken Sie Eiswasser, dann gefährden Sie Ihre Gesundheit durch Ausschweifungen.

Das Baden in *Eiswasser* verheißt, daß erwartete Annehmlichkeiten aufgrund unvorhergesehener Ereignisse nicht eintreten. ◉

EISZAPFEN

Fallen *Eiszapfen* von Bäumen herunter, werden Unglück und Ärger bald wieder verschwinden.

Eiszapfen an Dachrinnen verkünden Not und mangelnden Komfort. Schlechte Gesundheit ist die Folge.

Eiszapfen am Zaun prophezeien Leiden für Körper und Geist.

Eiszapfen an Immergrün bedeuten, daß eine strahlende Zukunft durch zweifelhafte Auszeichnungen überschattet wird. ◉

FROST

Frost an einem dunklen, trüben Morgen kündigt Exil in einem fremden Land an. Ihre Reise wird jedoch im Frieden enden.

Frost auf einem kleinen, sonnenbeschienenen Landstrich steht für Freuden, an die Sie im späteren Leben nicht gerne zurückdenken. Dank Ihres beispielhaften Verhaltens vergißt Ihr Freundeskreis vergangene Eskapaden jedoch wieder.

Ein Freund im Frost steht für eine Liebesaffäre, in der Ihr Rivale geschlagen wird. Für eine junge Frau bedeutet dieser Traum die Abwesenheit ihres Liebhabers und Gefahr durch seine schwindende Zuneigung. In Beruf und Liebe verheißt dieser Traum niemandem etwas Gutes. ◉

HAGEL

Befinden Sie sich in einem *Hagelsturm*, dann werden Sie in jeder Unternehmung nur wenig Erfolg haben.

Hagelkörner, die bei Sonnenschein und Regen fallen, verheißen eine sorgenvolle Zeit, doch das Glück ist Ihnen bald wieder hold. Für eine junge Frau ist dies ein Zeichen für Liebe nach vielen Kränkungen.

Auf das Haus schlagender Hagel verkündet betrübliche Situationen. ◉

SCHNEE

Schnee verheißt, daß Sie zwar nicht wirklich Unglück haben, sich jedoch Krankheit und unbefriedigende Unternehmen abzeichnen.

Befinden Sie sich in einem *Schneesturm*, bedeutet dies Kummer und Enttäuschung, da Sie ein seit langem ersehntes Vergnügen nicht genießen können. Auf diesen Traum folgt immer eine gewisse Entmutigung.

Essen Sie Schnee, werden Sie Ihre Ideale nicht verwirklichen.

Schmutziger Schnee verkündet, daß Ihr Stolz verletzt wird, und Sie bei einer von Ihnen verachteten Person Trost suchen werden.

Bei schmelzendem Schnee werden sich Ihre Ängste in Freuden verwandeln.

Große weiße Schneeflocken, die Sie durchs Fenster sehen, verheißen ein ärgerliches Gespräch mit Ihrem Partner. Die Entfremdung wird durch Geldsorgen noch verstärkt.

Schneebedeckte Berge in der Ferne warnen davor, daß Ihre Sehnsüchte und Bestrebungen keinen lohnenswerten Fortschritt bringen.

Sonnenschein in einer *Schneelandschaft* verkündet, daß Sie Ihr Unglück abschütteln und wieder Macht erlangen werden.

Schneeballschlachten bedeuten, daß Sie mit unehrenhaften Problemen zu kämpfen haben. Wenn Sie sich kein fundiertes Urteil bilden, werden Sie eine Niederlage erleiden.

Sind Sie *eingeschneit* oder haben sich verirrt, werden ständig weitere Wellen des Unglücks über Sie hereinbrechen. ◉

TAUWETTER

Tauwetter verkündet, daß eine Angelegenheit, die Ihnen viele Sorgen bereitet hat, Ihnen bald zu Gewinn und Freude gereichen wird.

Taut der Boden nach langem Frost, verheißt dies günstige Umstände. ◉

IM GEBIRGE KLETTERN

EIS siehe **SPAZIERGANG** Seite 267, **ESSEN** Seite 133, **BAD** Seite 105 ◆ **EISZAPFEN** siehe **BAUM** Seite 64, **HAUS** Seite 188, **ZAUN** Seite 191, **IMMERGRÜN** Seite 66 ◆ **FROST** siehe **MORGEN** Seite 82, **FREUND** Seite 124 ◆ **HAGEL** siehe **STURM** Seite 76, **HAUS** Seite 188 ◆ **SCHNEE** siehe **STURM** Seite 76, **ESSEN** Seite 133, **BERG** Seite 90, **SCHLITTEN** Seite 223

Wasser

WASSER

Klares Wasser verkündet, daß Ihnen erfreulicherweise Vermögen und Vergnügen zuteil werden.

Bei *schmutzigem Wasser* hingegen werden Sie in Gefahr sein, und Trauer wird an die Stelle von Freude treten.

Steigt das Wasser bei Ihnen zu Hause, werden Sie dem Laster nur mühsam widerstehen; doch geht es wieder zurück, werden Sie gefährlichen Einflüssen nicht nachgeben.

Schöpfen Sie das Wasser aus und bekommen nasse Füße, dann werden Ärger, Krankheit und Not Ihnen eine schwere Last auferlegen, doch Sie werden sie durch Ihre Wachsamkeit überwinden. Das gleiche kann auch bei schmutzigem, in Schiffen ansteigendem Wasser eintreten.

Fallen Sie in *schmutziges Wasser*, werden Sie schwere Fehler begehen, die Ihnen bitteren Kummer bereiten.

Das Trinken von schmutzigem Wasser verheißt Krankheit. Ist es jedoch klar und erfrischend, bringt dies die Erfüllung angemessener Hoffnungen.

Treiben Sie *Wassersport*, verkündet dies das plötzliche Erwachen von Liebe und Leidenschaft.

Wird Ihr Kopf mit Wasser besprüht, bedeutet dies, daß das Erwachen leidenschaftlicher Liebe auf Gegenseitigkeit stößt.

Der folgende Traum und sein allegorisches Eintreten im wirklichen Leben werden von einer jungen Frau erzählt, die Träume untersucht:

„Ohne zu wissen wie, befand ich mich in einem Boot. Ich watete durch klares blaues Wasser zu einem Boot am Kai, das schneeweiß, jedoch unbehandelt und splittrig war. Am nächsten Abend besuchte mich ein reizender Mann, doch er blieb über die von Müttern vorgeschriebene Zeit, und ich wurde dafür schwer getadelt."

Bei diesem Symbol hielten das blaue Wasser sowie das weiße Boot enttäuschende Aussichten bereit. ◎

WASSERMANN

Wassermänner bedeuten, daß Ihre Aussichten auf Glück günstig sind und die Liebe Sie bei Ihrer Jagd nach Vergnügen nicht behindert.

Haben Sie das Gefühl, *selbst ein Wassermann zu sein*, werden Sie eine höhere Stellung bekommen. ◎

Reißende Ströme und ruhige Gewässer

SPRINGBRUNNEN

Ein *Springbrunnen mit klarem Wasser* im Sonnenschein bedeutet große Besitztümer, außerordentliche Vergnügen und viele angenehme Reisen.

Ein *trüber Springbrunnen* verkündet die Unaufrichtigkeit von Teilhabern und unglückliche Verlobungen sowie Liebesbeziehungen.

Ein trockener und kaputter Springbrunnen deutet Tod und das Ende von Freuden an.

Sieht eine junge Frau einen *sprühenden Springbrunnen* im Mondschein, bedeutet dies ein unbesonnenes Vergnügen. ◎

WASSERFALL

Ein *Wasserfall* prophezeit, daß sich Ihr verrücktester Wunsch erfüllen wird und daß Sie außergewöhnliches Glück in Ihrer Karriere haben. ◎

STROMSCHNELLEN

Werden Sie über *Stromschnellen* hinweggetragen, bedeutet dies, daß Sie durch die Vernachlässigung ihrer Pflicht einen schrecklichen Verlust erleiden werden. ◎

WILDBACH

Blicken Sie auf einen *Wildbach*, dann werden Sie ungewöhnlichen Ärger und große Sorgen haben. ◎

FLÜSSCHEN

Ein *Flüßchen* verkündet neue Erfahrungen. Tritt es über die Ufer, dann werden Sie heftigen Ärger haben, der jedoch nur von kurzer Dauer ist.

Ist es trocken, folgt Enttäuschung und ein anderer wird bekommen, wonach Sie trachten. ◎

TEICH

Ein *Teich* bedeutet, daß Ereignisse keine Gefühle hervorrufen und Sie ein ruhiges Schicksal erwartet.

Ein *schmutziger Teich* verheißt Streitigkeiten. ◎

TEICHBEWOHNER

LAGUNE

Bei einer *Lagune* werden Sie durch falschen Einsatz Ihrer Intelligenz in einen Strudel von Verzweiflung und Verwirrung gezogen. ◎

KANAL

Sehen Sie in einem *Kanal* stehendes, schmutziges Wasser, verheißt dies Krankheit sowie dunkle Machenschaften von Feinden. Ist das Wasser jedoch klar, steht Ihnen ein angenehmes Leben bevor.

Gleitet eine junge Frau in einem *Kanu über den Kanal*, wird Sie ein keusches Leben führen und einen liebenden Ehemann haben. Überquert Sie den Kanal auf einer Brücke über klarem Wasser und sammelt am Ufer Farne und andere Pflanzen, wird sie ein Leben voll endloser Vergnügen führen und eine hohe gesellschaftliche Position einnehmen. Ist das Wasser jedoch trübe, wird sie sich häufig in ein Netz von Schwierigkeiten verfangen. ◎

Das Wetter und die Elemente

Seen, Flüsse und das Meer

SEE

Träumt eine junge Frau davon, allein auf einem unruhigen und schmutzigen *See* zu sein, dann stehen ihr viele Schicksalsschläge bevor, und sie wird frühere Ausschweifungen und die Mißachtung der Tugend bedauern.

Dringt Wasser in das Boot ein und kann sie das Bootshaus unter großer Anstrengung noch sicher erreichen, unterliegt sie einer falschen Überzeugung, die sie jedoch überwinden wird. Eine ihr nahestehende Person wird möglicherweise krank.

Sieht sie ein junges Paar, das sich aus derselben Lage retten kann, wird sie feststellen, daß ein Freund Vertrauensbrüche begangen hat. Sie wird ihm jedoch vereihen.

Segeln Sie auf einem *klaren und ruhigen See* mit fröhlichen Freunden, dann werden Sie oft glücklich sein und ein für Ihre Wünsche ausreichendes Vermögen erwerben.

Ein *schmutziger See*, der von nackten Felsen und kahlen Bäumen umgeben ist, verheißt ein trauriges Ende im Geschäfts- und Liebesleben.

Ein schmutziger, von grünen Bäumen umgebener See verkündet, daß Ihre Moral Sie vor leidenschaftlichen Wünschen schützt. Durch deren Überwindung werden Sie Ihre Energien in sichere und lohnende Bahnen lenken. Ist der See sauber und von Kahlheit umgeben, wird eine profitable Existenz durch leidenschaftliche Ausschweifungen ruiniert.

Spiegeln Sie sich in einem *klaren See* wider, ist dies ein Zeichen für Freuden und viele treue Freunde.

Spiegeln sich im See grüne Bäume wider, dann werden Sie heftige Leidenschaft und Liebesglück genießen.

Steigen glitschige und unheimliche Bewohner des Sees auf und bedrohen Sie, bedeutet dies Fehlschläge und eine schlechte Gesundheit durch die Vergeudung von Zeit und Energie bei verbotenen Vergnügungen. Sie werden das Glück bis zur Neige auskosten und Reue verspüren. ◉

FLUSS

Bei einem klaren, sanft dahinfließenden *Fluß* werden Sie bald angenehme Freuden genießen. Die Aussicht auf Reichtum ist vielversprechend.

Ist das Wasser schmutzig oder aufgewühlt, wird es in Ihrem Leben unangenehme Eifersuchtsszenen geben.

Sind Sie durch einen *über die Ufer getretenen Fluß* von Wasser eingeschlossen, wird es in Ihrem Berufsleben zeitweilige Schwierigkeiten geben, oder Sie werden sich durch eine öffentlich gewordene private Eskapade unwohl fühlen.

Segeln Sie auf einem *klaren Fluß* und sehen Leichen auf dem Grund, dann werden auf Freuden und Glück schnell Ärger und Trübsal folgen.

Ein *ausgetrockneter Fluß* verheißt Krankheit und außergewöhnliches Unglück. ◉

FLUT

Die *Flut* ist ein Zeichen für Fortschritte in Ihren Angelegenheiten. ◉

WELLEN

Wellen bedeuten, daß Sie einen entscheidenden Schritt in Betracht ziehen, der zu großem Wissen führt, wenn die Wellen klar sind; sind sie jedoch schmutzig oder von einem Sturm aufgewühlt, dann werden Sie einen fatalen Fehler begehen. ◉

MEERSCHAUM

Träumt eine Frau von *Meerschaum*, dann wird sie durch wahl- und hemmungsloses Vergnügen vom Pfad der Tugend abkommen. Trägt sie einen Brautschleier aus Meerschaum, wird sie sich in materielle Freuden stürzen, wobei ihr wahre Kultiviertheit und innere Bescheidenheit fremd sind. ◉

....

Träume vom Wasser reichen von der Ruhe eines Ententeichs *gegenüber* **bis zur gewaltigen Kraft des Ozeans** *oben*.

DAS MEER

MEER

Hören Sie das einsame Seufzen des *Meeres*, hält das Schicksal für Sie ein mühseliges und unfruchtbares Leben ohne Liebe und Freundschaft bereit.

Das Meer ist ein Vorbote für unerfüllte Erwartungen; zwar werden Sie materielle Freuden genießen, jedoch ein inneres Verlangen nach Vergnügen haben, die das Fleisch nicht stillen kann.

Träumt eine junge Frau, mit Ihrem Liebhaber über das Meer zu gleiten, werden sich ihre mädchenhaften Hoffnungen erfüllen, und das Glück hält an der Tür zur Erfüllung beständiger Hochzeitswünsche Wache. ◉

OZEAN

Ein ruhiger *Ozean* ist vielversprechend. Der Segler wird eine angenehme und gewinnbringende Reise haben. Der Geschäftsmann wird eine Zeit des Profits genießen, und der junge Mann wird sich am Charme seiner Geliebten erfreuen.

Befinden Sie sich *weit draußen auf dem Ozean*, verheißt dies eine Katastrophe im Geschäftsleben. Sind Sie am Ufer und sehen die aufschäumenden *Wellen des Ozeans,* werden Sie einer Verletzung und den Plänen von Feinden nur knapp entkommen.

Ist der *Ozean so flach*, daß Sie darin waten oder auf den Grund sehen können, verheißt dies Vermögen und Freuden zusammen mit Kummer und Mühsal.

Das *Segeln auf einem ruhigen Ozean* ist stets vielversprechend. ◉

SEE *siehe* **BOOT** *Seite* 226, **RETTUNG** *Seite* 266, **WASSER** *Seite* 78, **BÄUME** *Seite* 64 ◆ **FLUSS** *siehe* **FLUT, ÜBERSCHWEMMUNG** *Seite* 81 ◆
MEERSCHAUM *siehe* **HOCHZEITSKLEID** *Seite* 131 ◆ **OZEAN** *siehe* **RUHE** *Seite* 75, **SCHIFF, SEGELN** *Seite* 226

Feuer

RAUCH
Rauch verkündet, daß Zweifel und Ängste Sie belasten.

Werden Sie **von Rauch eingehüllt**, wollen gefährliche Personen Sie mit Schmeicheleien hintergehen. ◉

FEUER
Feuer ist günstig, wenn man darin nicht verbrennt. Feuer bringt Seefahrern und Reisenden anhaltenden Wohlstand.

Brennt Ihr Zuhause, verheißt dies einen liebenden Partner, gehorsame Kinder und umsichtige Angestellte.

Träumt ein Geschäftsmann davon, daß sein **Geschäft brennt** und er zusieht, dann wird er im Geschäftsleben einen großen Durchbruch und einträgliche Gewinne haben.

Bekämpft er das Feuer, ohne sich zu verbrennen, ist er über die Führung seines Geschäfts sehr besorgt.

Sieht er die Ruinen seines Ladens nach einem Feuer, bedeutet dies Unglück. Er will bereits seine Bemühungen, ein großes Vermögen und ausgezeichnete Geschäftsergebnisse zu erzielen, aufgeben, als unvorhergesehenes Glück eintritt.

Entzünden Sie ein Feuer, dann erwarten Sie viele angenehme Überraschungen. Entfernte Freunde werden Sie besuchen.

Eine große **Feuersbrunst** bedeutet für Matrosen eine günstige und sichere Reise, für Literaten Erfolg und Auszeichnungen sowie unbegrenzten Erfolg für Geschäftsleute. ◉

FLAMME
Das Bekämpfen von *Flammen* verkündet, daß Sie größte Anstrengungen und Energien aufwenden müssen, um ein Vermögen anzuhäufen. ◉

BRENNENDES HOLZSCHEIT
Ein *brennendes Holzscheit* verheißt ein günstiges Schicksal, wenn Sie sich daran nicht brennen oder verletzt werden. ◉

FEUERLÖSCHÜBUNG
Eine *Feuerlöschübung* bedeutet Verdruß in einer Geldangelegenheit. ◉

LÖSCHFAHRZEUG
Ein *Löschfahrzeug* kündigt Sorgen an, die jedoch letztendlich Glück bringen.

Hat es eine Panne, verheißt dies einen Unfall oder schweren Verlust.

Fährt eine junge Frau damit, dann wird sie in eine unziemliche und anrüchige Affäre verwickelt sein. ◉

FEUERWEHRMANN
Ein *Feuerwehrmann* verkündet die Treue Ihrer Freunde. Sieht eine junge Frau einen **verkrüppelten** oder sonstwie verletzten *Feuerwehrmann*, droht einem engen Freund eine große Gefahr. ◉

FEUERSBRUNST
Eine *Feuersbrunst,* bei der niemand stirbt, verheißt zukünftige Veränderungen, die für Ihre Interessen und Ihr Glück von Vorteil sind. ◉

BRAND

Naturkatastrophen

TORNADO AUF SEE

TORNADO
Befinden Sie sich in einem Tornado, wird Sie das Mißlingen ausgeklügelter Pläne zum Erlangen schnellen Reichtums enttäuschen. ❈

FLUT
Zerstört eine Flut große Landstriche und deckt sie mit Schlamm zu, verheißt dies Krankheit, Verluste im Geschäftsleben und eine äußerst unglückliche Situation in der Ehe. ❈

ÜBERSCHWEMMUNG
Werden Städte oder Landstriche von dunklem, reißendem Wasser überschwemmt, bedeutet dies großes Unglück und Tod durch eine schreckliche Katastrophe.

Werden Menschen von einer Überschwemmung mitgerissen, verheißt dies Trauer und Verzweiflung, die das Leben sinnlos machen.

Ein großes, mit klarem Wasser überschwemmtes Gebiet verkündet Gewinn und Sorglosigkeit nach scheinbar hoffnungslosen Kämpfen mit dem Schicksal. ❈

Träume über die Elemente können von einer wütenden Feuersbrunst *gegenüber* oder einem heftigen Tornado *oben* handeln.

STRUDEL
Bei einem Strudel droht Ihrem Geschäft eine große Gefahr. Wenn Sie nicht äußerst vorsichtig sind, wird Ihr Ruf durch eine böse Intrige stark in Mitleidenschaft gezogen. ❈

WIRBELWIND
Befinden Sie sich in einem Wirbelwind, dann werden Sie mit einer Veränderung konfrontiert, die Sie mit Trauer und Unheil zu überwältigen droht.

Ist eine junge Frau in einem Wirbelwind gefangen und hat Schwierigkeiten zu verhindern, daß ihr Rock sich aufbauscht und um ihre Taille wickelt, wird sie einen heimlichen Flirt weiterführen und entsetzt darüber sein, daß ihr Name in einen Skandal verwickelt ist. Sie riskiert Schande und Ächtung. ❈

ERDBEBEN
Sehen oder fühlen Sie ein Erdbeben, verheißt dies Geschäftsverluste und großen Kummer durch Unruhen und Kriege zwischen den Staaten. ❈

VULKAN
Ein Vulkan bedeutet, daß Sie in heftige Streitigkeiten verwickelt sind, die Ihren Ruf als fairen und aufrichtigen Bürger bedrohen.

Sieht eine junge Frau einen Vulkan, dann führen Eigensucht und Gier sie in schwierige Abenteuer. ❈

ORKAN
Sehen und hören Sie einen mit seiner fürchterlichen Kraft herannahenden Orkan, dann werden Sie Qualen und Ungewißheit erleiden und darum ringen, Fehlschläge und Ruin zu vermeiden.

Befinden Sie sich in einem Haus, das von einem Orkan zerstört wird, und kämpfen Sie in der schrecklichen Dunkelheit darum, jemanden vor den herunterfallenden Brettern zu retten, dann wird sich Ihr Leben verändern. Sie werden zwar an entfernte Orte ziehen, aber dennoch wird es keine Besserung im Privat- oder Berufsleben geben.

Blicken Sie nach einem Orkan auf Schutt und Asche, steht Ihnen großer Ärger kurz bevor, der durch eine Kehrtwende in den Angelegenheiten anderer abgewehrt wird.

Sehen Sie Menschen, die durch einen Orkan getötet oder verletzt wurden, wird Ihnen der Ärger anderer große Sorgen bereiten. ◎

DÜRRE
Dies ist ein böser Traum, der kriegerische Auseinandersetzungen zwischen den Ländern und großes Blutvergießen verkündet.

Es wird zu Schiffsunglücken und Katastrophen an Land kommen, und Familien werden sich streiten und trennen; Krankheit wird außerdem Ihrer Arbeit schaden. Zudem werden Ihre Geschäfte mißlingen. ❈

Zeit und Jahreszeiten

Auch die Zeit spielt eine große Rolle. In Ihren Träumen kann jede Tages- oder Nachtzeit sowie jede Jahreszeit herrschen. Im Winter träumen Sie von den heißen Düften des August; Frühlingsnächte werden durch die Stürme des Januar abgekühlt. In diesem Abschnitt erfahren Sie, welche Bedeutung dahintersteckt.

Die Jahreszeiten

FRÜHLING
Das Nahen des *Frühlings* ist ein Zeichen für glückliche Unternehmungen und fröhliche Begleiter.

Frühling in der falschen Jahreszeit ist ein Vorbote von Unruhen und Verlusten.

HERBST
Träumt eine Frau vom *Herbst*, dann erhält Sie durch die Streitigkeiten anderer Eigentum.

Heiratet sie im Herbst, wird sie eine gute Partie machen und ein glückliches Zuhause haben.

WINTER
Der *Winter* verkündet Krankheiten und düstere Aussichten für den Ausgang beruflicher wie privater Angelegenheiten. Ihre Bemühungen werden nach diesem Traum keine zufriedenstellenden Ergebnisse zeitigen.

Die Zeit am Tag

TAG
Der *Tag* bedeutet Verbesserungen Ihrer Lebenslage und angenehme Beziehungen. Ein düsterer Tag verheißt Verlust und Mißerfolg bei neuen Unternehmen.

TAGESANBRUCH
Der *Tagesanbruch* verspricht erfolgreiche Unternehmungen, wenn der Schauplatz nicht verschwommen und unheimlich ist. In diesem Fall können Enttäuschungen im Geschäft und in der Liebe bevorstehen.

MORGEN
Eine klare *Morgen*-Dämmerung verkündet nahendes Glück.

Bei einem *wolkigen Morgen* werden wichtige Angelegenheiten Sie belasten.

NACHMITTAG
Träumt eine Frau vom *Nachmittag*, dann wird sie langanhaltende und anregende Freundschaften schließen. Ein *bewölkter, regnerischer Nachmittag* verheißt Enttäuschungen und Verdruß.

ABEND
Ist der *Abend* hereingebrochen, bedeutet dies unerfüllte Hoffnungen und unglückliche Spekulationen.

Leuchtende Sterne stehen für momentanen Kummer, auf den jedoch eine strahlendere Zukunft folgt.

ABENDSPAZIERGANG

Gehen die Verliebten am *Abend spazieren*, verheißt dieses oftmals Trennung durch Tod.

Das neue Jahr

Das neue Jahr ist ein Zeichen für Reichtum und mögliche Eheschließungen. Betrachten Sie das neue Jahr mit Sorgen, werden waghalsige Verbindungen eingegangen.

Nachtgedanken

NACHT
Ist es in Ihren Träumen *Nacht*, stehen Ihnen im Berufsleben möglicherweise außergewöhnlicher Druck und besondere Härte bevor.

Scheint das Licht zu verlöschen, werden sich bislang ungünstige Bedingungen verbessern, und Ihnen steht eine erfolgreiche Zeit bevor.

DUNKELHEIT
Überfällt Sie auf einer Reise die *Dunkelheit*, dann ist dies für jede in Angriff genommene Arbeit ein schlechtes Zeichen. Erscheint die Sonne jedoch noch vor Ende der Reise, werden Fehler wiedergutgemacht.

Verlieren Sie in der Dunkelheit einen Freund oder Ihr Kind, dann gibt es häufig Anlaß zu Zorn. Versuchen Sie, sich nach solchen Träumen zu beherrschen, da Sie einer Prüfung unterzogen werden.

DÄMMERUNG
Dies ist ein trauriger Traum, der einen vorzeitigen Verfall prophezeit. Düstere Aussichten für den Handel werden noch verstärkt.

Zeit und Jahreszeiten

Ein Traumkalender

JANUAR
Dieser Monat verheißt Kummer durch lieblose Freunde oder Kinder.

FEBRUAR
Der *Februar* verkündet anhaltend schlechte Gesundheit und ganz allgemein Trübsinn. Sehen Sie in diesem Monat einen strahlenden Sonnentag, dann steht Ihnen unerwartetes Glück bevor.

MÄRZ
Der *März* bedeutet magere Geschäftserträge. Einige Frauen werden an Ihrer Aufrichtigkeit zweifeln.

APRIL
Der *April* verheißt, daß Ihr Schicksal durch viele Vergnügen und Gewinn geprägt ist.

Schlechtes Wetter ist ein Zeichen für vorübergehendes Unglück.

MAI
Der *Mai* prophezeit glückliche Zeiten und Vergnügen für junge Leute.

Eine scheinbar launische Natur bedeutet plötzlichen Kummer und Freuden, die von Enttäuschung überschattet werden.

JUNI
Der *Juni* verkündet außergewöhnliche Gewinne in sämtlichen Unternehmungen.

Hat eine Frau den Eindruck, daß die Pflanzenwelt vertrocknet und eine Dürre das Land verwüstet, dann wird sie anhaltenden Kummer und Verlust erleiden.

JULI
Bei diesem Monat werden düstere Aussichten Sie deprimieren, doch plötzlich werden Ihre Lebensgeister durch unvorhergesehenes Vergnügen und Glück wieder geweckt.

AUGUST
Der *August* verheißt ungünstige Geschäfte und Mißverständnisse in Liebesaffären.

Träumt eine junge Frau davon, im August zu heiraten, ist dies ein Zeichen für Kummer in frühen Ehejahren.

SEPTEMBER
Der *September* steht für Glück.

OKTOBER
Der *Oktober* ist ein Zeichen für zufriedenstellenden Erfolg in Ihren Unternehmungen. Sie werden neue Bekanntschaften machen, die sich zu langanhaltenden Freundschaften entwickeln.

NOVEMBER
Der *November* verkündet eine Zeit mit mäßigem Erfolg in sämtlichen Bereichen.

DEZEMBER
Der *Dezember* prophezeit zwar die Anhäufung von Reichtum, jedoch den Verlust von Freundschaften. Fremde werden bei Freunden ihren Platz einnehmen.

Tempus fugit

DRINGLICHKEIT
Unterstützen Sie eine dringende Position, *dann sind Sie in eine Affäre verwickelt, die eine beachtliche Finanzspritze benötigt, um erfolgreich abgeschlossen werden zu können.*

VERSPÄTUNG
Haben Sie im Traum Verspätung, *ist dies eine Warnung, daß Gegner Ihre Karriere behindern wollen.*

Zeichen der Zeit

UHR
Eine *Uhr* verheißt Gefahr durch einen Widersacher.

Hören Sie eine Uhr schlagen, dann erwarten Sie unangenehme Neuigkeiten in Zusammenhang mit dem Tod eines Freundes.

ARMBANDUHR
Eine *Armbanduhr* bedeutet, daß Sie bei Spekulationen Glück haben.

Sehen Sie nach der Zeit, werden Ihre Bemühungen durch Feindschaft unterwandert.

Beschädigen Sie eine Uhr, drohen Ihnen Kummer und Verlust.

Lassen Sie das Uhrglas fallen, verheißt dies Nachlässigkeit oder unangenehme Gesellschaft.

Verliert eine Frau eine Armbanduhr, wird sie aufgrund von häuslichen Problemen traurig sein.

Stehlen Sie eine Uhr, dann werden Sie einen starken Feind haben, der Ihrem Ruf schaden will.

Verschenken Sie eine Uhr, werden Sie durch unwürdigen Zeitvertreib Ihren Anteil einbüßen.

TAGEBUCH
Schreiben Sie *Tagebuch*, so werden Sie ein falsches Urteil fällen, das zu einer Katastrophe führt.

Lesen Sie ein *fremdes Tagebuch*, dann werden Sie bald wegen einer Indiskretion getadelt.

ALMANACH
Ein *Almanach* bedeutet wechselhaftes Glück und trügerische Freuden.

Untersuchen Sie die Tierkreiszeichen, werden Sie durch kleine, jedoch zeitaufwendige Angelegenheiten ständig belästigt.

KALENDER
Führen Sie einen *Kalender*, dann werden Sie das ganze Jahr über sehr ordentlich und systematisch sein.

Sehen Sie einen Kalender, gehen Ihre Pläne nicht auf.

Träume vom Abend *gegenüber* scheinen ein besonders schlechtes Omen zu sein.

MÄRZ *siehe* **MARSCH** Seite 168 ◆ **JUNI** *siehe* **DÜRRE** Seite 81 ◆ **AUGUST** *siehe* **HEIRAT** Seite 130 ◆ **UHR** *siehe* **GELÄUT** Seite 275 ◆
ARMBANDUHR *siehe* **ZERBRECHEN** Seite 265, **STEHLEN** Seite 246, **GESCHENK** Seite 240 ◆ **TAGEBUCH** *siehe* **LESEN** Seite 233,
SCHREIBEN Seite 232

Weltall, Sterne, Planeten

Träumen Sie vom Weltall und seiner grenzenlosen Weite, dann ist dies sowohl erheiternd als auch zermürbend. In diesem Abschnitt werden die großen Lichtquellen erforscht, Sonne, Mond und die Sterne, die Planeten sowie das Firmament selbst. Der Mond, der als solcher schon interessant und stark ist, scheint in Träumen so wie in Wirklichkeit zu sein.

Der Himmel

HIMMEL
Ist der *Himmel* klar, verheißt dies bemerkenswerte Auszeichnungen und interessante Reisen mit kultivierten Begleitern. Im umgekehrten Fall stehen unerfüllte Erwartungen und Ärger mit Frauen bevor.

Färbt sich der Himmel rot, dann sind öffentliche Unruhe und Aufstände zu erwarten.

FIRMAMENT
Ein *Firmament* voller Sterne bedeutet Leiden und übermenschliche Anstrengungen, bevor Sie Ihr Ziel erreichen. Hüten Sie sich bei der Arbeit vor feindlichen Fallen.

Sehen Sie Ihnen bekannte Menschen am Firmament, dann werden diese durch Sie etwas Unkluges tun, worunter andere unschuldig leiden müssen. Auf diesen Traum folgen gewöhnlich große Katastrophen.

ZENITH
Der *Zenith* verkündet großen Wohlstand. In der Wahl Ihrer Liebhaber werden Sie erfolgreich sein.

Sterne, Planeten und Kometen

FINSTERNIS
Die *Sonnenfinsternis* verheißt zeitweilige Fehlschläge in beruflichen und anderen weltlichen Angelegenheiten sowie familiäre Unruhe.

Die *Mondfinsternis* verkündet ansteckende Krankheiten oder Tod.

STERNE
Blicken Sie zu klaren, leuchtenden *Sternen* auf, bedeutet dies Gesundheit und Wohlstand. Sind sie trübe oder rot, steht Ihnen Ärger bevor.

Eine *Sternschnuppe* prophezeit Kummer und Gram. Fällt ein Stern auf Sie, wird es in Ihrer Familie einen Trauerfall geben.

Erscheinen und verschwinden Sterne auf mysteriöse Weise, wird es bald seltsame Veränderungen geben.

Drehen sie sich um die Erde, ist dies ein Zeichen für Gefahr.

PLANET
Besuchen Sie einen anderen *Planeten* oder andere Welten, dann werden Sie aufregende Erfahrungen machen.

MARS
Der *Mars* verkündet ein unglückliches Leben durch das grausame Verhalten von Freunden. Feinde wollen Sie ruinieren.

Fühlen Sie sich zu diesem Planeten hingezogen, dann werden Sie Ihre Freunde im Hinblick auf Wissen und Reichtum durch Ihren scharfen Verstand übertrumpfen.

KOMET
Bei diesem Himmelskörper werden Sie Prüfungen unterzogen, die Sie bestehen, und zu Ruhm gelangen.

Für einen jungen Menschen bedeutet dieser Traum Kummer.

Sonne und Mond

SONNE
Ein klarer, strahlender Sonnenaufgang verkündet Freude und Wohlstand.

Die *Sonne* zur Mittagszeit verheißt die Erfüllung von Sehnsüchten und grenzenlose Zufriedenheit.

Der *Sonnenuntergang* bedeutet, daß Freuden und Wohlstand ihren Zenit überschreiten und ermahnt Sie, sich mit neuem Eifer um Ihre Interessen zu kümmern.

Scheint die Sonne durch Wolken hindurch, dann bestimmen Ärger und Schwierigkeiten nicht länger Ihr Leben, und Wohlstand ist nah.

Sieht die Sonne *düster aus oder herrscht Sonnenfinsternis*, so stehen Ihnen stürmische Zeiten bevor, die jedoch wieder vergehen.

MOND
Wenn der *Mond* an einem klaren Himmel scheint, verheißt dies Erfolg.

Ein *düsterer und unheimlicher Mond* bedeutet ungünstige Liebesbeziehungen, Unglück zu Hause und Enttäuschungen im Berufsleben.

Neumond verkündet Wohlstand und eine harmonische Ehe.

Wendet sich eine junge Frau an den Mond, um ihr Schicksal zu erfahren, dann wird sie bald Ihren Auserwählten heiraten. Sieht sie *zwei Monde*, wird sie ihren Liebhaber durch ihre Gewinnsucht verlieren. Wird der *Mond schwächer*, dann wird sie ihr höchstes Glück aus Mangel an weiblichem Feingefühl verlieren.

Ein *blutroter Mond* kündigt Krieg an, und ihr Liebhaber wird fortziehen, um sein Land zu verteidigen.

Menschen und Orte

In den meisten Träumen gibt es Hauptfiguren und bestimmte Orte des Geschehens. In diesem Abschnitt werden die Menschen und Orte des Traumes untersucht. Sie treten als Menge oder einzeln, als Archetypen oder spezifische Charaktere, als Helden oder Bösewichter auf. Die Monarchie spielt auch in Träumen der Republikaner eine große Rolle.

Die rasende Menge

MENSCHENMENGE

Sehen Sie eine große, gut gekleidete **Menschenmenge** bei einer Veranstaltung, verheißt dies angenehmen Umgang mit Freunden, doch alles, was das Vergnügen der Gäste stört, bedeutet Kummer und den Verlust von Freundschaften. Wo Gewinn und günstige Verbindungen zu erwarten waren, herrscht Unglück. Eine zerstrittene Regierung und familiäre Spannungen stehen ebenfalls bevor.

Bei einer **Menschenmenge in der Kirche** erwartet Sie ein Todesfall, oder es stellen sich Unstimmigkeiten ein.

Eine **Menschenmenge auf der Straße** bedeutet außergewöhnlich lebhaften Handel. Sie sind generell vom Glück begünstigt.

Versuchen Sie, in der Menschenmenge gehört zu werden, dann werden Sie ihre Interessen allen anderen gegenüber durchsetzen.

Eine Menschenmenge verheißt gewöhnlich Gutes, wenn schwarze oder düstere Kleidung nicht vorherrscht. ◎

GRUPPE

Werden Sie von einer **unbekannten Gruppe** von Männern wegen Ihres Geldes oder Ihrer Wertgegenstände überfallen, dann verbünden sich Feinde gegen Sie. Entkommen sie unverletzt, werden Sie jeden Widerstand im Liebes- oder Berufsleben überwinden.

Schließen Sie sich einer **Gruppe aus Vergnügen** an, werden Sie viel Gutes im Leben erfahren, wenn dort Harmonie herrscht. ◎

Bestimmte Individuen

MANN

Ein gutaussehender **Mann**, der stattlich gebaut und sportlich ist, bedeutet, daß Sie Ihr Leben in vollen Zügen genießen und große Besitztümer erlangen werden. Ist er mißgestaltet und mürrisch, erwarten Sie Enttäuschungen und Schwierigkeiten.

Träumt eine Frau von einem **gutaussehenden Mann**, wird ihr eine Auszeichnung zuteil. Ist er häßlich, wird sie Ärger durch einen angeblichen Freund bekommen. ◎

FRAU

Frauen verheißen Intrigen.

Bei Streit mit einer Frau werden Sie überlistet und hintergangen.

Bei einer **dunkelhaarigen Frau** mit blauen Augen und Stupsnase werden Sie ein Wettrennen, bei dem Ihnen der Sieg schon sicher war, letztendlich verlieren.

Hat sie braune Augen und eine Adlernase, dann werden Sie in eine gefährliche Spekulation verwickelt.

Kastanienbraunes Haar in dieser Kombination wird Ihre Schwierigkeiten und Befürchtungen noch verstärken.

Bei einer blonden Frau werden all ihre Verpflichtungen angenehm sein und Ihren Neigungen entsprechen. ◎

Wenn Sie von Menschen träumen, können Sie sie entweder in der Mehrzahl oder als Individuen wahrnehmen, wie eine alte Frau *oben rechts*; eine so freundliche Person ist in Ihren Träumen ein Zeichen für Hoffnung.

ALTE FRAU

ALTER MANN, ALTE FRAU

Bei einem **alten Mann oder einer alten Frau**, die einen unglücklichen Eindruck machen, wird Sie eine unglückliche Laufbahn bedrücken. ◎

MÄDCHEN

Ein hübsches, strahlendes **Mädchen** verkündet angenehme Perspektiven und Freude zu Hause. Ist sie dünn und blaß, dann werden Sie in Ihrer Familie einen Kranken und viele Unannehmlichkeiten haben.

Träumt ein Mann davon, ein Mädchen zu sein, wird er willensschwach sein oder Schauspieler werden und in Frauenrollen spielen. ◎

MENSCHENMENGE siehe **KIRCHE** Seite 189, **STRASSE** Seite 222 ◆ **GRUPPE** siehe **STEHLEN** Seite 246 ◆
MANN siehe **GUTES AUSSEHEN** Seite 100, **GESICHT** Seite 101 ◆ **FRAU** siehe **HAARE** Seite 102, **TEINT** Seite 101 ◆
ALTER MANN, ALTE FRAU siehe **ALTER** Seite 100 ◆ **MÄDCHEN** siehe **SCHAUSPIELER(IN)** Seite 169

Königliches Geblüt und Insignien

KÖNIG
Ein **König** verheißt, daß Sie mit aller Macht kämpfen und von Ehrgeiz getrieben werden.

Werden Sie zum **König gekrönt**, dann werden Sie Ihre Freunde und Kollegen übertrumpfen.

Tadelt Sie ein König, so erwartet Sie Kritik wegen einer vernachlässigten Pflicht.

Befindet sich eine junge Frau in der Gegenwart eines Königs, heiratet sie einen Mann, den sie fürchtet. Erhält sie vom König Begünstigungen, wird sie eine hohe Stellung einnehmen und einen sympathischen Mann heiraten. ◉

KÖNIG

KÖNIGIN
Eine **Königin** verheißt erfolgreiche Spekulationen. Sieht sie alt oder verhärmt aus, werden Ihre Freuden durch Enttäuschungen überschattet. ◉

KAISER
Gehen Sie ins Ausland und treffen auf Ihren Fahrten den **Kaiser** eines Landes, dann werden Sie eine lange Reise unternehmen, die Ihnen weder Freude noch Wissen einbringt. ◉

KAISERIN
Eine **Kaiserin** zeigt an, daß Ihnen hohe Auszeichnungen zuteil werden, doch Ihr Stolz macht Sie sehr unbeliebt.

Kaiser und Kaiserin verheißen nicht unbedingt etwas Schlechtes, jedoch auch nichts besonders Gutes. ◉

MONARCH
Bei einem **Monarchen** werden Sie zunehmenden Wohlstand genießen und neue Freunde finden. ◉

Könige oben und Kronen rechts verleihen den Träumen königlichen Glanz, wohingegen schlitzohrige Piraten gegenüber wilde Abenteuer verheißen.

USURPATOR
Sind Sie ein **Usurpator**, dann werden Sie Ärger bei der Durchsetzung Ihres berechtigten Anspruchs auf Eigentum haben.

Wollen sich andere **Ihre Rechte widerrechtlich aneignen,** wird es Streit zwischen Ihnen und Ihren Konkurrenten geben, den Sie jedoch gewinnen.

Für eine junge Frau verheißt dieser Traum die Beteiligung an einem anzüglichen Wettstreit, den sie gewinnt. ◉

KRONE
Eine **Krone** bedeutet eine Änderung der Lebensgewohnheiten. Sie werden von zu Hause weggehen und neue Beziehungen aufbauen. Dieser Traum kann auch eine tödliche Krankheit vorhersagen.

Tragen Sie eine Krone, signalisiert dies den Verlust Ihres persönlichen Eigentums.

Krönen Sie jemanden, zeigt dies Ihren eigenen Wert an. ◉

KRÖNUNG
Bei einer **Krönung** werden Sie Bekanntschaften und Freundschaften mit berühmten Personen eingehen.

Nimmt eine junge Frau an einer Krönung teil, dann werden herausragende Persönlichkeiten ihr überraschend ihre Gunst erweisen. Ist die Krönung jedoch unrechtmäßig, steht ihr Unzufriedenheit anstelle erwarteter Vergnügen bevor. ◉

ZEPTER
Schwingen Sie ein **Zepter**, so werden Freunde Ihnen ihr Vertrauen schenken, und Sie werden sie in der Einschätzung Ihrer Fähigkeiten nicht enttäuschen.

Schwingen andere das Zepter über Ihnen, dann bevorzugen Sie einen Arbeitsplatz unter Aufsicht, statt Ihre Energie für sich selbst zu nutzen. ◉

THRON
Sitzen Sie auf einem **Thron**, werden Sie schnell Gunst und Vermögen erhalten.

Steigen Sie von einem Thron herunter, erwarten Sie viele Enttäuschungen.

Sitzen andere auf einem Thron, so werden Sie durch die Gunst anderer zu Wohlstand kommen. ◉

ADEL
Haben Sie Umgang mit dem **Adel**, dann streben Sie nach falschen Zielen, da Sie die Zurschaustellung und das Vergnügen der geistigen Bildung vorziehen.

Träumt eine junge Frau vom Adel, wird sie einen Liebhaber wegen seines guten Aussehens wählen, anstatt eine verdiente Persönlichkeit als ihren Beschützer zu akzeptieren. ◉

PAGE
Ein **Page** bedeutet, daß Sie eine unüberlegte Beziehung mit jemandem eingehen, der nicht zu Ihnen paßt. Sie werden von Ihrer romantischen Ader beherrscht.

Übernimmt eine junge Frau die **Rolle eines Pagen**, wird sie einen dummen Seitensprung begehen. ◉

STERNENKRONE

Charaktere

JUNGFRAU
Eine **Jungfrau** verheißt, daß Sie mit Ihren Spekulationen Glück haben.

Sieht sich eine verheiratete Frau als Jungfrau, dann wird sie wegen ihrer Vergangenheit Reue empfinden. Ihre Zukunft ist nicht vielversprechend.

Träumt eine junge Frau davon, *keine Jungfrau mehr zu sein*, dann läuft sie große Gefahr, ihren Ruf durch Taktlosigkeit zu ruinieren.

Geht ein Mann eine verbotene Beziehung mit einer Jungfrau ein, wird er ein Unternehmen nicht vollenden und durch die Beschwerden anderer großen Ärger bekommen.

ZIGEUNER
Besuchen Sie ein **Zigeuner**-Lager, dann werden Sie ein wichtiges Angebot erhalten. Die Überprüfung des Ansehens der Parteien wird Ihnen Nachteile bringen.

Sagt ein Zigeuner einer Frau die Zukunft voraus, ist dies ein Omen für eine übereilte, unkluge Heirat. Ist sie bereits verheiratet, wird sie auf ihren Ehemann grundlos eifersüchtig sein.

Unterhält sich ein Mann mit einem Zigeuner, wird er wahrscheinlich ein großes Vermögen verlieren.

Handeln Sie mit einem Zigeuner, dann werden Sie Geld bei Spekulationen verlieren.

ÖFFENTLICHER AUSRUFER
Das Glück ist Ihnen auf den Fersen. Wichtige Fragen werden unter Gegnern freundschaftlich geklärt. Sieht der Ausrufer aber traurig aus, kündigt dies ein trauriges Ereignis oder Unglück an.

EINSIEDLER
Ein **Einsiedler** verkündet Trauer und Einsamkeit durch untreue Freunde.

Sind Sie selbst ein Einsiedler, dann werden Sie der Untersuchung komplizierter Themen nachgehen und sich an Diskussionen rege beteiligen.

Befinden Sie sich in der *Wohnung eines Einsiedlers,* sind Sie anderen Menschen gegenüber selbstlos.

GECK
Ein **Geck** bedeutet geringe Intelligenz. Sie sollten sich um Ihre Bildung kümmern.

Außergewöhnliche Charaktere

AUSSERIRDISCHER
Ein freundlicher Fremder verheißt Gesundheit sowie ein angenehmes Umfeld. Mißfallen deutet auf Enttäuschungen hin. Sind Sie selbst ein *Außerirdischer,* steht dies für dauerhafte Freundschaften.

ZWERG
Hat der **Zwerg** eine gute Figur, werden Sie geistig oder körperlich nie unterentwickelt sein. Gesundheit und gute Konstitution ermöglichen Ihnen viele profitable Unternehmungen.

Haben Ihre *Freunde Zwergwuchs*, dann werden sie gesund sein und Ihnen viel Freude bereiten.

Häßliche und scheußliche Zwerge verkünden stets Kummer.

RIESE
Taucht plötzlich ein **Riese** vor Ihnen auf, so wird es zwischen Ihnen und Ihren Gegnern einen großen Streit geben.

Unterbricht der Riese Ihre Reise, dann werden Sie von einem Feind überwältigt. Läuft er vor Ihnen weg, sind Glück und Gesundheit auf Ihrer Seite.

BUCKLIGER
Ein **Buckliger** prophezeit unerwartete Rückschläge.

Bösewichter und Verbrecher

VERBRECHER
Sind Sie selbst ein **Verbrecher**, dann werden Sie etwas Unvernünftiges tun, das Ihren Freunden Kopfzerbrechen bereitet. Sie werden unter einer vorübergehenden Krankheit leiden.

Hält eine Frau ihren Ehemann oder Freund für einen Verbrecher, wird sie die Vernachlässigung durch ihren Freund sehr betrüben.

VERBRECHERKARTEI
Stehen Sie in einer **Verbrecherkartei**, dann haben Sie Umgang mit Leuten, die sie nicht zu schätzen wissen.

Sehen Sie Ihr eigenes Bild, wird ein Feind Sie durch seine Quälereien einschüchtern.

PIRAT
Piraten verheißen bösartige Pläne falscher Freunde.

Sind Sie ein Pirat, dann werden Sie den Kontakt zu Freunden und ehemaligen Gleichgesinnten verlieren.

Träumt eine junge Frau davon, daß ihr *Liebhaber ein Pirat* ist, ist dies ein Zeichen für seine Unwürdigkeit und Falschheit. Wird sie von Piraten gefangen, so wird sie ihr Zuhause unter falschen Vorwänden verlassen.

GEKREUZTE KNOCHEN
Bei *gekreuzten Knochen* wird Ihnen der schlechte Einfluß anderer Ärger bereiten, und die Aussicht auf Wohlstand ist nicht sehr vielversprechend.

Gekreuzte Knochen als Monogramm auf einer anonym zugeschickten Einladung zur Beerdigung bedeuten, daß Sie unnötige Ängste wegen einer Person ausstehen. Es werden scheinbar grausame Ereignisse eintreten, die Ihnen jedoch Gutes bringen.

PIRAT

JUNGFRAU siehe HEIRAT Seite 130, VERFÜHRER Seite 126 ◆ ZIGEUNER siehe LAGER Seite 191, WAHRSAGEN Seite 269, GEWERBE Seite 202 ◆ EINSIEDLER siehe WOHNUNG Seite 205 ◆ ZWERG siehe FREUND Seite 124, HÄSSLICHKEIT Seite 100 ◆ GEKREUZTE KNOCHEN siehe BEERDIGUNG Seite 120, GEHEIMBUND Seite 271 ◆ VERBRECHER siehe EHEMANN Seite 132 ◆ VERBRECHERKARTEI siehe BILD, PORTRÄT Seite 181

Der Ort Ihrer Träume ist ebenso wichtig wie die Handlung. In diesem Abschnitt werden die Traumlandschaften untersucht, in denen Sie sich befinden, und die Bedeutung bestimmter Orte sowie von Karten, Kompassen und anderen Hilfsmitteln der Geographie.

Karten und Geographie

GEOGRAPHIE
Studieren Sie *Geographie*, dann werden Sie häufig reisen und berühmte Orte besuchen.

ATLAS
Schauen Sie in einen *Atlas*, dann werden Sie vor einer Veränderung oder Reise sorgfältig den Nutzen überprüfen.

KOMPASS
Ein *Kompaß* bedeutet, daß Ihren Anstrengungen enge Grenzen gesetzt werden, weshalb Sie eine Beförderung zwar auf mühseligere, jedoch ehrenhaftere Weise erhalten.

Ein Kompaß oder die Nadel des Seemanns verheißt glückliche Umstände und anständige Menschen, die Ihnen ihre Gunst erweisen.

Hat er eine krumme Nadel, dann drohen Verlust und Enttäuschung.

KARTE
Eine *Karte* oder das Lesen einer Karte verheißt, daß im Berufsleben eine Veränderung in Betracht gezogen wird. Trotz einiger Enttäuschungen wird Ihnen die Änderung auch viele Vorteile einbringen.

Suchen Sie eine Karte, so wird eine plötzliche Unzufriedenheit mit Ihrem Umfeld Ihnen neue Energie verleihen, wodurch sich Ihre Verhältnisse verbessern. Eine junge Frau wird durch puren Ehrgeiz in höhere Kreise gelangen.

PANORAMA
Ein *Panorama* sagt Ihnen voraus, daß Sie Ihren Beruf oder Wohnort ändern werden. Sie sollten sich hüten, ständig den Schauplatz oder Freunde zu wechseln.

FERNE
Sind Sie weit von Ihrem Wohnort entfernt, dann werden Sie bald eine Reise machen, auf der Sie Fremde treffen, durch die sich Ihre Lebenssituation verbessert.

Freunde in der *Ferne* verkünden leichte Enttäuschungen.

Die Ferne verheißt Reisen und eine lange Fahrt. Männer, die in der Ferne mit Ochsen auf ausgedehnten Feldern pflügen, zeigen fortschreitenden Wohlstand und Auszeichnungen an.

Sieht ein Mann fremde Frauen in der Dämmerung, die weit entfernt sind und ihm Küsse zuwerfen, dann wird er eine Verbindung mit einer Bekannten eingehen, die zu unglücklichen Enthüllungen führt.

Unterkunft vor Ort

DORF
Befinden Sie sich in einem Dorf, *werden Sie sich guter Gesundheit erfreuen und gut versorgt sein.*

Besuchen Sie Ihr Heimatdorf, *dann stehen Ihnen angenehme Überraschungen sowie erfreuliche Neuigkeiten, die abwesende Freunde betreffen, bevor.*

Sieht das Dorf heruntergekommen aus oder ist der Traum unklar, erwarten Sie Ärger und Kummer.

SKYLINE VON NEW YORK

Weit entfernte Orte

IM AUSLAND
Befinden Sie sich im oder gehen Sie *ins Ausland*, dann werden Sie bald mit einer Gruppe einen angenehmen Ausflug unternehmen und es für notwendig erachten, ihr Heimatland vorübergehend wegen eines Klimawechsels zu verlassen.

AMERIKA
Hohe Beamte sollten sich vor Staatsaffären hüten, andere tun gut daran, auf sich achtzugeben, da Ärger ansteht.

ASIEN
Ein Besuch *Asiens* ist ein sicheres Zeichen für eine Veränderung, aus der Sie jedoch keinen materiellen Nutzen ziehen.

EUROPA
Fahrten in *Europa* verkünden, daß Sie bald eine lange Reise unternehmen werden, auf der Ihnen die Bräuche fremder Menschen neue Erkenntnisse bringen. Zudem können Sie Ihre Finanzlage verbessern.

Ist eine junge Frau von den *Sehenswürdigkeiten Europas* enttäuscht, dann wird sie unfähig sein, Karrierechancen zu nutzen. Sie wird Freunde oder Ihren Liebhaber wahrscheinlich enttäuschen.

MAROKKO
Marokko bedeutet, daß Sie erhebliche Unterstützung aus unerwarteter Quelle bekommen. Ihre Liebe wird durch Treue belohnt.

Menschen und Orte

UNTER FREIEM HIMMEL SPAZIERENGEHEN

Weite, freie Räume

INSEL
Befinden Sie sich auf einer **Insel** in einem klaren Strom, verheißt dies angenehme Reisen und glückliche Unternehmen. Für eine Frau bedeutet dies eine glückliche Ehe.

Eine **kahle Insel** sagt den Verlust von Glück und Geld durch Zügellosigkeit voraus.

Sehen Sie eine Insel, prophezeit dies Wohlergehen und Sorglosigkeit, nachdem die Erfüllung von Verpflichtungen viele Mühen gekostet hat.

Menschen auf einer Insel versprechen Kämpfe um eine höhere Position in bedeutenden Kreisen. ◎

LAND
Fruchtbares **Land** verheißt Gutes; ist es jedoch unfruchtbar und felsig, erwarten Sie Fehlschläge und Mutlosigkeit.

Sehen Sie **vom Meer aus Land**, bedeutet dies Glück und Wohlstand. ◎

LANDSCHAFT
Befinden Sie sich in einer schönen und fruchtbaren **Landschaft** mit reichen Getreidefeldern und sauberen Flüssen, dann stehen Ihnen außerordentlich gute Zeiten bevor. Sie werden Reichtümer anhäufen und können in jedem Land pompös regieren.

Eine **trockene und kahle** Landschaft verheißt unruhige Zeiten. Das Land wird von Hungersnöten und Krankheiten heimgesucht. ◎

ANGER
Anger verkünden glückliche Verbindungen mit der Aussicht auf künftigen Reichtum. ◎

TAL
Gehen Sie durch grüne, freundliche **Täler**, folgen erhebliche Verbesserungen im Berufsleben. Liebende werden eine glückliche und harmonische Beziehung führen.

Ein **vertrocknetes Tal** verheißt das Gegenteil. Ist es sumpfig, bedeutet dies Krankheiten und Ärger. ◎

PRÄRIE
Bei einer **Prärie** werden Sie Leichtlebigkeit sowie anhaltenden Luxus und eine erfolgreiche Karriere genießen.

Eine mit Gras und Blumen bedeckte **wogende Prärie** bedeutet erfreuliche Ereignisse.

Eine **kahle Prärie** signalisiert Verlust und Kummer durch die Abwesenheit von Freunden.

Verirren Sie sich, ist dies ein Zeichen für Traurigkeit und Unglück. ◎

EBENE
Durchquert eine junge Frau eine **Ebene**, dann lebt sie in glücklichen Verhältnissen, wenn das Gras grün und üppig ist; ist die Ebene dürr oder das Gras vertrocknet, stehen ihr Unbehagen und Einsamkeit bevor. ◎

WÜSTE
Gehen Sie durch eine trübselige, kahle **Wüste**, verheißt dies Hungersnöte und Rassenunruhen sowie Verluste an Menschenleben und Eigentum.

Befindet sich eine junge Frau **allein in der Wüste**, dann sind ihre Gesundheit sowie ihr Ruf durch ihre Indiskretion gefährdet. Sie sollte vorsichtiger sein. ◎

KAKTUS

In Träumen können Sie ungehindert reisen; Sie können sich in einer kultivierten städtischen Umgebung wie in New York *gegenüber* **aufhalten oder in der Wüste** *ganz oben* **durch Kakteen** *oben* **streifen.**

INSEL siehe **WASSER** Seite 78 ◆ **LAND** siehe **OZEAN** Seite 79 ◆ **LANDSCHAFT** siehe **FELDER** Seite 60, **GETREIDEKORN** Seite 62, **WASSER** Seite 78 ◆ **ANGER** siehe **FELDER** Seite 60 ◆ **TAL** siehe **MARSCHLAND** Seite 90 ◆ **PRÄRIE** siehe **GRAS** Seite 56, **BLUMEN** Seite 57 ◆ **EBENE** siehe **GRAS** Seite 56

Hügel und Berge

HÜGEL
Steigen Sie auf **Hügel**, dann ist dies ein gutes Zeichen, wenn Sie die Spitze erreichen; fallen Sie jedoch herunter, werden Sie gegen viele Neider und Widrigkeiten kämpfen müssen.

Sehen Sie einen Freund wie eine Statue auf einem Hügel stehen, so werden Sie Ihre jetzigen Bestrebungen noch übertreffen und den einstigen Gerechtigkeitssinn und Ihr Wissen trotz aller Veränderungen erhalten. Befinden Sie sich oberhalb dieser Person, werden Sie alte Freunde in Ihrer Karriere ignorieren. Befinden Sie sich auf einer Höhe, wird es Ihnen trotz freundschaftlicher Ermahnungen nicht gelingen, eine Änderung herbeizuführen.

BERG
Überquert eine junge Frau einen **Berg** in Begleitung ihres Cousins oder toten Bruders, der lächelt, dann wird sich ihr Leben entscheidend verbessern, sie wird jedoch vor Verlockungen und der Hinterlist von Freunden gewarnt. Ist sie erschöpft und will nicht weitergehen, wird sie leicht enttäuscht darüber sein, eine nicht ganz so herausragende Position einzunehmen, wie sie erhoffte.

Steigen Sie von einem **Berg herunter** und ist der Weg angenehm und grün, werden Sie schnell Wohlstand und Berühmtheit erlangen.

Ist der Berg zerklüftet und erreichen Sie nicht den Gipfel, dann erwarten Sie Rückschläge im Leben. Sie sollten sich bemühen, Schwächen zu überwinden.

Erwachen Sie, wenn Sie beim Abstieg an einem gefährlichen Punkt sind, dann bekommen scheinbar trübselige Angelegenheiten eine positive Wende.

Träume von Marschland und Schlamm *oben* können ein Zeichen für einen vorübergehenden Tiefpunkt in Ihrem Leben sein. Träume von Knochen *gegenüber* kündigen generell noch größeres Unheil an.

Sümpfe, Marsche und Moraste

MARSCHLAND

SUMPF
Gehen Sie durch sumpfige Gebiete, dann drohen Ihnen widrige Umstände. Ihr Erbe ist unsicher, und Sie werden in der Liebe eine große Enttäuschung erleben.

Gehen Sie durch einen Sumpf mit klarem Wasser und Grün, stehen Ihnen Reichtum und einzigartige Vergnügen bevor, die jedoch mit Gefahren und Intrigen verbunden sind.

SCHLICK
Gehen Sie durch Schlick, dann erhalten Ihre sehnlichsten Wünsche und Pläne durch außergewöhnliche Veränderungen Ihres Umfeldes zeitweilig einen Dämpfer.

MOOR
Das Moor verheißt Belastungen, die durch keine Anstrengungen überwunden werden können. Krankheiten und andere Sorgen bedrücken Sie.

MORAST
Befinden Sie sich in einem Morast, so können Sie Verpflichtungen nicht einhalten. Sind andere in dieser Situation, werden sich die Fehler anderer auf Sie auswirken. Manchmal verheißt dieser Traum Krankheiten.

TREIBSAND
Treibsand bedeutet Verlust und Betrug.

Können Sie sich daraus nicht befreien, sind Sie in große Unglücksfälle verwickelt. Wird eine junge Frau von ihrem Liebhaber aus dem Treibsand gerettet, dann wird sie einen würdigen und treuen Ehemann haben, der sie immerfort liebt.

SCHLAMM
Gehen Sie durch Schlamm, haben Sie Grund, Ihr Vertrauen in Freundschaften zu verlieren. In der Familie wird es Verluste und Unruhe geben.

Waten andere durch Schlamm, kommen Ihnen üble Gerüchte von einem Freund oder Angestellten zu Ohren. Für einen Bauern bedeutet dieser Traum geringe Ernten und unbefriedigende Erträge des Viehs.

Bei Schlamm auf Ihrer Kleidung wird Ihr Ruf in Frage gestellt. Kratzen Sie ihn ab, dann entgehen Sie der Verleumdung von Freunden.

MARSCHLAND
Gehen Sie durch Marschland, verheißt dies Krankheit aufgrund von Überarbeitung und Sorgen. Das unkluge Verhalten eines nahen Verwandten bereitet Ihnen viele Unannehmlichkeiten.

Körper und Seele

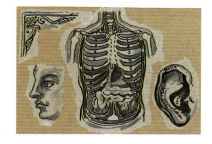

Jeder kennt seinen Körper selbst am besten; so erstaunt es nicht, daß Träume über den Körper oder Teile desselben häufig vorkommen. In diesem Abschnitt geht es um den ganzen Körper, von Kopf bis Fuß – Funktionen, Strukturen und Sinnesorgane –, sodann um Träume über Pflege oder Vernachlässigung unseres Körpers.

Körperliches

NACKTHEIT

Träumen Sie, **nackt** zu sein, deutet dies auf Bloßstellung und unbedachte Unternehmungen.

Sehen Sie andere nackt, weist dies darauf hin, daß Sie es gerne sähen, wenn andere pflichtvergessen wären. Krankheit wird keine geringe Rolle bei Ihrem Mißerfolg spielen.

Ein Traum, in dem Sie sich Ihrer Nacktheit bewußt werden und diese zu verbergen suchen, verheißt das Verlangen nach einem außerehelichen Abenteuer, das Sie aber überwinden möchten.

Einer jungen Frau, die ihre **Nacktheit bewundert**, steht die – vergängliche – Bewunderung der Männer ins Haus. Hält sie sich für mißgestaltet, wird ihr guter Ruf durch einen Skandal beschmutzt. **Schwimmt sie nackt in klarem Wasser,** hat sie Affären; dafür wird sie mit Krankheit und dem Verlust ihrer Reize bestraft.

Sieht sie nackte Männer in klarem Wasser schwimmen, prophezeit dies viele Verehrer. Ist das Wasser schmutzig, wird sie ein eifersüchtiger Verehrer verleumden. ◉

TÄTOWIERUNG

Sehen Sie Ihren Körper **tätowiert**, wird Sie ein Problem lange von zu Hause fernhalten.

Tätowierungen bei anderen bedeuten, daß Sie durch ungewöhnliche Liebesaffären Neid erregen.

Ein **Tätowierer** zu sein zeigt an, daß Sie sich Ihren Freunden wegen Ihrer Neigung zu seltsamen Praktiken entfremden. ◉

Atmen und Transpirieren

ATEM

Begegnen Sie im Traum einem Menschen mit reinem und **frischem Atem**, wird Ihr Verhalten vorbildlich sein, und es folgen einträgliche Geschäftsabschlüsse.

Schlechter Atem bedeutet Krankheit und Intrigen.

Atemlosigkeit signalisiert Mißerfolg, wo Erfolg sicher schien. ◉

SKELETT

Sehen Sie im Traum ein **Skelett**, werden Ihnen Krankheiten, Mißverständnisse und von anderen Menschen zugefügtes Unrecht prognostiziert.

Träumen Sie, ein Skelett zu sein, machen Sie sich grundlos Sorgen und sollten sich einer entspannteren Denkweise befleißigen.

Glauben Sie sich von einem Skelett verfolgt, werden Sie bald mit einem Schicksalsschlag oder dem Tod konfrontiert, oder der Schlag kommt in Form eines finanziellen Desasters. ◉

SCHÄDEL

Grinsende **Schädel** in Ihrem Traum bedeuten häusliche Streitigkeiten. Was Sie geschäftlich in die Hand nehmen, endet mit Einbußen.

Sehen Sie den **Schädel eines Freundes**, fügt Ihnen ein Freund Unrecht zu, da man Sie ihm vorgezogen hat.

Träumen Sie von Ihrem **eigenen Schädel**, werden Sie von Gewissensbissen verfolgt. ◉

TRANSPIRATION

Sind Sie im Traum **schweißgebadet**, befreien Sie sich aus einer aufsehenerregenden Zwangslage und kommen zu neuen Ehren. ◉

Knochen und Muskeln

KNOCHEN

Ragen **Knochen** aus Ihrer Haut, werden Intrigen gegen Sie gesponnen.

Sehen Sie einen **Knochenhaufen**, sind Sie von Hunger und schädlichen Einflüssen bedroht. ◉

MUSKELN

Träumen Sie, gut entwickelte **Muskeln** zu besitzen, drohen unerfreuliche Konfrontationen mit Feinden; es gelingt Ihnen jedoch, sich gegen ihre Machenschaften zur Wehr zu setzen und Ihr Glück zu machen.

Sind Ihre Muskeln schwach, ist Versagen in Ihren Angelegenheiten vorprogrammiert.

Einer Frau prophezeit dieser Traum Mühe und Plagen. ◉

KNOCHEN DER HAND

Kopf und Nacken

KOPF

Sehen Sie den wohlgeformten **Kopf** eines Menschen, begegnen Sie Menschen mit Macht und Einfluß, die Sie bei bedeutenden Unternehmungen unterstützen.

Träumen Sie von Ihrem *eigenen Kopf*, droht Ihnen ein nervlicher Zusammenbruch.

Ein blutüberströmter, vom Rumpf *abgetrennter Kopf* bedeutet, daß Ihnen schreckliche Enttäuschungen ins Haus stehen werden und der Abschied von Ihren sehnlichsten Hoffnungen und Wünschen.

Haben Sie im Traum *zwei oder mehr Köpfe*, wird Ihnen eine ungewöhnlich rasche, jedoch eventuell nicht dauerhafte Karriere prophezeit.

Verspüren Sie **Kopfschmerzen**, werden Sie von Sorgen niedergedrückt.

Träumen Sie von einem *geschwollenen Kopf*, wird Ihnen im Leben mehr Gutes als Böses beschieden sein.

Der **Kopf eines Kindes** im Traum verheißt, daß auf Sie viel Freude und finanzieller Erfolg wartet.

Erscheint Ihnen ein *Tierkopf* im Traum, bewegen sich Ihre Wünsche auf niederem Niveau, und Sie sind nur an Materiellem interessiert.

Haarwäsche bedeutet, daß prominente Menschen auf Ihr Urteil und Ihren guten Rat vertrauen. ◎

STIRN

Von einer schönen und glatten **Stirn** zu träumen zeigt an, daß man Sie wegen Ihres Urteils und Ihrer Fairneß schätzt.

Eine *häßliche Stirn* deutet auf Verdruß in Ihren privaten Angelegenheiten hin.

Fahren Sie im Traum mit der Hand über die **Stirn Ihres Kindes**, verheißt das aufrichtiges Lob von Freunden wegen des großen Talents und der Zuvorkommenheit Ihrer Kinder.

Wenn eine junge Frau die **Stirn** ihres Liebhabers *küßt*, ist er mit ihr wegen ihres schamlosen Verhaltens unzufrieden. ◎

KOPFKRATZEN

Kopfkratzen bedeutet, daß Fremde Ihnen durch Schmeicheleien auf die Nerven gehen, denn diese sollen Sie – Ihrer Meinung nach – ihnen nur gewogen machen. ◎

GEHIRN

Sehen Sie Ihr eigenes **Gehirn** im Traum, werden Sie von einem aufdringlichen Begleiter geärgert und erniedrigt. Begegnen Ihnen **Gehirne von Tieren**, ist das ein Zeichen dafür, daß Sie unter Geistesstörungen leiden werden. Essen Sie die Gehirne, erhöht sich Ihr Wissen, und Sie profitieren davon. ◎

NACKEN

Träumen Sie, Ihren eigenen **Nacken** zu sehen, beeinträchtigen lästige Familienangelegenheiten Ihre Geschäfte.

Bewundern Sie einen *anderen Nacken*, zerstört Ihre materialistische Einstellung Ihre Familienbande.

Erscheint einer Frau der eigene **Nacken dick**, heißt das, daß sie eine verdrießliche alte Schachtel wird, die sich nicht in der Gewalt hat. ◎

EIN SCHÖNER KOPF UND NACKEN

Rachen und Hals

RACHEN

Sieht man einen großen unförmigen **Rachen**, deutet dies auf Uneinigkeit hin; zwischen Freunden kommt es zu Zwistigkeiten.

Träumen Sie, im **Maul eines wilden Tieres** zu stecken, fügen Widersacher Ihren Geschäften und Ihrem Wohlergehen Schaden zu. Dies ist ein ärgerlicher und bestürzender Traum.

Wenn Ihr eigener **Rachen schmerzt**, werden Sie klimatischen Veränderungen ausgesetzt sein; Krankheit kann zu Einbußen Ihrer Gesundheit und Ihres Vermögens führen. ◎

LIPPEN

Träume über dicke, unansehnliche **Lippen** bedeuten unangenehme Begegnungen, übereilte Entscheidungen und schlechte Stimmung in der Ehe.

Volle, frische kirschrote Lippen weisen auf Harmonie und Reichtum hin. Für einen Liebenden verheißen sie Erwiderung der Liebe und Treue.

Dünne Lippen signalisieren die Bewältigung auch der kompliziertesten Probleme.

Entzündete, geschwollene Lippen kündigen Entbehrungen und abträgliche Begehrlichkeiten an. ◎

ZUNGE

Sehen Sie Ihre eigene **Zunge**, werden Ihre Bekannten Sie mißbilligend betrachten.

Die Zunge eines anderen bedeutet, daß Sie bei einem Skandal verunglimpft werden.

Träumen Sie, Ihre Zunge sei in irgendeiner Weise angegriffen, wird Sie Ihre Schwatzhaftigkeit in Schwierigkeiten bringen. ◎

HALS

Ein wohlgeformter, reizvoller **Hals** verheißt einen Aufstieg auf der Karriereleiter.

Haben Sie das Gefühl, Ihr **Hals** sei *entzündet*, haben Sie sich in der Wertschätzung für einen Freund getäuscht, und dies wird Ihnen weh tun. ◎

KOPF siehe BLUT Seite 94, BESCHWERDEN Seite 107, SCHWELLUNG Seite 108, KINDER Seite 128, WASCHEN Seite 104 ◆
STIRN siehe HÄSSLICHKEIT Seite 100, KINDER Seite 128, KÜSSEN Seite 125 ◆ GEHIRN siehe ESSEN Seite 133 ◆
RACHEN siehe BESCHWERDEN, SCHMERZEN Seite 107 ◆ LIPPEN siehe SCHWELLUNG Seite 108

Körper und Seele

Zähne und Zahnheilkunde

ZÄHNE

ZÄHNE

Ein normaler Traum über **Zähne** deutet auf eine unerfreuliche Begegnung mit Krankheit oder unverschämten Menschen hin.

Glauben Sie, Ihre **Zähne** seien **locker**, müssen Sie mit Niederlagen und schlechten Nachrichten rechnen.

Wird Ihnen vom Zahnarzt ein **Zahn gezogen**, werden Sie ernsthaft krank, doch es ist keine bedrohliche, aber eine langwierige Krankheit.

Werden Zähne plombiert, erhalten Sie nach langen Scherereien verlorene Wertgegenstände zurück.

Zähneputzen im Traum prophezeit Ihnen, daß Sie große Anstrengungen unternehmen müssen, um Ihr Vermögen zu wahren.

Träumen Sie, ein **Gebiß** zu bekommen, heißt das, Ihnen wird Schlimmes widerfahren, und Sie streben danach, diesem zu entgehen.

Der **Verlust der Zähne** bedeutet Unannehmlichkeiten, die Ihren Stolz verletzen und Geschäfte durchkreuzen.

Sehen Sie, wie Ihnen die **Zähne ausgeschlagen** werden, verheißt dies Unglück. Entweder Sie erleiden geschäftliche Einbußen, oder Sie haben mit Tod oder Unfällen zu tun.

Eine **Zahnuntersuchung** gilt als Warnung, Umsicht bei Ihren Geschäften walten zu lassen, denn Sie sind von Feinden umgeben. Sehen die Zähne zerstört und schief aus, werden Ihre Geschäfte und Ihre Gesundheit Belastungen ausgesetzt sein.

Träumen Sie, **Zähne auszuspucken**, werden Sie persönlich oder jemand aus Ihrer engsten Familie krank.

Schlechte Zähne ist eines der schlimmsten Zeichen, denn dies ist mit viel Unglück verbunden, so etwa mit Verlust des Vermögens, Mißlingen von Plänen, schlechter Gesundheit und Depressionen.

Fällt ein Zahn aus, deutet das auf unangenehme Neuigkeiten; zwei ausgefallene Zähne signalisieren Unannehmlichkeiten, die einem ohne eigenes Zutun widerfahren. Fallen drei aus, folgen Krankheit und sehr schwere Unfälle.

Beobachten Sie, daß Ihnen **alle Zähne ausfallen**, sind für gewöhnlich Tod und Hunger gegenwärtig.

Träumen Sie davon, daß Zahnstein oder andere **Ablagerungen von Ihren Zähnen abfallen**, so daß sie gesund und weiß aussehen, verheißt das vorübergehende Unpäßlichkeit. Anschließend agieren Sie umsichtiger und finden Befriedigung bei der Erledigung Ihrer Aufgaben.

Bewundern Sie Ihre Zähne, weil sie weiß und schön sind, deutet dies darauf hin, daß angenehme Tätigkeiten und viel Freude auf Sie warten.

Träumen Sie, daß Sie sich einen **Zahn ziehen** und ihn dann verlieren, Sie mit der Zunge nach dem Loch in Ihrem Mund tasten, ohne es zu finden, und Sie dann den Zahnarzt ohne Erfolg bitten, es zu suchen, heißt das, daß Sie dabei sind, eine Ihnen nicht gerade angenehme Sache zu beginnen und wieder liegenzulassen. Später werden Sie sie jedoch erneut in Angriff nehmen und insgeheim – mißtrauisch von Freunden beäugt – weiterverfolgen.

BACKENZAHN

Wenn Sie träumen, der **Zahnarzt** hätte Ihre **Zähne ausgiebig gereinigt** und am nächsten Morgen seien sie wieder braun, glauben Sie, Ihre Interessen, was eine bestimmte Person oder Position betrifft, seien gewahrt. Doch dann müssen Sie feststellen, daß Sie Schmeicheleien zum Opfer gefallen sind. ◎

ZAHNARZT

Behandelt ein **Zahnarzt** im Traum Ihre Zähne, bedeutet dies, daß Sie Anlaß haben, an der Aufrichtigkeit und Ehrenhaftigkeit einer Person zu zweifeln, mit der Sie zu tun haben.

Sehen Sie den Zahnarzt die Zähne einer jungen Frau behandeln, werden Sie bald von einem Skandal in Ihrem Bekanntenkreis aufgeschreckt. ◎

BEIM ZAHNARZT

ZAHNLOSIGKEIT

Sehen Sie sich **zahnlos**, weist dies auf Unfähigkeit hin, Ihre Interessen zu vertreten; schlechte Gesundheit wird Ihre Pläne durchkreuzen.

Andere zahnlos zu sehen gilt als Hinweis, daß Ihre Gegner erfolglos versuchen, Sie zu verleumden. ◎

ZAHNSTOCHER

Zahnstocher prophezeien, daß Sie sich mit kleinen Sorgen und Boshaftigkeiten herumschlagen müssen, wenn Sie ihnen Ihre Aufmerksamkeit geben.

Benutzen Sie einen, beteiligen Sie sich an dem Unrecht, das einem Freund angetan wird. ◎

Träume von Kopf und Nacken gegenüber *lassen die verschiedensten Interpretationen zu, ebenso Träume von Zähnen* oben links und Mitte. *Der Besuch beim Zahnarzt ist für viele ein Alptraum; von einem behandelnden Arzt zu träumen* oben *ist weniger beängstigend.*

ZÄHNE *siehe* **ARZT** *Seite 114,* **WASCHEN** *Seite 104,* **VEREHRUNG** *Seite 259,* **ROST** *Seite 255*

Oberkörper

SCHULTER

Sehen Sie im Traum nackte ***Schultern***, kündigt sich eine glückliche Wendung an, die Sie die Welt in einem anderen Licht sehen läßt.

Erscheinen Ihnen Ihre eigenen Schultern dünn, dann machen Sie sich bei Unterhaltung und Freizeit von den Launen anderer abhängig. ◎

BUSEN

Träumt eine junge Frau, ihr ***Busen*** sei verwundet, so steht ihr Niedergeschlagenheit bevor.

Erscheint er ihr schmutzig oder geschrumpft, kommt eine große Enttäuschung in der Liebe, und Nebenbuhlerinnen werden sie quälen.

Ist er hell und voll, wird ihr bald das Glück hold sein.

Betrachtet ihr Liebhaber ihren Busen heimlich durch ihre hauchdünne Wäsche, wird sie dem Druck eines Freiers nicht mehr standhalten. ◎

RIPPE

Rippen verheißen Armut und Elend. ◎

TAILLE

Träumt man von einer vollschlanken ***Taille***, wird Ihnen ein ansehnliches Vermögen zuteil.

Eine ***unnatürlich schmale Taille*** prophezeit neiderregenden Erfolg und Anschuldigungen. ◎

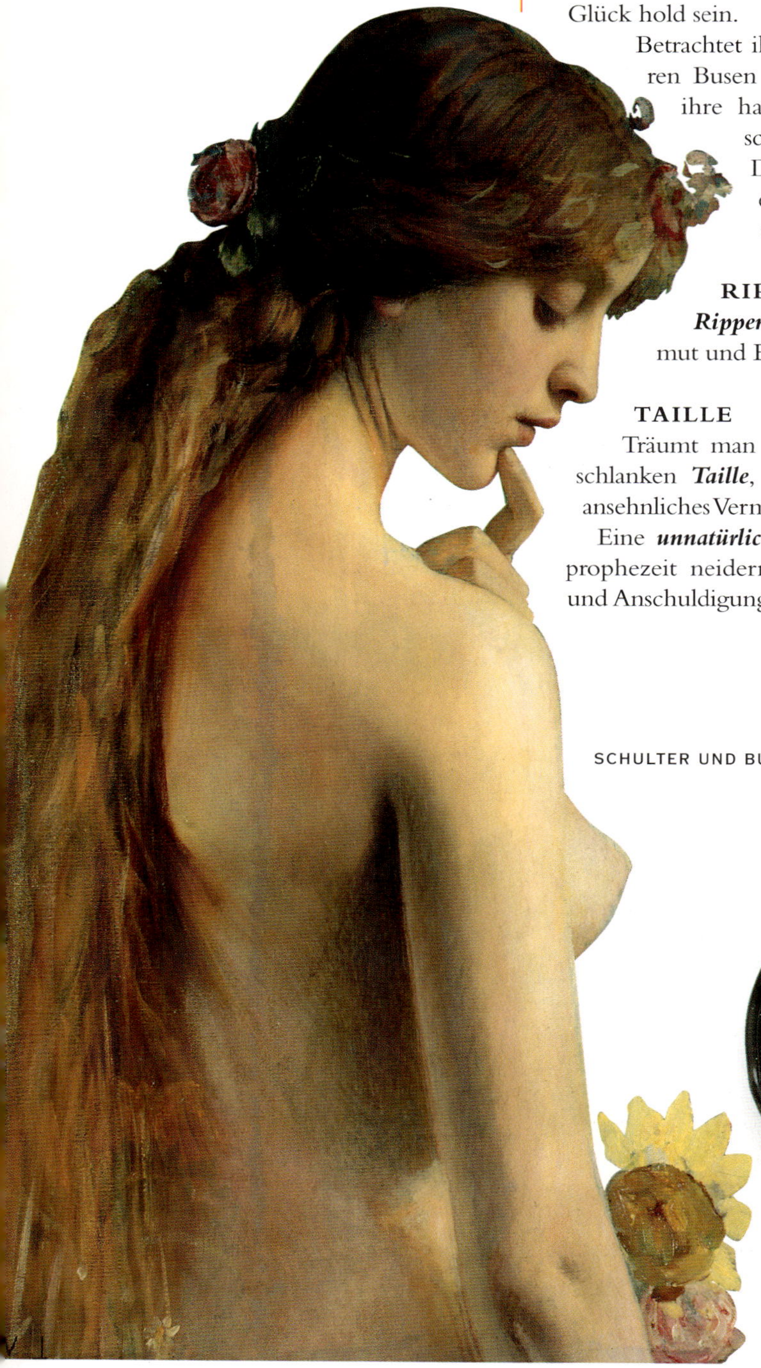

SCHULTER UND BUSEN

Herz und Blut

HERZ

Glauben Sie, Ihr ***Herz*** schmerze und erdrücke Sie, gibt es für Sie berufliche Probleme. Sie begehen einen Fehler, der Ihnen Verluste bringt, wenn Sie ihn nicht korrigieren.

Sehen Sie Ihr Herz, drohen Krankheit und Energieverfall.

Erblicken Sie das ***Herz eines Tieres***, schlagen Sie Ihre Feinde aus dem Feld und verdienen sich Respekt.

Das ***Herz*** eines Huhns zu ***essen*** bedeutet, daß ungewöhnliche Wünsche Sie dazu verleiten, sehr schwierige Projekte für Ihr Weiterkommen in Angriff zu nehmen. ◎

BLUT

Blutgetränkte Kleider weisen darauf hin, daß Sie Feinde haben, die Ihre Karriere zerstören wollen.

Man sollte sich vor neuen Freundschaften hüten, wenn man einen solchen Traum hatte.

Sehen Sie ***Blut*** aus einer Wunde fließen, künden sich Gebrechen und Sorgen an. Dazu kommen schlechte Geschäfte als Folge unglücklichen Agierens in neuen Situationen.

Bei ***Blut an Ihren Händen*** folgt das Unglück auf dem Fuße, wenn Sie nicht auf sich selbst und Ihre Angelegenheiten achten. ◎

BLUTEN

Träumen Sie, daß jemand ***blutet***, bedeutet das Tod durch Unfälle. Bösartige Gerüchte werden über Sie verbreitet. Das Glück wendet sich von Ihnen ab. ◎

BLUT

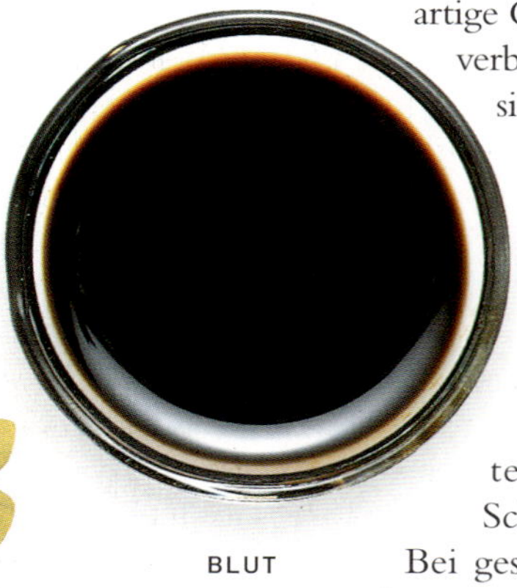

ADER

Sehen Sie Ihre ***Adern*** in normalem Zustand, sind Sie gegen Verleumdungen gefeit.

Erblicken Sie sie bluten, erwartet Sie großer Schmerz.

Bei geschwollenen Adern werden Sie schnell in höhere Vertrauensstellungen aufsteigen. ◎

SCHULTER *siehe* NACKTHEIT *Seite 91* ◆ BUSEN *siehe* WUNDE *Seite 112* ◆ HERZ *siehe* SCHMERZEN *Seite 107*, ERSTICKEN *Seite 266*, ESSEN *Seite 133*, HUHN *Seite 39* ◆ BLUT *siehe* KLEIDUNG *Seite 154*, FLECK *Seite 218*, WUNDE *Seite 112*, HAND *Seite 97*

Körper und Seele

Magen, Leber und Eingeweide

UNTERLEIB
Wenn Sie Ihren **Unterleib** im Traum sehen, hegen Sie große Erwartungen, doch müssen Sie gegen Starrköpfigkeit angehen und Ihren Arbeitseinsatz verdoppeln, da Ablenkungen Ihnen zusetzen.

Falls Ihr **Unterleib zusammengeschrumpft** ist, werden Sie von falschen Freunden verfolgt und verleumdet.

Ein geschwollener Bauch deutet auf Leiden hin, doch werden Sie diese besiegen und sich an den Früchten Ihrer Arbeit erfreuen.

Sollte **Blut aus Ihrem Unterleib quellen**, steht ein Unglück in Ihrer Familie bevor.

Vom kranken **Unterleib eines Kindes** zu träumen heißt, daß Sie von einer ansteckenden Krankheit heimgesucht werden.

WANST
Ein dicker **Wanst** zeigt Reichtum und totalen Mangel an Bildung an.

Ein *geschrumpfter Dickbauch* bedeutet Krankheit und harte Schicksalsschläge.

BAUCH
Ein geschwollener **Bauch** prophezeit schlimme Krankheiten.

Sieht man auf dem Bauch etwas sich bewegen, deutet das auf Erniedrigung und harte Arbeit.

Ein *gesunder Bauch* verheißt krankhafte Begierden.

LEBER
Träumen Sie von einer ungesunden **Leber**, dann wählen Sie sich eine nörgelnde Person zum Partner; mäkeln steht bei ihm oder ihr auf der Tagesordnung.

Essen Sie eine Leber, wird ein Betrüger sich die Zuneigung Ihres Partners erschleichen.

GEDÄRME
Begegnen Ihnen im Traum **Gedärme**, widerfährt Ihnen in Kürze ein Unglück, durch das Sie einen Freund verlieren.

Sehen Sie Ihre *eigenen Därme*, braut sich Böses zusammen; eine Krankheit, die Sie in Ihren täglichen Geschäften mit anderen beeinträchtigt, kommt auf Sie zu. Dies zeigt auch Verlust an, verbunden mit viel Verdruß.

Träumen Sie davon, daß Sie Ihre Därme auf einen Gegenstand legen, der sich als Heizkörper entpuppt, und sie daraufhin heiß werden, fühlen Sie sich sehr unwohl und bitten Sie andere, Ihnen zu helfen, was jedoch abgelehnt wird, so prophezeit dies Unglück. Sie werden vielleicht Schwierigkeiten haben, sich aus einer gefährlichen Lage zu befreien.

DAS INNERE DES MENSCHEN

EINGEWEIDE
Menschliche **Eingeweide** bedeuten schreckliches Leid und abgrundtiefe Verzweiflung ohne Hoffnung auf Glück.

Wenn man von den **Eingeweiden eines wilden Tieres** träumt, steht der Sieg über einen Todfeind bevor.

Die **Eingeweide eines anderen zu zerreißen** kündigt eine grausame Verfolgungsjagd zur Förderung Ihrer eigenen Interessen an.

Sehen Sie **Ihre eigenen Eingeweide**, werden Sie von tiefster Mutlosigkeit befallen.

Das **Eingeweide Ihres eigenen Kindes** ist ein Hinweis auf den bevorstehenden Tod Ihres Kindes oder Ihren eigenen Tod.

Ausscheidungen

NIEREN
Träumen Sie von Ihren eigenen **Nieren**, dann drohen ernste Erkrankungen oder Probleme in der Ehe.

Wenn die Nieren krank sind, spielen Sie eine Rolle in einer bösen Intrige. Funktionieren sie nicht, steht ein Ereignis zu Ihrem Schaden bevor.

Wenn Sie ein **Nierengericht** essen, wird eine offizielle Person Ihren Widerwillen wegen einer heimlichen Liebesaffäre erregen.

BLASE
Sehen Sie Ihre **Blase**, dann drohen Ihnen große geschäftliche Schwierigkeiten, wenn Sie nicht auf Ihre Gesundheit achten und mit Ihren Kräften haushalten.

Wenn Kinder **Blasen aufblasen** heißt das, daß Ihre Erwartungen nicht erfüllt werden.

URIN
Erblicken Sie **Urin**, dann werden Sie wegen Ihrer schlechten Gesundheit für Ihre Freunde uninteressant und nicht akzeptabel.

Zu urinieren ist ein Zeichen für Glücklosigkeit und schlechte Zeiten in Sachen Liebe.

URINAL
Sehen Sie ein **Urinal**, gibt es sehr viel Aufregung bei Ihnen zu Hause.

URINIERENDES KIND

Träume von äußeren Körperteilen *gegenüber links* haben mit romantischen Gefühlen und gesellschaftlichen Umtrieben zu tun. **Träume von Blut** *gegenüber* und den inneren Organen *oben* sind düstere Vorzeichen. **Urinieren** *oben* bedeutet Unglück.

UNTERLEIB siehe BLUT Seite 94, KINDER Seite 128 ◆ BAUCH siehe SCHWELLUNG Seite 108 ◆
LEBER siehe ESSEN Seite 133, FLEISCH Seite 135 ◆ GEDÄRME siehe HITZE Seite 74 ◆ EINGEWEIDE siehe KINDER Seite 128 ◆
NIERE siehe ESSEN Seite 133, FLEISCH Seite 135

Der Unterkörper

Beine und Füße

HÜFTEN
Bewundern Sie gutgeformte **Hüften** im Traum, bedeutet das, daß Sie von Ihrer Frau gescholten werden.

Bewundert eine Frau ihre **eigenen Hüften**, ist das ein Zeichen für Enttäuschungen in der Liebe.

Sehen Sie **dicke Hüften** bei Tieren, werden Ihnen Sorglosigkeit und Freude prophezeit.

Glaubt eine Frau, ihre **Hüften** seien **zu schmal**, kündigen sich Krankheit und Enttäuschung an. Meint sie, ihre Hüften seien zu dick, läuft sie Gefahr, ihren guten Ruf zu verlieren. ◎

GENITALIEN
Von männlichen oder weiblichen **Genitalien** zu träumen, insbesondere von kranken oder deformierten, bedeutet, daß Sie bald in Versuchung kommen, in eine skandalöse und ehebrecherische Affäre zu geraten. Gehen Sie diese Beziehung ein, wird sie stürmisch, zerstörerisch und chaotisch.

Träumen Sie, Ihre **Genitalien zur Schau zu stellen**, wird Ihr Ruf bald beschmutzt sein. ◎

RÜCKEN
Einen nackten **Rücken** zu sehen verheißt den Verlust von Einfluß. Rat zu geben und Geld zu verleihen, ist jetzt gefährlich. Oft ist Krankheit eine Begleiterscheinung.

Kehrt Ihnen eine Person den Rücken und geht weg, werden Neid und Eifersucht Ihnen Böses zufügen.

Vom **eigenen Rücken** zu träumen birgt nichts Gutes. ◎

BEIN
Die Extremitäten spielen eine bedeutende Rolle in der Traumwelt. Beine *oben*, in unterschiedlichstem Gesundheitszustand und verschieden geformt, tauchen häufig auf. Hände *gegenüber* sind in Träumen ebenfalls sehr präsent.

BEINE
Bei wohlgeformten weiblichen **Beinen** verlieren Sie bald Ihren Kopf und benehmen sich gegenüber einem liebreizenden Geschöpf sehr lächerlich.

Sehen Sie **häßliche Beine**, stehen schlechte Geschäfte und schlechtgelaunte Kollegen ins Haus.

Ein **verwundetes Bein** prophezeit Verluste und Malariaschübe.

Träumt Ihnen, Sie hätten ein **Holzbein**, kündigt sich an, daß Sie sich unangemessen als Vermittler zwischen Freunde stellen werden.

Geschwüre an Ihren Beinen bedeuten große finanzielle Verluste, um anderen zu helfen.

Haben Sie **drei oder mehr Beine**, zeigt dies, daß Sie zu viele Unternehmungen in Ihrer Phantasie planen.

Wenn Sie Ihre Beine nicht tragen, wird Ihnen Armut vorausgesagt.

Wird Ihnen im Traum ein **Bein amputiert**, verlieren Sie Freunde und die häusliche Atmosphäre wandelt sich zu einer Hölle.

Die **Bewunderung der eigenen Beine** bei einer jungen Frau bedeutet Eitelkeit und Zurückweisung durch einen bewunderten Mann. Wenn sie **Haare auf den Beinen** hat, wird sie ihren Mann beherrschen.

Sind Ihre eigenen Beine sauber und wohlgeformt, bedeutet das eine glückliche Zukunft und treue Freunde. ◎

OBERSCHENKEL
Haben Sie im Traum glatte und weiße **Oberschenkel**, können Sie mit Glück und Freude rechnen.

Verletzte Oberschenkel deuten auf Krankheit und Verrat hin.

Bewundert eine junge Frau ihren Oberschenkel, verheißt dies Abenteuerlust. Sie sollte überlegt handeln. ◎

KNIE
Von **Knien** zu träumen gilt als schlechtes Vorzeichen.

Glauben Sie, Ihre **Knie** seien **zu groß**, kommt plötzlich Unglück auf Sie zu. Sind sie steif und schmerzen, werden Sie von plötzlichem und bedrohlichem Elend heimgesucht.

Sind die **Knie** einer Frau **wohlgeformt und weich**, werden ihr viele Verehrer prophezeit, jedoch ist kein Heiratskandidat darunter.

Sind sie schmutzig, heißt das Krankheit infolge ausschweifender Lebensweise. Sind sie unförmig, werden unglückliche Wechselfälle ihre sehnlichsten Hoffnungen zerstören. ◎

FÜSSE
Die eigenen **Füße** zu sehen ist ein Vorzeichen für Verzweiflung. Sie werden das Opfer der Wünsche und Launen eines anderen.

Erblicken Sie die **Füße eines anderen**, können Sie Ihre Rechte in vernünftiger, aber bestimmter Form durchsetzen und sich eine gehobene Stellung erobern.

Waschen Sie Ihre Füße, lassen Sie zu, daß andere von Ihnen profitieren.

Fühlen Sie Ihre **Füße schmerzen**, stehen entwürdigende Auseinandersetzungen bevor; es handelt sich meist um Familienstreitigkeiten.

Sind Ihre **Füße geschwollen und rot**, machen Sie eine plötzliche geschäftliche Kehrtwendung, indem Sie sich von Ihrer Familie trennen. Das ist ein böser Traum, er prophezeit einen Skandal und Eklat. ◎

BARFUSS
Gehen Sie nachts **barfuß** und mit zerrissenen Kleidern, werden Ihre Erwartungen zerschlagen; alles geht schlecht aus. ◎

HINKEFUSS
Träumen Sie von einem **Hinkefuß**, steht Ihnen außergewöhnlich großes Unglück bevor. Vermeiden Sie Freundschaften mit Fremden. ◎

HÜFTE siehe **BEWUNDERN** Seite 259, **DICKE** Seite 100 ◆ **RÜCKEN** siehe **NACKTHEIT** Seite 91, **SPAZIERGANG** Seite 267 ◆ **BEIN** siehe **WUNDE** Seite 112, **GESCHWÜR** Seite 108, **AMPUTATION** Seite 115, **BEWUNDERN** Seite 259, **HAARE** Seite 102 ◆ **OBERSCHENKEL** siehe **WUNDE** Seite 112, **VEREHRUNG** Seite 259 ◆ **FUSS** siehe **WASCHEN** Seite 104, **BESCHWERDEN** Seite 107, **HÜHNERAUGE** Seite 112, **SCHWELLUNG** Seite 108 ◆ **BARFUSS** siehe **NACHT** Seite 82

Körper und Seele

Arme und Hände

ARM
Ein amputierter **Arm** bedeutet Trennung und Scheidung. Mann und Frau sind miteinander unzufrieden. Nehmen Sie sich vor Täuschung und Betrug in acht. ◉

ELLENBOGEN
Träumen Sie von **Ellenbogen**, warten harte Aufgaben auf Sie, die Ihnen wenig einbringen. Geschieht dies einer jungen Frau, verheißt es eine günstige Gelegenheit für eine gute Ehepartie. Sind die **Ellenbogen verschmutzt**, vergibt sie eine Chance, unter die Haube zu kommen. ◉

HAND
Im Traum schöne **Hände** zu sehen verheißt große Anerkennung und raschen beruflichen Aufstieg; häßliche und mißgestaltete Hände deuten auf Enttäuschungen und Armut hin; sind sie blutbefleckt, droht die Entfremdung von Familienmitgliedern.

Haben Sie eine **verletzte Hand**, wird jemand anderes in einer Ihnen sehr am Herzen liegenden Angelegenheit erfolgreich sein.

Eine **abgetrennte Hand** kündigt ein Leben in Einsamkeit an, das heißt, andere verstehen Ihre Ansichten und Gefühle nicht.

Verbrennen Sie sich Ihre Hände, werden Sie jenseits aller Vernunft nach Reichtum und Einfluß streben und auf der Verliererseite stehen.

Sehen Sie Ihre **Hände vergrößert**, deutet das auf einen schnellen geschäftlichen Aufstieg hin. Verkleinerte Hände bedeuten das Gegenteil.

Verschmutzte Hände: Sie werden neidisch und ungerecht sein.

Waschen Sie sich die Hände, werden Sie an einem Fest teilnehmen.

Bewundert eine Frau ihre eigenen Hände, wird sie die aufrechte Verehrung des von ihr am meisten geschätzten Mannes gewinnen. Bewundert sie andere Hände, muß sie sich mit den Launen eines eifersüchtigen Mannes auseinandersetzen.

Werden ihre **Hände von einem Mann gehalten**, läßt sie sich auf ehebrecherische Beziehungen ein. Wenn sie andere ihre Hände küssen läßt, sorgt sie für Tratsch.

Geht sie mit Feuer um, ohne sich die Hände zu verbrennen, verheißt dies eine bedeutende Position.

Haben Sie **gebundene Hände**, kommen Schwierigkeiten auf Sie zu. Lösen Sie Ihre Hände, zwingen Sie andere zur Unterwerfung. ◉

BEHAARTE HÄNDE
Zu träumen, Ihre **Hände seien mit Haaren bedeckt** wie die eines Tieres, bedeutet, daß Sie gegen unschuldige Menschen intrigieren und erleben müssen, wie aufmerksame Feinde Ihre Pläne durchkreuzen.

Sind Ihre **Hände behaart,** werden Sie keine starke und einflußreiche Stellung in Ihren gesellschaftlichen Kreisen bekleiden. ◉

HÄNDESCHÜTTELN
Träumt eine junge Frau vom **Händeschütteln** mit einem Herrscher, wird sie im Kreis von Fremden Anerkennung erfahren. Wenn sie die Gelegenheit nutzt, wird sie bei Freunden in hoher Gunst stehen. Wenn sie glaubt, hinauflangen zu müssen, um die Hände zu schütteln, werden ihr Neid und Ablehnung begegnen. Hat sie Handschuhe an, wird sie diese Probleme meistern.

Hände mit Untergebenen zu schütteln heißt, Sie werden wegen Ihrer Freundlichkeit gemocht. Sehen Sie schmutzige Hände, begegnen Sie Feinden unter angeblichen Freunden.

Schüttelt eine junge Frau die Hände eines gebrechlichen alten Mannes, kommen Unannehmlichkeiten auf sie zu.

Schütteln Sie im Traum die Hände von jemandem, der Ihnen Unrecht getan hat, und verabschiedet sich dieser traurig von Ihnen, bedeutet dies Differenzen mit einem engen Freund. Es folgt ein nicht geringer Verlust. ◉

Finger und Daumen

FINGER
Sehen Sie Ihre **Finger** beschmutzt oder zerkratzt und fließt das Blut, dann begegnen Ihnen viel Ärger und Leid. Sie werden die Hoffnung aufgeben, Ihr Leben zu meistern.

Schöne Hände mit **weißen Fingern** bedeuten, daß Ihre Liebe erwidert wird und Sie für Ihre Wohltätigkeit bekannt werden.

Sind Ihre **Finger glatt abgetrennt**, verlieren Sie Vermögen und Erbe durch Feinde. ◉

FINGERNÄGEL
Träumen Sie von verschmutzten **Fingernägeln**, wird der Ruf Ihrer Familie durch die Jugend beschmutzt.

Gepflegte Nägel weisen auf wissenschaftliche Neigungen, literarische Talente und auf Sparsamkeit hin. ◉

DAUMEN
Ein **Daumen** heißt, auf Sie warten gerissene Leute und eine unsichere Zukunft.

Haben Sie einen **schmerzenden Daumen**, drohen geschäftliche Einbrüche; Ihre Kollegen werden Ihnen unerträglich.

Keinen Daumen zu haben bedeutet Not und Vereinsamung. Wenn er unnatürlich klein aussieht, ist Ihnen eine Zeitlang Freude vergönnt; erscheint er besonders groß, werden Sie schnellen und rasanten Erfolg haben.

Ein **verschmutzter Daumen** verkündet Befriedigung lasterhafter Begierden. Hat der Daumen einen sehr langen Nagel, werden Sie wegen Ihrer Vorliebe für lockere Vergnügungen in Ihr Verderben rennen. ◉

HANDSCHLAG

Die Nase

NASE
Seine *eigene Nase* zu sehen bedeutet besondere Willensstärke und das Bewußtsein, alles, was man in die Hand nimmt, erfolgreich zu beenden.

Ist Ihre Nase kleiner als in Wirklichkeit, haben Sie geschäftlichen Mißerfolg. Wachsen Haare auf Ihrer Nase, weist dies auf außergewöhnliche Unternehmungen und Willensstärke hin.

Eine *blutende Nase* prophezeit Unglück, welchen Beruf man auch immer ausübt. ◎

NIESEN
Niesen Sie im Traum, ändern Sie wegen vorschneller Nachrichten Ihre Pläne.

Wenn Sie *andere niesen* sehen oder hören, gehen Ihnen die Besuche von Leuten auf die Nerven. ◎

Düfte und Gerüche

GERUCH
Süße *Düfte* einzuatmen heißt, eine schöne Frau versüßt Ihnen das tägliche Leben; außerdem tätigen Sie erfolgreiche Finanzierungsgeschäfte.

Abstoßende Gerüche prophezeien unerfreuliche Auseinandersetzungen und unzuverlässige Hilfskräfte. ◎

WEIHRAUCH
Träumen Sie von *Weihrauch,* den Sie abbrennen oder einatmen, haben Sie gute Freunde und erfreuliche Zukunftsaussichten. ◎

MYRRHE
Sehen Sie *Myrrhe*, erweisen sich Ihre Investitionen als zufriedenstellend. Auf eine junge Frau warten angenehme Überraschungen; sie lernt einen reichen Mann kennen. ◎

MOSCHUS
Moschus verheißt unvorhergesehene Glücksmomente; Liebende gehen harmonisch miteinander um und verzichten auf Untreue. ◎

AROMA
Atmet eine junge Frau ein süßes *Aroma* ein, kann sie Freude oder ein Geschenk erwarten. ◎

Parfüm

Atmet man im Traum ein Parfüm *ein, kündigen sich glückliche Ereignisse an.*

Wenn Sie Ihren Körper und Ihre Kleider parfümieren, suchen und erhalten Sie Bewunderung.

Sind Sie von Düften geradezu berauscht, werden Lustorgien Ihren Geisteszustand beeinträchtigen.

Wenn Sie Parfüm verschütten, verlieren Sie etwas, was Ihnen Freude bereitet.

Eine Parfümflasche zu zerbrechen heißt, daß Ihre sehnlichsten Wünsche und Hoffnungen in der Katastrophe enden, selbst wenn sie eine glückliche Wende verheißen.

Parfüm herzustellen bedeutet, daß Ihre geschäftlichen Unternehmungen und Verbindungen besonders glücklich sind.

Wenn eine junge Frau ihr Bad parfümiert, prophezeit das leidenschaftliches Glück. Wenn sie Parfüm von einem Mann geschenkt bekommt, erwarten sie leidenschaftliche, doch gefährliche Sinnesfreuden. ✻

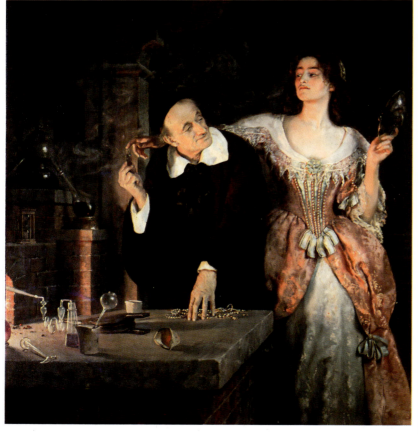

EIN PARFÜMHERSTELLER

Körper und Seele

Das Sehvermögen

AUGE
Sehen Sie ein **Auge**, suchen wachsame Feinde die kleinste Gelegenheit, Ihnen geschäftlich zu schaden. Dieser Traum verheißt einem Liebenden, daß ein Rivale über ihn triumphiert, wenn er nicht aufpaßt.

Braune Augen bedeuten Verrat und Betrug. **Blaue Augen** stehen für Schwäche bei der Durchführung von Plänen. **Graue Augen** zeigen, daß ihr Besitzer einen Hang zur Schmeichelei hat.

Ein **Auge zu verlieren** oder schmerzende Augen verheißen Ärger.

Sehen Sie einen **einäugigen Mann**, drohen Ihnen schmerzhafter Verlust und Ärger.

AUGENBRAUEN
Augenbrauen deuten darauf hin, daß Sie in unmittelbarer Zukunft auf gefährliche Hindernisse stoßen.

KURZSICHTIGKEIT
Im Traum **kurzsichtig** zu sein bedeutet beunruhigende Fehlschläge und unerwartete Besuche von unwillkommenen Personen.

Bei einer jungen Frau signalisiert dieser Traum das Auftauchen einer unverhofften Rivalin.

Träumen Sie, Ihr Schatz sei kurzsichtig, wird er Sie enttäuschen.

BLINDHEIT
Bei **Blindheit** wird sich Ihr Reichtum in tiefstes Elend verwandeln.

Sind andere blind, wird Sie eine ehrenhafte Person um Hilfe bitten.

Die Sinne funktionieren ebenso gut in der Traumwelt wie in der Realität. Sie träumen vielleicht, die duftenden Produkte eines Parfümherstellers zu riechen *gegenüber* oder das einäugige Ungeheuer aus der Mythologie zu sehen *oben* oder eines der Sinnesorgane, das Ohr etwa *rechts*.

SCHIELEN
Sehen Sie eine Person mit **schielenden** Augen, werden Sie von unangenehmen Menschen geplagt.

Erkennt ein Mann, daß seine Geliebte oder ein gutaussehendes Mädchen nach ihm schielt, dann erleidet er einen Verlust, weil er die Gunst der Frauen sucht. Wenn eine junge Frau so etwas über Männer träumt, läuft sie Gefahr, ihre Unbescholtenheit zu verlieren.

EINÄUGIGE
Einäugige Monster sind ein deutlicher Hinweis dafür, daß man im verborgenen gegen Ihr Hab und Gut sowie Ihr Wohlergehen intrigiert.

ZYKLOPEN, DIE EINÄUGIGEN MONSTER

Sprache und Stummheit

STOTTERN
Glauben Sie, in Unterhaltungen zu **stottern**, bedeutet dies Sorgen und Krankheit.

Hören Sie andere stottern, werden rücksichtslose Menschen ihre Freude daran haben, Sie zu ärgern und Ihnen unnötige Sorgen zu bereiten.

WORTLOSIGKEIT
Träumen Sie, daß Ihnen die **Worte versagen**, gelingt es Ihnen nicht, andere von Ihrer Denkweise zu überzeugen und sie für sich zu gewinnen. Für den Wortlosen bedeutet der Traum falsche Freunde.

STUMMHEIT
Verkehren Sie mit einem **Stummen**, werden leidvolle Erfahrungen Sie für künftige höhere Positionen qualifizieren.

Träumen Sie, stumm zu sein, erwarten Sie Unglück und ungerechte Verfolgungen.

Hören

OHREN
Sehen Sie im Traum **Ohren**, verfolgt ein böser und intriganter Mensch Ihre Unterhaltung, um Ihnen zu schaden.

HÖRGERÄT
Träumen Sie davon, ein **Hörgerät** zu benutzen, dann haben Sie etwas für Ihr weiteres Leben Bedeutungsvolles übersehen.

OHR

KURZSICHTIGKEIT, SCHIELEN siehe SCHATZ Seite 124 ◆ STUMMHEIT siehe SPRECHEN Seite 230

Alter und Jugend

ALTER
Träumen Sie vom *Alter*, sind Niederlagen vorprogrammiert.

Haben Sie mit Ihrem eigenen Alter zu tun, werden Sie mit Ihren abartigen Ideen den Unwillen Ihrer Verwandten erregen.

Wird eine junge Frau im Traum älter eingeschätzt, als sie ist, gerät sie in schlechte Gesellschaft und wird zum Gespött.

Fühlt sie sich *gealtert*, stehen ihr Krankheit oder schlechte Experimente bevor. Ist ihr Liebhaber gealtert, läuft sie Gefahr, ihn zu verlieren.

JUGEND
Junge Menschen prophezeien die Schlichtung von Familienstreitigkeiten und eine günstige Zeit für die Planung neuer Unternehmen.

Träumen Sie, *wieder jung* zu sein, werden Sie gewaltige Anstrengungen unternehmen, verpaßte Gelegenheiten aufzuholen, jedoch ohne Erfolg.

Sieht eine Mutter ihren Sohn ins Säuglings- oder Kindesalter zurückversetzt, werden alte Wunden heilen, und sie wird zu ihren jugendlichen Hoffnungen und zu ihrer Heiterkeit zurückfinden. Stirbt ihr Kind, warten böses Unglück und Elend auf sie.

Sehen Sie *Kinder in der Schule*, werden Sie in den Genuß von Wohlstand und Wohlergehen kommen.

KLEINES KIND

Übergewicht

DICKE
Werden Sie *dick*, geben Sie Ihrem Leben eine glückliche Wende.

Sind *andere dick*, deutet dies auf Reichtum hin.

KORPULENZ
Träumt eine Person, *korpulent* zu sein, heißt das für ihn eine gewaltige Zunahme des Reichtums und angenehme Wohnorte.

Andere korpulent zu sehen kündigt außergewöhnliche Aktivität und gesegnete Zeiten an.

Glaubt ein Mann oder eine Frau sich *übermäßig korpulent*, dann täte er (oder sie) gut daran, auf sein (ihr) Gewissen zu hören und seine (ihre) Impulse zu zügeln.

Vorsicht vor überzeichneten Beurteilungen von sich selbst oder anderen, denn sie bringen Unglück!

Schönheit und Häßlichkeit

DIE GOLDENE SCHÖNHEIT DER JUGEND

HÄSSLICHKEIT
Träumen Sie, *häßlich* zu sein, bekommen Sie Schwierigkeiten mit Ihrem Partner; auf Ihre Lebensperspektiven fällt ein dunkler Schatten.

Hält eine junge Frau sich für häßlich, wird sie sich ihrem Liebhaber gegenüber rücksichtslos verhalten, so daß es möglicherweise zu einem Bruch kommt.

SCHÖNHEIT
Schönheit jeder Art verheißt Gutes. Eine *schöne Frau* bringt Glück und einträgliche Geschäfte.

Ein wohlproportioniertes und *schönes Kind* deutet auf Liebe und eine glückliche Verbindung hin.

GUTES AUSSEHEN
Halten Sie sich selbst für *gutaussehend*, erweisen Sie sich als einfallsreicher Schmeichler.

Erscheinen Ihnen andere als gutaussehend, dann werden Sie das Vertrauen von treuen Menschen gewinnen können.

MODEL
Von einem *Model* zu träumen heißt, Ihre gesellschaftlichen Interessen gehen ins Geld; Streit und Reue folgen.

Hält sich eine junge Frau für ein *Model* oder will sie eines sein, wird sie in eine Liebesaffäre verstrickt, die ihr wegen eines egoistischen Freundes große Sorgen beschert.

Körper und Seele

Gesichter

GESICHT

Ein Traum verheißt Gutes, wenn Sie überglückliche, strahlende **Gesichter** sehen; er prophezeit Ihnen jedoch Sorgen, wenn diese entstellt oder häßlich sind.

GESICHT

Bei einem jungen Menschen prophezeit ein **häßliches Gesicht** Streitigkeiten unter Liebenden; wenn einem Liebenden das Gesicht seiner Geliebten alt vorkommt, steht eine Trennung bevor.

Ein seltsames oder **grausiges Gesicht** bedeutet, daß Sie von Feinden und Unglück umgeben sind.

Im Traum das eigene Gesicht zu sehen prophezeit Unglück; handelt es sich um Verheiratete, sind Scheidungsdrohungen die Folge.

Erblicken Sie Ihr eigenes **Gesicht im Spiegel**, dann sind Sie mit sich selbst unzufrieden, weil Sie Ihre Aufstiegspläne nicht verwirklichen können. Sie werden außerdem die Achtung Ihrer Freunde einbüßen. ◎

GESICHTSAUSDRUCK

Von einem schönen und aufrichtigen **Gesichtsausdruck** zu träumen heißt, daß eine glückliche Zukunft auf Sie wartet; sehen Sie eine häßliche und finstere Miene, sind schädliche Transaktionen vorprogrammiert. ◎

SOMMERSPROSSEN

Hat eine Frau **Sommersprossen** in ihrem Gesicht, werden sich unglückliche Ereignisse einstellen. Sieht sie diese im Spiegel, läuft sie Gefahr, ihren Liebhaber an eine andere zu verlieren. ◎

TEINT

Glückverheißend ist der Traum, Sie hätten einen schönen **Teint**.

Bei einem **schlechten und dunklen Teint** warten Enttäuschung und Krankheit auf Sie. ◎

ERRÖTEN

Wenn eine junge Frau **errötet**, stehen ihr Ärger und Demütigungen wegen falscher Anschuldigungen bevor. Sieht sie andere erröten, läßt sie sich zu leichtfertigem Spott hinreißen, was ihre Freunde abstößt. ◎

ROUGE

Rouge auflegen bedeutet, daß Sie sich der Täuschung bedienen, um Ihre Ziele zu erreichen.

Sehen Sie andere mit Rouge, ist das eine Warnung, daß Sie hinterhältig für die Pläne unehrlicher Leute ausgenutzt werden.

Befindet sich Rouge auf Ihren Händen oder Ihrer Kleidung, wird Ihre Intrige auffliegen.

Zerfließt das Rouge in Ihrem Gesicht, werden Sie vor einer Rivalin gedemütigt und Ihren Geliebten verlieren, weil Sie sich unnatürlich verhalten. ◎

KREIDE

Trägt eine Frau weiße **Kreide** auf ihr Gesicht auf, spinnt sie Intrigen, um Bewunderer anzulocken. ◎

BLICK IN EIN VERGRÖSSERUNGSGLAS

Spiegel

SPIEGEL

Sehen Sie sich in einem **Spiegel**, kommen auf Sie Enttäuschungen oder Krankheiten zu.

Von einem **zerbrochenen Spiegel** zu träumen verheißt Ihnen den plötzlichen oder gewaltsamen Tod eines nahestehenden Menschen.

Betrachten Sie **andere in einem Spiegel**, werden Sie rücksichtslos behandelt. Sieht man **Tiere in einem Spiegel**, bedeutet dies Enttäuschung und Vermögensverlust.

Zerbricht eine junge Frau einen **Spiegel**, werden ihr unselige Freundschaften und eine unglückliche Ehe vorausgesagt. Erblickt sie ihren **Liebhaber** sorgenvoll **in einem Spiegel**, stehen Tod oder eine aufgelöste Verlobung ins Haus. Scheint er glücklich, kommt es zu einer vorübergehenden Entfremdung. ◎

ZERRSPIEGEL

VERGRÖSSERUNGSGLAS

Träumt eine Frau von einem **Vergrößerungsglas**, wird sie bald mit Hinterlist und Falschaussagen konfrontiert; derartige Vorkommnisse enden möglicherweise in tragischen Szenen und Trennung. ◎

Träume vom unschuldigen Babyalter *gegenüber unten* **und der goldenen Jugendzeit** *gegenüber Mitte* sind so verführerisch, wie **Träume von einem Vergrößerungsglas** *links* **und einem Spiegel** *oben* enttäuschend sind.

GESICHT *siehe* HÄSSLICHKEIT *Seite* 100, SCHATZ *Seite* 124, ALTER *Seite* 100, ERSCHEINUNG *Seite* 274 ◆
GESICHTSAUSDRUCK *siehe* HÄSSLICHKEIT, SCHÖNHEIT *Seite* 100 ◆ ROUGE *siehe* HAND *Seite* 97, KLEIDUNG *Seite* 154 ◆
SPIEGEL *siehe* ZERBRECHEN *Seite* 265, GLAS *Seite* 69 ◆ VERGRÖSSERUNGSGLAS *siehe* GLAS *Seite* 69

Krönende Zierde

HAARE

Träumt eine Frau, sie kämme ihre schönen **Haare**, wird sie in persönlichen Angelegenheiten unachtsam sein und sich nicht weiterentwickeln, da sie sich geistig nicht betätigt.

Hat Ihre Geliebte **rotes Haar**, wird diese Sie der Untreue bezichtigen. Rotes Haar deutet gewöhnlich auf Veränderungen hin.

Bei **braunen Haaren** fehlt die glückliche Hand für eine Karriere.

TRÄUME ÜBER DAS HAAR

Dünnt ein Mann im Traum seine **Haare aus**, wird er wegen seiner Freigebigkeit arm und aus Gram krank werden.

Sehen Sie Ihre **Haare ergrauen**, deutet dies auf Tod und ansteckende Krankheit in der Familie eines Verwandten oder Freundes.

Sind Sie **von Haaren bedeckt**, geben Sie sich in einem Maße dem Laster hin, daß Sie von der vornehmen Gesellschaft ausgeschlossen werden. Handelt es sich um eine Frau, taucht sie in eine eigene Welt ein und beansprucht das Recht, unabhängig von Moral ausschließlich für ihr Vergnügen zu leben.

Glaubt ein Mann, er habe **schwarzes lockiges Haar**, wird er Menschen durch sein gewinnendes Auftreten hinters Licht führen. Er wird Frauen, die ihm vertrauen, enttäuschen. Erscheint das Haar einer Frau schwarz und lockig, wird sie verführt.

Träumen Sie von einer Frau mit **goldenem Haar**, erweisen Sie sich als tadelloser Liebhaber und als wahrer Frauenfreund.

Besitzen Sie gepflegtes und sorgfältig **gekämmtes Haar**, sind Sie beruflich auf dem aufsteigenden Ast.

Haare kurz zu schneiden bedeutet, daß Sie gegenüber einem Freund großzügig bis zur Verschwendung sind. Daraus resultiert Sparsamkeit.

Sehen Sie **Haare** weich und **üppig fallen**, steht Ihnen Glück bevor.

Wenn eine Frau ein **weißes und ein schwarzes** ausgerissenes **Haar** vergleicht, hat sie die Qual der Wahl zwischen zwei glückverheißenden Chancen; und läßt sie nicht größte Vorsicht walten, entscheidet sie sich für die ihr Verlust und Schmerzen bereitende und nicht für die glückliche Zukunft.

Wirres und ungekämmtes Haar zeigt an, daß das Leben Ihnen eine große Last wird, die Geschäfte laufen nicht, und das Ehejoch ist nur unter Qualen zu ertragen.

Gelingt es einer Frau nicht, ihr Haar zu kämmen, wird sie durch einen unnötigen Wutausbruch und herablassendes Betragen die Achtung eines ehrenwerten Mannes verlieren.

Träumt eine junge Frau von **grauhaarigen Frauen**, werden diese als Rivalinnen um die Gunst eines männlichen Verwandten auftreten oder ihrem Verlobten den Kopf verdrehen.

Lassen Sie sich die **Haare schneiden**, kommen schwere Enttäuschungen auf Sie zu.

Glaubt eine Frau, die **Haare fielen ihr aus** und kahle Stellen seien sichtbar, muß sie sich ihren eigenen Lebensunterhalt verdienen.

Schneeweißes Haar bei einem Mann und einer Frau bedeuten einen angenehmen und glücklichen Lebensweg.

Streichelt ein Mann das **Haar** einer Frau, wird er sich der Liebe und Zuneigung einer ehrenwerten Frau erfreuen, die ihm, obwohl er sonst abgelehnt wird, vertraut.

Blumen im Haar kündigen Probleme an, die von nahem jedoch weniger bedrohlich sind als aus der Ferne.

Sieht eine Frau ihr Haar sich in weiße Blumen verwandeln, kommen Sorgen auf sie zu. Sie sollte sich mit Geduld wappnen und ihre Schicksalsschläge mit Stärke ertragen.

Eine **grau werdende und ausfallende Locke** Ihres Haares verheißt Sorgen und Enttäuschungen. Krankheiten werden Ihre hoffnungsvollen Erwartungen überschatten.

Wird das eigene **Haar** in einer Nacht **ganz weiß** und bleibt das Gesicht hübsch und jugendlich, steht plötzliches Unglück bevor. Träumt dies eine junge Frau, verliert sie ihren Liebhaber durch eine unvorhergesehene Krankheit oder einen Unfall. Sie wird wegen einer von ihr begangenen Indiskretion in Schwierigkeiten geraten. Sie sollte außerdem Vorsicht bei der Auswahl der Bekannten walten lassen. ◎

HAARLOCKE

Körper und Seele

Haarpflege

KÄMMEN
Träumen Sie, Ihr Haar zu **kämmen**, steht Ihnen Krankheit oder Tod eines Freundes oder Verwandten bevor. Der Bruch einer Freundschaft und der Verlust des Vermögens verbinden sich ebenfalls mit diesem Traum.

HAARBÜRSTE
Benutzen Sie eine **Haarbürste**, geht es Ihnen nicht gut, da Sie schlecht gewirtschaftet haben.

Alte Haarbürsten bedeuten Krankheit und angegriffene Gesundheit.

SHAMPOO
Beobachten Sie eine **Haarwäsche**, werden Sie sich in unrühmlichen Geschäften engagieren, um anderen zu gefallen.

Sehen Sie Ihrer **eigenen Haarwäsche** zu, erwartet Sie eine lustvolle Reise, wenn es Ihnen gelingt, die wahre Bedeutung vor Familie und Freunden geheimzuhalten.

BEIM FRISEUR

Haare sind ein wichtiges Traumsymbol. Es gibt die verschiedensten Träume von Haaren _gegenüber links_, sei es die einzelne, romantische Haarlocke _gegenüber_ oder der Besuch bei Ihrem Traumfriseur _oben_. Kahlköpfigkeit _rechts_ kann auch in Ihren Träumen vorkommen.

Barbiere und Friseure

BARBIER
Vom **Barbier** zu träumen heißt, daß Erfolg als Frucht der Arbeit sich einstellen wird.

Sieht eine junge Frau einen Barbier, mehrt sich ihr Vermögen, wenn auch nur geringfügig.

FRISEUR
Suchen Sie einen **Friseur** auf, werden Sie im Zusammenhang mit einem von einer gutaussehenden Frau inszenierten Skandal genannt. Sieht solches eine Frau, bedeutet dies Familienstreit und verdiente Vorwürfe.

Läßt eine Frau sich die **Haare färben**, kann sie sich kaum dem gesellschaftlichen Spott entziehen, nachdem Feinde erst einmal ihren Ruf beschädigt haben. Läßt sie sich **frisieren**, gibt sie frivolen Neigungen nach und setzt alles daran, sich Menschen gefügig zu machen.

Kahlköpfigkeit und Perücken

KAHLKÖPFIGKEIT
Sehen Sie einen Mann mit **Glatze**, sind Gauner am Werk, um Ihren Interessen zu schaden. Bleiben Sie daher auf der Hut, wenn Sie sie austricksen wollen.

Erscheint einem Mann eine **Frau mit Glatze**, kann er mit einer keifenden Ehefrau rechnen.

Träumt eine junge Frau von einem **glatzköpfigen Mann**, sollte sie intelligent genug sein, an das nächste Heiratsversprechen nicht zu glauben.

Babys ohne Haare verheißen eine glückliche Familie, einen liebenden Partner und gehorsame Kinder.

Ein **kahler Hügel** oder Berg zeigt Hunger und die verschiedensten Leiden an.

PERÜCKE
Tragen Sie eine **Perücke**, steht Ihnen eine negative Veränderung bevor.

Im Traum eine Perücke zu verlieren bedeutet Hohn und Spott von Feinden.

Sehen Sie andere mit Perücken, werden Intrigen gegen Sie gesponnen.

YUL BRYNNER ALS KÖNIG VON SIAM

KÄMMEN siehe HAARE Seite 102 ◆ HAARBÜRSTE siehe HAARE Seite 102 ◆ SHAMPOO siehe HAARE Seite 102, KOPF Seite 92 ◆
BARBIER siehe HAARE Seite 102, RASIERAPPARAT, RASUR, RASIEREN Seite 104 ◆ FRISEUR siehe HAARE Seite 102
KAHLKÖPFIGKEIT siehe BABY Seite 119, HÜGEL, BERG Seite 90

Rasieren und Gesichtshaare

RASIEREN
Werden Sie im Traum *rasiert*, drohen Betrüger Sie zu hintergehen.

Rasieren Sie sich, haben Sie Ihre Geschäfte und Privatangelegenheiten im Griff, obwohl ein keifendes Weib Ihnen Probleme macht.

Ein glattrasiertes Gesicht bringt Ihnen Ausgeglichenheit; Ihre Kollegen stimmen mit Ihnen überein. Ist es alt und rauh, haben Sie in der Ehe viel Unfrieden.

Ist Ihr **Rasierapparat stumpf** und verletzt Ihre Haut, geben Sie Freunden Veranlassung, Ihr Privatleben zu kritisieren.

Scheint Ihr **Bart grau**, lassen Sie jegliche Vernunft gegenüber Menschen vermissen, die Forderungen an Sie stellen.

Beobachtet eine Frau **Männer bei der Rasur**, wird ihr Ruf durch Ausschweifungen beschmutzt.

Träumt sie, *rasiert zu werden*, nimmt sie so männliche Züge an, daß sich die Männer abwenden.

RASUR
Denken Sie über eine *Rasur* nach, machen Sie hochfliegende geschäftliche Pläne, doch fehlt es Ihnen an Energie zur Durchführung.

RASIERAPPARAT
Von einem *Rasierapparat* zu träumen prophezeit Differenzen, auch angesichts von Problemen.

Schneiden Sie sich mit dem Rasierapparat, haben Sie keine glückliche Hand bei einem geplanten Geschäft.

Haben Sie Probleme mit dem Rasierapparat, kommen enttäuschende Geschäfte auf Sie zu, und jemand belästigt Sie auf unerträgliche Weise.

Ein zerbrochener oder rostiger Apparat bringt Kummer.

BART

BART
Sehen Sie einen **Bart**, wird eine unangenehme Person sich Ihren Absichten widersetzen. Es entbrennt ein heftiger Kampf um die Vorrangstellung, und Sie verlieren dabei wahrscheinlich Geld.

Ein *grauer Bart* bedeutet Schwierigkeiten und Streit.

Tragen **Frauen Bärte**, stehen unangenehme Erinnerungen und schleichende Krankheiten bevor.

Zupft jemand an Ihrem Bart, gehen Sie ein begrenztes Risiko ein; vielleicht verlieren Sie gar Vermögen.

Ihren Bart zu kämmen und zu bewundern zeigt an, daß Ihre Eitelkeit mit Ihrer Wohlhabenheit zunimmt; Ihre früheren Kollegen verachten Sie.

Bewundert eine junge Frau einen **Bart**, hat sie den Wunsch zu heiraten, ihr droht jedoch eine unglückliche Ehe.

SCHNURRBART
Haben Sie einen **Schnurrbart**, werden Sie wegen Ihres Egoismus und Ihrer Rücksichtslosigkeit schlecht mit irdischen Gaben gesegnet sein; Sie bereiten Frauen Kummer, weil Sie sie hintergehen.

Bewundert eine Frau einen **Schnurrbart**, ist ihre Tugend in Gefahr; sie sollte sich überlegen, was sie tut.

Läßt sich ein Mann seinen **Schnurrbart rasieren**, versucht er, sich von schlechter Gesellschaft und einem ausschweifenden Leben zu lösen, um sein früheres Ansehen zurückzugewinnen.

Zur Körperpflege im Traum kann das Tragen eines gepflegten Bartes gehören *oben*, die Reinigung des Körpers *rechts* oder das Eintauchen in einen Bottich *gegenüber*.

Seife und Waschen

SEIFE
Von **Seife** zu träumen heißt, daß Freundschaften sich zu interessanten Unterhaltungsmöglichkeiten entwickeln. Bauern winkt Erfolg.

Nimmt eine junge Frau ein **Seifenbad**, kann sie zukünftig beträchtliche und einträgliche Fähigkeiten ihr eigen nennen.

BECKEN
Badet eine junge Frau in einem **Becken**, kann sie aufgrund ihrer weiblichen Reize mit Freundschaften und Auszeichnungen rechnen.

WASCHSCHÜSSEL
Eine **Waschschüssel** bedeutet, daß Sie sich neuer Aufgaben annehmen und andere beglücken.

Baden Sie Gesicht und Hände in einer **Schüssel mit klarem Wasser**, erfüllen sich Ihre sehnlichsten Wünsche und Sie binden sich eng an jemanden, der Sie schon vor Ihrer leidenschaftlichen Liebe zu ihm interessierte.

Ist die Schüssel verschmutzt oder zerbrochen, bereuen Sie eine anrüchige Beziehung, die anderen Qualen bereitet und Ihnen wenig Befriedigung bringt.

WASCHEN
Waschen Sie sich im Traum, bilden Sie sich etwas auf Ihre zahllosen Beziehungen ein.

WASCHTRÄUME

Bäder und Baden

BAD
Nimmt ein junger Mensch im Traum ein **Bad**, bemüht er sich sehr um jemanden vom anderen Geschlecht, denn er fürchtet, durch Zutun anderer in der Gunst zu sinken.

Träumt eine Schwangere davon, prognostiziert dies eine Fehlgeburt oder einen Unfall; handelt es sich um einen Mann, bedeutet dies Ehebruch. Alle Dinge vorsichtig angehen.

Mit anderen ein Bad zu nehmen rät, schlechte Gesellschaft zu vermeiden, sonst wird der Ruf geschädigt. Ist das Wasser schmutzig, sind Sie von Übel, Tod und Feinden umringt. Klares Meer bedeutet Geschäftsausweitung und zufriedenstellende Erkenntnisse.

WANNENBAD

Sieht eine Witwe sich selbst baden, hat sie ihre frühere Ehe vergessen und erlebt neue Liebesaffären. Mädchen sollten sich von männlichen Begleitern fernhalten. Männer sind in böse Intrigen verwickelt.

Ein *warmes Bad* bedeutet im allgemeinen Übel. Ein *kaltes, sauberes Bad* ist ein Vorbote glücklicher Nachrichten und ausgezeichneter Gesundheit.

TÜRKISCHE BÄDER
Nehmen Sie ein *türkisches Bad*, suchen Sie Ihr Heil fern Ihrer Heimat und erleben viel Vergnügliches.

Sind andere in einem türkischen Bad, beanspruchen angenehme Begleiter Ihre Aufmerksamkeit.

Seele und Geist

SEELE
Sehen Sie Ihre Seele Ihren Körper verlassen, engagieren Sie sich für sinnlose Ziele, die Ihr Ehrgefühl verletzen und Sie gewinnsüchtig und hartherzig machen.

Erblickt ein Künstler seine Seele in einer anderen, wird er Anerkennung finden, wenn er sich seiner Arbeit widmet und keinen Sentimentalitäten nachgibt.

Ist die Seele eines anderen in Ihnen, werden Sie Zuspruch und Wohltaten von einem Ihnen bislang noch unbekannten Fremden erhalten.

Sieht eine junge Musikerin eine andere junge Frau in hauchdünnen Kleidern auf der Bühne und glaubt, ihre eigene Seele sei in der anderen, zieht sie bei einem Engagement den kürzeren.

Diskutieren Sie im Traum über die Unsterblichkeit Ihrer Seele, werden Sie mehr Möglichkeiten bekommen, die ersehnte Bildung zu erhalten, und das Vergnügen haben, mit Intellektuellen zu verkehren.

IRRSINN
Vom Irrsinn *zu träumen verheißt* Probleme.

Ihnen droht eine Krankheit, die an Ihrem Vermögen zehrt.

Andere unter dieser Krankheit leiden zu sehen, bedeutet, daß wechselnde Freundschaften und Erwartungen Sie bitter enttäuschen werden.

Träumt eine junge Frau von Irrsinn, sagt dies Enttäuschung in der Ehe und finanziellen Dingen voraus.

WAHNSINN
Hält man sich für wahnsinnig, kündigen sich katastrophale Ergebnisse bei einer neu begonnenen Arbeit an, oder schlechte Gesundheit sorgt für eine traurige Wende in Ihren Zukunftsaussichten.

Sind andere wahnsinnig, deuten sich die bedrückende Begegnung mit Leid und Hilfsappelle von Armen an. Nach diesem Traum sollte man besonders auf seine Gesundheit achten.

IRRENHAUS
Von einem Irrenhaus *zu träumen* verheißt Krankheiten und schlechte Geschäfte; diese Rückschläge sind nur mit größten geistigen Anstrengungen zu überwinden.

GEISTESKRANKER
Geisteskranke *im Traum* signalisieren Streit und Verlust.

Sehen Sie sich als Geisteskranken, werden Sie wegen des Mißlingens von Plänen gedemütigt und niedergeschlagen sein.

Sehen Sie geisteskranke Kinder, bedeutet dies Niedergeschlagenheit und unglückliche Wechselfälle.

DAMPFBAD
Lassen Sie es sich in einem Dampfbad gutgehen, haben Sie es mit verdrießlichen Menschen zu tun.

Entsteigen Sie einem Dampfbad, erkennen Sie, daß Ihre Sorgen nur vorübergehender Natur sind.

WANNE
Sehen Sie eine Wanne *mit Wasser gefüllt*, verheißt dies häusliche Zufriedenheit. Eine *leere Wanne* prophezeit Unglück und Vermögensverlust.

Eine zerbrochene Wanne kündigt Familienstreitigkeiten an.

10 000 Träume

Krankheit und Gesundheit

Träume von Krankheit und Schmerzen sind nie angenehm, kündigen aber nicht immer das Schlimmste an; unter Umständen sind sie eine verschlüsselte Warnung, daß etwas in Ihrem Leben schiefläuft. Dieser Abschnitt befaßt sich mit allgemeinen Symptomen, speziellen Krankheiten und Störungen verschiedener Körperfunktionen, aber auch mit Träumen von Behandlungsformen.

Krankheit und Niedergeschlagenheit

LEIDEN
Haben Sie im Traum ein **Leiden**, deutet dies auf eine leichtere Krankheit oder auf Probleme mit einem Verwandten hin.

Glaubt sich eine junge Frau **unheilbar krank**, wird sie ihr Leben wahrscheinlich glücklich und unverheiratet verbringen. ◉

ERKRANKUNG
Eine **Erkrankung** verheißt Sorgen und tatsächliche Krankheiten in Ihrer Familie. Auch Konflikte belasten mit Sicherheit Ihr Leben.

Ist Ihre eigene Krankheit das Thema, sollten Sie besonders vorsichtig mit sich umgehen.

Sehen Sie jemanden Ihrer Familie **blaß und krank**, wird ein unvorhergesehenes Ereignis in Ihr harmonisches Familienleben einbrechen. Der Traum wird gewöhnlich von Krankheit begleitet. ◉

NIEDERGESCHLAGENHEIT
Wenn **Niedergeschlagenheit** Sie befällt und Ihre Tatkraft lähmt, kommt höchstwahrscheinlich eine Katastrophe auf Sie zu.

Sehen Sie **andere niedergeschlagen**, steht Böses bevor. ◉

In Träumen von Krankheiten können Sie unter allgemeiner Niedergeschlagenheit leiden *oben*, plötzlich eine Verletzung erleiden *rechts*, starke Schmerzen haben, Migräne etwa *gegenüber oben*, oder von einem Arzt untersucht und behandelt werden *gegenüber Mitte*.

Krankheit und Verletzung

NIEDERGESCHLAGENHEIT

Pest und Epidemie

PEST
Sehen Sie die **Pest** wüten, haben Sie enttäuschende geschäftliche Umsätze, und Ihre Frau oder Ihr Liebhaber werden Ihnen das Leben schwermachen.

Sind Sie **von der Pest befallen**, können Sie Ihre Geschäfte nur mit größter Wendigkeit und Klugheit vor Einbußen bewahren.

Versuchen Sie ihr zu entkommen, wird ein nicht abzuwendendes Problem Ihnen zu schaffen machen. ◉

EPIDEMIE
Eine **Epidemie** bedeutet geistige Erschöpfung und Probleme mit widerwärtigen Aufgaben. Träume dieser Art weisen auf Ansteckung von Verwandten und Freunden hin. ◉

VERLETZUNG
Erleiden Sie eine **Verletzung**, heißt das, daß ein unglückliches Ereignis Sie bald betrüben und ärgern wird. ◉

GEBRECHEN
Von **Gebrechen** zu träumen deutet auf Unglück in der Liebe und bei Geschäften hin; Sie sollten Ihre Feinde nicht unterschätzen.

Sehen Sie **andere mit Gebrechen**, werden Sie möglicherweise Ärger bekommen und geschäftliche Enttäuschungen erleben. ◉

KRANKHEIT
Sieht eine Frau im Traum ihre **Krankheit**, wird ein unvorhergesehenes Ereignis sie in heftige Verzweiflung stürzen, denn sie muß einen geplanten Besuch absagen oder auf ein Vergnügen verzichten. ◉

INVALIDE
Invaliden zeigen an, daß Kollegen Ihren Interessen schaden. Halten Sie sich für einen solchen, drohen unangenehme Lebensumstände. ◉

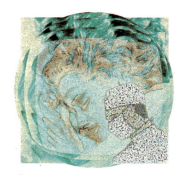

VERLETZUNG

106   **PEST** *siehe* **ENTKOMMEN** *Seite 266*   ◆   **VERLETZUNG** *siehe* **SCHNITT, WUNDE** *Seite 112*   ◆   **KRANKHEIT** *siehe* **POCKEN, MASERN, SCHARLACH, KARZINOM, CHOLERA, TYPHUS, TOLLWUT** *Seite 110*, **GELBSUCHT, AUSSATZ** *Seite 111*

Beschwerden und Schmerzen

SCHMERZEN
Haben Sie **Schmerzen**, können Sie Ihres eigenen Unglücks sicher sein. Dieser Traum prophezeit sinnlose Reue über eine unbedeutende Transaktion.

Sehen Sie **Schmerz bei anderen**, sollten Sie sich darauf einstellen, Fehler in Ihrem Leben zu machen.

SCHÜTTELFROST
Eine schwächliche Gesundheit wird damit zum Ausdruck gebracht. Haben Sie **Schüttelfrost**, werden Sie gesundheitliche Probleme bekommen, und da Sie sich in der Einschätzung Ihrer eigenen Angelegenheiten nicht sicher sind, gelangen Sie an die Grenze Ihrer Belastbarkeit.

Leiden andere darunter, werden Sie wegen Ihrer extremen Rücksichtslosigkeit gegenüber anderen diese Menschen verletzen.

BESCHWERDEN
Haben Sie **Beschwerden**, agieren Sie bei Ihren Geschäften zu langsam, und deshalb wird jemand anderes von Ihren Ideen profitieren.

Leidet eine junge Frau an **Herzbeschwerden**, hat sie großen Kummer, daß ihr Geliebter zu zögerlich um sie wirbt. Hat sie **Rückenbeschwerden**, wird sie aus Rücksichtslosigkeit auf ihre Gesundheit krank. Bei **Kopfschmerzen** macht sie sich Gedanken wegen ihrer Leichtsinnigkeit mit dem Ziel, ihre Konkurrentinnen abzuschütteln.

SEELENQUAL
Dies ist entgegen anderslautender Meinung kein guter Traum. Er prophezeit sowohl Sorgen als auch Freuden, mehr Sorgen allerdings.

Stehen **Seelenqualen** im Zusammenhang mit Geld- und Vermögensverlust, werden niederdrückende und wirklichkeitsferne Ängste vor einer Notlage Sie zugrunde richten oder die Krankheit einen Ihnen lieben Verwandten.

QUALVOLLER MIGRÄNESCHMERZ

RHEUMA
Leiden Sie an **Rheuma**, kündigt sich eine unerwartete Verzögerung bei der Durchführung Ihrer Pläne an.

Sehen Sie andere darunter leiden, gibt es Enttäuschungen.

Anfälle und Fieber

FIEBER
Haben Sie im Traum Fieber, sorgen Sie sich wegen Bagatellen, während das Leben an Ihnen vorbeirauscht. Sie sollten sich zusammenreißen und sich einträglichen Dingen zuwenden.

Leidet ein Familienmitglied unter **Fieber**, sind vorübergehende Krankheiten Angehöriger zu erwarten.

ANFÄLLE
Anfälle im Traum bedeuten, daß Sie unter schlechter Gesundheit leiden und Ihre Anstellung verlieren.

Sehen Sie andere in diesem schlimmen Zustand, haben Sie viel Unannehmlichkeiten in Ihren Kreisen, ausgelöst durch Streitigkeiten Ihrer Untergebenen.

DER ARZT UNTERSUCHT EINE PATIENTIN

Erschöpfung

SCHWÄCHE
Träumen Sie, **schwach** zu sein, deutet dies auf ein ungesundes Gewerbe und nervliche Belastungen. Versuchen Sie, eine Veränderung herbeizuführen.

MÜDIGKEIT
Fühlen Sie sich **müde**, kommen schlechte Gesundheit oder geschäftlicher Druck auf Sie zu. Sieht eine junge Frau andere müde, macht sie keine ermutigenden gesundheitlichen Fortschritte.

VERHÄRMTES GESICHT
Sehen Sie ein **verhärmtes Gesicht**, stehen Unglück und Enttäuschungen bevor.

Empfinden Sie Ihr eigenes Gesicht als verhärmt und sorgenvoll, können Frauengeschichten Sie an der vernünftigen Führung Ihrer Geschäfte hindern.

Ohnmacht, Tremor und Lähmung

OHNMACHT
Von **Ohnmacht** zu träumen prophezeit Krankheit in Ihrer Familie und unerfreuliche Nachrichten von Abwesenden.

Wird eine junge Frau ohnmächtig, stehen ihr schlechte Gesundheit und bittere Enttäuschungen wegen ihres ausschweifenden Lebens bevor. ◎

SCHWINDEL
Sind Sie **schwindlig**, wird Ihr häusliches Glück vergehen, und Ihre Geschäfte stehen unter einem ungünstigen Stern. ◎

TREMOR
Bei einem **Tremor** schließen Sie windige Geschäfte ab.

Sehen Sie einen Freund darunter leiden, können Sie sich seiner Treue nicht sicher sein, auch Krankheit könnte es in Ihrer Familie geben.

Bei Liebenden bedeutet **Tremor des (der) Geliebten**, daß Unzufriedenheit mit einer bestimmten Sache ihr Glück trübt. ◎

BENOMMENHEIT
Bemächtigt sich **Benommenheit** Ihrer im Traum, verheißt das Krankheit und Sorgen. ◎

LÄHMUNG
Lähmung ist ein schlechter Traum; dies deutet auf finanzielle Rückschläge und enttäuschende wissenschaftliche Erfolge hin. Bei Liebenden prophezeit dies das Ende der Zuneigung. ◎

Im Traum können verschiedene Krankheitssymptome auftreten, Ohnmacht etwa *oben* oder Krankheiten wie Schwindsucht (Tuberkulose) *gegenüber unten*. Plagegeister wie Bandwürmer *gegenüber oben* können zu bösen Träumen führen.

Durchfall, Schwellung und Bruch

OHNMACHT

SCHWELLUNG
Haben Sie eine **Schwellung**, werden Sie sehr reich, Ihr Egoismus wird Ihnen jedoch bei Ihrer beruflichen Tätigkeit das Leben schwermachen.

Sehen Sie **andere mit einer Schwellung**, werden Neider Sie in Ihrer Karriere behindern. ◎

BRAND
Erblicken Sie jemanden mit **Brand**, wird Ihnen der Tod eines Elternteils oder nahen Verwandten vorausgesagt. ◎

ABSZESS
Haben Sie im Traum einen **Abszeß**, der das chronische Stadium erreicht hat, wird Ihnen selbst Unglück beschieden sein; gleichzeitig empfinden Sie tiefstes Mitgefühl für die Sorgen anderer. ◎

GESCHWÜR
Träumen Sie von einem **Geschwür**, stehen der Verlust von Freunden und die Trennung von einer geliebten Person ins Haus. Ihre Liebschaften werden Sie nicht befriedigen.

Haben Sie **selbst Geschwüre**, dann machen Sie sich wegen Ihrer zahllosen lächerlichen Affären bei Freunden unbeliebt. ◎

BRUCH
Brechen Sie selbst **sich etwas**, bekommen Sie gesundheitliche Probleme oder Streit. Sehen Sie andere in dieser Lage, drohen Ihnen unversöhnliche Zerwürfnisse. ◎

ERBRECHEN
Müssen Sie sich **erbrechen**, werden Sie von einer Krankheit heimgesucht, die zur Invalidität führen kann, oder Sie sind in einen Skandal verwickelt.

Erbrechen andere sich, versucht man, Sie mit Falschaussagen zur Hilfe zu verpflichten.

Wenn eine Frau ein **lebendes Huhn ausspuckt**, verpaßt sie ein Vergnügen wegen der Krankheit eines Angehörigen. Schlechte Geschäfte und Unzufriedenheit verbinden sich auch mit diesem Traum.

Blutspeien bedeutet, daß Sie bald unerwartet von Krankheiten heimgesucht werden. Düstere Zukunftsaussichten führen zu Niedergeschlagenheit; Kinder und häusliche Angelegenheiten bereiten Ihnen Verdruß. ◎

DURCHFALL
Haben Sie **Durchfall** (Diarrhöe), oder befürchten Sie, einen solchen zu bekommen, werden Sie oder ein Angehöriger von einer bösen oder tödlichen Krankheit heimgesucht.

Sehen Sie andere mit diesem Problem, kommt es wegen Nachlässigkeiten anderer zum geschäftlichen Rückschlag. Differenzen bereiten Ihnen Ärger. ◎

Krankheit und Gesundheit

Folgen der Unmäßigkeit

VERDAUUNGSSTÖRUNG
Verdauungsstörungen signalisieren ungesunde düstere Lebensumstände.

GICHT
Leiden Sie unter *Gicht*, werden Sie wegen des dummen Verhaltens eines Verwandten bis zur Unerträglichkeit geärgert und erleiden durch dieselbe Person geringe finanzielle Verluste.

Plagegeister

BANDWURM
Sehen Sie einen *Bandwurm* oder haben gar einen, bestehen schlechte Aussichten für Ihre Gesundheit und Lebensfreude.

BANDWURM

BORKENFLECHTE
Sehen Sie auf Ihrem Körper *Borkenflechte*, werden Sie eine leichte Krankheit und ein schwieriges Problem bekommen.

Erblicken Sie diese bei anderen, werden Sie von Bettlern bedrängt.

Atemwegsbeschwerden

HUSTEN
Leiden Sie unter *ständigem Husten*, deutet dies auf eine schwache Gesundheit hin. Sie können das Problem aber überwinden, wenn Sie vernünftig leben.

Hören Sie *andere husten*, geraten Sie in unangenehme Kreise, aus denen Sie sich schließlich befreien können.

KRUPP
Träumen Sie, Ihr Kind hätte *Krupp*, ist das ein Hinweis auf eine leichte Krankheit, doch kein Anlaß zur Besorgnis. Im allgemeinen ist dies ein gutes Omen für die Gesundheit und den häuslichen Frieden.

BRONCHITIS
Haben Sie *Bronchitis*, werden Sie durch Krankheitsumstände in Ihrer Familie daran gehindert, Ihre Pläne durchzusetzen.

Im Traum unter Bronchitis zu leiden bedeutet, daß Sie bald wenig vielversprechende Aussichten haben, Ihre Ziele zu erreichen.

SCHWINDSUCHT
Haben Sie *Schwindsucht*, werden Sie sich einer Gefahr aussetzen. Bleiben Sie Ihren Freunden treu.

SCHWINDSUCHT

KRUPP *siehe* KINDER *Seite 128* ◆ BRONCHITIS *siehe* NIEDERGESCHLAGENHEIT *Seite 106*

EIN KRANKES KIND

Infektionskrankheiten

POCKEN
Sehen Sie Menschen mit **Pocken**, deutet dies auf eine unerwartete schwere Krankheit und möglicherweise Ansteckung hin. Ein solcher Traum verheißt das Mißlingen Ihrer Pläne. ◉

MASERN
Glauben Sie, **Masern** zu haben, drohen Ihnen viele Sorgen; beunruhigende Probleme werden Ihre Geschäfte beeinträchtigen.

Haben andere diese Krankheit, werden Sie sich um den Zustand anderer sorgen. ◉

SCHARLACH
Scharlach zeigt an, daß Ihnen eine Erkrankung droht oder ein Feind Sie in der Hand hat.

Träumen Sie, daß ein Angehöriger plötzlich daran stirbt, werden Sie das Opfer niederträchtiger Täuschung. ◉

Krebserkrankungen

KARZINOM
Haben Sie im Traum ein **Karzinom** besiegt, bedeutet dies eine plötzliche Veränderung Ihrer Lebensverhältnisse, aus bitterer Armut gelangen Sie zu Reichtum.

Ein Karzinom verheißt Krankheit eines Nahestehenden und Streit mit Ihren Lieben. Nach diesem Traum wird ein Manager vielleicht von Depressionen geplagt. Es drohen schlimme Sorgen. Liebe wird sich in kalte Förmlichkeit verwandeln, geschäftliche Transaktionen bleiben erfolglos. ◉

KREBS
Sehen Sie überall **Krebsgeschwüre**, ist das ein böses Omen. Bei der Jugend deutet das auf Tod und hinterhältige Kameraden, bei alten Menschen auf Kummer und Vereinsamung hin.

Metastasen im Körper verheißen eine herausragende Stellung als Staatsoberhaupt oder auf der Bühne. ◉

Tödliche Krankheiten

KIEFERSPERRE
Glauben Sie, **Kiefersperre** zu haben, müssen Sie mit Problemen rechnen, da jemand Ihr Vertrauen mißbraucht.

Sieht eine Frau **andere mit Kiefersperre**, werden Freunde unbeabsichtigt ihr Glück schmälern, weil sie ihr Unangenehmes zumuten.

Sie werden eventuell auch einen Freund verlieren. ◉

CHOLERA
Wenn diese furchtbare Krankheit in Ihrem Traum das Land heimsucht, wird eine ansteckende Krankheit wüten, und viele Enttäuschungen werden folgen.

Werden Sie von ihr befallen, werden Sie selbst krank. ◉

TYPHUS
Leiden Sie an dieser Krankheit, müssen Sie sich vor Feinden in acht nehmen und auch auf Ihre Gesundheit aufpassen.

Träumen Sie von einer **Typhusepidemie**, gibt es eine Geschäftsflaute, und Ihre allgemein gute Gesundheit wandelt sich zum Schlechten. ◉

TOLLWUT
Haben Sie **Tollwut**, deutet dies auf Feinde und geschäftliche Veränderungen hin.

Sehen Sie andere darunter leiden, wird Ihre Arbeit durch Tod oder eine unselige Abhängigkeit beeinträchtigt.

Werden Sie von einem tollwütigen Tier gebissen, hintergeht Sie Ihr bester Freund, und viel Skandalöses kommt ans Tageslicht. ◉

....

Infektionskrankheiten, besonders Kinderkrankheiten wie Masern, können in Ihren Träumen präsent sein *oben*. Schreckliche Hautkrankheiten wie Geschwüre und Wunden *gegenüber* oder entstellende Hautausschläge *gegenüber oben* sind unerfreuliche Omen.

Krankheit und Gesundheit

Die Haut ist unser größtes Körperorgan; sie schützt uns außerdem vor schädlichen Einflüssen von außen, und sie wird als erstes betrachtet. Träume von Hautkrankheiten sind oftmals signifikant für unsere Beziehungen zu anderen Menschen und zu unserer Umwelt.

Hautprobleme

PUSTELN

Sehen Sie Ihre Haut voller **Pusteln**, sorgen Sie sich über Banalitäten.

Erblicken Sie andere mit Pusteln, bekommen Sie Probleme mit Krankheiten und Beschwerden anderer.

Glaubt eine Frau ihre **Schönheit durch Pusteln zerstört**, wird ihr Verhalten in Haus und Gesellschaft von Freunden und Bekannten kritisiert. Kleine Ärgernisse können für Sie auf diesen Traum folgen.

LEBERFLECKEN

Sehen Sie **Leberflecken** oder ähnliches auf dem Körper, deutet dies auf Krankheit und Streit hin.

WUNDE STELLEN

Wunde Stellen verheißen, daß Sie durch eine Krankheit Verluste erleiden und in seelische Not geraten.

Eine wunde Stelle zu behandeln zeigt an, daß Sie Ihre Wünsche und Ihre Hoffnungen den Vergnügungen anderer unterordnen.

Träumen Sie von einem Kind mit einer tiefen wunden Stelle bis zu den Knochen, werden betrübliche und ärgerliche Ereignisse Sie von Ihren Plänen abbringen; Kinder sind von Ansteckung bedroht.

Haben Sie selbst wunde Stellen, kommt es zu einem schnellen Gesundheits- und Geistesverfall. Krankheiten und schlechte Geschäfte folgen.

GESCHWÜRE

Träumen Sie von einem **Geschwür**, aus dem Eiter und Blut fließt, stehen sehr bald unerfreuliche Dinge bevor. Möglicherweise wird die Unaufrichtigkeit von Freunden Ihnen großen Ärger bereiten.

Sind Wunden auf Ihrer Stirn, deutet das auf Krankheit eines Ihnen Nahestehenden hin.

WARZEN

Werden Sie im Traum von **Warzen** geplagt, sind Sie nicht in der Lage, sich erfolgreich gegen die Angriffe auf Ihre Ehre zur Wehr zu setzen.

Sehen Sie sie von Ihren Händen verschwinden, werden Sie unangenehme Hindernisse auf Ihrem Weg zum Glück überwinden.

Entdecken Sie sie bei anderen, sind bittere Feinde in Ihrer Nähe.

Behandeln Sie sie, kämpfen Sie, um eine Gefahr von sich und den Ihren abzuwenden.

GESCHWÜRE UND WUNDE STELLEN

Juckreiz

HAUTAUSSCHLAG

Hat Ihr Kind **Hautausschlag**, wird es sich guter Gesundheit erfreuen und lieb sein. Sehen Sie fremde Kinder damit, ängstigen Sie sich umsonst um einen geliebten Menschen.

KRÄTZE

Erscheinen Ihnen Menschen mit **Krätze** und versuchen Sie, den Kontakt mit ihnen zu vermeiden, werden Sie weiter mit der Angst vor schlechten Ergebnissen leben, auch wenn Ihre Bemühungen bereits Erfolge gezeitigt haben.

HAUTPROBLEME

Glauben auch Sie selbst Krätze zu haben, werden Sie schlecht behandelt; Sie verteidigen sich, indem Sie andere belasten. Hat eine junge Frau diesen Traum, wird sie liederliche Kontakte pflegen.

Juckt es Sie, deutet dies auf unangenehme berufliche Angelegenheiten hin.

Ernsthafte Erkrankungen

GELBSUCHT

Haben Sie **Gelbsucht**, geht es Ihnen nach vorübergehenden Schwierigkeiten gut.

Sehen Sie **andere mit Gelbsucht**, machen Ihnen unangenehme Kollegen und entmutigende Zukunftsaussichten zu schaffen.

AUSSATZ

Glauben Sie, dieses Leiden zu haben, werden Sie aufgrund einer Krankheit Geld verlieren und die Abneigung anderer auf sich ziehen.

Leiden andere darunter, bestehen schlechte Aussichten; Liebe wird sich in Gleichgültigkeit verwandeln.

PUSTELN *siehe* **KRANKHEIT** *Seite 106,* **SCHÖNHEIT** *Seite 100* ◆ **WUNDE STELLE** *siehe* **SÄUGLING** *Seite 119,* **WUNDE** *Seite 112,* **KNOCHEN** *Seite 91* ◆ **GESCHWÜR** *siehe* **BLUT** *Seite 94,* **STIRN** *Seite 92* ◆ **WARZEN** *siehe* **HAND** *Seite 97* ◆ **HAUTAUSSCHLAG** *siehe* **KINDER** *Seite 128* ◆ **AUSSATZ** *siehe* **LEIDEN, ERKRANKUNG** *Seite 106*

Brandwunden und Schnitte

VERBRÜHUNG
Träumen Sie, sich zu *verbrühen*, kündigen sich schmerzliche Ereignisse an, die Ihre Erwartungen zerstören.

BRANDWUNDEN
Brandwunden stehen für freudige Nachrichten. Verbrennen Sie sich Ihre Hand in einem hell lodernden Feuer, deutet dies auf lautere Absichten und die Unterstützung von Freunden hin.

Verbrennen Sie sich Ihre *Füße* beim Feuerlauf, wird es Ihnen gelingen, all ihre Vorhaben erfolgreich abzuschließen, auch wenn andere an ihnen scheitern würden. Ihre gute Gesundheit bleibt Ihnen erhalten, doch wenn Sie sich nicht verbrennen, nehmen Ihre Interessen durch den Verrat angeblicher Freunde Schaden.

SCHNITT
Ein *Schnitt* verheißt Krankheit oder den Verrat eines Freundes.

WUNDE
Sind Sie *verwundet*, bedeutet dies Schmerzen und eine ungünstige geschäftliche Wende.

Sind andere verwundet, wird Ihnen Unrecht von Freunden zugefügt.

Eine *Wunde zu versorgen* zeigt an, daß Sie sich zu einer erfolgreichen Zukunft gratulieren können.

Stiche und Splitter

SPLITTER
Stecken *Splitter* in Ihrer Haut, kommt viel Ärger von Ihren Familienmitgliedern oder von eifersüchtigen Rivalen auf Sie zu.

Treten Sie sich während eines Besuchs einen *Splitter in den Fuß*, werden Sie bald einen Besuch machen oder erhalten, der für Sie sehr unangenehm ist. Ihre Geschäfte laufen nicht ganz zufriedenstellend, da Sie sie dauernd vernachlässigen.

STICH
Jeder *Insektenstich* ist ein Vorbote von Übel und Unglück.

Träumt eine junge Frau, gestochen zu werden, ist das ein Omen für Schmerz, und sie bereut, sich zu sehr auf Männer eingelassen zu haben.

SCHRAMME
Fügen Sie anderen eine *Schramme* zu, sind Sie im Umgang mit anderen ungerecht und unsachlich.

Ziehen Sie sich eine Schramme zu, kommen Sie durch die Feindschaft eines Betrügers zu Schaden.

BISS
Dieser Traum ist ein böses Omen. Von einem *Biß* zu träumen bedeutet, daß man etwas ungeschehen zu machen versucht, was längst verfahren ist. Möglicherweise leiden Sie auch unter einem Feind.

DER BISS

Lahmheit

HÜHNERAUGE
Haben Sie wegen Ihrer *Hühneraugen* Schmerzen an den Füßen, arbeiten Feinde gegen Sie und bereiten Ihnen viel Kummer; gelingt es Ihnen aber, die Hühneraugen zu entfernen, erben Sie ein großes Vermögen von einem Unbekannten.

Sieht eine junge Frau *Hühneraugen an ihren Füßen*, wird sie viel zu erleiden haben und von anderen Frauen schlecht behandelt.

LAHMHEIT
Sieht eine junge Frau jemanden *lahmen*, werden ihre Glückserwartungen sich leider nicht erfüllen.

HINKEN
Träumen Sie beim Gehen zu *hinken*, sind Sie plötzlich mit einem kleinen Ärger konfrontiert, der Ihnen viel Freude nimmt.

Hinken jedoch andere, macht Ihnen das Verhalten eines Freundes zu schaffen. Kleine Niederlagen sind Begleiterscheinungen dieses Traums.

KRÜPPEL
Lahme und *Krüppel* deuten auf Hunger und Not der Armen hin und fordern Sie auf, ihnen zu helfen. Dieser Traum prophezeit auch eine temporäre Geschäftsflaute.

KÜNSTLICHES BEIN

KRÜCKEN
Gehen Sie im Traum an *Krücken*, verlassen Sie sich bei Ihrem Fortkommen weitgehend auf die Unterstützung anderer.

Sehen Sie andere an Krücken, sind Ihre Bemühungen nicht von Erfolg gekrönt.

Krankheit und Gesundheit

Träume von Notfallhilfe, Behandlung und Heilung wie auch die Träume von Krankheit künden nicht nur Freude und Erleichterung an. Dieser Abschnitt handelt von Kranken- und Irrenhäusern, Ärzten und Krankenschwestern, Chirurgen, Medizin, Arzneimitteln und Quacksalberei.

Quartiere der Kranken

KRANKENHAUS
Sehen Sie sich als Patient in einem *Krankenhaus*, gibt es eine ansteckende Krankheit in Ihrer Umgebung, und Sie entgehen mit knapper Not der Ansteckung. ◎

IRRENHAUS
Werden Sie aus einem *Irrenhaus* entlassen, gelingt es Ihnen, sich von hinterlistigen Feinden zu befreien, die Ihnen viel Kummer bereiten. ◎

KRANKEN-
PFLEGE

Praktische Hilfe

AMBULANZ
Naht eine *Ambulanz* mit Blaulicht, ist das ein Omen für Unglück.

Werden Sie in der Ambulanz befördert, werden Sie bald ernsthaft erkranken. ◎

KRANKENBAHRE
Liegen Sie auf einer *Krankenbahre*, werden Sie es mit einer unerfreulichen Tätigkeit zu tun bekommen.

Eine Krankenbahre verheißt immer schlechte Nachrichten. ◎

Zu Träumen von Verletzungen können heftige Schmerzen nach einem Biß zählen *gegenüber unten* oder ein dauerhafter Schaden und das Tragen eines künstlichen Beins *gegenüber Mitte*. Möglicherweise kommt Hilfe, und Sie werden im Krankenhaus von Ärzten untersucht *links* oder im Krankenbett von einer Krankenschwester versorgt *oben*.

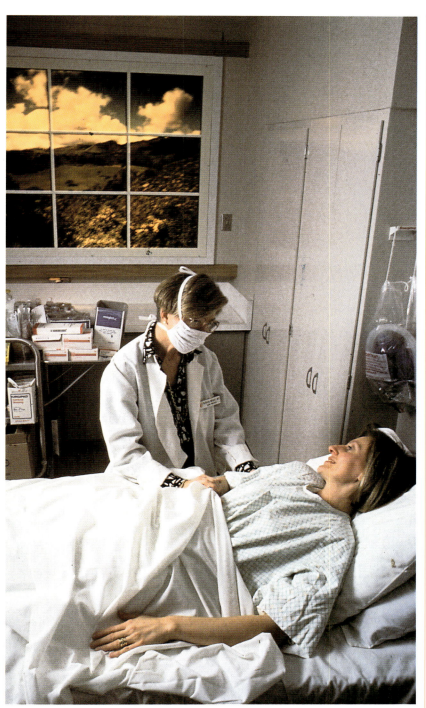

IM KRANKENHAUS

KRANKENHAUS *siehe* LEIDEN *Seite* 106 ◆ AMBULANZ *siehe* GERÄUSCH *Seite* 276

ÄRZTE UNTER SICH

Ärzte und Krankenschwestern

MEDIZINER
Träumt eine junge Frau von einem *Mediziner*, ruiniert sie durch ausschweifenden Lebenswandel ihre Schönheit. Ist sie krank, kommen Krankheit und Sorgen auf sie zu, die sie schnell überwindet, es sei denn, der Arzt scheint sehr besorgt zu sein; dann wird ihr Leiden sich verschlimmern und in Qualen enden. ◉

ARZT
Dies ist ein glücklicher Traum, er verheißt gute Gesundheit; *treffen Sie einen Arzt* bei einem gesellschaftlichen Anlaß, bedeutet dies Wohlergehen, denn Sie sind nicht verpflichtet, Geld für seine Dienste auszugeben.
   Sind Sie jung und beabsichtigen Sie, einen *Arzt zu heiraten*, warnt Sie dies vor einer Täuschung.

Suchen Sie einen *Arzt wegen* einer *Krankheit* auf, kommen eine Krankheit und Differenzen zwischen Familienmitgliedern auf Sie zu.
   Macht ein Arzt einen Hautschnitt und stößt nicht auf Blut, werden Sie von einem bösen Menschen gequält und verletzt, der Sie möglicherweise zwingt, seine Schulden zu begleichen. Stößt der Arzt auf Blut, sind Sie der Verlierer in einer finanziellen Transaktion. ◉

KRANKENSCHWESTER
Beschäftigen Sie eine *Krankenschwester*, kündigt sich eine schlimme Krankheit oder eine unglückliche Begegnung zwischen Freunden an.
   Verläßt eine Krankenschwester Ihr Haus, ist das ein Zeichen für gute Gesundheit in Ihrer Familie.

Träumt eine junge Frau, eine *Krankenschwester zu sein*, wird sie sich wegen ihrer Selbstlosigkeit Achtung verdienen.
   Wenn sie sich von einem Patienten verabschiedet, wird sie einer Täuschung erliegen. ◉

AUGENARZT
Gehen Sie zu einem *Augenarzt*, sind Sie mit dem Erreichten unzufrieden und helfen mit Tricks Ihrem Fortkommen auf die Sprünge. ◉

PSYCHIATER
Sehen Sie von eine *Psychiater*, werden Sie dringend notwendige Unterstützung und Rat bekommen.
   Als *Patient eines Psychiaters* ergreifen unkontrollierbare Emotionen von Ihnen Besitz. ◉

ARZT *siehe* **VERLOBUNG, HEIRAT** Seite 130, **CHIRURG** Seite 115, **BLUT** Seite 94, **QUACKSALBER** Seite 117 ◆
KRANKENSCHWESTER *siehe* **HEIM** Seite 205, **HAUS** Seite 188 ◆ AUGENARZT *siehe* **AUGE** Seite 99 ◆
PSYCHIATER *siehe* **IRRSINN, WAHNSINN, IRRENHAUS** Seite 105

Krankheit und Gesundheit

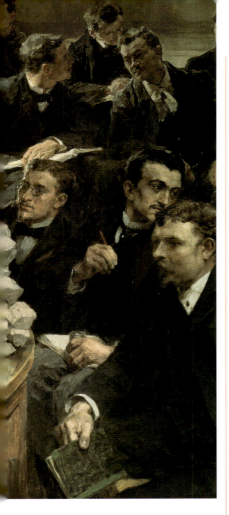

Chirurgie

CHIRURG
Von einem **Chirurgen** zu träumen verheißt Gefahren von Geschäftspartnern. Bei einer jungen Frau deutet dieser Traum auf eine ernsthafte Erkrankung hin, die ihr große Ungelegenheiten bereitet.

AMPUTATION
Amputationen von Gliedern weisen auf kleine berufliche Einbußen hin; der Verlust ganzer Beine oder Arme prophezeit eine gravierende Geschäftsflaute, bei Seeleuten Sturm und Verlust der Habe. Davon betroffene Personen sollten aufpassen.

OPERATIONSBESTECK
Sehen Sie ein **Operationsbesteck**, wissen Sie es nicht zu schätzen, daß ein Freund Ihnen gegenüber diskret ist.

Medizinische Geräte

SPRITZE

SPRITZE
Eine **Spritze** verheißt, daß Sie falsche Nachrichten über den schlechten Zustand eines Verwandten erhalten werden.

Sehen Sie eine gebrochene Spritze, erleben Sie eine Phase schlechter Gesundheit oder Sorgen wegen geringer geschäftlicher Fehler.

BRUCHBAND
Sehen Sie ein **Bruchband**, wird Ihnen Krankheit und ein schlechter Geschäftsabschluß prophezeit.

FIEBERTHERMOMETER
Ein **Fieberthermometer** bedeutet ein schlechtes Geschäft und Streit in der Familie. Ein zerbrochenes Thermometer weist auf eine Krankheit hin.

Wenn das Quecksilber fällt, werden sich Ihre persönlichen Angelegenheiten negativ entwickeln. Steigt es, gelingt es Ihnen, sich aus einer schlechten geschäftlichen Lage zu befreien.

RÖNTGENGERÄT
Werden Sie **geröntgt**, versucht eine einflußreiche Person, Ihnen ein Geheimnis zu entlocken. Gelingt dies, wird es für Sie und Ihre Familie nachteilig sein. Werden Sie sich bewußt, welches Geheimnis das sein könnte.

FIEBERTHERMOMETER

STETHOSKOP
Ein **Stethoskop** bedeutet Schlimmes in bezug auf Wünsche und Unternehmungen. Sie haben Kummer in der Liebe und müssen sich Beschuldigungen anhören.

Diagnose und Heilung

PULS
Hören Sie Ihren **Puls**, sollten Sie sich sorgfältiger um Ihre Geschäfte und Gesundheit kümmern, da diese in einem beklagenswerten Zustand sind.

Fühlen Sie den Puls eines anderen, schlagen Sie in Ihrer Vergnügungssucht über die Stränge.

WIEDERBELEBUNG
Werden Sie im Traum **wiederbelebt**, erleiden Sie schwere Einbußen; Sie werden jedoch schließlich mehr zurückgewinnen, als Sie verloren hatten, und das Glück ist Ihnen hold.

Einen **anderen wiederzubeleben** heißt, daß Sie neue Freundschaften schließen, die Ihnen Anerkennung und Freude bescheren.

QUARANTÄNE
Befinden Sie sich in **Quarantäne**, kommen Sie durch hinterlistige Intrigen von Feinden in eine prekäre Lage.

IMPFUNG
Werden Sie im Traum **geimpft**, wird Ihre Empfänglichkeit für weibliche Reize Ihnen Kummer bescheren.

Werden andere geimpft, erfahren Sie – obwohl Sie sich stark danach sehnen – keine Befriedigung, weswegen Sie geschäftliche Verluste erleiden werden.

Wird eine junge Frau ins Bein geimpft, wird sie hintergangen und stürzt ins Verderben.

In Ihren Träumen konsultieren Sie manchmal die besten Mediziner und Ärzte *gegenüber oben*. Bestimmte medizinische Instrumente können eine Rolle spielen, so etwa die Spritze *ganz oben*, oder Sie messen die Temperatur Ihrer Träume mit einem Thermometer *oben*.

Moderne Medizin

EINE ARZNEI WIRD VERABREICHT

ARZNEI
Von wohlschmeckender **Arznei** zu träumen heißt, daß Sie zwar Probleme bekommen, doch diese werden sich zum Guten wenden. Schlucken Sie eine *ekelhafte Arznei*, werden Sie lange krank sein, oder Sie müssen mit einem tiefen Schmerz oder einem Verlust fertig werden.

Verabreichen Sie *anderen eine Arznei*, intrigieren Sie gegen jemanden, der Ihnen vertraute. ◉

ANTIBIOTIKA
Nehmen Sie **Antibiotika**, kommt eine Krankheit auf Sie zu. Doch wird sie nur kurz dauern, wenn Sie sich Ruhe gönnen. ◉

CHININ
Chinin bedeutet, daß Sie bald von einem großen Glücksgefühl übermannt werden, doch die Aussichten auf Reichtum sind eher mager.

Nehmen Sie Chinin, wird Ihnen eine verbesserte Gesundheit und mehr Energie prognostiziert. Sie gewinnen auch neue Freunde, die Sie wirtschaftlich unterstützen. ◉

Pillen und Salben

PILLE
Nehmen Sie **Pillen**, haben Sie Verpflichtungen zu übernehmen, doch bringt Ihnen das wenig Behaglichkeit und Freude.

Geben sie anderen Pillen, werden Sie wegen Ihrer Unfreundlichkeit von anderen kritisiert. ◉

SALBE
Sehen Sie **Salben**, geht es Ihnen trotz widriger Umstände gut und Sie machen Feinde zu Freunden. ◉

CREME
Träumen Sie von einer **Creme**, schließen Sie Freundschaften, die für Sie nützlich und angenehm sind.

Creme herzustellen bedeutet bei einer jungen Frau, daß es ihr gelingt, ihre privaten und geschäftlichen Angelegenheiten in die eigenen Hände zu nehmen. ◉

Traditionelle Heilmethoden

RIZINUSÖL
Sehen Sie **Rizinusöl** im Traum, suchen Sie einen Freund zugrunde zu richten, der im verborgenen für ihr Fortkommen wirkt. ◉

KALOMEL
Kalomel bedeutet, daß jemand durch unabsichtliche Begünstigung von Freunden Sie täuschen und Ihnen schaden will.

Nimmt eine junge Frau Kalomel, wird sie das Opfer intriganter Machenschaften von vertrauten Personen. Wendet sie es äußerlich an, verschließt sie ihre Augen absichtlich vor falschem Spiel. ◉

SCHWEFEL
Träumen Sie von **Schwefel**, wird Ihnen prophezeit, daß Sie wegen unehrenhafter Geschäfte viele Freunde verlieren, wenn Sie es unterlassen, Ihre Fehler wiedergutzumachen. ◉

BELLADONNA
Belladonna ist ein Zeichen dafür, daß wohldurchdachte Schritte wirtschaftlichen Erfolg bringen. Frauen treffen auf Nebenbuhlerinnen; sie versuchen vergeblich, die Zuneigung von Männern zu gewinnen.

Schlucken Sie Belladonna, verkündet das Not und die Unfähigkeit, alte Schulden zu begleichen. ◉

BELLADONNA

Krankheit und Gesundheit

Betäubungsmittel

OPIUM
Opium bedeutet, daß fremde Personen durch hinterhältige und verführerische Methoden Ihre Chancen verringern reicher zu werden. ◉

OPIUM-SET

LAUDANUM
Wenn Sie **Laudanum** nehmen, deutet dies auf eine persönliche Schwäche hin und daß Sie die Tendenz haben, sich zu sehr von anderen beeinflussen zu lassen. Sie sollten sich in Entschlußfreudigkeit üben.

Bewahren sie andere davor, diese Droge zu nehmen, so werden Sie anderen Menschen große Freude bereiten und Gutes tun.

Sehen Sie Ihren **Liebhaber Laudanum nehmen**, weil er enttäuscht ist, verheißt dies unglückliche Affären und den Verlust eines Freundes.

Wenn Sie es verabreichen, werden ein Familienmitglied kleine Unpäßlichkeiten plagen. ◉

....

Medikamente und medizinische Behandlungen aller Art können Ihre Gebrechen im Traum heilen. Sie träumen vielleicht von Belladonna *gegenüber* oder daß Ihnen gegen Ihren Willen Medizin verabreicht wird *gegenüber oben,* daß Sie in einer Opiumwolke alle Probleme ausblenden *oben,* Sie die qualvolle Behandlung mit Blutegeln erdulden *oben rechts* oder Sie den verführerischen Worten des Verkäufers von Heilwässerchen erliegen *rechts.*

Alte Heilmethoden

BLUTEGEL
Blutegel prognostizieren, daß Feinde Ihre Interessen mit Füßen treten.

Wenn sie auf Sie aus medizinischen Gründen angesetzt werden, wird eine schwere Krankheit in Ihrer Familie auftreten. Sehen Sie Blutegel an anderen Menschen, ist dies ein Zeichen von Krankheit oder Problemen bei Freunden.

Sollten sie Sie beißen, lauert dort Gefahr, wo Sie es nicht vermuten. Nehmen Sie diese Warnung ernst. ◉

TOLLWUTSTEIN
Wird ein **Tollwutstein** auf eine Wunde gelegt, die durch die Zähne eines tollwütigen Tieres verursacht wurde, werden Sie sich bis zur Erschöpfung vor den Machenschaften von Feinden zu schützen versuchen, die Ihnen eine Niederlage zufügen wollen. ◉

BLUTEGEL

Quacksalberei und Kurpfuscherei

LEBENSELIXIER
Ein Lebenselixier *bedeutet, daß neue Lebensfreude und Möglichkeiten Ihr Dasein bereichern.* ✻

HEILWÄSSERCHEN
Nehmen Sie für den Erhalt Ihrer Gesundheit Zuflucht zu Heilwässerchen, *greifen Sie zwar zu äußersten Mitteln, um Ihren Wohlstand zu mehren, werden aber Ihren Neidern zum Trotz Erfolg haben.*

Mixen Sie Heilwässerchen, *werden Sie von einer unbedeutenden Stellung in Positionen aufsteigen, die Ihre Erwartungen bei weitem übertreffen.* ✻

QUACKSALBER
Ein Quacksalber *in Ihrem Traum zeigt an, daß Sie sich sich Sorgen wegen einer bestimmten Krankheit und deren unsachgemäßer Behandlung machen.* ✻

WUNDERDROGEN
Nehmen Sie Wunderdrogen, *sind Sie wegen bestimmter Probleme angekränkelt und sollten sie zu überwinden suchen, indem Sie sich fleißig Ihren Pflichten zuwenden. Lesen Sie in der Werbung darüber, werden unzufriedene Lebenspartner Ihnen Unrecht tun und Ihnen Kummer bereiten.* ✻

EIN QUACKSALBER BEI DER ARBEIT

BLUTEGEL *siehe* **ARZNEI** Seite 116, **BISS** Seite 112 ◆ **TOLLWUTSTEIN** *siehe* **WUNDE** Seite 112 ◆
WUNDERDROGEN, HEILWÄSSERCHEN *siehe* **ARZNEI** Seite 116 ◆ **QUACKSALBER** *siehe* **ARZT** Seite 114

10 000 Träume

Geburt und Tod

Geburt und Tod gehören zu den vielfältig besetzten Symbolen. Vom Tod zu träumen signalisiert nicht immer das Ende in Ihrem realen Leben, ebenso sind Geburtsträume nicht unbedingt die Ankündigung von Familienzuwachs. Zu diesem Kapitel gehören Schwangerschaft und Geburt sowie alle Aspekte des Todes, vom Sterben bis zur letzten Ruhestätte.

Schwangerschaft und Geburt

BABY

NIEDERKUNFT
Wer von der *Niederkunft* träumt, dem ist das Glück gewogen und die Geburt eines schönen Kindes gewiß.

Einer ledigen Frau verheißt es unseligen Abstieg von Ehrbarkeit zu Armut und Erniedrigung.

TOTGEBURT
Ein Traum von einer *Totgeburt* bedeutet, daß Sie mit einem unglücklichen Ereignis konfrontiert werden.

SCHWANGERSCHAFT
Hält sich eine Frau für *schwanger*, verheißt dies eine unglückliche Beziehung zu ihrem Mann und eher häßliche Kinder.

Einer Jungfrau sagt dieser Traum Rufschädigung und Ärger voraus. Für eine Schwangere ist dieser Traum ein Zeichen für problemlose Niederkunft und baldige Genesung.

GEBURT
Die *Niederkunft* einer verheirateten Frau bedeutet große Freude und eine stattliche Erbschaft.

Eine unverheiratete Frau verliert die Unschuld und den Geliebten.

HEBAMME
Sehen Sie eine *Hebamme*, weist dies auf eine lebensgefährliche Erkrankung hin.

Sieht eine junge Frau eine solche Person, stehen ihr Kummer und Verderben bevor.

Geburtstage

GEBURTSTAG
Jungen Menschen signalisiert der *Geburtstag* Armut und Betrug, älteren Menschen Kummer und Vereinsamung.

GEBURTSTAGSGESCHENKE
Schöne Überraschungen verheißen große Erfolge und der arbeitenden Bevölkerung gute Geschäfte.

Geburtstagsgeschenke während eines Fests oder Empfangs zu überreichen verspricht kleine Gunstbezeugungen.

BEIM GEBURTSTAGSTEE

118 SCHWANGERSCHAFT *siehe* JUNGFRAU *Seite* 87 ◆ GEBURT *siehe* SINGLE *Seite* 132, BABY, ZWILLINGE, DRILLINGE, SÄUGLING *Seite* 119 ◆ HEBAMME *siehe* KRANKENSCHWESTER *Seite* 114 ◆ GEBURTSTAG *siehe* GESCHENK *Seite* 240, EMPFANG *Seite* 173

Geburt und Tod

Babys und Säuglinge

BABY
Hören Sie schreiende **Babys**, stehen schlechte Gesundheit und Enttäuschungen bevor.

Ein schönes und **sauberes Baby** verheißt Liebe und Freundschaft.

Ein Baby ohne Hilfe laufen zu sehen ist ein sicheres Zeichen Ihrer Unabhängigkeit und Stärke.

Wenn eine Frau ihr Baby stillt, wird sie von demjenigen hintergangen, dem sie am meisten vertraut.

Es ist ein böser Traum, wenn Sie Ihr fiebergeschütteltes Baby auf den Arm nehmen; psychische Qualen stehen Ihnen bevor. ◎

KINDERWAGEN
Ein **Kinderwagen** steht für eine wunderbare Freundschaft mit vielen angenehmen Überraschungen. ◎

ZWILLINGE
Begegnen Ihnen **Zwillinge**, so ist Ihr beruflicher Stand gesichert, und Sie genießen Vertrauen und Liebe in Ihrer Familie.

Kränkeln die Zwillinge, erwarten Sie Enttäuschung und Sorgen. ◎

DRILLINGE
Sehen Sie **Drillinge**, haben Sie geschäftlichen Erfolg, wo Sie ihn nicht erwartet haben.

Glaubt ein Mann, seine Frau habe Drillinge, schließt er eine lang umstrittene Angelegenheit erfolgreich ab.

Hören Sie neugeborene **Drillinge schreien**, dann werden Differenzen baldigst zu Ihrer Zufriedenheit beigelegt.

Einer jungen Frau verheißen Drillinge Pech und Enttäuschung in der Liebe, aber materiellen Erfolg. ◎

MUTTERSCHAFT

SÄUGLINGE
Sehen Sie einen gerade geborenen **Säugling**, kommen freudige Überraschungen auf Sie zu.

Träumt eine junge Frau, einen Säugling zu haben, wird man ihr einen liederlichen Lebenswandel vorwerfen.

Schwimmt ein Säugling, deutet dies auf ein glückliches Entkommen aus einer Affäre. ◎

WIEGE
Eine **Wiege,** in der ein niedliches Kind liegt, verheißt Reichtum und die Zuneigung schöner Kinder.

Das eigene Kind in der **Wiege zu schaukeln** bedeutet eine schwere Krankheit eines Familienmitglieds.

Bei einer jungen Frau ist das Schaukeln einer Wiege gleichbedeutend mit Unheil. Hüten Sie sich vor Tratsch. ◎

Saugen und Stillen

STILLEN
Stillt eine Frau ihr Baby, findet sie eine angenehme Anstellung.

Einer jungen Frau verkündet dieser Traum, daß sie ehrenvolle Vertrauenspositionen einnehmen wird.

Sieht ein Mann seine Frau ihr Baby stillen, so prophezeit dies Harmonie und Frieden in seinen Unternehmungen. ◎

AMME
Sind Sie im Traum eine **Amme**, werden Sie Witwe oder für die Pflege von Alten beziehungsweise Kleinkindern verantwortlich sein.

Sieht sich eine Frau als Amme, so wird sie auf sich selbst angewiesen sein, um ihren Lebensunterhalt zu verdienen. ◎

SAUGEN
Sehen Sie Kleinkinder **saugen**, so werden sich Zufriedenheit und gute Voraussetzungen für Erfolge einstellen. ◎

EINE WIEGE

Der gesamte Komplex Schwangerschaft, Geburt und Säuglingsalter wird im Traum bewältigt: das Baby *gegenüber oben*, die jährliche Geburtstagsfeier, *gegenüber*, die Freuden der Mutterschaft, *oben* und die Seelenruhe des in seiner Wiege schlafenden Babys *oben*.

BABY *siehe* WEINEN Seite 257, SCHREI Seite 276, SPAZIERGANG Seite 276, FIEBER Seite 107 ◆
DRILLINGE *siehe* GEBURT Seite 118, WEINEN Seite 257, SCHREI 276 ◆ SÄUGLING *siehe* GEBURT Seite 118, SCHWIMMEN Seite 174 ◆
WIEGE *siehe* KINDERBETT, BETT Seite 207

Tod und Sterben

TOD

Der *Tod eines Angehörigen* ist ein Vorzeichen für bevorstehende Trennung oder Schmerz. Auf diesen Traum folgen stets Enttäuschungen.

Erfahren Sie vom Tod eines Freundes oder Verwandten, werden Sie bald schlechte Nachrichten erhalten.

Träume, die vom *Tod* oder Sterben handeln, können, wenn sie nicht seelischer Ursache sind, irreführend sein. Ein intensiv denkender Mensch ist erfüllt von Gedanken und subjektiven Vorstellungen, die seinem Erfahrungshorizont entsprechen. Wenn er sich auf fremdem Terrain bewegt, werden diese vielleicht von neuen, andersartigen Bildern überlagert. In seinen Träumen sieht er die alten Bilder tot oder begraben und hält sie irrtümlicherweise für Freunde oder Feinde. Dabei ist nur die Warnung, daß gute Taten von schlechten verdrängt werden können, in das Bild vom Tod eines Freundes oder Verwandten gekleidet. Zur Illustration: Sieht er jemanden im Todeskampf, möge er von unmoralischen Gedanken oder Taten absehen; handelt es sich aber um einen todgeweihten Feind oder eine tugendlose Gestalt, wird er eigene Laster überwinden.

Oft prophezeien solche Träume Anfang oder Ende von Anspannungen. Sie treten auch auf, wenn den Träumer emotionale Wechselbäder plagen. Dann ist er nicht er selbst, sondern das Produkt der jeweils vorherrschenden Gefühlslage. Es könnte ein knappes Entkommen von drohendem Unheil vorhersagen.

In unseren Träumen sind wir näher an unserem Inneren als in der Realität. Für die Hiobsbotschaften oder erfreulichen Ereignisse, die uns im Traum begegnen, sind wir selbst verantwortlich; in ihnen spiegelt sich unser wahrer Zustand. Wir können ihnen nicht entkommen, es sei denn, wir verändern sie durch gute Gedanken und Taten, durch die geistige Kraft in uns.

STERBEN

Vom *Sterben* zu träumen bedeutet, daß Ihnen Böses von einer Person droht, die einst zu Ihrem Aufstieg und Ihrer Lebensfreude beitrug.

Sehen Sie **andere sterben**, haben Sie und Ihre Freunde in allen Lebensbereichen kein Glück.

Befürchten Sie zu sterben, heißt das, daß die Vernachlässigung Ihrer geschäftlichen Angelegenheiten zu Einbußen führt. Auch Krankheiten drohen.

Beobachten Sie freilebende Wildtiere im Todeskampf, werden Sie sich von schlechten Einflüssen befreien.

Im Traum Haustiere sterben zu sehen ist ein schlechtes Omen.

Wenn Ihnen diese guten oder schlechten Ereignisse begegnen, ist es nur natürlich, daß sie in Form von Todesqualen auftreten. Denn sie sollen Ihnen deutlich die freudige oder ernste Situation vorführen, die auf Sie zukommt, sobald Sie sich der konkreten Verantwortung bewußt geworden sind, und Ihr Selbstbewußtsein stärken. So werden Sie allen Situationen mit Ruhe und Entschlossenheit begegnen.

TOTE

Von *Toten* zu träumen ist gewöhnlich eine Warnung. Sehen Sie Ihren Vater oder sprechen Sie mit ihm, planen Sie eine wenig erfolgversprechende Tat. Hüten Sie sich, Verträge einzugehen, Sie sind von Feinden umgeben. Nach diesem Traum ist Ihr Ruf in Gefahr.

Sehen Sie Ihre Mutter, sollten Sie Ihrer Neigung zu Grausamkeit und Bösartigkeit Ihren Mitgeschöpfen gegenüber keinen freien Lauf lassen. Erblicken Sie einen Bruder, Angehörigen oder Freund, wird man an Ihre Milde und Güte appellieren.

Sind die Toten lebendig und glücklich, lassen Sie falsche Einflüsse in Ihrem Leben zu, die Ihnen materiellen Schaden bringen, es sei denn, Sie gehen mit all Ihrer Willenskraft dagegen an.

Ein Gespräch mit einem verstorbenen Verwandten, der Ihnen ein Versprechen abnötigen will, verheißt Kummer, es sei denn, Sie achten diese Warnung. Schlimme Folgen könnten oft verhindert werden, wenn wir unser Inneres und seine tiefen Seelenschichten besser begreifen. In der Stimme von Verwandten nimmt dieses tiefe Innere Gestalt an, damit es unseren Verstand, der dem Materiellen näher steht, ansprechen kann. Es gibt so wenige Gemeinsamkeiten mit einfachen und materiellen Naturen, daß wir uns auf unsere Subjektivität verlassen sollten, wenn wir Glück und Freude haben wollen.

Beerdigungen

EINE BEERDIGUNG AUF DEM LAND

Einer Beerdigung *beizuwohnen* steht für eine unglückliche Ehe und kränkelnde Kinder.

Träumen Sie von der Beerdigung eines Fremden, *drohen Ihnen unerwartete Sorgen*.

Die Beerdigung des eigenen Kindes *zeigt Gesundheit für Ihre Familie an, aber schlimme Enttäuschungen aus freundlicher Quelle können folgen*.

Trauerkleidung *verheißt frühe Verwitwung*.

Die Beerdigung eines Verwandten prophezeit seelische Ängste und Familiensorgen.

Begräbnisbrauchtum

TOTENGLOCKE
Der Klang einer **Totenglocke** steht für in Not geratene Familienmitglieder in der Ferne. ◎

SARGTRÄGER
Von einem **Sargträger** zu träumen heißt, daß ein Feind durch beständiges Infragestellen Ihrer Integrität Ihren Zorn erweckt. Sehen Sie einen Sargträger, bringen Sie honorige Institutionen gegen sich auf und machen sich bei Freunden verhaßt. ◎

BAHRTUCH
Bei einem **Bahrtuch** kommen Not und Unglück auf Sie zu.

Entfernen Sie das Bahrtuch von einer Leiche, werden Sie sicher bald den Tod eines geliebten Menschen zu betrauern haben. ◎

LEICHENWAGEN
Ein **Leichenwagen** bedeutet Spannungen in der Familie, und es wird Ihnen nicht gelingen, Ihre Geschäfte zufriedenstellend zu regeln. Es prophezeit außerdem den Tod eines Nahestehenden oder Krankheit und Not.

Kreuzt ein Leichenwagen Ihren Weg, müssen Sie sich mit einem Todfeind auseinandersetzen. ◎

BAHRE
Sehen Sie eine **Bahre**, werden Ihnen schreckliche Verluste und der frühe Tod eines lieben Verwandten vorausgesagt.

Eine blumenbekränzte Bahre in einer Kirche verheißt Ihnen eine unglückliche Ehe. ◎

....

Bilder von Tod, Totenritualen und ihren Begleiterscheinungen sind häufig im Traum vertreten, das gleiche gilt für den Tod ganz allgemein. Sie träumen unter Umständen von Beerdigungen *gegenüber* oder vom melancholischen Geläut der Totenglocke *oben*.

GLOCKE

Leichen und Särge

LEICHE
Eine **Leiche** ist ein Hinweis auf schlechte Aussichten für Ihr Lebensglück und verheißt schlimme Nachrichten von Abwesenden und düstere Geschäftsaussichten. Jungen Leuten begegnen Enttäuschungen, und sie verlieren Ihre Lebenslust.

Eine **Leiche im Sarg** kündigt Ihnen unmittelbar bevorstehende Sorgen an.

Eine *schwarzgekleidete Leiche* deutet auf den gewaltsamen Tod eines Freundes im Zusammenhang mit einer gewagten geschäftlichen Verstrickung hin.

Sehen Sie ein von Toten übersätes Schlachtfeld, ist das ein Vorbote von Krieg und Streitigkeiten zwischen Ländern und politischen Parteien.

Ein **Tierkadaver** verweist auf geschäftliche und private Probleme.

Sehen Sie die Leiche eines nahen Familienmitglieds, wird diese Person oder ein anderes Familienmitglied sterben; es kommt zu ernsten häuslichen Zerwürfnissen, oder es ist eine geschäftliche Flaute möglich. Für Liebende ist dies ein Zeichen, daß Sie das Versprechen der ewigen Treue nicht halten können.

Geld auf die **Augen einer Leiche** zu legen bedeutet, daß Sie ohnmächtig erleben müssen, wie skrupellose Feinde Sie ausrauben. Wenn Sie nur auf ein Auge Geld legen, gelingt es Ihnen, nach einem fast hoffnungslos erscheinenden Kampf verlorenes Vermögen zurückzugewinnen.

Bei einer jungen Frau prophezeit dieser Traum Kummer und Verderben, denn sie hat sich auf hinterhältige Menschen eingelassen.

Träumt eine junge Frau, der Eigentümer des Geschäfts, in dem sie arbeitet, sei eine Leiche, und wird ihr bewußt, daß sein Gesicht glattrasiert ist, dann wird sie der Idealvorstellung ihres Geliebten nicht gerecht.

Sieht sie den **Kopf von einer Leiche** abfallen, muß sie sich vor unsichtbaren Feinden hüten, die nicht nur ihr selbst, sondern auch den Interessen ihres Arbeitgebers schaden.

Ist die Leiche im Geschäft, werden alle Betroffenen mit Einbußen und unerfreulichen Dingen konfrontiert. Die Aussichten auf eine harmonische Arbeitsatmosphäre sind äußerst ungünstig. ◎

LEICHENTUCH
Ein **Leichentuch** bedeutet Krankheit und die damit verbundenen Sorgen und Ängste, zusätzlich noch Intrigen bösartiger und falscher Freunde. Nach einem solchen Traum kommt es zu geschäftlichen Rückschlägen.

Mit einem **Leichentuch bedeckte Tote** sind ein Vorzeichen für eine Vielzahl von Unglücksfällen.

Wird das Leichentuch von einem Toten entfernt, kommt es wegen Streitigkeiten zur Entfremdung. ◎

SARG
Dieser Traum bringt Unglück. Sind Sie Landwirt, müssen Sie zusehen, wie Ihre Ernte vernichtet und Ihr Vieh krank wird. Für Geschäftsleute bedeutet er einen Schuldenberg. Für junge Leute ist er ein Omen für schlechte Beziehungen und Tod von geliebten Menschen.

Sehen Sie Ihren *eigenen Sarg*, stehen geschäftliche Niederlagen und häusliche Sorgen bevor.

Träumen Sie von einem **Sarg, der sich von selbst bewegt**, liegen Krankheit und Heirat dicht beieinander, Freud und Leid wechseln sich ab.

Liegen Sie selbst als **Leiche in einem Sarg**, endet Ihr mutiger Einsatz in Schimpf und Schande.

Sitzen Sie auf einem Sarg in einem fahrenden Leichenwagen, kommt eine schlimme, wenn nicht gar tödliche Krankheit auf Sie oder eine mit Ihnen eng verbundene Person zu, oder es steht Streit mit Andersgeschlechtlichen bevor. Sie werden Ihr Verhalten gegenüber einem Freund reuevoll überdenken. ◎

Eintritt ins Totenreich

EINBALSAMIEREN
Wird jemand *einbalsamiert*, ändert sich Ihre gesellschaftliche Stellung, und es droht Ihnen Armut. Beobachten Sie, wie Sie selbst einbalsamiert werden, schließen Sie unglückliche Freundschaften, die Sie in eine ungewohnte niedrigere Gesellschaftsschicht abrutschen lassen. ◎

FEUERBESTATTUNG
Schauen Sie zu, wie *Leichen verbrannt* werden, werden Feinde Ihren Einfluß in Geschäftskreisen unterminieren.

Glauben Sie, *selbst verbrannt zu werden*, deutet dies auf gravierende geschäftliche Fehlentscheidungen hin, wenn Sie sich nur auf Ihr eigenes Urteil verlassen. ◎

BEERDIGUNG
Nehmen Sie an der *Beerdigung* eines Angehörigen teil und lacht die Sonne auf den Leichenzug herab, werden Ihnen eine gesunde Beziehung und vielleicht die glückliche Verehelichung im Verwandtenkreis prognostiziert. Regnet es, kommen bald Krankheiten und schlechte Nachrichten von Abwesenden auf Sie zu; es drohen Geschäftseinbrüche.

Eine Beerdigung, auf der es traurig zugeht und man betrübte Gesichter sieht, ist ein Anzeichen für das Vorhandensein widerwärtiger Umstände oder deren baldige Ankunft. ◎

LEICHENSCHAUHAUS
Betreten Sie ein *Leichenschauhaus*, um jemanden zu suchen, ist das ein Vorzeichen, daß Sie bald von der Todesnachricht eines Verwandten oder Freundes überrascht werden.

Sehen Sie dort viele Leichen, werden Sie mit vielen Sorgen und Problemen konfrontiert. ◎

UNTERSUCHUNG
Träumen Sie von einer *Untersuchung*, gehen Sie unglückselige Freundschaften ein. ◎

Eine eindrucksvolle Ruhestätte

GRAB
Ein *Grab* bringt Unglück. Ungünstige Geschäftsabschlüsse folgen; auch Krankheit droht.

Sehen Sie ein *frisch ausgehobenes Grab*, haben Sie für die Fehler anderer zu büßen.

Besuchen Sie ein frisches Grab, drohen Ihnen ernsthafte Gefahren.

Gehen Sie über Gräber, wird Ihnen ein früher Tod oder eine unglückliche Ehe prognostiziert. Schauen Sie in ein *leeres Grab*, bedeutet dies Enttäuschung und Verlust von Freunden.

Sehen Sie einen bis auf den Kopf mit Erde zugeschütteten Menschen in einem Grab, wird diese Person in eine Notlage geraten, und Ihnen selbst droht Vermögensverlust.

Erblicken Sie Ihr *eigenes Grab*, sind Feinde am Werk, um Sie ins Unglück zu stürzen, und sind Sie nicht achtsam, wird das auch gelingen.

Heben Sie ein Grab aus, sind Sie sich einer Sache nicht sicher, da Feinde versuchen, Ihnen einen Strich durch die Rechnung zu machen; heben Sie das Grab jedoch ganz aus, werden Sie sich gegen Ihre Gegner durchsetzen. Scheint dabei die Sonne, wenden sich scheinbare Schwierigkeiten zum Guten.

Kehren Sie zurück, um einen Leichnam zu begraben, der jedoch verschwunden ist, kommen Probleme aus unbekannter Quelle auf Sie zu.

Wird eine Frau auf einem Friedhof von der Dunkelheit überrascht und findet sie nur ein *offenes Grab* zum Schlafen, wird sie durch Erfahrungen mit Tod oder falschen Freunden viele Sorgen und Enttäuschungen haben. Sie macht vielleicht auch schlechte Erfahrungen in der Liebe.

Ist ein Friedhof bis auf die *Grababdeckung* unbewachsen, signalisiert dies Kummer und zeitweilige Verzweiflung, doch wenn Sie Ihre Schicksalsschläge meistern, werden Sie mit größeren Freuden belohnt.

Sehen sie Ihren *eigenen Leichnam in einem Grab*, werden Ihnen Elend und Verzweiflung prophezeit. ◎

GRUFT
Grüfte bedeuten Traurigkeit und geschäftliche Enttäuschungen.

Zerstörte Grüfte sind ein Zeichen für Tod oder schwere Krankheit.

Sehen Sie Ihre *eigene Gruft*, werden Ihnen Krankheit oder Enttäuschungen vorausgesagt.

Lesen Sie die *Inschriften auf Grüften*, weist dies auf unangenehme Verpflichtungen hin. ◎

MAUSOLEUM
Ein *Mausoleum* verheißt Krankheit, Tod oder Probleme eines Freundes.

Befinden Sie sich *in einem Mausoleum*, drohen Ihnen schwere Krankheiten. ◎

FRIEDHOF

Geburt und Tod

Friedhof und Kirchhof

FRIEDHOF
Sind Sie auf einem schön angelegten *Friedhof*, erhalten Sie unerwartet Nachricht, daß ein Totgeweihter wieder genesen ist und Ihnen unrechtmäßig enteignete Ländereien zugesprochen werden.

Sehen sie einen alten, **von Brombeersträuchern überwucherten Friedhof**, überlassen alle geliebten Menschen Sie der Obhut von Fremden.

Schlendern junge Menschen durch totenstille Gräberfelder, wird ihnen die liebevolle Zuneigung von Freunden zuteil; Ihnen werden aber auch Sorgen begegnen, die selbst Freunde nicht abzuwenden vermögen.

Bräute, die auf dem Weg zur Hochzeit **an einem Friedhof vorbeikommen**, werden ihre Ehemänner durch Reiseunfälle verlieren.

Bringt eine Mutter frische **Blumen auf einen Friedhof**, kann sie mit dauerhaft guter Gesundheit ihrer Familienangehörigen rechnen.

Besucht eine junge Witwe einen Friedhof, wird sie bald ihre Trauerkleidung mit einem Brautkleid tauschen. Fühlt sie sich dabei traurig und niedergedrückt, stehen ihr abermals Kummer und Sorgen bevor.

Träumen alte Menschen von einem Friedhof, werden sie bald auf die letzte Reise gehen und ihre endgültige Ruhe finden.

Sehen Sie zwischen den Gräbern kleine Kinder Blumen pflücken und

IM KIRCHHOF

Schmetterlingen nachjagen, gibt es eine glückliche Wende in Ihrem Leben, und Sie müssen keinen Freund zu Grabe tragen. Sie erfreuen sich allerbester Gesundheit.

KIRCHHOF
Gehen Sie im Winter über einen *Kirchhof*, kämpfen Sie ohne Unterlaß gegen bittere Armut. Sie leben fern Ihrer Heimat und Ihren Freunden.

Sehen Sie jedoch die ersten Frühlingsboten, geht es aufwärts, und Sie erfreuen sich der Gesellschaft von Freunden.

Halten sich Liebende auf einem Kirchhof auf, werden sie nie ein Paar, weil jeweils jemand anderes den Platz besetzt.

Schmerz und Trauer

VERLUST
Träumen Sie vom *Verlust* eines Kindes, werden Ihre Pläne bald vereitelt; Sie bleiben frustriert zurück. Erwarteter Erfolg endet in Mißerfolg.

Der Verlust von Angehörigen oder Freunden bedeutet, daß gut vorbereitete Pläne scheitern; Sie haben schlechte Zukunftsaussichten.

TRAUER
Tragen Sie *Trauerkleidung*, kommt Unheil und Unglück auf Sie zu.

Tragen andere diese Gewänder, werden Ihre Freunde schlecht beeinflußt, und dies beschert Ihnen unerwartet Ungemach und Verluste. Für Liebende bedeutet dieser Traum Mißverständnisse und vielleicht sogar Trennung.

Nach dem Tod

TODESANZEIGE
Formulieren Sie eine *Todesanzeige*, kommen unerfreuliche und unschöne Aufgaben auf Sie zu.

Lesen Sie eine Todesanzeige, erhalten Sie bald betrübliche Nachrichten.

TOTENWACHE
Nehmen Sie an einer *Totenwache* teil, werden Sie eine wichtige Beziehung für ein anstößiges Stelldichein opfern.

Sieht eine junge Frau ihren **Liebhaber auf einer Totenwache**, wird sie sich von leidenschaftlichen Gefühlen hinreißen lassen und ihren guten Ruf für die Liebe aufs Spiel setzen.

DENKMAL
Von einem *Denkmal* zu träumen heißt, daß Sie Ihr unendliches Mitgefühl unter Beweis stellen können, da Ihre Angehörigen von Sorgen und Krankheiten bedroht sind.

AUFERSTEHUNG
Sind Sie dabei, von den Toten **aufzuerstehen**, haben Sie großen Ärger, werden letztendlich aber Ihre Wünsche durchsetzen.

Sehen Sie **andere wiederauferstehen**, werden unselige Probleme durch die Aufmerksamkeit von Freunden für Sie leichter.

Die letzte Ruhestätte kommt häufig im Traum vor, entweder die melancholische Unzugänglichkeit eines Friedhofs *gegenüber* oder der traditionelle Kirchhof mit dem Friedhofstor *oben*.

FRIEDHOF *siehe* **GRAB, GRUFT, MAUSOLEUM** Seite 122, **BROMBEERSTRAUCH** Seite 66, **HOCHZEIT** Seite 131, **MUTTER** Seite 128, **BLUMEN** Seite 57, **KINDER** Seite 128, **SCHMETTERLING** Seite 50 ◆ **FRIEDHOF** *siehe* **WINTER** Seite 82, **SPAZIERGANG** Seite 267, **FRÜHLING** Seite 82 ◆ **VERLUST** *siehe* **KINDER** Seite 128, **FREUND** Seite 124 ◆ **TRAUER** *siehe* **KLEIDUNG, FEINES GEWAND** Seite 154 ◆ **TODESANZEIGE** *siehe* **SCHREIBEN** Seite 232, **LESEN** Seite 233 ◆ **AUFERSTEHUNG** *siehe* **TOTE** Seite 120, **CHRISTUS** Seite 279

Liebe und Freundschaft

Träume von Liebe und Freundschaft bedeuten nicht immer nur Glückserlebnisse. In diesem Abschnitt kommen Träume von Freunden, Bekannten und Nachbarn vor, von Liebenden, dem Schmerz und der Leidenschaft in der Liebesbeziehung, von physischen Aspekten der Liebe und dem Rausch der Versuchung und des sexuellen Abenteuers.

Liebende und Freunde

LIEBE

Träumen Sie, jedes Lebewesen zu lieben, sind Sie mit Ihren gegenwärtigen Lebensumständen zufrieden.

Haben Sie wegen der *Liebe anderer* Glücksgefühle, wird Ihnen eine glückliche Hand in Ihren Angelegenheiten ein zufriedenes Dasein bescheren.

Glauben Sie, Ihre *Liebe sei verfehlt* oder werde nicht erwidert, werden Sie verzweifelt über das Problem nachdenken, ob es besser sei, Ihre Lebensweise zu ändern oder zu heiraten und sich bei Ihrem sozialen Aufstieg dem Glück anzuvertrauen.

Die *Paarung von Tieren* deutet auf Zufriedenheit mit Ihrem gegenwärtigen Leben hin, auch wenn Sie vielleicht anders darüber denken. Zeitweilig wird Fortuna Ihnen hold sein.

Von der *Liebe der Eltern* zu träumen zeigt an: Sie sind aufrichtig, Ihr Vermögen mehrt sich, und Sie kommen in Ihrer Karriere voran.

FREUND

Erfolgreiche und glückliche *Freunde* bedeuten, daß Sie angenehme Nachrichten von Ihnen bekommen, oder sie oder einige ihrer Angehörigen bald treffen.

Sehen Sie einen Ihrer *Freunde sorgenvoll*, haben Ihre Angehörigen unter Krankheit und Not zu leiden.

Erblicken Sie Ihre *Freunde als Dunkelhäutige*, bekommen Sie oder Ihre Freunde eine sehr schlimme Krankheit oder große Sorgen.

Verwandeln diese sich in Tiere, bedeutet das, daß Feinde dafür sorgen, daß Sie sich mit Ihren Bekannten überwerfen.

Befinden sich dunkel gekleidete Freunde in flammenrotem Licht, kommt Unerfreuliches ans Tageslicht, was Ihnen Kummer beschert; auch Freunde sind daran beteiligt.

Sehen Sie einen *Freund mit einem weißen Tuch* über dem Gesicht, werden Sie von jemandem verletzt, der sich weiterhin um freundschaftliche Beziehungen mit Ihnen bemüht.

NACHBAR

Sehen Sie Ihre *Nachbarn* im Traum, gehen viele wertvolle Stunden durch Zank und Tratsch verloren.

BEKANNTER

Einen *Bekannten* zu treffen und mit ihm freundschaftlich zu plaudern bedeutet Erfolg in Ihren Geschäften; auch zu Hause gibt es nur wenig Unstimmigkeiten.

Streiten oder sprechen Sie laut miteinander, wird es wegen Demütigungen und Schwierigkeiten um Sie herum gären.

Fühlen sie sich beschämt, einen *Bekannten zu treffen*, oder treffen Sie ihn zu einem ungünstigen Zeitpunkt, machen sie sich eines rechtswidrigen Verhaltens schuldig, und dies wird von anderer Seite aufgedeckt.

Glaubt eine junge Frau, einen *großen Bekanntenkreis* zu haben, hat sie sehr viele Interessen, und es gereicht jedem zu Ehre, ihre Zuneigung zu gewinnen. Ist ihr Bekanntenkreis eingeschränkt, bleibt ihr das gesellschaftliche Ansehen versagt.

Liebeswerben

LIEBE

Im Traum *verliebt* zu sein ist als Warnung zu verstehen, sich nicht eigennützigen Begierden hinzugeben, denn Sie laufen dadurch Gefahr, in einen Skandal verstrickt zu werden.

Bei einer jungen Frau deutet dies lockere Beziehungen an, es sei denn, sie wählt lebenserfahrene und verantwortungsbewußte Partner. Für eine verheiratete Frau ist das ein Zeichen für Unzufriedenheit und den Wunsch nach außerehelichen Abenteuern.

Sehen Sie andere verliebt, lassen Sie sich verführen, Ihre Pflichten zu vernachlässigen. Sehen Sie turtelnde Tiere, werden Sie sich entwürdigenden Sinnesfreuden hingeben.

LIEBESBRIEF

Veschicken Sie *Liebesbriefe*, verpassen Sie Chancen, sich zu bereichern.

Erhält eine junge Frau einen solchen, wird sie gegen den Rat ihrer Eltern einen unfähigen, aber glühenden Liebhaber heiraten.

SCHATZ

Ist Ihr *Schatz* im Traum freundlich und von ansehnlichem Äußeren, werben Sie um eine Frau, die Ihrer Eitelkeit schmeichelt und eine gute Mitgift in die Ehe bringt. Sieht Ihr Schatz anders aus, werden Sie, bevor das Jawort gegeben ist, nicht mehr zu Ihrer Wahl stehen. Träumen Sie, Ihre Geliebte sei krank oder betrübt, wechseln sich Traurigkeit und Freude ab.

Sehen Sie Ihren *Schatz als Leiche*, kommt eine Phase des Zweifelns auf Sie zu; die Sterne stehen ungünstig.

In der Liebe ist alles erlaubt

UNTREUE
Halten Sie Ihre Freunde für *untreu*, werden diese Sie sehr schätzen.

Träumt ein Liebender, seine Geliebte sei untreu, bedeutet dies eine glückliche Ehe. ◉

WERBUNG
Sehr Schlimmes steht der Frau bevor, die im Traum glaubt, *umworben* zu werden. Immer denkt sie, »er« werde ihr nun einen Heiratsantrag machen, und ständig wird sie enttäuscht. Ernüchterung folgt auf illusorische Hoffnungen und seichte Freuden.

Umwirbt ein Mann im Traum jemanden, hat er keine Partnerin verdient. ◉

RIVALE
Haben Sie eine(n) *Rivalen(in)*, signalisiert dies, daß Sie Ihre Rechte nur mühevoll durchsetzen und die Gunst bedeutender Personen verlieren. Für eine junge Frau ist dieser Traum eine Warnung, Ihre Liebesbeziehung zu pflegen, denn sie wird vielleicht den Fehler begehen, nach anderen Beziehungen Ausschau zu halten.

Merken Sie, daß ein(e) Rivale(in) Sie ausgestochen hat, vernachlässigen Sie Ihre geschäftlichen Angelegenheiten und gehen zu Ihrem Nachteil den Weg des geringsten Widerstands.

Glauben Sie, der (die) siegreiche Rivale(in) zu sein, ist dies vorteilhaft für Ihr Fortkommen, außerdem wählen Sie den (die) zu Ihnen passende(n) Partner(in). ◉

JUNGGESELLE
Träumt ein Mann, *Junggeselle* zu sein, sollte er sich von Frauen fernhalten.

Sieht eine Frau einen Junggesellen, bedeutet dies Eigennützigkeit in der Liebe. Ungerechtigkeit nimmt ihren Lauf, Politiker verhalten sich unehrenhaft. ◉

IDOL
Trifft eine junge Frau ihr *Idol*, kommt eine Zeit der Zufriedenheit. Begegnet ein Junggeselle seiner Idealfrau, gibt es eine positive Wende in seinen geschäftlichen Angelegenheiten. ◉

Küssen und Umarmen

KÜSSEN
Küssen sich Kinder, stehen das glückliche Wiedersehen der Familie und beruflicher Erfolg bevor.

Küssen Sie Ihre Mutter, sind Sie geschäftlich erfolgreich und werden von Freunden geschätzt und geliebt.

Eine *Schwester oder einen Bruder zu küssen* bedeutet viel Freude in Ihrer Beziehung.

Küssen Sie Ihre Geliebte im Dunkeln, kommen Gefahren und unbedachte Beziehungen auf Sie zu. Küssen Sie sie bei Tageslicht, lassen sie sich immer von den besten Absichten leiten, was Frauen betrifft.

Eine *fremde Frau zu küssen* verrät lockere Moralvorstellungen.

Verwerflicherweise jemanden zu küssen, deutet dies auf zweifelhafte Vergnügungen hin. Sich verwerflichen Gelüsten hinzugeben, kann Schande über Familien bringen.

Sehen Sie Ihren *Rivalen Ihre Geliebte küssen*, geraten Sie in Gefahr, ihre Achtung zu verlieren.

Sieht man, wie *Ehepartner sich küssen*, schätzen Sie ein harmonisches Familienleben.

Jemanden auf den Nacken zu küssen bedeutet Emotionalität und Sichgehenlassen.

Einen *Feind zu küssen* heißt, daß Sie auf dem Weg sind, sich mit einem verärgerten Freund auszusöhnen.

Träumt eine junge Frau, beobachtet zu werden, wie sie ihren *Geliebten küßt*, deutet dies auf Neid hin, den ein falscher Freund gegen sie hegt.

Sieht sie selbst ihren *Geliebten eine andere küssen*, zerschlagen sich ihre Hoffnungen auf Heirat. ◉

UMSCHLINGEN
Umschlingen Sie im Traum Ihren Mann oder Ihre Frau unglücklich oder indifferent, kommen Streitigkeiten und gegenseitige Schuldzuweisungen in der Familie auf Sie zu; auch eine Krankheit droht.

Verwandte zu umarmen bedeutet Krankheit und Unglücklichsein.

Träumen Liebende von der Umarmung, stehen ihnen wegen Treuebruchs Streitigkeiten bevor. Finden diese Träume jedoch in glücklichen Augenblicken statt, können sie auch das Gegenteil verheißen.

Einen *Fremden zu umarmen* kündigt Ihnen einen unwillkommenen Gast an. ◉

UMARMEN
Träumen Sie von einer *Umarmung*, machen Sie sich auf Enttäuschungen in Ihren Liebesaffären und geschäftlichen Dingen gefaßt.

Umarmt eine Frau einen Mann, läßt sie sich auf zweifelhafte Avancen von Männern ein.

Umarmt eine verheiratete Frau fremde Männer, ist ihr guter Ruf in Gefahr, weil sie sich in Abwesenheit ihres Mannes die Aufmerksamkeiten anderer Männer gefallen läßt. ◉

SCHOSS
Sitzen Sie auf jemandes *Schoß*, sind Sie sorglos, was Affären anbetrifft.

Träumt eine junge Frau, *jemanden auf dem Schoß zu haben*, muß sie sich Kritik gefallen lassen.

Sieht man eine *Schlange in ihrem Schoß*, drohen ihr Demütigungen.

Sitzt eine *Katze auf ihrem Schoß*, naht Gefahr von einem sie umgarnenden Feind. ◉

Sexualität und Verführung

SEXUALITÄT
Träumen Sie, ein sexuelles *Erlebnis zu haben oder gehabt zu haben,* zeugt dies von Glück und Zufriedenheit in Ihren persönlichen Beziehungen.

Beobachten Sie andere beim Beischlaf, unterhalten Sie selbst keine erfreuliche und zufriedenstellende Beziehung.

Sehen Sie langweilige sexuelle Beziehungen, *tragen Sie sich mit dem Gedanken, eine Unternehmung auszuführen, aus der Sie unehrenhaft und schuldbeladen hervorgehen.* ❀

DER DREISTE VERFÜHRER

VERFÜHRER
Träumt eine junge Frau, verführt zu werden, unterliegt sie allzu schnell der Verführung durch anziehende Menschen.

Glaubt ein Mann, ein Mädchen verführt zu haben, muß er sich in acht nehmen, denn es gibt Menschen, die ihn unrechtmäßig beschuldigen. Ist seine Angebetete schockiert oder ärgerlich über seine Anträge, ist die von ihm geliebte Frau untadelig. Läßt sie sich mit ihm ein, wird er ein Opfer ihrer finanziellen Ansprüche. ❀

DON JUAN
Werden Sie das Opfer eines Don Juan, *sind Sie eine leichte Beute für Schmeichler und Intriganten. Sie werden eine schlechte Hand haben, Ihre Angelegenheiten konsequent zu regeln.*

Hält sich eine junge Frau für eine Abenteurerin, *ist sie zu sehr mit sich selbst beschäftigt und bemerkt nicht, daß man ihr schmeichelt, so daß ihre Gunstbeweise ein schlimmes Ende nehmen.* ❀

HAREM
Einen Harem *im Traum zu unterhalten heißt, daß Sie Ihre Energien an seichte sinnliche Freuden verschwenden. Das Leben hält Angenehmes für Sie bereit, wenn Sie Ihre sexuellen Wünsche richtig steuern.*

Träumt eine Frau, Mitglied eines Harems zu sein, unterhält sie verwerfliche Liebschaften, denn ihre Wünsche richten sich normalerweise auf verheiratete Männer. Ist sie die Lieblingsfrau in einem Harem, fährt sie besser als andere in materiellen Annehmlichkeiten, doch diese Bevorzugung ist von kurzer Dauer. ❀

KONKUBINE
Sieht sich ein Mann mit einer Konkubine, droht ihm öffentliche Schande, da er versucht, seinen wahren Charakter und seine geschäftliche Situation zu verheimlichen.

Hält sich eine Frau für eine Konkubine, wird sie selbst durch ihr unsittliches Verhalten für ihren schlechten Ruf sorgen.

Träumt ein Mann, seine Geliebte sei untreu, werden ihm alte Widersacher begegnen, und die befürchteten Rückschläge stellen sich ein. ❀

HURE
Von der Gesellschaft einer Hure *zu träumen bedeutet ruchlose Sinnesfreuden und Probleme mit Ihrer Umwelt; auch in Ihren Geschäften erleiden sie einen Einbruch. Heiraten Sie eine Hure, ist Ihr Leben durch einen Gegner in Gefahr.* ❀

BORDELL
Sind Sie in einem Bordell, *werden Sie wegen Ihrer Verschwendungssucht kompromittiert.* ❀

PROSTITUIERTE
Befinden Sie sich in Gesellschaft einer Prostituierten, *ziehen Sie sich zu Recht wegen Ihres rüpelhaften Betragens die Verachtung von Freunden zu.*

Träumt eine junge Frau von einer Prostituierten, wird sie ihren Geliebten bezüglich ihrer Unschuld und Redlichkeit hinters Licht führen. Hat eine verheiratete Frau diesen Traum, ist sie Verdächtigungen ausgesetzt und hat andauernd Streit. ❀

Familie und Heirat

Träume von der Familie und dem häuslichen Leben sind angefüllt mit unterschwelligen Bedeutungen. Sie sind manchmal schwer zu erkennen, da die Gesichter so bekannt sind. Dieser Abschnitt befaßt sich mit dem Familienstammbaum, Familienmitgliedern, mit Heirat und was geschieht, wenn Ehen enden oder scheitern.

Der Familienstammbaum

FAMILIE
Lebt die eigene **Familie** im Traum glücklich zusammen, bedeutet dies Gesundheit und gute Verhältnisse; gibt es Krankheit oder Streit, verheißt das Unglück und Enttäuschung. ◎

FAMILIENSTAMMBAUM
Sehen Sie den eigenen **Familienstammbaum**, werden Sie mit familiären Sorgen belastet oder Ihr Vergnügen anderswo als in den häuslichen vier Wänden finden.

Betrachten andere Ihren Stammbaum, treten Sie gezwungenermaßen Ihre Rechte an andere ab.

Fehlen Zweige Ihres Stammbaums, vernachlässigen Sie einige Freunde, weil sie in wirtschaftlich angespannten Verhältnissen leben. ◎

ELTERN
Sind Ihre **Eltern** im Traum fröhlich, ist das ein Zeichen für Harmonie und angenehme Mitarbeiter.

Erscheinen Sie Ihnen im Traum, obwohl sie bereits tot sind, kommen Probleme auf Sie zu, und Sie sollten genau darauf achten, was Sie tun.

Leben Ihre Eltern noch und sehen Sie sie glücklich in Ihrem Haus, kommen angenehme Veränderungen auf Sie zu. Für eine junge Frau bedeutet dieser Traum Heirat und Reichtum. Sind Ihre Eltern blaß und schwarz gekleidet, werden Sie von Enttäuschungen heimgesucht.

Sehen Sie Ihre **Eltern bei guter Gesundheit und zufrieden**, leben Sie in glücklichen Umständen; Ihr Geschäft und Ihre Liebesbeziehung entwickeln sich gut. Scheinen sie traurig, verläßt Sie das Glück. ◎

GROSSELTERN
Treffen Sie Ihre **Großeltern** und unterhalten sich mit ihnen, werden Sie mit schwer überwindbaren Schwierigkeiten konfrontiert; folgen Sie jedoch klugem Rat, werden Sie viele Hindernisse überwinden. ◎

FAMILIENZUWACHS
Bekommen Sie **Familienzuwachs**, scheitern einige Ihrer Pläne, während andere erfolgreich sind. ◎

FAMILIENZUSAMMENKUNFT

Ihre Kontakte mit anderen Menschen spielen sich vielleicht aufreizend unbekleidet im Bett eines Verführers ab *gegenüber oben*, oder Sie nehmen an einer Zusammenkunft im Familienkreis teil *links*.

Eltern und Schwiegereltern

VATER
Vom eigenen *Vater* zu träumen heißt, daß Sie bald in ein Problem hineingezogen werden und einen wohlmeinenden Rat benötigen.

Ist er tot, entwickeln sich Ihre Geschäfte stürmisch, und Sie brauchen Umsicht zu deren Bewältigung.

Sieht eine junge Frau ihren *verstorbenen Vater*, treibt ihr Geliebter ein falsches Spiel mit ihr, oder er wird sie betrügen. ◉

SCHWIEGERVATER
Der eigene *Schwiegervater* verheißt Streitigkeiten mit Freunden oder Angehörigen. Ist er wohlauf und heiter, entwickeln sich angenehme familiäre Beziehungen. ◉

MUTTER
Ist Ihre *Mutter* wie in ihrer häuslichen Umgebung gekleidet, deutet dies auf zufriedenstellende Ergebnisse für alle Unternehmungen hin.

Verwickeln Sie sie in ein Gespräch, erhalten sie bald gute Nachrichten über Ihnen sehr am Herzen liegende Angelegenheiten.

Träumt eine Frau von ihrer *Mutter*, stehen ihr angenehme Aufgaben und eheliche Freuden bevor.

Die *Mutter ausgemergelt oder tot* zu sehen bedeutet Kummer wegen einer Todesnachricht oder zugefügter Schmach.

Hören Sie Ihre *Mutter Sie rufen*, vernachlässigen Sie Ihre Pflichten und verfolgen den falschen geschäftlichen Weg.

Hören Sie sie vor Schmerz schreien, wird Ihnen die Krankheit Ihrer Mutter prophezeit, oder es steht Ihnen eine Bedrohung bevor. ◉

SCHWIEGERMUTTER
Ihre *Schwiegermutter* sagt eine glückliche Versöhnung nach einem schlimmen Zerwürfnis voraus.

Streitet sich eine Frau mit ihrer Schwiegermutter, bekommt sie Ärger mit streitsüchtigen Menschen. ◉

Kinder

KINDER
Erscheinen Ihnen viele reizende *Kinder* im Traum, genießen Sie großen Reichtum und Wohltaten.

Sieht eine Mutter ihr *Kind leicht erkrankt*, erfreut es sich einer robusten Gesundheit, doch werden sie andere kleine Probleme beschäftigen.

Wenn *Kinder arbeiten* oder lernen, kündigen sich harmonische Zeiten und Wohlergehen an.

Ist Ihr *Kind schwer erkrankt* oder tot, haben Sie viel zu befürchten, denn das Wohl Ihres Kindes ist in großer Gefahr.

Vom eigenen *verstorbenen Kind* zu träumen verheißt Sorgen und Enttäuschungen in naher Zukunft.

Enttäuschte Kinder deuten auf Schwierigkeiten mit Widersachern hin und stellen beängstigende Hinweise auf heimliche Intrigen von scheinbaren Freunden dar.

Mit Kindern umherzutollen und zu spielen heißt, daß all Ihre Perspektiven und Liebesabenteuer erfolgreich sind. ◉

NACHKOMMEN
Die eigenen *Nachkommen* bedeuten Heiterkeit und glückliche Stimmen von Nachbarn und Kindern.

Sehen Sie den Nachwuchs von Haustieren, weist dies auf die Zunahme Ihres Reichtums hin. ◉

Töchter und Söhne

TOCHTER
Erblicken Sie Ihre eigene *Tochter* im Traum, werden viele unerfreuliche Ereignisse durch ein schönes und harmonisches Leben ersetzt. Wenn sich Ihre Tochter Ihren Wünschen widersetzt, kommen Ärger und Unzufriedenheit auf Sie zu. ◉

SCHWIEGERTOCHTER
Träumen Sie von Ihrer *Schwiegertochter*, tritt jemand in Ihr Leben und beschert Ihnen Glück oder Ungemach, je nachdem, ob sie angenehm oder ungebührlich ist. ◉

SOHN
Ist Ihr *Sohn* im Traum stattlich und pflichtbewußt, wird er Sie mit stolzer Zufriedenheit erfüllen und zu großem Ansehen gelangen. Ist er ein Krüppel, leidet unter einer Krankheit oder hat einen Unfall, kommen Probleme auf Sie zu.

Träumt eine Mutter, Ihr Sohn sei in einen Brunnen gefallen und sie höre Schreie, ist das ein Zeichen für Verlust und Krankheit. Rettet sie ihn, zieht die Gefahr vorüber. ◉

....

Familie und Angehörige gehören zum Dasein, genauso wie Träume von Kindern *unten* oder Brüdern und Schwestern *gegenüber* für viele eine alltägliche Erfahrung bedeuten.

KINDER

Familie und Heirat

Brüder und Schwestern

BRUDER

Haben im Traum Ihre **Brüder** große Tatkraft, haben Sie Grund, sich über Ihr eigenes oder das Glück Ihrer Brüder zu freuen. Sind sie jedoch arm und traurig oder bitten Sie um Hilfe, werden Sie bald an ein Sterbebett gerufen, oder Sie bzw. Ihre Brüder erleiden einen schrecklichen Verlust.

STIEFSCHWESTER

Eine **Stiefschwester** verheißt unvermeidbare Sorgen und gewaltigen Ärger.

BRÜDER UND SCHWESTERN

Tanten, Onkel, Nichten und Neffen

TANTE

Glaubt eine junge Frau, im Traum ihre **Tante** zu sehen, wird sie wegen einer bestimmten Handlung stark kritisiert, und dies wird ihr viel Kummer bereiten.

Scheint diese Verwandte lächelnd und glücklich, lösen sich kleine Differenzen bald auf.

ONKEL

Sehen Sie Ihren **Onkel**, bekommen Sie bald traurige Nachrichten.

Ist Ihr **Onkel geistig gebrochen** und haben Sie wiederholt diesen Traum, gibt es solche Probleme in Ihren Beziehungen, daß es zumindest zeitweilig zur Entfremdung kommt.

Ist Ihr **Onkel** im Traum **tot**, deutet dies auf schlimme Widersacher.

Treten **Mißverständnisse mit Ihrem Onkel** auf, sind Ihre familiären Beziehungen unerfreulich, und auch Krankheit ist ständig im Spiel.

NICHTE

Träumt eine Frau von ihrer **Nichte**, stehen ihr in naher Zukunft unerwartete Schicksalsschläge und viele unnötige Sorgen bevor.

NEFFE

Sehen Sie Ihren stattlichen und gutaussehenden **Neffen**, werden Sie bald ein hübsches Auskommen haben; hat er kein angenehmes Äußeres, wird es Enttäuschungen und Unbehagen für Sie geben.

COUSIN(E)

Träumt man von **Cousin** oder **Cousine**, folgen Enttäuschungen und Sorgen. Betrübliche Lebensumstände sind damit Traum verbunden.

Eine herzliche Korrespondenz mit der Person prognostiziert ein schlimmes Familienzerwürfnis.

Waisen und Adoptionen

WAISE

Empfinden Sie Mitleid mit **Waisen**, werden die Sorgen anderer Sie anrühren und Ihnen viel von Ihrer Lebensfreude nehmen.

Sind die Waisen mit Ihnen verwandt, kommen neue Verantwortungen auf Sie zu, wodurch es zur Entfremdung von Freunden und einem Menschen kommt, für den Sie mehr als nur Freundschaft empfinden.

ADOPTION

Sehen Sie Ihr **adoptiertes Kind** im Traum, werden Sie durch Intrigen und Spekulationen anderer ein Vermögen machen.

Wenn Sie oder andere ein **Kind adoptieren**, sorgen Sie für eine unglückliche Veränderung in Ihrem Zuhause.

VORMUND

Erscheint Ihnen ein **Vormund**, behandeln Ihre Freunde Sie rücksichtsvoll.

Träumt eine junge Frau, ihr Vormund behandle sie unfreundlich, muß sie zukünftig mit Niederlagen und Sorgen rechnen.

Inzest

Träumen Sie von Inzest, *werden Sie an Ansehen verlieren und auch geschäftliche Verluste erleiden.*

Verlobung

VERLOBUNG
Für junge Menschen bedeutet eine *Verlobung*, daß sie nicht sehr bewundert werden.

Eine *Verlobung zu lösen* verheißt, übereilt und unüberlegt in wichtigen Angelegenheiten zu handeln; es können Enttäuschungen folgen.

Ein *geschäftliches Engagement* droht berufliche Flaute und Sorgen an. ◉

Durchbrennen

DURCHBRENNEN
Vom *Durchbrennen* zu träumen ist immer ungünstig. Ist man verheiratet, so ist man nicht würdig, einen bestimmten Rang einzunehmen; ändert man sein Verhalten nicht, ist der gute Ruf in Gefahr. Für Unverheiratete bedeutet der Traum Enttäuschungen in der Liebe und Untreue von Männern.

Ist Ihr(e) *Geliebte(r) mit jemand anderem durchgebrannt*, beweist dies seine oder ihre Untreue.

Brennt Ihr Freund mit jemandem durch, den Sie nicht akzeptieren, erhalten Sie bald die unliebsame Nachricht, daß die beiden heiraten wollen. ◉

Heirat

HEIRAT
Träumt eine Frau, einen altersschwachen Mann mit faltigem Gesicht und grauen Haaren zu *heiraten*, wird sie mit vielen Sorgen und Krankheiten zu kämpfen haben. Wenn ihr Geliebter während der Trauung stirbt, Schwarz trägt und sie vorwurfsvoll ansieht, wird sie durch die Kälte und fehlende Zuneigung eines Freundes in Verzweiflung getrieben.

Eine Hochzeit mit farbenfroh gekleideten und glücklichen Gästen zu erleben bedeutet sehr große Freude; sind die Gäste jedoch schwarz oder in anderen dunklen Farben gekleidet, muß der Träumer sich auf Trauer und Sorgen gefaßt machen.

Im Traum eine *Ehe zu schließen* verkündet unerfreuliche Nachrichten von Abwesenden.

Nehmen Sie an einer Hochzeit teil, beschert Ihnen die Rücksichtnahme lieber Menschen viel Freude; Ihre geschäftlichen Angelegenheiten entwickeln sich vielversprechend.

HEIRAT

Ein negatives Ereignis in Zusammenhang mit einer Hochzeit prophezeit Kummer, Krankheit oder Tod in der eigenen Familie.

Hält eine junge Frau sich für eine unglückliche und nicht verliebte Braut, werden ihr Enttäuschungen in der Liebe und möglicherweise auch ihre eigene Krankheit vorhergesagt. Sie sollte vorsichtig agieren, denn Widersacher lauern. ◉

EHE
Sind Sie im Traum in einer trostlosen *Ehe* gebunden, werden Sie unglücklich in eine Affäre verstrickt.

Ist eine junge Frau mit ihrer *Ehe unzufrieden*, werden ihre außerehelichen Neigungen sie zu skandalösen Eskapaden treiben.

Träumt eine verheiratete Frau von ihrem Hochzeitstag, muß sie alle Kraft zusammennehmen, um sich gegen Enttäuschungen und Kummer zu wappnen. Sie wird außerdem im verborgenen an Streit und Eifersüchteleien beteiligt sein.

Glaubt sich eine Frau in ihrer Ehe glücklich und versorgt, ist das ein glückverheißender Traum. ◉

HEIRATSURKUNDE
Sieht eine Frau eine Heiratsurkunde, geht sie bald eine unglückliche Verbindung ein, die ihren Stolz verletzt. ◉

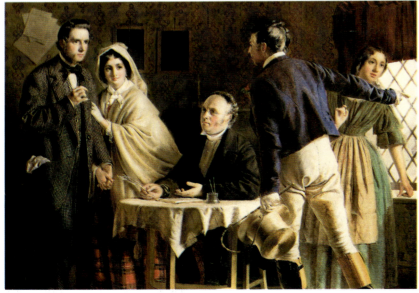

DURCHBRENNEN

Hochzeit

HOCHZEIT

Nehmen Sie im Traum an einer **Hochzeit** teil, machen Sie bald die Erfahrung, daß ein Kummer bereitendes Ereignis auf Sie zukommt, so daß der Erfolg auf sich warten läßt.

Glaubt eine junge Frau, ihre **Hochzeit sei ein Geheimnis,** ist ihr Ruf in Gefahr, denn dies prophezeit möglicherweise ihr Verderben.

Geht sie eine Vernunftehe oder eine **standesgemäße Ehe** ein, steigt sie in der Achtung ihrer Umwelt, gegebene Versprechen und Annehmlichkeiten werden ihr nicht vorenthalten.

Ist sie der Meinung, ihre Eltern seien mit der Heirat nicht einverstanden, werden ihre Angehörigen ihre Heirat mißbilligen.

Heiratet ihr Geliebter eine andere, ist das ein Zeichen für grundlose Sorge, denn er steht treu zu seinem Heiratsversprechen.

Verheiratet zu werden ist ein schlechtes Omen; es grenzt an ein Wunder, wenn man dem Tod entkommt. Ist die Hochzeit fröhlich und man sieht keine bleichen, schwarzgekleideten Geistlichen, die einem feierliche Versprechen abnötigen, kann auch das Gegenteil der Fall sein.

Sieht eine junge Frau einen Gast auf ihrer Hochzeit in Trauerkleidung, wird sie nur Unglück in Ihrer Ehe haben. Erblickt sie einen solchen Gast auf einer anderen Hochzeit, wird sie sich wegen des Unglücks eines Angehörigen oder Freundes Sorgen machen. Ihr werden möglicherweise Freudlosigkeit und Krankheit begegnen und nicht, wie erhofft, Glück und gute Gesundheit. Nach diesem Traum werden ihre Vergnügungen oder die anderer durch unerfreuliche Vorkommnisse oder Überraschungen beeinträchtigt.

TRAUUNG

Träumt eine Frau von ihrer **Trauung,** wird sie bald neue Beziehungen eingehen, die ihr Ansehen, Freude und Ausgeglichenheit bescheren.

Hochzeitsutensilien

HOCHZEITSKLEID

Hochzeitskleider *im Traum* bedeuten, daß angenehme Aufgaben auf Sie zukommen, und Sie lernen neue Freunde kennen. Sind diese Kleider schmutzig oder in Unordnung, geht Ihnen die enge Beziehung zu einer bewunderten Person verloren.

EHERING

Erscheint einer Frau ihr Ehering strahlend und leuchtend, werden ihr Sorgen und Treulosigkeit erspart bleiben.

Sollte er ihr verlorengehen oder zerbrechen, wird sie in ihrem Leben durch Tod und durch unglückliche Beziehungen viel Kummer erleben.

Sehen Sie einen Ehering an der Hand eines Menschen, nehmen Sie es mit der Treue nicht so genau.

HOCHZEITSKONFETTI

Wird Ihr Blick in einer ausgelassenen Menschenmasse von Konfetti *getrübt,* müssen Sie mit Nachteilen rechnen, da das Vergnügen an erster Stelle steht und Sie Ihre Pflichten als Nebensache betrachten.

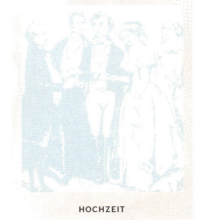

HOCHZEIT

Braut

DIE BRAUT

Ist eine junge Frau eine **Braut** und besorgt sie freudig ihre **Brauttoilette,** wird sie in Kürze eine Erbschaft machen, die ihr außerordentlich große Freude bereitet. Empfindet sie kein Vergnügen dabei, werden ihre Erwartungen enttäuscht.

Im Traum eine **Braut zu küssen** bedeutet eine glückliche Versöhnung von Freunden. Küßt eine Braut andere Personen, werden Sie viele Freunde und viel Lebensfreude haben; küßt eine Braut Sie selbst, werden Sie sich guter Gesundheit erfreuen, und Ihr Schatz wird unerwarteterweise ein Vermögen erben.

Eine Braut zu küssen und zu empfinden, daß sie sorgenvoll und krank aussehe, bedeutet, daß Sie mit Ihrem Erfolg und der Handlungsweise Ihrer Freunde zufrieden sind.

Ist eine Frau **gleichgültig gegenüber ihrem Mann**, werden viele unglückliche Umstände ihre Lebensfreude trüben.

In Träumen gibt ebenso viele Möglichkeiten, zarte Bande zu knüpfen, wie in der Realität. Sie träumen vielleicht davon, durchzubrennen gegenüber unten, **oder von einer traditionellen Trauung in der Kirche** gegenüber oben und links. **Welche Zeremonie auch immer stattfindet, der Braut gebührt der Ehrenplatz** oben.

Ehemann und Ehefrau

EHEFRAU
Von der eigenen **Ehefrau** zu träumen bedeutet ungeordnete Angelegenheiten und familiären Streit.

Ist Ihre Frau außergewöhnlich freundlich, werden Sie einträgliche Geschäftsbeziehungen haben.

Wird eine Frau von ihrem Mann geschlagen, kommt es wegen unglücklicher Konstellationen zu harter Kritik und allgemeinem Aufruhr. ◎

WITWE
Sind Sie im Traum **Witwe**, bescheren Ihnen böse Menschen viele Probleme.

Träumt ein Mann, eine **Witwe zu heiraten**, wird eine wichtige Angelegenheit enttäuschend enden. ◎

DER GUTE EHEMANN

EHEMANN
Verläßt Ihr **Ehemann** Sie aus einem unbekannten Grund, gibt es ein Zerwürfnis, das aber mit einer Versöhnung endet. Mißhandelt oder schilt er Sie wegen Untreue, genießen Sie seine Achtung und sein Vertrauen, doch gibt es andere Probleme zwischen Ihnen. Schenken Sie anderen Männern weniger Ihre Gunst.

Sehen Sie ihn tot, werden Sie mit Enttäuschung und Kummer bedacht. Erscheint er sorgenvoll, werden Sie durch die Krankheit eines Familienmitglieds in Anspruch genommen.

Erscheint er Ihnen gutgelaunt und stattlich, haben Sie häuslichen Frieden und günstige Zukunftsaussichten. Ist er krank, werden Sie von ihm schlecht behandelt, und er wird Ihnen untreu.

Träumen Sie, daß er eine andere Frau liebt, wird er bald seiner heimischen Umgebung überdrüssig und sucht anderswo sein Glück.

Den **Mann einer anderen Frau** zu lieben bedeutet, daß Sie entweder unglücklich verheiratet oder unglücklich ledig sind, doch Ihre Aussichten auf Glück sind zweifelhaft.

Träumt eine unverheiratete Frau, einen Mann zu haben, bedeutet dies, daß sie nicht über die Reize verfügt, die Männer anziehend finden.

Sehen Sie Ihren **Mann sich von Ihnen zu verabschieden** und beim Weggehen immer größer werden, wird ein gestörtes Umfeld anfänglich Ihr harmonisches Zusammensein verhindern. Vermeiden Sie unangenehme Entscheidungen, wird Ihre Harmonie wiederhergestellt.

Erblickt eine Frau ihren **Mann in einer kompromittierenden Lage** bei einer unverfänglichen Gesellschaft, stehen ihr wegen der Indiskretionen von Freunden Sorgen bevor. Träumt sie von seinem Tod während des Zusammenseins mit einer anderen Frau und einem daraus folgenden Skandal, drohen ihr Scheidung oder Vermögensverlust. Häufig kommt es nicht ganz so schlimm wie befürchtet. ◎

LEBENSPARTNER
Ehemann und Ehefrau bedeuten kleine Sorgen und vielleicht eine Erkrankung.

Von **Bekannten** zu träumen heißt, daß Sie Ihre Zeit mit oberflächlichen Dingen verbringen, was Sie von Ihren Pflichten fernhält.

Träumt ein Mann oder eine Frau von der Zärtlichkeit des Partners, deutet das auf großes häusliches Glück und hübsche Kinder hin. ◎

Unverheiratet

SINGLE
Träumen Verheiratete, ein **Single** zu sein, ist ihre Verbindung nicht glücklich, und sie werden andauernd von Verzweiflung geplagt. ◎

Ehekrieg

BIGAMIE
Macht sich ein Mann der **Bigamie** schuldig, droht ihm der Verlust der Männlichkeit und Geistesschwäche. Bei einer Frau bedeutet es Schande, es sei denn, sie geht sehr diskret vor. ◎

EHEBRUCH
Träumen Sie, einen **Ehebruch** zu begehen, werden Sie wegen einer illegalen Handlung vor Gericht gestellt.

Hat eine Frau diesen Traum, gelingt es ihr nicht, sich die Zuneigung ihres Mannes zu erhalten, da sie bei der kleinsten Provokation ihrem Temperament und Ärger freien Lauf läßt.

Hat sie ein Verhältnis mit dem Freund ihres Mannes, wird ihr Mann sie zu Unrecht nicht beachten und ihre Rechte grausam mit Füßen treten. Glaubt sie, einen Jugendlichen zum Ehebruch zu verführen, läuft sie Gefahr, wegen ihrer unverblümten Kabalen verlassen zu werden. ◎

SCHEIDUNG
Geschieden zu werden bedeutet, daß Sie mit Ihrem Partner nicht zufrieden sind und sich um eine bessere häusliche Atmosphäre bemühen sollten. Dieser Traum ist eine Warnung.

Träumt eine Frau von **Scheidung**, wird ihr wegen der Untreue ihrer Liebhaber wahrscheinlich ein Leben als Single bevorstehen. ◎

Eheliche Beziehungen sind komplex und intim, daher sind Träume über den Ehemann *links* sehr inhaltsschwer. Träume über das Essen verführen Sie mit verschiedensten Zutaten, die zu einer ausgewogenen Ernährung gehören *gegenüber*.

Essen und Trinken

Essen und Trinken

Essen und Trinken gehören zu unserem Leben, und die unterschiedlichsten Träume von Eßwaren und Getränken sind möglich. In Ihren Träumen schlemmen oder hungern Sie vielleicht, und Ihre Speisefolge hat möglicherweise nichts mit Ihrer normalen Ernährung zu tun. Im folgenden geht es um die allgemeinen Aspekte von Essen und Trinken sowie um spezifische Fragen.

Hunger und Hungersnot

HUNGERSNOT

Eine **Hungersnot** im Traum verheißt, daß Ihre Geschäfte sich nicht einträglich entwickeln, Krankheit wird eine Geißel sein. Dieser Traum gilt als allgemein schlechtes Omen.

Sehen Sie Ihre Feinde Hungers sterben, setzen Sie sich erfolgreich durch.

Wenn Träume über Hungersnöte friedlich Schlummernde in Verzweiflung stürzen, jedermann vor Qualen um den Verstand bringen und düstere Vorzeichen alles überschatten, müssen Ihre Seelenqualen noch heftiger werden, bis Sie Ihren Ehrgeiz unterdrücken und Ihren Neid besiegen.

EINE AUSGEWOGENE KOST

Festessen und Überfluß

ESSEN

Essen Sie allein, deutet dies auf Verlust und melancholische Stimmung hin. Essen Sie hingegen in Gesellschaft, können Sie mit angenehmem Geschäftsklima und erfolgreichen Unternehmungen rechnen.

Trägt Ihre Tochter die Fleischplatte fort, bevor Sie mit **Essen fertig** sind, werden Sie Probleme oder Ärger mit Ihren Untergebenen bekommen. Dasselbe gilt, wenn dies ein Kellner oder eine Kellnerin tut.

BANKETT

Ein **Bankett** verspricht großes Glück. Freunde stehen bereit, um Ihnen Gefallen zu erweisen.

Sitzen Sie zusammen mit Gästen bei einem Festmahl und essen Sie von wertvollem Geschirr und trinken kostbaren Wein, werden Ihnen große Gewinne und Hochstimmung unter Ihren Freunden vorhergesagt.

Sehen Sie im Traum fremde und verzerrte Gesichter oder leere Tische, ist das ein Zeichen für Mißverständnisse und Enttäuschungen.

WOHLLEBEN

Träumt eine Frau von **Wohlleben**, erhält sie bezüglich Ihres Lebenswandels negative Kommentare.

FESTESSEN

Ein **Festessen** verheißt freudige Überraschungen. Sehen Sie dabei Aufruhr und schlechtes Benehmen, ist das ein Vorzeichen für Streit und Unglück, hervorgerufen durch Nachlässigkeit oder Krankheit.

Kommen Sie **zu einem Festmahl zu spät**, werden ärgerliche Probleme Ihre Aufmerksamkeit beanspruchen.

FEINSCHMECKER

Sitzen Sie mit einem **Feinschmecker** zusammen, wird Ihnen zwar eine beneidenswerte Auszeichnung zuteil, doch sind Sie von egozentrischen Menschen umgeben.

Sind Sie selbst ein Feinschmecker, werden Sie mit Geist und Körper in höchsten Höhen schweben.

Versucht eine Frau, einen **Feinschmecker zufriedenzustellen**, wird sie zwar einen berühmten Ehemann erhalten, doch wird dieser sich ihr gegenüber als Tyrann gebärden.

DARBEN

Müssen Sie im Traum **darben**, werden Sie mit einem geschäftlichen Einbruch konfrontiert, obwohl Sie mit einem Erfolg rechneten.

Darben andere, kommen Nöte auf andere und Sie selbst zu.

VERHUNGERN

Träumen Sie, zu **verhungern**, haben Sie unzuverlässige Arbeitskräfte und Mangel an Freunden. Sehen Sie andere in dieser Situation, bedeutet dies Not und Unzufriedenheit mit Kollegen und mit der Arbeit.

HUNGER

Hungrig zu sein ist ein ungünstiges Omen. Sie finden keine Ruhe und Zufriedenheit in Ihrer Familie; für Liebende bedeutet dieser Traum eine unglückliche Ehe.

ESSENSZEIT

Zu Hause und auswärts essen

FRÜHSTÜCK
Dieser Traum ist günstig für geistig Tätige. Sehen Sie ein *Frühstück* mit frischer Milch, Eiern und einer gefüllten Schale reifen Obstes, ist das ein Zeichen für übereilt eintretenden, doch vorteilhaften Wandel.

Essen Sie allein, tappen Sie in die Falle Ihres Widersachers. Essen Sie hingegen in Gesellschaft, ist das ein gutes Zeichen. ◎

DINNER
Nehmen Sie im Traum Ihr *Dinner* allein ein, werden Sie oft Anlaß haben, sich über Ihren Lebensunterhalt zu sorgen.

Nimmt eine junge Frau ihr *Dinner mit Ihrem Geliebten* ein, bedeutet dies Streit oder Trennung von Liebenden, es sei denn, es handelt sich um eine harmonische und genüßliche Angelegenheit.

Sind Sie eine(r) von vielen *Dinnergästen*, können Sie bald mit herzlicher Gastfreundschaft rechnen. ◎

MAHLZEITEN
Von *Mahlzeiten* zu träumen bedeutet, daß Sie nicht verhindern, wie Lappalien wichtige Angelegenheiten und geschäftliche Unternehmungen beeinträchtigen. ◎

OBER
Ein *Ober* verheißt, daß Sie von einem Freund angenehm unterhalten werden. Sehen Sie einen mürrischen oder liederlichen Ober, werden widerwärtige Menschen Ihre Gastfreundschaft mißbrauchen. ◎

HEILBRUNNEN
Stehen Sie im Traum an einem *Heilbrunnen*, signalisiert dies Freude und Profit nach vielem Ärger.

Laden Sie andere zu Heilwasser oder anderen wohlschmeckenden gekühlten Getränken ein, werden Ihre Bemühungen belohnt, obwohl die Atmosphäre unharmonisch erscheint. Trotzdem kommt es zu den gewünschten Ergebnissen. ◎

KOLONIALWARENLADEN
Ein einladender und sauberer *Kolonialwarenladen* bedeutet Ruhe und Behaglichkeit. ◎

PICKNICK
Ein *Picknick* verheißt Erfolg und wahre Freude. Picknickträume bringen der Jugend ungeteiltes Glück.

Stürme oder andere höhere Gewalten während eines Picknicks prophezeien das vorübergehende Ausbleiben einer Einnahmequelle und ein angenehmes Liebes- und Berufsleben. ◎

BEIM PICKNICK

Möglicherweise erwachen Sie aus Träumen, in denen Fleisch- oder Fischgerichte eine Rolle spielen, doch diese Träume sind selten signifikant für wirkliche Mahlzeiten. In diesem Abschnitt geht es um Fleisch und Fleischerhandwerk allgemein, um spezielle Fleischarten und -gerichte, See- und Süßwasserfische sowie Schalentiere.

Fleisch und Fleischerhandwerk

FLEISCH
Träumt eine Frau von **rohem Fleisch**, muß sie mit Rückschlägen bei der Verwirklichung Ihrer Ziele rechnen. Sieht sie **gekochtes Fleisch**, werden andere den Sieg in einer Sache davontragen, um die sie gekämpft hat. ◉

BRATEN
Einen **Braten** zu sehen oder zu essen ist ein Vorzeichen für familiäres Unglück und Verrat. ◉

METZGER
Sehen Sie einen **Metzger** bei einer Rinderschlachtung, sollten Sie sich auf eine langwierige und schlimme Krankheit in Ihrer Familie einstellen.

Zerlegt ein Metzger Fleisch, werden Sie im Licht der Öffentlichkeit stehen. Vorsicht beim Verfassen von Schriftstücken. ◉

SCHLACHTHOF
Ein **Schlachthof** bedeutet, daß Ihre Geliebte Sie fürchtet. In Ihrem Geschäft wird eine obskure Veruntreuung bekannt, es kommt zu unschönen Schuldzuweisungen. ◉

TRANCHIEREN
Geflügel im Traum zu **tranchieren** verheißt eine schlechte wirtschaftliche Lage. Ihre Partner bereiten Ihnen mit ihrer schlechten Laune Ärger.

Fleisch zu tranchieren deutet auf schlechte Investitionen hin; Entscheidungen sollten revidiert werden. ◉

Zu den appetitanregenden Essensträumen gehören das gesellige Familienessen *gegenüber oben* und das Picknick im Freien *gegenüber unten*. Eventuell träumen Sie auch von einem bestimmten Gericht *oben* oder vom Kochen *ganz oben*.

BEGIESSEN
Begießen Sie während des Kochens Fleisch, schaden Sie durch Dummheit und Egoismus Ihren Zielen. ◉

DER FLEISCHESSER

Rindfleisch und Gehacktes

RINDFLEISCH
Ist das **Rindfleisch** roh und blutig, wird der Träumer von bösartigen Krebsgeschwüren befallen. Hüten Sie sich vor Quetschungen und Verletzungen aller Art.

Sehen oder essen Sie **gekochtes Fleisch**, stehen Ihnen Seelenqualen bevor. Auf schreckliche Art wird jemand sein Leben verlieren.

Genießen Sie **korrekt zubereitetes Rindfleisch** in angenehmer Atmosphäre, bedeutet dies harmonische Liebes- und Geschäftsbeziehungen; ist dies nicht der Fall, kündigt sich ein kleineres Übel an. ◉

GEHACKTES
Essen Sie **Gehacktes** im Traum, wird Ärger und Verdruß vorhergesagt. Sie werden möglicherweise mit Eifersüchteleien und Streitereien über Bagatellen konfrontiert; Ihre Gesundheit ist wegen Sorgen in Gefahr.

Wenn eine Frau **Gehacktes kocht**, wird sie auf ihren Mann eifersüchtig sein, und ihre Kinder sind ihr bei ihren erotischen Abenteuern im Weg. ◉

Suppe, Fleischbrühe und Soße

SUPPE KOCHEN

SOSSE
Essen Sie Soße, **bedeutet dies** angegriffene Gesundheit und enttäuschende Geschäfte. ✹

FLEISCHBRÜHE
Fleischbrühe steht für die Aufrichtigkeit und Unterstützung von Freunden. Benötigen Sie finanzielle Hilfe, wird sie gegeben. Für Liebende verheißt sie eine starke und langanhaltende Bindung.

Bereiten Sie eine Brühe zu, nehmen Sie Ihr eigenes Glück und das anderer in die Hand. ✹

SUPPE
Von Suppe **zu träumen ist ein** Vorbote guter Nachrichten und gewisser Sorgenfreiheit.

Sehen Sie andere Suppe essen, haben Sie viele gute Chancen, sich zu verheiraten.

Wenn eine junge Frau Suppe kocht, **wird sie nicht gezwungen sein, niedere Arbeiten im Haushalt zu verrichten, da sie einen reichen Mann heiratet.**

Trinken Sie aus süßer Milch zubereitete Austernsuppe, **gibt es unglückselige Streitereien, die jedoch beigelegt werden.** ✹

Schweinefleisch und Schinken

SCHWEINEFLEISCH
Essen Sie **Schweinefleisch** im Traum, werden Sie Probleme bekommen; sehen Sie es nur, gehen Sie als Sieger aus einem Konflikt hervor. ◎

SCHINKEN
Schinken verheißt Gefahr, daß Sie für Intrigen benutzt werden.

Dicke *Schinkenscheiben* abzuschneiden bedeutet, daß Sie sich gegen alle Widersacher durchsetzen.

Schinken zuzubereiten deutet auf rücksichtsvolle Behandlung hin.

Sind Sie *Schinkenhändler*, erwartet Sie Reichtum und gute Gesundheit.

Schinken zu essen prophezeit den Verlust von etwas sehr Wertvollem.

Riechen Sie, daß *Schinken gekocht* wird, werden Sie Nutznießer in den Unternehmen anderer. ◎

SPECK
Speck zu essen ist dann ein gutes Omen, wenn jemand mit sauberen Händen mit Ihnen zusammen ißt.

Ranziger Speck deutet auf eine langsame Auffassungsgabe und ungünstige Lebenslage hin. *Speck zu pökeln* ist ein schlechtes Zeichen, wenn Salz und Rauch noch sichtbar sind, wenn nicht, ist es positiv. ◎

SCHMALZ
Schmalz kündigt Vermögenszuwachs an. Sieht eine Frau ihre Hände in flüssigem Schmalz, weist dies auf einen fehlgeschlagenen Versuch des gesellschaftlichen Aufstiegs hin. ◎

Geflügel

GEFLÜGEL
Zubereitetes *Geflügel* bedeutet, daß Ihre extravaganten Neigungen Ihre finanziellen Reserven angreifen. Träumt eine junge Frau, lebenden Hühnern nachzujagen, wird sie wertvolle Zeit mit frivolen Sinnesfreuden vergeuden. ◎

Fisch und Schalentiere

SARDINEN
Essen Sie Sardinen, *drohen unerwartete schmerzliche Ereignisse.*

Wenn eine junge Frau sie auf den Tisch stellt, wird sie von den Nachstellungen eines Menschen behelligt, der ihr zuwider ist. ✤

AUSTERN
Essen Sie Austern *im Traum, lassen Sie bei Ihren leichtfertigen Abenteuern jedes Maß an Anstand und Moral vermissen und frönen einem unstillbaren Gewinnstreben.*

Mit Austern zu handeln bedeutet, daß Sie nicht gerade zurückhaltend sind, was Ihre Methoden angeht, eine Geliebte oder auch ein Vermögen zu gewinnen.

Austern signalisieren ein leichtes Leben und die Aussicht auf viele Kinder. ✤

AUSTERNSCHALEN
Austernschalen zeigen an, daß Sie bei dem Versuch scheitern werden, das Vermögen eines anderen zu sichern. ✤

KREBS
Sehen Sie im Traum Krebse, *werden Sie mit großem Wohlwollen und Reichtum beschenkt.*

Essen Sie sie, werden Sie sich infizieren, weil Sie sich zu unbedacht mit leichtlebigen Menschen einlassen.

Wird *Krebs zu Salat* verarbeitet, korrumpiert der Erfolg zwar nicht Ihren Großmut, doch kosten Sie Ihr Vergnügen voll aus.

Einen Krebs zu bestellen verheißt, daß Sie einflußreiche Posten bekleiden und viele Untergebene haben werden. ✤

MUSCHELN
Von Muscheln *zu träumen bedeutet, daß Sie es mit einer hartnäckigen, aber ehrlichen Person zu tun haben.*

Muscheln zu essen weist auf Freude über das Wohlergehen eines anderen hin.

Ißt eine junge Frau mit ihrem Geliebten gebackene Muscheln, wird sie sich seines Reichtums, aber auch seines Vertrauens erfreuen. ✤

Kutteln und Würstchen

WÜRSTCHEN
Stellen Sie im Traum *Würstchen* her, werden Sie in vieler Hinsicht erfolgreich sein.

Essen Sie sie, werden Sie ein bescheidenes, aber angenehmes Heim haben. ◎

WÜRSTCHEN

KUTTELN
Kutteln im Traum verheißen Krankheit und Gefahr.

Kutteln zu essen weist auf die Enttäuschung in einer sehr wichtigen Angelegenheit hin. ◎

....

Selbst die bescheidensten Zutaten können Ihre Träume bereichern. Dazu zählen Würstchen links **ebenso wie das alltägliche Gemüse, etwa die Rübe** gegenüber Mitte **und die Karotte** gegenüber oben.

Essen und Trinken

Es gibt offenbar eine enge Verbindung zwischen dem Verzehr der Gemüsearten und einem befriedigenden Liebesleben. Das betrifft Gemüse im allgemeinen, verschiedene Gemüsearten wie Wurzelgemüse, Salat, Bohnen und Hülsenfrüchte, aber auch Kräuter und Gewürze.

Wurzelgemüse

GEMÜSE
Gemüse zu essen ist ein Zeichen für seltsame Schicksalsfügungen. Zeitweilig scheinen Sie außergewöhnlich erfolgreich zu sein, müssen dann aber die leidvolle Erfahrung machen, schlimm getäuscht worden zu sein.

Verwelktes oder verrottetes Gemüse bringt grenzenlosen Kummer und schlimme Sorgen.

Wenn eine junge Frau im Traum *Gemüse zubereitet*, verliert sie nach Kränkungen den von ihr begehrten Mann, doch wird sie einen großmütigen und treuen Ehemann bekommen. Ihre Anstellungen werden ziemlich wenig erfolgreich sein.

RÜBEN
Wachsen *Rüben*, werden sich Ihre Aussichten verbessern, und Sie werden sich über Ihre Erfolge sehr freuen können.

Rüben zu essen verheißt eine schlechte Gesundheit. *Rüben auszureißen* bedeutet, daß Sie Ihre Möglichkeiten verbessern und dadurch Ihren Erfolg vergrößern.

Essen Sie das *Grün der Rüben*, ist das ein Zeichen für bittere Enttäuschungen. *Rübensamen* steht für zukünftigen Aufstieg.

Bei einer jungen Frau bedeutet das *Säen von Rübensamen*, daß sie ein großes Vermögen erben und einen attraktiven Mann bekommen wird. ◉

PASTINAKE
Pastinaken zu sehen oder zu essen ist ein günstiges Omen für erfolgreiche Geschäfte, doch in der Liebe sieht es ungünstig und düster für Sie aus. ◉

KARTOFFELN
Kartoffeln stehen überwiegend für vorteilhafte Ereignisse.

Kartoffeln einzupflanzen verspricht die Erfüllung von Wünschen.

Sie *auszugraben* verspricht Erfolg. *Kartoffeln zu essen* verheißt einen beträchtlichen Gewinn.

Kartoffeln zu kochen bedeutet einen angenehmen Beruf.

Sie *verfaulen* zu sehen prophezeit vergängliche Freuden und düstere Zukunftsaussichten. ◉

Zwiebeln und Knoblauch

ZWIEBEL
Größere Mengen von *Zwiebeln* in Ihrem Traum stehen für Mißgunst und Neid, der Ihnen wegen Ihres Erfolgs entgegengebracht wird.

Essen Sie Zwiebeln, werden Sie alle Widerstände überwinden.

Sehen Sie sie *wachsen*, sind Ihre Rivalen gerade die rechte Würze in Ihrer beruflichen Tätigkeit.

Gekochte Zwiebeln bedeuten Zufriedenheit und kleine geschäftliche Gewinne.

Schneiden Sie Zwiebeln und sind Ihre Augen zu Tränen gereizt, werden Sie gegen Ihre Rivalen den kürzeren ziehen. ◉

KNOBLAUCH
Durchstreifen Sie ein Knoblauchfeld, wandelt sich Ihre Not in Ansehen und Reichtum. Bei einer jungen Frau bedeutet dies, daß sie allein aus finanziellen Erwägungen heiraten wird, Liebe ist dabei nicht im Spiel.

Knoblauch zu essen verheißt, daß Sie bewußt leben und nicht irgendwelchen Idealen nachjagen. ◉

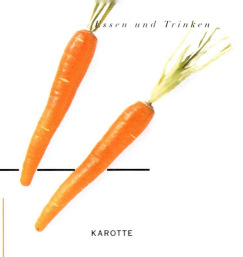

KAROTTE

KAROTTE
Karotten im Traum verheißen Reichtum und Gesundheit. Ißt eine junge Frau sie, wird sie früh heiraten und Mutter zahlreicher gesunder Kinder werden. ◉

ROTE BETE
Sehen Sie sie üppig wachsen, stehen gute Ernten und Frieden ins Land; sie mit anderen zu essen verheißt einen guten Stern.

Werden sie in schmutzigen oder angeschlagenen Schüsseln serviert, steht ein böses Erwachen bevor. ◉

Rettiche

MEERRETTICH
Von *Meerrettich* zu träumen bedeutet angenehme Verbindungen mit intellektuellen und gleichgesinnten Menschen. Auch Glück drückt sich darin aus. Einer Frau verheißt er, gesellschaftlichen Aufstieg. *Meerrettich zu essen* prophezeit, daß Sie auf angenehme Weise geneckt werden. ◉

RETTICH
Sehen Sie *Rettich* in einem Beet wachsen, ist das ein glückverheißendes Omen. Es besagt, daß Ihre Freunde außergewöhnlich nett zu Ihnen sind und Ihre Geschäfte gedeihen.

Essen Sie sie, werden Sie wegen der Gedankenlosigkeit eines Menschen in Ihrer Nähe etwas leiden.

Sehen Sie Rettiche oder pflanzen Sie sie an, werden sich Ihre Erwartungen erfüllen. ◉

Frischgemüse

KOHL
Träume von **Kohl** bringen Schlechtes. Unglückliche Ereignisse können sich nur so überschlagen.

Sehen Sie Kohl grünen, deutet dies auf Untreue und Ehebruch hin.

Zerkleinern Sie **Kohlköpfe**, sinken Sie wegen Verschwendungssucht immer tiefer ins Verderben. ◎

BLUMENKOHL
Sie sind Ihren Pflichten nicht nachgekommen, wenn Sie von **Blumenkohl** träumen. Sehen Sie ihn wachsen, verbessern sich nach einer Durststrecke Ihre Aussichten.

Erblickt eine junge Frau dieses Gemüse im Garten, geht sie ihren Eltern zuliebe eine Ehe ein, von der sie nicht überzeugt ist. ◎

SELLERIE
Bei frischen und knackigen **Selleriestengeln** werden Sie reicher und einflußreicher sein, als Sie je zu hoffen wagten.

Wenn er verrottet, ereignet sich bald ein Todesfall in Ihrer Familie.

Sie werden mit grenzenloser Liebe und Zuneigung beschenkt, wenn Sie ihn essen.

Ißt eine junge Frau ihn zusammen mit ihrem Geliebten, kommt sie zu großem Besitz. ◎

SALAT
Salat zu essen prophezeit Krankheit und unangenehme Gesellschaft.

Bereitet eine junge Frau Salat zu, ist das ein Zeichen dafür, daß ihr Geliebter wankelmütig und streitsüchtig wird. ◎

GRÜNER SALAT
Frischer **grüner Salat** verheißt, daß Sie sich nach einer kleinen Unerfreulichkeit über einen ersehnten Vorteil freuen können.

Grünen Salat zu essen zeigt an, daß eine Krankheit oder Eifersüchtelei sich zwischen Sie und Ihren Lebenspartner stellen wird.

Wenn eine junge Frau grünen **Salat sät,** wird sie selbst für ihre Krankheit oder ihren frühen Tod verantwortlich sein.

Pflücken Sie ihn, sind Sie übertrieben empfindlich, und Ihre Eifersucht bereitet Ihnen grenzenlose Schmerzen und Qualen.

Ihn zu kaufen heißt, Ihren eigenen Untergang herauszufordern. ◎

GURKE
Gurken stehen für Überfluß und signalisieren Gesundheit und Reichtum. Kranken verheißen sie schnelle Genesung; Verheirateten kündigen sie eine angenehme Veränderung an. ◎

SPARGEL
Spargel prophezeit Ihnen gute Verhältnisse und Frieden mit Ihrer Umgebung. Essen Sie ihn, wird Ihre Erfolgssträhne unterbrochen. ◎

ERBSEN
Erbsen zu essen ist ein Zeichen für robuste Gesundheit und die Anhäufung von Reichtum. Bauern und ihren Frauen prophezeit es viel Arbeit.

Sehen Sie sie wachsen, deutet dies auf gedeihliche Geschäfte hin.

Wenn Sie sie pflanzen, hegen Sie Hoffnungen, die sich erfüllen werden.

Erbsen zu sammeln verheißt, daß Ihre Pläne sich zum Guten wenden und Sie die Früchte Ihrer Mühen ernten werden.

Erbsen in Dosen lassen Ihre größten Hoffnungen kurzfristig in einer Sackgasse enden, doch schließlich fügt sich alles zum Guten.

Getrocknete Erbsen bedeuten, daß Sie Ihre Gesundheit überstrapazieren.

Wenn Sie sie essen, kündigt sich nach einem großem Erfolg ein kleiner Rückschlag in Ihrem Lebensglück und Wohlstand an. ◎

Oliven und Pilze

OLIVEN
Pflücken Sie mit einer ausgelassenen Gruppe von Freunden **Oliven**, so warten gute Geschäftsabschlüsse und angenehme Überraschungen auf Sie.

Sie einem Glas zu entnehmen, verheißt Geselligkeit.

Zerbrechen Sie ein **Olivenglas**, erleben Sie unmittelbar vor einem freudigen Ereignis eine Enttäuschung.

Zufriedenheit und Freundschaft winken, wenn Sie sie essen. ◎

PILZ
Pilze warnen Sie vor Hast und Begierde in Vermögensdingen; Ihr Geld könnte sich in Gerichtskosten und leeren Vergnügen verflüchtigen.

Ein schmachvolles Liebesabenteuer steht bevor, wenn Sie sie essen.

Träumt eine junge Frau von ihnen, überschreitet sie bei ihren Vergnügen die Grenzen der Schicklichkeit. ◎

Erbsen, Bohnen und Linsen

BOHNEN
Dies ist ein schlechter Traum. Sie wachsen zu sehen, steht für Sorgen und Krankheiten Ihrer Kinder.

Getrocknete Bohnen bedeuten große Enttäuschungen in weltlichen Dingen. Haben Sie acht, daß keine ansteckenden Krankheiten durch Sie weitergetragen werden.

Ihr Genuß verheißt Unglück oder Krankheit eines guten Freundes. ◎

LINSEN
Von **Linsen zu** träumen bedeutet Streitigkeiten und unzuträgliche Lebensumstände. Einer jungen Frau prophezeit dieser Traum Unzufriedenheit mit ihrem Geliebten; doch auf elterlichen Rat hin fügt sie sich in das Unvermeidliche. ◎

Essen und Trinken

Kräuter

ROSMARIN

KRÄUTER
Kräuter sind gleichbedeutend mit Ärger und Sorgen, aber auch Licht am Ende des Tunnels.

Giftkräuter sind eine Warnung vor Feinden.

Melisse und andere *Heilkräuter* zeigen berufliche Zufriedenheit und herzliche Freundschaften an.

PETERSILIE
Petersilie deutet auf hart erarbeiteten Erfolg hin; Sie bewegen sich normalerweise in einem gesunden und aufgeschlossenen Lebenskreis.

Außerdem verheißt sie gute Gesundheit, doch die Verantwortung für eine große Familie ist Ihr Los.

PFEFFERMINZE
Pfefferminze verspricht gute Unterhaltung und interessante Unternehmungen.

Sehen Sie sie wachsen, nehmen Sie an einem vergnüglichen Ereignis teil, das für Sie mit einer kleinen Romanze verbunden ist.

Laben Sie sich an Getränken mit einem Spritzer *Pfefferminze*, haben Sie Verabredungen mit einem attraktiven und faszinierenden Menschen. Für eine junge Frau ist dieser Traum eine Warnung vor Verführungen.

SENF
Für den Landwirt bedeutet *Senf* wachsen und gedeihen zu sehen Zufriedenheit und Erfolg, für Seefahrer Reichtum.

Essen Sie im Traum *Senfkörner* und spüren das Brennen in Ihrem Mund, werden Sie eine übereilte Handlung, gefolgt von Kummer, bitter bereuen.

Essen Sie *grünen Senf* gekocht, weist dies auf unbedachte Vermögensverschwendung und geistige Anspannung hin.

Ißt eine junge Frau *jungen Senf*, wird sie ihr Vermögen persönlichen Wünschen opfern.

ROSMARIN
Rosmarin im Traum zu säen bringt Freudlosigkeit und Gleichgültigkeit und somit Unglück in anscheinend heilen Familien.

Gewürze

GEWÜRZ
Ein *Gewürz* sagt voraus, daß Sie möglicherweise aus Vergnügungssucht Ihren Ruf ruinieren.

Wenn eine junge Frau im Traum *Gewürz ißt*, läßt sie sich von Äußerlichkeiten blenden.

SAFRAN
Safran will Sie davor warnen, falsche Hoffnungen zu hegen, denn bittere Feinde intrigieren im verborgenen gegen Ihre Zukunftspläne.

Trinken Sie einen *Safrantee*, gibt es Streit und Entfremdung in Ihrer Familie.

MUSKAT
Muskat ist ein Zeichen für Wohlhabenheit und interessante Reisen.

PFEFFER
Träumen Sie, daß *Pfeffer* Ihre Zunge verbrennt, werden Sie wegen Ihrer Klatschsucht Probleme mit Bekannten bekommen.

SENFKÖRNER

SALBEI
Salbei bedeutet, daß Ihre Familienmitglieder sehr sparsam mit Geld umgehen.

Träumt eine junge Frau, es sei zuviel davon in den Speisen, wird sie ihre Extravaganzen in Liebes- und Vermögensdingen bereuen.

SALBEI

Roten Pfeffer wachsen zu sehen prophezeit einen sparsamen und unabhängigen Partner in der Ehe.

Berge *roter Pfefferschoten* werden Sie aggressiv Ihre Rechte verteidigen lassen. *Schwarzen Pfeffer* zu mahlen bedeutet, daß Sie das Opfer des Ränkespiels intriganter Männer oder Frauen werden. Sehen Sie ihn als Pfefferstrauch auf dem Tisch, gibt es bittere Vorwürfe oder Streit.

Bestreut eine junge Frau ihr Essen damit, wird sie von ihren Freunden getäuscht werden.

SALZ
Salz deutet auf unharmonische Lebensumstände hin. Wenn Sie von Salz geträumt haben, geht meist alles schief, Streit und Unzufriedenheit nisten sich in Ihrer Familie ein.

Fleisch zu salzen heißt, daß Schulden und Hypotheken Sie belasten.

Wenn eine junge Frau *Salz ißt,* verläßt ihr Freund sie wegen eines hübscheren und attraktiveren Mädchens, was ihr tiefen Kummer bereiten wird.

Kräuter und Gewürze werden in Küche und Medizin verwendet, sie haben aber auch eine Bedeutung für Träume; dort erscheinen Rosmarin *oben links* und Salbei *oben rechts* oder Senf *links*.

Früchte und Obstgärten

Früchte spielen in Träumen eine große Rolle. In der christlichen Tradition steht der Apfel als Zeichen für den Sündenfall im Paradies. Seither wird den Früchten eine tiefere symbolische Bedeutung zugeordnet. Die folgende Auswahl beschreibt die häufigsten in Träumen vorkommenden Fruchtsorten und deren Bedeutung.

FRÜCHTE

Sehen Sie im Traum reife *Früchte*, die voll im Saft stehen, können Sie in Zukunft mit Wohlstand rechnen.

Grüne Früchte stehen jedoch für Enttäuschung und Streß.

Ißt eine junge Frau *grüne Früchte*, bedeutet das einen Geld- oder Prestigeverlust. Das Essen von Früchten ist meist ungünstig.

Das *Kaufen oder Verkaufen* von Früchten signalisiert eine kaum einträgliche Mühe.

Das Sehen oder Essen von *reifem Obst* sagt Unglück voraus.

Wenn Sie reife Früchte pflücken, ist das ein Omen für Wohlstand. ◆

OBSTGARTEN

Wenn man mit seinem Schatz prächtige *Obstgärten* durchschreitet, verheißt das eine glückliche Ehe. Blühen überall reife Früchte, ist das ein Zeichen dafür, daß der Lohn für gute Werke naht – beispielsweise ein glückliches Zuhause, ein liebevoller Ehemann und reizender Kinder.

Fressen im Obstgarten Schweine die herabgefallenen Früchte, werden Sie den Teil Ihres Wohlstands wieder verlieren, der Ihnen nicht wirklich gehört.

Von Mehltau geplagte Obstgärten kündigen ein trauriges Schicksal mittten im Wohlstand an.

Sich in einem Brombeerstrauch zu verfangen deutet auf eifersüchtige Rivalen oder – falls Sie verheiratet sind – auf Konflikte mit dem Partner hin.

Sehen Sie einen *unfruchtbaren Garten*, dürfen Sie nicht mit einem sozialen Aufstieg rechnen.

Tragen die Bäume im Winter keine Früchte, heißt das, daß Sie sich um Ihre persönliche Zukunft nicht die geringsten Sorgen zu machen brauchen.

Ein *tosender Sturm* prophezeit einen unliebsamen Gast oder unangenehme Pflichten. ◆

Äpfel, Birnen, Kirschen und Pflaumen

KIRSCHE

Träumen Sie von *Kirschen*, sind Sie wegen Ihrer Liebenswürdigkeit und Selbstlosigkeit überall beliebt.

Wenn Sie sie essen, zeigt das die Erfüllung von Besitzwünschen an.

Sind die Kirschen grün, deutet das auf eine gute Zukunft hin. ◆

APFEL

Für die meisten Menschen sind Äpfel ein sehr gutes Omen.

Wenn Sie rote *Äpfel* an einem Baum mit grünen Blättern sehen, ist das günstig. Weniger gut ist es jedoch, wenn Sie diese verzehren.

Ein mir bekannter Traumdeuter sagte einmal: »Reife Äpfel erinnern dich daran, daß es Zeit ist, Wunschvorstellungen in die Tat umzusetzen; verdeutliche dir deine Pläne, und schreite furchtlos zur Tat. Reife Äpfel in der Baumkrone warnen dich vor zu hochgesteckten Zielen. Auf dem Boden liegende Äpfel deuten auf falsche Freunde in deiner Umgebung hin. Verfaulte Äpfel stehen für hoffnungslose Unternehmungen.« ◆

BIRNE

Wer im Traum *Birnen* ißt, muß mit Mißerfolg und Krankheit rechnen.

Bewundern Sie goldfarbene Birnen an hübschen Bäumen, wird Ihnen das Schicksal in Zukunft günstiger gesinnt sein als bislang.

OBSTVERKÄUFER

Wer im Traum einen *Obstverkäufer* sieht, muß damit rechnen, daß er in unlukrative Spekulationsgeschäfte verwickelt wird. ◆

Pflücken Sie Birnen, deutet das darauf hin, daß auf Enttäuschungen eine angenehme Überraschung folgt.

Sind die Birnen eingekocht, werden Sie Rückschläge bestens meistern.

Sind sie gebacken, müssen Sie mit Langeweile in der Liebe rechnen. ◆

PFLAUME

Grüne Pflaumen (außer an Bäumen!) sind ein untrügliches Vorzeichen für körperliches Unwohlsein.

In reifem Zustand kündigen sie günstige Gelegenheiten an; diese sind aber nur von kurzer Dauer.

Wenn Sie sie essen, steht Ihnen ein Flirt oder ein anderes vergängliches Vergnügen ins Haus.

Wenn Sie sie aufsammeln, bedeutet das eine vorübergehende, aber nicht dauerhafte Erfüllung Ihrer Wünsche.

Heben Sie Pflaumen vom Boden auf und befinden sich verfaulte zwischen guten, werden Sie bald merken, daß Ihre Erwartungen unrealistisch waren und das Leben nicht immer ein Zuckerlecken ist. ◆

DAMASZENERPFLAUME

Diese Bäume mit ihren purpurroten Früchten und zierlichen Blättern zu sehen verheißt Glück – der Wohlstand wird nicht lange auf sich warten lassen.

Sie jedoch zu essen ist ein Vorbote von Kummer. ◆

Beerenfrüchte

STACHELBEERE
Wer im Traum **Stachelbeeren** pflückt, wird nach einer schwierigen Zeit mit Glück regelrecht überschüttet. Sie sind auch ein Anzeichen dafür, daß künftige Geschäftsanlegenheiten florieren.

Wer **grüne Stachelbeeren** ißt, begeht demnächst einen folgenschweren Fehler und muß damit rechnen, ins Gerede zu kommen. Grüne Stachelbeeren prophezeien stets Unglück oder einen schlechten Ausgang.

ERDBEERE
Erdbeeren deuten auf Glück und Vergnügen hin. Ein langgehegter Wunsch kann dann in Erfüllung gehen.

Wer sie im Traum ißt, wird mit Liebe belohnt.

Wer mit ihnen handelt, darf sich auf Glück und reiche Ernte freuen.

HIMBEERE
Wer **Himbeeren** sieht, wird mit Komplikationen konfrontiert, die er nicht ohne weiteres lösen kann.

Einer Frau, die Himbeeren verzehrt, steht Ärger aus nebensächlichen Angelegenheiten bevor. Es wird auch über sie getratscht.

HOLUNDERBEERE
Holunderbeeren samt Strauch und Blättern stehen für familiäres Glück und einen gemütlichen Landsitz mit der Möglichkeit, zu reisen und anderen Vergnügungen nachzugehen.

Holunderbeeren sind generell ein gutes Omen.

BROMBEERE
Von **Brombeeren** zu träumen deutet auf Krankheit hin. Wer sie pflückt oder ißt, wird unglücklich.

MAULBEERE
Wenn Sie **Maulbeeren** sehen, müssen Sie sich in Zukunft mit Krankheiten herumschlagen, die Ihnen die Lebensfreude rauben.

Wer sie ißt, dem stehen bittere Enttäuschungen bevor.

ERDBEERE

Träume von herrlichen Früchten sind ambivalent. Saftige Pfirsiche *oben rechts* sagen jungen Frauen eine glückliche Ehe voraus, vertrocknete jedoch signalisieren Krankheit. Erdbeeren im Traum *oben* sind vielversprechend – wie in Wirklichkeit.

Pfirsiche und Aprikosen

PFIRSICH
Pfirsiche kündigen Krankheiten von Kindern, Rückschläge im Beruf und nur wenig Vergnügen an; wenn Sie sie jedoch samt Blättern auf Bäumen sehen, stehen die Chancen gut, daß Sie nach vielen Entbehrungen und finanziellen Opfern am Ende Ihre Ziele erreichen.

Vertrocknete Pfirsiche deuten auf Feinde und Unannehmlichkeiten hin.

Wenn eine junge Frau träumt, daß sie **leckere Pfirsiche** vom Baum pflückt, wird sie mit Hilfe ihres bezaubernden Charmes einen reichen Mann kennenlernen. Sind die Früchte allerdings grün oder knotig, wird sie auf Mißgunst von Verwandten stoßen, und Krankheiten werden ihre Attraktivität mindern.

APRIKOSE
Wer im Traum **Aprikosen** wachsen sieht, muß in Zukunft mit Sorgen und Problemen rechnen – auch wenn momentan alles rosig aussieht.

Wenn Sie die Aprikosen verzehren, steht eine Krankheit bevor. Essen andere die Früchte, werden Sie in Ihrer Umgebung mit Ärger und Problemen konfrontiert.

Ein Freund sagte mir kürzlich: »Aprikosen bedeuten, daß du zuviel Zeit mit unwichtigen Dingen vergeudest.«

Rhabarber

Wer im Traum Rhabarber *wachsen* sieht, darf in naher Zukunft mit angenehmer Kurzweil rechnen.

Wenn der Rhabarber jedoch gekocht ist, wird man einen Freund verlieren.

Ißt man ihn, bedeutet das Ärger am Arbeitsplatz.

Tomate

Wer im Traum Tomaten verzehrt, *ist mit guter Gesundheit gesegnet.* Wer sie wachsen sieht, darf sich über private Harmonie freuen.

Sieht eine junge Frau reife Tomaten, steht ihr eine glückliche Ehe mit ihrem Traummann bevor.

Zitrusfrüchte

ORANGE
Wer von prächtigen **Orangenbäume** mit reifen Früchten träumt, darf sich auf Gesundheit und Wohlstand freuen.

Schlecht ist es allerdings, wenn Sie im Traum **Orangen verzehren**: Dann werden im Freundeskreis Krankheiten auftreten, die Ihnen große Sorgen bereiten; auch Ärger oder gar Mißerfolg im Beruf droht; junge Frauen verlieren möglicherweise ihren Liebhaber. Wenn eine junge Frau eine hoch hängende Orange sieht, sollte sie bei der Auswahl ihres Bräutigams sehr überlegt vorgehen.

Eine **Orangenschale** sagt den Tod eines Angehörigen voraus.

Kauft ein Mann auf Wunsch seiner Frau **Orangen**, die sie ißt, deutet das auf finanzielle Rückschläge für beide hin. ◎

ZITRONE
Träumen Sie von saftigen **Zitronen,** die auf herrlich blühenden Bäumen wachsen, werden Sie sich demnächst mit Eifersucht (die gottlob unbegründet ist!) konfrontiert sehen.

Verzehren Sie **Zitronen**, bedeutet das herbe Enttäuschungen.

Grüne Zitronen prophezeien Ihnen Krankheit.

Verschrumpelte Zitronen signalisieren Scheidung oder Trennung. ◎

ZITRONE

LIMONE
Wer im Traum **Limonen** ißt, wird krank und gerät in schwierige Situationen. ◎

BUNTER FRÜCHTETELLER

GRANATAPFEL
Träumen Sie von **Granatäpfeln**, sollten Sie oberflächlichen Genüssen entsagen, die Ihre Moral und Ihre Gesundheit gefährden. Bereichern Sie lieber Ihr Seelenleben.

Überreicht Ihnen Ihr(e) Geliebte(r) einen Granatapfel, besteht die Gefahr, daß Sie einer List auf den Leim gehen; Ihr starker Wille bewahrt Sie jedoch vor Abhängigkeit.

Essen Sie einen Granatapfel, lassen Sie sich vom Charme eines Menschen betören. ◎

Sauer schmeckende Zitronen *links* sind Vorboten einer bitteren Zukunft, wohingegen Ananas, Trauben und andere Früchte *oben* Gutes prophezeien. Mandeln *gegenüber unten,* Walnüsse und das Pflücken von Nüssen *gegenüber unten* sind beste Omen.

Tropische Früchte

MELONE
Wer von **Melonen** träumt, muß auf Krankheit und beruflichen Mißerfolg gefaßt sein. Wenn Sie Melonen essen, deutet das auf Streß und Sorgen hin.

Sehen Sie Melonen wachsen, steht Ihnen eine rosige Zukunft ohne Ärger bevor. ◎

BANANE
Handelt es sich um **Bananen**, schlagen Sie sich mit einem unbeliebten Menschen in Ihrer Umgebung herum.

Verzehren Sie Bananen, legen Sie sich selbst unnötige Verpflichtungen auf; die Arbeit macht Ihnen keine Freude.

Sind sie verdorben, werden Sie in ein zum Scheitern verurteiltes Unternehmen verwickelt.

Der Handel mit Bananen prophezeit unproduktive Ideen und Interessenslagen in Ihrem Umfeld. ◎

ANANAS
Wer im Traum **Ananas** pflückt oder verzehrt, kann sich glücklich schätzen. Erfolg und Glück auf der ganzen Linie sind ihm sicher.

Wenn Sie träumen, daß Sie sich beim Zubereiten der Ananas in den Finger schneiden, deutet das auf beträchtlichen Verdruß hin, der allerdings schon bald in Erfolg und Glück übergeht. ◎

FEIGE
Wenn Sie **Feigen** essen, deutet das auf ungünstige Bedingungen hin; sehen Sie sie jedoch wachsen, ist Ihnen Gesundheit sicher.

Träumt eine junge Frau davon, daß sie Feigen wachsen sieht, wird sie in allernächster Zukunft eine gute Partie machen. ◎

Essen und Trinken

Datteln und Trauben

DATTEL
Erscheinen einem im Traum **Datteln**, ist man mit Harmonie und Wohlstand gesegnet. Wenn man sie hingegen verzehrt, sind Armut und großer Ärger die Folgen.

ROSINE
Wenn Sie **Rosinen** essen, werden Ihre Hoffnungen derbe Rückschläge erleiden, obgleich sie schon fast realisiert waren.

TRAUBE
Wer **Trauben** verzehrt, muß in Zukunft mit vielen Sorgen rechnen; wenn Sie sie jedoch zur ansehen, ist Ihnen das Schicksal günstig gewogen: Beruflicher Aufstieg sowie Harmonie für Sie und in Ihrem Umfeld sind die Folgen. Vor allem junge Frauen dürfen mit der baldigen Erfüllung ihrer geheimsten Wünsche rechnen.

Kommen Sie mit einem Pferd an **Muskatellerweinstöcken** vorbei und halten an, um diese zu pflücken und zu essen, verheißt dies die Erfüllung großer Wünsche.

Die Furcht, daß die Früchte giftig sein könnten, ist ein Zeichen dafür, daß Sie sich Ihres Erfolges nicht zu sicher sein sollten.

MANDELN

Nüsse

NUSS
Träumen Sie davon, daß Sie **Nüsse** sammeln, deutet das auf Erfolg und Glück in der Liebe hin.

Verzehren Sie sie, steht dem Wohlstand und der Harmonie nichts mehr im Wege.

Frauen, die nachts von Nüssen träumen, sind unter einem wahren Glücksstern geboren.

HASELNUSS
Haselnüsse prophezeien gute Dinge: häuslichen Frieden, Harmonie und beruflichen Erfolg.

Wer Haselnüsse verzehrt, geht mit Zufriedenheit und vielen guten Freunden durchs Leben.

WALNUSS
Walnüsse sind ein günstiges Omen für Glück und Freude.

Knacken Sie im Traum eine **verfaulte Walnuß**, werden Ihre Bemühungen in Bitterkeit und einem materiellen Zusammenbruch enden.

Junge Frauen, die von **Walnußflecken** an ihren Händen träumen, merken bald, daß sich ihr Liebhaber einer anderen zuwendet; sie selbst versinken in Liebeskummer.

KASTANIE
Wer **Kastanien** sieht, setzt ein Geschäft in den Sand, darf aber auf einen lebenslang treuen Weggefährten hoffen.

Essen Sie Kastanien, folgt auf eine Zeit der Trauer Glückseligkeit.

Jungen Frauen, die Kastanien essen oder sie als Talisman mit sich tragen, stehen ein netter Liebhaber und relativer Wohlstand ins Haus.

MANDEL
Mandeln sind ein gutes Zeichen für Gesundheit, die allerdings von Trauerphasen begleitet ist. Sind die Mandeln nicht mehr gut, steht die Enttäuschung einer Hoffnung an. Ein Aufbruch zu neuen Ufern ist unvermeidlich.

KOKOSNUSS
Kokosnüsse kündigen Enttäuschungen und Schicksalsschläge an. Möglicherweise werden Sie von falschen Freunden getäuscht.

Abgestorbene Kokosnußbäume prophezeien Trauer oder den Tod eines nahestehenden Menschen.

PEKANNUSS
Wer im Traum diese appetitanregenden Nüsse verzehrt, darf auf die Erfüllung seines liebsten Planes in nächster Zukunft hoffen.

Gedeihen die Pekannüsse prächtig unter ihren Blättern, ist das ein untrügliches Zeichen für ein langes glückliches Leben. Pech in der Liebe oder im Beruf tritt ein, wenn die **Nuß verfault** ist. Wenn sie schwer zu knacken oder klein ist, steht nach Überwindung von Problemen Erfolg ins Haus.

WALNUSS

NUSSSTRÄUCHER LADEN ZUM SAMMELN EIN

DATTEL siehe **BAUM** Seite 64, **ESSEN** Seite 133 ◆ **TRAUBE** siehe **ESSEN** Seite 133, **BLATT** Seite 64, **REITEN** Seite 33, **PFERDETRÄUME** Seite 34f, **GIFT** Seite 247, **WEIN, WEINBERG** Seite 61 ◆ **NUSS, HASELNUSS, PEKANNUSS** siehe **ESSEN** Seite 133 ◆ **WALNUSS** siehe **FLECK** Seite 218, **HAND** Seite 97 ◆ **KOKOSNUSS** siehe **TOD** Seite 120, **BAUM** Seite 64 ◆ **KASTANIE** siehe **ESSEN** Seite 133, **WAHRSAGEN** Seite 269

Wenn kühle Köstlichkeiten aus der Molkerei – egal ob Milch, Sahne, Butter oder Käse – in Ihren Träumen vorkommen, bedeutet das, daß Ihre Pläne umgeworfen werden. Essen Sie Käse nie unmittelbar vor dem Schlafengehen – sonst träumen Sie schlecht.

Milcherzeugnisse

MILCHGESCHÄFT
Träume von **Milchgeschäften** sind grundsätzlich gute Omen.

MILCH
Trinken Sie **Milch**, dann dürfen Sie auf Wohlstand und Harmonie zu Hause hoffen; eine Reise wird Ihnen großen Spaß machen. Vor allem für Frauen ein gutes Zeichen.

Sehen Sie **Milch im Überfluß**, bedeutet das Reichtum und Gesundheit.

Wenn Sie selbst **Milch verkaufen**, meint es das Schicksal besonders gut mit Ihnen.

Geben Sie **Milch weg,** sind Sie zu mildtätig. Denn Sie selbst sind auch wichtig!

Verschütten Sie Milch, müssen Sie auf einen mittelschweren Verlust oder auf Probleme von guten Freunden gefaßt sein – sie gehen aber vorüber.

Ist die **Milch verunreinigt**, könnten Sie selbst in ernste Schwierigkeiten verwickelt werden.

Wenn die **Milch sauer** ist, steht Ihren Freunden Ärger ins Haus, der Sie in Mitleidenschaft zieht.

Versuchen Sie vergeblich, **Milch zu trinken**, müssen Sie damit rechnen, einflußreiche Freunde zu verlieren oder irgendeine andere schmerzhafte Einbuße zu erleiden.

Träumen Sie von **heißer Milch**, werden Sie in einen Streit verwickelt, der gut für Sie ausgeht.

Falls Sie **in Milch baden** sollten, dürfen Sie sich über Wohlstand und phantastische Freunde freuen.

Wer von einem Milchgeschäft träumt, sieht vielleicht frische Milch *oben* oder die Herstellung von Käse und Butter *gegenüber Mitte*. Gekochte *gegenüber oben* oder frisch gesammelte Eier *gegenüber unten* haben ebenfalls eine Bedeutung.

MELKEN
Wer im Traum *eine Kuh melkt* und dabei bemerkt, daß die Milch in wahren Strömen aus dem Euter schießt, wird bald merken, daß ihm zwar gute Chancen durch die Lappen gehen, doch bleibt das glückliche Ende nicht aus.

BUTTERN
Wer vom **Buttern** träumt, wird mit harten Aufgaben konfrontiert; mit viel Fleiß und Umsicht lassen sich diese jedoch bewältigen.

FRISCHE MILCH

Bauern dürfen auf eine gute Ernte hoffen; junge Frauen werden einen tatkräftigen, häuslichen Mann bekommen.

KÄSEHERSTELLUNG

Essen und Trinken

Butter und Sahne

BUTTER
Wenn Sie vom Verzehr frischer **Butter** träumen, ist das ein Omen für Gesundheit und die Erfüllung wichtiger Pläne. Sie werden mit Besitz und Wissen gesegnet sein.

Ist die Butter ranzig, bedeutet das harte handwerkliche Arbeit.

Wer **Butter verkauft**, muß mit wenig zufrieden sein. ◎

BUTTERMILCH
Trinken Sie **Buttermilch**, folgt Trauer auf Glückseligkeit. Sie schädigen durch Ihr Verhalten Ihren Körper. Schütten Sie Buttermilch weg, ist das noch schlechter.

Falls Sie **Buttermilchsuppe** essen, heißt das, daß Sie sich mit Widerwärtigkeiten und Krankheiten herumschlagen müssen. Es liegt Streit in der Luft; langjährige Freundschaften können jetzt zerbrechen.

Wachen Sie gerade dann auf, wenn Sie Buttermilch trinken, können Sie durch umsichtiges Einlenken einen Streit schlichten. ◎

SAHNE
Wem im Traum **Sahne** serviert wird, der kann auf Reichutm hoffen, sofern er in einem anderen Geschäft als der Landwirtschaft tätig ist. Bauern dürfen mit einer guten Ernte und einem harmonischen Familienleben rechnen.

Wenn Sie Sahne trinken, bedeutet dieses sofortiges Glück.

Solche Liebende, die einen Sahnetraum haben, werden bald ihr Leben miteinander teilen. ◎

BUTTER

Käseträume

KÄSE
Essen Sie **Käse**, stehen Ihnen Enttäuschung und Trauer ohne Lichtblicke bevor. Von Käse zu träumen ist stets ungünstig. ◎

SCHWEIZER KÄSE
Schweizer Käse hingegen verspricht Wohlstand. Außerdem dürfen Sie auf Gesundheit und Annehmlichkeiten in Ihrem Leben hoffen. ◎

ÜBERBACKENE KÄSE-SCHNITTEN
Wer **überbackene Käseschnitten** zubereitet oder ißt, muß auf größere Komplikationen gefaßt sein; diese werden sich jedoch bald wieder in Spaß und gute Laune auflösen. ◎

Eier und Omeletts

EIER
Finden Sie im Traum ein **Nest mit Eiern**, stehen Ihnen Gesundheit, eine glückliche Ehe und viele Kinder bevor. Falls Sie nicht verheiratet sind, dürfen Sie sich auf Liebesaffären freuen.

GEKOCHTES EI

Verzehren Sie jedoch Eier, hängt in nächster Zeit bei Ihnen der Haussegen schief.

Sehen Sie frische **zerbrochene Eier**, werden Sie von der Glücksgöttin reichlich beschenkt. Ihre positive Einstellung und Ihr Gerechtigkeitssinn machen Sie sehr beliebt.

Verfaulte Eier bedeuten den Verlust von Wohlstand.

Ein **Korb voll Eier** signalisiert, daß Sie profitable Geschäfte abschließen.

Wer im Traum **mit Eiern beschmiert** ist, protzt zu sehr mit Gewinnen zweifelhafter Herkunft.

Sehen Sie **Vogeleier**, erben Sie etwas von entfernten Verwandten oder machen Gewinne mit Massenprodukten. ◎

OMELETT
Wer im Traum ein **Omelett** serviert bekommt, sollte vor Schmeichelei und Falschheit in seinem Umfeld auf der Hut sein.

Essen Sie es, werden Sie von jemandem beschwindelt, der Ihr Vertrauen genießt. ◎

EIER

D er Duft von warmem, frisch gebackenem Brot läßt einen das Wasser im Munde zusammenlaufen. Ein Brottraum bedeutet jedoch nicht immer etwas Gutes. In diesem Abschnitt geht es außerdem um Pies, Kuchen, Kekse, Getreideprodukte, Reis und Nudeln.

Teigwaren

VERSCHIEDENE BROTSORTEN

BÄCKEREI
Wer eine **Bäckerei** sieht, sollte sich vor einem Berufswechsel hüten. Er könnte leicht böse hereinfallen. ◉

BACKEN
Träumt eine Frau vom **Backen**, prophezeit das Krankheit und Sorge um die Kinder. Außerdem kündigt dies Armut an. ◉

MEHL
Erscheint Ihnen **Mehl**, steht Ihnen ein bescheidenes, aber glückliches Leben bevor. Junge Frauen, die von Mehl träumen, werden eine harmonische Ehe führen. Annehmlichkeiten versüßen ihnen das Leben.

Wer **mit Mehl handelt**, läßt sich auf gefährliche Spekulationen ein. ◉

MAISMEHL
Sehen Sie **Maismehl**, steht die Erfüllung von Wünschen an.

Es als Brot zu essen bedeutet, daß Sie sich selbst Hindernisse in den Weg legen. ◉

BROT

Unser tägliches Brot

BROT
Wenn eine junge Frau im Traum **Brot** ißt, muß sie sich schon bald mit widerspenstigen Kindern herumschlagen, die ihr Zeit, Mühe und Nerven abverlangen.

Backen Sie **Brot**, haben Sie für den Rest des Lebens Ihr gesichertes Auskommen.

Sehen Sie viel **verschmutztes Brot**, müssen Sie mit Not und Armut rechnen. Wenn das Brot gut ist und Sie es bekommen, ist das ein gutes Omen. ◉

ROGGENBROT
Wer **Roggenbrot** sieht oder ißt, kann sich auf ein angenehmes Familienleben freuen. ◉

BROTLAIB
Der Traum von **Brotlaiben** prophezeit Genügsamkeit. Sind die Laibe aus Kuchenteig, ist Ihnen Fortuna hold; Liebe und Gesundheit sind Ihnen sicher.

Zerbrochene Laibe deuten auf Uneinigkeit zwischen Liebenden hin.

Vermehren sich die Laibe besonders schnell, prognostiziert das Glück auf der ganzen Linie – das gilt vor allem für Verliebte. ◉

KRUSTE
Die **Kruste** eines Brots gibt Anlaß zur Sorge. Durch Unvorsichtigkeit und falsches Handeln könnten Sie in Armut abgleiten. ◉

Brot *oben* gehört mit zu den häufigsten Trauminhalten. Kuchen *links*, Pie *gegenüber oben* und Pudding *gegenüber unten* sind für Schleckermäuler im Schlaf unverzichtbar.

EINE MUTTER BEIM KUCHENBACKEN

Essen und Trinken

Kuchen, Pies und Puddings

KUCHEN

Eierkuchen prophezeien einem seelische Zufriedenheit und das Erbe eines Hauses oder einer Wohnung.

Wer von *süßen Kuchen* träumt, wird sich bald beruflich verbessern. Auch Liebesangelegenheiten florieren bestens.

Pfundkuchen verheißen private und berufliche Annehmlichkeiten.

Junge Frauen, die einen *Hochzeitskuchen* erblicken, müssen auf alles gefaßt sein. Den Kuchen zu sehen oder zu essen ist noch besser, als ihn selbst zu backen. ◎

PFANNKUCHEN

Wer im Traum *Pfannkuchen* ißt, darf auf ein gutes Ende aller seiner momentanen Unternehmungen hoffen.

Bereiten Sie selbst ihn zu, werden Sie Ihren Haushalt sparsam und ökonomisch führen. ◎

PUDDING

Wenn Sie *Pudding* nur sehen, werden eventuelle Investitionen nur geringe Erträge abwerfen.

Essen Sie den Pudding, müssen Sie mit Enttäuschungen rechnen.

Junge Frauen, die *Pudding zubereiten*, dürfen sich auf einen einfühlsamen Liebhaber freuen. Heiraten sie ihn jedoch, zeigt er sein wahres Gesicht – das Glück wird schnell verschwinden. ◎

GEBÄCK

Wer von *Gebäck* träumt, wird von einer listigen Person hintergangen.

Essen Sie es, folgen innige Freundschaften.

Eine junge Frau, die selbst bäckt, muß darauf gefaßt sein, daß sich ihre Hoffnungen nicht erfüllen. ◎

OBSTPIE

Kekse und Waffeln

KEKS

Backen oder essen Sie *Kekse*, beeinträchtigen unsinnige Diskussionen den Familienfrieden. ◎

WAFFEL

Wer im Traum *Waffeln* sieht, muß sich demnächst gegen Feinde verteidigen.

Wer eine verzehrt, wird herbe Schicksalsschläge erleiden.

Wenn eine junge Frauen Waffeln bäckt, quält sie die Angst, ledig zu bleiben. ◎

Reis und Getreidegerichte

REIS

Von *Reis* zu träumen ist ein gutes Omen. Es verspricht Erfolg und Freundschaften. Das gute Gelingen aller Geschäfte ist Ihnen sicher; Bauern erwartet eine gute Ernte.

Essen Sie Reis, deutet das auf Glück und häuslichen Wohlstand hin.

Ist der *Reis verschmutzt*, dann sind Krankheiten und Trennungen von guten Freunden die Folgen.

Auf junge Frauen, die Reis kochen, warten in Kürze neue interessante Aufgaben, die sie glücklicher machen werden, und sie werden zu neuem Reichtum kommen. ◎

PUDDING

PIE

Das Verzehren von *Pies* bedeutet, daß Sie Feinden gegenüber stets wachsam sein sollten.

Wenn eine junge Frau einen Pie bäckt, flirtet sie zum Zeitvertreib. Das kann schnell ins Auge gehen! ◎

Nudelgerichte

NUDELN

Wenn Sie von *Nudeln* träumen, haben Sie wahrscheinlich unerfüllbare Wünsche. Also Vorsicht! ◎

MAKKARONI

Wer sich im Traum *Makkaroni* schmecken läßt, verliert Geld.

Sehen Sie Makkaroni in großen Mengen, sollten Sie Geld für die nächste Rezession sparen.

Junge Frauen, die Makkaroni sehen, machen die Bekanntschaft eines aufregenden Fremden. ◎

HAFER

HAFERSCHLEIM

Träumen Sie von *Haferschleim*, ist Ihnen das Glück gewogen – Sie haben es sich verdient!

Serviert eine junge Frau Haferschleim, redet sie bei einer künftigen Aufgabenverteilung ein entscheidendes Wörtchen mit. ◎

MAISBREI

Falls Ihnen *Maisbrei* erscheint, wird die Liebe Sie in ihren Bann ziehen. Sie erholen sich von lästigen Aufgaben und planen für eine erfolgreiche Zukunft. ◎

KUCHEN *siehe* SÜSSER GESCHMACK *Seite* 148, HOCHZEIT *siehe Seite* 131 ◆ PFANNKUCHEN, PUDDING, PIE *siehe* ESSEN *Seite* 133 ◆ KEKS, WAFFEL *siehe* ESSEN *Seite* 133, BACKEN *Seite* 146 ◆ NUDELN *siehe* ESSEN *Seite* 133 ◆ REIS *siehe* ESSEN *Seite* 133, SCHMUTZ *Seite* 255 ◆ HAFERSCHLEIM *siehe* HAFER *Seite* 61, ESSEN *Seite* 133

10 000 Träume

In diesem Abschnitt geht es um »süße« Träume und saure Dinge. Wie Sie feststellen können, verspricht der süße Geschmack im Traum keineswegs immer eine Entsprechung in der Realität – ganz im Gegenteil: Süßigkeiten können bisweilen Leiden ankündigen.

Süßes

SÜSSER GESCHMACK
Spüren Sie im Traum *etwas Süßes* im Mund, deutet das darauf hin, daß Sie sich in hektischen Zeiten durch Ihre innere Ruhe und besonnenes Verhalten auszeichnen.

Wollen Sie den süßen Geschmack loswerden, verhalten Sie sich Ihren Freunden gegenüber nicht gerade liebevoll. ◎

SÜSSES ÖL
Süßes Öl signalisiert, daß Sie sich in einer für Sie schwierigen Situation alles andere als zuvorkommend behandeln lassen müssen. ◎

Zucker

ZUCKER
Wer von *Zucker* träumt, neigt dazu, sich und anderen das Leben durch Eifersucht schwerzumachen, selbst jedoch dem Genuß zu frönen.

Körperliche und seelische Rückschläge werden nach diesem Traum nicht zu vermeiden sein.

Essen Sie Zucker, müssen Sie sich demnächst mit Problemen herumschlagen. Diese gehen jedoch besser aus als anfangs erwartet.

Fragen Sie nach Zucker, tun Ihnen Feinde etwas Unangenehmes an.

Kaufen Sie Zucker oder sehen große Mengen, dürften Sie bald etwas verlieren.

Rieselt aus einem Sack Zucker heraus, verlieren Sie nur wenig. ◎

ZUCKERZANGE
Wer eine *Zuckerzange* sieht, muß damit rechnen, daß sich Verfehlungen demnächst unangenehm bemerkbar machen. ◎

Saurer Geschmack

MIXPICKLES
Wenn Ihnen im Traum *Mixpickles* erscheinen, bemühen Sie sich in einer Sache erfolglos um Gerechtigkeit für sich selbst.

Junge Frauen, die *Mixpickles essen*, haben schlechte Karrierechancen.

Auch vorübergehender Liebeskummer mit abschließendem Triumph ist möglich.

Eine junge Frau, die im Traum Mixpickles verzehrt oder sich danach sehnt, hat viele Rivalinnen in der Liebe.

Schmutzige Mixpickles können Enttäuschungen und Liebeskummer bedeuten. ◎

ESSIG
Von Essig zu träumen zieht immer Disharmonie und Pech nach sich.

Wer gar *Essig trinkt*, wird sich bald vor Sorgen kaum mehr retten können. Alles, was er tut, steht unter einem schlechten Vorzeichen.

Gießen Sie Essig über einen Salat, wird sich Ihr privater Ärger noch weiter ausweiten. ◎

BIENENSTOCK

»Süße« Träume können von einem Bienenstock *oben*, Süßigkeiten aus dem Schleckerladen *rechts unten* oder von einer süßen Versuchung *rechts oben* handeln.

Konfitüre und Honig

KONFITÜRE
Wer eine gute *Konfitüre ißt*, darf sich auf unverhofftes Glück und Reisen freuen.

Stellt eine Frau selbst Konfitüre her, kann nichts ihr häusliches Glück trüben. ◎

GELEE
Träumen Sie davon, daß Sie *Gelee essen*, steht Ärger vor der Tür.

Denkt eine junge Frau ans *Geleekochen*, kann sie sich auf ein angenehmes Wiedersehen mit Freunden freuen. ◎

MARMELADE
Essen Sie *Marmelade*, ist das ein Omen für Krankheit und Verdruß. ◎

MELASSE
Melasse ist immer ein Zeichen für große Gastfreundschaft. Außerdem erwarten Sie einige angenehme Überraschungen der Glücksgöttin Fortuna.

Essen Sie Melasse, müssen Sie mit enttäuschter Liebe rechnen.

Ist Ihre Kleidung *mit Melasse beschmiert*, bekommen Sie einen unakzeptablen Heiratsantrag; beruflicher Abstieg ist möglich. ◎

HONIG
Honig steht für eine unerschütterliche Gesundheit.

Sehen Sie *fließenden Honig*, geht Ihnen alles leicht von der Hand. Es gibt aber auch eine Neigung in ihrem Leben, materielle Wünsche auf unlautere Art zu befriedigen.

Essen Sie im Traum Honig, wird Ihnen Gesundheit und Liebe vorhergesagt. Liebende werden in nächster Zeit heiraten.

Eine junge Frau, die *Honig schleudert*, muß mit unglücklichen häuslichen Verhältnissen rechnen. ◎

Essen und Trinken

Schokolade und Süßigkeiten

KONDITOREI
Träumen Sie von einer schmutzigen **Konditorei**, redet eine Person, die sich als Ihr Freund ausgibt, schlecht über Sie.

SCHOKOLADE
Ein **Schokoladentraum** bedeutet, daß Sie für Ihre Lieben mit großer Hingabe sorgen. Schokoladenpralinés signalisieren beste Übereinstimmung mit Geschäftspartnern.

Bitterschokolade verheißt Krankheit oder andere Enttäuschungen.

Trinken Sie Schokolade, werden Sie sich nach einer problematischen Phase schnell wieder erholen.

SÜSSIGKEITEN
Stellen Sie selbst **Süßigkeiten** her, machen Sie gute Gewinne.

Essen Sie *frische knusprige Süßigkeiten*, stehen Ihnen jede Menge Annehmlichkeiten und viel Liebe ins Haus. **Herb schmeckende Süßigkeiten** sind ein Krankheitsomen, auch könnten Ihnen Probleme über den Kopf wachsen.

Erhalten Sie *eine Tüte Bonbons*, versucht Sie jemand mit Schmeicheleien einzuwickeln. Dennoch sind Bonbons ein gutes Zeichen: Trotz mancher herben Enttäuschung kommen Sie letzten Endes gut auf Ihrem Weg voran.

ZUCKERWATTE
Wer im Traum **Zuckerwatte ißt**, wird bald auf eine schöne Reise gehen.

LUTSCHPASTILLEN
Lutschpastillen sagen einen kleinen, aber feinen Erfolg voraus. Ißt eine Frau Bonbons oder wirft sie weg, muß sie mit Neidern in ihrem Umfeld rechnen.

EIN SÜSSES VERGNÜGEN

Kalte Desserts

EISCREME
Für den, der im Traum **Eiscreme ißt**, wird sich alles zum Positiven wenden. Wenn Sie Kinder Eis schlecken sehen, bedeutet das, daß Ihnen Glück und Wohlstand hold sind.

Junge Frauen, die Ihr **Eis** in Gegenwart eines Verehrers *fallen lassen*, werden nicht aus echter Zuneigung umworben.

Ist das **Eis bitter**, werden unerwartete Probleme Ihre Glückssträhne stören. Schmilzt das Eis, sind Ihre Annehmlichkeiten gar zu Ende, bevor sie überhaupt erst richtig begonnen haben.

MILCHPUDDING
Ißt eine verheiratete Frau **Milchpudding** oder kocht diesen, wird sie einem unerwarteten Gast Gesellschaft leisten müssen. Eine junge Frau könnte einem Fremden begegnen, der ihr zu einem guten Freund wird.

Ist der Milchpudding etwas zu süß oder fad geraten, wird es nichts mit dem erhofften Glück. Ärger und Probleme warten auf Sie.

BESUCH IN EINEM SÜSSIGKEITENGESCHÄFT

SCHOKOLADE siehe **TRINKEN** Seite 150, **KAKAO** Seite 153 ◆ **SÜSSIGKEITEN, ZUCKERWATTE** siehe **ESSEN** Seite 133, **SÜSSER GESCHMACK** Seite 148 ◆ **LUTSCHPASTILLEN** siehe **ESSEN** Seite 133, **PILLE** Seite 116 ◆ **EISCREME** siehe **ESSEN** Seite 133, **KINDER** Seite 128 ◆ **MILCHPUDDING** siehe **ESSEN** Seite 133, **SÜSSER GESCHMACK** Seite 148

Träume von Getränken sind doppeldeutig. Entscheidend ist, ob der Betreffende Alkohol trinkt oder bekömmlichere Getränke zu sich nimmt. In diesem Abschnitt erfahren Sie alles über solche Träume – vom einfachen Durst bis hin zur Alkoholvergiftung, vom Wermut bis zum Kakao. Auch Tabakraucher kommen hier auf ihre Kosten.

Durst und Trinken

DURST
Wer **Durst verspürt**, strebt Ziele an, die unter seinen momentanen Möglichkeiten liegen; wird der Durst jedoch mit wohltuenden Getränken gelöscht, erfüllen sich Ihre Wünsche.

Sehen Sie andere ihren Durst löschen, werden Sie die Gunst einflußreicher Leute auf sich ziehen.

TRINKEN
Erhebt eine junge Frau ausgelassen ihr **Glas**, wird sie sich durch Liebeleien gesellschaftlich in Verruf bringen, obwohl sie durchaus ihren Spaß dabei hatte.

Ist sie trotz aller Anstrengungen nicht fähig, **klares Wasser zu trinken**, wird sie eine Annehmlichkeit, die ihr schmeichlerisch zugetragen wurde, nicht genießen können.

EIN GLÄSCHEN IN EHREN

Rausch

TRUNKENHEIT
Ein **Rausch** von schweren Likören deutet auf Verschwendungssucht und Arbeitsplatzverlust hin. Sie werden in Ungnade fallen, weil Sie zu Fälschungen oder Diebstahl neigen.

Wer **vom Wein betrunken** ist, den erwarten Glück in Beruf und Liebe oder auch ungeahnte literarische Höhenflüge. Dieser Traum deutet immer künstlerische Fähigkeiten an.

Andere in betrunkenem Zustand zu sehen verheißt Unglück für einen selbst und auch andere.

Trunkenheit in allen Formen ist ein unzuverlässiges Zeichen. Diese Träume fordern einen auf, sich Gedanken über die eigene Gesundheit zu machen.

VERGIFTUNG
Eine **Vergiftung** deutet darauf hin, daß Sie verbotene Vergnügungen planen.

SCHWIPS
Ein **Schwips** zeigt an, daß die alltäglichen Sorgen des Lebens keine tiefen Spuren in Ihrem heiteren Gemüt hinterlassen werden.

Sind andere beschwipst, bleiben Sie dem Verhalten Ihrer Mitmenschen gegenüber gleichgültig.

LIKÖR
Wer **Likör** kauft, bedient sich unrechtmäßig eines Vermögens, auf das er keinen Anspruch hat. Verkaufen Sie Likör, müssen Sie Kritik wegen ihres Geizes einstecken.

CHAMPAGNER FÜR DIE DAME

Trinken Sie ihn, kommen Sie zu zweifelhaftem Wohlstand. Durch Ihren Großmut sammeln Sie jedoch nette Menschen um sich, auch starke Frauen, die Sie unterstützen.

Sehen Sie **Likör in Fässern**, verheißt das eine Blütezeit; allerdings kann es zu Hause Differenzen geben.

Ist der Likör in Flaschen abgefüllt, wird das Glück greifbar.

Geht eine junge Frau mit Likör um oder trinkt sie ihn, ist das ein Omen für eine unkonventionelle Lebensart; ihr Naturell ist gutmütig, aber nicht voraussehend. Bewirtet sie andere, ist sie gegenüber Rivalinnen großmütig. Die Gleichgültigkeit der Männer ihr gegenüber kann ihre Zufriedenheit nicht ernsthaft trüben.

BAR
Kümmern Sie sich um eine **Bar**, bedienen Sie sich fragwürdiger Methoden, um schneller vorwärtszukommen.

Eine Bar deutet auf Engagement in Gemeinschaften, kurze Glückssträhnen und die Erfüllung von illegitimen Wünschen hin.

BEDIENUNG

Trinkträume beziehen sich auf Trunkenheit *ganz oben*, die Mühe, eine Bar zu führen *oben*, oder das eher geläuterte Vergnügen des Weinkenners *links* und *gegenüber unten*.

Essen und Trinken

Bier und Brauerei

BRAUEREI
Befinden Sie sich in einer **Großbrauerei**, müssen Sie mit ungerechter Behandlung durch Behörden rechnen; aber sie beweisen Ihre Unschuld und erheben sich über die Verfolger.

Jeder Traum von Brauereien deutet auf anfängliche Sorgen hin; Ihre Unternehmungen enden jedoch meist zu Ihrer Zufriedenheit. ◎

BIER
Bier steht für Enttäuschungen, sofern Sie es in einer Bar trinken. Beobachten Sie andere beim Biertrinken, werden Intrigen Ihre schönsten Hoffnungen zunichte machen.

Sind Sie ein gewohnheitsmäßiger Biertrinker, zeichnen sich harmonische Ausblicke ab.

Träumen Sie von Vorkommnissen, treten sie häufig in der Wirklichkeit ein. ◎

APFELWEIN
Apfelwein prophezeit Ihnen eine glückselige Zukunft, wenn Sie Ihre Zeit nicht mit materiellen Vergnügungen vergeuden.

Beobachten Sie andere Menschen, die Apfelwein trinken, stehen Sie unter dem Einfluß von schlechten, unzuverlässigen Freunden. ◎

Mixgetränke

COCKTAIL
Träumen Sie, daß Sie einen Cocktail trinken, bedeutet das, daß Sie Ihre Freunde enttäuschen; außerdem machen Sie die Bekanntschaft von leichtlebigen Männern und Frauen, die sich als eifrige Studenten oder im Stich gelassene Liebhaber ausgeben. Für eine Frau verheißt dieser Traum ein Lotterleben und das Ignorieren von moralischen Konventionen. ❈

Wein

KORKEN
Ziehen Sie bei einem Bankett die **Korken**, werden Sie bald von Wohlstand umgeben sein und sich an einem vollkommenen Glück erfreuen.

Arzneikorken deuten auf Krankheit und verschwendete Energie hin.

Beobachten Sie einen **Korkschwimmer** in ruhigem Gewässer, bedeutet das Erfolg. Ist das Wasser jedoch unruhig, müssen Sie sich über gewissenlose Menschen ärgern.

Verkorken von Flaschen ist ein Omen für gut organisierte Geschäfte in Ihrem Leben.

Träumt eine junge Frau, daß sie **Champagnerkorken** zieht, darf sie sich auf einen liebevollen und hübschen Liebhaber freuen, der sie mit Geld und Aufmerksamkeit überschüttet. Sie sollte auf ihren guten Ruf achten und sich wohlgemeinte Ratschläge ihrer Eltern zu Herzen nehmen. ◎

KORKENZIEHER
Ein **Korkenzieher** deutet auf einen unzufriedenen Geist hin. Es ist eine Warnung, seine Sehnsüchte zu zügeln, da diese wahrscheinlich auf gefährlichem Boden stehen.

Einen Korkenzieher zu zerbrechen, während sie ihn benutzen, weist auf ein gefährliches Umfeld hin. Sie sollten gesundheitsschädliche Neigungen aufgeben. ◎

WEIN
Weingenuß ist ein Vorbote von Vergnügen und treuen Freunden.

Das Zerbrechen von **Weinflaschen** sagt Liebe und Leidenschaft im Übermaß voraus.

Sehen Sie **Weinfässer**, prognostiziert das großen Luxus.

Wein von einem Gefäß in ein anderes zu füllen steht für wechselnde Vergnügungen und Reisen zu vielen berühmten Stätten.

Handeln Sie im Traum mit Wein, bedeutet das, daß sich Ihr Engagement im Beruf lohnen wird.

Für eine junge Frau ist der Genuß von Wein ein Zeichen dafür, daß sie einen wohlhabenden und zugleich ehrenwerten Mann finden wird. ◎

WEINKELLER
Wer von einem **Weinkeller** träumt, kann sich auf hervorragende Unterhaltung und viele Annehmlichkeiten freuen. ◎

WEINGLAS
Ein **Weinglas** bereitet Sie auf eine Enttäuschung vor, die Sie schwer mitnimmt; Sie müssen Annehmlichkeiten entbehren, bis Sie sich den Problemen der Realität stellen. ◎

IM WEINKELLER

BRAUEREI siehe **MANUFAKTUR** Seite 194, **HOPFEN** Seite 61 ◆ **BIER** siehe **BAR, TRINKEN** Seite 150 ◆ **APFELWEIN** siehe **TRINKEN** Seite 150, **APFEL** Seite 140 ◆ **COCKTAIL** siehe **BAR, TRINKEN** Seite 150 ◆ **KORKEN** siehe **BANKETT** Seite 133, **ARZNEI** Seite 116, **ANGLER** Seite 51, **ANGELN** Seite 174, **WASSER** Seite 78, **FLASCHE** Seite 210 ◆ **KORKENZIEHER** siehe **ZERBRECHEN** Seite 265 ◆ **WEIN** siehe **TRINKEN** Seite 150, **ZERBRECHEN** Seite 265, **FLASCHE, FASS** Seite 210, **GEWERBE** Seite 202, **ROTWEIN** Seite 152 ◆ **WEINKELLER** siehe **KELLER** Seite 206 ◆ **WEINGLAS** siehe **GLAS** Seite 69, **POKAL** Seite 210

Rotwein, Punsch und Grog

ROTWEIN
Wenn Sie davon träumen, **Rotwein** zu trinken, geraten Sie demnächst in den Einflußbereich adeliger Kreise.

Sehen Sie zerbrochene **Rotweinflaschen**, werden Sie demnächst unmoralische Handlungen begehen, zu denen Betrüger Sie verleiten. ◎

ROTWEINGLAS
Ein **Rotweinglas** deutet darauf hin, daß sich Sie außerordentlich über die Aufmerksamkeit neuer Bekannter freuen werden. ◎

PUNSCH
Sind Sie dabei, eine Mixtur namens **Punsch** zu trinken, ziehen Sie selbstsüchtige Vergnügungen Ehrenbezeugungen und Moral vor. ◎

GROG
Nehmen Sie einen **Grog** zu sich, können Sie sich darauf gefaßt machen, daß überraschende Ereignisse bald Ihre Lebensplanung über den Haufen werfen. ◎

Hochprozentiges

WHISKY
Whisky ist kein gutes Omen. Wahrscheinlich stellen sich Enttäuschungen verschiedener Art ein.

Wer von **Whisky in Flaschen** träumt, sollte mit Geldgeschäften vorsichtig sein, sie mit Einsatz und wachsamem Auge begleiten; dann haben sie angemessenen Erfolg.

Trinkt man allein Whisky, prophezeit dies, daß man Freunde durch seine Selbstsüchtigkeit verletzt.

Vernichten Sie Whisky, verlieren Sie Ihre Freunde durch kleinliches Verhalten.

Wer Whisky sieht oder trinkt, erstrebt bzw. erreicht ein ersehntes Objekt nach vielen Enttäuschungen. Sehen Sie Whisky nur, gelangen Sie nie ans erhoffte Ziel. ◎

RUM
Rum zu trinken sagt Ihnen Reichtum voraus; in dem Maße, wie Sie sich auf ausgiebige Vergnügungen stürzen, fehlt Ihnen jedoch moralisches Feingefühl. ◎

WERMUT
Wermut bedeutet, daß Sie mit unschuldigen Bekannten eine unbekümmerte und alberne Gangart einschlagen. Sie geben jeder Mode nach und verschleudern Ihr Erbe in verschwenderischer Manier. ◎

BRANDY
Brandy weist auf eine hervorragende neue Stellung und Wohlstand hin; gleichzeitig geht Ihnen jedoch das angeborene Feingefühl verloren, mit dem sich wahre Freundschaften zu Menschen aufbauen lassen, die Sie gerne als Freunde hätten. ◎

Tabak und Schnupftabak

PFEIFE
Pfeifen stehen für Frieden und Behaglichkeit nach vielen Kämpfen und Turbulenzen.

Außergewöhnliche Pfeifenarten zeugen von ungewöhnlichen Gedanken und Wohlstand in Ihrer Umgebung.

Alte und zerbrochene Pfeifen sagen Krankheit und geschäftliche Stagnation voraus.

Rauchen Sie Pfeife, *dürfen Sie sich auf den Besuch eines alten Freundes freuen; alte Differenzen lassen sich schlichten.* ❋

TABAK
Von Tabak zu träumen bedeutet erfolgreiche Geschäfte, aber wenig Glück in der Liebe.

Benutzen Sie Tabak, warnt dies vor Feinden und Extravaganz.

Wächst der Tabak, stehen glückliche Unternehmungen bevor. Sehen Sie trockene Tabakblätter, gibt es für Bauern gute Ernten und für Händler Gewinne.

Rauchen Sie Tabak, *weist das auf liebenswürdige Freunde hin.* ❋

SCHNUPFTABAK
Schnupftabak zeigt an, daß Feinde die Treue Ihrer Freunde mißbrauchen.

Schnupft eine Frau im Traum, signalisiert das Komplikationen, die zur Trennung von ihrem besten Freund führen werden. ❋

Pfeifen und Tabak *links kommen im Traum wie auch im täglichen Leben oft in Verbindung mit Bier und Schnaps vor. Feine Gesellschaft nach dem Dinner-Kaffee gegenüber unten.*

Alkoholfreies

MINERALWASSER
Wenn Sie **Mineralwasser** trinken, werden Ihre Anstrengungen vom Glück begleitet; Sie bekommen reichlich Gelegenheit, um Ihre Wünsche in die Tat umzusetzen. ◎

LIMONADE
Trinken sie im Traum **Limonade**, werden Sie bald feststellen müssen, daß andere Menschen sich mit Ihrem mühsam aufgebauten Vermögen auf Ihre Kosten amüsieren. ◎

MALZDRINKS
Malzdrinks deuten auf ein angenehmes Leben und Reichtümer hin.
Nehmen sie **Malzdrinks** zu sich, heißt das, daß Sie sich in gefährlichen Angelegenheiten engagieren, aber letztlich einigen Profit daraus schlagen. ◎

Tee und Kakao

KAKAO
Träume von **Kakao** bedeuten, daß Sie verdrießliche Freunde für Ihr Vergnügen und zu Ihrem Vorteil einsetzen. ◎

TEE
Bereiten Sie selbst **Tee** zu, tragen Sie an unklugen Aktionen die Schuld; hinterher zeigen Sie sich tief reumütig.
Beobachten Sie Ihre Freunde beim **Teetrinken** und sind selbst dabei, weist das auf gesellschaftliche Vergnügungen hin; Sie bemühen sich, andere in Sorgen zu unterstützen.
Befindet sich **Bodensatz im Tee**, droht Liebeskummer und gesellschaftlicher Ärger. **Verschütten Sie Tee**, hängt der Haussegen schief.
Eine leere Teedose prophezeit Unstimmigkeiten, Klatsch und Neuigkeiten.
Dürstet Sie nach Tee, werden Sie zu Ihrer Überraschung von ungeladenen Gästen beehrt werden. ◎

Kaffee

KAFFEE
Von **Kaffee** zu träumen heißt, daß Freunde Ihre Heiratspläne mißbilligen. Sind Sie bereits verheiratet, kommt es zu heftigen Meinungsverschiedenheiten.

KAFFEEKANNE

Handeln Sie mit **Kaffee** oder verkaufen Sie ihn, deutet das auf geschäftliche Verluste hin. Kaufen Sie selbst **Kaffee**, behalten Sie mit Leichtigkeit Ihren guten Ruf.
Sieht oder serviert eine junge Frau **Kaffee**, wird sie schnell zum Gespött, wenn sie nicht diskret ist.
Röstet eine junge Frau **Kaffee**, entgeht Sie schlimmen Dingen durch eine glückliche Heirat mit einem Fremden.
Wenn Sie gemahlenen **Kaffee** sehen, werden Sie Mißgeschicke erfolgreich überstehen.
Getrocknete **Kaffeebohnen** warnen vor bösen Absichten Fremder.

Grüner Kaffee steht für dreiste Feinde, die Ihnen nicht die richtige Richtung zeigen und Ihren Sturz betreiben. ✺

CAFÉ
Sehen oder besuchen Sie im Traum ein **Café**, sagt das voraus, daß Sie unklugerweise Freundschaften zu Personen pflegen, die Ihnen in Wirklichkeit feindlich gesinnt sind. Besonders Frauen intrigieren gegen Ihre Moral und Ihren Besitz. ✺

KAFFEEMÜHLE
Eine **Kaffeemühle** deutet auf eine kritische Gefahr in naher Zukunft hin; Sie müssen Ihre ganze Energie darauf verwenden, um das Desaster abzuwenden.
Hören Sie sie mahlen, zeigt das, daß Sie ein Übel, das sich gegen Ihre Interessen gestellt hat, kaum überwinden können. ✺

GESELLSCHAFT BEIM KAFFEE

Kleidung und Juwelen

Je nachdem, wie wir uns kleiden und schmücken, hinterlassen wir erste Eindrücke auf unsere Mitmenschen. Träume von Kleidung (oder dem Fehlen derselben) geben Erklärungen darüber ab, wie wir uns in Gesellschaft zu verhalten pflegen. In diesem Abschnitt geht es ganz allgemein um Kleidung, um Stiefel und Schuhe, Hüte und diverse Accessoires.

Kleidung und feines Gewand

FEINES GEWAND
Träumt man von *feinem Gewand,* bedeutet das, daß Erfolg oder Mißerfolg eintreffen werden – je nachdem, wie das Gewand beschaffen ist: hübsch und sauber oder schmutzig.

Sehen Sie feines, aber altmodisches Gewand, ist das ein Vorbote von Glück; Sie verachten jedoch den Fortschritt.

Werfen Sie altmodisches Gewand weg, werden Sie aus Ihrer angenehmen Umgebung herauswachsen und einen Neuanfang in punkto Beziehungen, Liebschaften und persönlicher Unternehmenslust machen.

Sehen Sie sich oder andere in *weißem Gewand,* deutet das auf Veränderung hin; auch können Sie Ihre Traurigkeit fast immer gut ertragen. Gehen Sie mit einer Person, die weißes Gewand trägt, prophezeit das dieser Person Schmerz und Krankheit, außer es ist eine junge Frau oder ein Kind. Dann ist es ein Omen für ein schönes Umfeld, das mindestens eine Jahreszeit lang bestehen bleibt.

Sind Sie selbst oder andere *schwarz gekleidet,* kommt es zu Streit und Enttäuschungen mit Bekannten; auch Geschäfte bleiben hinter den Erwartungen zurück.

Sehen Sie *gelbes Gewand,* steht das für Fröhlichkeit und finanziellen Aufschwung. Huscht es nur vorbei, könnte das Gegenteil eintreten. Träumen Sie von gelbem Gewand, steht Ihnen Glück ins Haus.

Blaues Gewand ist ein Omen dafür, daß Sie Ihre Ziele durch beharrlichen Einsatz und Anstrengung erreichen werden. Freunde unterstützen Sie in Ihren Bemühungen.

Purpurrotes Gewand bedeutet, daß Sie schrecklichen Feinden entgehen werden, indem Sie kurzzeitig Ihre erklärten Absichten ändern.

Grünes Gewand ist ein Zeichen für Wohlstand und Glück.

Sehen Sie *Gewänder* mit *bunten Farben,* steht das für schnellen Wechsel, wobei sich gute und schlechte Einflüsse vermischen werden.

Träumen Sie von *schlechtsitzendem Gewand,* lehnen vertraute Menschen Ihre Zuneigung ab; wahrscheinlich begehen Sie auch in so manchem Vorhaben einen Fehler.

Sehen Sie alte oder junge Menschen in *altersgemäßem Gewand,* weist das auf ein Engagement Ihrerseits hin, mit dem Sie sich keine Freunde machen werden und das Anlaß zu großer Sorge gibt.

Sich in ihrer Kleidung nicht wohl zu fühlen bedeutet für eine Frau, daß sie sich auf ihrer Suche nach gesellschaftlicher Anerkennung mit Rivalinnen herumschlagen muß. Bewundert sie das Gewand anderer, wird sie mit Eifersucht zu kämpfen haben.

Verlieren Sie im Traum irgendein Kleidungsstück, signalisiert das Ärger in der Arbeit und in Liebesangelegenheiten.

Träumt eine junge Frau davon, daß sie ein hauchdünnes schwarzes Kostüm trägt, stehen Trauer und Enttäuschung ins Haus.

Wenn eine junge Frau eine andere mit einem purpurroten Gewand und einem Trauerschleier trifft, sagt das voraus, daß sie von einer anderen ausgestochen wird, außerdem wird sie durch Enttäuschungen zur Frauenhasserin.

Wer diese Träume interpretieren möchte, sollte darauf achten, ob die Gegenstände natürlich aussehen. Sind die Gesichter entstellt und ist das Licht unheimlich, obwohl die Farben hell sind, ist Vorsicht angebracht: Das Mißlingen eines bedeutenden Planes wird Ihnen Schaden zufügen. ◊

KLEIDUNG
Sehen Sie schmutzige und zerrissene *Kleidung,* fallen Sie auf eine Täuschung herein. Vorsicht vor Gefälligkeitsgeschäften mit Fremden!

Träumt eine Frau, daß ihre *Kleidung schmutzig* oder zerrissen ist, wird ihre Tugend in den Schmutz gezogen, wenn sie nicht vor bestimmten Bekannten auf der Hut ist. Saubere neue Kleidung deutet auf Wohlstand hin.

Armut droht, wenn Sie *viele Kleider* besitze. Einem jungen Menschen verheißt dies unerfüllte Hoffnungen und Enttäuschungen. ◊

PAPIERPUPPE

Kleidung und Juwelen

DAMEN IN ELEGANTER KLEIDUNG

Ankleiden und Auskleiden

ANKLEIDEN
Tun Sie sich mit dem *Ankleiden* schwer, bedeutet das, daß schlechte Menschen Ihnen Sorgen bereiten und Sie von Annehmlichkeiten fernhalten werden.

Verpassen Sie Ihren Zug, weil Sie mit dem Ankleiden nicht fertig werden, stehen Ihnen durch die Sorglosigkeit anderer Menschen Ärgernisse bevor. Wollen Sie für sich Zufriedenheit und Erfolg, verlassen Sie sich in Zukunft möglichst nur auf Ihren eigenen Einsatz. ◉

AUSZIEHEN
Ziehen Sie sich aus, werden Sie das Opfer boshaften Klatsches.

Sieht eine Frau den Regierungschef ihres Landes ausgezogen, heißt das, daß bereits begonnene Annehmlichkeiten traurig enden werden. Sie wird darunter leiden, daß sie für ihre Lieben Böses befürchtet.

Sieht sie *andere ausgezogen,* ist das ein Omen für entgangene Freuden, die als Schmerz zurückkommen. ◉

KLEIDERSCHRANK
Ein *Kleiderschrank* prophezeit, daß Sie selbst Ihr Glück durch zu große Gier gefährden.

Wenn Sie nur *wenige Kleidungsstücke besitzen,* suchen Sie nach gefährlichen Herausforderungen. ◉

SCHNEIDER
Ein *Schneider* ist ein Vorzeichen für Sorgen, die Ihnen bei einer Reise begegnen werden.

Haben Sie ein *Mißverständnis* mit einem Schneider, deutet das darauf hin, daß Sie über den Ausgang eines Projektes enttäuscht sein werden.

Nimmt ein Schneider bei Ihnen Maß, signalisiert das Streit und Enttäuschungen. ◉

KLEIDERBÜRSTE
Erscheinen Ihnen *Kleiderbürsten*, zeigt das eine große Aufgabe an, die über Ihnen schwebt. Bürsten Sie eifrig Ihre Kleidung, werden Sie für Ihre Mühe entschädigt werden. ◉

In unserer Kleidung drücken wir unsere Persönlichkeit und unseren Stil aus. Was wir im Traum tragen, muß nicht unserem tatsächlichen Geschmack entsprechen. Man kann auch davon träumen, ständig seine Garderobe zu wechseln, so wie Kinder ihre Puppen oft umziehen *links;* oder von exklusivem Gewand *oben.*

ANKLEIDEN *siehe* ZUG *Seite* 225 ◆ AUSZIEHEN *siehe* KÖNIG, KÖNIGIN, KAISER, KAISERIN *Seite* 86 ◆
SCHNEIDER *siehe* STREIT *Seite* 230 ◆ KLEIDERBÜRSTE *siehe* BÜRSTEN *Seite* 215

Unterwäsche und Nachtwäsche

FISCHBEIN
Sehen Sie **Fischbein** oder arbeiten Sie damit, knüpfen Sie eine erfolgreiche Allianz. ◉

KORSETT
Träumen Sie von einem **Korsett,** sind Sie verwirrt über die Aufmerksamkeit, die Ihnen zuteil wird.

Ist eine junge Frau verärgert, während sie ihr Korsett öffnet oder schließt, neigt sie stark dazu, sich mit ihren Freunden wegen nichtiger Anlässe zu streiten. ◉

HÜFTHALTER
Tragen Sie einen zu engen **Hüfthalter,** werden Sie unter den Einfluß von berechnenden Menschen geraten.

Sehen Sie andere mit Hüfthaltern aus **Samt** oder mit **Juwelen,** bewerten Sie Wohlstand höher als Ehre.

Bekommt eine Frau einen solchen Hüfthalter, bedeutet das, daß ihr Ehren zuteil werden. ◉

NEGLIGÉ
Von einem **Negligé** zu träumen sagt Ihnen ein von Abenteuern und Liebe geprägtes Leben mit einem gleichgesinnten Partner voraus.

Sehen Sie im Traum ein **Negligé in einer Schachtel** liegen, pflegen Sie Beziehungen, die sich noch nach langer Zeit auszahlen. **Trägt** in Ihrem Traum eine Frau ein **Negligé,** prophezeit das die Störung Ihres Lebens durch Liebesabenteuer. ◉

UNTERROCK
Neue **Unterröcke** weisen darauf hin, daß Sie durch Ihren Stolz auf Ihren Besitz zu einem Spottobjekt für Ihre Bekannten werden.

Ihr guter Ruf ist in großer Gefahr, wenn sie verschmutzt oder zerrissen sind.

Sieht sich eine junge Frau mit **seidenen oder sauberen Unterröcken,** wird sie einen liebevollen und starken Ehemann bekommen.

Merkt sie ganz plötzlich, daß sie ihren Unterrock abgelegt hat, muß sie mit vielen Mißerfolgen und Enttäuschungen rechnen.

Sieht sie, wie ihr **Unterrock** auf den **Boden fällt,** während sie sich anzieht oder umhergeht, wird sie es schwer haben, ihren Liebhaber zu behalten; andere Enttäuschungen folgen. ◉

NACHTHEMD
Tragen Sie im Traum Ihr **Nachthemd,** müssen Sie mit einer harmlosen Krankheit rechnen.

Sehen Sie andere so bekleidet, erhalten Sie unliebsame Nachrichten von abwesenden Freunden. Geschäfte erleiden einen Rückschlag.

Erblickt ein Mann seine **Geliebte im Nachthemd,** wird er sie verlieren. ◉

HEMDCHEN

HEMDCHEN
Träumt eine Frau von einem **Hemdchen,** bedeutet das, daß sie sich unschönen negativen Klatsch über sich selbst anhören muß. ◉

Strumpfbänder und Strümpfe

STRUMPF
Strümpfe signalisieren, daß Sie aus einer zügellosen Bekanntschaft Vergnügen ziehen.

Sieht eine junge Frau ihre Strümpfe zerlumpt oder abgenutzt, wird sie durch törichtes, ja unmoralisches Verhalten Schuld auf sich laden.

Trägt sie fein **verzierte Strümpfe,** genießt sie die Aufmerksamkeit von Männern; sie sollte sich gut überlegen, wen sie bevorzugt.

Bevorzugt sie im Traum **weiße Strümpfe,** prophezeit das eine schmerzhafte Enttäuschung oder eine ernste Krankheit. ◉

STRÜMPFE

STRUMPFBAND
Findet ein Mann das **Strumpfband** seiner Geliebten, sagt das für ihn den Verlust von Ansehen für die Frau voraus. Er wird außerdem Rivalen vorfinden.

Träumt eine Frau, daß sie ihr **Strumpfband verliert,** weist das auf einen eifersüchtigen Liebhaber hin.

Einem verheirateten Mann kündigt ein Strumpfband an, daß seine Frau hinter seine Liebschaften kommt und ihm eine heftige Szene macht.

Bewundert eine Frau im Traum **juwelenbesetzte Strumpfbänder** an ihren Beinen, steht eine Enttäuschung im Privatleben bevor; auch ihr Ansehen wird leiden. Träumt sie, daß ihr Liebhaber die Strumpfbänder an ihr befestigt, wird sie seine Zuneigung und Treue behalten. ◉

GAMASCHEN
Gamaschen sagen Vergnügungen und Rivalitäten vorher. ◉

Kleidung und Juwelen

Oberbekleidung

HOSE
Hosen sagen voraus, daß Sie zu unehrenhaften Taten verleitet werden. Ziehen Sie sie links an, weist das darauf hin, daß Sie eine bestimmte Faszination nicht losläßt. ◉

MANTEL
Tragen Sie den *Mantel* eines anderen, werden Sie einen Freund bitten, Ihnen Schutz zu gewähren.

Sehen Sie, daß Ihr *Mantel zerrissen* ist, verlieren Sie einen engen Freund; die Geschäftsaussichten sind trostlos.

Erblicken Sie einen *neuen Mantel,* gelangen Sie zu literarischen Ehren.

Verlieren Sie Ihren *Mantel,* müssen Sie Ihr Glück zurückerobern, nachdem Sie bei Spekulationen zu gutgläubig waren. ◉

ÜBERZIEHER
Erscheint Ihnen ein *Überzieher,* leiden Sie unter Widersprüchen, die von anderen aufgedeckt werden.

Leihen Sie sich einen Überzieher, sagt das voraus, daß Sie durch Fehler von Fremden unglücklich werden.

Sehen Sie einen *neuen Überzieher* oder tragen Sie einen, hält Fortuna höchstpersönlich ihre schützende Hand über all Ihre Wünsche. ◉

LEIBCHEN
Einer jungen Frau, die von einem hübschen *Leibchen* (im Stil eines Kleides) träumt, wird wegen ihrer Findigkeit und ihrer guten Manieren Bewunderung zuteil werden.

Erkennt sie, daß das *Leibchen zerrissen* ist, muß sie wegen illegaler Verwicklungen Tadel einstecken.

Probiert sie ein Leibchen an, wird sie in der Liebe auf Rivalinnen stoßen; wenn es gut zu ihr paßt, wird sie erfolgreich Rivalinnen aus der Bahn schlagen. ◉

....

Träume können von frivolen *Hemdchen gegenüber* oben und *Strümpfen gegenüber* unten und auch von *Arbeitskleidung* handeln *rechts*.

HEMD
Zieht man im Traum sein *Hemd* an, ist das ein Zeichen dafür, daß man sich durch Untreue von seinem Schatz innerlich entfremdet hat.

Verlieren Sie Ihr Hemd, bedeutet das Schmach im Geschäft und in der Liebe. Ein *zerrissenes Hemd* steht für Unglück und ein elendes Umfeld.

Ein *schmutziges Hemd* warnt vor ansteckenden Krankheiten. ◉

MANSCHETTENKNOPF
Manschettenknöpfe sagen voraus, daß Sie kämpfen müssen, um Ihrem Stolz nachzukommen; normalerweise gelingt Ihnen das. Sind die Knöpfe Diamanten und ist der mittlere länger als die anderen, genießen Sie Wohlstand oder eine schöne Zeit mit tollen Freunden. ◉

Pelze und Hermeline

HERMELIN
Tragen Sie dieses erlesene und wertvolle Kleidungsstück, steht das für Begeisterung, einen gehobenen Charakter und Wohlstand. Sehen Sie andere so gekleidet, lernen Sie wohlhabende und gebildete Menschen kennen. Sieht ein Liebhaber seinen Schatz in einem *Hermelin,* ist das ein Omen für Treue. Ist der Hermelin schmutzig, bedeutet dies das Gegenteil. ◉

PELZ
Das Handeln mit *Pelzen* kündigt Wohlstand und Engagement in vielen Aufgaben an.

Sind Sie *in Pelz gekleidet,* müssen Sie sich nicht vor Armut fürchten.

Sehen Sie einen feinen Pelz, stehen Ihnen Ehre und Reichtum ins Haus. Eine junge Frau, die einen wertvollen Pelz trägt, wird einen klugen Mann heiraten. ◉

Arbeitskleidung

SCHÜRZE
Von einer *Schürze* zu träumen deutet für eine junge Frau auf einen Zickzackkurs hin. Einem Schulmädchen, dessen Schürze verloren oder zerrissen ist, stehen schlimme Lektionen und Vorträge von Autoritäten über Anstand bevor. ◉

OVERALLS
Sieht eine Frau einen Mann im *Overall,* täuscht sie sich über den tatsächlichen Charakter ihres Liebhabers. Ist sie verheiratet, wird sie von ihrem Ehemann oft allein gelassen, woraufhin sie ihn der Untreue verdächtigt. ◉

UNIFORM
Erblicken Sie in Ihren Träumen eine *Uniform,* haben Sie einflußreiche Freunde, die Ihnen bei der Erfüllung Ihrer Wünsche behilflich sind.

Einer jungen Frau, die im Traum eine Uniform trägt, wird vorhergesagt, daß sie ihre Gunst einem Mann zuwenden wird, der das zu schätzen weiß und sich mit Liebe bedankt. Legt sie jedoch die Uniform ab, beschwört sie durch ihre Abenteuerlust einen Skandal herauf.

Erscheinen Menschen mit *fremdartigen Uniformen,* zerbrechen durch Kräfte, die Sie nicht beeinflussen können, Freundschafts- oder Familienbeziehungen. Blickt ein Freund oder Verwandter in Uniform traurig drein, oder ist er gar ein Soldat, verheißt das Pech oder längere Abwesenheit. ◉

IN UNIFORM

Schleier und Umhänge

SCHLEIER
Einen *Schleier* zu tragen heißt, daß Sie nicht absolut ehrlich in Ihrer Beziehung sind; Sie müssen sich anstrengen und eine List anwenden, um sie oder ihn zu behalten. Sehen Sie andere mit einem Schleier, werden Sie von falschen Freunden verleumdet und diffamiert.

Ein *alter oder zerrissener Schleier* weist warnend darauf hin, daß in Ihrer Umgebung Täuschung und finstere List gedeihen.

Verliert eine junge Frau im Traum ihren *Schleier,* hat ihr Liebhaber ihre Täuschungen durchschaut und wird sich wahrscheinlich revanchieren.

Sehen Sie einen *Brautschleier,* sagt das eine erfolgreiche Veränderung in naher Zukunft und viel Glück in Ihrer beruflichen Position vorher. Sieht sich eine junge Frau selbst mit einem Brautschleier, befaßt sie sich mit Dingen, die ihr dauerhafte Freude bringen. Geht der Schleier verloren oder kommt es zu einem sonstigen Mißgeschick, bringt das Traurigkeit und Schmerz mit sich.

Einen *Schleier wegzuwerfen* bedeutet Trennung oder Schande.

Sehen Sie einen *Trauerschleier,* steht das für Streß, Ärger und Schwierigkeiten im Geschäft. ◉

UMHANG
Ein *Umhang* verheißt ein unkluges Unterfangen, das Sie unangenehm ins Gerede bringt. ◉

Accessoires

HANDSCHUH
Wer neue *Handschuhe* trägt, sollte bei Geschäften mit anderen Menschen vorsichtig und ökonomisch, aber nicht geldgierig handeln. Ihnen steht ein Gerichtsprozeß und geschäftlicher Ärger bevor; beides geht jedoch zu Ihrer Zufriedenheit aus.

Tragen Sie *alte oder kaputte Handschuhe,* werden Sie hintergangen; Verluste drohen.

Verlieren Sie Ihre *Handschuhe,* läßt man Sie im Stich; Sie verdienen sich einen armseligen Lebensunterhalt.

Finden Sie ein *Paar Handschuhe,* winkt Heirat oder eine neue Liebe.

Zieht ein Mann *Damenhandschuhe* an, deutet das auf eine Frau an seiner Seite hin, die ihm droht, ihn öffentlich bloßzustellen.

Ziehen Sie Ihre Handschuhe aus, haben Sie wenig Erfolg in Geschäfts- und Liebesangelegenheiten. ◉

SCHAL
Ein *Schal* verheißt Schmeichelei und Gewinn. *Verlieren* Sie Ihren *Schal,* steht das für Trauer und Unbehagen. Eine junge Frau bekommt möglicherweise von einem gutaussehenden Mann den Laufpaß. ◉

MUFF
Wer einen *Muff* trägt, ist gegen die Wechselfälle des Lebens gefeit.

Sieht ein Liebhaber seinen Schatz mit einem Muff, wird ein würdigerer Mann seinen Platz einnehmen. ◉

SCHÄRPE
Tragen Sie eine *Schärpe,* streben Sie danach, die Zuneigung einer koketten Person zu behalten.

Kauft eine junge Frau eine Schärpe, ist sie ihrem Liebhaber treu; sie gewinnt an Wertschätzung durch ihre offene und weibliche Art. ◉

SCHUTZBRILLE
Von einer *Schutzbrille* zu träumen ist eine Warnung vor verrufenen Kameraden, die Sie dazu verleiten, Ihr Geld schlecht anzulegen.

Für eine junge Frau bedeutet eine Schutzbrille, daß sie schlechte Ratschläge erhält. ◉

Gürtel und Schnallen

GÜRTEL
Der Besitz eines modernen *Gürtels* weist darauf hin, daß Sie einen Fremden treffen werden, mit dem Sie schlechte Geschäfte machen. Ist der Gürtel aus der Mode, tadelt man Sie wegen Ihrer Unhöflichkeit. ◉

SCHNALLE
Schnallen bedeuten, daß man Sie mit Einladungen an Vergnügungsorte bedrängt; Ihre Dinge drohen durcheinanderzugeraten. ◉

Taschentücher

TASCHENTUCH
Taschentücher im Traum sagen Flirts und Zufallsbekanntschaften voraus.

Verlieren Sie eines, scheitert eine Unternehmung ohne Ihre Schuld.

Sehen Sie *zerrissene Taschentücher,* steht das für Probleme in der Liebe; eine Versöhnung ist unwahrscheinlich, wenn nicht gar unmöglich.

Erscheinen Ihnen schmutzige Taschentücher, werden Sie durch rücksichtslose Verbindungen verführt.

Bei *weißen Taschentüchern* in Mengen widerstehen Sie Schmeicheleien und gelangen zu wahrer Liebe sowie in den Ehestand.

Bunte Taschentücher bedeuten, daß Sie Ihre Unternehmungen, obgleich diese nicht streng tugendhaft sind, mit solcher Klugheit managen, daß sie Ihnen keine Schande machen.

Sehen Sie *Taschentücher aus Seide,* strahlt Ihre charmante, charismatische Art in ihrer ganzen Heiterkeit auf andere aus, so daß Sie das Glück geradezu anziehen.

Einer jungen Frau, die mit dem Taschentuch zum Abschied winkt oder es als Erkennungszeichen benutzt, wird ein fragwürdiges Vergnügen prophezeit; möglicherweise muß sie Schmach erdulden, um sich ihre ausgefallenen Freuden erhalten zu können. ◉

Kleidung und Juwelen

Details

TASCHE
Träumen Sie von Ihrer **Tasche,** kommen böse Manöver auf Sie zu. ◉

EPAULETTEN
Sieht ein Mann sich selbst als Soldat mit **Epauletten,** bedeutet das für eine gewisse Zeit Unglück; letztlich wird ihm jedoch Ehre erwiesen werden.

Wird eine Frau jemandem mit Epauletten vorgestellt, entwickelt sie eine unkluge Zuneigung, die höchstwahrscheinlich mit einem Skandal enden wird. ◉

KRAGEN
Wenn Sie einen **Kragen** tragen, wird man Sie mit Ehren überhäufen, derer Sie kaum würdig sind.

Erscheint einer Frau ein Kragen, hat sie viele Bewunderer, aber keinen aufrichtigen Verehrer. Sie wird vermutlich noch eine ganze Weile Single bleiben. ◉

FLICKEN
Haben Sie sich **Flicken** auf Ihre Kleider genäht, sollten Sie beim Bezahlen von Schulden keinen falschen Stolz an den Tag legen.

Sehen Sie andere Personen mit Flicken, deutet das darauf hin, daß Armut und Not nahe sind.

Entdeckt eine junge Frau **Flicken auf ihren neuen Kleidern,** stehen ihr ausgerechnet dann Schwierigkeiten ins Haus, wenn sie das Glück gemacht zu haben glaubt. Versucht sie die Flicken zu verstecken, möchte sie einen schlechten Charakterzug vor ihrem Liebhaber verbergen.

Näht sie selbst die Flicken, übernimmt sie Pflichten, die ihr eigentlich zuwider sind.

Näht eine Frau **Flicken für die Familie,** steht das für liebevolle Familienbindungen, es kündigen sich aber auch Geldprobleme an. ◉

Accessoires wie ein Sonnenschirm rechts **oder ein extravaganter Fächer kommen gerne in der Traumgarderobe vor.**

Fächer und Sonnenschirme

FÄCHER
Sehen Sie im Traum einen **Fächer,** gibt es gute Neuigkeiten und Überraschungen in nächster Zukunft.

Fächelt sich eine junge Frau **Luft zu** oder wird ihr zugefächelt, ist das ein Versprechen für eine neue, angenehme Bekanntschaft; verliert sie einen alten Fächer, findet sie heraus, daß sich ein guter Freund für andere Frauen interessiert. ◉

SONNENKAPPE
Wer junge Mädchen **Sonnenkappen** tragen sieht, darf sich auf Wohlstand und Vergnügen freuen. Bei einer kaputten Kappe droht jungen Menschen Krankheit und Tod. ◉

Bänder und Troddeln

BAND
Wenn am Kostüm einer Person **Bänder** flattern, zeigt das an, daß Sie fröhliche und gute Bekannte haben. Sorgen des täglichen Lebens werden Sie meistern.

Träumt eine junge Frau, wie sie sich **mit Bändern schmückt,** bekommt sie den erhofften Heiratsantrag; aus Leichtsinn macht sie jedoch einen Fehler.

Sieht sie Mädchen, die **Bänder tragen,** steht das für Rivalinnen in ihren Bemühungen um einen Ehemann.

Kauft sie Bänder, wird sie ein angenehmes und gutes Leben führen.

Ärgert sie sich über die Bänder oder mißfallen sie ihr, tauchen andere Frauen auf, mit denen sie Ehren und Annehmlichkeiten in ihrer Privatsphäre teilen wird. ◉

TRODDEL
Sieht man **Troddeln,** deutet das darauf hin, daß man den Gipfel seiner Sehnsüchte erreichen wird.

Verliert eine junge Frau ihre Troddeln, wird sie einige unangenehme Erfahrungen machen. ◉

Fächer und Sonnenschirme (Forts.)

REGENSCHIRM
Tragen Sie im Traum einen **Regenschirm,** werden Schwierigkeiten und Ärgernisse Sie gefangenhalten.

Erblickt man andere mit Regenschirm, wird man sie darum bitten, mit milden Gaben auszuhelfen.

Einen Regenschirm auszuleihen ist ein Omen für ein Mißverständnis, vielleicht mit einem guten Freund.

Verleiht man einen Regenschirm, droht Kränkung durch falsche Freunde. Verlieren Sie ihn, kommt es zu Problemen mit einem Vertrauten.

Sehen Sie einen in Stücke zerrissenen oder zerbrochenen Regenschirm, werden Sie verleumdet.

Einen löchrigen Regenschirm zu tragen heißt, daß man wegen seines Schatzes oder wegen Bekannten Schmerz und Unwillen empfindet.

Einen **neuen Regenschirm** in der Sonne zu tragen steht für höchstes Vergnügen und Wohlstand. ◉

SONNENSCHIRM
Ein **Sonnenschirm** signalisiert einen Seitensprung. Hat eine junge Frau diesen Traum, steht das für viele Flirts. Eines Tages verwirren sie ihre Gefühle, und schließlich kommt auch noch ihr Liebhaber hinter ihre Neigungen. ◉

SONNENSCHIRM

Beutel

RUCKSACK
Von einem **Rucksack** zu träumen bedeutet, daß Sie Ihr höchstes Vergnügen fernab von Ihren Freunden finden werden.

Bei einer Frau, die einen zerlumpten Rucksack sieht, stehen Armut und Meinungsverschiedenheiten vor der Tür. ◉

Hüte und Kopfbedeckungen

HUT

KOPFBEDECKUNG
Sehen Sie eine wertvolle **Kopfbedeckung,** winken Ruhm und Erfolg. Ist diese **alt und zerlumpt,** müssen Sie Ihren Besitz an andere abgeben. ◉

HAUBE
Eine **Haube** ist ein Omen für Klatsch und Verleumdungen, vor denen Sie sich als Frau besonders in acht nehmen sollten.

Einem Mann, der eine Frau beobachtet, wie sie ihre **Haube bindet,** steht unverhofftes Glück bevor. Seine Freunde sind zuverlässig und treu.

Eine junge Frau unternimmt wahrscheinlich nette, arglose Flirts, wenn ihre **Haube** im Traum **neu** ist und alle Farben außer schwarz hat.

Eine **schwarze Haube** warnt vor falschen Freunden des anderen Geschlechts. ◉

KAPPE
Sieht ein Frau eine **Kappe,** werden ihr demnächst einige Einladungen zu Festen ins Haus flattern.

Einer jungen Frau, deren Schatz eine Kappe trägt, wird vorhergesagt, daß sie in seiner Gegenwart schüchtern ist.

Erblicken Sie eine **Gefangenenkappe,** heißt das, daß Sie Ihr Mut in Gefahrensituationen verlassen wird.

Bei einer **Bergarbeiterkappe** erben Sie eine wichtige Fähigkeit. ◉

HUT
Verlieren Sie im Traum Ihren **Hut,** erwarten Sie schlechte Geschäfte und Fehler von Menschen, die wichtige Angelegenheiten für Sie verwalten.

Träumt ein Mann davon, daß er einen **neuen Hut** trägt, kündigt das eine Orts- und Berufsveränderung an, die sich vorteilhaft auswirken wird. Einer Frau, die einen schönen neuen Hut trägt, wird das Erreichen von Wohlstand prophezeit; auch wird sie das Objekt großer Bewunderung sein.

Bläst Ihnen der Wind **den Hut vom Kopf,** kommt es zu Nachteilen in Geschäften. ◉

STIEFEL
Sehen Sie andere mit **Stiefeln,** werden Sie ganz und gar von der Zuneigung Ihres Schatzes überschüttet.

Tragen Sie **neue Stiefel,** steht das für Glück in Geschäftsangelegenheiten. Geldverdiener bekommen mehr Lohn. **Alte oder verschlissene Stiefel** sagen Krankheit und Fallstricke vorher. ◉

SCHUHE
Träumen Sie, daß Ihre **Schuhe** kaputt und schmutzig sind, machen Sie sich durch unsensible Kritik Feinde.

Haben Sie die Schuhe geschwärzt, steht das für eine Verbesserung in Ihren Geschäften; wichtige Ereignisse stellen Sie zufrieden.

Neue Schuhe sind ein Omen für vorteilhafte Veränderungen. Drücken sie an den Füßen, sehen Sie sich unangenehmen Witzen Ihrer Kameraden ausgesetzt.

Sind die Schuhe **nicht gebunden,** kommt es zu Verlusten, Streit und Krankheit. Träumen Sie, daß man Ihnen nachts die **Schuhe stiehlt,** Sie aber noch Strümpfe haben, droht Verlust, aber es wartet auch ein ausgleichender Gewinn.

Eine junge Frau, die wegen der **Schuhe** an ihren Füßen im Traum **Bewunderung erfährt,** sollte vorsichtig sein und neuen Bekanntschaften, insbesondere Männern, nicht erlauben, sich ihr in vertrauter Art und Weise zu nähern. ◉

HELM
Ein **Helm** steht für drohende Armut und Verluste, die jedoch kluges Handeln abwenden könnte. ◉

KAPUZE
Trägt eine junge Frau im Traum eine **Kapuze,** wird sie bald versuchen, einen Mann vom rechten Pfad und seinen eingegangenen Pflichten abzubringen. ◉

Stiefel und Schuhe

SCHUHMACHER
Ein **Schuhmacher** ist eine Warnung vor Rückschlägen. Träumt eine Frau, daß Ihr Mann oder Liebhaber ein Schuhmacher ist, deutet das auf eine gute Befähigung hin; ihre Wünsche werden erfüllt. ◉

HAUSSCHUHE
Hausschuhe stehen als Warnung, daß Sie gerade dabei sind, eine unglückselige Verbindung oder Intrige zu beginnen. Wahrscheinlich finden Sie Ihr Glück mit einer verheirateten Person; dies wird jedoch in Schwierigkeiten oder einen Skandal umschlagen.

Bewundert man Ihre Hausschuhe sehr, sagt Ihnen das eine Affäre voraus, die Schande mit sich bringt. ◉

HOLZSCHUH
Ein **Holzschuh** bedeutet einsame Wanderungen und Armut. Liebende müssen unter der Untreue des Partners leiden. ◉

HAUSSCHUHE

Kleidung und Juwelen

Das Schatzkästchen des Träumers quillt geradezu über. So kann man von sagenhaften Diamanten und Rubinen ebenso träumen wie von bescheideneren Rheinkieseln oder auch von Modeschmuck und einem einfachen Medaillon. Die meisten Juwelenträume deuten auf glückliche Umstände hin; nur Smaragde ziehen Unglück nach sich.

Spielereien, Spangen und Perlenzierat

KAMEEBROSCHE
Eine **Kameebrosche** verheißt ein trauriges Ereignis, das bald Ihre Aufmerksamkeit erfordert.

DIADEM
Ein **Diadem** ist ein Zeichen für eine bestimmte Ehre, die demnächst an Sie herangetragen werden wird.

MEDAILLON
Träumt eine junge Frau, daß ihr ihr Liebhaber ein **Medaillon** um den Hals legt, stehen ihr viele schöne Angebote offen; sie wird bald heiraten und reizende Kinder bekommen. **Verliert** sie den Schmuck, wird sie mit einem Trauerfall konfrontiert.

Sieht man, wie sein Schatz das **Medaillon zurückweist,** warten Enttäuschungen auf einen. Die von ihm geliebte Frau macht ihm Kummer und benimmt sich ihm gegenüber alles andere als nett.

Zerbricht eine Frau ihr Medaillon, hat sie einen unbeständigen, labilen Ehemann, dem Konstanz in Beruf und Beziehung ein Greuel ist.

MEDAILLON

KLEINE PERLEN
Kleine Perlen bedeuten, daß Ihnen von hoher Stelle Aufmerksamkeit widerfährt. Das **Zählen kleiner Perlen** verheißt ungetrübte Freude und Zufriedenheit.

Reihen Sie kleine Perlen auf, stehen Sie in der Gunst reicher Personen. Streuen Sie Perlen aus, werden Sie unter Ihren Bekannten an Ansehen einbüßen.

HALSKETTE

HALSKETTE
Erhält eine Frau eine **Halskette,** ist das ein Zeichen für einen reizenden Ehemann und ein schönes Zuhause.

Verliert sie eine Halskette, wird sie Schmerz und Trauer erleiden.

ARMBAND
Sehen Sie sich im Traum mit einem **Armband,** das ein Geschenk Ihres Liebhabers oder Freundes ist, naht eine baldige Heirat und glückliche Verbindung.

Verliert eine junge Frau ihr Armband, werden sie Verluste und Täuschungen treffen. **Findet** sie eines, wird sich ihr Besitz vermehren.

Im Extremfall können Ihre Träume zwischen Hüten *gegenüber oben* oder Hausschuhen *gegenüber unten* wechseln. Edelsteine und Juwelen verleihen Ihren Träumen einen zusätzlichen Glanz. Vielleicht geht es um ein einfaches Medaillon *links* oder eine elegante Halskette *oben*.

RING
Wer **Ringe** trägt, darf darauf hoffen, daß neue Unternehmungen erfolgreich verlaufen.

Ein **zerbrochener Ring** sagt Streit in der Ehe oder Trennung für unverheiratete Menschen voraus.

Bekommt eine junge Frau im Traum **einen Ring,** lösen sich ihre Sorgen über das Benehmen ihres Liebhabers bald in Luft auf, weil er sich ihrem Vergnügen und ihren Zukunftsinteressen widmen wird.

Sehen Sie **andere mit Ringen,** ist das ein Omen für wachsenden Wohlstand und viele neue Freunde.

OHRRING
Ohrringe sind ein Vorbote von guten Neuigkeiten und interessanten Aufgaben in der Zukunft.

Bei **zerbrochenen Ohrringen** wird sich Tratsch auf niedrigem Niveau gegen Sie richten.

Ornamentschmuck

Tragen Sie im Traum Ornamentschmuck, *wird Ihnen eine schmeichelhafte Ehre zuteil.*

Bekommen Sie Ornamentschmuck, *sind Ihre Unternehmungen von Glück begleitet. Geben Sie ihn weg, steht das für Rücksichtslosigkeit und Eigensinn. Verlieren Sie ein Teil, müssen Sie einen Liebhaber oder eine gute Gelegenheit vorüberziehen lassen.*

MEDAILLON siehe HALS Seite 92, SCHATZ Seite 124, ZERBRECHEN Seite 265
KLEINE PERLEN siehe ZÄHLEN Seite 180 ◆ HALSKETTE siehe HALS Seite 92 ◆ ARMBAND siehe ARM Seite 97 ◆
RING siehe FINGER Seite 97, ZERBRECHEN Seite 265 ◆ OHRRING siehe OHREN Seite 99

Schmuck und Edelsteine

JUWELEN

Juwelen bedeuten viel Vergnügen und Reichtum; sie zu tragen führt zu gesellschaftlichem Ansehen und Befriedigung.

Sehen Sie andere mit Juwelen, haben Sie oder ein bestimmter Freund hohe Ränge in der Gesellschaft inne.

Träume von *juwelenbesetzten Kleidungsstücken* ziehen Glück nach sich. Erbschaft oder Spekulationsgewinne sorgen für einen Aufstieg.

Erben Sie Juwelen, wird Ihr Wohlstand ungewöhnlich wachsen, wenn auch nicht zur Zufriedenheit.

Geben Sie Schmuck weg, ist das eine Warnung dafür, daß Ihnen ein bestimmter Lebensstand bevorsteht.

Träumt eine junge Frau, daß sie *Schmuck bekommt,* zeigt das große Annehmlichkeiten und eine ersehnte Heirat an. *Verliert sie Juwelen,* trifft sie Menschen, die ihr nur schmeicheln und sie täuschen.

Findet man Juwelen, bringt das glänzende Vorteile in punkto Geschäft und Macht. *Trennen* Sie sich von *Juwelen,* werden Sie unbewußt etwas zu Ihrem Nachteil tun.

Kaufen Sie Juwelen, werden sich die momentanen Angelegenheiten als erfolgreich erweisen, und zwar besonders die Herzensdinge.

EDELSTEINE

Edelsteine sagen ein glückliches Los in Liebe und Geschäften vorher.

SCHMUCK

Zerbrochener *Schmuck* deutet auf bittere Enttäuschung hinsichtlich eines Ihrer innigsten Wünsche hin.

Ist der Schmuck schwer **beschädigt,** hintergehen Sie falsche Freunde; Geschäftssorgen stehen an.

Schmuckkästchen eines Träumers

DIAMANTEN

Von *Diamantenbesitz* zu träumen ist ein sehr günstiger Traum. Er stellt die Anhäufung großer Ehren und hohe gesellschaftliche Anerkennung in Aussicht.

SCHMUCKKÄSTCHEN MIT WERTVOLLEM INHALT

Einer jungen Frau, deren Liebhaber ihr *Diamanten schenkt,* gelingt eine großartige, ehrenhafte Partie, die ihre Verwandtschaft sehr stolz macht; verliert sie jedoch die Diamanten und findet sie nicht wieder, ist das ein sehr ungünstiges Vorzeichen: Schmach, Armut und Tod kündigen sich nämlich auf diese Weise an.

Einer lebenslustigen Frau, die Diamanten sieht, steht eine lange glückliche Zeit mit wertvollen Geschenken bevor; ein Spekulant kann glückliche Transaktionen landen. *Diamanten zu besitzen* verheißt für unternehmungslustige Männer und Frauen dasselbe.

Diamanten bringen Glück, außer wenn sie Toten geraubt werden; dann werden Freunde Ihre Unzuverlässigkeit aufdecken.

AMETHYST

Amethyste repräsentieren Zufriedenheit mit guten Geschäften.

Verliert eine junge Frau einen *Amethyst,* zerbricht ihre Verlobung; Kränkungen in der Liebe folgen.

RUBIN

Wer von einem *Rubin* träumt, wird in Geschäfts- und Liebesspekulationen vom Glück gesegnet sein.

Verliert eine Frau einen *Rubin,* ist das ein Zeichen für baldige Differenzen mit ihrem Liebhaber.

Kleidung und Juwelen

KLEOPATRA, MIT JUWELEN GESCHMÜCKT

SMARAGD

Träumen Sie von einem **Smaragd,** werden Sie ein Vermögen erben, weswegen Sie allerdings mit anderen Schwierigkeiten bekommen.

Sieht ein Liebhaber einen Smaragd oder trägt seine Verlobte Smaragde, wird er von einem reicheren Freier ausgestochen.

Kaufen Sie einen **Smaragd,** ist das ein Vorzeichen für unglückliche Geschäftsabschlüsse.

PERLEN

Perlen verheißen gutes Gelingen der Arbeit, eine gute Geschäftslage und soziale Anerkennung.

Sieht eine junge Frau, wie ihr Liebhaber ihr **Perlen schenkt,** wird sie in der Tat sehr glücklich werden, da ihr viele Vergnügungen und Feste ins Haus stehen; daneben darf sie sich auf eine treue Verlobung bar aller Eifersüchteleien freuen, die den Frieden der Liebenden stören könnten.

Verliert oder **zerbricht sie ihre Perlen,** muß sie durch Verluste und Mißverständnisse unbeschreibliche Traurigkeit und Leiden erdulden.

Bewundert sie die Perlen, wird sie in bester Absicht nach Liebe oder Besitz streben.

ACHAT

Sieht man einen **Achat,** ist das ein Omen für Fortschritte in Geschäftsangelegenheiten.

SARDONYX

Von einem **Sardonyx** zu träumen prophezeit, daß sich eine düstere Umgebung durch Ihren Einsatz gegen die Armut in Nichts auflöst.

Für eine Frau bedeutet dieser Stein einen Besitzzuwachs, außer sie verliert den Stein oder wirft ihn weg; dann könnte sich eine Mißachtung von Gelegenheiten andeuten, mit denen sie ihren Lebensstil hätte verbessern können.

SAPHIR

Der **Saphir** verheißt glücklichen Zuwachs; bei Frauen steht er für eine kluge Wahl des Liebhabers.

TOPAS

Ein **Topas** signalisiert, daß Fortuna ihre Gaben großzügig verteilt und daß Sie mit sehr angenehmen Kameraden an Ihrer Seite rechnen dürfen.

Verliert eine Frau **Topasschmuck,** werden eifersüchtige Freundinnen, die ihre Position einnehmen wollen, sie verletzen. Bekommt sie einen Topas von jemand anderem als einem Angehörigen, steht ihr eine aufregende Liebesaffäre bevor.

TÜRKIS

Ein **Türkis** sagt voraus, daß sich bald ein bestimmter Wunsch erfüllt, der Angehörigen zugute kommt.

Hat eine Frau einen Türkis gestohlen, wird ihre Liebe durchkreuzt. Kommt sie unehrenhaft zu dem Stein, muß sie dafür leiden, daß sie sich in der Liebe zu schnell beeindrucken läßt.

RHEINKIESEL

Rheinkiesel verheißen für eine kurze Zeit Vergnügungen und Gunst.

Träumt eine junge Frau, daß sich ein vermeintlicher **Rheinkiesel als Diamant erweist,** wird sie überrascht sein, daß eine unwichtige Tat sich als Glücksgriff herausstellt.

BLUTSTEIN

Sehen Sie im Traum einen **Blutstein,** droht Ihnen Pech in Ihren Unterfangen. Bekommt eine junge Frau einen Blutstein als Geschenk, folgt Entfremdung von einem Freund; sie lernt aber einen besseren kennen.

BLATTGOLD

Erscheint Ihnen **Blattgold,** steht Ihnen eine Zukunft bevor, die Ihrem Selbstgefühl schmeicheln wird

----

Vielleicht quillt in Ihren Träumen das Schmuckkästchen über *gegenüber* **und verzaubert jedes Auge, vielleicht tragen Sie die Juwelen wie eine Königin** *oben.*

SMARAGD *siehe* VERLOBUNG *Seite* 130 ◆ PERLEN *siehe* GESCHENK *Seite* 240, ZERBRECHEN *Seite* 265, VEREHRUNG *Seite* 259 ◆
TOPAS *siehe* ORNAMENTSCHMUCK *Seite* 161 ◆ TÜRKIS *siehe* STEHLEN *Seite* 246 ◆ RHEINKIESEL *siehe* DIAMANTEN *Seite* 162 ◆
BLATTGOLD *siehe* GOLD *Seite* 71

10 000 Träume

Unterhaltung und Freizeit

Träume, die mit den freudenspendenden Klängen von Musik und dem Rhythmus des Tanzes angefüllt sind, sind meistens Vorzeichen für gute Zeiten. Musik kommt im Traum vor, um den Traumzustand mit harmonischen Aktivitäten im täglichen Leben zu verbinden. In diesem Abschnitt geht es um künstlerische Träume und feierliche Entspannung.

Musik

MUSIK
Harmonische **Musik** steht für Vergnügen und Wohlstand. Musikalische **Dissonanzen** sagen Probleme mit ungezogenen Kindern und Ärger im Haushalt voraus.

MUSIKINSTRUMENT
Musikinstrumente deuten auf vorweggenommene Vergnügungen hin. Sind sie zerbrochen, wird das Vergnügen durch unerfreuliche Gesellschaft getrübt. Jungen Frauen wird die Kraft prophezeit, ihr Leben nach eigenen Vorstellungen zu leben.

DER BLASEBALG DER ORGEL

Tasteninstrumente

DIE OKTAVE

AKKORDEON
Hören Sie im Traum ein **Akkordeon**, werden Sie an Vergnügungen teilhaben, die Sie aus Ihrem trübsinnigen Grübeln herausreißen. Sie können zukünftig Ihre Bürde viel fröhlicher auf sich nehmen.

Eine junge Frau, die sich **Akkordeon spielen** sieht, gewinnt das Herz ihres Liebhabers durch ein bestimmtes trauriges Ereignis; ungeachtet dessen liegt dauerhaftes Glück über ihrer Beziehung. Klingt das Akkordeon falsch, ist das jedoch ein Omen für Krankheit und Liebeskummer.

KLAVIER
Sehen Sie ein **Klavier**, prophezeit das einen freudigen Anlaß. Liebliche und sinnliche Klavierharmonien signalisieren Erfolg und Gesundheit. Wird hingegen unharmonische Musik gespielt, müssen Sie sich bald mit vielen ärgerlichen Angelegneheiten beschäftigen. Trauermusik sagt ebensolche Zeiten voraus.

Finden Sie Ihr **Klavier zerbrochen** und verstimmt vor, werden Sie mit Ihren Fähigkeiten unzufrieden und darüber enttäuscht sein, daß Ihre Freunde oder Kinder keine Auszeichnungen erhalten.

Erblicken Sie ein **altmodisches Klavier**, haben Sie Ratschläge und Gelegenheiten ignoriert; gleichzeitig ist es eine Mahnung, alte Fehler zukünftig zu vermeiden.

Trägt eine junge Frau schwere, aber hinreißende Musik vor, bekommt sie einen mittelmäßigen Freund, der sich aber als sehr fürsorglicher, treuer Liebhaber entpuppt.

ORGEL
Hören Sie eine **Orgel** herrliche Hymnen intonieren, ist das ein Zeichen für dauerhafte Freundschaften und ein gutes Glücksfundament.

Sehen Sie eine **Orgel in der Kirche**, verheißt das eine verzweifelte Trennung in der Familie und vielleicht den Tod eines Angehörigen.

Tragen Sie harmonische Orgelklänge vor, erlangen Sie durch glückliche Fügung irdische Güter und einen hohen gesellschaftlichen Rang.

Klagegesänge mit Orgelbegleitung kündigen Ihnen eine langwierige und uninteressante Aufgabe an, vielleicht auch den Verlust von Freunden oder des Arbeitsplatzes.

ORGANIST
Einen **Organisten** im Traum zu sehen steht für Unannehmlichkeiten, die Ihnen ein voreiliger Freund bereitet.

Hält sich eine junge Frau für *eine Organistin*, bedeutet das, daß sie die Liebe übertreibt, so daß ihr Liebhaber droht, sie zu verlassen.

In Musikträumen lauschen Sie vielleicht den Klängen einer Orgel *links,* **vielleicht lesen Sie auch Noten** *oben* **oder bewundern die virtuosen Riffs eines Bluesgitarristen** *gegenüber.*

Unterhaltung und Freizeit

Streichinstrumente

HARFE
Hören Sie die traurigen, süßen Klänge einer **Harfe,** sagt das den ungünstigen Ausgang einer Sache voraus, die Gewinn versprochen hat.

Sehen Sie eine **zerbrochene Harfe,** bedeutet das Krankheit und einen Treuebruch zwischen Verliebten.

Spielen Sie selbst Harfe, sind Sie zu vertrauensselig. Passen Sie besser auf, wem Sie Ihre Treue schenken.

LAUTE
Spielen Sie im Traum **Laute,** stehen Ihnen freudige Neuigkeiten von entfernten Freunden ins Haus. Auf die **Klänge einer Laute** folgen angenehme Beschäftigungen.

LYRA
Lauschen Sie der Musik einer **Lyra,** verheißt das eine bescheidene Annehmlichkeit, angenehme Beziehungen und reibungslose Geschäfte.

Träumt eine junge Frau, daß sie auf einer Lyra spielt, wird sie die ungeteilte Aufmerksamkeit eines würdigen Mannes genießen.

BANJO
Ein **Banjo** steht für angenehme Vergnügungen.

GITARRE
Besitzen Sie im Traum eine **Gitarre** oder spielen Sie auf ihr, kündigt das eine fröhliche Zusammenkunft und aufrichtige Liebe an. Ist die Gitarre unbesaitet oder zerbrochen, bedeutet das für junge Frauen mit Sicherheit eine Enttäuschung in der Liebe.

Klingt die **Gitarre seltsam,** sollte man sich vor Schmeicheleien und leichte Überredbarkeit in acht nehmen, da man Gefahr läuft, von einem faszinierenden Übel in Versuchung geführt zu werden. Handelt es sich um einen Mann, verliert er wegen verführerischer Frauen den Kopf.

Spielen Sie selbst Gitarre, läuft in Ihrer Familie alles bestens.

DER GITARRIST B.B. KING

FIDEL
Träumen Sie von einer **Fidel,** signalisiert das häusliche Harmonie und viele günstige Gelegenheiten.

VIOLINE
Sehen oder hören Sie eine **Violine,** bedeutet das Harmonie in der Familie; auch um die Finanzen müssen Sie keine Angst haben.

Spielt eine junge Frau Violine, erlangt sie Ehren und bekommt üppige Geschenke überreicht. Spielt sie jedoch nicht gut, wird sie ihren Vorteil verlieren und sich nach Dingen sehnen, die sie niemals ihr Eigentum nennen können wird.

Eine zerbrochene Violine steht für einen Trauerfall und Trennung.

MAULTROMMEL

Träumen Sie von einer Maultrommel, **entwickeln sich Ihre Angelegenheiten gut. Spielen Sie selbst, verlieben Sie sich in einen Fremden.**

Blechblasinstrumente

HORN
Hören Sie **Hornklänge** im Traum, prophezeit das baldige Neuigkeiten mit freudigem Charakter. Sehen Sie ein **zerbrochenes Horn,** steht der Tod oder ein Unfall vor der Tür.

Wenn **Kinder auf Hörnern spielen,** freuen Sie sich über die Übereinstimmung zu Hause.

Bläst eine Frau ein Horn, fürchtet sie sich mehr vor der Eheschließung als ihr Liebhaber.

TROMPETE
Träumen Sie von einer **Trompete,** entwickeln Sie ungewöhnliche Neigungen. **Blasen Sie Trompete,** bekommen Sie Ihre Wünsche erfüllt.

JAGDHORN
Die freudigen Signale eines **Jagdhorns** verheißen ungewöhnliches Glück; unsichtbare Kräfte kümmern sich persönlich um Ihr Wohlergehen.

Blasen Sie ein Jagdhorn, werden Sie glückliche Geschäfte machen.

HARFE siehe ZERBRECHEN Seite 265 ◆ GITARRE siehe ZERBRECHEN Seite 265 ◆ VIOLINE siehe ZERBRECHEN Seite 265 ◆
HORN siehe ZERBRECHEN Seite 265, KINDER Seite 128 ◆ JAGDHORN siehe FREUDE Seite 256

Blasinstrumente

KLARINETTE
Eine **Klarinette** warnt vor Frivolitäten, die unter Ihrer Würde sind.

Ist die Klarinette zerbrochen, ziehen Sie sich den Unwillen eines engen Freundes zu. ◎

FLÖTE
Hören Sie **Flötentöne,** kommt es zu einem angenehmen Treffen mit entfernt lebenden Freunden und profitablen Unternehmungen.

Spielt eine junge Frau **Flöte,** wird sie sich sehr verlieben, weil ihr Geliebter sich bestens benimmt. ◎

PFEIFE
Hören Sie im Traum eine **Pfeife,** werden Sie demnächst aufgefordert, Ihre Ehre oder die eines nahestehenden Menschen zu verteidigen.

Spielen Sie selbst eine Pfeife, bleibt Ihr Ruf einwandfrei, was immer man auch über Sie erzählt. Einer Frau verheißt dieser Traum einen Soldaten zum Ehemann. ◎

DUDELSACK
Gutes Omen, außer der Klang ist schrill und der Spieler zerlumpt. ◎

Schlaginstrumente

BECKEN
Hören Sie im Traum ein **Becken,** stirbt eine sehr betagte Person aus Ihrem Bekanntenkreis. Zwar wird die Sonne scheinen, doch sehen Sie sie etwas verdunkelt. ◎

GONG
Ein **Gong** weist auf einen falschen Alarm in punkto Krankheit oder Verlust hin, der Sie jedoch schwer beunruhigt. ◎

TAMBURIN
Sehen Sie ein **Tamburin,** verheißt Ihnen das Spaß bei einem bestimmten ungewöhnlichen Ereignis, das bald stattfinden wird. ◎

TROMMEL
Beim gedämpften Klang einer **Trommel** bittet ein notleidender Freund aus der Ferne um Ihre Hilfe.

Die Trommel deutet auf einen wohlwollenden Charakter hin. Seeleuten, Bauern und Händlern verspricht sie Wohlstand. ◎

XYLOPHON
Spielen Sie im Traum **Xylophon,** naht eine freudige, glückliche Gelegenheit. Sehen Sie ein **zerbrochenes Xylophon,** signalisiert das, daß Sie in schwierigen Situationen Ratschläge und Gelegenheiten ausgeschlagen haben. Dies sollten Sie in Zukunft vermeiden. ◎

EIN DUDELSACK

Unterhaltung und Freizeit

GESANG

Im Konzertsaal

SYMPHONIE
Von einer **Symphonie** zu träumen verheißt einen erfüllenden Beruf. ◉

ORCHESTER
Gehören Sie einem **Orchester** an, verspricht das angenehme Unterhaltung; Ihr Schatz wird zuverlässig und kultiviert sein.

Hören Sie **Orchestermusik,** werden Sie wegen Ihrer hohen menschlichen Qualitäten stets sehr beliebt sein. Uneingeschränkter Erfolg auf der ganzen Linie ist Ihnen sicher. ◉

KONZERT
Erleben Sie ein virtuoses **Konzert,** verheißt das entzückende Vergnügungen; Schriftsteller(innen) werden von der Muse geküßt.

Geschäftsleuten sagt der Konzerttraum Erfolg in Handelsbeziehungen voraus, jungen Menschen reines Glück und treue Liebe.

Gemischte Konzerte mit Ballett und Sängern deuten auf fehlende Übereinstimmung mit Kameraden und undankbare Freunde hin. Die Geschäfte trifft ein Rückschlag. ◉

QUARTETT
Ein **Quartett** steht für glückliche Geschäfte, lustige Kameraden und eine gute Zeit.

Sehen oder hören Sie ein Quartett, streben Sie nach etwas, was unter Ihrem Niveau ist. ◉

Die menschliche Stimme

SERENADE
Hören Sie eine **Serenade,** erhalten Sie gute Nachrichten von Freunden aus der Ferne; Ihre Erwartungen werden nicht enttäuscht.

Singen Sie selbst Serenaden, kommen in Zukunft viele entzückende Dinge auf Sie zu. ◉

LIED
Hören Sie ein **Lied,** deutet das eine fröhliche Seele und glückliche Kameraden an. Aus der Ferne erwarten Sie vielversprechende Neuigkeiten.

Singen Sie im Traum, während in Ihrer Umgebung alles bestens läuft, wird Eifersucht Ihnen die Freude verderben. Ist das Lied traurig, sind Sie über den Verlauf der Dinge unangenehm überrascht. **Obszöne Lieder** sagen grauenhafte, extravagante Verschwendung vorher. ◉

BASS
Haben Sie im Traum eine **Baßstimme,** werden Sie in Ihrem Geschäft eine Unstimmigkeit entdecken, die durch den Betrug eines Ihrer Mitarbeiter verschuldet wurde. Liebende müssen mit Entfremdung und Streit rechnen. ◉

EIN KONZERT

DUETT
Für Liebende bedeutet ein **Duett** ein friedliches und ruhiges Leben; Streit ist nicht in Sicht. Geschäftsleute verspüren eine leichte Konkurrenz. Musikanten sagt ein Duett Wettbewerbe und Rangeleien vorher.

Hören Sie ein **Gesangsduett,** gibt es schlechte Nachrichten aus der Ferne; diese sind aber nicht das letzte Wort – Freude ersetzt bald Unannehmlichkeiten. ◉

CHOR
Ein **Chor** sagt Ihnen erfreuliche Umstände voraus, die düstere Gedanken und Unzufriedenheit vertreiben.

Singt eine junge Frau in einem **Chor,** heißt das, daß sie über die Aufmerksamkeit, die ihr Liebhaber anderen schenkt, sehr unglücklich sein wird. ◉

....

Das Repertoire von Träumen kann von der stürmischen Melodie des Dudelsacks *links unten* über ein großes Konzert *Mitte* bis hin zum Chorgesang *oben* reichen.

ORCHESTER *siehe* MUSIK Seite 164, MUSIKINSTRUMENT Seite 164 ◆ KONZERT *siehe* BALLETT Seite 168 ◆ CHOR *siehe* FREUDE Seite 256, STIMME Seite 276 ◆ BASS *siehe* STIMME Seite 276 ◆ CHOR *siehe* KIRCHE Seite 189

Lieder und Märsche

HYMNE
Gesungene **Hymnen** stehen für Zufriedenheit zu Hause und durchschnittliche Aussichten in Geschäftsangelegenheiten.

KOMISCHES LIED
Komische Lieder kündigen an, daß Sie eine Gelegenheit mißachten werden, Ihre Geschäfte voranzutreiben und Annehmlichkeiten zu genießen.

Singen Sie ein lustiges Lied, erwarten Sie für eine bestimmte Zeit viele Vergnügungen; Schwierigkeiten werden Sie bald überwältigen.

SHANTY
Shanties zeigen an, daß Sie der Gesundheit zuliebe umziehen werden. Der Traum warnt vor abnehmendem Wohlstand.

MARSCH
Marschieren Sie zu **Marschmusik**, wollen Sie Soldat oder öffentlicher Würdenträger werden; Sie sollten sich jedoch alles gut überlegen, bevor Sie eine solche Entscheidung treffen.

Wenn Frauen im Traum **Männer marschieren** sehen, tendieren sie in ihrer Zuneigung zu Männern in öffentlichen Positionen. Sie sollten besonders auf ihren Ruf achten; sie könnten von Männern leicht enttäuscht werden.

MARINEKORPS

Auf dem Tanzparkett

TANZ
Sieht eine verheiratete Person eine Gruppe von Kindern beim fröhlichen Tanz, **steht das für reizende, gehorsame und kluge Kinder sowie für ein fröhliches, bequemes Zuhause. Jungen Menschen verheißt der Traum einfache Aufgaben und viel Vergnügen.**

Sehen Sie ältere Menschen tanzen, **prophezeit das gute geschäftliche Aussichten. Tanzen Sie selbst, lächelt Ihnen unerwartetes Glück zu.**

TANZLEHRER
Träumen Sie von einem Tanzlehrer, **werden Sie wichtige Angelegenheiten wegen Frivolitäten vernachlässigen.**

Eine junge Frau, deren Liebhaber ein Tanzlehrer ist, **hat einen Freund, der in seiner Glücks- und Lebensauffassung völlig mit ihr übereinstimmt.**

POLKA
Tanzen Sie im Traum Polka, **ist das ein gutes Omen für reizvolle Beschäftigungen.**

QUADRILLE
Eine Quadrille **sagt voraus, daß angenehme Unterfangen Ihre Freizeit voll und ganz beanspruchen werden.**

MENUETT
Sehen Sie ein Menuett, **verheißt das eine schöne Zeit mit angenehmen Kameraden.**

Tanzen Sie selbst, ist Ihnen das Glück hold und häusliche Freuden stehen an.

GIGUE
Eine Gigue **deutet auf einen fröhlichen Beruf und heitere Vergnügungen hin.**

Sehen Sie Ihren Schatz eine Gigue tanzen, hat Ihr Freund fröhliche und hoffnungsvolle Anlagen. Sehen Sie Gigue tanzende Ballettmädchen, kündigt das Ihre Verstrickung in unwürdige Amüsements und Vergnügungen auf niederem Niveau an.

WALZER
Sehen Sie bei einem Walzer **zu, sagt das voraus, daß Sie Beziehungen zu einer fröhlichen und abenteuerlustigen Person pflegen.**

Tanzt eine junge Frau einen Walzer mit ihrem Geliebten, **wird sie bald das Objekt großer Bewunderung sein, aber niemand will sie zur Frau nehmen.**

Sieht sie ihren Liebhaber beim Walzer mit einer Nebenbuhlerin, **wird sie Hindernisse überwinden.**

Tanzt sie Walzer mit einer Frau, ist sie wegen ihrer Tugenden und gewinnenden Art beliebt.

Sieht sie Personen, die wie verrückt Walzer tanzen, ist sie so sehr in Vergnügungen verstrickt, daß sie schwerlich den Avancen ihres Liebhabers und männlicher Bekannter widerstehen kann.

BALLETT
Ein Ballett **steht für Untreue in der Ehe sowie für berufliches Scheitern, Meinungsverschiedenheiten und Eifersüchteleien zwischen Liebenden.**

In etwas lebhafteren Musikträumen können Sie sich als Mitglied einer Marschkapelle *links* oder beim Tanz mit Ihrem Partner *Hintergrund* wiederfinden.

Unterhaltung und Freizeit

Auch Träume von Stücken und Schauspielern oder den Tricks und Täuschungen der Magier und Hypnotiseure sind lediglich Illusionen; selten lassen sich ihnen klare Bedeutungen zuordnen. Dieser Abschnitt schließt auch Träume von elektronischen Medien ein, die einen trügerischen Reiz haben.

Die Bretter, die die Welt bedeuten…

AMATEUR
Sehen Sie einen **Amateurschauspieler** auf der Bühne, werden sich Ihre Hoffnungen erfüllen. Wird eine **Tragödie** aufgeführt, können schlimme Dinge Ihr Glück trüben. Ist Ihr Traum undeutlich, werden Sie mit einer schnellen, deutlichen Niederlage in einem Unterfangen außerhalb Ihrer üblichen Geschäfte konfrontiert.

SCHAUSPIELER(IN)
Sehen Sie im Traum eine **Schauspielerin,** deutet das auf einen Zustand ungebrochenen Glücks hin. Ist sie erschöpft, setzen Sie gerne Ihren Einfluß ein, um einen Freund aus Elend und von Schulden zu befreien.

Halten Sie sich selbst für eine Schauspielerin, müssen Sie um Ihre Existenz kämpfen; Ihr Einsatz zahlt sich jedoch aus.

Lieben Sie im Traum eine Schauspielerin, verbinden Sie Angenehmes mit Nützlichem und widersetzen sich großen Mühen erfolgreich.

Ein **toter Schauspieler** oder eine tote Schauspielerin stehen für schweres Elend, das Ihr Glück verdrängt.

Erblicken Sie **Schauspieler mittellos umherziehen,** sagt das voraus, daß sich einiges bei Ihnen verändern wird – Scheitern droht. Wer in bequemen Verhältnissen lebt, muß mit Umsturz und Treuebrüchen rechnen.

Träumt eine junge Frau, daß sie **mit einem Schauspieler liiert ist** oder ihn heiratet, verheißt das Reue, nachdem das Vergnügen verschwunden ist.

Sieht ein Mann, daß er sich **mit einer Schauspielerin die Zeit vertreibt,** stehen ihm Spannungen mit seiner Frau oder seinem Schatz bevor, die ihm mehr Ärger als Freude bereiten.

STÜCK
Besucht eine junge Frau ein **Stück**, sagt das eine Heirat voraus, um ihre Lebensaussichten zu verbessern. Gibt es Ärger bei der Hin- oder Rückfahrt oder hat das Stück widerliche Szenen, lauern unangenehme Überraschungen.

DRAMA
Erleben Sie ein **Drama**, steht Versöhnung mit entfernten Freunden an.

Langweilen Sie sich bei einem Drama, werden Sie bei einer Unterhaltung oder einem Geheimnis zur Gesellschaft mit einem unerfreulichen Zeitgenossen gezwungen.

Schreiben Sie ein Drama, stürzen Sie sich in Schuld und Elend, aus dem Sie jedoch wie durch ein Wunder wieder herauskommen.

KOMÖDIE
Sind Sie Zuschauer bei einem **amüsanten Stück,** deutet das auf närrische, kurzlebige Vergnügungen hin. Sehen Sie eine **Komödie,** ist das ein Vorzeichen für lockere Vergnügungen und angenehme Aufgaben.

TRAGÖDIE
Der Traum von einer **Tragödie** kündigt Mißverständnisse und schwerwiegende Enttäuschungen an.

Sind Sie in eine **Tragödie verwickelt,** zieht ein Unglück herauf, welches Sie in Trauer und Gefahr stürzen wird.

SHAKESPEARE
Erscheint Ihnen **Shakespeare,** bedeutet das Unglück und düstere Aussichten, die Ihnen bei aktuellen Dingen angst machen. Außerdem ersetzen Sie Liebe durch billige Leidenschaft.

Lesen Sie Shakespeares Werke, werden Sie auch in Zukunft Ihre literarischen Fertigkeiten unabänderlich pflegen.

Theater und Oper

THEATER
Ein **Theater** zu besuchen verheißt, daß Sie mit neuen Freunden viel Spaß haben werden. Ihre persönlichen Angelegenheiten werden sich positiv entwickeln. Spielen Sie selbst, ist das Vergnügen nur kurz.

Besuchen Sie ein **heiteres Singspiel,** gefährden dümmliche Vergnügungen Ihren Wohlstand. Ist es eine Oper, steht Erfolg ins Haus.

Applaudieren und lachen Sie im Theater, werden Sie zur Phantasiebefriedigung eine Pflicht opfern.

Träumen Sie, daß Sie wegen Feuer oder einer Panik aus dem Theater fliehen, werden Sie sich in zweifelhafte Machenschaften verstricken.

PANTOMIME
Sehen Sie **Pantomimen,** werden Sie von Ihren Freunden getäuscht. Nehmen Sie selbst daran teil, haben Sie einen Grund zum Angriff. Ihre Geschäftsaktivitäten zeitigen nur wenig zufriedenstellende Ergebnisse.

OPER
Besuchen Sie eine **Oper,** werden Sie von Freunden gut unterhalten; unmittelbare Geschäfte laufen günstig für Sie.

SCHAUSPIELER(IN) *siehe* **LIEBE** *Seite* 124, **TOD** *Seite* 120, **ALMOSENEMPFÄNGER** *Seite* 244, **VERLOBUNG, HEIRAT** *Seite* 130
DRAMA *siehe* **SCHREIBEN** *Seite* 232 ◆ **THEATER** *siehe* **LACHEN** *Seite* 256, **ENTKOMMEN** *Seite* 266, **FEUER** *Seite* 80

Tricks und Betrug

HYPNOTISEUR
Träumen Sie, daß Sie **hypnotisiert** sind oder unter fremdem Einfluß stehen, deutet das ein Desaster an; Feinde schlagen Sie in ihren Bann. Verzaubern jedoch Sie selbst andere, beweisen Sie bei der Beherrschung Ihrer Umgebung Willenskraft.

Sieht eine junge Frau, daß sie sich unter seltsamen Einflüssen befindet, bedeutet das eine plötzliche Gefahr.

Erscheinen Ihnen **Hypnosevorstellungen** und **Taschenspielerkunststücke**, drohen Sorgen und Schwierigkeiten im geschäftlichen und häuslichen Umfeld sowie ungesunde Bedingungen.

Erleben Sie, wie ein Hypnotiseur andere hypnotisiert und sich danach Ihnen zuwendet, jedoch scheitert, verheißt das bevorstehenden Ärger, den Ihre Freunde nicht abwehren können. Sie selbst sind jedoch imstande, Ihren eigenen Ärger erfolgreich abzuwenden.

KARTENTRICK

ZAUBERER
Der Traum von einem **Zauberer** bedeutet unangenehme Erfahrungen, die Sie auf der Suche nach Wohlstand und Lebensglück machen werden.

ZAUBERTRICK
Zeigen Sie selbst einen **Zaubertrick** oder sehen anderen dabei zu, kommen Sie bald in eine Lage, in der Ihr ganzer Einsatz und Ihre Kraft gefragt sein werden, um sich mit viel Anstrengung daraus befreien zu können.

Künstlercharaktere

HARLEKIN UND HANSWURST

HARLEKIN
Ein **Harlekin** ist ein Omen für Schwierigkeiten.

Wenn ein **Harlekin** Ihnen ein **Schnippchen** schlägt, werden Sie Mühe haben, bestimmte Ansprüche, die Ihnen Gewinn versprechen, zu erkennen.

Sind Sie als **Harlekin verkleidet**, steht das für leidenschaftlichen Irrtum, Kraftvergeudung und sinnlose Attacken auf Ihren Geldbeutel. Berechnende Frauen drohen, Sie vom Pfad der Tugend abzubringen.

AKROBAT
Sehen Sie **Akrobaten**, werden Sie die Bedenken anderer davon abhalten, gefährliche Pläne auszuführen.

Sind Sie **selbst der Akrobat**, bekommen Sie das Gefühl, um etwas bitten zu müssen; Ihr Leben wird unerträglich, weil Gegner Sie andauernd verspotten.

Halten sich Frauen für **Akrobatinnen**, ist ihr Ruf gefährdet. Geschäftliche Sorgen drohen. Sieht eine junge Frau Akrobaten **in engem Gewand**, erfreut sie sich der Gunst von Männern.

BAUCHREDNER
Ein **Bauchredner** steht für verräterische Umstände, die Ihren Interessen schaden.

Träumen Sie, Sie seien selbst einer, werden Sie sich bei Menschen, die es gut mit Ihnen meinen, unehrenhaft aufführen.

Eine junge Frau, die die **Stimme** eines Bauchredners verwirrt, wird belogen und in verbotene Abenteuer gezogen.

NARR
Wem ein **Narr** erscheint, der wird in Zukunft wichtige Dinge ignorieren und nach törichten Ausschau halten.

CLOWN
Ein **Clown** prophezeit Ihnen die baldige Beteiligung an frivolen Beziehungen.

Ist der **Clown** im Traum aber **böse**, bedeutet das, daß jemand, den Sie für vertrauenswürdig halten, ein böses Doppelspiel mit Ihnen spielt.

Ist der **Clown traurig**, wird jemand, der Ihnen nahesteht, Ihre Absichten nicht ernst nehmen.

Sind Sie im Traum **selbst ein Clown**, werden Sie in naher Zukunft tiefe Erniedrigung erfahren und zwischen Gedemütigten Ihr Dasein fristen.

Unterhaltung und Freizeit

Aufnahmen und Rundfunk

ELEKTRONISCHE MEDIEN

PLATTENSPIELER
Ein Plattenspieler *im Traum sagt Annehmlichkeiten und Wohlstand vorher. Häuslicher Frieden ist Ihnen sicher.*

KASSETTENREKORDER
Hören Sie etwas aus dem Kassettenrekorder*, werden Aussprüche aus der Vergangenheit Sie einholen. Man wird Ihre Worte gegen Sie verwenden – und zwar in einer Art, die tief in Ihr Leben eingreift, falls bestimmte Leute Wind davon bekommen.*

CD
Eine CD *ist ein Omen dafür, daß Sie bald eine neue Romanze genießen dürfen, die sich bestens entwickelt.*

CAMCORDER
Benutzen Sie einen Camcorder*, kündigt dies an, daß bald ein wichtiges und aufregendes Ereignis in Ihrem Leben stattfinden wird.*

RADIO
Hören Sie Radio*, verheißt das die Ankunft eines bestimmten neuen und netten Kameraden, der sich voll dafür einsetzt, Ihre Lebensqualität zu erhöhen.*

Spielt das Radio, deutet das auf auf zu erwartende Annehmlichkeiten und Wohlstand hin.

FERNSEHEN
Sehen Sie fern und gefällt Ihnen das, was Sie sehen, nicht, signalisiert das, daß Sie zu leicht durch andere zu beeinflussen sind.

Träumen Sie, daß Sie selbst im Fernsehen auftreten, sind Sie zu sehr mit Ihrem Äußeren beschäftigt. Ihre Oberflächlichkeit wird Ihnen Kummer bereiten.

FERNBEDIENUNG
Benutzen Sie im Traum eine Fernbedienung, sind Sie bald in eine durch Manipulation herbeigeführte Beziehung involviert.

Fragen und Antworten

RÄTSEL
Der Sinn von **Rätseln** ist Verwirrung und Unzufriedenheit.

Versuchen Sie im Traum ein **Rätsel** *zu lösen,* werden Sie sich an einem Unternehmen beteiligen, das Zeit und Geld kostet.

QUIZ
Machen Sie ein **Quiz** oder einen Test, kommen bald wichtige geschäftliche Gelegenheiten auf Sie zu.

Versagen *Sie beim Quiz,* sagt Ihnen das einen finanziellen Verlust vorher.

Stimmen Ihre Antworten, stehen Wohlstand und Frieden ins Haus.

Sind Sie ***nicht in der Lage,*** beim Quiz irgend etwas ***zu antworten,*** deutet das auf Stagnation und die Unfähigkeit hin, ein Teilhindernis zu überwinden.

FERNSEHQUIZ
Sehen Sie sich selbst als Kandidaten in einem **Fernsehquiz,** werden Sie bald sehr unbequeme und dubiose Fragen zu beantworten haben.

Verlieren *Sie beim Fernsehquiz,* wird Ihr guter Ruf besudelt; gewinnen Sie aber, wird Ihre Ehre wiederhergestellt.

DER QUIZKANDIDAT

Künstlercharaktere, die Ihnen im Traum erscheinen können, sind der Harlekin und der Clown *gegenüber*; die flinke Hand des Zauberers *gegenüber* könnte Sie selbst im Traum täuschen; vielleicht träumen Sie von elektronischen Medien *ganz oben* oder sehen sich selbst als Kandidaten in einem Fernsehquiz *oben*.

PLATTENSPIELER, KASSETTENREKORDER, CD, RADIO siehe MUSIK Seite 164 ◆ QUIZ siehe FEHLSCHLAG Seite 258

10 000 Träume

Unterhaltungsträume (Tanzbälle, Diskobesuche oder Karneval) sagen für das wirkliche Leben meist Vergnügungen vorher. Allerdings können Massenveranstaltungen ebenso bedrückend wie inspirierend sein, und Masken können täuschen und verschleiern. Deshalb ist bei der Interpretation solcher Träume Vorsicht angebracht.

Musik, Tanz und Maskerade

UNTERHALTUNG
Träumen Sie von **Unterhaltung** mit Musik und Tanz, stehen Ihnen gute Nachrichten aus der Ferne, Gesundheit und Wohlstand ins Haus. Junge Menschen dürfen sich auf viele verschiedene Vergnügungen und großes Ansehen bei Freunden freuen.

MASKERADE
Nehmen Sie an einer **Maskerade** teil, heißt das, daß Sie närrischen, gefährlichen Vergnügungen frönen – zum Nachteil Ihrer geschäftlichen Angelegenheiten und häuslichen Pflichten.

Für eine junge Frau bedeutet die Teilnahme an einer Maskerade, daß sie einer Täuschung aufsitzt.

MASKE
Tragen Sie eine **Maske,** signalisiert das zeitweiligen Ärger. Ihr Verhalten einem lieben Menschen gegenüber wird fehlinterpretiert, ebenso Ihre ganzen Hilfsbemühungen. Jedoch werden Sie aus der zeitweiligen Entfremdung Gewinn schöpfen.

Sehen Sie **andere maskiert,** müssen Sie Falschheit und Neid bekämpfen.

Erblicken Sie im Traum eine Maske, erweist sich jemand Ihnen gegenüber als unzuverlässig; Ihre Geschäfte werden ebenfalls leiden.

Trägt eine junge Frau im Traum eine **Maske,** sagt das voraus, daß sie sich einer bestimmten freundlichen Person geradezu aufdrängt.

Nimmt sie die **Maske ab** oder tun das andere, wird sie die ersehnte Bewunderung nicht erhalten. Sie sollte sich in Bescheidenheit üben.

Im Traum kann man alle Aufregungen eines Maskenballs *rechts* ebenso miterleben wie den großartigen Spaß des Straßenkarnevals *gegenüber.*

TANZBALL
Hübsch und fröhlich gekleidete Menschen, die tanzen, sind ein sehr gutes Omen. Sind sie jedoch schlechter Laune oder ärgern sich über andere, kündigt sich ein baldiger Todesfall in der Familie an.

DISKOTHEK
Sind Sie im Traum in einer **Diskothek,** bedeutet das, daß Sie bald durch eine neue Beziehung abgelenkt und verwirrt werden; Sie sind geradezu besessen.

FRÖHLICHE MASKERADE

UNTERHALTUNG *siehe* MUSIK Seite 164, TANZ Seite 168 ◆ MASKE *siehe* ORNAMENTSCHMUCK Seite 161 ◆
TANZBALL *siehe* SCHÖNHEIT Seite 100, MUSIK Seite 164, KUMMER Seite 257 ◆ DISKOTHEK *siehe* TANZ Seite 168

Unterhaltung und Freizeit

Feiertage und Urlaub

EMPFANG
Wohnen Sie einem *Empfang* bei, erwarten Sie bald angenehme Verabredungen. Ein Durcheinander beim Empfang wird Sie beunruhigen.

JUBILÄUM
Träumen Sie von einem *Jubiläum*, können Sie bald an angenehmen Unternehmungen teilhaben. Für eine junge Frau sagt dies eine Hochzeit und weltliches Glück voraus.

Ein *religiöses Jubiläum* deutet auf eine enggefaßte, aber bequeme Umwelt hin.

URLAUB
Befinden Sie sich im *Urlaub,* sagt das vorher, daß demnächst interessante Fremde Ihre Gastfreundschaft in Anspruch nehmen werden.

Glaubt eine junge Frau, daß ihr ein *Urlaub nicht gefällt,* hält sie sich selbst nicht für attraktiv genug, um einen Freund zurückzugewinnen.

KARNEVAL
Nehmen Sie aktiv am *Karneval* teil, verheißt Ihnen das den Genuß eines bestimmten ungewöhnlichen Vergnügens oder einer Entspannung.

Finden im Karneval *Masken* Anwendung oder sehen Sie unpassende Kostüme oder Clownsfiguren, signalisiert das Zwietracht zu Hause, schlechte Geschäfte und nicht erwiderte Liebe.

FEST
Erscheinen Sie auf einem *Fest*, deutet das Gleichgültigkeit gegenüber der Realität an; eine ausschweifende Liebe beschleunigt den Alterungsprozeß. Ungewollt werden Sie von anderen abhängig sein.

UMZUG
Ein *Umzug* steht für die Furcht, daß Ihre Erwartungen enttäuscht werden. Handelt es sich um einen Leichenzug, erwartet Sie Trauer, die ihre Schatten auf Ihre Vergnügungen werfen wird.

Sehen Sie einen *Fackelzug* oder nehmen selbst daran teil, werden Sie sich an Lustbarkeiten beteiligen, die Ihre Verdienste schmälern.

Feuerwerk

FEUERWERK
Ein *Feuerwerk* prophezeit Freude und Gesundheit. Einer jungen Frau mit diesem Traum stehen interessante Reisen an entfernte Orte sowie gute Unterhaltung bevor.

FEUERWERK

LEUCHTKUGEL
Leuchtkugeln sind ein Zeichen dafür, daß Sie bald die gewünschten Annehmlichkeiten und Positionen erreichen.

Wenn Sie sich vorstellen, daß Sie eine Leuchtkugel haben, die leer ist, werden Sie über den Besitz eines Objekts enttäuscht sein, das Sie schon lange haben wollten.

KARNEVAL

Volksfeste

VOLKSFEST
Sind Sie im Traum auf einem *Volksfest*, stehen Ihnen gewinnbringende Geschäfte ins Haus; auf einen Kameraden können Sie sich verlassen.

Einer jungen Frau kündigt dies einen freundlichen und ausgeglichenen Lebenspartner an.

VERGNÜGUNGSPARK
Befinden Sie sich in einem *Vergnügungspark,* deutet das darauf hin, daß Sie bald Urlaub haben werden.

Machen Sie eine Fahrt, können Sie damit rechnen, daß Sie mehr Freude haben werden und sich weniger um Verbote kümmern müssen.

KARUSSELL
Fahren Sie *Karussell,* müssen Sie sich in Ihrem Leben mit Stagnation abfinden. Sehen Sie andere Karussell fahren, zeigt das unerfüllte Hoffnungen und Wünsche an.

Steht das Karussell abgelegen und fernab von allem Trubel, drohen Verhängnis und Unglück.

JUBILÄUM *siehe* RELIGION Seite 277 ◆ KARNEVAL *siehe* MASKE Seite 172 ◆ UMZUG *siehe* FACKEL Seite 216 ◆
LEUCHTKUGEL *siehe* KERZE Seite 216 ◆ KARUSSELL *siehe* REITEN Seite 33

Sport, Spielzeug & Spiele

In Ihren Träumen können Sie von Sport zu Sport gehetzt werden, und in der Traumarena gibt es eine Vielzahl von Sport- und Spielarten. Insgesamt sind solche Träume positiv und erholsam: Da viele von ihnen jedoch Ihre Leistungsgrenzen aufzeigen, sollten Sie diesen Träumen große Aufmerksamkeit schenken, wenn Sie sich im Wachleben im Wettbewerb befinden.

Jagen, Schießen und Angeln

ANGELN
Vom **Fischfang** zu träumen ist positiv. Geht jedoch kein Fisch ins Netz, wird sich dies negativ auswirken. ◎

JAGEN
Gehen Sie im Traum auf die **Jagd**, werden Sie nach Unerreichbarem streben. Stellen Sie **Wild**, können Sie Hindernisse überwinden und Wünsche verwirklichen. ◎

WILD
Erlegt man **Wild**, deutet dies auf glückliche Unternehmen, doch selbstsüchtige Beweggründe hin. Gelingt es Ihnen nicht, das Wild zu erlegen, besagt dies schlechte Planung und Verlust. ◎

EIN JÄGER

Wassersport

TAUCHEN
Tauchen Sie in klarem Wasser, werden Sie ein Problem zu Ihrer Zufriedenheit lösen. Ist das Wasser trüb, wird Sie die Wendung Ihrer Anlegenheiten ängstigen.

Andere beim Tauchen zu sehen verheißt sympathische Gefährten.

Träumen **Verliebte vom Tauchen**, werden glückliche Träume und leidenschaftliche Liebe wahr. ◎

SCHWIMMEN
Schwimmen Sie und verspüren dabei kein Unbehagen, werden Sie erfolgreich sein. Gehen Sie unter, wird Ihnen große Unzufriedenheit prophezeit.

Schwimmt eine Frau **mit einer Freundin**, die meisterhaft schwimmt, wird sie für ihren Charme geliebt. Ihre kleinen Liebesaffären werden von ihren Freunden geduldet.

Schwimmt man **unter Wasser**, sagt dies Kämpfe und Ängste voraus. ◎

Ballspiele

BASEBALL
Sehen Sie einen **Baseball**, sind Sie leicht zufriedenzustellen. Ihr Frohsinn macht Sie zu einem begehrten Gefährten.

Träumt eine junge Frau, sie **spiele Baseball**, wird ihr viel Vergnügen, jedoch kein wirklicher Gewinn vorausgesagt. ◎

GOLF
Spielt man **Golf** oder sieht sich ein Golfspiel an, wird man sich angenehmen und wechselnden Wünschen hingeben.

Steht Unerfreuliches in Verbindung mit Golf, werden Sie von einer gedankenlosen Person bloßgestellt. ◎

Schlittschuh- und Rollschuhlaufen

SCHLITTSCHUH- UND ROLLSCHUHLAUFEN
Schlittschuhlaufen warnt vor dem Verlust des Arbeitsplatzes. Brechen Sie im Eis ein, werden Ihnen fragwürdige Freunde Ratschläge erteilen. **Andere beim Schlittschuhlaufen** zu sehen sagt voraus, daß unsympathische Personen Ihren Namen mit einem Skandal in Verbindung bringen. Dieser betrifft eine Person, die Sie bewundert.

Schlittschuhe verheißen Zwietracht unter Ihren Kollegen.

Rollschuhe deuten auf ausgezeichnete Gesundheit hin. Sie sind begeistert über die Freuden, die Sie anderen bereiten können. ◎

BASEBALLSPIELER

---

174 ANGELN *siehe* FISCH, ANGLER *Seite* 51 ◆ JAGEN *siehe* REBHUHN, FASAN, WACHTEL *Seite* 47 ◆
WILD *siehe* SCHIESSEN *Seite* 263 ◆ TAUCHEN, SCHWIMMEN *siehe* WASSER *Seite* 78 ◆ SCHLITTSCHUHLAUFEN *siehe* EIS *Seite* 77

Sport, Spielzeug & Spiele

Kugelspiele

BILLARD
Billard prophezeit Schwierigkeiten sowie Streitigkeiten über Eigentum. Verleumdung wird sich zu Ihrem Schaden in die Arbeit einschleichen.

Sehen Sie einen *Billardtisch* und stilliegende Kugeln, werden betrügerische Freunde Sie hintergehen. ◎

BOWLING
Spielen Sie *Bowling,* werden Sie sich bald an einer Angelegenheit beteiligen, die Ihren Namen in Verruf bringt. Sie werden Ihr Geld und wahre Freunde verlieren.

Andere bei dieser Sportart zu beobachten verheißt, daß Sie Gefallen an leichtsinnigen Menschen finden und Ihr Arbeitsplatz in Gefahr ist.

Einer jungen Frau prophezeit ein gewonnenes Bowlingspiel unbeschwertes Vergnügen. Doch wird sie später Sorge überkommen. ◎

KEGELN
Kegeln Sie, vergeuden Sie Ihre Energie und verpassen günstige Gelegenheiten. Sie sollten bei der Auswahl Ihrer Freunde vorsichtig sein. Alle Phasen dieses Traums sind negativ. ◎

Boxen

PROFIBOXER
Sieht eine junge Frau einen *Profiboxer,* wird sie Gefallen an schnellebiger Gesellschaft haben. Ihre Freunde werden sich um ihren Ruf sorgen. ◎

PROFIBOXKAMPF
Ein *Profiboxkampf* bedeutet, daß Sie Schwierigkeiten haben werden, die Kontrolle über Ihre Angelegenheiten zu behalten. ◎

DIE BOXER

Sportgeräte

SCHLÄGER
Von einem *Schläger* zu träumen kündigt an, daß ein erwartetes Vergnügen verhindert wird. Einer jungen Frau sagt dies Enttäuschung voraus, da sie an einem langersehnten Vergnügen nicht teilnehmen kann. ◎

SPEER
Verteidigen Sie sich mit einem *Speer,* wird man in Ihren intimsten Angelegenheiten herumschnüffeln, um Sie der Unehrenhaftigkeit zu bezichtigen. Nach langem Hin und Her werden Sie Ihre Unschuld beweisen können.

Werden Sie von einem *Speer durchbohrt,* bringen Feinde Sie in Schwierigkeiten.

Sehen Sie Leute, die mit Speeren bewaffnet sind, sind Ihre Interessen gefährdet. ◎

ZIELSCHEIBE
Eine *Zielscheibe* besagt, daß eine Angelegenheit Sie ganz erfüllt und kein Platz für Vergnügungen bleibt.

Sieht sich eine junge Frau als Zielscheibe, wird ihr Ruf durch den Neid netter Kollegen gefährdet. ◎

Eine Glückssträhne

RENNEN
Nehmen Sie an einem *Rennen* teil, werden andere Ihnen den Erfolg streitig machen. Wenn Sie das Rennen gewinnen, werden Sie Ihre Konkurrenten überwinden. ◎

SIEGER
Von einem *Sieger* zu träumen heißt, daß dank Ihrer Würde und moralischen Werte eine Person Ihnen zugeneigt ist. ◎

DER SIEGER

TROPHÄE
Trophäen deuten Vergnügen oder Reichtum an, zu denen Ihnen Bekannte verhelfen.

Gibt eine Frau im Traum eine Trophäe weg, symbolisiert dies zweifelhaftes Vergnügen und Reichtum. ◎

ROSETTE
Trägt man eine *Rosette* oder sieht andere damit, werden Sie leichtfertig Zeit vergeuden. Auch wenn Sie Vergnügungen genießen, werden Sie letztendlich enttäuscht. ◎

TURNER
Ein *Turner* steht für Pech bei Spekulationen oder Geschäften. ◎

....

Zu den sportlichen Typen in Ihren Träumen können auch der **Jäger** *gegenüber Mitte,* der **Baseballspieler** *gegenüber unten,* **Boxer in einem Profikampf** *oben* und der **Sieger** *links* gezählt werden.

BILLARD *siehe* TISCH *Seite* 214 ◆ PROFIBOXER, PROFIBOXKAMPF *siehe* KAMPF *Seite* 260 ◆
SPEER *siehe* PFEIL UND BOGEN *Seite* 264 ◆ ROSETTE *siehe* ORNAMENTSCHMUCK *Seite* 161

Sein Glück versuchen

KREUZ

GLÜCKSSPIEL
Nimmt man an *Glücksspielen* teil und gewinnt, warnt dies vor oberflächlichen Bekanntschaften und Vergnügen auf Kosten anderer. Verlieren Sie dabei, treiben Sie durch Ihr unerhörtes Verhalten einen Freund in den Ruin. ◎

LOTTERIE
Träumen Sie von einer *Lotterie* und erwarten gespannt die Ziehung der Zahlen, werden Sie sich an einem sinnlosen Unternehmen beteiligen. Sie werden deshalb gezwungen sein, eine lästige Reise anzutreten. Haben Sie die richtige Zahl getippt, werden Sie in einer Vermutung richtigliegen. Diese bestürzt und besorgt Sie.

Sieht man andere in einer *Lotterie gewinnen*, verheißt dies Geselligkeit, wodurch viele Freunde zusammengebracht werden.

Wenn Sie in einer *Lotterie verlieren*, werden Sie Opfer hinterhältiger Menschen, die Ihren Angelegenheiten schwer schaden.

Erscheint einer jungen Frau eine Lotterie, wird sie durch ihre Nachlässigkeit Enttäuschungen erleben. Sie wird einen Ehemann haben, der nicht besonders verläßlich ist.

Von einer Lotterie zu träumen bedeutet, daß Sie unvorteilhafte Geschäftspartner treffen. Ihre Liebesangelegenheiten bereiten Ihnen zeitweiliges Vergnügen. ◎

VERLOSUNG
Ziehen Sie bei einer *Verlosung* einen Gewinn, werden Sie einer Spekulation zum Opfer fallen. Eine *kirchliche Tombola* kündigt Enttäuschungen an. Einer jungen Frau verheißt dieser Traum leere Erwartungen. ◎

SPIELAUTOMAT
Spielautomaten stehen für Glück. Sie werden spielend leicht finanzielle Gewinne erzielen.

Spielen Sie an einem Automat, werden Sie in finanzielle Schwierigkeiten geraten. Versuche, dem zu entgehen, schlagen fehl. ◎

WETTEN
Wetten Sie bei Rennen um Geld, sollten Sie sich nicht an neuen Unternehmen beteiligen. Feinde versuchen, Ihre Aufmerksamkeit von ehrlichen Geschäften abzulenken.

Am *Spieltisch* zu setzen bedeutet, daß man Ihnen durch unmoralische Mittel Geld abknöpfen will. ◎

WETTEN EINGEHEN
Schließen Sie im Traum eine *Wette* ab, werden Sie mit unredlichen Mitteln Ihre Pläne vorantreiben.

Verlieren Sie eine Wette, werden Sie durch niederträchtige Menschen Ihres Umfeldes Unrecht erfahren. Gewinnen Sie eine Wette, wird das Glück wieder auf Ihrer Seite sein.

Können Sie keine Wette abschließen, werden Sie von widrigen Umständen entmutigt sein. ◎

Auf der Pferderennbahn

RENNBAHN
Träumt man von einer *Rennbahn,* sind Vergnügen und Wohlstand Ihre steten Begleiter. Ihre Moral jedoch wird von Ihren engsten Freunden in Frage gestellt. Sehen Sie einen grünen Rasen, werden interessante Angelegenheiten Sie fesseln. ◎

JOCKEY
Sehen Sie einen *Jockey,* werden Sie ein Geschenk aus unerwarteter Quelle erhalten.

Ist eine junge Frau im Traum mit einem Jockey befreundet oder die Geliebte eines Jockeys, wird sie einen Ehemann haben, der einer anderen gesellschaftlichen Schicht angehört.

Stürzt ein Jockey vom Pferd, werden Fremde Sie um Hilfe bitten. ◎

Karten und Würfel

WÜRFEL
Würfel deuten auf unglückliche Spekulationen hin. Kummer und Verzweiflung folgen. Auch ansteckende Krankheiten drohen.

Sieht ein Mädchen ihren Geliebten beim Würfeln, symbolisiert dies seine Unwürdigkeit. ◎

SPIELKARTEN
Spielt man im Traum mit anderen zum Zeitvertreib *Karten,* werden die Hoffnungen, die Ihnen lange Zeit Auftrieb gegeben haben, endlich in Erfüllung gehen. Kleine Mißstände werden sich auflösen. Spielen Sie jedoch um Geld, werden Sie in ernsthafte Schwierigkeiten kommen.

Verlieren Sie beim Kartenspiel, werden Sie Feinden begegnen. Gewinnen Sie, werden Sie sich in den Augen des Gesetzes rechtfertigen, doch wird dies mit Problemen verbunden sein.

Träumt eine junge Frau, *ihr Geliebter spiele Karten,* sollte sie seine guten Absichten in Frage stellen.

In *Gesellschaftsspielen* bedeutet *Karo* Wohlstand; *Kreuz* deutet darauf hin, daß Ihr Lebenspartner fordernd sein wird. Sie könnten Schwierigkeiten haben, ihm zuweilen Ihre Abwesenheit zu erklären. *Herz* steht für Treue und eine behagliche Umgebung; *Pik* zeigt an, daß Sie Witwe sein und mit einem großen Nachlaß belastet werden.

Erscheint Ihnen Pik, werden Sie zu Torheiten verleitet, die Ihnen Kummer und Unglück bringen. Glaubt ein Spieler, *Pik sei Trumpf,* werden ungünstige Geschäfte seine Gewinne schmälern. ◎

POKER
Poker ist eine Warnung vor schlechter Gesellschaft. Vor allem junge Frauen werden ihre moralischen Werte verlieren, wenn sie sich im Traum an diesem Spiel beteiligen. ◎

Sport, Spielzeuge & Spiele

BEIM SCHACH

Domino und Brettspiele

Blindekuh

DOMINO
Spielen Sie im Traum **Domino** und verlieren, werden Sie von einem Freund beleidigt. Ihre Sicherheit wird durch Ihr Umfeld gefährdet, da Sie Ihre Angelegenheiten mit Frauen und andere Dinge nicht diskret behandeln.

Sind Sie der **Gewinner** des Spiels, werden Sie von zügellosen Gestalten umworben und bewundert. Dies bedeutet für Sie zwar selbstsüchtiges Vergnügen, doch Kummer für Ihre Verwandten.

DAME
Dame zu spielen bedeutet, daß Sie in ernsthafte Schwierigkeiten kommen werden. Fremde treten in Ihr Leben und fügen Ihnen Schaden zu.

Gewinnen Sie das Spiel, werden Sie in einem zweifelhaften Unternehmen Erfolg haben.

SCHACH
Spielen Sie **Schach,** drohen Stagnation Ihres Geschäfts, langweilige Freunde und schlechte Gesundheit.

Verlieren Sie, bereiten Ihnen niederträchtige Menschen Sorgen. **Gewinnen Sie,** können schlechte Einflüsse abgewehrt werden.

BACKGAMMON
Spielen Sie im Traum **Backgammon,** werden Sie bei Besuchen auf wenig Gastfreundlichkeit stoßen. Doch werden Sie dabei sehr beständige Freundschaften schließen.

Werden Sie besiegt, haben Sie kein Glück, wenn Sie Ihre Zuneigung zeigen. Ihre Angelegenheiten bleiben weiterhin in der Schwebe.

....

Träume, die körperlich weniger anstrengend sind, können sich um das Schachbrett *oben* oder ein Partyspiel, wie beispielsweise Blindekuh *rechts*, drehen.

BLINDEKUH
Spielen Sie **Blindekuh,** beteiligen Sie sich an einem unsicheren Unternehmen. Finanzielle Verluste und Erniedrigung könnten folgen.

AUGENBINDE
Träumt eine Frau, ihr seien die **Augen verbunden,** werden störende Elemente auftauchen und ihr Kummer und Schwierigkeiten bereiten. Freunde werden sich von ihr enttäuscht fühlen.

BLINDEKUH

Träume von Spielsachen können Sie häufig in Ihre Kindheit zurückversetzen. Doch verheißen sie nicht immer Glück. Sie können auch bedeuten, daß Sie sich zu sehr an Kinderspielzeug klammern, während Sie sich eigentlich auf Ihr Handeln in der Erwachsenenwelt konzentrieren sollten.

Kinderspielsachen

SPIELZEUG
Neues **Spielzeug** im Traum sagt Familienfreuden voraus. Ist es jedoch kaputt, wird Tod Ihr Herz mit Kummer erfüllen.

Sieht man Kinder mit **Spielzeug spielen,** steht Ihnen eine glückliche Heirat bevor.

Gibt man Spielsachen weg, werden Sie von Ihren Bekannten gesellschaftlich ignoriert. ◉

KREISEL
Erblicken Sie einen **Kreisel,** werden Sie in unbedeutende Schwierigkeiten geraten.

Handelt es sich um einen **wirbelnden** Kreisel, werden Sie Ihre Mittel für kindische Vergnügen verschwenden.

Ein Kreisel verheißt, daß leichtfertige Freundschaften Sie in Schwierigkeiten bringen. ◉

RASSEL
Sieht man ein Baby, das mit seiner **Rassel** spielt, prophezeit dies Harmonie zu Hause. Ihre Unternehmen werden löblich und einträglich sein. Einer jungen Frau kündigt dies einen fürsorglichen Ehemann an. Gibt man die Rassel einem Baby, stehen unglückliche Investitionen an. ◉

Aktionsspielzeug

KALEIDOSKOP
Drehen sich **Kaleidoskope,** verspricht dies schnelle Veränderungen, die nur wenig Günstiges bringen. ◉

HAMPELMANN
Träumt man von einem **Hampelmann,** werden leichtlebiger Zeitvertreib statt handfester Pläne Ihre Gedanken in Anspruch nehmen. ◉

STELZEN
Laufen Sie auf **Stelzen,** steht Ihr Glück auf wackeligen Beinen. Fallen Sie von den Stelzen oder brechen sie unter Ihnen zusammen, werden Sie in Verlegenheit gebracht, da Sie anderen zu sehr vertrauen. ◉

WURFRING
Ringe zu werfen sagt geringe Verpflichtungen und den Verlust eines guten Arbeitsplatzes voraus. Verliert man, deutet dies auf betrübliche Umstände hin. ◉

REIFEN
Ein **Reifen** prophezeit, daß Sie einflußreiche Freundschaften schließen. Viele Freunde werden sich Rat bei Ihnen holen.

Durch einen Reifen zu springen oder andere dabei zu sehen verheißt entmutigende Aussichten. Doch werden Sie durch einen entscheidenden Sieg das Blatt wenden können. ◉

Die Kindheit kann wachgerufen werden, wenn Bilder von Ihrer früheren Spielzeugkiste auftauchen *oben*. Weniger willkommen sind vielleicht Erinnerungen an Ihre alten Schultage oder Traumreisen zu Ihrer früheren Oberschule oder Universität *gegenüber*.

Ballons und Drachen

LUFTBALLON
Mit diesem Traum kündigen sich vereitelte Hoffnungen und Not an. Jede Art von Geschäft erleidet einen deutlichen Rückgang. Steigt man in einem **Ballon** auf, bedeutet dies eine unglückliche Reise. ◉

DRACHEN
Einen **Drachen** steigen zu lassen symbolisiert große Protzerei mit Reichtum oder Geschäft. Tatsächlich sind diese Bereiche wenig stabil.

Ein abgestürzter Drachen sagt Enttäuschung und Versagen voraus.

Bauen Sie einen Drachen, werden Sie in kleinerem Rahmen spekulieren. Sie versuchen, die Person, die Sie lieben, durch falsche Darstellungen für sich zu gewinnen.

Kinder beim **Drachensteigen** zu sehen verheißt angenehme und leichte Beschäftigungen. Steigt der Drachen außer Sicht, werden zentrale Hoffnungen und Ziele enttäuscht. ◉

DAS SPIELZEUG

Bildung, Kunst & Handwerk

Träume von künstlerischer Kreativität sind ebenso häufig wie Aktionsträume. Sie können Ihre Schulzeit nochmals erleben oder Meisterwerke malen, Sie können für hervorragende Leistungen ausgezeichnet werden oder ein Sammelalbum zusammenstellen. Solche Träume neigen insgesamt dazu, für die Bereiche Geschäft, Gesellschaft und Liebe vielversprechend zu sein.

Wissen erlangen

BILDUNG
Sind Sie bestrebt, eine gute **Bildung** zu erhalten, möchten Sie unter allen Umständen Wissen erlangen. Dies stellt Sie auf eine höhere Ebene als Ihre Kollegen. Fortuna wird Ihnen hold sein.

Befinden Sie sich in **Bildungsstätten,** werden Sie viele einflußreiche Freunde haben. ◎

GELEHRTHEIT
Träumen Sie von **Gelehrtheit,** bedeutet dies, daß Sie Wissen erlangen möchten. Und wenn Sie sich Ihre Zeit gut einteilen, werden Sie in die literarische Welt vordringen.

Betreten Sie **Bildungsstätten,** signalisiert dies einen Aufstieg aus der Finsternis. Geld wird dabei kein Problem sein.

Sehen Sie **Gelehrte,** werden Ihre Freunde interessante und berühmte Persönlichkeiten sein.

Hat eine Frau mit gelehrten Menschen zu tun, ist sie ehrgeizig und setzt alles daran, berühmt zu werden. ◎

WEISHEIT
Sind Sie von **Weisheit** erfüllt, wird Ihr Geist trotz widriger Umstände unerschrocken sein. Sie werden in der Lage sein, diese Schwierigkeiten zu meistern und zu einem Leben in Wohlstand gelangen.

Glauben Sie dagegen, es **mangele** Ihnen an **Weisheit,** lassen Sie Ihre angeborenen Talente brach liegen und ungenutzt verkümmern. ◎

Bildungsstätten

AKADEMIE
Besuchen Sie im Traum eine **Akademie,** werden Sie bedauern, Gelegenheiten aus purer Faulheit und Gleichgültigkeit verpaßt zu haben.

Führen Sie eine Akademie oder sind dort Student, werden Sie in Ihrem Streben schnell aufgeben. Zwar werden Sie Wissen erlangen, doch werden Sie unfähig sein, dieses nutzbringend aufzunehmen und anzuwenden.

Die **Rückkehr an eine Akademie** nach Studienende besagt, daß an Sie Erwartungen gestellt werden, die Sie nicht erfüllen können. ◎

UNIVERSITÄT
Die **Universität** symbolisiert den Aufstieg in eine langersehnte Position. Gehen Sie im Traum wieder an die Universität, werden Sie für eine hervorragende Arbeit ausgezeichnet. ◎

OBERSCHULE
Träumt man von einer **Oberschule,** wird Vorankommen in Liebesangelegenheiten, Gesellschaft und Beruf vorausgesagt. Glaubt eine junge Frau, von der **Universität ausgeschlossen** zu werden, stehen Probleme in gesellschaftlichen Kreisen an. ◎

DIE AKADEMIKER

BILDUNG, GELEHRTHEIT siehe **SCHULE** Seite 180 ◆ **AKADEMIE** siehe **GALERIE** Seite 181 ◆
UNIVERSITÄT siehe **SCHULE** Seite 180

Schule und Klassenzimmer

SCHULE
Besucht man eine **Schule,** verheißt dies Auszeichnung im literarischen Schaffen. Sind Sie wieder ein junger Schüler, werden Sorgen und Rückschläge bewirken, daß Sie sich nach den einfachen Verantwortungen und Freuden vergangener Zeiten sehnen.

Unterrichten Sie an einer Schule, streben Sie literarische Fähigkeiten an. Doch müssen zunächst die notwendigsten Dinge im Leben vorankommen.

Besuchen Sie Ihr früheres *Schulgebäude,* überschatten Unzufriedenheit und Entmutigungen die Gegenwart.

Träumen Sie von einem *Lehrer,* bedeutet dies, daß Sie Lernen und Vergnügen genießen. Sind Sie selbst Lehrer, werden Sie vermutlich den gewünschten Erfolg mit literarischen oder anderen Arbeiten erzielen. ◉

SCHULTAFEL
Sehen Sie weiße Kreideschrift auf einer *Tafel,* verheißt dies schlechte Nachrichten über eine erkrankte Person und bedrohte Finanzen durch Unwägbarkeiten des Handels. ◉

KREIDE
Schreiben Sie mit *Kreide* auf eine Tafel, wird Ihnen öffentliche Ehre zuteil. Eine schwarze Schultafel steht jedoch für Unglück.

Sind die Hände voller Kreide, stehen Enttäuschungen ins Haus. ◉

SCHULARBEITEN

KREIDE

....

Träume können den Geruch von Kreidestaub erwecken *oben,* **vom ehemaligen Klassenzimmer oder den Hausaufgaben handeln** *ganz oben.* **Angenehmer sind meist Träume, in denen man Bilder malt** *gegenüber oben* **oder eine Galerie besucht** *gegenüber.*

Geschichte und Mathematik

GESCHICHTE
Lesen Sie ein Buch über *Geschichte,* verheißt dies eine lange und vergnügliche Erholungspause. ◉

ADDITION
Grübeln Sie über einer *Addition,* werden Sie kämpfen müssen, um schwierige Situationen zu meistern. Diese werden sich bald bedrohlich spürbar in Ihren Geschäften abzeichnen.

Finden Sie einen *Fehler* in einer Addition, werden Sie Feinde überwinden, da Sie deren Absichten erkennen, noch bevor sie diese in die Tat umsetzen können.

Wenn Sie mit einem *Taschenrechner* addieren, wird Sie ein mächtiger Verbündeter vor großer Bedrängnis bewahren.

Können Sie die Zahlen nicht lesen, werden unbedachte Spekulationen Unglück bringen. ◉

ZÄHLEN
Zählen Sie im Traum Ihre Kinder und sind diese vergnügt und nett anzusehen, werden sie Ihnen keine Probleme bereiten und zu ehrenhaften Stellungen gelangen.

Zählen Sie Geld, werden Sie Glück haben und Ihre Schulden begleichen können. Zählen Sie für eine andere Person Geld ab, droht Verlust. Gleiches gilt, wenn Sie andere Dinge zählen. Zählen Sie für sich selbst, prophezeit dies Glück; zählen Sie für andere, ist das Gegenteil der Fall. ◉

Nachschlagewerke

ENZYKLOPÄDIE
Sieht man eine *Enzyklopädie* oder schlägt man etwas in einer Enzyklopädie nach, werden Sie auf Reichtum verzichten und sich literarische Fähigkeiten aneignen. ◉

WÖRTERBUCH
Schlagen Sie in einem *Wörterbuch* nach, sind Sie bei der Entscheidung Ihrer Angelegenheiten zu sehr von den Meinungen anderer abhängig. Sie könnten es weitaus einfacher haben, wenn Sie Ihrem eigenen Willen Raum ließen. ◉

Bildung, Kunst & Handwerk

Kulturinstitute

MUSEUM
Ein *Museum* steht für die hindernisreiche Suche nach der für Sie scheinbar richtigen Position. Sie werden nützliche Erfahrungen sammeln, was Vorteile gegenüber dem üblichen Weg des Lernens bringt. Ist das Museum geschmacklos, steht vielfacher Ärger ins Haus.

KÜNSTLER BEI DER ARBEIT

GALERIE
Besucht man eine *Galerie,* verheißt dies unglückliche Verbindungen in häuslichen Kreisen. Sie werden Ihr Bestes geben, glücklich zu wirken, doch werden Sie sich nach anderen Beziehungen sehnen.

Labor

Halten Sie sich in einem Labor *auf, werden Sie viel Energie für unfruchtbare Unternehmungen verschwenden, während Sie in praktischeren Geschäften mehr Erfolg haben könnten.*

Sind Sie Alchimist und wollen Gold herstellen, haben Sie weitreichende und interessante Projekte im Kopf. Doch wird es Ihnen nicht gelingen, den Höhepunkt Ihrer Ambitionen zu erreichen. Wohlstand wird sich als ein Mythos erweisen, und die Frau, die Sie lieben, wird Ihnen nicht ihr wahres Gesicht zeigen.

Bilder und Darstellungen

BILD
Erscheinen Ihnen *Bilder,* sagt dies Täuschung und böse Absichten Ihrer Mitmenschen voraus.

Malen Sie ein Bild, werden Sie sich an verlustreichen Unternehmen beteiligen.

Zerstören Sie im Traum Bilder, wird Ihnen verziehen, daß Sie mit energischen Mitteln Ihre Rechte durchsetzen möchten. Bilder zu kaufen deutet auf unnütze Spekulationen hin.

Glauben Sie, Sie sähen Ihr Abbild in einem Baum erscheinen und wieder verschwinden, werden Sie wohlhabend und zufrieden sein. Bei der Suche nach Freunden und deren Verständnis für Ihre Ideen und Pläne werden Sie jedoch enttäuscht.

Sind Sie von den größten Werken der *alten und modernen Meister* umgeben, treibt Sie ein unersättlicher Drang und Wunsch nach Höherem. Im Vergleich dazu wird Ihr derzeitiger Erfolg jämmerlich wirken.

ALBUM
Träumen Sie von einem *Album,* werden Sie Erfolg und wahre Freunde haben. Schaut sich eine junge Frau Fotografien in einem Album an, wird sie bald einen sympathischen Geliebten finden.

SAMMELALBUM
Ein *Sammelalbum* prophezeit baldige unangenehme Bekanntschaften.

AKTENMAPPE
Die *Aktenmappe* symbolisiert, daß Ihnen Ihre Arbeit nicht sonderlich gefällt. Sie streben eine berufliche Veränderung an.

FARBE UND MALEN
Sehen Sie *schöne Gemälde,* werden Freunde Ihnen nicht ihr wahres Gesicht zeigen. Sie werden spüren, daß das Vergnügen eine Illusion ist.

Malt eine junge Frau ein Bild, wird sie von ihrem Geliebten betrogen.

PORTRÄT
Starren Sie auf das *Porträt* eines schönen Menschen, können Sie die beunruhigenden und trügerischen Seiten leichter Vergnügungen nur erahnen.

Nach Porträtträumen werden Sie in Ihren Angelegenheiten einen Verlust erfahren.

EINE KUNSTGALERIE

10 000 Träume

SKULPTUR VON HENRY MOORE

Fotografie

FOTOGRAFIE
Sehen Sie im Traum *Fotografien,* ist dies ein Vorzeichen für Täuschung.

Erhalten Sie ein Foto Ihres *Geliebten,* werden Sie vor Treue gewarnt, auch wenn er versucht, Sie damit zu beeindrucken.

Glauben Verheiratete, sie besäßen *Fotos von anderen Personen,* deutet dies auf unwillkommene Enthüllungen über ihr Verhalten hin.

Lassen Sie sich fotografieren, werden Sie durch Unachtsamkeit sich selbst und anderen Schwierigkeiten bereiten. ◎

KAMERA
Träumen Sie von einer *Kamera,* werden Sie durch Veränderungen in ein unverdientes Umfeld kommen.

Macht eine junge Frau mit einer Kamera *Fotos,* wird ihr die nahe Zukunft viel Unangenehmes bringen. Jemand aus dem Freundeskreis wird sie sehr enttäuschen. ◎

Sie können von einer weltbekannten Skulptur *oben* oder von häuslichem und nützlichem Handwerk, wie von der Kunst des Nähens *gegenüber,* träumen.

Töpferei und Bildhauerei

TÖPFER
Der *Töpfer* deutet auf dauerhafte Beschäftigung und zufriedenstellende Ergebnisse hin. Sieht eine junge Frau einen Töpfer, wird sie sich vergnüglicher Verabredungen erfreuen. ◎

TÖPFERACKER
Sehen Sie einen *Töpferacker* (Acker, auf den Töpfer ihre Reste werfen; Friedhof für Arme), wird Armut Sie bedrücken.

Läuft eine junge Frau mit ihrem Geliebten über einen Töpferacker, wird sie den Mann, den sie liebt, aufgeben und sich davon finanzielle Vorteile erhoffen. ◎

BILDHAUER
Träumen Sie von einem *Bildhauer,* werden Sie Ihre Stellung zugunsten einer weniger einträglichen, aber dafür anspruchsvolleren aufgeben.

Meint eine junge Frau, ihr Ehemann oder Geliebter sei Bildhauer, wird sie die Gunst einflußreicher Männer genießen. ◎

KITT
Arbeitet man mit *Kitt,* wird das Eingehen von Risiken Erfolg zeigen.

Setzen Sie eine *Fensterscheibe mit Kitt* ein, werden Sie vergeblich nach Ihrem Glück suchen. ◎

LEHM
Lehm steht für Einzelgängertum und drohende Zahlungsunfähigkeit.

Graben Sie in einem *Lehmhügel,* werden Sie sich den ungewöhnlichen Forderungen Ihrer Feinde unterwerfen. Stoßen Sie in einem Aschehügel auf Lehm, werden böse Überraschungen laufende oder neue Unternehmungen behindern. Ihre Bemühungen werden umsonst sein.

Frauen bringt dieser Traum Rückschläge in Sachen Liebe, Gesellschaft und Geschäft. Falsche Darstellungen werden sie überwältigen. ◎

STATUE
Statuen bedeuten Entfremdung von geliebten Personen und wenig Energie für die Erfüllung Ihrer Wünsche. ◎

OBELISK
Ragt ein *Obelisk* mächtig und kalt vor Ihnen auf, ist dies ein Vorbote von melancholischen Nachrichten. Für Liebespaare verheißt dies verheerende Streitigkeiten. ◎

FOTOGRAFIE siehe **BILD** Seite 181 ◆ TÖPFER siehe **TOPF** Seite 210 ◆ TÖPFERACKER siehe **ALMOSENEMPFÄNGER** Seite 244, **BEERDIGUNG** Seite 122 ◆ KITT siehe **FENSTER** Seite 213 ◆ LEHM siehe **AUSGRABEN** Seite 193 ◆ STATUE siehe **MUSEUM** Seite 181

Stoffe, Textilien und Handarbeiten jeder Art spiegeln zufriedenstellenden Fleiß und Anerkennung wider. Natürlich werden solche Träume als Symbole für Aktivität oder bevorstehende Veränderungen im häuslichen Bereich interpretiert, doch sind sie hierauf nicht beschränkt.

Handarbeit

STICKEREI
Träumt eine Frau vom *Sticken,* wird sie für den Takt und die Fähigkeit, alles souverän zu meistern, bewundert.

Sieht ein verheirateter Mann eine *Stickarbeit,* wird ein neues Mitglied in seiner Familie angekündigt.

Einem Liebenden verheißt dies einen weisen und sparsamen Ehepartner.

WANDTEPPICH
Erscheinen Ihnen prächtige *Wandteppiche,* würde Ihnen ein luxuriöses Leben gefallen. Sind die Wandteppiche nicht verblichen oder ausgefranst, können Sie dieses Begehren verwirklichen.

Bemerkt eine junge Frau, daß ihr Zimmer mit *Wandteppichen behängt* ist, wird sie bald einen wohlhabenden Mann heiraten.

GOBELINSTICKEREI
Fertigen Sie *Gobelinstickereien* an, symbolisiert dies den Wunsch, die unbekannten Aspekte Ihrer Zukunft mit gutdurchdachten Details zu füllen. So finden Sie für viele Fragen eine Antwort. Gegner werden verschwinden, und Freunde und Familie werden Ihre Gesellschaft sehr genießen.

Mit *vielen verschiedenfarbigen Fäden zu sticken* verheißt ein reges gesellschaftliches Leben.

Sehen Sie ein einfarbiges *Stickmuster,* nehmen Sie sich in acht: Die Angst vor Veränderung hält Sie davon ab, Ihre Bestimmung zu erfüllen.

Ein *Kissen mit Gobelinstickereien* bedeutet, daß sich Ihnen neue Möglichkeiten eröffnen.

Trägt eine junge Frau eine *Abendtasche mit Gobelinstickereien,* stehen ein romantisches Abenteuer und Veränderungen an.

Häkeln und Stricken

HÄKELARBEIT
Häkeln Sie, werden Sie durch Ihre übertriebene Neugierde für die Angelegenheiten anderer Leute in eine dumme Sache verwickelt. Sie sollten nicht zu offenherzig mit Frauen sprechen, die übermäßige Selbstsicherheit ausstrahlen.

STRICKEN
Träumt eine Frau vom *Stricken,* wird sie ein ruhiges und friedliches Zuhause haben, in dem ein liebenswürdiger Partner und pflichtbewußte Kinder ihr große Freude bereiten.

In einer *Spinnerei* zu sein prophezeit einem Mann Sparsamkeit und Verbesserung seiner Aussichten.

Sieht eine junge Frau sich beim Stricken, ist dies ein Omen für eine überstürzte, aber günstige Heirat.

Arbeitet eine junge Frau in einer Spinnerei, wird sie einen wertvollen und treuen Geliebten haben. Ist die Spinnerei jedoch schon verfallen, wird sie Rückschläge in Glück und Liebe erleiden.

WOLLE
Wolle ist ein gutes Zeichen für gute Gelegenheiten, seine Interessen weiter auszubauen.

Erscheint Ihnen *schmutzige Wolle,* werden Sie eine Anstellung bei Leuten suchen, die Ihre Prinzipien ablehnen.

GARN
Garn signalisiert Erfolg im Geschäft und einen fleißigen Lebensgefährten.

Benutzt eine junge Frau Garn, wird ein ehrenwerter Mann sie stolz zu seiner Frau machen.

Nähen

NÄHEN
Näht man neue Kleider, wird Frieden in der häuslichen Umgebung Ihre Wünsche krönen.

Träumt eine junge Frau, daß sie ein Kleidungsstück fertiggestellt hat, wird sie sich bald für einen Ehemann entscheiden.

HEFTEN
Näharbeiten anzuheften verheißt einer Frau, daß sie sich durch ihre Extravaganz Ärger einhandeln wird.

SCHNEIDERIN
Sehen Sie eine *Schneiderin,* werden Sie durch unerwartetes Glück daran gehindert, Besuche abzustatten.

NÄHERIN
Begegnet Ihnen eine *Näherin,* werden fremde Einflüsse oder Personen Ihre Umstände verändern. Ein erfolgreiches häusliches Leben wird vorausgesagt.

Sollte die Näherin ihr *Handwerk geschäftlich* betreiben, werden sich zukünftige Einflüsse positiv auf Ihr Leben auswirken.

Fragt die Näherin Sie *nach Arbeit,* sollten Sie selbst eine Veränderung bewirken, bevor Sie zu ungebetenen Veränderungen gezwungen werden.

Wenn die Näherin Sie wegen *offenen Rechnungen anmahnt,* sollten Sie äußerste Vorsicht walten lassen.

FLICKEN
Flicken Sie zerrissene Kleider, werden Sie in einem ungünstigen Augenblick Fehler ausbügeln wollen. Ist das Kleidungsstück, an dem Sie arbeiten, jedoch sauber, werden Sie Ihren Reichtum vergrößern.

Träumt eine junge Frau vom Flicken, wird sie ihrem Ehemann eine große Hilfe sein.

DIE NÄHERIN

Nähutensilien

NADEL

Verwenden Sie im Traum eine *Nadel,* ist dies eine Warnung vor bevorstehender Not, in der Sie zu Unrecht an Sympathie einbüßen.

Sehen Sie, wie Sie eine Nadel *einfädeln,* wird man Ihnen außer Ihrem eigenen Haushalt die Fürsorge für andere auferlegen.

Nach einer Nadel zu *suchen* deutet auf unnötige Sorgen hin. *Finden* Sie eine Nadel, sagt dies voraus, daß Sie Freunde haben, die Sie schätzen.

Eine Nadel zu zerbrechen symbolisiert Einsamkeit und Armut. ◎

FINGERHUT

Benutzen Sie einen *Fingerhut,* müssen Sie außer sich selbst noch andere zufriedenstellen. Frauen sollten sich ihre eigene Position schaffen. Verlieren Sie einen Fingerhut, drohen Armut und Schwierigkeiten. Sehen Sie einen alten oder kaputten Fingerhut, handeln Sie in einer bedeutsamen Angelegenheit unbedacht.

Bekommen oder kaufen Sie einen *neuen Fingerhut,* deutet dies auf neue, zufriedenstellende Bekanntschaften hin.

Verwenden Sie einen *beidseitig offenen* Fingerhut und merken, daß er oben geschlossen ist, werden Sie in Schwierigkeiten geraten. Freunde werden Ihnen helfen, den katastrophalen Folgen zu entrinnen. ◎

FINGERHUT

BINDFADEN

Ein *Bindfaden* prophezeit Glück jenseits eingefahrener Wege.

Ein *zerrissener Bindfaden* zeigt an, daß Sie durch die Treulosigkeit Ihrer Freunde Verlust erleiden. ◎

SPULE

Garnspulen sagen langwierige Aufgaben voraus. Sind diese jedoch vollendet, werden Ihre optimistischsten Erwartungen erfüllt. Leere Spulen verheißen Enttäuschung. ◎

ROLLE

Träumen Sie von *Rollen,* werden Ihnen wichtige Aufgaben anvertraut, die zu Nachteilen führen, wenn Sie sie nachlässig erledigen. ◎

KNOPF

Nähen Sie glänzende *Knöpfe* an eine Uniform, verheißt dies einer jungen Frau zärtliche Gefühle eines gutaussehenden und reichen Ehemanns. Einem Jugendlichen sagt dies militärische Ehren und eine glänzende Karriere voraus.

Stumpfe oder leinene Knöpfe stehen für Enttäuschungen, Verluste und schlechte Gesundheit.

Beim *Verlust* von Knöpfen droht die »Hose zu rutschen«, Verluste im Geschäft stehen ins Haus. ◎

STECKNADEL

Stecknadeln symbolisieren Auseinandersetzungen in der Familie. Junge Frauen warnt der Traum vor undamenhaftem Verhalten gegenüber ihrem Geliebten.

Eine *Stecknadel zu verschlucken* bedeutet, daß Mißgeschicke Sie in bedrohliche Umstände treiben. *Verlieren* Sie eine, weist dies auf einen unbedeutsamen Verlust und Meinungsverschiedenheiten hin.

Eine *verbogene oder rostige Stecknadel* warnt davor, daß Ihr Ansehen unter Ihrer Nachlässigkeit leidet.

Stechen Sie sich selbst mit einer Nadel, wird man Sie verärgern. ◎

BAND

Sehen Sie *Bänder,* wird Ihre Arbeit beschwerlich und wenig einträglich sein. Kauft eine Frau ein Band, wird Unglück auf sie zukommen. ◎

In Träumen kann es um Nähen und Handarbeit *rechts* gehen oder um spezielle Nähutensilien wie Fingerhut *oben* und Schere *oben rechts.* Seile *gegenüber oben* und Schnüre können Sie umwickeln.

SCHERE

Scheren sind ein schlechtes Vorzeichen. Frauen werden mißtrauisch gegenüber ihren Ehemännern sein, Liebespaare werden sich streiten. Schwerfälligkeit wird den Geschäftshimmel verfinstern.

Scheren zu schleifen bedeutet, daß Sie an etwas arbeiten, was Ihren Gefühlen widerspricht.

Machen Sie sie kaputt, kündigen sich Ihnen Streitereien und möglicherweise Trennungen an.

Verlieren Sie eine Schere, versuchen Sie, unangenehmen Aufgaben zu entkommen. ◎

SCHERE

NÄHEN

Bildung, Kunst & Handwerk

Seile und Schnüre

SEILSPRINGEN

SEIL
Seile verheißen Überraschungen und Komplikationen in Affären sowie ungewissen Flirt.

Klettern Sie an einem Seil hoch, werden Sie Feinde überwinden. Sich abzuseilen bringt Enttäuschung.

Sind Sie an Seilen **angebunden,** werden Sie wahrscheinlich gegen Ihren Willen einer Liebe entsagen.

Zertrennen Sie ein Seil, sind Sie in der Lage, Feindschaft und Konkurrenzkampf zu überwinden.

Seile oder Pferde **festzubinden** bedeutet, daß Sie Macht haben werden, über andere zu verfügen.

Über ein Seil **zu laufen** sagt voraus, daß Sie riskante Spekulationen anstellen werden – doch überraschenderweise mit Erfolg. Sehen Sie andere seiltanzen, werden Sie von den Unternehmen anderer profitieren.

Seilspringen verheißt, daß Sie Ihre Kollegen mit einer unglaublichen Eskapade erschrecken werden.

Mit Kindern Seil zu springen besagt, daß Sie selbstsüchtig und herrisch sind. Ein Seil mit dem **Fuß abzufangen** bedeutet, daß Sie in guten Momenten warmherzig sind.

Lassen Sie ein **Seil** von einem Hotelfenster **zu anderen Personen hinunter,** da Sie denken, der Eigentümer verwehre ihnen den Einlaß, werden Sie sich an einem Unternehmen beteiligen, das Ihren Freunden etwas unheimlich erscheint: Doch wird diese Angelegenheit für Sie vergnüglich und interessant sein.

Für eine junge Frau ist dieser Traum ein Vorbote von unanständigen Vergnügungen.

KNOTEN
Knoten sagen große Sorgen über belanglose Dinge voraus. Wenn Ihr Geliebter einen anderen Mann bemerkt, werden Sie ihn sofort zurechtweisen können.

Einen **Knoten zu binden** steht für Unabhängigkeit. Sie werden nicht zulassen, von einem übelgelaunten Freund kritisiert zu werden.

SCHNUR
Sehen Sie *Schnüre,* ist dies eine Warnung, daß in Ihrem Geschäft Schwierigkeiten auftreten, die nur schwer zu überwinden sind.

Maschen und Gewebe

MASCHE
Sind Sie in den *Maschen* eines Netzes oder ähnlicher Gebilde verheddert, werden Feinde Sie in Zeiten scheinbaren Wohlstands niederdrücken. Einer jungen Frau verheißt der Traum, daß ihr Umfeld sie in Selbstvergessenheit treibt. Kann sie sich aus den Maschen befreien, wird sie mit knapper Not der Verleumdung entgehen.

NETZ
Werfen Sie über irgend etwas ein *Netz,* werden Sie in Ihren Geschäften und im Umgang mit anderen skrupellos sein.

Ein **altes oder löcheriges Netz** symbolisiert, daß auf Ihrem Eigentum drückende Hypotheken oder Verfügungen lasten, die Sie in Schwierigkeiten bringen.

GEWEBE
Erblicken Sie *Gewebe,* werden betrügerische Freunde Ihnen Verlust und Ärger einhandeln.

Ist das Gewebe nicht elastisch, können Sie die Angriffe neidischer Mitmenschen, die sich von Ihnen Vorteile erhoffen, abwehren.

SEIL siehe KLETTERN Seite 268, ZERBRECHEN Seite 265, SPRINGEN Seite 267, KINDER Seite 128, FUSS Seite 96, FENSTER Seite 213
SCHNUR siehe GARN Seite 183 ◆ MASCHE siehe FISCH Seite 51 ◆ NETZ siehe auch Seite 51 ◆ GEWEBE siehe SPINNE Seite 49

Spinnen und Weben

SPINDEL
Eine **Spindel** verheißt Sparsamkeit und ein freundliches Umfeld. Sie werden ebenso einen tiefen Glauben entwickeln.

WEBEN
Weben Sie im Traum, werden Sie jeden Versuch abwehren können, durch den Ihnen der Weg zum Wohlstand verstellt werden soll.

Sieht man **andere weben,** sind Sie von einem gesunden und kraftvollen Umfeld umgeben.

SPINNEN
Wenn Sie **spinnen**, werden Sie sich an einem Unternehmen beteiligen, das ganz und gar nach Ihren Wünschen verläuft.

WEBSTUHL
Steht man neben einem **Webstuhl** oder beobachtet einen Webstuhl, den ein Fremder bedient, verheißt dies großen Ärger und unnötige Unannehmlichkeiten, da andere über Sie reden. Die Enttäuschung glücklicher Erwartungen wird vorausgesagt.

Schöne Frauen an einen Webstuhl signalisieren vollen Erfolg für Verliebte. Eheleuten sagt dies harmonische Bestrebungen voraus. Sie werden sich in Geschmacksfragen näherkommen.

Webt eine junge Frau an einem **alten Webstuhl,** wird sie einen sparsamen Ehemann haben. Hübsche Kinder werden ihr Freude machen.

Sehen Sie einen **stillstehenden Webstuhl,** wird eine beleidigte und starrsinnige Person viel Aufregung verursachen.

Flachs

FLACHS SPINNEN
Flachs zu spinnen *sagt voraus, daß Sie sich die Tugenden Fleiß und Sparsamkeit aneignen.*

FLACHS
Flachs *deutet auf einträgliche Unternehmungen hin.*

WEBERINNEN

Leinen und Baumwolle

LEINEN
Leinen steht für Reichtum und Vergnügen. Trägt jemand in Ihren Träumen **Leinenkleider,** werden Sie bald freudige Botschaften in der Art einer Erbschaft empfangen.

Sind Sie in **sauberes, feines Leinen** gehüllt, werden Ihnen Reichtum und vollstes Vergnügen sicher sein. Ist das Leinen jedoch schmutzig, werden Sie gelegentlich Kummer und Pech erleiden.

In Träumen von Textilien können Weberinnen bei der Arbeit *oben* oder Materialien wie Gummi *gegenüber* auftauchen.

BAUMWOLLE
Sieht man frische, gedeihende **Baumwollfelder,** deutet dies auf gute Geschäfte und wohlhabende Zeiten hin. Baumwolle, die gepflückt werden kann, verheißt Landwirten Wohlstand.

Träumen Fabrikanten von Baumwolle, werden sie durch diese Ware Gewinne erzielen. Händlern stellt der Traum positive Veränderungen in ihrer Branche in Aussicht.

Baumwollballen prophezeien bessere Zeiten. Erkennt man, daß die Nachfrage nach Baumwolle steigt, deutet dies auf einen unmittelbaren Preisanstieg. Die allgemeinen Umstände werden sich verbessern.

Farbstoffe

FARBSTOFF
Sieht man, wie Kleider **gefärbt** werden, kündigt dies je nach Farbe Glück oder Pech an. Blau- und Rottöne sowie Gold verheißen Wohlstand; Schwarz und Weiß symbolisieren Kummer.

INDIGO
Indigo bedeutet, daß Sie liebenswürdige Mitmenschen betrügen, um diese um ihren Besitz zu bringen.

Erblickt man **indigofarbenes Wasser,** werden Sie in eine häßliche Liebesaffäre verwickelt.

Bildung, Kunst & Handwerk

Schmeichelnde Stoffe

SAMT

Samt verheißt erfolgreiche Unternehmungen. Tragen Sie Samt, wird Ihnen eine Auszeichnung verliehen.

Sehen Sie **alten Samt,** wird Ihr Wohlstand unter Ihrem extremen Stolz leiden.

Ist eine junge Frau in **samtene Kleider** gehüllt, wird ihr Ehre erwiesen. Sie wird zwischen mehreren wohlhabenden Liebhabern wählen können. ◎

SPITZE

Trägt Ihre Liebste **Spitze,** signalisiert dies Treue in der Liebe und beruflichen Aufstieg.

Träumt eine Frau von Spitze, werden ihre größten Wünsche in Erfüllung gehen, und ihre Liebhaber werden ihr unterwürfig sein. Weder hinterfragen sie dies, noch stellen sie Herrschaftsansprüche.

Kaufen Sie Spitze, werden Sie ein kostspieliges Unternehmen leiten, doch wird Wohlstand ein ständiger Begleiter sein.

Verkaufen Sie Spitze, werden Ihre Wünsche Ihre Mittel erschöpfen.

Stellt ein junges Mädchen **Spitze her,** wird ihr ein gutaussehender und wohlhabender Ehemann vorausgesagt. Verziert sie ihr **Hochzeitskleid mit Spitze,** wird sie viele Liebhaber besitzen, die ihrem Charme erliegen. Doch die Hochzeit wird noch lange auf sich warten lassen. ◎

SEIDE

Trägt man im Traum **Seidenkleider,** werden sich hohe Ambitionen verwirklichen. Freundschaften mit Menschen, von denen man sich entfremdet hatte, werden neu belebt.

Träumt eine junge Frau von **alter Seide,** ist sie sehr stolz auf ihre Vorfahren und wird von einem wohlhabenden, aber nicht ganz jungen Mann umworben. Ist die Seide **schmutzig oder verschlissen,** wird die junge Frau den Stolz auf ihre Ahnen verkommen lassen. ◎

SEIDENRAUPE

Die **Seidenraupe** symbolisiert, daß Sie sich an einem einträglichen Unternehmen beteiligen, das Ihnen zu Ruhm verhilft. Tote Raupen oder Raupen, die ihren Kokon durchbrechen, kündigen Rückschläge und schwierige Zeiten an. ◎

GUMMI

Sind Sie in **Gummikleider** gehüllt, wird Ihnen für Ihre Reinheit und Moral Ehre erwiesen. Sind die Kleider verschlissen oder zerrissen, sollten Sie sich in Zurückhaltung üben. Skandale könnten leicht Ihrem guten Ruf schädigen.

Verwendet man im Traum »Gummi« als **umgangssprachlichen Ausdruck,** sind Sie in der Wahl Ihrer Freuden und Freunde leicht zufriedenzustellen.

Dehnen sich Ihre **Gliedmaßen gummiartig aus,** werden Sie von Krankheiten bedroht. Wahrscheinlich werden Sie andere beim Anbandeln und im Geschäft betrügen.

Träumen Sie von **Gummiartikeln,** werden Sie Ihre Geschäfte im geheimen tätigen. Deswegen werden Ihre Freunde Ihr Verhalten oftmals nicht verstehen. ◎

GUMMIREIFEN

GAZE

In **Gaze** gekleidet zu sein sagt ein ungewisses Schicksal voraus.

Sieht ein Mann im Traum seine Liebste in diesen dünnen Stoff gehüllt, wird er sie positiv beeinflussen. ◎

Gummi und Leder

LEDER

Leder steht für erfolgreiche Geschäfte und günstige Verabredungen mit Frauen. Sind Sie in Leder gekleidet, verheißt dies eine glückliche Hand bei Spekulationen.

Lederschmuck besagt Treue in der Liebe und zum Heim.

Lederstapel verheißen Reichtum und Glück.

Handeln Sie mit Leder, werden Sie die Abfolge Ihrer Unternehmungen nicht ändern müssen, um Ihr Vermögen zu vergrößern. ◎

GERBEREI

Eine **Gerberei** prophezeit ansteckende Krankheiten und andere Beschwerden. Geschäftliche Verluste werden vorausgesagt.

Sind Sie selbst ein **Gerber,** werden Sie sich an einer Arbeit beteiligen müssen, die nicht nach Ihrem Geschmack ist. Doch werden andere von Ihnen abhängig sein.

Kaufen Sie Leder von einem Gerber, werden Sie in Ihren Unternehmungen erfolgreich sein. Doch werden Sie nicht viele Freunde haben. ◎

WACHSTUCH

Ein **Wachstuch** warnt vor Kälte und Betrug. **Handelt** man damit, verheißt dies ungewisse Spekulationen. ◎

SAMT *siehe* KLEIDUNG *Seite* 154 ◆ SPITZE *siehe* SCHATZ *Seite* 124, HOCHZEIT *Seite* 131, FEINES GEWAND *Seite* 154 ◆
LEDER *siehe* ORNAMENTSCHMUCK *Seite* 161, TIERFELL UND -HAUT *Seite* 28 ◆ GERBEREI *siehe* TIERFELL UND -HAUT *Seite* 28

Gebäude und Bauwerke

Die Architektur in unseren Träumen ist äußerst wichtig, ob Sie nun durch Marmorhallen wandeln oder in einer schmutzigen Hütte kauern. Genauso, wie Sie von Häusern und Konstruktionen träumen, die von Menschenhand geschaffenen sind, können natürlich entstandene Gebilde, wie unterirdische Höhlen oder gewaltige Abgründe, im Traum erscheinen.

Baumeister und Bauten

GEBÄUDE
Sieht man riesige und herrliche **Gebäude,** vor denen sich grüne Rasenflächen ausbreiten, sagt dies ein langes Leben im Überfluß und Reisen in entfernte Länder voraus.

Kleine **neue Häuser** deuten auf ein glückliches Zuhause und einträgliche Unternehmungen hin. Sind die Häuser alt und verkommen, werden schlechte Gesundheit und Niedergang in Liebe und Geschäft folgen.

ARCHITEKT
Zeichnen in Ihrem Traum **Architekten** Pläne, kündigt sich eine Veränderung im Geschäft an, die wahrscheinlich mit Verlust verbunden ist.

Erblickt eine junge Frau einen Architekten, wird es ihr nicht gelingen, eine günstige Ehe zu schließen.

Einfache Unterkünfte

UNTERKUNFT
Baut man sich eine **Unterkunft,** kann man den bösen Absichten von Feinden entrinnen. Suchen Sie ein Dach über dem Kopf, werden Sie des Betrugs beschuldigt und versuchen, sich zu rechtfertigen.

HÜTTE
Eine **Hütte** verheißt mäßigen Erfolg. Darin zu schlafen kündigt schlechte Gesundheit und Unzufriedenheit an.

Sehen Sie eine Hütte auf einer **grünen Wiese,** bedeutet dies Wohlstand bei unbeständigem Glück.

Häuser und Hotels

HAUS
Ein **Haus** zu bauen kündigt kluge Veränderungen in Ihrem Leben an.

Besitzen Sie ein **stilvolles Haus,** werden Sie bald ein schöneres Zuhause beziehen. Das Schicksal wird es gut mit Ihnen meinen.

Alte und verfallene Häuser weisen auf Versagen im Geschäft und in allen anderen Bemühungen sowie labile Gesundheit hin.

GASTHAUS
Von einem **Gasthaus** zu träumen verheißt Wohlstand und Vergnügen, wenn es geräumig und hübsch eingerichtet ist.

Ein **verkommenes Gasthaus** steht für geringen Erfolg, betrübliche Aufgaben oder unglückliche Reisen.

HOTEL
In einem **Hotel** zu wohnen prophezeit Sorglosigkeit und Gewinn. Besuchen Sie Frauen im Hotel, werden Sie ein ausschweifendes Leben führen.

Ein **Luxushotel** symbolisiert Wohlstand und Reisen.

Sind Sie **Eigentümer eines Hotels,** werden Sie unermeßlichen Reichtum ernten.

Arbeiten Sie in einem Hotel, heißt dies, daß Sie eine einträglichere Arbeit finden könnten. **Suchen** Sie ein Hotel, werden Sie in Ihrem Streben nach Wohlstand und Glück erfolglos bleiben.

GÄSTEBUCH
Trägt Sie jemand in einem Hotel unter seinem Namen **ein,** werden Sie eine Arbeit beginnen, die von anderen abgeschlossen wird.

Tragen Sie sich unter einem Phantasienamen ein, werden Sie sich an einem zwielichtigen Unternehmen beteiligen, das Ihnen große Gewissensbisse bereitet.

Pagoden und Pyramiden

PAGODE
Eine **Pagode** bedeutet, daß Sie bald eine langersehnte Reise antreten.

Befindet sich eine junge Frau mit ihrem Geliebten in einer Pagode, wird sie von unvorhergesehenen Ereignissen überrascht, bevor das Paar heiratet. Bei einer leeren Pagode droht die Trennung vom Geliebten.

PYRAMIDE
Pyramiden prophezeien viele Veränderungen.

Klettern Sie auf eine Pyramide, werden Sie lange umherreisen, bis Ihre Wünsche in Erfüllung gehen. Einer jungen Frau verheißt dies ein Ehe mit einen äußerst unangenehmen Mann.

Erforschen Sie die **Geheimnisse** der alten Pyramiden, werden Sie eine Vorliebe für die Geheimnisse der Natur entwickeln. Sie werden gebildet und vollkommen sein.

Träume von Gebäuden können von der exotischen Pagode *Hintergrund* bis hin zu der normalen Kirche *gegenüber* reichen.

Gebäude und Bauwerke

Villen und Paläste

VILLA
Befinden Sie sich in einer **Villa** mit einem Zimmer, in dem es spukt, deutet dies auf plötzliches Pech hin.

Sich in einer Villa aufzuhalten verheißt große Besitztümer.

Sieht man eine Villa aus der Ferne, sagt dies Fortschritte voraus. ◉

PALAST
Gehen Sie durch einen **Palast** und bemerken seine Schönheit, verbessern sich Ihre Aussichten, und Sie werden neue Würden erlangen.

Sehen und hören Sie vornehme Damen und Männer beim Tanzen und Reden, werden Sie vorteilhafte Verbindungen knüpfen.

Glaubt eine Frau aus bescheidenen Verhältnissen, sie nehme an der Festlichkeit teil und gehöre dem gleichen gesellschaftlichen Stand an, wird sie durch Heirat oder die Großzügigkeit ihrer Verwandten vorankommen.

Dies ist oft ein trügerischer Traum für junge Frauen, da er meist durch ungesunde Tagträume eines trägen Verstandes herbeigeführt wird. Die Frau sollte sich in Zukunft bemühen, von ehrenhafter Arbeit zu leben und betrügerischen Absichten zu widerstehen, indem sie die Ratschläge ihrer Mutter und Freunde beherzigt. ◉

SCHLOSS
Befinden Sie sich in einem **Schloß**, werden Sie genügend Geld besitzen, um Ihr Leben nach Ihren Wünschen zu gestalten. Ihre Aussichten stehen gut, ein Globetrotter zu werden.

Erscheint Ihnen ein *altes, weinumranktes Schloß*, werden Sie sehr romantisch sein. Sie sollten sich nicht auf eine unerwünschte Heirat oder ein ungewolltes Unternehmen einlassen. Bald werden die Geschäfte schlechter gehen.

Verlassen Sie ein Schloß, werden Sie Ihrer Besitztümer beraubt oder eine nahestehende Person durch Tod verlieren. ◉

Geweihte Gebäude

KIRCHE
Sieht man im Traum von weitem eine Kirche, *werden langerwartete Sehnsüchte enttäuscht.*

Eine in Dunkelheit getauchte Kirche kündigt eine Beerdigung an. Die Aussichten auf bessere Zeiten sind düster. ✺

KIRCHTURM
Ein Kirchturm *steht für Krankheit und Rückschläge.*

Ein zerstörter Turm deutet auf Tod in Ihrem Freundeskreis hin.

Klettern Sie einen Kirchturm hinauf, werden Sie in ernsthafte Schwierigkeiten geraten, die Sie jedoch überwinden.

Von einem Kirchturm zu fallen prophezeit Geschäftsverluste und schlechte Gesundheit. ✺

ABTEI
Sieht man eine verfallene Abtei, *werden Hoffnungen und Pläne zerstört.*

Ein Priester, der Ihnen den Eintritt in eine Abtei verwehrt, bedeutet, daß Sie vor Ruin bewahrt werden, da Feinde Ihre Verlegenheit für einen Fortschritt halten.

Einer jungen Frau, die eine Abtei betritt, wird eine schlimme Krankheit prophezeit. Unterhält sie sich in einer Abtei mit einem Priester, wird sie von Freunden für ihre Taktlosigkeit getadelt. ✺

KIRCHE

KATHEDRALE
Erblicken Sie eine riesige Kathedrale *mit einer Kuppel, die in den Himmel ragt, verheißt dies, daß Sie von Neid und unglückseligem Verlangen nach Unerreichbarem geplagt werden. Betreten Sie die Kathedrale, werden Sie im Leben zu Höherem aufsteigen und gebildete und weise Menschen zu Ihren Freunden zählen.* ✺

KAPELLE
Eine Kapelle *steht für Meinungsverschiedenheiten in Ihrem gesellschaftlichen Umfeld und beunruhigende Geschäfte.*

Befinden Sie sich in einer Kapelle, kündigen sich Enttäuschung und berufliche Veränderungen an.

Träumen junge Menschen, sie betreten eine Kapelle, symbolisiert dies falsche Zuneigung und Feinde. Sie könnten in unglückselige Verbindungen verstrickt werden. ✺

KLOSTER
Taucht ein Kloster *auf, sind Sie mit Ihrem derzeitigen Umfeld unzufrieden und sehen sich bald nach einem neuen um. Einer jungen Frau verheißt dies, daß sie ein selbstloses Leben führt, indem sie anderen in deren Kummer hilft.* ✺

SYNAGOGE
Eine Synagoge *ist gleichbedeutend mit Feinden, die Ihnen den Weg zum Wohlstand versperren. Klettern Sie von außen auf die Spitze der Synagoge, werden Sie dem Widerstand trotzen können.*

Lesen Sie die hebräische Inschrift einer Synagoge, werden Sie eine Katastrophe erleben, doch Ihre Reichtümer wiedergewinnen. ✺

Backsteine und Mauern

MAUER
Versperrt Ihnen eine **Mauer** den Weg, werden Sie negativen Einflüssen erliegen und Niederlagen in wichtigen Angelegenheiten erleben.

Springen Sie über die Mauer, werden Sie Hindernisse überwinden und Wünsche in die Tat umsetzen. Schlagen Sie ein Loch in eine Mauer, werden Sie durch Zielbewußtsein erfolgreich sein.

Reißen Sie eine Mauer ab, werden Sie Feinde überwältigen. Bauen Sie eine Mauer, werden Sie Pläne bedacht angehen und Ihren Reichtum so absichern, daß Reinfälle oder Feinde ihm nichts anhaben können.

Läuft eine junge Frau *auf einer Mauer,* wird ihr zukünftiges Glück bald gesichert sein. Versteckt sie sich dahinter, wird sie Verbindungen eingehen, derer sie sich schämt. Läuft sie an einem **Mauersockel** entlang, wird sie sich um viele Sachen gleichzeitig kümmern müssen und in unsicheren Zeiten allein gelassen werden.

BACKSTEIN
Backsteine stehen für ungewisse Geschäfte und Meinungsverschiedenheiten in Liebesbeziehungen. Stellen Sie Backsteine her, werden Ihre Bemühungen, großen Reichtum zu erlangen, fehlschlagen.

Bogen, Kuppeln und Gewölbe

BOGEN
Ein **Bogen** verheißt Ihnen Aufstieg zu hohen Würden und Reichtum durch konstante Bemühungen.

Gehen Sie durch einem Bogen, werden viele, die Ihre Stellung zuvor ignorierten, Sie nun um Rat fragen.

Sieht eine junge Frau einen *eingestürzten Bogen,* wird sie in ihrer neuen Situation unglücklich sein.

GEWÖLBE
Ein **Gewölbe** prophezeit einen Trauerfall und anderes Unglück.

Sehen Sie eine überwölbte Schatzkammer, wird Ihr Reichtum andere überraschen. Sieht man die *geöffneten Türen* eines Gewölbes, verheißt dies Verlust und Betrug von Menschen, denen Sie vertrauen.

KUPPEL
Befinden Sie sich in der **Kuppel** eines Gebäudes und blicken auf eine fremdartige Landschaft, stehen vorteilhafte Veränderungen an. Sie werden zwischen Fremden ehrenhafte Stellungen innehaben.

Sehen Sie eine Kuppel aus der Ferne, werden Sie niemals den Höhepunkt Ihrer Ambitionen erreichen. Wenn Sie verliebt sind, wird die Person, nach der Sie verlangen, Ihre Aufmerksamkeit verschmähen.

EINE KUPPEL

Traumgebilde können so beständig sein wie eine Kuppel oben **oder so vergänglich wie ein Zelt** gegenüber.

Auf dem Dach

DACH
Stehen Sie auf einem **Dach,** bedeutet dies überwältigenden Erfolg.

Bekommen Sie Angst vor einem Sturz, wird Ihre Stellung Ihnen nicht garantiert sein, auch wenn Sie vielleicht vorwärtskommen.

Ein *einstürzendes Dach* warnt vor plötzlichen Schwierigkeiten.

Reparieren oder bauen Sie *ein Dach,* werden Sie Ihr Vermögen bald vergrößern können. Schlafen Sie auf einem Dach, brauchen Sie Feinde und falsche Freunde nicht zu fürchten. Ihre Gesundheit ist robust.

STROHDACH
Träumen Sie, daß Sie ein **Dach mit einem verrottbaren Material decken,** wird Kummer Sie heimsuchen.

Wenn ein Strohdach undicht ist, werden Sie von Gefahren bedroht. Mit richtig eingesetzter Energie können Sie diese abwehren.

SCHORNSTEIN
Sehen Sie **Schornsteine,** kündigen sich äußerst unangenehme Ereignisse in Ihrem Leben an. Vorschnelle Nachrichten über Krankheit werden Ihnen überbracht.

Ein *eingestürzter Schornstein* verheißt Sorge und Tod in der Familie.

Sieht man einen mit **Efeu** oder anderen Weinarten **überwucherten Schornstein,** wird aus Kummer oder durch den Verlust von Verwandten großes Glück entstehen.

Ein **Feuer** in einem Kamin verheißt Positives.

Verstecken Sie sich in einer **Kaminecke,** werden Kummer und Zweifel Sie plagen. In geschäftlichen Angelegenheiten sieht es düster aus.

Klettert eine junge Frau an einem Schornstein herunter, wird sie sich einer Ungehörigkeit schuldig machen und Betroffenheit unter ihren Kollegen auslösen. Klettert sie an einem Schornstein hoch, wird sie bevorstehenden Schwierigkeiten noch entgehen können.

Gebäude und Bauwerke

Vordächer und Balkone

VORDACH
Vordächer verheißen die Beteiligung an neuen Unternehmungen und eine Zukunft voller Ungewißheiten.

Sieht sich eine junge Frau mit dem Geliebten auf einem Vordach, sind die Absichten anderer zweifelhaft.

Bauen Sie ein Vordach, werden Sie neue Pflichten übernehmen. ◎

VERANDA
Befinden Sie sich auf einer *Veranda,* werden Sie in einer besorgniserregenden Angelegenheit Erfolg haben.

Steht eine junge Frau mit dem Geliebten auf einer Veranda, folgt eine frühzeitige und glückliche Heirat.

Eine *alte Veranda* steht im Traum für schwindende Hoffnungen und Enttäuschungen in Liebe und Beruf. ◎

BALKON
Verabschieden sich Liebespaare traurig auf einem *Balkon,* können endgültige Trennungen folgen. Ein Balkon signalisiert auch schlechte Nachrichten über weit entfernte Freunde. ◎

MARKISE
Träumt man von einer *Markise* oder befindet man sich unter einer, werden falsche Freunde einen überreden, sich durch üble Machenschaften zu bereichern. Beschützen Sie diejenigen, die unter Ihrer Obhut stehen. ◎

Zäune und Tore

PALISADE
Erscheinen Ihnen *Palisaden,* werden Sie gut durchdachte Pläne abändern, um Fremden zu gefallen, und damit Ihren eigenen Interessen schaden. ◎

GELÄNDER
Geländer bedeuten, daß jemand sich Ihren Plänen in Liebe und Geschäft in den Weg stellt. Halten Sie sich an einem Geländer fest, werden Sie verzweifelt versuchen, etwas zu erlangen, an dem Ihr Herz hängt. Es könnte sich dabei um Liebe, aber auch um eine materielle Angelegenheit handeln. ◎

ZAUN
Klettern Sie auf einen *Zaun,* wird Erfolg Ihre Bemühungen krönen. *Fallen* Sie *herunter,* werden Sie ein für Sie ungeeignetes Projekt in Angriff nehmen und scheitern.

Sitzen Sie mit anderen *auf einem Zaun* und bricht dieser unter Ihnen zusammen, wird eine Person bei einem Unfall schwer verletzt.

Schlüpfen Sie *durch einen Zaun,* werden Sie illegale Mittel einsetzen, um Ihre Pläne zu verwirklichen.

Den Zaun *niederzutreten* und auf die andere Seite zu laufen zeigt an, daß Sie durch Taten und Energie die hartnäckigsten Hindernisse auf Ihrem Weg zum Erfolg überwinden werden.

Sehen Sie Vieh über einen Zaun springen, werden Sie aus unerwarteter Quelle Hilfe bekommen, sofern es in Ihre Weide springt; bricht es aus der Weide aus, können Verluste in Handel und anderen Angelegenheiten folgen.

Errichten Sie einen Zaun, werden Sie durch Sparsamkeit und Fleiß einen Grundstein für Wohlstand legen.

Einer jungen Frau verheißt dies Erfolg in der Liebe oder das Gegenteil, wenn sie träumt, daß ein Zaun zusammenbricht oder sie von einem Zaun fällt. ◎

TOR
Erblicken oder durchschreiten Sie ein *Tor,* werden Sie alarmierende Neuigkeiten über weit entfernte Mitmenschen erreichen. Geschäftsangelegenheiten sind ermutigend.

Ein *geschlossenes Tor* sagt Unvermögen voraus, anstehende Probleme zu überwinden. Ein Tor zu schließen weist auf erfolgreiche Unternehmungen und gutgewählte Freunde hin. Ein defektes Tor symbolisiert Versagen und ein unharmonisches Umfeld.

Haben Sie Schwierigkeiten, ein Tor zu durchschreiten oder zu öffnen, wird die fesselndste Arbeit nicht einträglich oder zufriedenstellend sein.

Schaukeln Sie daran, werden Sie sich Ausschweifungen hingeben. ◎

Vorübergehende Unterkünfte

LAGER
Lagern Sie unter freiem Himmel, kündigt sich eine Veränderung an. Sie bereiten sich auf eine lange und beschwerliche Reise vor.

Sehen Sie einen *Campingplatz,* werden viele Freunde umziehen. Ihre eigenen Aussichten sind düster.

Befindet sich eine junge Frau in einem Lager, wird ihr Geliebter Schwierigkeiten haben, sie auf einen Hochzeitstermin festzulegen. Er wird sich als guter Ehemann erweisen. Ist sie in einem *Militärlager,* wird sie bei der erstbesten Gelegenheit heiraten.

Träumt eine verheiratete Frau, sie sei in einem *Soldatenlager,* droht eine Scheidung oder die Gefahr, daß sie den Namen ihres Ehemanns beschmutzt. ◎

ZELT

ZELT
Hält man sich in einem *Zelt* auf, kündigen sich Veränderungen an.

Mehrere Zelte prophezeien Reisen mit unliebsamen Freunden.

Sind die *Zelte zerrissen* oder anderweitig verschlissen, stehen Ihnen Schwierigkeiten bevor. ◎

BALKON siehe VERABSCHIEDEN Seite 258 ◆ ZAUN siehe KLETTERN Seite 268, FALLEN Seite 265, RIND Seite 37 ◆

LAGER siehe LANDSCHAFT Seite 89, SOLDAT Seite 262

Treppen, Leitern und andere Mittel, Höhen zu überwinden

TURM
Ein **Turm** symbolisiert, daß Sie nach Höherem streben. Steigen Sie den Turm hinauf, werden Ihre Wünsche in Erfüllung gehen. Stürzt der Turm beim Abstieg ein, werden Ihre Hoffnungen enttäuscht. ◎

TREPPE
Steigen Sie im Traum **Treppen** hinauf, sagt dies Reichtum und Glück voraus.

Fallen Sie Treppen *hinunter,* werden Sie Opfer von Haß und Neid. *Steigen* Sie Treppen *hinab,* werden Sie in Ihren Angelegenheiten kein Glück haben. Ihre Liebesbeziehung wird ungünstig sein.

Breite, schöne Treppen verheißen Reichtümer und Ehre. Sieht man *andere* eine Treppe *hinabsteigen,* wird Vergnügen von mißlichen Umständen verdrängt.

Sitzen Sie auf einer *Treppenstufe,* prophezeit dies langsam wachsenden Reichtum und Freude. ◎

STUFE
Steigen Sie **Stufen** hinauf, werden Sorgen von Hoffnungen abgelöst.

Steigen Sie sie hinab, könnten Sie Unglück erfahren.

Fallen Sie die Stufen hinab, erschüttert Sie unerwartetes Versagen in Ihren Angelegenheiten. ◎

LEITER
Träumen Sie, man stelle eine **Leiter** auf, damit Sie irgendwo hochsteigen können, werden Durchhaltevermögen und Nervenstärke Ihnen zu guten Geschäften verhelfen.

Eine Leiter *hinaufzusteigen* signalisiert Wohlstand und Glück.

Fallen Sie von einer Leiter, bedeutet dies für Kaufleute erfolglose Geschäftsabschlüsse und eine mißlungene Ernte für Landwirte.

Eine *zerbrochene Leiter* symbolisiert Versagen.

EINE TREPPE

Eine Leiter *hinabzusteigen* verheißt Enttäuschungen im Geschäft und unerfüllte Wünsche. Mit Hilfe einer Leiter aus Gefangenschaft und Haft zu fliehen zeigt an, daß Sie trotz vieler Gefahren erfolgreich sein werden.

Packt Sie beim Hochklettern an einer Leiter der Schwindel, werden Sie Ehren nicht mit Gelassenheit tragen. Wahrscheinlich werden Sie in Ihrer neuen Stellung überheblich und herrisch sein. ◎

ROLLTREPPE
Fahren Sie im Traum eine **Rolltreppe** *hoch,* werden Sie langsam im beruflichen Leben vorankommen. Fahren Sie eine Rolltreppe *hinunter,* werden Sie keinerlei Fortschritte machen.

Zwingt eine defekte Rolltreppe Sie zum Gehen, werden Sie keine Beförderung erlangen. ◎

FAHRSTUHL
Fahren Sie in einem **Fahrstuhl** hoch, werden Sie rasch Ansehen und Wohlstand erreichen. Wenn Sie allerdings in einem Fahrstuhl hinabfahren, wird Ihr Unglück Sie niederschlagen.

Sehen Sie einen Fahrstuhl hinterfahren und denken Sie, Sie blieben zurück, werden Sie mit knapper Not einer Enttäuschung entgehen.

Ein stehender Aufzug verheißt drohende Gefahr.

In einem *Fahrstuhl festzusitzen* kündigt an, daß Sie in Kürze ein frustrierendes Erlebnis haben werden. ◎

Anlegestellen, Brücken und Ufer

ANLEGESTELLE
Stehen Sie an einer **Anlegestelle,** werden Sie im Kampf um Anerkennung in Sachen Wohlstand unerschrocken sein. Ihnen werden die höchsten Ehrenposten zuteil.

Mißlingt Ihnen der Versuch, eine Anlegestelle zu erreichen, werden Sie die Auszeichnung verlieren, die Sie am meisten begehrten. ◎

BRÜCKE
Eine lange, baufällige **Brücke,** die sich unheimlich in die Dunkelheit hineinwindet, prophezeit den Verlust Ihrer liebsten Besitztümer und traurige Ereignisse. Jungen verliebten Menschen verheißt der Traum Enttäuschung, da die geliebte Person ihren Idealvorstellungen nicht entspricht.

Eine Brücke *zu überqueren* sagt die Überwindung von Schwierigkeiten voraus, auch wenn die Mittel dazu gefährlich erscheinen. Jedes Hindernis stellt eine Katastrophe dar.

Sehen Sie vor sich eine Brücke, sollten Sie sich vor Betrug und falschen Bewunderern hüten. Klares Wasser verheißt Wohlstand; ist es trüb und aufgewühlt, wird Ihr Fortkommen erlahmen. ◎

UFER
Fahren Sie ein **Ufer** entlang, werden Sie von Schwierigkeiten und Unglück gepeinigt. Setzen Sie Ihre Fahrt ohne hinderliche Zwischenfälle fort, können Sie Probleme in Vorteile ummünzen.

Reiten Sie auf dem Rücken eines Pferdes an einem Ufer entlang, werden Sie alle Hindernisse auf dem Weg zu Wohlstand und Glück furchtlos angehen und überwinden.

Laufen Sie an einem Ufer entlang, werden Sie einen ermüdenden Kampf durchstehen müssen, um zu Höherem zu gelangen. Doch schließlich werden Sie angemessen belohnt. ◎

Gebäude und Bauwerke

Gräben

AUSGRABEN
Graben Sie im Traum, werden Sie niemals Not leiden. Doch wird das Leben ein harter Kampf sein.

Ein *Loch zu graben* und auf eine glitzernde Substanz zu stoßen verheißt eine vorteilhafte Wende. Graben Sie und stoßen auf ein dunkles, in Nebel gehülltes Loch, werden Sie von großem Unglück gequält und mit finsteren Vorzeichen erfüllt werden.

Füllt sich das Loch mit Wasser, werden Angelegenheiten trotz größter Anstrengungen nicht nach Ihrem Willen verlaufen.

BAGGER
Träumen Sie von einem *Bagger,* wird ein lange gehütetes Geheimnis gelüftet. Sie müssen bereit sein, sich damit auseinanderzusetzen.

GRUBE
Fallen Sie in eine *Grube,* bedeutet dies Erniedrigung und persönlichen Verlust. Springen Sie über die Grube, werden Sie jeglichen Verdacht über Missetaten aus dem Weg räumen.

GRABEN
Gräben warnen vor Betrug. Sie werden Verluste erfahren, wenn Sie in neuen Unternehmen oder mit Fremden unvorsichtig sind.

Volle Gräben prophezeien große Sorgen.

Höhen und Tiefen

HÖHLE
Sehen Sie eine *Höhle,* die sich vor Ihnen im unheimlichen Mondlicht erhebt, werden viele Überraschungen über Sie hereinbrechen. Gegner vereiteln Ihr Vorankommen. Arbeit und Gesundheit sind bedroht.

Befinden Sie sich in einer Höhle, sagt dies Veränderungen voraus. Sie werden mit Ihren Liebsten brechen.

Geht eine junge Frau mit einem Mann in eine Höhle, wird sie sich in einen Schurken verlieben und wahre Freunde verlieren.

GROTTE
Eine *Grotte* symbolisiert unvollendete und unbeständige Freundschaften. Der Verlust von komfortablem Überfluß wird offensichtliche Armut unerträglich machen.

STEILHANG
Blicken Sie eine *steile Klippe* hinunter, sagt dies Unglück und Mißgeschicke voraus.

Stürzen Sie eine Klippe *hinunter,* wird eine Katastrophe Sie treffen.

ABGRUND
Starren Sie in einen *Abgrund,* droht Ihnen eine Eigentumsbeschlagnahmung. Streitigkeiten und Vorwürfe persönlicher Natur werden auftreten, so daß Sie nicht in der Lage sind, mit den Alltagsproblemen umzugehen.

Sieht eine Frau in einen Abgrund, wird sie sich mit unwillkommener Fürsorge belasten. Fällt sie hinab, wird ihre Enttäuschung komplett sein. Kann sie ihn überwinden oder umgehen, wird sie dem entgehen.

FALLGRUBE
Schauen Sie in eine *tiefe Grube,* werden Sie sich im Geschäftsleben auf Risiken einlassen und bei der Partnersuche auf Probleme stoßen.

Fallen Sie in eine Grube, verheißt dies Katastrophen und großen Kummer. Wachen Sie während des Sturzes auf, können Sie Unglück abwenden.

Steigen Sie in eine Grube hinab, werden Sie wissentlich Gesundheit und Vermögen für einen größeren Erfolg riskieren.

Schacht

SCHACHT
Arbeiten Sie in einem *Schacht,* wird fehlgeleitete Energie Not bringen. Sie werden zulassen, daß fremde Einflüsse Ihren Weg vorgeben.

Fallen Sie in einen Schacht, wird Hoffnungslosigkeit Sie übermannen. Ein einstürzender Schacht signalisiert, daß die Pläne von Widersachern Ihre eigenen zu Fall bringen.

Bei einem *leeren Schacht* werden Sie beraubt, wenn Sie Fremden Ihr Vertrauen schenken.

Ein Brunnen mit einer Pumpe steht für günstige Gelegenheiten.

Träumen Sie von einem *artesischen Brunnen,* werden Ihre Ressourcen Ihnen Zugang zu Wissen und Vergnügen verschaffen.

Pumpen Sie Wasser aus einem Brunnen, werden Ihre sehnlichsten Wünsche in Erfüllung gehen. Ist das Wasser unrein, werden Sie Streitigkeiten erleben.

Treppenhäuser gegenüber oben sind deutliche Symbole für das Auf und Ab im Leben.

Unter der Erde

TUNNEL
Durch einen *Tunnel* zu gehen ist negativ für Geschäft und Liebe. Kommt Ihnen in einem Tunnel ein *Zug entgegen,* sagt dies schlechte Gesundheit und berufliche Veränderung voraus.

Im Auto durch einen Tunnel zu *fahren* verheißt schlechte Geschäfte und unangenehme Reisen.

Ein *einstürzender* Tunnel steht für Versagen und übelgesinnte Feinde.

Blicken Sie in den Tunnel, steht ein hoffnungsloses Unternehmen an.

UNTER DEM ERDBODEN
Befinden Sie sich in einer *unterirdischen* Behausung, stehen Ihr Ruf und Reichtum auf dem Spiel.

Eine *U-Bahn* deutet darauf hin, daß Sie sich auf eine eigenartige Spekulation einlassen, die Ihnen Unglück und Sorgen bringt.

AUSGRABEN siehe **GOLD** Seite 71, **WASSER** Seite 78 ◆ **GRUBE** siehe **FALLEN** Seite 265 ◆ **HÖHLE** siehe **MOND** Seite 84 ◆
STEILHANG siehe **FALLEN** Seite 265 ◆ **FALLGRUBE** siehe **FALLEN** Seite 265 ◆ **TUNNEL** siehe **ZUG** Seite 225, **AUTO** Seite 224 ◆
UNTER DEM ERDBODEN siehe **U-BAHN, EISENBAHN** Seite 225 ◆ **SCHACHT** siehe **WASSER** Seite 78, **FALLEN** Seite 265

10 000 Träume

Arbeit und Industrie

Arbeiten Sie im Traum, hat dies zunächst nicht den Anschein, als würde Ihnen eine Pause vom täglichen Trott gewährt. Doch sollten Arbeitsträume hinsichtlich der Rückschlüsse auf Ihren eigenen Eifer sorgfältig interpretiert werden. Dieser Abschnitt untersucht Träume von Industrie, Handwerk, Haus- und Büroarbeit, von Werkzeugen und Arbeitsgeräten.

Die Arbeitswelt

ARBEITSVERHÄLTNIS
Von einem *Arbeitsverhältnis* zu träumen, bedeutet eine Flaute im Geschäftsleben und für Lohnempfänger Arbeitsplatzverlust. Es weißt auch auf Krankheit. *Arbeitslos* zu sein symbolisiert, daß Sie keine Angst zu haben brauchen, da Sie zuverlässig sind. Das macht Sie zu einem begehrten Helfer.

Stellen Sie andere ein, werden Sie Verluste erfahren. Alle Träume dieser Art können in der obigen Weise interpretiert werden.

WERKSTATT
Werkstätten zeigen an, daß Sie Ihre Feinde mit außergewöhnlichen Strategien schwächen.

ARBEIT
Arbeiten Sie hart, werden Sie durch den Einsatz Ihrer Energie den verdienten Erfolg ernten.

Sehen Sie andere bei der Arbeit, werden Sie hoffnungsvolle Umstände umgeben.

Suchen Sie Arbeit, werden Sie aus einem unerwarteten Zusammentreffen Gewinn ziehen.

FERTIGSTELLUNG
Erfüllen Sie eine Aufgabe oder eine Arbeit, werden Sie in jungen Jahren Reichtum erlangen. Sie können Ihre Zeit verbringen, wie Sie wollen und wo es Ihnen gefällt.

Kommen Sie von einer Reise zurück, werden Sie die Mittel haben, jederzeit Reisen zu unternehmen.

INDUSTRIE

BEI DER ARBEIT

ANGESTELLTER
Erblicken Sie einen Ihrer *Angestellten,* signalisiert dies Behinderungen und Störungen, wenn er aggressiv auftritt. Ist er freundlich und hat Interessantes zu erzählen, werden Sie keine üblen oder ärgerlichen Umstände im Wachleben erwarten.

KÖRPERLICHE ARBEIT
Arbeiten Nutztiere unter schwerer Last, werden Sie wohlhabend, doch ungerecht zu Ihren Bediensteten oder Angestellten sein.

Männer, die sich **abplagen,** stehen für einträgliche Arbeit und robuste Gesundheit. **Arbeiten Sie selbst,** sind die Aussichten für neue Unternehmen vielversprechend. Landwirten prophezeit der Traum eine reiche Ernte.

INDUSTRIE
Sind Sie im Traum *fleißig,* werden Sie ungewöhnlich aktiv in der Planung und Ausarbeitung Ihrer Ideen sein. Sie werden in Ihren Unternehmungen erfolgreich sein.

Träumt ein Verliebter, er würde *fleißig arbeiten*, wird er geschäftliche Erfolge verbuchen können. Seine Gefährtin steht ihm dabei hilfreich zur Seite.

Sieht der Träumende andere fleißig bei der Arbeit, ist dies ein gutes Zeichen für ihn.

MANUFAKTUR
Eine große *Manufaktur* drückt ungewöhnliche Aktivität in Geschäftskreisen aus.

ARBEITSVERHÄLTNIS *siehe* LOHN, EINKOMMEN *Seite* 241 ◆ FERTIGSTELLUNG *siehe* REISE *Seite* 221 ◆
KÖRPERLICHE ARBEIT *siehe* BÜRDE *Seite* 38 ◆ MANUFAKTUR *siehe* MASCHINE *Seite* 198

Meister und Bedienstete

STEINMETZ
Ein *Steinmetz* bei der Arbeit symbolisiert eine Verbesserung Ihrer Umstände. Eine angenehmere Gesellschaft wird Sie bald umgeben.

Sehen Sie eine *Gruppe des Freimaurerordens* in voller Aufmachung, werden Sie außer sich selbst noch andere vor dem Bösen im Leben beschützen müssen.

BEDIENSTETER
Träumen Sie von einem *Bediensteten,* werden Sie trotz düsterer Aussichten Glück haben. Ärger wird Sie vielleicht in überflüssige Sorgen und Streitigkeiten treiben.

Einen Bediensteten zu entlassen bedeutet Bedauern und Verlust.

Streiten Sie sich mit einem Bediensteten, werden Sie tatsächlich Anlaß haben, jemanden zu tadeln, der seine Pflichten vernachlässigt.

Werden Sie von einem Bediensteten bestohlen, beherzigt eine Person in Ihrer Umgebung die Regeln des Eigentums nicht.

MEISTER
Sind Sie einem *Meister* unterstellt, ist dieses ein Zeichen für Ihre Inkompetenz, andere zu befehlen. Sie werden bessere Arbeit unter der Leitung einer willensstarken Person leisten.

Sind Sie ein Meister und befehlen über viele Leute, werden Sie sich im Urteil über die schönen Dinge im Leben auszeichnen, hohe Ämter bekleiden und wohlhabend sein.

LEHRLING
Dienen Sie als *Lehrling,* werden Sie Schwierigkeiten haben, einen Platz zwischen Ihren Freunden zu finden.

EINE BEDIENSTETE

Geselle und Hausmeister

GESELLE
Erscheint Ihnen ein *Geselle,* werden Sie Geld durch überflüssige Reisen verlieren. Einer Frau verheißt der Traum vergnügliche, wenn auch unerwartete Reisen.

HAUSMEISTER
Ein *Hausmeister* steht für schlechte Führung und ungehorsame Kinder. Würdelose Bedienstete werden Sie verärgern.

Suchen Sie *einen Hausmeister* ohne Erfolg, werden belanglose Ärgernisse Ihr friedvolles Leben stören. Finden Sie einen, entwickeln sich angenehme Verbindungen mit Fremden. Ihnen werden sich keine Hindernisse in den Weg stellen.

In Träumen kann sich die Arbeitswelt in Form von arbeitenden Männern *gegenüber*, Industrie *gegenüber oben*, Hausangestellten *oben* oder Bergbau *oben rechts* darstellen.

Arbeit in einer Kohlenmine

BERGLEUTE

ZECHE UND KOHLENMINE
Befinden Sie sich in einer Kohlenmine oder Zeche und sehen Minenarbeiter, wird ein böser Wille seine Macht ausüben, um Sie zu ruinieren. Besitzen Sie Anteile an einer Mine, verheißt dies eine sichere Investition in ein Geschäft.

Baut eine junge Frau Kohle ab, wird sie die Ehefrau eines Immobilienhändlers oder eines Zahnarztes.

BERGBAU
Sehen Sie eine Sprengung, will ein Feind Sie ruinieren, indem er vergangene Schandtaten in Ihrem Leben aufwühlt. Sie werden unangenehme Reisen unternehmen, wenn Sie in der Nähe einer Sprengung stehen.

Suchen Sie nach Minen, werden Sie sich an unnützen Unternehmungen beteiligen.

MINE
Sind Sie in einer Mine, werden Sie in Ihren Angelegenheiten versagen. Sind Sie Eigentümer einer Mine, prophezeit dies Wohlstand.

Der lustige Müller

MÜHLE
Eine Mühle steht für Sparsamkeit und verheißt glückliche Unternehmen.
Eine verfallene Mühle prophezeit Krankheit und Unglück.

MÜLLER
Sehen Sie einen Müller, werden Ihre Umstände hoffnungsvoller werden. Träumt eine Frau, sie sehe einen Müller, der seine Mühle nicht in Betrieb setzen kann, wird der Wohlstand ihres Geliebten sie enttäuschen.

MÜHLWEHR
Sehen Sie klares Wasser über ein Mühlwehr plätschern, signalisiert dies vergnügliche Unternehmen sowohl geschäftlicher als auch gesellschaftlicher Natur. Ist das Wasser unrein, werden Sie Verlust erleiden. Wo Vergnügen vorausgesagt wurde, wird es stattdessen zu Problemen kommen.
Liegt das Wehr dagegen trocken, werden Ihre Geschäfte zurückgehen.

WINDMÜHLE
Eine Windmühle, die sich dreht, verweist auf wachsenden Reichtum und Zufriedenheit.
Eine defekte oder stillstehende Windmühle deutet auf unerwartet hereinbrechende Not hin.

MÜHLE

Schmiedewerkzeug

SCHMIED AM AMBOSS

SCHMIED
Sieht man im Traum einen Schmied, werden mühselige Unternehmen positive Resultate bringen.

BLASEBALG
Einen Blasebalg zu betätigen, sagt voraus, daß Sie den Kampf gegen Armut durch Energie und Ausdauer gewinnen werden.
Erblicken Sie einen Blasebalg, sehnen sich Freunde nach Ihnen.
Hören Sie das Geräusch eines Blasebalgs, werden Sie okkultes Wissen mit Hilfe äußerst wirksamer Methoden erlangen.
Ein nicht mehr benutzter Blasebalg besagt, daß Sie durch falsche Impulse Energie vergeudeten.

AMBOSS
Heißes Eisen und sprühende Funken stehen für eine vergnügliche Arbeit. Einem Landwirt verheißt dies eine reiche Ernte. Positives wird auch Frauen vorausgesagt. Dürftige Gefallen können von machtvollen Personen erwartet werden. Die Mittel zum Erfolg liegen in Ihrer Hand. Doch um diesen zu erreichen, müssen Sie unter schwierigen Umständen arbeiten.
Ist der Amboß zerbrochen, haben Sie durch eine Nachlässigkeit gute Chancen verpaßt.

SCHMELZOFEN
Ein heißer Schmelzofen prophezeit Glück. Ist er defekt, werden Sie Probleme mit Kindern oder Angestellten haben.
Fallen Sie in einen Schmelzofen, wird ein Feind Sie in einer Geschäftsstreitigkeit überwältigen.

KUPFERSCHMIED
Träumen Sie von einem Kupferschmied, bedeutet dies geringe Arbeitslöhne, aber Zufriedenheit.

KUPFERSCHMIED

Der Zimmermann und sein Werkzeug

ZIMMERMANN

Ein *Zimmermann* symbolisiert, daß Sie Ihren Wohlstand durch ehrenhafte Mittel vergrößern möchten und auf selbstsüchtigen Zeitvertreib oder sogenannte Erholung verzichten. ◉

HOBEL

Benutzen Sie im Traum einen *Hobel,* werden Ihre Großzügigkeit und erfolgreichen Bemühungen gelobt.

Sehen Sie *Zimmerleute beim Hobeln,* werden Sie langsam in Ihren Angelegenheiten vorankommen.

Hobel stehen für Harmonie und sogar Erfolg. Eine Liebe für die Realität und nicht die Lüge wird Ihnen dadurch prophezeit. ◉

SÄGE

Eine *Handsäge* zu benutzen sagt eine aktive und und geschäftige Zeit sowie ein fröhliches Familienleben voraus.

Drehen sich *große Sägen* in einer Maschine, werden Sie ein Unternehmen beaufsichtigen, das ansehnliche Gewinne einbringt. Einer Frau verheißt der Traum, daß sie geschätzt und ihren Ratschlägen Beachtung geschenkt wird.

Träumen Sie von *rostigen oder zerbrochenen Sägen,* deutet dies auf Versagen und Mißgeschicke hin.

Verlieren Sie eine Säge, beteiligen Sie sich an Unternehmungen, die in eine Katastrophe münden.

Das *Geräusch* einer Säge steht für Sparsamkeit und Wohlstand.

Finden Sie eine *rostige Säge,* stehen die Chancen gut, Ihr Vermögen wiederzugewinnen.

Tragen Sie eine Säge auf dem Rücken, werden Sie große, jedoch einträgliche Verantwortungen übernehmen. ◉

....

Träume können Sie in die Welt des Müllers *gegenüber links, des Schmieds, gegenüber oben, des Kupferschmieds gegenüber Mitte* oder *des Zimmermanns rechts* versetzen.

SÄGESPÄNE

Sägespäne bedeuten, daß große Fehler Ihnen Kummer und Streitigkeiten zu Hause bescheren. ◉

BRETT

Läuft eine junge Frau auf einem morschen *Brett* über trübes Wasser, belastet sie die Gleichgültigkeit einer geliebten Person. Andere Probleme können auftreten, oder sie muß ihre Ehre verteidigen. ◉

PRITSCHE

Erscheint Ihnen eine *Pritsche,* werden in Ihren Liebesangelegenheiten vorübergehend Schwierigkeiten auftreten. Einer jungen Frau beschert dies eine eifersüchtige Rivalin. ◉

HANDBOHRER

Handbohrer sind Vorboten von Arbeit und Plackerei. ◉

Möbelherstellung

STUHLMACHER

Sehen Sie einen *Stuhlmacher,* bereitet eine anscheinend vergnügliche Arbeit Ihnen Sorgen. ◉

LACKIEREN

Lackieren Sie im Traum etwas, versuchen Sie, mit betrügerischen Mitteln Auszeichnungen zu erlangen.

Wenn andere etwas lackieren, werden Bemühungen von Freunden, ihre eigenen Besitztümer zu vergrößern, Sie in Gefahr bringen. ◉

FURNIER

Ein *Furnier* zu legen ist ein Zeichen dafür, daß Sie Ihre Freunde systematisch betrügen.

Spekulationen Ihrerseits werden fehlgeleiteter Natur sein. ◉

DIELEN ABZIEHEN

Schwerindustrie

MASCHINE
Träumen Sie von **Maschinen,** werden Sie ein Projekt durchführen, das Ihnen große Sorge bereitet, das für Sie jedoch schließlich gut ausgeht.

Alte Maschinen bedeuten, daß Feinde Sie beim Aufbau eines Vermögens überwältigen.

Bleiben Sie in einer Maschine **hängen,** prophezeit dies Geschäftsverluste und großes Unglück. ◎

MOTOR
Sehen Sie einen **Motor,** stehen Ihnen große Schwierigkeiten und Reisen bevor. Doch werden gute Freunde Sie unterstützen.

Defekte Motoren verweisen auf Unglück und Verlust von Verwandten. ◎

TECHNIKER
Ein **Techniker** verheißt ermüdende Reisen, aber auch freudige Zusammenkünfte. ◎

MECHANIKER
Ein **Mechaniker** symbolisiert einen Wohnsitzwechsel und ein aktiveres Geschäft. Gewöhnlich sind höhere Löhne zu erwarten, nachdem man Mechaniker bei der Arbeit an Maschinen gesehen hat. ◎

MONTAGEKRAN
Bei **Montagekränen** werden Hindernisse auf Ihrem Weg zum Erfolg vorausgesagt. ◎

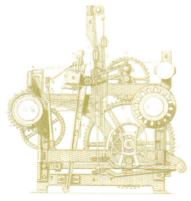

MASCHINEN

DYNAMO
Ein **Dynamo** verheißt erfolgreiche Unternehmen, sofern Sie Details im Geschäft beachten. Ein defekter Dynamo prophezeit, daß Sie auf Feinde zugehen, die Sie in Schwierigkeiten bringen. ◎

PUMPE
Sehen Sie eine **Pumpe,** werden Energie und Treue zum Geschäft Erfolg bringen. Dieser Traum verheißt gewöhnlich gute Gesundheit.

Eine **kaputte Pumpe** signalisiert, daß die Kraft, die notwendig ist, um voranzukommen, durch die Fürsorge um die Familie aufgezehrt wird. Für Verheiratete und Unverheiratete bedeutet es vergeudete Energie.

Bedienen Sie eine Pumpe, wird Ihr Leben mit Vergnügen und einträglichen Unternehmungen erfüllt. ◎

Technologie

AKKUMULATOR
Ein **Akkumulator** symbolisiert bedachte Spekulationen und ansehnliche Gewinne. ◎

LASER

LASER
Laserstrahlen zeigen an, daß Sie Ihre Kraft oberflächlichen Problemen widmen. Sie sind eine Aufforderung, sich wichtigeren Fragen zuzuwenden, da Katastrophen drohen. ◎

....

Kraftvolle Maschinen links können durch Ihre Träume donnern. Laserstrahlen oben können Sie blenden. Konkreter können Sie von Arbeitswerkzeugen, wie der Axt *gegenüber oben,* **der Schaufel** *gegenüber Mitte* **und der Pinzette** *gegenüber unten* **träumen.**

Arbeit und Industrie

Werkzeuge und Geräte, die wir im Alltag benutzen, bekommen im Traum eine neue Bedeutung. Hammer, Zangen und Nägel haben in der Traumwelt einen ganz anderen Reiz und eine ganz unterschiedliche Symbolik. Wie in der Realität haben Messer die Unart, zweischneidig zu erscheinen – nützlich und doch bedrohlich.

GEBRAUCH EINER AXT

Hammer und Holzhammer

HAMMER
Sehen Sie einen **Hammer,** werden Sie entmutigende Hindernisse überwinden müssen, um Ihr Vermögen sicher aufzubauen.

HOLZHAMMER
Ein **Holzhammer** prophezeit Gesundheitsprobleme und unhöfliche Freunde. Für Ihr Zuhause kündigt sich Unruhe an.

Nützliche Werkzeuge

WERKZEUG
Werkzeuge symbolisieren Mängel bei der Fertigstellung einer Arbeit. Sind die Werkzeuge defekt, werden Sie von Tod oder ernsthafter Krankheit von Verwandten oder Freunden und schlechten Geschäften bedroht.

LADESTOCK
Ein **Ladestock** verheißt unglückliche Unternehmungen. Sie werden Grund zur Sorge haben. Sieht eine junge Frau einen verbogenen oder zerbrochenen Ladestock, wird ein Freund oder ihr Geliebter sie enttäuschen.

SCHAUFEL

SCHAUFEL
Erscheint Ihnen eine **Schaufel,** werden Sie eine mühsame, aber dennoch vergnügliche Arbeit erledigen. Eine kaputte Schaufel steht für enttäuschte Hoffnungen.

HAKEN
Träumen Sie von einem **Haken,** werden Sie unerfreuliche Verpflichtungen eingehen müssen.

ZANGE
Spüren Sie **Zangen** in Ihrem Fleisch, wird man Ihnen leidige Pflichten auferlegen. Jede Art von Zangen deutet auf das Bevorstehen unglücklicher Ereignisse hin.

PINZETTE
Pinzetten kündigen unangenehme Ereignisse an, die Sie mit Unzufriedenheit erfüllen. Ihre Freunde wenden Ihnen den Rücken zu.

MASSSTAB
Ein **Maßstab** weist auf Kummer hin, auch wenn Ihre Angelegenheiten sich außergewöhnlich lebhaft entwickeln.

Geschliffene Werkzeuge

SPITZHACKE
Träumen Sie von einer **Spitzhacke, arbeitet ein erbarmungsloser Freund an Ihrem gesellschaftlichen Ruin.** Eine zerbrochene Hacke verheißt Unglück.

AXT
Äxte sagen voraus, daß Ihre Vergnügen von Ihren Bemühungen und Ihrer Energie abhängen.
Sieht man andere eine **Axt benutzen, sind Ihre Freunde tatkräftig und schwungvoll und machen das Leben mit ihnen zu einem Vergnügen.**
Erblickt eine junge Frau eine Axt, wird sie einen liebenswerten, jedoch nicht besonders wohlhabenden Geliebten haben.

Eine kaputte oder rostige Axt prophezeit Krankheit sowie Geld- und Eigentumsverlust.

BEIL
Ein **Beil** bedeutet, daß schamlose Verschwendung Sie den hinterlistigen Plänen neidischer Personen aussetzt.
Ist es rostig oder zerbrochen, **werden Ihnen mißratene Personen Kummer bereiten.**

HECKENSCHERE
Sehen Sie Heckenscheren, **werden Sie in Geschäften geizig und unangenehm sein.** Kaputte Heckenscheren sagen voraus, daß Sie Freunde verlieren und zu Ihrem exzentrischen Benehmen stehen.

PINZETTE

HAMMER siehe **ZIMMERMANN** Seite 197, **NAGEL** Seite 200 ◆ **HOLZHAMMER** siehe **ZIMMERMANN** Seite 197 ◆
SCHAUFEL siehe **GRABEN** Seite 193 ◆ **PINZETTE** siehe **FINGER** Seite 97 ◆ **AXT** siehe **NUTZHOLZ, HOLZSTOSS** Seite 67,
ZERBRECHEN Seite 265, **ROST** Seite 255 ◆ **BEIL** siehe **ROST** Seite 255, **ZERBRECHEN** Seite 265 ◆
HECKENSCHERE siehe **ZERBRECHEN** Seite 265

Nägel und Schrauben

SCHRAUBE
Schrauben prophezeien, daß langweilige Aufgaben bewältigt werden müssen. Gereizte Freunde müssen besänftigt werden. Sie sollten sparsam und sorgfältig sein. ◉

SCHRAUBE

REISSNAGEL
Träumen Sie von *Reißnägeln*, verheißt dies großes Ärgernis und Streit.
Treibt eine Frau einen Reißnagel in eine Wand, wird sie Rivalitäten überwinden.
Quetscht sie sich dabei den Finger, werden ihr unangenehme Aufgaben Sorge bereiten. ◉

NAGEL
Sehen Sie *Nägel,* steht Plackerei zu geringem Lohn bevor.
Handeln Sie mit Nägeln, wird Ihre Arbeit anständig, wenn auch eher einfach sein.
Rostige oder *verbogene Nägel* signalisieren Krankheit und Versagen im Geschäft. ◉

BOLZEN
Bolzen besagen, daß sich große Hindernisse Ihrem Fortschritt in den Weg stellen. Sind die *Bolzen alt und kaputt,* verfinstern Fehlschläge Ihre Erwartungen. ◉

DER SCHERENSCHLEIFER

Messer und Schleifgeräte

MESSER
Messer sind negativ, da sie Trennung und Streitigkeiten sowie Verlust in geschäftlichen Angelegenheiten voraussagen.
Rostige Messer bedeuten Unzufriedenheit, Probleme in der Familie und Trennung von Liebespaaren.
Scharfe, auf Hochglanz polierte *Messer* kündigen Sorgen an. Sie sind stets von Widersachern umgeben.
Kaputte Messer verheißen Niederlagen im Geschäft und in der Liebe.
Werden Sie mit einem Messer verletzt, bringt dies Schwierigkeiten zu Hause, vor allem mit ungehorsamen Kindern. Unverheirateten droht Schande.
Stechen Sie mit einem *Messer* auf eine Person ein, prophezeit dies einen niederträchtigen Charakter. Sie sollten einen größeren Gerechtigkeitssinn entwickeln. ◉

SCHERENSCHLEIFER
Ein *Scherenschleifer* bereitet Sie darauf vor, daß man sich allzu große Freiheiten im Umgang mit Ihren Besitztümern nimmt. Einer Frau verspricht der Traum unglückliche Verbindungen und viel Plackerei. ◉

WETZSTEIN
Ein *Wetzstein* signalisiert, daß große Sorgfalt in Ihren Angelegenheiten verlangt wird, wenn Sie Schwierigkeiten vermeiden möchten. Sie könnten zu einer unangenehmen Reise genötigt werden. ◉

SCHLEIFSTEIN
Dreht man einen *Schleifstein,* verheißt dies ein tatkräftiges Leben. Durch klug eingesetzte Kräfte werden Sie großen Reichtum erlangen.
Schärfen Sie Werkzeuge, steht eine wertvolle Gehilfin zur Seite. Mit *Schleifsteinen zu handeln* kündigt kleine, aber ehrliche Gewinne an. ◉

Drähte und Magnete

DRAHT
Von *Draht* zu träumen bedeutet, daß Sie häufig Kurzreisen unternehmen, wodurch Sie ins Gerede kommen.
Alter und rostiger Draht zeigt an, daß Sie von schlechter Laune beherrscht werden. Dies bereitet Ihren Verwandten Schwierigkeiten.
Sehen Sie einen *Drahtzaun,* werden Sie in einem Geschäft betrogen werden. ◉

MAGNET
Träumen Sie von *Magneten,* werden schlechte Einflüsse Sie vom Pfad der Tugend abbringen. Eine Frau droht, Sie in den Ruin zu treiben.
Einer Frau verheißen Magneten, daß sie beschützt und wohlhabend sein wird. ◉

MAGNET

Arbeit und Industrie

Träume vom Büro, seiner Einrichtung und seinen Geräten können den Schlaf sehr langweilig erscheinen lassen, doch sollte solch scheinbar banalen Traumthemen Aufmerksamkeit geschenkt werden. Ihre Bedeutung ist häufig viel größer, als man zunächst annimmt.

Büromöbel

SCHREIBTISCH
Sitzen Sie am **Schreibtisch,** wird plötzliches Unglück über Sie hereinbrechen.

Sehen Sie auf dem Schreibtisch Geld, können Sie unerwartet private Probleme lösen.

SCHREIBTISCHARBEIT

AKTENORDNER
Erscheint Ihnen ein **Aktenordner,** werden Sie ein Geschäft abschließen, das sich als äußerst unzufriedenstellend herausstellt.

Erblicken Sie Aktenordner und legen Rechnungen und andere wichtige Papiere darin ab, verheißt dies lebhafte Diskussionen über Themen, die mit bedeutenden Angelegenheiten zusammenhängen. Diese werden Ihnen Schwierigkeiten und Unbehagen bereiten. Der Traum prophezeit schlechte Zukunftsaussichten.

COMPUTER
Arbeiten Sie am **Computer,** bedeutet dies Veränderung Ihrer Arbeitsbedingungen und größere Verantwortung.

Kennen Sie sich im Traum **nicht mit einem Computer aus,** wird Ihnen bald ein Projekt anvertraut, das überwältigend erscheint.

KOPIERGERÄT

Kopiergeräte

KOPIERGERÄT
Ein **Kopiergerät** bedeutet, daß jemand Ihnen etwas stehlen will. Dieser Traum ist eine Warnung an Sie, Ihr Eigentum und Ihre Ideen sorgfältiger zu hüten.

Kopieren Sie etwas, sind Sie sich nicht sicher, wie Sie eine Situation gemeistert haben.

KOPIEREN
Beschäftigt man sich mit dem **Kopieren,** werden durchdachte Pläne nicht den gewünschten Erfolg bringen.

Kopiert eine Frau einen **Brief,** wird sie für ihre Vorliebe für eine bestimmte Klasse von Menschen zu Unrecht verurteilt.

Tippen und Schreibmaschinen

DRUCKTYPE
Drucktypen stehen für unangenehme Übereinkünfte mit Freunden.

Reinigt eine Frau im Traum **Drucktypen,** kündigt das Liebe und Reichtum an.

SCHREIBMASCHINE
Benutzen Sie eine **Schreibmaschine,** werden Sie mit einem fast vergessenen Freund in Briefkontakt treten.

Im Traum können Scherenschleifer *gegenüber oben,* Werkzeuge wie Schrauben *gegenüber oben links* und Magnete *gegenüber unten* erscheinen. Sie können Arbeit mit nach Hause nehmen und von Schreibtischarbeit *oben,* Schreibmaschinen *rechts* oder dem Computer *ganz rechts* träumen.

Das Geräusch von **Schreibmaschinentasten** symbolisiert, daß in einer dringenden Angelegenheit gehandelt werden muß. Es geht dabei um eine Sache, die Sie zu lange vor sich hergeschoben haben.

SCHREIBMASCHINE

SCHREIBTISCH *siehe* **TELEFON** *Seite* 237, **GELD** *Seite* 239 ◆ **COMPUTER** *siehe* **FAXGERÄT** *Seite* 237 ◆ **DRUCKTYPE** *siehe* **DRUCKER** *Seite* 234 ◆ **SCHREIBMASCHINE** *siehe* **SCHREIBEN** *Seite* 232, **TEXT** *Seite* 233 ◆ **KOPIEREN** *siehe* **BRIEF** *Seite* 236

Gewerbe und Handel

Träume vom Marktgeschehen vermitteln das geschäftliche Konkurrenzdenken aus dem Wachleben in das normalerweise realitätsferne Reich des Schlafs. Dieser Abschnitt deckt Träume von belebten Läden und Geschäften, von der komplexen doppelten Buchführung, ehrenhaften Geschäftspraktiken und ihrer Kehrseite, dem Betrug und Schwindel, auf.

Kaufen und Verkaufen

GEWERBE
Ein **Gewerbe** prophezeit Erfolg in Ihren Angelegenheiten. Sind Sie im Gewerbe erfolglos, stehen Schwierigkeiten und Ärgernisse bevor.

BOTENGANG
Gehen Sie auf **Botengänge,** verspricht dies Harmonie und gegenseitiges Verständnis in häuslichen Kreisen.

Schickt eine junge Frau einen Boten, wird sie ihren Geliebten verlieren, da sie seinen Wünschen mit Gleichgültigkeit entgegentritt.

ANSCHAFFUNG
Anschaffungen bedeuten gewöhnlich, daß Sie Gewinn und Vorankommen mit Freude entgegensehen.

AUKTION
Träume von **Auktionen** sind positiv. Ruft der Auktionator die Preise aus, erwarten Sie gute Aussichten und gerechte Behandlung in Geschäftsunternehmen.

Kauft man bei einer Auktion, verheißt dies Geschäftsleuten anstehende Geschäftsabschlüsse und Landwirten einen prächtigen Viehbestand.

Für Frauen besagt der Traum, daß es ihnen als Hausfrau an nichts mangeln wird. Bleibt ein Gefühl des Bedauerns, rät dies zur Vorsicht in Geschäftsangelegenheiten.

VERKAUF
Verkaufen Sie etwas, wird schlechtes Geschäft Ihnen Sorge bereiten.

MUSTER
Nehmen Sie **Warenmuster** entgegen, signalisiert dies Aufschwung in geschäftlichen Dingen.

Verliert ein Vertreter unterwegs seine Muster, wird er in Geschäftsangelegenheiten in Bedrängnis kommen oder durch Liebesaffären in Schwierigkeiten geraten.

Wenn eine Frau ihr zugesandte Muster begutachtet, wird sie Gelegenheit haben, sich auf unterschiedliche Arten zu vergnügen.

Auf dem Markt

MARKT
Befinden Sie sich auf einem **Markt,** verheißt dies Sparsamkeit und Aktivität in allen Beschäftigungen.

Ein **leerer Markt** prophezeit Niedergeschlagenheit und Traurigkeit.

Verdorbenes Gemüse und Fleisch deutet auf Verluste im Geschäft hin.

Einer jungen Frau sagt der Markt angenehme Veränderungen voraus.

STAND
Sehen Sie einen **Stand,** wird man von Ihnen unerreichbare Ergebnisse in Unternehmen erwarten.

WAAGE
Legen Sie etwas auf eine **Waage,** wird Gerechtigkeit besänftigend auf Ihr Verhalten einwirken. Ihr Wohlstand wird sich vergrößern.

Wiegt eine junge Frau ihren Geliebten, wird sie ihn als solide erachten. Gegenseitige Treue paart sich mit Liebe.

ABWIEGEN
Wiegen Sie etwas ab, steuern Sie auf eine Zeit des Wohlstandes zu. Und wenn Sie alle Kräfte für Ihren Erfolg einsetzen, werden Sie siegreich alle Früchte Ihrer Arbeit ernten.

Wiegen Sie andere Menschen, können Sie diese für Ihre Interessen gewinnen.

Wiegt eine junge Frau sich zusammen mit ihrem Geliebten, wird er willens sein, jederzeit allen ihren Forderungen zu entsprechen.

HÄNDLER

In Träumen vom Marktgeschehen werden Sie sich nicht allzu weit vom Alltagsleben entfernen. Doch ist ihre Bedeutung oft verdeckt. Sie können einen Markthändler *links* **sehen oder Unternehmer, die Bilanzen ziehen** *gegenüber.*

Geschäfte und Lager

GESCHÄFT
Träumen Sie von einem **Geschäft,** bedeutet dies, daß durchtriebene und eifersüchtige Freunde sich Ihrem Vorankommen in den Weg stellen.

LADENTHEKE
Ladentische zeigen an, daß Ihre Aktivität verhindern wird, daß Ihr Leben durch Müßiggang und schädliche Wünsche vergiftet wird. Erscheinen Ihnen verschmutzte und leere Ladentische, sagt dies unglückliche Unternehmen voraus. Sie befürchten, daß Ihre Interessen unterwandert werden.

LADEN
Ein mit Waren gefüllter **Laden** verheißt Reichtum und Vorankommen.

Ein leerer Laden prophezeit fehlschlagende Bemühungen und Streitigkeiten.

Glauben Sie, Ihr Laden würde brennen, ist dies ein Zeichen für erneute Aktivität in Geschäft und privaten Vergnügen.

Befinden Sie sich in einem Warenhaus, werden Sie viel Vergnügen aus unterschiedlichen Quellen genießen.

Sehen Sie in einem Kaufhaus Waren, wird Ihr Vorankommen durch Ihre Energie und die Bemühungen Ihrer Freunde beschleunigt.

Verkaufen Sie einer Frau ein Paar graue, verschlissene Baumwollhandschuhe, wird Ihre Meinung über Frauen Sie in gefährliche Stellungen drängen. Hat eine Frau diesen Traum, wird ihre Zuneigung für eine bestimmte männliche Person von dieser nicht sonderlich begrüßt.

LAGER
Ein **Lager** verheißt Ihnen ein erfolgreiches Unternehmen. Erblicken Sie ein leeres Lager, werden Sie in einem gutdurchdachten Plan betrogen und hintergangen.

Handel und Rechnungen

BILANZ ZIEHEN

HANDEL
Sind Sie im **Handel** tätig, werden Sie Ihre Möglichkeiten weise und vorteilhaft nutzen. Träumen Sie von Versagen und finsteren Aussichten in geschäftlichen Dingen, stehen Ihnen Probleme und große Bedrohung durch Fehlschläge im tatsächlichen Geschäftsleben bevor.

Bei steigenden Gewinnen werden Sie noch bestehende Schwierigkeiten bald überwinden.

RECHNUNG
Werden Ihnen **Rechnungen** zur Zahlung vorgelegt, befinden Sie sich in einer bedrohlichen Position. Sie könnten sich auf das Gesetz berufen, um sich aus dieser Sache zu befreien. Bezahlen Sie die Rechnungen, werden Sie bald einen Kompromiß in einem ernsten Streit finden.

Haben andere bei Ihnen **offenstehende Rechnungen,** werden unangenehme Vorfälle in Ihrem Geschäft eine rigorose Handhabung verlangen.

Träumt eine junge Buchhalterin davon, **Rechnungen zusammenzuzählen,** wird sie Schwierigkeiten im Geschäft und in der Liebe haben. Doch eine liebenswerte Person gibt ihr die Hoffnung zurück. Von ihrem derzeitigen Arbeitgeber wird sie aufs höchste respektiert.

HAUPTBUCH
Führen Sie ein **Hauptbuch,** stehen Überraschungen und Enttäuschungen ins Haus.

Machen Sie **falsche Eintragungen** in Ihr Hauptbuch, so stehen Ihnen kleine Auseinandersetzungen und geringfügige Verluste bevor.

Legen Sie ein Hauptbuch in einen **Tresor,** werden Sie Ihre Rechte trotz widriger Umstände durchsetzen.

Verlegen Sie Ihr Hauptbuch, werden Ihre Pläne durch eine Vernachlässigung der Pflichten mißlingen.

Verbrennt Ihr Hauptbuch, werden Sie unter der Gleichgültigkeit Ihrer Freunde leiden.

Träumen Sie, eine Frau würde für Sie Ihr Hauptbuch führen, werden Sie durch den Versuch, Vergnügen und Geschäft miteinander zu verbinden, Geld verlieren.

Erscheint einer jungen Frau ein Hauptbuch, wird ihr ein angesehener Geschäftsmann einen Heiratsantrag machen.

Weist Ihr Hauptbuch **negative Bilanzen** auf, bedeutet dies schlechte Führung und Verluste. Sind die Bilanzen positiv, werden Ihre Geschäfte sich verbessern.

GUTSCHEIN
Ein **Gutschein** verheißt, daß Sie durch beständige Mühe dem Müßiggang entgehen und Wohlstand erlangen werden.

Unterzeichnen Sie einen Gutschein, wird Ihr Umfeld Ihnen Hilfe und Vertrauen entgegenbringen.

Verlieren Sie einen, werden Sie mit Ihren Verwandten einen Kampf um Ihre Rechte ausfechten.

10 000 Träume

Zusammenarbeit

GESELLSCHAFT
Gründen Sie eine **Gesellschaft** mit einem Mann, bedeutet dies unsichere und schwankende Geldangelegenheiten. Ist Ihr Partner eine Frau, werden Sie sich an einer Sache beteiligen, die Sie vor Ihren Freunden zu verheimlichen suchen.

Wenn Sie eine **ineffektive Gesellschaft** auflösen, werden sich Angelegenheiten ganz von selbst nach Ihren Wünschen erledigen; war die Gesellschaft jedoch erfolgreich, erwarten Sie beunruhigende Neuigkeiten. ◉

GESCHÄFTSPARTNER
Sehen Sie Ihren **Geschäftspartner** mit einem Korb voll Geschirr auf seinem Rücken und läßt er den Korb fallen, so daß sich das Geschirr mit anderem vermischt, wird Ihr Geschäft einen Verlust durch unüberlegte Handlungen Ihres Partners erleiden. Wenn Sie ihn dafür tadeln, werden Sie den Verlust teilweise ausgleichen. ◉

Üble Geschäftspraktiken

BETRUG
Betrügen Sie, werden Sie sich auf Kosten Ihres Arbeitgebers bereichern, sich unwürdigen Vergnügen hingeben und Ihren Ruf schädigen.

Werden Sie betrogen, weist dies auf die zwecklosen Versuche von Feinden hin, Ihnen zu schaden.

Bezichtigen Sie eine Person des Betrugs, wird Ihnen ein höchst ehrenwertes Amt angeboten. ◉

BETROGEN WERDEN
Werden Sie in Geschäften **betrogen,** so werden Sie auf Personen treffen, die Ihnen den Weg zum Wohlstand versperren wollen. ◉

GELD

COMPACT DISK

Erfindungen

LIZENZ
Träumen Sie von einer **Lizenz,** kündigen sich Streitigkeiten und Verluste an. Verheiratete Frauen werden Ihren Frohsinn niederdrücken. ◉

PATENT
Melden Sie ein **Patent** an, werden Sie Aufgaben sorgfältig und gewissenhaft ausführen. Können Sie Ihr Patent nicht anmelden, werden Sie versagen. Sie beteiligen sich an Unternehmen, für die Sie nicht geeignet sind.

Kaufen Sie ein Patent, unternehmen Sie eventuell eine lästige und unergiebige Reise.

Sehen Sie ein Patent, werden Sie durch Krankheit Unannehmlichkeiten erleben. ◉

ERFINDER
Erscheint Ihnen ein **Erfinder,** werden Sie bald eine einzigartige Arbeit übernehmen, die den Ruf Ihres Namens aufwertet. Erfinden Sie im Traum etwas oder interessieren Sie sich für eine Erfindung, streben Sie Wohlstand an und werden Ihre Pläne verwirklichen. ◉

Zölle und Geldtausch

ZOLLAMT
Ein **Zollamt** deutet auf Rivalitäten in Ihrer Arbeit hin.

Betreten Sie ein Zollamt, signalisiert dies, daß Sie eine langersehnte Stellung anstreben oder daß sie Ihnen angeboten wird.

Verlassen Sie ein Zollamt, verheißt dies den Verlust eines Geschäftes oder einer Stellung. Es könnte Ihnen auch mißlingen, sich eine gewünschte Sache zu sichern. ◉

WECHSELN
Geld zu tauschen kündet einträgliche Geschäfte in allen Branchen an. Träumt eine junge Frau, sie würde mit ihrer Freundin den Geliebten tauschen, sollte sie dies als guten Rat auffassen, daß sie mit einem anderen Mann glücklicher wäre. ◉

....

In Träumen können Ihnen Erfindungen wie die Compact Disc *oben* erscheinen, oder Sie sehen, wie Ihr Geld in der Tasche eines Betrügers verschwindet *links*. Süße Träume von Haus und Heim können die autoritäre Rolle der Haushälterin *gegenüber* darstellen.

Haus und Heim

Zu Hause fühlt man sich am wohlsten, und Träume vom eigenen Heim gehören wohl zu den häufigsten. In diesem Abschnitt geht es um alle häuslichen Dinge, vom Haus selbst über Küchengeräte, Schränke, Lampen bis zu Haushaltsarbeiten und sogar Renovierungen.

Das traute Heim

WOHNUNG
Seine **Wohnung** nicht zu finden bedeutet, daß man den Glauben an das Gute im Menschen verlieren wird.

Wenn man in seinen Träumen **keine Wohnung** hat, wird man in vielen Dingen Pech haben oder mit Entscheidungen falschliegen.

Die **Wohnung zu wechseln** sagt voraus, daß hektisches Handeln und eilige Reisen auf einen zukommen.

Wenn eine junge Frau ihre Wohnung verläßt, bedeutet dies, daß gegen sie gehetzt wird und Lügen über sie verbreitet werden.

HEIM
Sein altes **Heim** zu besuchen deutet auf gute Neuigkeiten hin.

Sieht man sein **altes Heim** in verfallenem Zustand, stellt dies eine Warnung vor Krankheit oder Tod eines Verwandten dar. Für eine junge Frau bedeutet dieser Traum, daß sie einen guten Freund oder eine Freundin verlieren wird.

Nach Hause zu gehen und alles gemütlich und die Familie frohgemut vorzufinden, kündigt sowohl Harmonie im Privatleben als auch Erfolg im Beruf an.

HEIMWEH
Heimweh zu haben deutet darauf hin, daß man gute Gelegenheiten zu interessanten Reisen und angenehmen Besuchen bei Freunden verpassen wird.

Herzlich willkommen

EINLADUNG
Jemanden **zu sich einzuladen** weist auf ein nahendes unangenehmes Ereignis hin. Dieses wird Ihnen Sorgen und Aufregung in einem sonst ruhigen Leben bereiten.

Wenn Sie im Traum eine **Einladung** zu einem Besuch erhalten, werden Sie eine schlechte Nachricht bekommen.

Empfängt eine Frau im Traum eine **Einladung zu einer Party,** wird sie sich auf angenehme Dinge freuen, allerdings tritt dann genau das Gegenteil ein.

WILLKOMMEN
Zu träumen, daß man von einer Gesellschaft **willkommen** geheißen wird, deutet auf Wertschätzung unter Bekannten und Achtung seitens Fremder hin. Ihre Wünsche werden meist in Erfüllung gehen.

Wenn Sie **jemand anderen willkommen heißen,** wird Ihre Geistesverwandtschaft mit dieser Person und Ihr warmherziges Wesen Ihr Fahrschein zum Glück werden.

BESUCH
Jemanden zu **besuchen** signalisiert, daß Sie bald eine gute Gelegenheit bekommen werden.

Ein **unangenehmer Besuch** im Traum bedeutet, daß Ihre Freude durch böse Menschen getrübt wird.

Werden Sie von einem **Freund besucht,** heißt dies, daß Sie bald gute Nachrichten erwarten können. Wenn der Freund im Traum traurig und abgespannt erscheint, wird der Besuch etwas unangenehm, oder es folgen Enttäuschungen. Wenn er oder sie schwarz oder weiß gekleidet ist und blaß aussieht, folgt eine schwere Erkrankung oder ein Unfall.

Hauspersonal

HAUSHÄLTERIN
Eine **Haushälterin** zu sein zeigt an, daß man sehr mit seiner Arbeit beschäftigt ist und sich gerne an angenehmen Dingen erfreut. Eine Haushälterin zu beschäftigen deutet auf ein gewisses Maß an Luxus in Ihrem Leben hin.

ZIMMERMÄDCHEN
Ein **Zimmermädchen** zu sehen kündigt Pech und entscheidende Veränderungen in Ihrem Leben an.

Träumt ein Mann davon, mit einem **Zimmermädchen zu schlafen,** wird er sich wegen indiskreten Verhaltens wahrscheinlich als Spottobjekt wiederfinden.

HAUSHÄLTERIN

WOHNUNG siehe UNTERKUNFT Seite 188 ◆ HEIM siehe HAUS Seite 188 ◆ EINLADUNG siehe GRUPPE Seite 85 ◆ BESUCH siehe REISE Seite 221, FREUND Seite 124 ◆ HAUSHÄLTERIN siehe HAUS Seite 188 ◆ ZIMMERMÄDCHEN siehe HOTEL Seite 188, SEXUALITÄT Seite 126

Kost und Logis

MIETE
Wenn Sie im Traum ein Haus mieten, *verheißt dies gewinnbringende Geschäfte.*

Wenn Sie es nicht schaffen, Wohnraum zu vermieten, deutet dies auf geringe geschäftliche Aktivität hin.

Miete zu zahlen bedeutet, daß sich Ihre finanziellen Interessen positiv entwickeln.

Wenn Sie Ihre Miete nicht zahlen können, werden Sie sinkende Einnahmen zu beklagen haben. Freizeitvergnügen wird sich für Sie nicht auszahlen. ❀

UNTERMIETER
Wenn eine Frau im Traum Untermieter hat, deutet das darauf hin, daß ihr Geheimnisse zugetragen und aufgebürdet werden. Wenn ein Untermieter auszieht, ohne die Miete zu zahlen, steht Ärger mit Männern ins Haus. Zahlt der Untermieter, ist dies ein Omen für Wohlstand. ❀

MIETER
Sieht der Vermieter seinen Mieter, *weist dies auf Ärger und Spannungen hin.*

Sich vorzustellen, selbst Mieter zu sein, sagt Verluste bei Geschäften voraus.

Zahlt Ihnen ein Mieter Geld, werden Sie bei Ihren Unternehmen Erfolg haben. ❀

PENSION
Von einer Pension zu träumen bedeutet Verwicklungen und Chaos in Ihren Plänen. Sie werden wahrscheinlich die Wohnung wechseln. ❀

HAUS MIT ZIMMERN

Oben

ZIMMER
Befindet man sich in einem schönen und gut eingerichteten *Zimmer,* bedeutet dies plötzliches Glück, entweder durch Erbschaften von unbekannten Verwandten oder durch Spekulationsgewinne.

Bei einer jungen Frau zeigt dieser Traum an, daß ein wohlhabender Mann um ihre Hand anhält. Ist das Zimmer jedoch einfach eingerichtet, wird sie sich wohl mit wenig begnügen müssen. ◉

DACHKAMMER
Sich in einer *Dachkammer* zu befinden deutet auf Hoffnungen hin, die sich nicht erfüllen werden.

Eine junge Frau, die träumt, in einer Dachkammer zu schlafen, wird mit ihrer derzeitigen Beschäftigung nicht glücklich werden. ◉

DACHBODEN
Klettert man im Traum auf den *Dachboden,* neigt man dazu, Theorien nachzulaufen und den harten Alltag anderen zu überlassen, die damit nicht so gut zurechtkommen. Mittellosen verheißt dieser Traum günstigere Umstände. ◉

⋯⋯⋯⋯⋯⋯⋯⋯⋯⋯⋯⋯⋯⋯⋯

Ihre Träume rund um das Haus führen Sie häufig durch alle Zimmer des Hauses *oben.*

Unten

KELLER
Sich in einem kalten, feuchten *Keller* zu befinden heißt, daß man von Zweifeln geplagt wird. Man verliert die Zuversicht und hegt düstere Gedanken, die einen nicht mehr loslassen, wenn man seinen Willen nicht durchsetzt. Der Traum deutet auch auf Besitzverlust hin.

Sehen Sie im Traum einen *Weinkeller,* wird Ihnen ein Gewinnanteil aus zweifelhaften Geschäften angeboten. Träumt dies eine junge Frau, bekommt sie ein Heiratsangebot von einem Spieler oder Schwindler. ◉

UNTERGESCHOSS
Befindet man sich im Traum im *Untergeschoß,* verringern sich die Gewinnchancen, und aus Vergnügen werden Sorgen und Kummer. ◉

Badezimmer

BADEZIMMER
Sehen Sie im *Badezimmer* weiße und gelbe Rosen in einer Schachtel, können Ihre Pläne von einer Krankheit durchkreuzt werden; auf diese Enttäuschung folgt jedoch ein länger anhaltendes Hoch.

Träumt eine junge Frau von Badezimmern, dann neigt sie zu sehr zu Lotterleben und frivolen Späßen. ◉

Betten und Schlafzimmer

SCHLAFZIMMER
Sieht man ein neu eingerichtetes Schlafzimmer, *wird sich etwas zum Guten ändern: weite Reisen und angenehme Gesellschaft.* ❊

BETT
Ein sauberes, weißes Bett *sagt voraus, daß Sorgen verschwinden. Bei einer jungen Frau bedeutet das* Bettenmachen *einen neuen Liebhaber und angenehme Beschäftigungen.*

In einem fremden Zimmer im Bett zu sein *kündigt an, daß man unerwarteten Besuch bekommt. Wenn eine kranke Person träumt, im Bett zu sein, werden Komplikationen auftreten, die vielleicht zum Tod führen.*

In einem Bett unter freiem Himmel *zu schlafen bedeutet erfreuliche Erfahrungen und eine Schicksalswendung zum Guten.*

Sieht man einen Freund blaß im Bett liegen, *werden Ihre Freunde in Schwierigkeiten geraten, was Ihnen Sorgen machen wird.*

Träumt eine Mutter, daß ihr Kind *das Bett näßt, ist das ein Zeichen für ungewöhnliche Ängste. Kranke Menschen werden sich nicht so rasch erholen wie erhofft. Wenn Leute träumen, daß sie das Bett nässen, heißt es, daß Krankheit oder tragische Ereignisse den Alltag durchkreuzen werden.* ❊

BETTGENOSSEN
Den Bettgenossen *nicht zu mögen bedeutet, daß ein Mensch, der gewisse Ansprüche an Sie hat, Ihnen das Leben schwermachen wird.*

Haben Sie einen seltsamen Bettgenossen, *wird Ihre Unzufriedenheit andere irritieren.*

Wenn Sie glauben, ein Tier bei sich im Bett zu haben, werden Sie von anhaltendem Pech verfolgt. ❊

BETTWANZEN
Sehen Sie im Traum Bettwanzen, *prophezeien diese Krankheit und Unzufriedenheit. Viele Wanzen zu sehen kann einen Todesfall andeuten.*

Sich totstellende Wanzen im Traum sagen Unglück durch Krankheit voraus.

Wenn Sie beim Totschlagen der Wanzen Wasser anstatt Blut sehen, bedeutet dies eine ernste Krankheit oder einen Unfall.

Sieht man Wanzen weiße Wände hochkriechen *und übergießt man sie mit heißem Wasser, wird man von einer schweren Erkrankung geplagt werden, aber man muß den Tod nicht fürchten. Hilft das heiße Wasser nicht gegen die Wanzen, sind ernste Komplikationen mit Todesfolge möglich.* ❊

MATRATZE
Träumen Sie von einer Matratze, *werden Sie in Kürze neue Aufgaben wahrnehmen. Auf einer* neuen Matratze *zu schlafen weist auf Zufriedenheit mit der derzeitigen Umgebung hin.*

Träumt man von einer Matratzenfabrik, *wird man clevere Geschäftspartner finden und finanziellen Erfolg haben.* ❊

KOPFKISSEN
Von einem Kopfkissen *zu träumen steht für Luxus und Komfort. Wenn eine junge Frau das Kopfkissen schüttelt, hat sie gute Aussichten für die Zukunft.* ❊

DECKE
Eine schmutzige Decke *bedeutet Verrat. Ist sie neu und weiß, verheißt das Erfolg; eine tödliche Krankheit wird durch unerwartete Umstände abgewendet.* ❊

HEIZDECKE
Eine Heizdecke *zu sehen kündigt an, daß man bald Trost und Unterstützung benötigt.* ❊

BETTDECKE
Von einer sauberen, weißen Bettdecke *zu träumen deutet bei Frauen auf angenehme Beschäftigungen hin. Ist sie allerdings dreckig, verspricht dies Sorgen. Krankheit kann folgen.* ❊

STEPPDECKE
Eine Steppdecke *steht für angenehme Umstände. Bei einer jungen Frau bedeutet es, daß ihre praktische, geschäftstüchtige Art ihr einen Heiratsantrag einbringt.*

Eine saubere Steppdecke mit Löchern *prophezeit ihr einen Mann, der sie sehr schätzt, den sie aber nicht liebt.*

Eine schmutzige Steppdecke *ist ein Zeichen dafür, daß sie wenig auf Manieren und ihr Äußeres achtet. Daher wird sie auch keinen besonders aufrichtigen Mann bekommen.* ❊

KINDERBETT
Ein Kinderbett *steht für Kummer, Erkrankung oder Unfall.*

Eine ganze Reihe von Kinderbetten *zu sehen heißt, daß Sie in der Not nicht allein sein werden, da auch Freunde mitbetroffen sind.* ❊

In der Küche

KÜCHE
Von einer **Küche** zu träumen heißt, daß Sie in eine deprimierende Lage geraten werden.

Bei einer Frau bedeutet eine einladende und ordentliche Küche, daß sie zahlreiche interessante Dinge erleben wird. ◉

KÜHLSCHRANK
Sehen Sie einen **Kühlschrank,** wird Ihr Egoismus jemandem schaden, der danach strebt, sich seinen Lebensunterhalt ehrlich zu verdienen.

Legen Sie Eis in den Kühlschrank, werden Sie in Ungnade fallen. ◉

EISFACH
Von einem **Eisfach** zu träumen besagt, daß eine als schwierig empfundene Situation von Ihnen gelöst werden wird. ◉

KOCHEN
Essen zu **kochen** bedeutet, daß eine angenehme Aufgabe auf Sie zukommt. Sie erhalten Besuch von vielen Freunden. Ist das Kochen dagegen mit Mißmut verbunden, können ärgerliche oder enttäuschende Dinge passieren. ◉

KOCHHERD
Sehen Sie einen **Kochherd** in Ihrem Traum, werden große Unannehmlichkeiten durch Ihr zeitiges Handeln abgemildert werden.

Träumt eine junge Frau davon, am Herd zu stehen, wird sie jemandem zu schnell ihre Sympathie zeigen und dadurch eine gute Freundschaft aufs Spiel setzen. ◉

••••••••••••••••••••••••••••••••
Vielleicht sehen Sie in ihren Träumen auch eine Küche wie in Alices Wunderland rechts. **Weniger spektakulär sind Haushaltsgeräte wie ein Toaster** oben links, **ein Porzellanteil** gegenüber oben **oder Kochgeräte** gegenüber unten.

MIKROWELLENHERD
Bereitet man das Essen mit einem **Mikrowellenherd** zu, wird man sehr bald unerwartete und ungewollte Gesellschaft bekommen. ◉

BACKOFEN
Wenn eine Frau im Traum ihren **Backofen** glühend heiß sieht, wird sie von ihrer Familie und Freunden wegen ihrer herzlichen Art geliebt werden. Backt sie etwas, erwarten sie vorübergehende Enttäuschungen. Ist der **Ofen defekt,** muß sie so einiges von Kindern oder Bediensteten über sich ergehen lassen. ◉

Küchengeräte

TOASTER

TOASTER
Träumt man von einem **Toaster,** wird sich ein langgehegter Wunsch bald erfüllen. ◉

MIXER
Sieht man einen elektrischen **Mixer,** wird man bald ein aktiveres Privatleben führen. ◉

EINE TRAUMKÜCHE

Haus und Heim

Porzellan und Tonwaren

PORZELLANTELLER

PORZELLAN
Von **Porzellan** zu träumen sagt voraus, daß sich günstige Gelegenheiten für Ihre Pläne ergeben werden.

Sehen Sie es zerbrochen oder beschmutzt, werden Sie Fehler mit schweren Folgen machen.

TAFELGESCHIRR
Eine Frau, die ihr **Tafelgeschirr** bemalt oder ordnet, wird ein schönes Zuhause haben und eine sparsame, kluge Hausfrau sein.

PORZELLANLADEN
Träumt ein Porzellanladeninhaber von einem **leeren Geschäft,** wird er geschäftliche Verluste erleiden und eine schwere Zeit durchmachen.

TONWAREN
Besitzt man viele schöne **Tonwaren,** bedeutet dies, daß man im Haushalt ordentlich und sparsam sein wird.

Befindet sich der Träumer in einem **Keramikwarenladen,** heißt das für den Geschäftsmann, daß er mit seiner Weitsicht Erfolg haben wird. Bei einer jungen Frau bedeutet es, daß sie einen kräftigen, aufrichtigen Mann heiraten wird. Ein ungepflegter Laden mit leeren Regalen weist auf bevorstehenden Verlust hin.

TELLER
Träumt eine Frau von **Tellern,** wird sie sparsam sein und einen zu ihr passenden Mann bekommen. Ist sie schon verheiratet, wird sie wegen ihrer klugen Haushaltsführung von ihrem Mann immer geliebt und respektiert werden.

ESSGESCHIRR
Räumt man das **Eßgeschirr** weg, bedeutet dies Glück. Wenn es jedoch zerbricht, ist das Glück nur von kurzer Dauer.

Sieht man viel **blankgeputztes Eßgeschirr,** verheißt das eine erfolgreiche Ehe.

Von Eßgeschirr zu träumen ist ein Zeichen für zukünftigen Erfolg und ein glückliches Leben. **Schmutziges Geschirr** steht für Unzufriedenheit und schlechte Aussichten.

SPÜLMASCHINE
Benutzt man im Traum eine **Spülmaschine,** steht dies für die Lösung eines schwelenden Konflikts oder schwieriger Umstände im Privatleben.

Küchengeräte

LÖFFEL
Benutzt man im Traum Löffel, *deutet dies auf positive Anzeichen hin. Die privaten Dinge werden sich zufriedenstellend entwickeln.*

Verliert man einen Löffel, *ist man wahrscheinlich allgemein unsicher.*

Einen Löffel zu stehlen heißt, daß man für seine verachtenswerte Gemeinheit gegenüber der Familie bestraft wird.

Träumt man von gebrochenen *oder schmutzigen* Löffeln, *steht dies für Verluste und Sorgen.*

SUPPENKELLE
Sieht man im Traum eine Kelle, *wird man bei der Partnersuche Glück haben. Die Kinder werden Ihnen Freude machen.*

Ist die Kelle zerbrochen *oder unsauber, wird man einen schmerzlichen Verlust erleiden.*

SIEB
Ein Sieb *zu sehen bedeutet, daß Sie dummerweise etwas zu Ihrem Nachteil tun werden. Sind die Maschen des Siebs zu klein, werden Sie eine Situation zu Ihren Gunsten ändern können. Sind sie zu groß, könnten Sie frisch erworbene Dinge verlieren.*

GABEL
Träumt man von einer Gabel, *wollen Feinde einen aus dem Weg schaffen. Bei einer Frau steht die Gabel für eine unglückliche Beziehung, bei Liebenden für Trennung.*

IN DER KÜCHE

Gläser und Flaschen

TRINKGLÄSER
Trinkgläser bedeuten, daß Fremde in Ihr Leben eindringen werden. Da Sie leichtgläubig sind, werden Sie betrogen werden. *Zerbrochene Gläser* bedeuten Entfremdung aufgrund von Vorlieben für verbotene Früchte.

POKAL
Trinken Sie im Traum Wasser aus einem *silbernen Pokal,* werden Sie schlechte Geschäfte machen. Antike Kelche oder Pokale bedeuten, daß fremde Personen Ihnen wohlgesonnen sind. Reicht eine Frau dem Mann einen *Glaspokal* mit Wasser, steht dies für unerlaubte Genüsse.

KELCH
Der *Kelch* steht dafür, daß Sie Vorteile zu Lasten anderer erlangen werden. Zerbricht man einen Kelch, schafft man es nicht, Einfluß auf einen Freund auszuüben.

FLASCHE
Flaschen stehen für etwas Positives, wenn sie mit klaren Flüssigkeiten gefüllt sind. In der Liebe werden Sie Schwierigkeiten meistern und sich dann mit Erfolg an jemanden binden.
Leere Flaschen bedeuten dagegen, daß Sie sich in schlimme Situationen begeben werden, aus denen Sie sich wieder befreien müssen.

THERMOSKANNE
Eine *Thermoskanne* vorzubereiten bedeutet, daß sehr bald eine Katastrophe oder eine unglückliche Erfahrung auf Sie zukommen wird.

Kannen, Gefäße und Töpfe

KANNE
Sehen Sie *Kannen* mit klarem Inhalt, sind nicht nur Sie selbst an Ihrem Wohlergehen interessiert. Viele echte Freunde werden Ihnen Gutes tun. Sind die Kannen leer, wird Ihr Verhalten Sie von Freunden und von zu Hause entfremden.
Zerbrochene Kannen signalisieren Krankheit und Versagen im Beruf.
Trinkt man *Wein aus einer Karaffe,* weist das auf gute Gesundheit und optimistische Lebensauffassung in allen Bereichen hin.
Nimmt man ein *bitteres Getränk* aus einer Kanne zu sich, steht dies für Enttäuschungen, obwohl man guter Hoffnung war.

GEFÄSS
Von *leeren Gefäßen* zu träumen verheißt Armut und Leid.
Volle Gefäße bedeuten Erfolg.
Wenn Sie *Gefäße kaufen,* ist Ihr Erfolg gefährdet, und Ihre Last wiegt schwer.
Zerbrochene Gefäße kündigen Ihnen ernste Krankheiten oder tiefgehende Enttäuschungen an.

KANNE

VASE
Von *Vasen* zu träumen steht dafür, daß man sein Familienleben in vollen Zügen genießen wird.
Aus einer Vase zu trinken heißt, daß Sie bald eine Liebe finden, die Sie jemand anderem wegnehmen.
Eine *zerbrochene Vase* zeigt frühes Leiden an. Bekommt eine junge Frau im Traum eine Vase, wird bald Ihr innerster Wunsch erfüllt werden.

VASE

BOTTICH
Sieht man einen *Bottich,* wird man in die Hände von grausamen Menschen fallen, die einem Schmerz und Leid zufügen.

URNE
Eine *Urne* zu sehen bedeutet günstige Umstände in manchen Dingen, in anderen jedoch Pech. Sieht man zerbrochene Urnen, steht Unglück vor der Tür.

FASS

FASS
Ein gefülltes Faß steht für fette Jahre und viele Feste. Ein leeres Faß verheißt ein Leben arm an Freuden oder Trost in schwierigen Zeiten.

KRUG
Von einem *Krug* zu träumen bedeutet, daß Sie ein großzügiger und geistreicher Mensch sind. Ihre Bemühungen sind von Erfolg gekrönt. Ein *zerbrochener Krug* heißt, daß man Freunde verliert.

TOPF
Sieht man einen *Topf,* läßt man sich von unwichtigen Ereignissen ärgern. Sieht eine junge Frau einen *Topf mit kochendem Wasser,* stehen angenehme gesellschaftliche Verpflichtungen ins Haus. Ein zerbrochener oder rostiger Topf verkündet Enttäuschungen.

FÄSSCHEN
Ein *Fäßchen* signalisiert, daß Sie sich aus Schwierigkeiten herausarbeiten müssen. Zerbrochene Fäßchen stehen für eine Trennung von Familie oder Freunden.

Alltagsgegenstände wie **Gläser** oben links, **Kanne** Mitte, **Vase** links, **Faß** oben rechts, **Korb** gegenüber oben **oder Schrank** gegenüber unten **bekommen in Träumen eine Bedeutung.**

GLÄSER siehe ZERBRECHEN Seite 265 ♦ POKAL siehe WASSER Seite 78, SILBER Seite 71, GLAS Seite 69
KELCH siehe WEIN Seite 151 ♦ KANNE siehe ZERBRECHEN Seite 265, WEIN Seite 151 ♦ GEFÄSS, VASE siehe ZERBRECHEN Seite 265 ♦
URNE siehe MILCH Seite 144, BUTTERN Seite 144 ♦ FASS siehe BIER Seite 151 ♦ KRUG siehe ZERBRECHEN Seite 265 ♦
TOPF siehe ZERBRECHEN Seite 265, ROST Seite 255

Haus und Heim

Behälter und Träger

EIMER
Einen *Eimer voller Milch* zu sehen ist ein Zeichen für gute Aussichten und angenehme Gefühle.
Ein *leerer Eimer* steht für Hunger oder schlechte Ernten.
Wenn eine junge Frau im Traum einen *Eimer trägt,* verheißt das Arbeit im Haushalt.

TABLETT
Tabletts bedeuten, daß Sie Ihr Geld leichtfertig ausgeben und unangenehme Überraschungen auf Sie warten. Liegen auf dem Tablett wertvolle Gegenstände, sind die Überraschungen positiver Art.

KORB

KORB
Träumt man davon, einen *Korb* zu tragen, wird man zufällig Erfolg haben, wenn der Korb voll ist. Ein *leerer Korb* dagegen steht für Unzufriedenheit und Leid.

Verstauen und Lagern

SCHRANK
Sieht man einen sauberen, vollen *Schrank,* ist dies gleichbedeutend mit Vergnügen und Komfort. Ein leerer Schrank steht für Mangel und Kummer.

REGAL
Leere Regale im Traum prophezeien einem Verlust und Schwermut. *Volle Regale* dagegen bedeuten die baldige Erfüllung von Hoffnungen und den Erfolg von Bemühungen oder Anstrengungen.

KASTEN
Öffnet man im Traum einen *Kasten,* steht das für unvorhergesehenen Wohlstand und schöne Reisen in ferne Länder. Ist der Karton leer, sind Enttäuschungen allerart nicht fern.
Sieht man ein *Geldkästchen,* verheißt dies das Ausscheiden aus dem Berufsleben und einen angenehmen Ruhestand.

SCHRANK

Spottbild

SPUCKNAPF
Ein Spucknapf *zeigt an, daß Sie eine unpassende Neigung für jemanden entwickeln und Ihre Arbeit vernachlässigen.*
In den Napf zu spucken heißt, daß andere sich über Sie Gedanken machen.

Teestunde

KESSEL
Im Traum einen *Kessel* zu sehen, sagt Ihnen eine arbeitsreiche Zeit voraus. Wenn Sie einen *Kessel mit kochendem Wasser* erblicken, müssen Sie nicht mehr lange auf das Ende einer schwierigen Phase warten.
Ein *zerbrochener Kessel* steht für Mißerfolg, der trotz großer Anstrengungen auf Sie zukommt.
Bei einer jungen Frau bedeutet ein *dunkler Kessel* Enttäuschung in der Liebe; ein heller Kessel steht dagegen für ein sorgenfreies Leben. Sie bekommt einen hübschen Mann, der zu ihr paßt.

TEEKESSEL
Ein *Teekessel* zeigt an, daß ärgerliche Überraschungen zu erwarten sind. Wenn eine Frau sprudelndes, klares Wasser aus dem Teekessel gießt, wird jemand ihr unerwartet einen großen Gefallen tun.

TEETASSE
Teetassen verheißen, daß Sie mit anderen schöne Sachen unternehmen werden. Wenn eine Frau im Traum zerbrochene Teetassen sieht, ist das ein Zeichen dafür, daß ihr Glück durch plötzliche Sorgen gestört wird.
Wein aus einer Teetasse zu trinken weist darauf hin, daß sich in naher Zukunft das Glück auch noch mit Vergnügen paaren wird.

EIMER *siehe* MILCH *Seite 144* ◆ REGAL *siehe* LADEN *Seite 203* ◆ KASTEN *siehe* GELD *Seite 239,* GELDKASSETTE *Seite 242* ◆
KESSEL *siehe* TEE *Seite 153,* ZERBRECHEN *Seite 265,* WASSER *Seite 78* ◆ TEEKESSEL *siehe* TEE *Seite 153* ◆
TEETASSE *siehe* TEE *Seite 153,* ZERBRECHEN *Seite 265,* WEIN *Seite 151,* TONWAREN *Seite 209*

Feuerstelle

KAMINBOCK
Sehen Sie einen **Kaminbock** mit brennenden Scheiten obenauf, sind Ihnen Ihre Freunde wohlgesonnen. Ein Kaminbock ohne Holz steht für Besitzverlust und Tod. ◉

ZÜNDHOLZ
Von **Zündhölzern** zu träumen bedeutet Wohlstand und Veränderung.

Ein **Zündholz** im Dunkeln *anzuzünden* heißt, daß unerwartetes Glück vor der Tür steht. ◉

SCHÜRHAKEN
Ein glühender **Schürhaken,** besonders, wenn man mit ihm im Traum kämpft, spricht dafür, daß Sie Widrigkeiten energisch begegnen. ◉

Leitungswasser

HEIZKESSEL
Erblickt man im Traum einen defekten **Heizkessel,** sind Nachteile aufgrund von Enttäuschungen oder Fehlern zu erwarten.

Träumt eine Frau, daß sie in den Keller geht und sich um den Heizkessel kümmert, sind Krankheit und Verlust nicht fern. ◉

WASSERTANK
Ein **Wassertank** bedeutet, daß Sie über die Maßen reich und zufrieden sein werden. Ein Tank mit einem Leck steht für Verluste. ◉

ZISTERNE
Von einer **Zisterne** zu träumen weist darauf hin, daß Sie dazu neigen, Ihre Freunde bei deren Angelegenheiten zu bevormunden.

Schöpfen Sie Wasser aus einer Zisterne, dann werden Sie Ihre Freizeit auf eine Weise genießen, die moralisch fragwürdig ist.

Eine leere Zisterne ist eine Warnung, daß Ihr Glück dramatisch enden wird. ◉

LECK
Ein **Leck** bedeutet gewöhnlich einen baldigen Verlust und Ärgernisse. ◉

Strom und Energie

GAS
Von **Gas** zu träumen steht dafür, daß Sie eine schlechte Meinung von anderen haben und sie deswegen ungerecht behandeln, was Sie später bereuen werden.

Hat man das Gefühl zu ersticken, bekommt man Probleme durch eigenes Verschulden oder Nachlässigkeiten.

Versuchen Sie, eine **Gasflamme auszublasen,** werden Sie Ihre Widersacher nicht erkennen. Wenn Sie nicht aufpassen, werden diese Feinde Sie zerstören.

Das **Gas abzudrehen** bedeutet, daß Sie Ihr eigenes Glück fahrlässig zerstören. Entzünden Sie das Gas, werden Sie leicht einen Ausweg aus einer Pechsträhne finden. ◉

ELEKTRIZITÄT
Von **elektrischem Strom** zu träumen kündigt plötzliche Änderungen für Sie an, die aber weder schön noch nützlich sind. Erleidet man einen Elektroschock, muß man sich auf eine große Gefahr einstellen.

Einen **Draht unter Spannung** zu sehen bedeutet, daß Pläne, die Sie mit viel Mühe ausgeklügelt haben, von Widersachern durchkreuzt werden.

Glaubt man, ein Paket oder sich selbst sekundenschnell per Stromleitung an einen anderen Ort zu versetzen, wird man Hindernisse überwinden und die Pläne seiner Feinde für sich nutzen können. ◉

STROMAUSFALL
Einen **Stromausfall** im Traum zu erleben verheißt, daß Sie etwas sehr Wichtiges zum allerungünstigsten Zeitpunkt vergessen werden. ◉

SCHALTER
Von einem **Schalter** zu träumen steht für eine Pechsträhne.

Ein **defekter Schalter** weist auf Schande und Sorgen in naher Zukunft hin.

Träume von Schaltern aller Art sind ein Zeichen dafür, daß Sie in kurzfristigen Angelegenheiten mit Rückschlägen zu rechnen haben. ◉

WINDKRAFTANLAGE

Ihre Träume von Kraft und Energie zeigen Ihnen vielleicht Windräder *oben*. Wenig spektakulär ist das eher alltägliche Fenster *gegenüber*.

Türen, Klingeln, Schlüssel und Schlösser

TÜR
Wenn man glaubt, durch eine **Tür** zu gehen, bedeutet das Schmähungen und Feinde, denen man nicht entfliehen kann. Das gilt für alle Türen, außer für die des Hauses, in dem man als Kind gewohnt hat. Wenn Sie durch diese Tür gehen, werden Sie ein erfülltes Leben haben.

Bei **Nacht und im Regen** durch eine Tür zu schreiten verheißt bei einer Frau unverzeihliche Eskapaden. Bei einem Mann zeigt es an, daß er schamlos seine Fähigkeiten ausnutzt. Außerdem kommen neue Aufgaben auf ihn zu.

Wenn man andere durch einen **Torweg** gehen sieht, wird man erfolglos versuchen, seine Angelegenheiten voranzutreiben. Außerdem bedeutet es Veränderungen für Landwirte und Politiker. Bei einem Autor steht der Torweg dafür, daß sein Lesepublikum ihn für seine Aussagen tadelt, indem es seine neuen Werke nicht mehr liest.

Träumen Sie davon, eine **Tür zu schließen,** so daß sie aus den Angeln fällt und einen Freund verletzt, wird dieser durch bösartige Kräfte bedroht. Daran schuld sind Ihre falschen Ratschläge. Wenn eine andere Person die Tür schließt, werden Sie vom Pech oder Unglück eines Freundes hören und können ihm nicht helfen. ◉

TÜRKLINGEL
Glaubt man, auf eine **Türklingel** zu drücken oder das Klingeln zu hören, bedeutet es eine plötzliche berufliche Veränderung oder daß man an das Krankenbett eines Verwandten gerufen wird. ◉

SCHLOSS
Von einem **Schloß** zu träumen bedeutet Verwirrungen. Wenn Sie das Schloß öffnen können, werden Sie entdecken, daß jemand Sie verletzen will. In der Liebe bedeutet es, daß man Mittel gegen einen Rivalen finden wird; außerdem werden Sie eine erfolgreiche Reise machen.

Wenn sich das Schloß **nicht öffnen läßt,** wird man sich über Sie lustig machen. Gefährliche Reisen bringen keinen Erfolg.

Legt man ein Schloß um den Hals und Arm des oder der Verlobten, vertraut man ihm oder ihr nicht. Die Zukunft wird jedoch zeigen, daß dies unbegründet ist. ◉

KLINKE
Sehen Sie eine **Klinke,** werden andere von Ihnen Hilfe erwarten, die Sie aber barsch ablehnen. Eine **defekte Klinke** verweist darauf, daß Sie sich mit ihrem besten Freund streiten werden. Darüber hinaus ist eine Erkrankung nahe. ◉

SCHLÜSSELLOCH
Beobachtet man andere durch ein **Schlüsselloch,** wird man das Vertrauen anderer mißbrauchen. Ertappt man im Traum jemanden beim **Hindurchschauen,** hat man falsche Freunde, die die Privatsphäre nicht achten.

Kann man im Traum das Schlüsselloch nicht finden, wird man ungewollt einem Freund wehtun. ◉

SCHLÜSSEL
Von **Schlüsseln** zu träumen bedeutet unerwartete Veränderungen. Sind die **Schlüssel verloren,** folgen unangenehme Abenteuer. Einen **Schlüssel zu finden** steht dafür, daß Geschäfte friedlich und erfolgreich ablaufen.

Ein **zerbrochener Schlüssel** deutet auf Trennung durch Tod oder Eifersucht hin. Träumt eine junge Frau, daß sie den Schlüssel für ein Schmuckstück nicht mehr findet, wird sie Probleme mit ihrem Partner haben und darunter sehr leiden.

Sieht sie sich eine **Tür aufschließen,** steht ein neuer Liebhaber ins Haus, dem sie vertrauen kann. Wenn sie eine Tür abschließt, wird sie Erfolg bei der Wahl eines Gatten haben. Den **Schlüssel wegzugeben** bedeutet für die Frau, daß sie sich durch unüberlegte Worte schadet. ◉

TÜRKLOPFER
Einen **Türklopfer** zu betätigen heißt, daß man Hilfe und Rat von anderen benötigen wird. ◉

Fenster

DAS FENSTER

FENSTER
Ein **Fenster** prophezeit, daß Ihre größten Wünsche und Erwartungen bitter enttäuscht werden. Keine Ihrer Bemühungen wird von Erfolg gekrönt sein.

Ein **geschlossenes Fenster** verweist auf Einsamkeit. Ist das Fensterglas zerbrochen, werden Ihre Lieben argwöhnen, daß Sie ihr Vertrauen mißbraucht haben.

Auf dem **Fenstersims zu sitzen** steht dafür, daß Sie ein Opfer Ihrer Torheit werden.

Steigt man **durch das Fenster** in ein Haus ein, wird man dabei ertappt, wie man mit unlauteren Mitteln zum Ziel kommen will.

Entwischt man durch ein Fenster, verstrickt man sich immer mehr in eine schwierige Situation.

Im Vorbeigehen **durch ein Fenster zu schauen,** hinter dem sich seltsame Dinge abspielen, bedeutet, daß man in seinem gewählten Beruf versagen und den Respekt anderer Leute verlieren wird, obwohl man seine ganze Gesundheit aufs Spiel gesetzt hat. ◉

TÜRKLINGEL *siehe* GELÄUT *Seite 275* ◆ SCHLOSS *siehe* NACKEN *Seite 92,* ARM *Seite 97* ◆ KLINKE *siehe* ZERBRECHEN *Seite 265* ◆
SCHLÜSSELLOCH *siehe* SPION *Seite 271,* FERNROHR *Seite 237* ◆ SCHLÜSSEL *siehe* ZERBRECHEN *Seite 265,* GESCHENK *Seite 240* ◆
FENSTER *siehe* ZERBRECHEN *Seite 265,* GLAS *Seite 69,* HAUS *Seite 188,* VISION *Seite 274*

Tisch und Tischtuch

TISCH
Den **Tisch** zu decken verheißt glückliche Verbindungen und positive Umstände. *Leere Tische* bedeuten Armut oder Streit.

Den **Tisch abzuräumen** steht dafür, daß Freude bald Sorgen und Gleichgültigkeit weichen wird.

Von einem Tisch **ohne Tischtuch zu essen** zeigt an, daß Sie frei und unabhängig entscheiden. Das Geld oder das Verhalten anderer haben für Sie keine Bedeutung.

Sehen Sie, wie ein Tisch wandert oder sich irgendwie bewegt, werden Sie von Unzufriedenheit heimgesucht und wollen etwas ändern.

Von einem **schmutzigen Tischtuch** zu träumen symbolisiert Ungehorsam von Dienern oder Kindern; Freude wird Streit Platz machen.

Ein **zerbrochener Tisch** ist ein Omen für schwindendes Glück.

Wenn jemand auf einem Tisch sitzt oder steht, heißt das, daß er seine Wünsche mit unlauteren Mitteln umsetzen will.

Jemanden auf den **Tisch klopfen** zu hören bedeutet, daß Sie Ihre Einstellung gegenüber Freunden ändern werden und Ihr Schicksal in Gefahr bringen. Sie mögen auch den Respekt von Freunden und Verwandten verlieren. ◎

SERVIETTE
Im Traum eine **Serviette** zu sehen heißt, daß Sie bei geselligen Festen eine wichtige Rolle spielen werden. Träumt eine junge Frau von **verunreinigten Servietten**, stehen erniedrigende Ereignisse bevor. ◎

....

Im Traum sitzt man manchmal gemütlich auf einem Stuhl *oben* oder *einer Bank rechts*. Noch bequemer sieht man sich inmitten von Kissen und Teppichen *gegenüber*.

Stühle und Bänke

EIN STUHL

SITZPLATZ
Glauben Sie im Traum, daß jemand Ihren **Sitzplatz** weggenommen hat, werden Sie pausenlos um Hilfe gebeten werden. Bietet man im Traum einer Frau seinen Platz an, bedeutet das, daß man auf die List eines Schwindlers hereinfallen wird. ◎

STUHL
Ein **Stuhl** verheißt einem, daß man Verpflichtungen nicht nachkommen kann. Ist man nicht vorsichtig, wird man außerdem seine besten Pfründe verlieren. Sieht man einen Freund bewegungslos auf einem **Stuhl sitzen**, deutet das auf seinen Tod oder eine Erkrankung hin. ◎

BANK
Mißtrauen Sie Schuldnern und Mitwissern, wenn Sie auf einer **Bank** sitzen. Sehen Sie andere auf einer Bank, werden Freunde, die sich durch ein Mißverständnis entzweit haben, wieder zusammenfinden. ◎

COUCH
Sich auf einer **Couch** zurückzulehnen deutet auf falsche Hoffnungen hin. Seien Sie wachsam bei allen Veränderungen, denn nur so werden sich Ihre Wünsche auch erfüllen. ◎

DIWAN
Wenn man sich genüßlich auf dem **Diwan** reckt und dabei mit seinem Schatz plaudert, zeigt das an, daß neidische Rivalen danach trachten, Sie bei Ihrem Parnter schlechtzumachen, was zu einer überstürzten Heirat führen kann. ◎

SCHAUKELSTUHL
Ein **Schaukelstuhl** sagt Ihnen voraus, daß Sie in jeder Umgebung zufrieden sind.

Die Mutter, die Frau oder die Geliebte in einem Schaukelstuhl zu sehen steht für die süßesten Genüsse, die das Leben bieten kann.

Leere Schaukelstühle verweisen auf Trauer und Entfremdung. Der Träumende verdient wahrscheinlich diese Strafe. ◎

RATTAN
Von **Rattan** zu träumen deutet darauf hin, daß Sie weitgehend auf das Urteil anderer angewiesen sind. Sie sollten sich bei Ihren Plänen für die Zukunft Ihre Unabhängigkeit bewahren. ◎

EINE BANK

Möbelstoffe

KISSEN

VORHANG
Von *Vorhängen* zu träumen verheißt, daß unwillkommene Gäste Ärger und Kummer bereiten. *Dreckige oder zerrissene Vorhänge* stehen für Streit und Vorwürfe.

KISSEN
Sich auf seidenen *Kissen* auszuruhen bedeutet, daß Ihr Komfort zu Lasten anderer geht; sehen Sie lediglich die Kissen, werden Sie im Beruf und in der Liebe Erfolg haben.

Träumt eine junge Frau davon, *Seidenkissen* zu nähen, wird sie innerhalb weniger Monate einen Bräutigam gefunden haben.

MATTE
Halten Sie sich im Traum von *Matten* fern, denn sie bedeuten nur Leid und Verwirrung.

MATTEN VERLEGEN
Wenn man *Matten verlegt,* steht das für gute Aussichten und Nachrichten von Freunden, die weit entfernt sind. Sind sie alt oder zerrissen, kommt Ärger auf Sie zu.

TEPPICH
Einen *Teppich* zu betrachten verspricht Profit. Reiche Freunde helfen Ihnen in der Not.

Auf *Teppichen zu gehen* heißt, daß Sie glücklich und reich sein werden.

Zu glauben, daß Sie *Teppiche kaufen,* steht für einen großen Gewinn. Verkaufen Sie einen, werden Sie Grund für eine schöne Reise haben.

Träumt eine junge Frau von Teppichen, wird sie ein großes Haus haben und von Dienern umsorgt werden.

Hausputz

BESEN
Von Besen *zu träumen bedeutet Sparsamkeit und eine Verbesserung Ihrer Situation, wenn die Besen neu sind.* Gebrauchte Besen sagen Spekulationsverluste voraus.

Verliert *eine Frau* den Besen, *wird sie eine unangenehme Ehefrau und schludrig im Haushalt.*

FEGEN
Im Traum zu fegen *heißt, daß eine Frau den Gefallen ihres Mannes findet und die Kinder sich zu Hause wohl fühlen.*

Wenn Sie denken, daß Sie *den* Boden fegen müssen *und es aus irgendeinem Grund nicht tun, werden Sie bald bittere Enttäuschungen erleben. Für Bedienstete ist das Fegen ein Zeichen für Streitereien und Argwohn ob der Absichten anderer.*

STAUBSAUGER
Staubsauger *bedeuten, daß Sie bald eine Entscheidung in privater oder beruflicher Hinsicht treffen müssen. Schaffen Sie es nicht, diese Situation schnell zu lösen, treten Verwicklungen auf, die Sie in Schwierigkeiten bringen.*

BÜRSTEN
Sehen Sie verschiedene Bürsten, *erwarten Sie unterschiedliche berufliche Tätigkeiten, die aber eher angenehm sind und gut bezahlt werden.*

VORHANG siehe **FLECK** Seite 218, **FENSTER** Seite 213 ◆ **KISSEN** siehe **SEIDE** Seite 187 ◆ **TEPPICH** siehe **SPAZIERGANG** Seite 267, **GEWERBE** Seite 202 ◆ **BÜRSTEN** siehe **HAARBÜRSTE** Seite 103, **KLEIDERBÜRSTE** Seite 155

Licht

EINE LAMPE

LICHT
Träumt man von **Licht,** wird man Erfolg haben. Ist das Licht schummrig oder geht aus, wird man unangenehm enttäuscht, weil eine Unternehmung in einer Sackgasse endet.

Gedämpftes Licht steht für einen Teilerfolg. ◎

FACKEL
Eine **Fackel** verspricht angenehme Erlebnisse und gute Geschäfte.

Eine **Fackel zu tragen** bedeutet Erfolg in der Liebe oder bei komplizierten Geschäften. Eine verlöschende Fackel ist ein Zeichen für Mißerfolg und Leid. ◎

Macht der Kerzen

WACHSLEUCHTE
Eine **Wachsleuchte** anzuzünden steht dafür, daß ein schönes Ereignis Sie mit langvermißten Freunden zusammenbringen wird. Wachsleuchten auszublasen signalisiert neue Enttäuschungen und Krankheiten, die verhindern, daß Sie mit lieben Freunden wieder zusammentreffen. ◎

KERZE
Eine **Kerze** mit einer klaren, ruhigen Flamme steht für Stabilität und wohlbegründeten Reichtum.

Träumt ein junges Mädchen davon, **Kerzen zu formen,** wird sie ein unerwartetes Heiratsangebot bekommen und einen angenehmen Besuch bei fernen Verwandten machen. Eine **Kerze anzünden** bedeutet bei einem Mädchen, daß sie ihren Geliebten wegen ihrer Eltern heimlich treffen muß.

Verlischt die Kerze durch Zugluft, dann verbreiten Ihre Feinde schädliche Dinge über Sie.

Eine Kerze **selbst zu löschen** bringt schlechte Nachrichten. Freunde werden sterben oder sind in Schwierigkeiten. ◎

KERZE

KERZENLEUCHTER
Ein **Kerzenleuchter** mit einer neuen Kerze steht im Traum für eine erfreuliche Zukunft, Glück und Gesundheit.

Ein Leuchter ohne Kerze bedeutet das Gegenteil. ◎

KRONLEUCHTER
Ein **Kronleuchter** kündigt an, daß Sie durch unerwartete Erfolge das Leben nach Lust und Laune genießen können.

Ein beschädigter oder ungepflegter Kronleuchter bedeutet, daß Ihr beträchtliches Vermögen durch eine unglückliche Hand bei Spekulationen gemindert wird.

Wenn im Traum das Licht des Kronleuchters verlischt, werden Krankheit und Leid die guten Aussichten trüben. ◎

....

Viele Arten von Licht können Ihre Träume erhellen. Sie sehen vielleicht einen Kerzenleuchter *links*, das sanfte Licht einer Tischlampe *oben* oder eine altmodische Laterne *gegenüber*.

Lampen und Laternen

LATERNENPFAHL
Wenn Sie einen **Laternenpfahl** sehen, wird sich in der größten Not ein Fremder als Ihr treuester Freund erweisen.

Gegen einen Laternenpfahl *zu stoßen* heißt, daß Sie sich nicht täuschen lassen dürfen, denn sonst werden Feinde Sie bedrängen.

Sehen Sie im Traum einen Laternenpfahl *auf Ihrem Weg* liegen, werden Sie viele Hindernisse im Leben zu meistern haben.

LATERNE
Eine **Laterne,** die sich in der Dunkelheit bewegt, bedeutet unerwarteten Wohlstand. Verliert man die Laterne plötzlich aus den Augen, wird der Erfolg nicht mehr lange anhalten.

Im Traum eine **Laterne zu tragen** kündigt Ihnen an, daß Sie mit Ihrer Gutmütigkeit viele Freunde gewinnen werden. Geht die Laterne aus, werden Sie nicht so im Vordergrund stehen, wie Sie es möchten. Stolpern Sie und zerbricht die Laterne, werden Sie anderen helfen wollen, dabei aber Ihren eigenen Halt verlieren oder enttäuscht werden.

Eine **Laterne zu putzen** zeigt an, daß Ihnen alle Türen offenstehen.

Eine **Laterne zu verlieren** steht für Pech im Beruf und familiären Ärger.

Eine **Laterne zu kaufen** ist ein Zeichen für Glück bei Geschäften.

Träumt eine junge Frau, daß sie die **Laterne des Geliebten anzündet,** wird sie einen ehrenwerten Mann und ein gemütliches Zuhause haben. Bläst sie die Laterne aus Unvorsicht aus, wird sie eine gute Partie verpassen.

LAMPE
Mit Öl gefüllte **Lampen** stehen für rege Geschäftstätigkeit, die die erwünschten Ergebnisse bringen. **Zerbrochene Lampen** deuten auf den Tod von Freunden oder Verwandten hin.

Leere Lampen verheißen Depressionen und Verzagtheit. Wenn die Flamme in der **Lampe hell leuchtet,** werden Sie durch Glück und häuslichen Segen belohnt. Schimmert die Flamme nur dunkel und matt, erwarten Sie Neid und Mißgunst, gepaart mit Argwohn. Sie werden sich kräftig wehren und zurückschlagen.

Eine leuchtende Lampe fallenzulassen verkündet das abrupte Ende Ihrer Pläne.

Explodiert die Lampe, werden sich ehemalige Freunde mit Ihren Feinden zusammentun, um Ihnen zu schaden.

Eine **Lampe anzuzünden** heißt, daß Sie bald etwas in Ihrem Leben zum Guten ändern werden.

Im Traum eine **Lampe zu tragen** bedeutet, daß Sie unabhängig sind und zu Ihrer Meinung stehen.

Verlischt das Licht, müssen Sie mit schlimmen Folgen, eventuell sogar dem Tod von Freunden oder Verwandten, rechnen.

Wenn Sie in Panik eine Lampe aus dem Fenster werfen, werden Feinde Sie mit Freundschaftsbeteuerungen und Anerkennung einlullen.

Wenn Sie im Traum Ihre **Kleidung mit einer Lampe anzünden,** werden Sie von Leuten, von denen Sie Sympathie und Ermutigung erwarten, erniedrigt werden. Ihre Geschäfte werden nicht gut gehen.

EINE LATERNE

Weg mit dem Fleck

FLECK
Flecken an den Händen oder auf der Kleidung bedeuten, daß Sie sich um eher unbedeutende Dinge Sorgen machen werden.

Flecken auf Kleidung oder Haut anderer Leute zu sehen, weist darauf hin, daß jemand Sie betrügen wird.

SCHMIERE
Sich im Traum in *Schmiere* oder Fett zu befinden heißt, daß man sich in unangenehmer, aalglatter Gesellschaft aufhält.

SCHWÄMME
Schwämme zeigen an, daß Sie von jemandem betrogen werden. Mit einem Schwamm etwas wegzuwischen signalisiert, daß Sie Ihrer eigenen Dummheit zum Opfer fallen werden.

WASCHFRAU

Waschtag

WÄSCHE
Davon zu träumen, *Wäsche* zu waschen, verheißt Sorgen, aber letztendlich Erfolg und Glück. Werden die Sachen beim Waschen rein, haben Ihre Bemühungen vollen Erfolg. Bleibt der Schmutz, bedeutet das den Verlust von Besitz und Glück.

Sehen Sie hübsche Mädchen beim Waschen, suchen Sie nach verbotenen Genüssen.

Kommt im Traum der **Mann von der Wäscherei** an Ihre Tür, droht Krankheit oder der Verlust von etwas Wertvollem.

WASCHAUTOMAT
Kleidung in einem *Waschautomaten* zu waschen deutet darauf hin, daß eine wenig ersprießliche Beziehung durch eine wohltuende ersetzt wird.

WÄSCHERIN
Eine *Wäscherin* steht für Untreue und ein merkwürdiges Abenteuer.

Für den Geschäftsmann oder Landwirt bedeutet es neue Geschäfte bzw. gute Ernten. Träumt eine Frau davon, *Wäscherin zu sein,* wird sie bei ihren ständigen Versuchen, illegale Beziehungen zu Männern zu pflegen, den Anstand über Bord werfen.

WASCHBRETT
Ein *Waschbrett* verspricht Peinlichkeiten. Eine Frau mit einem Waschbrett steht dafür, daß der Mann sich Kraft und Vermögen von Frauen rauben läßt.

Ein zerbrochenes Waschbrett kündigt zukünftiges Leiden und entsetzliche Taten an, die Sie infolge Ihrer Rastlosigkeit begehen werden.

BÜGELN
Zu bügeln bedeutet, ein schönes Heim und ein geordnetes Leben zu führen.

Verbrennt sich eine Frau die Hand beim Bügeln, wird ihr Friede durch Krankheit oder Eifersucht gestört werden.

Wenn sie die Kleider versengt, wird eine Rivalin ihr viel Mißgunst und Argwohn einbringen. Ist das *Bügeleisen zu kalt,* fehlt ihr Zuneigung.

Ein schöneres Heim

POLIEREN
Einen Gegenstand zu *polieren* prophezeit, daß Sie hoch hinauskommen werden.

DEKORIEREN
Einen Raum für ein Fest mit Blumen zu *dekorieren* bedeutet, daß alle Geschäfte gut verlaufen werden. Für junge Leute verheißt dieser Traum viel Spaß mit Freunden und Erfolg im Studium.

Die Plackerei im Alltag der Waschfrau *oben* kann im Traum eine aufregende Bedeutung bekommen.

WANDPUTZ
Verputzte Wände künden von Erfolg, der jedoch nicht von langer Dauer sein wird.

Fällt der Putz von der Wand auf Sie herab, deutet das auf Katastrophen und Enthüllungen hin.

Ein *Stukkateur* bei der Arbeit bedeutet, daß Sie aufgrund Ihrer Fähigkeiten nie arm sein werden.

TÜNCHE
Im Traum eine Wand zu *tünchen* ist ein Zeichen dafür, daß Sie sich mit Freunden versöhnen, indem Sie schlechte Gewohnheiten ablegen und schlechten Umgang meiden.

Für eine junge Frau bedeutet dies, daß sie darüber grübelt, wie sie andere täuschen kann, um den Geliebten zurückzubekommen, der sich von ihr abgewendet hat.

FARBE UND STREICHEN
Frisch gestrichene Häuser verweisen darauf, daß Sie mit einem Plan Erfolg haben werden.

Farbe auf der Kleidung wird Sie durch gedankenlose Kritik anderer unglücklich machen.

Träumt man davon, *selbst den Pinsel in die Hand zu nehmen,* steht das für Zufriedenheit mit dem derzeitigen Leben.

Das öffentliche Leben

Das öffentliche Leben

Vielen ist es ein Alptraum, im Rampenlicht zu stehen. Doch hat nicht jeder Lampenfieber auf der Theaterbühne der Träume. Dieser Abschnitt beschäftigt sich mit der Politik, den Bürgerpflichten und dem öffentlichen Leben, von der Kommunal- bis zur Landespolitik.

Wahlen

EINFLUSS
Erlangt man im Traum einen Posten oder eine Beförderung durch den *Einfluß* anderer, werden Wünsche sich nicht erfüllen. Wenn Sie jedoch bereits eine einflußreiche Position innehaben, sind Ihre Aussichten glänzend.

Freunde auf wichtigen Posten zu wissen bedeutet, daß Sie geistreich sind und keinerlei Schikanen zu befürchten haben.

EID
Einen *Eid* auf etwas zu schwören heißt, daß Sie sich nach dem Erwachen auf Zank und Streit einstellen müssen.

SCHWUR
Auf etwas zu schwören oder einem *Schwur* zuzuhören sagt voraus, daß Sie im Beruf oder in der Liebe der Untreue bezichtigt werden.

Ein *religiöses Gelübde* abzulegen bedeutet, daß Sie eine schwierige Phase unbescholten durchstehen werden.

Einen *Schwur zu brechen* prophezeit Ihnen, daß Ihre Pläne zum Scheitern verurteilt sein werden.

WAHLEN
Davon zu träumen, bei einer Wahl anwesend zu sein, ist ein Zeichen dafür, daß Sie sich in eine für Sie ungünstige Lage begeben werden.

In Ihren Träumen können Sie mit Regierungschefs wie John F. Kennedy sprechen *oben rechts*.

STIMME
Gibt man im Traum seine *Stimme* bei einer Wahl ab, wird man in eine Angelegenheit verstrickt sein, welche die gesamte Gesellschaft bewegt.

Wahlbetrug oder ähnliches weist darauf hin, daß Ihre guten Neigungen von Ihrer Unehrlichkeit überschattet werden.

AMTSEINFÜHRUNG
Sehen Sie eine *Amtseinführung,* werden Sie bald eine wichtigere Position einnehmen als bisher. Eine junge Frau, bei der dieser Traum negative Gefühle hervorruft, wird sich ihre Wünsche nicht erfüllen können.

LEGISLATIVE
Ein Mitglied der *Legislative* des Landes zu sein bedeutet, daß Sie besitzorientiert sind und Ihre Familie schlecht behandeln. Sie werden es nicht schaffen, weiter vorwärts zu kommen.

PRÄSIDENT DER USA
Sprechen Sie im Traum mit dem *Präsidenten der USA,* heißt das, daß Sie an Staatsangelegenheiten interessiert sind und sich manchmal wünschen, Politiker zu sein.

JOHN F. KENNEDY

Die Politik

AMT
Ein *Amt innezuhaben* verspricht dem, der es träumt, daß er seine Ziele manchmal mit ungewöhnlichen Mitteln erreichen will. Der Mut wird jedoch belohnt. Wenn er das angestrebte Amt nicht bekommt, wird er bittere Enttäuschungen erfahren.

Im Traum *sein Amt zu verlieren* bedeutet drohenden Verlust von Wertgegenständen.

POLITIKER
Ein *Politiker* steht immer für unangenehme Gesellschaft und Ereignisse, bei denen man Zeit und Geld verliert.

Engagiert man sich im politischen Tagesgeschäft, repräsentiert dies Mißverständnisse und Mißgunst bei Freunden.

Interessiert sich eine junge Frau im Traum für Politik, ist dies eine Warnung vor der Neigung zu Falschheit.

SOZIALISMUS
Einen *Sozialisten* zu sehen bedeutet, daß Ihre Freunde Sie nicht um Ihre Aufgaben beneiden. Sie vernachlässigen Ihre Alltagspflichten und gehen nur scheinbar vorrangigen Aufgaben nach.

YANKEE
Träumen Sie von einem *Yankee,* werden Sie Ihren Versprechen und Pflichten treu bleiben; sind Sie aber nicht vorsichtig, wird man Sie bei einem Geschäft übers Ohr hauen.

EINFLUSS *siehe* FREUND *Seite* 124 ♦ SCHWUR *siehe* KIRCHE *Seite* 189, GEISTLICHER *Seite* 280, ZERBRECHEN *Seite* 265 ♦
STIMME *siehe* BETRUG *Seite* 204 ♦ PRÄSIDENT DER USA *siehe* SPRECHEN *Seite* 230 ♦ AMT *siehe* FEHLSCHLAG *Seite* 258 ♦
POLITIKER *siehe* STREIT *Seite* 230

Der Ausschuß tagt

AUSSCHUSS
Von *Ausschüssen* zu träumen bedeutet, daß Sie überraschend eine eher unangenehme Aufgabe übernehmen müssen.

Tritt man selbst vor einem Ausschuß auf, ist die zugeteilte Aufgabe sinnlos. ◉

VORSITZENDER
Sieht man den *Vorsitzenden* eines öffentlichen Gremiums, wird man einen hohen, verantwortungsvollen Posten übernehmen. Handelt es sich um einen humorlosen Vorsitzenden, droht einem eine Pechsträhne.

Sind *Sie selbst der Vorsitzende,* werden Sie wegen Ihrer Rechtschaffenheit und Ihrer Freundlichkeit geschätzt. ◉

RATSMITGLIED
Erblickt man ein *Ratsmitglied,* besitzt man bestimmte Fähigkeiten und verläßt sich am liebsten auf sein eigenes Urteil. Lassen Sie bei Ihrer Rechtsauffassung Vorsicht walten. ◉

Kampagnen und Versammlungen

Leben in der Stadt

RATHAUS
Das Rathaus steht für Streitereien und drohende Prozesse.

Für eine junge Frau ist das Rathaus der Vorbote einer Entfremdung von ihrem Geliebten, weil sie ihm nicht treu bleiben konnte. ✺

STADT
Befindet man sich im Traum in einer fremden Stadt, wird ein schmerzhaftes Ereignis eine Änderung des Lebensstils erfordern. ✺

STADTRAT
Der Stadtrat zeigt an, daß Ihre Interessen mit der Öffentlichkeit in Konflikt geraten werden. Ihre Aussichten sind nicht ermutigend. ✺

VERSAMMLUNG
Eine *Versammlung* deutet auf ein ungewöhnlich reges Geschäftsleben oder auf eine feste Bindung in der Liebe hin. Eine chaotische oder unangenehme Versammlung steht für Enttäuschungen. ◉

RÜCKTRITT
Von einem Amt oder einem Posten *zurückzutreten* heißt, daß Sie sich auf neues Terrain begeben werden.

Hört man vom Rücktritt anderer, folgen darauf unangenehme Erfahrungen. ◉

EINSATZ
Träumt man davon, sich für eine Sache *einzusetzen,* bleibt man seinen Zielen treu und versucht, ehrlich mit Leuten umzugehen und Versprechen einzuhalten. ◉

KAMPAGNE
Eine politische *Kampagne* zu starten steht für unorthodoxes Verhalten. Sie machen Ihre eigenen Pläne ohne Rücksicht auf Feinde oder Hindernisse. Die Mächtigen und Reichen werden verlieren.

Führt ein religiöses Volk eine moralische Kampagne, wird man Sie bitten, sozialen Organisationen finanziell zu helfen.

Träumt eine junge Frau von einer Kampagne *zugunsten mittelloser Frauen,* wird sie Hindernisse überwinden und Notzeiten tapfer überstehen. ◉

DIE POLITISCHE BÜHNE

....

Träume von Ereignissen und Menschen auf der politischen Bühne *links* **zeigen Ihnen eine Schattenwelt, welche die machiavellistische Manipulation und Korruption in der Politik genau widerspiegelt.**

Reise und Verkehr

Reiseträume versetzen die Menschen an entfernte Orte oder erlauben Ihnen, die Welt auf dem Land-, Wasser- oder Luftweg zu bereisen. Dieser Abschnitt handelt von Urlaubs- und Geschäftsreisen und beschreibt die Bedeutung verschiedener Verkehrsmittel.

Wegfahren

REISE

Auf eine **Reise** zu gehen bedeutet Gewinn oder Enttäuschungen, je nachdem, ob die Reise angenehm und erfolgreich oder mit Unfällen und Pech verbunden ist.

Sieht man seine Freunde im Traum verreisen, steht das für ein freudiges Ereignis und bessere Freunde, als Sie bisher gehabt haben. Verreisen die Freunde in trauriger Stimmung, sehen Sie sie vielleicht für lange Zeit nicht wieder.

Eine Reise an ein **weit entferntes Ziel** in relativ kurzer Zeit hinter sich zu bringen verheißt, daß Sie eine Arbeit oder einen Auftrag überraschend schnell erledigen und dafür gut bezahlt werden.

VERREISEN

Vom **Verreisen** zu träumen steht sowohl für Gewinne als auch für Vergnügen.

Reisen Sie durch unbekannte, rauhe Gefilde, deutet das auf gefährliche Feinde und vielleicht Erkrankungen hin. Über steinige Stufen zu gehen scheint Gewinn anzukündigen, allerdings folgt der Verlust auf dem Fuße. Sehen Sie grüne, fruchtbare Hügel oder Berge, werden Sie in der Zukunft besonders wohlhabend und glücklich sein.

Im Auto **allein zu verreisen** sagt Ihnen eine interessante, aber eventuell gefährliche Reise voraus. Ein volles Auto steht für gelungene Abenteuer sowie neue, ansprechende Freunde.

Taschen und Gepäck

KOFFER

Koffer **stehen für Reisen mit unglücklichem Verlauf.** Ihren Koffer zu packen bedeutet, daß Sie bald eine schöne Reise machen werden.

Ein schlecht gepackter **Koffer** verheißt Streitereien und eine hektische Reise, die nur Unzufriedenheit hervorruft.

Leere Koffer sagen Enttäuschungen in der Liebe und Ehe voraus.

Überprüft ein Vertreter den Inhalt seines Koffers gründlich, zeigt dies Vorteilhaftes für ihn an. Ist der Koffer zu klein für seine Waren, wird er bald befördert, und seine Wünsche werden erfüllt.

Eine junge Frau, die im Traum ihren Koffer nicht öffnen kann, wird sich um einen wohlhabenden Mann bemühen, ihn aber nicht bekommen. Wenn sie ihren Koffer nicht verschließen kann, wird sie eine schöne Reise nicht antreten können.

GEPÄCK

Von Gepäck **zu träumen** prophezeit unangenehme Angelegenheiten. Sie werden von geschmacklosen Leuten bedrängt.

Trägt man sein eigenes Gepäck, ist man so voll mit Sorgen, daß man den Blick für die Sorgen anderer verliert.

Sein Gepäck zu verlieren steht für unglückliche Spekulationen oder Familienstreit. Für die Unverheirateten bedeutet dies Trennungen.

GEPÄCKTRÄGER

Ein Gepäckträger signalisiert Pech und ereignisreiche Zeiten.

Ist man im Traum selbst ein Gepäckträger, bedeutet dies armselige Lebensumstände.

Einen Gepäckträger zu rufen ist ein Zeichen dafür, daß man sein Leben voll genießen wird, ihn fortzuschicken heißt, daß unangenehme Forderungen auf einen zukommen werden.

GEPÄCK

Wege und Pfade

WEG
Davon zu träumen, daß Sie sich *verirren,* warnt Sie vor riskanten Aktionen. Ihre Pläne werden zunichte gemacht, wenn Sie Ihre Aufgaben nicht ordentlich ausführen. ◎

PFAD
Auf einem engen, schwierigen *Pfad* entlangzugehen und über Steine und andere Hindernisse zu stolpern heißt, daß Sie eine schwierige Situation meistern und höchsten Streß aushalten müssen.

Wenn man im Traum versucht, den *Pfad zu finden,* wird man eine Arbeit nicht bewältigen können, die man gerne erfolgreich zu Ende gebracht hätte.

Gehen Sie auf einem Pfad durch Blumenwiesen, werden Sie sich nicht von einer Liebesbeziehung einengen lassen. ◎

PROMENADE
Auf einer *Promenade* spazierenzugehen heißt, daß Sie energisch und erfolgreich Ihre Ziele verfolgen.

Andere auf der Promenade zu sehen zeigt Ihnen Rivalen bei diesen Zielen an. ◎

Unterwegs auf der Straße

GASSE
Eine *Gasse* ist ein Zeichen dafür, daß Ihr Schicksal nicht so glücklich wie bisher verläuft. Viele quälende Sorgen kommen auf Sie zu.

Eine junge Frau, die im Traum durch eine *dunkle Gasse* geht, muß sich vor rufschädigenden Freunden hüten. ◎

STRASSE
Auf einer *Straße* zu gehen steht für Pech und Sorgen. Beim Versuch, ein sich selbst gesetztes Ziel zu erreichen, werden Sie fast verzweifeln.

Befindet man sich auf einer *bekannten Straße* bei scheinbarer Dunkelheit in einer weitentfernten Stadt, wird man bald eine Reise unternehmen, die aber nicht den erwünschten Erfolg bringt.

Ist die Straße *hell erleuchtet,* werden Sie sich schnell vergehenden Vergnügen hingeben.

Wenn Sie die Straße *entlanggehen* und dabei Angst vor Verbrechern haben, heißt dies, daß Sie sich bei Ihren privaten oder beruflichen Plänen aufs Glatteis begeben. ◎

LANDSTRASSE
Eine unbekannte, schlechte *Landstraße* zu benutzen spricht für den Beginn neuer Unternehmungen, die nur Ärger und Zeitverlust bringen.

Eine von Bäumen und Blumen gesäumte Landstraße steht für Vergnügen und unerwartetes Glück. Wenn Freunde Sie bei dieser Fahrt begleiten, werden Sie ein ideales Familienleben in einem schönen Heim führen.

Von der Straße *abzukommen* bedeutet, daß Sie eine geschäftliche Fehlentscheidung mit finanziellen Verlusten treffen werden. ◎

BORDSTEIN
Treten Sie im Traum auf einen *Bordstein,* folgt rascher Aufstieg in Geschäftskreisen und hohes Ansehen.

Wenn Liebende zusammen auf den Bordstein treten, werden sie früh heiraten und sich in der Ehe treu sein; alles Positive verkehrt sich jedoch ins Gegenteil, wenn Sie im Traum vom Bordstein rutschen. ◎

MEILENSTEIN
Einen *Meilenstein* zu sehen oder zu passieren heißt, daß Sie im Beruf oder in der Liebe von Zweifeln geplagt werden. Ein umgekippter Meilenstein bedeutet, daß Ihre Angelegenheiten durcheinandergebracht werden. ◎

KREUZUNG
Von einer *Kreuzung* zu träumen prophezeit Ihnen, daß Sie eine frühere gute Gelegenheit nicht mehr für Ihre Ziele nutzen können.

Wenn Sie sich nicht für eine Richtung entscheiden können, neigen Sie dazu, sich von unwichtigen Dingen irritieren zu lassen. Ein günstigeres Schicksal erwartet Sie, wenn Sie sich für einen Weg entscheiden.

Vielleicht werden Sie schon bald nach diesem Traum eine wichtige Entscheidung im Beruf oder in der Liebe treffen müssen. ◎

Gute Reise

PASSAGIER
Passagiere, die mit ihrem Gepäck einen Raum betreten, stehen für eine Verbesserung in Ihrer Umgebung. Reisen die Passagiere ab, werden Sie eine Gelegenheit zu einem günstigen Kauf verpassen.

Sind Sie selbst einer dieser Passagiere, sind Sie unzufrieden mit Ihrem jetzigen Leben und suchen eine Veränderung. ◎

REISE
Im Traum eine *Reise* zu unternehmen deutet darauf hin, daß Sie nicht nur Lohn für Ihre Arbeit erhalten, sondern auch eine Erbschaft machen werden.

Eine *katastrophale Reise* verheißt Inkompetenz und Pech in der Liebe. ◎

TOURIST
Ein *Tourist* zu sein bedeutet, daß Sie sich einer angenehmen Sache widmen werden, die Ihnen Abwechslung vom Alltag bringt.

Im Traum *Touristen zu sehen* kündigt lebhafte, aber unerledigte Geschäfte und emotionale Bedenken in der Liebe an. ◎

Reise und Verkehr

Rollende Räder

FAHRZEUG
In einem *Fahrzeug* zu fahren deutet auf drohende Verluste oder Krankheit hin. Aus einem Fahrzeug herausgeschleudert zu werden ist ein Omen für unangenehme Neuigkeiten.

Sieht man im Traum ein kaputtes Fahrzeug, sagt das ein Mißlingen bei wichtigen Plänen voraus.

Ein Fahrzeug zu kaufen spricht dafür, daß Sie in Ihre frühere Position zurückkehren werden. Verkaufen Sie Ihr Fahrzeug, laufen die Dinge weniger gut für Sie. ◎

FAHREN
Einen Wagen zu *fahren* bedeutet ungerechte Kritik an Ihrer scheinbaren Arroganz. Sie werden dazu gedrängt, Dinge gegen Ihren Willen zu tun.

Fährt man ein Taxi, steht das für niedere Arbeiten ohne Aussicht auf berufliche Verbesserung. Ist das Taxi ein Kombifahrzeug, werden Sie für eine Weile mittellos bleiben.

Wenn Sie allerdings von anderen gefahren werden, heißt das, daß Sie durch Ihr größeres Wissen anderen voraus sind und immer einen Ausweg finden werden.

Einem Mann kündigt dieser Traum an, daß er in der Liebe schnell ans Ziel seiner Wünsche gelangt. Bei einer Frau bedeutet er, daß sie einen Geliebten nicht mehr allzu wichtig nimmt, nachdem sie ihn für sich gewonnen hat. ◎

KUTSCHER
Der *Kutscher* ist ein Zeichen dafür, daß Sie auf der Suche nach Glück und Erfolg ungewöhnliche Wege beschreiten werden. ◎

RÄDER
Sehen Sie drehende *Räder,* werden Sie beruflich wie privat fleißig und energisch Ihre Ziele verfolgen.

Stillstehende oder defekte Räder sagen den Weggang oder den Tod eines Familienmitglieds voraus. ◎

Fahrzeuge aus vergangenen Zeiten

KARREN
Auf einem *Karren* zu sitzen heißt, daß Pech und viel Arbeit die Zeit, die Sie für das Ernähren der Familie einsetzen, füllen.

Ein Karren bedeutet allgemein schlechte Nachrichten von Freunden oder Verwandten.

Fahren Sie einen *Karren,* werden Sie in geschäftlichen und anderen Dingen Erfolg haben.

Wenn Liebende *zusammen darin fahren,* werden sie trotz der Intrigen anderer einander treu sein. ◎

PFERDEWAGEN
Ein *Pferdewagen* bedeutet, daß sich gute Gelegenheiten auftun werden, die Sie nutzen sollten.

Fällt man herunter oder sieht andere herunterfallen, steht das für den Verlust einer hohen Position. ◎

KUTSCHE
Eine *Kutsche* prophezeit Ihnen, daß Sie belohnt und Besuche bei anderen machen werden.

Fahren Sie in einer Kutsche, werden Sie eine kurze Krankheit überstehen müssen und danach gesund und erfolgreich sein.

Sucht man im Traum nach einer Kutsche, wird man hart und ausdauernd für den angestrebten Erfolg arbeiten müssen. ◎

EINSPÄNNER
Einen *Einspänner* zu steuern bedeutet, daß Sie wegen ungebetenen Besuchs oder einer Krankheit eine Reise auslassen müssen. ◎

WAGGON
Ein *Waggon* kündigt an, daß Sie sich unglücklich verheiraten und aufgrund von Sorgen vorzeitig altern werden.

Steuern Sie einen Waggon *bergab,* nahen beunruhigende Ereignisse, die Ihnen Verluste einbringen werden.

Einen Waggon bergauf zu bewegen steht für materielle Verbesserungen.

Einen *schwer beladenen Waggon* zu steuern heißt, daß die Pflicht Sie standhaft bleiben läßt, obwohl Sie gerne ausbrechen würden.

Einen Waggon in den Schlamm zu setzen ist ein greuliches Omen für einen Strudel aus Sorgen und Angst.

Sehen Sie einen *geschlossenen Waggon,* drohen undurchsichtige Verschwörungen, die Ihr Fortkommen verzögern werden.

Träumt eine junge Frau, daß sie einen Waggon an einem gefährlichen Ufer entlangsteuert, wird sie sich in eine illegale Verbindung verstricken, was sie in große Angst versetzt, wenn sie sich nicht davon löst. Fährt sie über einen klaren Strom, wird sie ein Abenteuer ohne schlimme Folgen genießen können.

Ein *defekter Waggon* verkörpert Pech und Mißlingen. ◎

Im Schnee

SCHLITTEN
Erblicken Sie einen Schlitten, werden Sie bei einem Liebesabenteuer Pech haben und den Unmut eines Freundes auf sich ziehen.

Schlittenfahren *bedeutet, daß Sie unkluge Dinge tun werden.*

Eine junge Frau, die im Traum auf einem Schlitten fährt, wird wegen ihres Geliebten Probleme mit ihrer Familie haben. Ihr Verhalten bringt ihr Ärger ein. ❀

FAHRZEUG siehe ZERBRECHEN Seite 265, GEWERBE Seite 202, WAGEN, AUTO, LIMOUSINE Seite 224 ◆ FAHREN siehe TAXI Seite 224
RÄDER siehe UNTÄTIGKEIT Seite 251, ZERBRECHEN Seite 265 ◆ KARREN siehe REITEN Seite 33, PFERDETRÄUME Seite 34f. ◆
KUTSCHE siehe REITEN Seite 33 ◆ WAGGON siehe HÜGEL Seite 90, LAST Seite 38, WASSER Seite 78, SCHLAMM Seite 90, UFER Seite 192,
ZERBRECHEN Seite 265 ◆ SCHLITTEN siehe SCHNEE Seite 77, REITEN Seite 33

Traumwagen

WAGEN
Ein *Wagen* bedeutet Reisen und Veränderungen in schnellem Wechsel.

In einen Wagen zu steigen heißt, daß eine geplante Reise unter anderen Voraussetzungen als erwartet durchgeführt wird.

Verpassen Sie einen Wagen, deutet dies darauf hin, daß ein Versuch, Ihre Position zu verbessern, vereitelt wird.

Aus einem Wagen zu steigen ist ein Zeichen dafür, daß Sie bei interessanten Plänen Erfolg haben, wozu Sie sich beglückwünschen können.

AUTO
Die Fahrt in einem *Auto* zeigt Ihnen an, daß Sie in angenehmer Umgebung rastlos sind und eine Veränderung suchen. Ein solcher Traum beinhaltet die große Gefahr, daß man sich unklug verhalten wird.

Eine Autopanne steht im Traum dafür, daß der Spaß an einer Sache am Ende doch nicht so groß wie erwartet sein wird.

Versucht man, einem fahrenden Auto auszuweichen, tut man in Zukunft gut daran, Rivalen so weit aus dem Weg zu gehen, wie man es guten Gewissens verantworten kann.

Sucht eine junge Frau nach einem Auto, wird sie es nicht schaffen, die Aufmerksamkeit eines bestimmten Mannes auf sich zu lenken.

LIMOUSINE
Fahren Sie in einer *Limousine,* werden Sie plötzlich viel Glück haben.

BENZIN
Von *Benzin* zu träumen ist eine Ankündigung, daß Sie durch eigenes Streben mit neuen Aufgaben konfrontiert werden.

Ihre Traummaschine könnte ein Motorrad sein *oben;* Ihre Traumfahrkarte könnte Sie in die Grand Central Station *gegenüber* **führen.**

Zweiräder

FAHRRAD
Mit einem *Fahrrad* bergauf zu fahren bedeutet gute Aussichten. Bergab zu fahren signalisiert einer Frau, daß sie auf ihren Ruf und ihre Gesundheit achten muß, da ein Unglück naht.

MOTORRAD
Träumen Sie von einem *Motorrad,* werden Sie in Beziehungsfragen den Überblick behalten.

Beobachten Sie jemanden beim *Motorradfahren,* bedeutet das bei Ihnen Stagnation, während andere sich beruflich wie persönlich weiterentwickeln.

MOTORRAD

Öffentliche Verkehrsmittel

TAXI
In einem *Taxi* zu fahren verheißt angenehme Tätigkeiten. Sie werden in der Lage sein, bescheidenen Wohlstand zu genießen.

Eine Taxifahrt bei Nacht zusammen mit anderen Personen bedeutet, daß Sie ein Geheimnis nicht mit Ihren Freunden teilen wollen.

Ein *Taxifahrer zu sein* steht für körperliche Arbeit mit wenig Aussicht auf berufliche Verbesserung.

KUTSCHE
Sind Sie in einer *Kutsche* unterwegs, drohen fortgesetzte Verluste und schlechte Geschäfte.

Selbst *Kutscher zu sein* bedeutet Entlassung oder Geschäftswechsel.

BUS
Mit einem *Bus* zu fahren sagt langsamen, mäßigen Fortschritt bei Ihren Plänen und Zielen voraus. Ist der Bus voller Leute und stehen Sie, werden Sie sich mit vielen anderen messen müssen, um Erfolg zu haben.

Im falschen Bus zu sein bedeutet, daß Sie im Leben den falschen Weg eingeschlagen haben. Denken Sie darüber nach und ändern Sie etwas.

STRASSENBAHN
Eine *Straßenbahn* zeigt an, daß jemand daran interessiert ist, Ihnen Schaden zuzufügen.

Mit der *Straßenbahn zu fahren* heißt, daß Rivalitäten und Eifersucht Ihr Glück einschränken.

Sich *von außen an der Tür* der Straßenbahn festzuhalten deutet auf eine extrem gefährliche Sache hin, auf die Sie sich einlassen wollen. Geschieht aber kein Unfall, werden Sie dabei Erfolg haben.

Ist der Abstand zwischen Straßenbahn und Boden groß, ist die Gefahr offensichtlich. Bei kleinem Abstand allerdings werden Sie kaum Ihr Ziel erreichen.

WOHNWAGEN
Reisen Sie mit einem *Wohnwagen,* dann werden Sie bald auf eine Reise mit Tücken gehen.

Träumen Sie davon, *in einem Wohnwagen zu leben,* wird Ihr Glück abrupt enden.

Auf den Schienen

ZUG

Ein fahrender *Zug* bedeutet, daß Sie bald einen Grund für eine Reise haben werden.

Fährt man mit einem Zug, der scheinbar *ohne Gleise* dahingleitet, wird man sich über eine Sache, die letztendlich gut ausgehen wird, große Sorgen machen.

Güterzüge sind ein Zeichen für vorteilhafte Veränderungen.

Von *Schlafwagen* zu träumen verheißt, daß Ihr Streben, Geld anzuhäufen, von eigensinnigen Prinzipien bestimmt ist, die Sie besser kontrollieren sollten.

Befindet man sich auf dem Dach eines Schlafwagens, wird man bald eine Reise mit unangenehmen Begleitern machen. Mit diesen Leuten wird man viel Geld und Zeit verschwenden und sollte ihnen in Zukunft aus dem Weg gehen.

Fahren Sie mit dem *falschen Zug,* so weist dies darauf hin, daß Sie den falschen Weg oder die falsche Richtung eingeschlagen haben. Überdenken Sie Ihr Leben und finden Sie den richtigen Weg. ◎

LOKOMOTIVE

Eine schnelle *Lokomotive* steht für außerordentliches Glück und Auslandsreisen.

Eine defekte Lokomotive bedeutet, daß Geschäfte sich verzögern und geplante Reisen wegen fehlenden Geldes nicht begonnen werden können.

Eine völlig demolierte Lokomotive ist ein Omen für großes Leid und Besitzverlust.

Hören Sie eine sich nähernde Lokomotive, so bedeutet dies Neuigkeiten aus dem Ausland. Es werden berufliche Veränderungen mit Verbesserungen für Sie und andere eintreten.

Eine pfeifende Lokomotive bedeutet, daß Sie sich über die Rückkehr eines lang abwesenden Freundes oder über ein unverhofftes Angebot freuen können. ◎

EISENBAHN

Wenn Sie von einer *Eisenbahn* träumen, müssen Sie sich intensiv um Ihr Geschäft kümmern, da Feinde Ihnen zu Leibe rücken wollen.

Bei einer jungen Frau bedeutet die Eisenbahn, daß sie auf eine Reise gehen wird, um Freunde zu besuchen.

Werden die Schienen durch ein Hindernis blockiert, dann spielen Sie ein falsches Spiel.

Auf den *Schwellen der Gleise* zu gehen steht für schwierige Zeiten und harte Arbeit.

Auf den *Schienen zu gehen* bedeutet, daß Sie dank Ihrer Begabung, Dinge in Ihrem Sinn zu beeinflussen, sehr glücklich sein werden.

Ein von Wasser überschwemmter Schienenweg prophezeit Ihnen für eine Weile großes Vergnügen. Allerdings steigt das Pech wieder wie ein Phönix aus der Asche auf. ◎

U-BAHN

Mit der *U-Bahn* zu fahren zeigt viele Probleme an. Diese werden Sie emotional und psychologisch durcheinanderbringen.

Bleibt die U-Bahn zwischen zwei *Haltestellen* stecken, steht das für ein moralisches Dilemma. Sie benötigen viel Geduld und Umsicht, bevor Sie die Situation lösen können. ◎

GRAND CENTRAL STATION

ZUG siehe SCHLAF Seite 274 ◆ LOKOMOTIVE siehe PFEIFE Seite 276 ◆ EISENBAHN siehe SPAZIERGANG Seite 267 ◆
U-BAHN siehe UNTER DEM ERDBODEN, TUNNEL Seite 193

Auf See

SEGELN
Bei ruhiger See zu *segeln* sagt voraus, daß Sie leicht zum vollkommenen Glück finden und von Armut und Elend verschont bleiben werden.

Auf einem *kleinen Boot* zu segeln bedeutet, daß Ihre Kraft nicht ausreicht, alle Wünsche zu erfüllen. ◎

LEEWÄRTS
Segeln Sie auf der *Leeseite,* so verheißt dies einem Segler eine fröhliche, gute Fahrt und anderen eine angenehme Reise. ◎

MATROSE
Matrosen sind ein Omen für lange, aufregende Reisen.

Träumt eine junge Frau von Matrosen, wird sie sich von Ihrem Geliebten wegen einer heftigen Liebelei mit einem anderen trennen. Ist sie mit an Bord, wird sie aus ihrem gewohnten Rhythmus ausbrechen und in Gefahr kommen, einen treuen Geliebten zu verlieren. ◎

MARINEMITGLIED
Träumt man davon, in der *Marine* zu sein, wird man eine lange, interessante Reise in ferne Länder machen.

Wenn das Schiff ohne den Träumer davonfährt, werden ihm Rivalen schweren Schaden zufügen. ◎

SCHIFFSCREW
Eine *Schiffscrew,* die sich zum Ablegen vorbereitet, weist darauf hin, daß unvorhergesehene Umstände eine interessante Reise verhindern werden.

Eine Crew, die im *Sturm* das Schiff retten will, steht für Katastrophen an Land und auf See. Bei jungen Leuten prophezeit dieser Traum Böses. ◎

....

Auf dem Meer der Träume zu segeln **oben** ist manchmal genauso gefährlich wie die Wogen des wirklichen Lebens.

AUF SEE

SCHIFF
Von *Schiffen* zu träumen sagt Ehren und im Verhältnis zu Ihrem Lebensstil Beförderungen auf hohem Niveau voraus.

Hören Sie Berichte von einem *Wrack,* so ist dies ein Zeichen für eine katastrophale Entwicklung Ihres Lebens. Ihre Freundinnen werden Sie betrügen.

Sterben Sie bei einem Schiffsuntergang, dann droht ein gefährlicher Angriff auf Ihre Ehre oder Ihr Leben.

Sehen Sie ein Schiff in einem heftigen Sturm, stehen unglückliche geschäftliche Entscheidungen bevor. Sie werden versuchen müssen, eine bösartige Intrige geheimzuhalten, da ein Geschäftspartner Sie damit unter Druck setzt.

Schiffbrüchige bedeuten, daß Sie sich vergeblich damit abmühen, einen Freund vor Schande oder Bankrott zu schützen. ◎

DAMPFER
Dampfer stehen für Arbeit und große Aktivität. ◎

BOOT
Ein *Boot* bedeutet gute Aussichten, wenn das Wasser klar ist. Bei unruhiger See verkörpert ein Boot Sorgen und Verschlechterungen.

Wenn Sie mit einer lustigen Gesellschaft an Bord gehen und unfallfrei segeln, wird Ihnen viel Gunst zuteil.

Pech wird derjenige haben, der bei stürmischer See über Bord geht. ◎

Schiffsteile

MAST
Masten prophezeien lange, schöne Reisen, neue Freundschaften und finanziellen Gewinn.

Der Mast eines *sinkenden Schiffs* steht für plötzliche Änderungen in Ihrem Leben. Sie müssen auf erhoffte schöne Dinge verzichten.

Ein Seemann, der von einem Mast träumt, wird bald zu einer ereignisreichen Reise aufbrechen.

ANKER
Wenn ein Seemann einen *Anker* sieht, bedeutet dies Gutes, solange die See ruhig ist. Bei anderen verheißt der Anker die Trennung von Freunden, Wohnortwechsel und Auslandsreisen. Liebespaare werden sich streiten, wenn einer von beiden von Ankern träumt.

STEUERRUDER
Das *Steuerruder* symbolisiert schöne Auslandsreisen und neue Freunde.

Ein *gebrochenes Ruder* sagt Enttäuschungen und Krankheit voraus.

DECK
Im Traum an *Deck* eines Schiffs zu sein und einen Sturm heraufziehen zu sehen bedeutet große Katastrophen und unglückliche Verbindungen, die man nicht mehr kontrollieren kann.

Eine ruhige See und klare Sicht weisen dagegen auf freie Fahrt zum Erfolg und bei Liebenden auf vollkommenes Glück hin.

RUDER
Zu *rudern* kündigt Enttäuschungen an, sofern Sie Ihren eigenen Vorteil zugunsten anderer opfern.

Im Traum ein *Ruder zu verlieren* steht für vergebliche Anstrengungen, die eigenen Pläne zu verwirklichen.

Ein *gebrochenes Ruder* verheißt, daß sich die Verwirklichung privater Pläne verzögern wird.

KABINE
Die *Schiffskabine* ist im Traum ein eher unangenehmer Ort. Sie verspricht Unglück, das sich über Ihnen zusammenbraut. Sie werden wahrscheinlich angeklagt und verlieren den Prozeß wegen eines schwachen Zeugen.

Verschiedene Boote

RUDERBOOT
Sitzen Sie mit anderen zusammen in einem *Ruderboot,* dann werden Sie die Gesellschaft froher, lebenslustiger Menschen genießen. Wenn das Boot kentert, wird man bei riskanten Geschäften Geld verlieren.

Wird ein Mann bei einer *Ruderregatta* von anderen geschlagen, verliert er die Gunst der Geliebten an einen Rivalen. Ist er der Sieger, wird er bei Frauen und in anderen Dingen viel Erfolg haben.

KANU
Auf einem ruhigen Fluß mit einem *Kanu* zu paddeln steht für absolutes Selbstvertrauen in die eigenen beruflichen Fähigkeiten.

Mit der Geliebten zu paddeln sagt eine frühe Heirat und Treue voraus.

Fahren Sie in unruhigen Gewässern, werden Sie vor dem Eheglück erst einen widerspenstigen Partner zähmen müssen.

Geschäfte verlaufen nach einem Traum von schlammigen Gewässern enttäuschend.

Sind die Gewässer seicht und ruhig, bedeutet dies, daß Sie jemandem übereilt den Hof machen, was nur ungute Folgen haben wird.

Beim Rudern verheißen seichte, klare und ruhige Gewässer immer angenehme Erfahrungen, die aber von kurzer Dauer sind.

Wasser deutet im Reich der Träume zukünftige Ereignisse an. Wenn man sich angenehme Dinge erhofft, steht klares Wasser für deren Eintreten. Wenn man von unruhigen Gewässern träumt und plötzlich erwacht, gestaltet sich die nahe Zukunft schwierig.

FLOSS
Ein *Floß* prophezeit erfolgversprechende Geschäfte.

Mit einem *Floß auf dem Wasser zu treiben* bedeutet ungewisse Reisen. Ein Ziel zu erreichen verheißt Glück.

Ein Floß, das auseinanderbricht, kündigt an, daß Sie einen Unfall haben werden oder Krankheiten mit bleibenden Schäden durchleiden müssen.

RETTUNGSBOOT
In einem *Rettungsboot* zu sitzen bedeutet, daß man einem drohenden Übel entkommen wird. Ein *sinkendes Rettungsboot* sagt voraus, daß Freunde einem Leid zufügen.

In einem *Rettungsboot allein auf hoher See* zu sein steht für Sorgen, an denen die Freunde einen gewissen Anteil haben. Wird man gerettet, werden Sie ein großes Unheil gut überstehen.

JACHT
Eine *Jacht* verheißt Erholung von geschäftlichen und privaten Problemen. Eine gestrandete Jacht steht für das Mißlingen von Freizeitunternehmungen.

FRACHTER
Sieht man einen *Frachter* einlaufen, wartet eine schöne Abwechslung auf einen. Ein auslaufender Frachter ist ein Zeichen für Verluste oder Enttäuschungen.

Land in Sicht!

EIN SICHERER HAFEN

LEUCHTTURM
In einem Sturm den **Leuchtturm** zu sehen bedeutet Schwierigkeiten und Kummer, die aber schnell Glück und Wohlstand weichen.

Ein Leuchtturm bei ruhiger See steht für Freuden der gemächlichen Art und geistreiche Freunde.

DOCKS
Auf den **Docks** entlangzugehen heißt, daß man bald eine gefährliche Reise antritt, bei der Unfälle drohen. Geht man allein auf den Docks bei einbrechender Dunkelheit, wird man gefährliche Feinde treffen. Strahlt allerdings die Sonne, wird man einer drohenden Gefahr entgehen.

KAI
Von einem **Kai** zu träumen zeigt an, daß man über eine längere Reise nachdenken wird.

Liegen Schiffe am Kai vor Anker, sagt dies die Erfüllung von Wünschen und Plänen voraus.

FÄHRE
Warten Sie an einer Anlegestelle mit schmutzigem Wasser auf die **Fähre,** werden Sie hohe Ziele aufgrund unvorhergesehener Umstände nicht erreichen können.

In ruhigem, klarem Wasser mit der Fähre **überzusetzen** steht für viel Glück beim Ausführen von Plänen, die auch Gewinn bringen werden.

SEEHAFEN
Ein Seehafen prophezeit Gelegenheiten zu Bildung und Reisen. Allerdings werden einige Menschen Einwände gegen Ihre Pläne haben.

Luftfahrt

FLUGZEUG
Sehen Sie ein **Flugzeug,** das in den Wolken verschwindet, so werden Sie aus einer unglücklichen oder einengenden Lage entkommen.

Ein Flugzeug in der Luft sagt voraus, daß Sie bald eine Reise unternehmen werden.

Mit einem **Flugzeug zu fliegen** steht für gute Ergebnisse bei Ihren zukünftigen Unternehmungen.

Ein Traum von einem **Flugzeugabsturz** bedeutet, daß sich komplizierte, schwierige Pläne nicht auszahlen werden.

FALLSCHIRM
Ein zu Boden schwebender **Fallschirm** verkörpert den Wunsch, sich aus einer privaten oder beruflichen Situation zu befreien.

Mit einem **Fallschirm abzuspringen** weist auf große private Veränderungen hin. Sie werden bald eine ungewollte Beziehung beenden.

Wenn sich der **Fallschirm nicht öffnet,** bedeutet das großen seelischen Schmerz und tiefe Trauer.

HUBSCHRAUBER
Ein über Ihnen kreisender **Hubschrauber** kündigt baldigen Besuch an. Ein scheinbar bedrohlicher oder gefährlicher Hubschrauber sagt voraus, daß der Besucher eine Gefahr darstellt.

Bei einem seltsamen **Geräusch** der Rotorblätter werden Sie bald auf eine kurze Reise gehen.

FLUGZEUG

Raumfahrt

RAKETE
Eine **Rakete** bedeutet, daß Sie zur Zeit mit Ihrer Beziehung unzufrieden sind. Sie sind rastlos und brauchen eine Veränderung oder eine neue Beziehung.

Sehen Sie sich selbst als Mitglied der **Raketenbesatzung,** werden Sie Ihre Probleme meistern.

Ein **Raketenstart** verheißt, daß Ihre Frustrationen wegen privater Probleme bald beendet sein werden.

Eine in den Himmel **aufsteigende Rakete** sagt eine plötzliche, unerwartete Beförderung sowie Glück in der Liebe und Ehe voraus.

Bei zu Boden stürzenden Raketen stehen unglückliche Verbindungen ins Haus.

WELTRAUM
Durch den **Weltraum** zu reisen bedeutet, daß Sie sich bald aus einer Zwangssituation befreien werden. Sie werden einen neuen Sinn von Unabhängigkeit und Freiheit erfahren.

AUSSERIRDISCHE
Treffen Sie mit **Außerirdischen** zusammen, dann werden Sie scheinbar merkwürdige Leute kennenlernen. Nach anfänglichen Bedenken werden Sie aber einen positiven Einfluß dieser Menschen auf Ihr Leben feststellen.

Medien und Botschaften

Medien und Botschaften

Träume von einem Nachrichtenmedium oder einer Botschaft scheinen eine besondere Kraft zu besitzen. In diesem Abschnitt geht es um Kommunikation durch Zeichen, gesprochene und geschriebene Sprache, Bücher, Zeitungen, Post, elektronische Signale und optische Geräte, die uns beim Sehen unterstützen.

Zahlen

NACH ZAHLEN FISCHEN

ZAHLEN
Von **Zahlen** zu träumen steht für unerledigte geschäftliche Dinge, die Unzufriedenheit und Kopfzerbrechen verursachen.

Mehrstellige Zahlen bedeuten große mentale Probleme und Fehler. Aus einem wichtigen Geschäft werden Sie als Verlierer hervorgehen, wenn Sie bei Verhandlungen und Gesprächen nicht vorsichtig sind. ◎

EINE GEOMETRISCHE LANDSCHAFT

Boote *gegenüber oben* und **Flugzeuge** *gegenüber rechts* sind häufig die Transportmittel der Träume. Zeichen, Symbole und Zahlen *oben* und Kreise *rechts* haben im Traum eine verborgene Bedeutung.

Zeichen, Formen und Symbole

GEHEIMSCHRIFT
Geheimschrift zu lesen spricht für ein besonderes Interesse an Literaturwissenschaft. Durch deren Studium wird man ein Experte für die Sitten und Gebräuche des Altertums. ◎

HIEROGLYPHEN
Sieht man **Hieroglyphen,** wird man durch wankelmütige Entscheidungen in einer wichtigen Sache eventuell großen Kummer oder finanzielle Verluste erleiden. Hieroglyphen lesen zu können bedeutet sicheren Erfolg bei der Bekämpfung eines Übels. ◎

KREIS
Ein **Kreis** verheißt die Überbewertung geschäftlicher Gewinnaussichten.

Eine junge Frau, die einen Kreis sieht, sollte sich nicht indiskret verhalten, wenn sie heiraten will. ◎

KREUZ
Ein **Kreuz** steht für zukünftige Probleme. Bringen Sie Ihre Angelegenheiten rechtzeitig in Ordnung.

Einen Menschen das **Kreuz tragen** zu sehen prophezeit, daß man Sie für Spenden zu Wohltätigkeitszwecken auffordern wird. ◎

FORM
Ein **verformter Gegenstand** sagt Enttäuschungen voraus. Eine **schöne Form** steht für gute Gesundheit und günstige Geschäfte. ◎

SEITE
Wenn man ein Objekt nur **seitlich** sehen kann, wird jemand Ihre ehrlichen Vorschläge gleichgültig behandeln.

Wenn Ihre Seite im Traum schmerzt, werden Sie Probleme haben, die Ihre Geduld schwer belasten. Eine gesunde Seite bedeutet dagegen Erfolg in der Liebe und im Beruf. ◎

ECKE
Ein ungünstiges Zeichen ist die **Ecke,** wenn man sich aus Angst in einer Ecke verkriecht.

Sehen Sie andere Menschen beim Gespräch in einer Ecke, dann wollen Feinde Sie zerstören. Ein Freund wird sich möglicherweise als Verräter erweisen. ◎

DREIECK
Ein **Dreieck** steht für eine Trennung von Freunden. Liebesbeziehungen werden im Streit enden. ◎

KEIL
Von einem **Keil** zu träumen heißt, daß Sie bei geschäftlichen Plänen Probleme haben werden, was schließlich zu familiären Trennungen oder Entfremdungen von Geliebten oder Freunden führt. ◎

ZAHLEN *siehe* ZÄHLEN, ADDITION *Seite* 180 ◆ KREUZ *siehe* KRUZIFIX, KREUZIGUNG *Seite* 279 ◆
FORM *siehe* SCHÖNHEIT, HÄSSLICHKEIT *Seite* 100 ◆ SEITE *siehe* SCHMERZEN *Seite* 107 ◆
ECKE *siehe* ÄNGSTIGUNG *Seite* 253, SPRECHEN *Seite* 230, GERÜCHT *Seite* 231

Deutliche Signale

FLAGGE

Träumen Sie von der *Flagge* Ihres Landes, so steht dies in Kriegszeiten für Sieg und im Frieden für Wohlstand.

Bei einer Frau verheißt die Flagge eine Liebesbeziehung mit einem Soldaten.

Fahnen anderer Länder sagen drohende Vertrauensbrüche zwischen Freunden oder Nationen voraus.

Flaggensignale bedeuten, daß Sie auf Ihre Gesundheit und Ihren guten Namen achten sollten. Beides ist in Gefahr.

EIN SIGNAL FÜR DEN SEEMANN

LEUCHTFEUER

Sieht ein Seemann ein *Leuchtfeuer,* kündigt das eine erfolgreiche Reise bei ruhiger See an.

Bei jemandem, der an etwas leidet, steht dieses Zeichen für eine neue, warmherzige Beziehung.

Bei einem Kranken bedeutet das Leuchtfeuer eine schnelle Genesung, gute Gesundheit und Erfolg im Beruf.

Sieht man das Leuchtfeuer im Sturm ausgehen, wird sich das Schicksal gegen Sie wenden, obwohl Sie im Moment beste Aussichten haben.

Leuchtfeuer oben geben einem oft Zeichen; manchmal hört man im Traum auch die Stimmen berühmter Redner wie Martin Luther King *rechts* oder lauscht einfach Geschichten, Fabeln und Märchen *gegenüber.*

Klartext reden

SPRECHEN

Im Traum zu sprechen bedeutet, daß man bald von der Erkrankung eines Verwandten erfahren wird. Berufliche Probleme stehen an.

Hört man jemanden laut sprechen, wird man beschuldigt, sich in die Affären anderer einzumischen. Wenn Sie glauben, daß über Sie gesprochen wird, droht Ihnen eine Krankheit und die Mißgunst anderer.

REDNER

Im Banne eines brillanten Redners *zu sein* verheißt, daß Sie Schmeicheleien zuviel Beachtung schenken, da Sie sich überreden lassen, Unbekannten zu helfen.

Verliebt sich eine junge Frau im Traum in einen Redner, wird sie sich in der Liebe von Äußerlichkeiten beeindrucken lassen.

BEREDSAMKEIT

Glauben Sie, gut mit Sprache umgehen zu können, *erwarten Sie* positive Nachrichten von jemandem, für den Sie arbeiten.

Wenn Sie andere mit Ihrer Beredsamkeit *nicht beeindrucken können,* sagt dies viel Unordnung in Ihrem Leben voraus.

OHNE ZUSAMMENHANG

Fehlende Zusammenhänge bedeuten im Traum gewöhnlich extreme Nervosität und Aufregung bei Veränderungen.

STREIT

Ein Streit *wegen einer Kleinigkeit* sagt schlechte gesundheitliche Verfassung und Unfairneß gegenüber anderen voraus.

Sich mit gebildeten Leuten zu streiten steht für gewisse Fähigkeiten, die man aber nur schwerfällig entwickelt.

FLUCHEN

Im Traum zu fluchen prophezeit unangenehme berufliche Hindernisse. Ein verlobter Mann wird Gründe haben, die Treue seiner Verlobten anzuzweifeln.

Flucht man in Anwesenheit von Familienmitgliedern, droht ernster Streit, der durch illoyales Verhalten bedingt ist.

SCHIMPFWORT

Schimpfworte *zu benutzen* warnt Sie vor Wutausbrüchen, die zu Streit mit engen Freunden führen können.

Hört man andere Schimpfwörter ausstoßen, bedeutet dies, daß Feinde einen des Betrugs bezichtigen.

MARTIN LUTHER KING

Medien und Botschaften

DAS MÄRCHEN VOM ROTKÄPPCHEN

Skandal

SKANDAL
Gegenstand eines **Skandals** zu sein liegt darin begründet, daß Sie bei der Auswahl Ihrer Freunde nicht besonders geschickt sind, sondern eher oberflächliche Bekanntschaften suchen. Berufliche Dinge jeder Art werden nach diesem Traum schlecht verlaufen.

Eine junge Frau, die sich mit einem **Skandal beschäftigt,** wird jemandem ihre Gunst erweisen, der sie in dem Glauben läßt, gute Absichten zu haben. Eine schnelle Heirat folgt nur selten nach diesem Traum.

Lehrreiche Geschichten

FABEL
Das Lesen oder Erzählen von **Fabeln** steht für angenehme Aufgaben und ein neues Interesse an Literatur. Bei jungen Leuten bedeutet dies romantische Gefühle.

Gleichnisse zu hören oder zu erzählen ist ein Zeichen für große Frömmigkeit.

ANEKDOTE
Eine **Anekdote** zu erzählen verheißt, daß Sie sich lieber mit lustigen Freunden umgeben, als intellektuelle Gespräche zu führen. Ihr Leben wird wie Sie selbst wechselhaft sein.

Hört eine junge Frau eine Anekdote, steht das für eine Neigung zu lustbetontem Leben.

PARABEL
Eine **Parabel** bedeutet Unentschlossenheit, was den besten Weg aus einer schwierigen beruflichen Situation betrifft. Bei Verliebten oder einer jungen Frau prophezeit die Parabel Mißverständnisse und Untreue.

Klatsch und Tratsch

GERÜCHT
Zeigt man im Traum Interesse an **Gerüchten,** wird man wegen zu großen Vertrauens in oberflächliche Freundschaften einige erniedrigende Niederlagen einstecken müssen.

Ist man selbst die **Zielscheibe von Gerüchten,** wird man eine angenehme Überraschung erleben.

HETZE
Wenn andere **Hetze** über Sie verbreiten, ist dies ein Zeichen, daß Sie die Unwissenheit anderer ausnutzen.

Wenn Sie über **jemanden hetzen,** bedeutet dies, daß Sie wegen des eigenen Egoismus Freunde verlieren werden.

VERLEUMDUNG
Die **Verleumdung** Ihrer Person steht im Traum dafür, daß bösartige Gerüchte Ihren Interessen schaden werden.

Bei einer jungen Frau verheißt dies dagegen, daß ihr Verhalten sehr kritisch von angeblichen Freunden beäugt wird.

Fremdsprachen

LATEIN
Diese Sprache im Traum zu lernen steht für Erfolg und Souveränität bei Ihren Versuchen, Ihre Meinung in wichtigen Dingen des öffentlichen Lebens durchzusetzen.

GRIECHISCH
Griechisch zu lesen bedeutet, daß Ihre Ideen nach eingehender Diskussion akzeptiert und dann umgesetzt werden. Können Sie kein Griechisch lesen, so erscheinen Ihnen technische Hindernisse auf Ihrem Weg.

ENGLISCH
Wenn Sie als Ausländer im Traum **Engländer** treffen, werden Sie unter den egoistischen Plänen anderer zu leiden haben.

DOLMETSCHER
Von einem **Dolmetscher** zu träumen verrät, daß Ihre Unternehmungen Mißerfolg zeitigen werden.

FABEL *siehe* LESEN *Seite 233,* RELIGION *Seite 277* ◆ PARABEL *siehe* CHRISTUS *Seite 279* ◆ GERÜCHT *siehe* SPRECHEN *Seite 230* ◆
GRIECHISCH *siehe* LESEN *Seite 233*

Schreiben

SCHREIBEN
Zu **schreiben** sagt voraus, daß Sie einen Fehler machen werden, der Sie fast ins Verderben führt.

Sehen Sie eine Schrift, dann wird man Ihnen wegen fahrlässigen Verhaltens Vorwürfe machen. Ein Prozeß kann peinlich für Sie werden.

Versucht man im Traum, eine **seltsame Schrift** zu lesen, wird man Feinden nur entkommen, wenn man sich nicht auf neues Glatteis begibt. ◎

INSCHRIFT
Eine **Inschrift** bedeutet, daß man in Kürze eine unangenehme Nachricht erhalten wird. Eine Inschrift auf Gräbern kündigt eine schwere Krankheit an. Verfaßt man selbst eine Inschrift, wird man einen geschätzten Freund verlieren. ◎

Papier oder Pergament

PAPIER ODER PERGAMENT
Beschäftigt man sich mit **Papier oder Pergament,** drohen Verluste. Diese können mit einem Gerichtsprozeß verbunden sein. Bei einer jungen Frau steht Papier oder Pergament für Streit mit ihrem Geliebten; außerdem fürchtet sie die Meinung von Bekannten. Sind Sie verheiratet, müssen Sie sich vor Meinungsverschiedenheiten innerhalb der Familie hüten. ◎

DAS »BOOK OF KELLS«, EINE IRISCHE BIBELAUSGABE AUS DEM 7. JH.

Füller und Tinte

FÜLLER
Ein **Füller** zeigt an, daß Ihre Vorliebe für Abenteuer Sie ins Unglück führen wird. Schreibt der Füller nicht, werden Sie eines schweren Vergehens gegen die allgemeine Moral angeklagt. ◎

BLEISTIFT
Bleistifte stehen normalerweise für angenehme Tätigkeiten. Schreibt eine junge Frau mit einem Bleistift, wird sie eine glückliche Ehe führen. Das Ausradieren von Wörtern allerdings sagt Enttäuschung in der Liebe voraus. ◎

FÜLLER

KUGELSCHREIBER
Einen **Kugelschreiber** zu benutzen bedeutet, daß man bald einen Brief an einen guten alten Freund schreiben wird, den man sehr lange nicht gesehen hat. ◎

TINTE
Sieht man von **Tinte** verschmutzte Kleidung, wird man viele kleine Gemeinheiten und Neid über sich ergehen lassen müssen.

Eine junge Frau, die im Traum Tinte sieht, wird die Schmähungen einer Rivalin erleiden müssen.

Tinte an den Fingern bedeutet, daß man aus Eifersucht jemanden verletzen wird, wenn man sich nicht auf seinen guten Charakter besinnt. Rote Tinte verkörpert ernsthafte Probleme.

Tinte herzustellen verheißt, daß man sich mit niederen Arbeiten abgeben muß und sich in fragwürdige Gesellschaft begibt.

Tintenflaschen prophezeien einem Feinde und Fehlschläge. ◎

TINTENFASS
Leere **Tintenfässer** bedeuten, daß man einer Verleumdung wegen eines angeblichen Fehlverhaltens gerade noch entgeht.

Gefüllte Tintenfässer führen zu Verleumdungen, wenn Sie nicht sehr vorsichtig sind. ◎

FEDERKIEL
Federkiele signalisieren an Literatur interessierten Menschen eine Phase des Erfolgs. Federkiele als Zierstücke bedeuten gute Geschäfte.

Eine junge Frau, die im Traum eine Feder an ihren Hut steckt, wird viele Eroberungen wagen. Ihr Erfolg hängt von ihrem Charme ab. ◎

Kalligraphie

HANDSCHRIFT
Die eigene **Handschrift** zu sehen und zu erkennen sagt voraus, daß bösartige Feinde Ihre Äußerungen bei dem Versuch, eine von allen begehrte Position zu erlangen, gegen Sie verwenden werden. ◎

KUPFERSTICH
Kupferstiche im Traum warnen vor Uneinigkeit und Zwietracht in der Familie. ◎

Kommunikation kann im Traum das Schreiben mit einem Füller *oben,* das Studium alter Texte *links* und das Lesen *gegenüber oben* oder Stöbern in Bibliotheken oder Buchläden *gegenüber* bedeuten.

Medien und Botschaften

Das geschriebene Wort

Bücher

TEXT

Hört man im Traum einen Priester einen *Text* vorlesen, wird Streit zur Trennung von einem Freund führen.

Über einen Text zu debattieren bedeutet, daß Abenteuer nicht gut ausgehen werden.

Wenn man versucht, sich an einen Text zu erinnern, wird man auf unerwartete Schwierigkeiten stoßen.

Über einem Text zu brüten zeigt an, daß man für die Erfüllung seiner Wünsche große Hindernisse überwinden muß. ◉

AUTOR

Träumt ein *Autor,* daß sein Manuskript von einem Verleger abgelehnt wird, bedeutet das zunächst Zweifel an seiner Arbeit, aber dann die Anerkennung als gelungenes Werk.

Einen Autor bei der Arbeit an seinem Text zu beobachten heißt, daß Sie sich viele Gedanken entweder über ihr eigenes oder das literarische Werk einer anderen Person machen. ◉

MANUSKRIPT

Ein unvollendetes *Manuskript* steht für Enttäuschungen. Ein deutlich geschriebenes, vollendetes Manuskript heißt, daß sich große Hoffnungen erfüllen werden.

An einem *Manuskript zu arbeiten* bedeutet, daß man um etwas sehr bangt; wenn Sie unscharfe Formulierungen vermeiden, werden Sie bei Ihren Plänen Erfolg haben.

Wird das Manuskript von den Verlagen abgelehnt, kündigt das eine erfolglose Phase in Ihrem Leben an. Ihre Wünsche werden aber später Wirklichkeit.

Das Manuskript zu verlieren steht für kommende Enttäuschungen. ◉

LESEN

LESEN

Im Traum zu *lesen* sagt Ihnen großen Erfolg bei einer schwierig erscheinenden Aufgabe voraus.

Andere beim Lesen zu beobachten bedeutet, daß Ihre Freunde gebildet und wohlhabend sein werden.

Eine *Lesung* zu halten oder über Literatur zu diskutieren heißt, daß Sie Ihr literarisches Talent pflegen werden.

Zusammenhangloses Lesen irgendwelcher Texte steht für Sorgen und Enttäuschungen. ◉

BÜCHER

Lesen Sie im Traum *Bücher,* erwarten Sie angenehme Tätigkeiten, Ehre und Reichtum.

Sieht ein Autor, daß seine Bücher gedruckt werden, wird er Schwierigkeiten haben, sie zu veröffentlichen.

Viel Zeit und Mühe für die Lösung komplizierter Themen und die tiefere Bedeutung großer Werke zu investieren ist ein Zeichen für wohlverdiente Ehrungen.

Kinder beim Bücherlesen zu beobachten steht für Harmonie und guterzogene Kinder.

Von *alten Büchern* zu träumen warnt vor bösen Dingen aller Art. ◉

BIBLIOTHEK

Eine *Bibliothek* signalisiert wachsende Unzufriedenheit mit Ihrer Umgebung und Ihren Freunden. Sie werden Bücher und das Studium alter Gebräuche bevorzugen.

Sind Sie selbst in einer Bibliothek zu anderen Zwecken als dem Studium, heißt das, daß Sie Ihre Umgebung mit Ihrem Interesse an Literatur täuschen und statt dessen zweifelhaften Tätigkeiten nachgehen werden. ◉

BUCHLADEN

Einen *Buchladen* zu betreten bedeutet, daß Sie literarische Ambitionen haben, die sich aber nicht mit Ihrer Arbeit in Einklang bringen lassen. ◉

BÜCHERSCHRANK

Sehen Sie im Traum einen *Bücherschrank,* so erhalten Sie die Möglichkeit, Ihr Wissen im Beruf und im Privatleben einzusetzen.

Leere Bücherschränke zeigen magere Aufträge aufgrund fehlender Mittel oder Möglichkeiten an. ◉

EIN BUCHLADEN

TEXT *siehe* PASTOR Seite 280, STREIT Seite 230 ◆ AUTOR *siehe* VERLEGER Seite 234, SORGEN Seite 253 ◆
MANUSKRIPT *siehe* FERTIGSTELLUNG Seite 194, VERLEGER Seite 234, FEUER Seite 80 ◆ LESEN *siehe* UNDEUTLICHKEIT Seite 275,
OHNE ZUSAMMENHANG Seite 230 ◆ BÜCHER *siehe* VERSTECKEN Seite 270, KINDER Seite 128, ENZYKLOPÄDIE,
WÖRTERBUCH Seite 180 ◆ BUCHLADEN *siehe* LADEN Seite 203 ◆ BÜCHERSCHRANK *siehe* SCHRANK, REGALE Seite 211

Verlagswesen

DRUCKER
Ein *Drucker* warnt Sie vor Armut, sollten Sie Sparsamkeit und Fleiß vernachlässigen.

Sieht eine Frau ihren Geliebten oder Partner als Drucker, wird sie ihre Eltern mit der Auswahl des zukünftigen Mannes enttäuschen.

DRUCKEREI
Sich in einer *Druckerei* zu befinden zeigt an, daß einem Schimpf und Schande drohen.

Eine Druckerei zu *betreiben* sagt Pech voraus.

Wenn der Geliebte einer jungen Frau in einer Druckerei tätig ist, wird sie einen wenig freigiebigen Partner bekommen, der auch kaum Freizeit mit ihr verbringen kann. Sie ist nicht sensibel genug, um zu verstehen, warum er so geizig ist.

WINKELHAKEN
Ein *Winkelhaken* bedeutet, daß sich ernsthafte Probleme auftun, die schwierig zu lösen sein werden.

VERLEGER
Sehen Sie einen *Verleger,* so sagt dies lange Reisen und literarische Ambitionen voraus.

Glaubt eine Frau, daß ihr *Ehemann ein Verleger* ist, wird sie auf seine weiblichen Bekannten eifersüchtig sein und ihm heftige Szenen machen.

Wenn ein Verleger *Ihr Manuskript ablehnt,* werden Sie Enttäuschungen wegen sich nicht erfüllender Hoffnungen erleiden. Akzeptiert der Verleger das Manuskript, werden sich Ihre Pläne wie erwartet entwickeln. Verliert er das Manuskript, werden Fremde Ihnen Böses zufügen.

....

Traumbotschaften können durch Zeitungen *oben* oder eine Druckerei *rechts* übermittelt werden. Ein Briefträger *gegenüber oben* oder ein Brief *gegenüber unten* mögen eine Rolle spielen.

Nachrichten

NACHRICHTEN
Gute *Nachrichten* zu empfangen verheißt Glück und harmonische Freundschaften. Das Gegenteil ist der Fall, wenn die empfangenen Nachrichten schlecht sind.

ZEITUNG
Von *Zeitungen* zu träumen bedeutet, daß Ihre geschäftlichen Betrügereien aufgedeckt werden. Dies wird sich negativ auf Ihren Ruf auswirken.

Druckt man selbst eine Zeitung, wird man Gelegenheiten zu Auslandsreisen haben und neue Freunde kennenlernen.

Versucht man vergeblich, eine Zeitung zu *lesen,* wird man bei ungewissen Unternehmungen Mißerfolg haben.

ZEITUNGSREPORTER
Wenn man ungebetenen Besuch von *Reportern* bekommt, deutet das auf Ärger aufgrund von Gerüchten und Streit auf niedrigem Niveau hin.

Sind Sie *selbst Zeitungsreporter,* werden Ihnen verschiedene Reisen angeboten. Obwohl daraus unangenehme Situationen entstehen, winken Ehre und Gewinn.

Werbung

ANZEIGE
Schaltet man im Traum eine *Anzeige,* wird man in Zukunft wieder körperlich arbeiten müssen, um voranzukommen.

Anzeigen zu lesen sagt Feinde voraus, die einen Vorsprung ergattern und Sie besiegen werden.

HANDZETTEL
Das Verteilen von *Handzetteln* unter den Leuten ist ein Zeichen für Anschuldigungen und mögliche Gerichtsprozesse. Träumt man davon, *Handzettel zu drucken,* wird man ungünstige Neuigkeiten erfahren.

ZEITUNGSJUNGE

IN DER DRUCKEREI

Medien und Botschaften

Briefträger und Post

EIN BRIEFTRÄGER

NACHRICHT

Eine **Nachricht** zu bekommen bedeutet, daß eine berufliche oder private Veränderung eintreten wird.

Eine Nachricht **abzusenden** bringt unangenehme Situationen. ◎

BRIEFTRÄGER

Wenn in den Träumen der **Briefträger** die Post bringt, werden Sie bald unangenehme und unwillkommene Nachrichten erhalten.

Hat er keine Post für Sie und geht vorbei, bedeutet das Enttäuschungen und traurige Ereignisse.

Wenn Sie dem Briefträger Post mitgeben, werden Eifersucht oder Neid Ihnen Schaden zufügen.

Ein **Gespräch mit dem Briefträger** sagt die Verwicklung in einen Skandal voraus. ◎

AMERIKANISCHER BRIEFKASTEN

Ein **amerikanischer Briefkasten** aus Blech weist auf illegale Geschäfte hin.

Einen Brief dort einzuwerfen heißt, daß man für eine Ungenauigkeit oder einen Fehler zur Rechenschaft gezogen wird. ◎

Pakete verschicken

PAKET

Erhalten Sie ein **Paket** mit der Post, so werden Sie sich über die Rückkehr eines Freundes oder ein schönes Geschenk freuen.

Ein **Paket zu tragen** kündigt eine unangenehme Aufgabe an.

Ein **Paket** auf dem Weg zur Post **fallenzulassen** bedeutet, daß eine bestimmte Sache fehlschlagen wird. ◎

ETIKETT

Ein **Etikett** verheißt Ihnen, daß Sie einem Feind Einblick in Ihr Privatleben gewähren und wegen dieser Nachlässigkeit Nachteile erdulden werden. ◎

BRIEFMARKEN

Briefmarken bedeuten eine Belohnung für systematisches Arbeiten.

Versucht man im Traum, bereits **gestempelte Marken** wieder zu benutzen, ist der gute Ruf bald dahin.

Briefmarken **zu erhalten** steht für raschen Aufstieg und Anerkennung.

Eingerissene Briefmarken signalisieren Hindernisse auf Ihrem Weg. ◎

POSTAMT

Ein **Postamt** steht generell für unangenehme Veränderungen und Pech. ◎

EINEN BRIEF EINWERFEN

BRIEFTRÄGER *siehe* BRIEF *Seite 236,* SPRECHEN *Seite 230* ◆ AMERIKANISCHER BRIEFKASTEN *siehe* BRIEF *Seite 236*

Briefe

BRIEF

Briefe repräsentieren fast immer Probleme. Ein **Einschreiben** zum Beispiel sagt voraus, daß alte Verbindungen oder Beziehungen wegen Differenzen in Geldfragen zerstört werden.

Bei einer jungen Frau steht ein Einschreiben für ein Angebot, das aber entweder rechtlich oder moralisch fragwürdig ist. Ein Einschreiben kann auch eine Gemeinheit anzeigen, die ihr zu schaffen macht.

Wenn Sie verliebt sind, verheißt das Einschreiben eine Vorahnung von Beziehungsproblemen. Die Geliebte wird auf Ihre Geschenke keinen Wert mehr legen.

Ein **anonymer Brief** bedeutet, daß Sie aus einer unerwarteten Richtung angefeindet werden. Schreiben Sie einen solchen Brief, dann sind Sie auf einen Rivalen eifersüchtig, den Sie mächtiger als sich selbst einschätzen.

Glaubt man, Briefe mit schlechten Neuigkeiten **zu bekommen,** führt dies zu Schwierigkeiten oder Erkrankungen. Briefe mit guten Neuigkeiten sagen voraus, daß Sie für viele Dinge dankbar sein werden. Ein liebevoller Brief auf grünem oder buntem Papier bedeutet berufliche oder private Kränkungen. Verzagtheit wird Sie überkommen. Blaue Tinte verkörpert Kontinuität, die Zuneigung anderer und Glück. Rote Farben in einem Brief sagen Entfremdung aufgrund von Argwohn und Eifersucht voraus, aber dies können Sie durch geschicktes Agieren gegen die andere Seite vermeiden.

Träumt eine junge Frau, daß sie einen **Brief von ihrem Liebsten** bekommt und sie ihn ans Herz drückt, wird sie ein Auge auf einen anderen hübschen Mann werfen. Ehrlichkeit wird dabei mit Eifersucht bestraft.

Wenn Sie einen Brief im Traum **nicht lesen können,** werden Sie geschäftliche Verluste erleiden oder private Probleme bekommen.

Wird ein Brief von jemandem **abgefangen,** arbeiten Feinde daran, Sie zu verleumden.

Einen Brief vor den Augen der Geliebten oder der Ehefrau zu **verstecken** bedeutet, daß Sie sich mit fragwürdigen Dingen beschäftigen.

Ein **Brief mit Trauerrand** steht für Leid und den Tod eines Verwandten.

Ein Brief mit weißer Tinte auf schwarzem Papier steht für Trauer und Enttäuschungen. Das Einschreiten von Freunden wird den Schmerz etwas lindern. Geht dieser Brief von einem Ehepartner an den anderen, werden sich die beiden in großem Streit trennen. Liebende sollten sich vor Streit und Selbstmorddrohungen in acht nehmen. Geschäftsleute sollten sich vor Neid hüten.

Einen **Brief zu schreiben** verheißt übereilte Verurteilungen, die man später bedauern wird.

Ein **zerrissener Brief** bedeutet, daß der eigene Ruf wegen grober Fehler ruiniert werden kann.

Ein **persönlich übergebener Brief** signalisiert, daß Sie Ihren Freunden oder der Geliebten gegenüber nicht großzügig genug sind und bei Geschäften unehrlich vorgehen.

Träumt man wiederholt davon, einen Brief von einem Freund zu bekommen, wird dieser bald eintreffen oder sich melden.

UMSCHLAG

Ein **Umschlag** ist ein Zeichen für ein trauriges Ereignis.

POSTKARTE

Erhalten Sie eine **Postkarte,** erfahren Sie bald viele negative Neuigkeiten.

EIN BRIEF

Medien und Botschaften

Telekommunikation

PIEPER
Hören Sie einen **Pieper**, folgt bald eine Krise.

Einen **Pieper zu benutzen** bedeutet, daß eine Person aus Ihrem Umfeld für Sie zu einer Belastung wird, da sie ständige Aufmerksamkeit und Fürsorge braucht. ◎

KABEL
Ein **Kabel** weist darauf hin, daß Sie eine äußerst gefährliche Arbeit aufnehmen werden. Bei erfolgreicher Durchführung werden Sie reich belohnt und geehrt werden.

Eine **Nachricht per Kabel** zu erhalten heißt, daß Sie bald wichtige Neuigkeiten erfahren, die Sie aber negativ kommentieren werden. ◎

TELEGRAMM
Ein **Telegramm** deutet darauf hin, daß bald negative Veränderungen auf Sie zukommen. Ein Freund wird wahrscheinlich für Sie wichtige Fakten falsch darstellen.

Ein **Telegramm zu senden** ist ein Zeichen dafür, daß Sie sich von jemandem in Ihrer Nähe entfremden werden. Geschäfte können enttäuschend verlaufen.

Wenn man selbst am Ticker sitzt und das Telegramm sendet, werden die schlechten Nachrichten nur andere betreffen.

Ein **Telegrafenamt** zu sehen oder sich darin zu befinden steht für unglückliche private oder berufliche Ereignisse. ◎

FAXGERÄT
Erhalten Sie ein Fax, sind ungünstige Neuigkeiten, die den Beruf betreffen, nicht fern. Ein **Fax zu senden** verheißt, daß ein Geschäftspartner Sie enttäuschen wird. ◎

TELEFON
Von einem **Telefon** zu träumen bedeutet, daß man Leute kennenlernen wird, von denen man belästigt und terrorisiert wird.

Optische Geräte

LUPE
Schauen Sie durch eine **Lupe**, werden Sie eine Arbeit nicht zufriedenstellend abschließen. Wenn eine Frau glaubt, eine Lupe zu besitzen, wird sie die Aufmerksamkeit von bestimmten Menschen auf sich ziehen, die sie später aber ignorieren werden. ❋

MIKROSKOP
Ein **Mikroskop** sagt das Mißlingen geschäftlicher Aktivitäten oder kleine Gewinne voraus. ❋

FERNGLAS
Ferngläser zu benutzen bedeutet, daß unangenehme Freundschaften Sie belasten. Verwendet man Ferngläser zum Spionieren, wird man bei zukünftigen Unternehmungen skrupellos vorgehen. ❋

TELESKOP
Von einem **Teleskop** zu träumen sagt schwierige Zeiten in der Liebe und in familiären Dingen voraus. Die Geschäfte gehen wechselhaft und sind unsicher.

Betrachten Sie Planeten und Sterne durch das Teleskop, werden Sie sehr schöne Reisen unternehmen, die später aber finanzielle Verluste verursachen werden.

Ein defektes oder unbenutztes Teleskop bedeutet, daß einige Dinge schiefgehen und Probleme anstehen. ❋

FERNROHR
Durch ein **Fernrohr** zu schauen steht für Veränderungen, die sich als nachteilig für Sie herausstellen werden. Ein defektes oder zerlegtes Fernrohr sagt schmerzhafte Meinungsverschiedenheiten und den Verlust von Freunden voraus. ❋

OBSERVATORIUM
Träumen Sie davon, den Himmel und schöne Landschaften von einem **Observatorium** aus zu beobachten, erfolgt bald eine Beförderung auf eine bedeutende, verantwortungsvolle Position.

Bei einer jungen Frau steht das Observatorium für das Wahrwerden der schönsten irdischen Freuden und Genüsse.

Ein bewölkter Himmel bedeutet, daß man seine höchsten Ziele nicht erreichen wird. ❋

Wenn eine Frau telefoniert, wird sie viel Eifersucht auf sich ziehen, aber letztlich alle schlechten Einflüsse abwehren. Wenn sie den Gesprächspartner am anderen Ende der Leitung nicht hören kann, stehen Verleumdung und der Verlust des Geliebten bevor. ◎

MOBILTELEFON
Ein **Mobiltelefon** zu benutzen verheißt, daß ein Problem, das zu einer Bürde geworden ist, bald gelöst wird. Sie werden Ihr Leben bald besser in den Griff bekommen, besonders in beruflicher Hinsicht. ◎

ANTENNE
Eine **Antenne** steht für Ungewißheit oder Neugierde in Beziehungsdingen. Eine **Antenne herauszuziehen** bedeutet, daß man bald Antworten auf Fragen erhält, die eine bestimmte Person betreffen, der man mißtrauisch gegenübersteht. ◎

....

Briefe *gegenüber* sind besonders eindrucksvolle Traumbilder. Sie können viele verschiedene Bedeutungen beinhalten.

PIEPER siehe **NACHRICHT** Seite 235, **GERÄUSCH** Seite 276 ◆ **KABEL, TELEGRAMM, FAXGERÄT** siehe **NACHRICHT** Seite 235 ◆
TELEFON siehe **SPRECHEN** Seite 230 ◆ **FERNGLAS** siehe **SPION** Seite 271 ◆ **TELESKOP** siehe **STERNE, PLANETEN** Seite 84,
ZERBRECHEN Seite 265 ◆ **FERNGLAS** siehe **SPION** Seite 271, **ZERBRECHEN** Seite 265 ◆ **OBSERVATORIUM** siehe **HIMMEL,**
FIRMAMENT Seite 84, **WOLKEN** Seite 74

10 000 Träume

Wohlstand und Armut

Märchenhafter Wohlstand ist ebenso häufig ein Element unserer nächtlichen Träume wie unserer Tagträume. Dieser Abschnitt deckt alle Aspekte des Wohlstands ab: von Prunk, Erbschaft, Präsenten, bis hin zu Träumen über das Geldverdienen. Auch Steuern und Eigentum sowie die finsteren Seiten der Träume wie Mittellosigkeit, Armut und Not werden behandelt.

Reichtümer

VERMÖGEN
Ein großes *Vermögen* zu besitzen bedeutet, daß Sie stets alles dafür geben, um die Probleme im Leben mit der notwendigen Kraft zu bewältigen, die der Erfolg verlangt.

Sind andere vermögend, werden Sie Freunde haben, die Ihnen in gefährlichen Zeiten beistehen.

Verkehrt eine junge Frau im Traum mit *vermögenden Leuten*, hat sie hohe Ansprüche. Sie wird eine Person für sich gewinnen können, die diesen Ansprüchen gerecht wird.

WOHLSTAND
Sind Sie *wohlhabend*, werden Sie glückliche Unternehmungen durchführen und Verbindungen zu wohlhabenden Personen pflegen. Träumen junge Frauen von *märchenhaftem Wohlstand*, werden sie sich trügerischen Vergnügen hingeben. Sie sollten sich ihrer Pflichten gegenüber Freunden und Eltern bewußt werden. Träume dieser Art raten dazu an, größere Liebe zum häuslichen Leben zu entwickeln.

GROSSER REICHTUM
Besitzen Sie im Traum *große Reichtümer*, werden Sie Göttin Fortuna nichts vorzuwerfen haben. Sie werden auf ihre weitere Gunst nicht angewiesen sein. Doch wird Ihr häusliches Leben vielleicht unter dem Druck, dem Sie es durch Ihre Untreue aussetzen, zusammenbrechen.

Prunk und Überfluß

PRUNK
Lebt eine junge Frau in märchenhaftem *Prunk*, wird sie betrogen und für eine gewisse Zeit in Luxus und Überfluß leben. Doch wird sie später feststellen, daß ihr in Wahrheit Scham und Armut zuteil wurden. Genießen junge Frauen alle möglichen Dinge und ufern diese Träume in märchenhaften Visionen von Luxus aus, wird das Erwachen enttäuschend sein. Denn es handelt sich um Warnungen, da der Sinn für die Realität durch maßlose Phantasie verdrängt wird. Ein solcher Zustand sollte durch Energie und Realitätsnähe überwunden werden. Keine junge Frau sollte ihren Geist mit müßigen Tagträumen

PRUNKVOLLES LEBEN

füllen, sondern mit Energie danach streben, ehrenhafte Ideale und Gedanken vorwärtszutreiben. Nur so wird sie vielversprechende Träume im Schlaf haben.

LUXUS
Sind Sie im Traum von *Luxus* umgeben, verheißt dies großen Wohlstand. Doch werden Verschwendung und Selbstliebe Ihr Einkommen spürbar schmälern.

Träumt eine mittellose Frau, sie genieße großen Luxus, kündigt sich eine baldige Veränderung ihrer Lebensverhältnisse an.

GLANZ
Leben Sie in *Glanz*, werden Sie einen höheren Lebensstandard erreichen und eines Tages in besseren Verhältnissen leben.

Sieht man andere so leben, wird aus dem Anteil, den andere an Ihrem Wohlergehen nehmen, Vergnügen erwachsen.

REICHTÜMER
Verfügen Sie über *Reichtümer*, werden Sie für Ihren unermüdlichen Einsatz und die Sorgfalt, die Sie in Ihren Angelegenheiten walten lassen, mit einer hohen Stellung belohnt.

SCHÄTZE
Finden Sie *Schätze*, wird Ihnen unerwartete Großzügigkeit zu Wohlstand verhelfen.

Verlieren Sie Schätze, wird Ihnen Unglück im Geschäft und Wankelmut Ihrer Freunde vorausgesagt.

WOHLSTAND siehe ENTZÜCKEN Seite 256, ELFE Seite 273 ◆ PRUNK siehe ELFE Seite 273, ENTZÜCKEN Seite 256, PALAST Seite 189

Spekulationen

DIVIDENDE
Träumen Sie von **Dividenden**, werden erfolgreiche Spekulationen wahrscheinlicher.

Erhalten Sie erhoffte Dividenden nicht, werden Sie in Liebesangelegenheiten versagen. ◉

GEWINN

GEWINNE
Gewinne verheißen unmittelbar bevorstehenden Erfolg. ◉

Geld

GELD
Finden Sie Geld, verheißt dies kleine Sorgen, doch großes Glück. Veränderungen werden folgen.

Geld auszuzahlen bedeutet Unglück; erhalten Sie Gold, erwarten Sie Reichtum und ungetrübtes Vergnügen.

Geld zu verlieren besagt, daß Sie unglückliche Stunden verleben werden. Ihre Angelegenheiten sehen finster aus.

GELD

Zählen Sie Ihr Geld und stellen ein Defizit fest, werden anstehende Zahlungen Ihnen Sorge bereiten.

Stehlen Sie im Traum *Geld*, sind Sie in Gefahr und sollten mit mehr Bedacht handeln.

Wenn Sie *Geld sparen*, wird sich Ihr Wohlstand vergrößern.

Verschlucken Sie Geld, werden Sie wahrscheinlich geldgierig.

Schauen Sie auf eine *Geldmenge*, sind Reichtum und Glück in Ihrer Reichweite.

Finden Sie ein **Bündel Geld** und gibt eine junge Frau vor, es sei ihres, werden Sie in einer Angelegenheit Verluste erleiden, da eine Freundin sich einmischt. Sie werden erkennen, daß Sie Ihr **Geld unüberlegt ausgeben** und über Ihre Verhältnisse leben. Dieser Traum warnt zur Vorsicht, damit Sie durch Ihre einfältigen Launen Ihr gesamtes Geld nicht vor dem Zahltag ausgegeben haben. ◉

FALSCHGELD
Erscheint Ihnen *Falschgeld*, werden Sie mit einer ruppigen und unwürdigen Person Streit haben.

Diese Träume verheißen immer Schlechtes, gleich, ob Sie Falschgeld erhalten oder in Umlauf bringen. ◉

PFENNIG
Pfennige signalisieren unzufriedenstellendes Streben. Das Geschäft wird leiden, und Freunde und Partner werden sich über Ihre geringe Zuneigung beklagen.

Pfennige zu verlieren verheißt geringen Respekt und Fehlschläge.

Finden Sie Pfennige, werden sich Ihre Aussichten zu Ihren Gunsten verbessern.

Pfennige zu zählen sagt voraus, daß Sie geschäftstüchtig sind. ◉

Eigentum

HYPOTHEK
Nehmen Sie im Traum eine **Hypothek** auf, werden Sie von finanziellen Krisen verängstigt.

Halten Sie gegen andere Hypotheken, werden Sie über genügend Mittel verfügen, um Ihren finanziellen Verpflichtungen nachzukommen.

Lesen oder **überprüfen Sie Hypotheken**, prophezeit Ihnen dies großartige Möglichkeiten in der Liebe oder einen Gewinn.

Verlieren Sie einen Hypothekenbrief, kündigen sich Verlust und Sorgen an. ◉

ÜBERTRAGUNGSURKUNDE
Sehen oder unterzeichnen Sie **Übertragungsurkunden**, muß ein Prozeß gewonnen werden. Sie sollten Ratschläge mit Bedacht auswählen, da Sie wahrscheinlich der Verlierer sein werden. ◉

EIGENTUM
Sind Sie im Traum Besitzer eines großen *Eigentums*, werden Sie in Ihren Angelegenheiten erfolgreich sein und Freundschaften knüpfen. ◉

BESITZTUM
Träumen Sie, Sie werden Eigentümer von großen *Besitztümern*, werden Sie eines Tages eine Erbschaft machen, die jedoch keineswegs Ihren Erwartungen entspricht.

Einer jungen Frau sagt der Traum eine enttäuschende Erbschaft voraus. Sie wird sehr schlicht leben müssen, da ihre Erbschaft aus einem armen Mann und vielen Kindern besteht. ◉

ÜBERTRAGUNGSURKUNDEN ÜBERPRÜFEN

Träume von unermeßlichem Prunk *gegenüber* können Ihnen beim Erwachen Enttäuschung bereiten. Träume von Münzen *Mitte*, Gewinn *ganz oben* und Eigentum *oben* sollten Sie zu materiellem Erfolg im richtigen Leben anspornen.

DIVIDENDE siehe **FEHLSCHLAG** Seite 258 ◆ **HYPOTHEK** siehe **LESEN** Seite 233 ◆ **GELD** siehe **ZÄHLEN** Seite 180, **STEHLEN** Seite 246 ◆ **FALSCHGELD** siehe **BETRUG** Seite 204 ◆ **PFENNIG** siehe **MÜNZEN** Seite 242

Geschenke und Präsente

GESCHENK

GESCHENK
Erhalten Sie im Traum **Geschenke**, werden Sie in Ihren Zahlungen nicht zurückliegen und ungewöhnlich viel Glück in Spekulationen und Liebesangelegenheiten haben.

Schicken Sie ein Geschenk, wird man Ihnen mit Feindseligkeit begegnen. Ihre Bemühungen werden von Pech verfolgt sein.

Sieht eine junge Frau im Traum, daß ihr Geliebter ihr große Geschenke schickt, stellt ihr dies eine begüterte und glückliche Heirat in Aussicht.

PRÄSENT
Erhalten Sie im Traum **Präsente**, werden Sie ungewöhnlich viel Glück haben.

GABE
Erbringen oder überreichen Sie eine **Gabe**, werden Sie unterwürfig und ein Heuchler sein, es sei denn, Sie entwickeln ein größeres Pflichtbewußtsein als bisher.

Testament und Erbschaft

TESTAMENT
Machen Sie im Traum Ihr **Testament**, ist dies bezeichnend für bedeutsame Versuche und Spekulationen.

Einer Ehefrau oder jedem, der denkt, ein Testament sei gegen ihn gerichtet, verheißt der Traum Streitigkeiten und Verwirrungen bei einem bevorstehenden Ereignis.

Gelingt es Ihnen nicht, **ein Testament beglaubigen** zu **lassen**, könnten Sie verleumdet werden.

Verlieren Sie es, ist dies schlecht für Ihr Geschäft.

Zerstören Sie ein Testament, warnt Sie dies davor, sich an Betrug und Schwindel zu beteiligen.

ERBSCHAFT
Erhalten Sie eine **Erbschaft**, werden Sie Ihre Wünsche ganz einfach verwirklichen können.

NACHLASS
Diesem Traum folgen tröstliche Vergnügen, die Sie genießen können. Das Wohlergehen der Kinder ist sichergestellt.

ERBE
Werden Sie als **Erbe** von Kostbarkeiten eingesetzt, laufen Sie Gefahr, Ihre Besitztümer zu verlieren. Sie werden vor bevorstehender Verantwortung gewarnt. Diesem Traum können angenehme Überraschungen folgen.

DER RECHTMÄSSIGE ERBE

Zukünftiges Geld

TREUHANDGESELLSCHAFT
Treuhandgesellschaften verheißen mittelmäßigen Erfolg im Handel.

Sind Sie im Traum Mitglied einer Treuhandgesellschaft, werden Sie mit Plänen in der Art einer Spekulation Erfolg haben.

RENTE
Beziehen Sie eine **Rente**, werden Ihnen Freunde bei Ihrer Arbeit helfen.

Wird Ihr Antrag auf Rente abgelehnt, werden Sie in einem Unternehmen erfolglos sein und den Verlust einer Freundschaft erleiden.

VERSICHERUNGSVERTRETER
Sehen Sie **Versicherungsvertreter**, werden Sie bald einen Fremden treffen, der zu Ihren Geschäftsinteressen beiträgt. Ein solcher Traum besagt auch, daß eine Veränderung in Ihrem häuslichen Leben ansteht.

Erscheinen Ihnen die Versicherungsvertreter verzerrt oder unnatürlich, verheißt dies eher Negatives als Positives.

Träume von Wohlstand und Sorglosigkeit können Geschenke *ganz oben*, **Erbschaften** *oben*, Reichtum oder einfach nur Anerkennungen in Form eines hart erarbeiteten Einkommens *gegenüber* einschließen.

Das Geld in Ihrer Tasche

GELDBEUTEL
Sehen Sie **Geldbeutel**, wird es in Ihrem Ermessen liegen, ob Sie Pflichten angenehmer Natur übernehmen. Ein alter oder schmutziger Geldbeutel verheißt unzufriedenstellende Ergebnisse Ihrer Arbeit.

BRIEFTASCHE
Finden Sie eine gefüllte **Brieftasche**, werden Sie fast immer Ihre Wünsche verwirklichen können. Ist die Brieftasche leer, werden Sie in einer großen Hoffnung enttäuscht werden.

Verlieren Sie Ihre Brieftasche, werden Sie mit Ihrem besten Freund eine Meinungsverschiedenheit haben.

Arten des Entgelts

EINKOMMEN
Erhalten Sie im Traum Ihr **Einkommen**, könnten Sie jemanden betrügen und Ihre Familie und Freunde in Schwierigkeiten bringen.

Wird einem Familienmitglied ein Einkommen überschrieben, sagt dies Erfolg voraus.

Verliert eine Frau **ihr Einkommen**, kündigen sich Enttäuschungen in ihrem Leben an.

Glauben Sie, **Ihr Einkommen reiche nicht aus**, steht Streit mit Verwandten und Freunden bevor.

Bleibt ein Teil Ihres Einkommens übrig, werden Sie sehr erfolgreich sein. Doch ist es möglich, daß Sie mehr erwarten, als Sie bekommen.

LOHN
Den **Lohn** zu erhalten verheißt Leuten, die sich an neuen Unternehmen beteiligen, unerwartetes Glück.

Zahlen Sie Löhne aus, werden Sie durch Unzufriedenheit niedergeschlagen sein.

Wird Ihr Lohn gekürzt, warnt Sie dies vor bösartigen Plänen.

Eine **Lohnerhöhung** prophezeit Gewinn in allen Unternehmen.

GELDBÖRSE
Ist Ihre **Geldbörse** mit Diamanten und neuen Rechnungen gefüllt, werden Sie Bekanntschaften machen, in denen das Losungswort »Wohlsein« ist. Harmonie und zärtliche Liebe werden die Erde zu einem wunderschönen Ort machen.

KREDITKARTE
Erhalten Sie eine **Kreditkarte**, wird Ihr Vermögen eine grundlegende Veränderung erfahren.

Neue Einkommensquellen werden sich eröffnen, oder eine Erbschaft könnte Ihre finanzielle Lage erheblich verbessern.

GÖTTIN FORTUNA

STEUERN
Zahlen Sie im Traum Ihre **Steuern**, können Sie schlechte Einflüsse, die Sie umgeben, abwehren.

Wenn andere sie zahlen, werden Sie gezwungen sein, Ihre Freunde um Hilfe zu bitten.

Können Sie die Steuern nicht zahlen, werden Sie in Wagnissen erfolglos sein.

Leihen und Verleihen

WUCHERER
Sind Sie im Traum ein **Wucherer**, werden Sie von Ihren Kollegen kaltherzig behandelt. Ihr Geschäft wird zu Ihrer Bestürzung den Berg hinuntergehen.

Sind andere Wucherer, **werden Sie einem früheren Freund wegen Betrugs den Rücken zuwenden.**

LEIHEN
Leihen ist ein Zeichen für Verlust und dürftige Unterstützung. Leiht ein Bankier Geld von einer anderen Bank, wird ein Alleingang ihn niederschlagen, es sei denn, er beherzigt diese Warnung.

Wenn eine Person Geld von Ihnen leiht, **wird Ihnen in Zeiten der Not Hilfe gewährt oder angeboten. Wahre Freunde werden Sie unterstützen.**

VERLEIHEN
Geld zu verleihen **verheißt Schwierigkeiten beim Bezahlen von Schulden und negativen Einfluß im privaten Bereich.**

Verleihen Sie anderen Dinge, werden Sie durch Großzügigkeit verarmen.

Weigern Sie sich, Dinge zu verleihen, **werden Sie Ihren Interessen mit Wachsamkeit begegnen und von Ihren Freunden respektiert.**

Bieten sich andere an, Ihnen Dinge oder Geld zu leihen, verheißt dies Wohlstand und enge Freundschaften.

BANKIERS

Bankiers

BANK
Freie Kassierer bedeuten Geschäftsverluste. *Goldmünzen* auszugeben verheißt Nachlässigkeit; sie zu erhalten bedeutet große Gewinne.

Sehen Sie *Silber und Banknoten*, wird Ihre Ehre und Ihr Wohlstand wachsen. Überall wird Ihnen höchster Respekt entgegengebracht. ◉

BANKROTT
Dieser Traum verheißt einen teilweisen Zusammenbruch Ihres Geschäfts. Sie sollten von Spekulationen lieber absehen. ◉

Geldwirtschaft

BARGELD
Haben Sie Unmengen von *Bargeld*, das jedoch geliehen ist, wird man Sie für einen ehrenwerten Mann halten. Diejenigen, die mit Ihnen in engen Kontakt kommen, werden jedoch feststellen, daß Sie geldgierig und gefühllos sind.

Gibt eine junge Frau *geliehenes Geld* aus, wird man herausfinden, auf welche Art sie betrügt. Auf diese Weise wird sie einen wertvollen Freund verlieren. ◉

KASSIERER
Sehen Sie einen *Kassierer*, werden andere Anspruch auf Ihren Besitz erheben. Schulden Sie einem Kassierer Geld, werden Sie in Ihren Plänen eine wohlhabende Person betrügen. ◉

TRESOR
Erscheint Ihnen ein *Tresor*, bedeutet dies Sicherheit vor entmutigenden Angelegenheiten im Geschäft und in der Liebe.

Versuchen Sie, *einen Tresor* zu *öffnen*, werden Sie sich sorgen, da Ihre Pläne nicht schnell genug ausreifen.

Ein *leerer Tresor* prophezeit Schwierigkeiten. ◉

GELDKASSETTE
Träumen Sie von einer vollen *Geldkassette*, werden sich Ihnen günstige Aussichten eröffnen. Ist sie leer, werden Sie nur dürftigen Ersatz erhalten. ◉

GELDKASSE
Geld und Wertsachen in einer *Geldkasse* symbolisieren Erfolg. Ihre Liebesangelegenheiten werden günstig verlaufen. Eine leere verheißt enttäuschte Erwartungen. ◉

DIE KASSE

Zahlungsmittel

SCHECK
Drehen Sie im Traum Ihrem Freund gefälschte *Schecks* an, werden Sie auf Täuschung zurückgreifen, um Ihre Pläne voranzutreiben.

Erhalten Sie Schecks, werden Sie Ihre Rechnungen zahlen können und Geld erben.

Geben Sie Schecks aus, werden Sie Rückschläge und Verluste im Geschäft erleiden. ◉

MÜNZEN
Sehen Sie Gold, werden Wohlstand und Vergnügen durch Besichtigungen und Kreuzfahrten vorausgesagt.

Von silbernen *Münzen* zu träumen ist negativ. Meinungsverschiedenheiten werden in den besten Familien auftreten.

Erhält ein Mädchen von ihrem Liebsten eine *Silbermünze*, wird sie von ihm verlassen.

Kupfermünzen symbolisieren Verzweiflung und körperliche Belastungen. *Nickelmünzen* verheißen Ihnen primitivste Arbeit.

Wenn Silbermünzen Ihr Lieblingsgeld ist und die Münzen glänzen oder Ihnen gehören, ist dies vielversprechend für Sie. ◉

Münzgeld kann in Ihren Träumen dominieren und Bankiers bei der Arbeit *oben links* oder eine Geldkasse voller Geld *oben* zeigen. Im Gegensatz dazu können Sie auch düstere Träume haben: Menschen in großer Not leiden quälenden Hunger *gegenüber links*, größte Armut bringt trostlose Verzweiflung *gegenüber rechts*.

Wohlstand und Armut

Armut ist in Träumen genauso besorgniserregend wie im richtigen Leben. Diese Träume sind eine Warnung, daß etwas in Ihrem Leben größter Aufmerksamkeit bedarf. Dieser Abschnitt beinhaltet den Abstieg in die Armut durch Bedürftigkeit, Not und Schulden sowie das Armenhaus, Bettelei und Landstreicherei.

Die Armutsfalle

ENTERBUNG
Werden Sie im Traum *enterbt*, sollten Sie auf Ihr Geschäft und Ihren gesellschaftlichen Stand aufpassen.

Glaubt ein junger Mann, er würde sein Erbe durch Ungehorsam verlieren, kann er sich von seinen Eltern Vorteile erhoffen, indem er eine angemessene Ehe eingeht.

Einer jungen Frau rät dies, sich bedachtsam zu verhalten, damit sie kein Unglück erleidet.

ARMUT
Sind Sie oder einer Ihrer Freunde *arm*, stehen große Sorgen und Verluste bevor.

ARMENHAUS
Sehen Sie im Traum ein *Armenhaus*, werden Sie untreue Freunde haben, die sich nur für Sie interessieren, wenn sie sich Ihres Geldes und Besitzes bedienen können.

GEIZKRAGEN
Träumen Sie von einem *Geizkragen*, werden Sie das wahre Glück durch Ihre Selbstsüchtigkeit nicht finden. In der Liebe werden Sie zutiefst enttäuscht.

Ist eine Frau *mit einem Geizkragen befreundet*, wird sie Liebe und Wohlstand durch ihre Intelligenz und ihr taktvolles Benehmen erlangen.

Sind Sie selbst *geizig*, werden Sie anderen gegenüber durch Ihr eingebildetes Auftreten unangenehm auffallen.

Sind Ihre Freunde geizig, werden Sie durch die unverschämten Bitten anderer verärgert sein.

Bedürftigkeit und Not

KNAPPHEIT
Knappheit verheißt Kummer im Haushalt und fehlschlagende Angelegenheiten.

BEDÜRFTIGKEIT
Sind Sie *bedürftig*, haben Sie unglücklicherweise die Realitäten des Lebens ignoriert und eine Torheit begangen, die Ihnen viel Kummer beschert.

Finden Sie sich mit dieser Situation ab, werden Sie das schreckliche Unglück heldenhaft ertragen. Bald werden sich die Wolken der Not wieder verziehen.

Können Sie der *Bedürftigkeit entkommen*, werden Sie für Ihre Freundlichkeit geschätzt, doch werden Sie keinen Gefallen an Wohltaten finden.

NOT
Sind Sie im Traum in *Not*, werden Sie unbedacht spekulieren. Unerfreuliche Nachrichten von weit entfernten Freunden werden Sie niederschlagen.

Sieht man *andere in Not*, werden unglückliche Ereignisse Sie und andere betreffen.

VERZWEIFELTE NOT

DIE HOFFNUNGSLOSIGKEIT DER ARMUT

Schulden und Schande

SCHULDEN
Schulden verheißen eher Schlechtes und sagen Sorgen im Geschäft und in der Liebe voraus. Wenn Sie genügend Mittel haben, werden Ihre Angelegenheiten eine positive Wendung erfahren.

MAHNUNG
Erhalten Sie eine *Mahnung*, sollten Sie alles, was zur Vernachlässigung Ihres Geschäftes beiträgt, vermeiden.

GERICHTSVOLLZIEHER
Ein *Gerichtsvollzieher* symbolisiert Ihr Streben nach einer höheren Stellung und einen Mangel an Intellekt.

Kommt der Gerichtsvollzieher, um Sie zu verhaften oder gar mit Ihnen zu flirten, versuchen hinterhältige Freunde, an Ihr Geld zu kommen.

ENTERBUNG siehe TESTAMENT, ERBSCHAFT, NACHLASS Seite 240 ◆ ARMUT siehe ALMOSENEMPFÄNGER, BETTELMÖNCH, BETTLER Seite 244 ◆ GEIZKRAGEN siehe FREUND Seite 124 ◆ NOT siehe BARMHERZIGKEIT Seite 252 ◆ GERICHTSVOLLZIEHER siehe VERHAFTUNG Seite 247

EIN JUNGER BETTLER

Bettler

ALMOSENEMPFÄNGER
Sind Sie ein *Almosenempfänger*, stehen Ihnen bald unerfreuliche Ereignisse bevor.

Sehen Sie Almosenempfänger, wird man an Ihre Großzügigkeit appellieren. ◎

ALMOSEN
Almosen verheißen Schlechtes, wenn sie widerwillig gegeben oder genommen werden. Andernfalls verheißt der Traum Positives. ◎

BETTLER
Sehen Sie einen alten, klapprigen *Bettler*, ist dies ein Zeichen für schlechte Planung.

Wenn Sie nicht sparsam sind, werden Sie einen Großteil Ihres Besitzes verlieren. Skandalöse Berichte werden Ihren Ruhm schädigen.

Gibt man einem Bettler etwas, signalisiert dies Unzufriedenheit.

Weigern Sie sich, einem Bettler etwas zu geben, ist dies insgesamt ein negatives Omen. ◎

BETTELMÖNCH
Träumt eine junge Frau von *Bettelmönchen*, wird sie für ihre Verbesserungspläne Widerspruch ernten. ◎

LANDSTREICHER
Sind Sie im Traum ein *Landstreicher*, verheißt dies Armut. Sehen Sie Landstreicher, werden ansteckende Krankheiten Ihre Gemeinde heimsuchen.

Geben Sie einem Landstreicher etwas, wird Ihre Großzügigkeit gutgeheißen. ◎

OBDACHLOSER
Ein *Obdachloser* im Traum weist auf persönliche Schwierigkeiten und Unglück im Geschäft hin. ◎

....

Der traurige Anblick eines Bettlers in Ihren Träumen *oben* **ist kein gutes Zeichen. Der Arm des Gesetzes in Aktion** *gegenüber* **ist in Träumen genauso eindrucksvoll wie im Gerichtssaal.**

Forderungen und Verpflichtungen

GELDSTRAFE
Werden Ihnen *Geldstrafen* auferlegt, müssen Sie ärgerliche und leidige Pflichten übernehmen.

Eine Geldstrafe zu zahlen verheißt Krankheit und finanziellen Verlust. Entgehen Sie der Zahlung, werden Sie in einem Wettbewerb siegen. ◎

VERPFLICHTUNG
Verpflichten Sie sich im Traum in irgendeiner Sache, bereiten Ihnen die gedankenlosen Beschwerden anderer Kummer.

Verpflichten sich andere Ihnen gegenüber, werden Bekannte und Freunde Sie achten. ◎

LÖSEGELD
Wird für Sie ein *Lösegeld* verlangt, werden Sie spüren, daß Sie von allen Seiten betrogen werden. Einer jungen Frau verheißt dies Schlechtes, es sei denn, jemand zahlt das Lösegeld und befreit sie. ◎

FORDERUNG
Wird von Ihnen Barmherzigkeit *gefordert*, werden Sie in bedrängnisvolle Situationen kommen. Ist die Forderung unberechtigt, werden Sie in Ihrem Beruf eine Führungsposition einnehmen.

Gebietet Ihnen eine geliebte Person genau das Gegenteil, symbolisiert dies Nachsichtigkeit. ◎

Verbrechen und Bestrafung

Verbrechen und Bestrafung

Die Träume in diesem Abschnitt sind Vorboten von Niedertracht im Beruf und Betrug in der Liebe. Er umfaßt Dramen im Gerichtssaal, die gesamte Palette des Gesetzes in Aktion, das Polizeiverhör, Verbrechen, die Arten der Strafen, Haft im Gefängnis, Verbannung und Hinrichtung sowie die Aussicht auf Freiheit durch Freispruch und Begnadigung.

Juristische Angelegenheiten

RECHT UND PROZESS
Führen Sie im Traum einen *Prozeß*, warnt Sie dies vor Feinden, die die öffentliche Meinung gegen Sie aufhetzen wollen.

Wenn Sie wissen, daß der Prozeß Ihrerseits unehrlich ist, wollen Sie rechtmäßige Eigentümer Ihres Besitzes berauben, um selbst voranzukommen.

Studiert ein junger Mann *Recht*, wird er in jedem Beruf sehr rasch aufsteigen.

Führt eine Frau *einen Prozeß*, wird sie verschmäht und hat unter ihren Freunden Feinde.

RECHTSANWALT
Hat eine junge Frau in irgendeiner Weise mit einem *Rechtsanwalt* zu tun, wird sie unwissentlich taktlos handeln und somit zum Opfer von negativer und beschämender Kritik werden.

GERECHTIGKEIT
Fordern Sie von einer Person *Gerechtigkeit*, werden Sie durch die falschen Aussagen übelgesinnter Personen in Bedrängnis kommen.

Verlangt jemand gleiches von Ihnen, werden Ihr Verhalten und Ruf angegriffen. Es wird äußerst zweifelhaft sein, daß Sie die Anklagen zufriedenstellend widerlegen können.

Vor dem Richter

SCHIEDSMANN
Träumen Sie von einem *Schiedsmann*, werden Sie von Angst vor Verlusten im Geschäft gequält.

RICHTER
Werden Sie dem *Richter* vorgeführt, werden Streitigkeiten durch rechtliche Schritte geschlichtet. Geschäfts- oder Scheidungsfälle können gigantische Ausmaße annehmen.

Wird ein Verfahren zu Ihren Gunsten abgeschlossen, geht der Prozeß erfolgreich aus. Verlieren Sie den Prozeß, sind Sie der Übeltäter. Sie sollten danach streben, Ungerechtigkeiten wiedergutzumachen.

HAMMER
Träumen Sie von einem *Hammer*, wird man Ihnen eine uneinträgliche Aufgabe auferlegen. Benutzen Sie einen, werden Sie gegenüber Ihren Freunden Beflissenheit zeigen.

SICH EINSETZEN
Verteidigen Sie im Traum jemanden, werden Sie Hilfe erhalten, wenn Sie sie am nötigsten haben.

ANWALT
Sehen Sie einen *Anwalt* auf der Anklagebank, werden ernsthafte Streitigkeiten zwischen Parteien entstehen. Feinde schmeicheln sich mit falschen Behauptungen bei Ihnen ein.

Verteidigt Sie ein Anwalt, werden Ihnen Freunde in bevorstehenden Schwierigkeiten zur Seite stehen, doch werden sie Ihnen größere Sorgen bereiten als Ihre Feinde.

NOTAR
Träumen Sie von einem *Notar*, ist dies ein Vorzeichen für unerfüllte Wünsche und Prozesse.

Ist eine Frau mit einem Notar befreundet, wird sie ihren Ruf leichtsinnig aufs Spiel setzen.

GESCHWORENE
Sind Sie ein *Geschworener*, sind Sie mit Ihrer Anstellung unzufrieden. Sie werden eine besser bezahlte Stellung suchen.

Werden Sie durch Geschworene von einer Anklage freigesprochen, wird Ihr Geschäft erfolgreich sein. Werden Sie jedoch verurteilt, werden Feinde Sie überwältigen und Sie maßlos schikanieren.

RICHTERBANK

RECHT *siehe* GELEHRTHEIT *Seite* 179 ◆ GERECHTIGKEIT, RICHTER *siehe* TAG DES JÜNGSTEN GERICHTS *Seite* 278

Verbrechen und Opfer

STRAFTÄTER

Haben Sie Umgang mit einer Person, die ein **Verbrechen** begangen hat, werden Sie von skrupellosen Personen belästigt. Diese werden versuchen, Ihre Freundschaft für ihr eigenes Vorankommen zu mißbrauchen.

Sehen Sie einen **Straftäter** vor der Justiz fliehen, werden Sie Geheimnisse über andere erfahren und deshalb in Gefahr kommen. Denn diese fürchten, daß Sie sie betrügen, und möchten Sie folglich beseitigen.

OPFER

Fallen Sie einem bösen Plan zum **Opfer**, werden Sie von Ihren Feinden niedergeschlagen und übermannt. Auch Ihre Familienbeziehungen werden strapaziert.

Machen Sie andere zum Opfer, werden Sie mit unehrenhaften Mitteln Reichtum zusammentragen und zur Sorge Ihrer Gefährten illegale Verbindungen bevorzugen.

KÖRPERVERLETZUNG

STEHLEN

Träumen Sie vom **Stehlen** oder sehen Sie andere beim Stehlen, verheißt dies Unglück und den Verlust des Charakters.

Werden Sie des **Diebstahls bezichtigt**, mißversteht man Sie in einer Angelegenheit. Doch schließlich werden Sie herausfinden, daß Ihnen dies Vorteile bringt.

Beschuldigen Sie andere, werden Sie eine Person mit vorschneller Rücksichtslosigkeit behandeln.

DIEB

Sind Sie ein **Dieb** und werden von Polizisten verfolgt, erleben Sie Rückschläge im Geschäft. Ihre gesellschaftlichen Verbindungen werden unangenehm sein.

Verfolgen oder **stellen Sie einen Dieb**, werden Sie Ihre Feinde überwinden.

EINBRECHER

Werden Sie im Traum **überfallen**, haben Sie mit gefährlichen Feinden zu kämpfen. Diese werden Sie zerstören, wenn Sie in Ihren Geschäften mit Fremden nicht Vorsicht walten lassen.

Wurde in Ihr Haus **eingebrochen**, wird Ihre gute Stellung in Geschäft und Gesellschaft angegriffen. Doch Ihr Mut, diese Schwierigkeiten anzugehen, wird Sie verteidigen. Mißgeschicke können nachlässigen Personen widerfahren.

TASCHENDIEB

Träumen Sie von **Taschendieben**, wird es einem Feind gelingen, Sie zu belästigen und Ihnen Schaden zuzufügen.

Vergewaltigung und Plünderung

VERGEWALTIGUNG

Wird einer Frau im Traum eine Tasche gestohlen, wird sie Opfer von Neid und Boshaftigkeit eines Mitmenschen. Sie wird den Respekt eines Freundes durch diese Machenschaften verlieren, es sei denn, sie verläßt sich auf ihr eigenes Gefühl. **Stiehlt sie anderen die Tasche**, wird sie durch ihr grobes Verhalten bei einem Gefährten in Mißgunst fallen.

TRÄNENGAS

Verwenden Sie zum Schutz gegen Angriffe von Straßenräubern oder Dieben **Tränengas**, droht Ihnen eine Gefahr, die jedoch vermieden werden kann, wenn Sie sich darauf vorbereiten.

VERGEWALTIGUNG

Wurde in Ihrem Freundeskreis eine **Vergewaltigung** begangen, werden Sie über das Unglück einiger Ihrer Freunde schockiert sein.

Träumt eine junge Frau, sie sei das **Opfer einer Vergewaltigung** geworden, werden Schwierigkeiten ihren Stolz verletzen, und ihr Geliebter wird sich von ihr entfremden.

....

Ihre Träume können Sie in die kriminelle Unterwelt führen. Sie können träumen, daß Sie das Opfer oder der Übeltäter von Verbrechen sind, wie *Vergewaltigung* oben oder *Körperverletzung* links.

Verbrechen und Bestrafung

Polizei und Haft

HAFTBEFEHL
Wird im Traum gegen Sie ein **Haftbefehl** erlassen, werden Sie eine wichtige Arbeit ausführen, die Ihnen großes Unbehagen beschert.

Wird ein Haftbefehl gegen eine andere Person erlassen, besteht die Gefahr, daß Ihre Pläne in fatalen Streitigkeiten enden. Wahrscheinlich werden Sie zu Recht über die Schamlosigkeit einiger Freunde entrüstet sein.

VERHAFTUNG
Werden im Traum anständig aussehende Fremde **verhaftet**, wird Ihr Wunsch, Veränderungen herbeizuführen, von der Angst zu versagen vereitelt. Wenn diese den Beamten Widerstand leisten, werden Sie das neue Unternehmen vollenden.

POLIZEI
Versucht die **Polizei**, Sie für ein Verbrechen zu verhaften, dessen Sie unschuldig sind, werden Sie Rivalen überwinden.

Ist die Verhaftung berechtigt, steht Ihnen Unglück bevor.

Sieht man **Polizisten auf Streife**, verheißt dies alarmierende Schwankungen in Ihren Angelegenheiten.

SHERIFF
Sehen Sie einen **Sheriff**, werden Ihnen anstehende Veränderungen großes Unbehagen bereiten.

Wählt man Sie **zum Sheriff**, werden Sie sich an einem Unternehmen beteiligen, das Ihnen weder Gewinn noch Ehre einbringt.

Können Sie der Haft entkommen, werden Sie sich weiterhin an illegalen Geschäften beteiligen können.

DETEKTIV
Ist Ihnen ein **Detektiv** auf den Fersen, obwohl Sie völlig unschuldig sind, werden Reichtum und Ehre von Tag zu Tag näher rücken. Fühlen Sie sich jedoch schuldig, wird Ihr Ruf auf dem Spiel stehen, und Freunde werden Ihnen den Rücken zukehren.

Gewaltsamer Tod

TOTSCHLAG
Träumt eine Frau, sie sehe oder stehe in irgendeiner Weise in Verbindung mit Totschlag, hat sie große Angst, daß ihr Name mit einem Skandal in Verbindung gebracht wird.

TÖTEN
Tötet **man eine hilflose Person**, kündigen sich Kummer und Versagen in Ihren Angelegenheiten an. Töten Sie einen Menschen in Notwehr oder töten Sie ein wildes Tier, verheißt dies Sieg und Aufstieg in eine bessere Position.

MORD
Sehen Sie, wie ein **Mord begangen** wird, werden die Missetaten anderer Sie sehr besorgen. Angelegenheiten werden schwerfällig verlaufen. Sie werden von gewaltsamen Todesfällen erfahren.

Begehen Sie einen Mord, beteiligen Sie sich an einem schmutzigen Geschäft, das Ihren Namen brandmarkt.

Werden Sie ermordet, arbeiten Feinde im geheimen an Ihrem Niedergang.

TÖTUNG
Begehen Sie im Traum eine **Tötung**, werden Sie durch die Nachlässigkeit anderer große Demütigung und Pein erleiden. Ihr düsteres Umfeld wird nahestehenden Personen unerwartete Sorgen bereiten.

ATTENTÄTER
Sollten Sie im Traum Ziel eines Attentats **werden, können Sie nicht alle Ihre Probleme überwinden**.

Sieht man eine andere Person, über der blutüberströmt ein Attentäter steht, verheißt einem dies Unglück.

Ein Attentäter ist immer eine Warnung, daß Sie durch geheime Feinde einen Verlust erleiden könnten.

GIFT
Werden Sie vergiftet, **sind Sie sehr bald einem negativen Einfluß ausgesetzt**.

Versuchen Sie, andere zu vergiften, werden Sie Ihrer niederträchtigen Gedanken wegen schuldig sein. Die Welt wird sich in Ihren Augen gegen Sie verschworen haben.

Träumt eine junge Frau, daß sie sich mittels Gift einer Rivalin entledigen will, wird sie Probleme haben, ihren Geliebten für sich zu gewinnen.

Werfen Sie Gift weg, **werden Sie allein durch Ihre Anstrengungen unzufriedenstellende Umstände überwinden**.

Hantieren Sie oder andere mit Gift, wird Sie eine unangenehme Atmosphäre umgeben.

Werden Ihre Verwandten oder Kinder vergiftet, müssen Sie Unrecht aus völlig unerwarteter Quelle erfahren.

Wurde ein Feind oder Rivale vergiftet, werden Sie Hindernisse überwinden.

Erholen Sie sich von **einem Giftanschlag**, werden Sie nach großen Sorgen Erfolg haben.

Nehmen Sie unter Aufsicht eines Mediziners Strychnin oder andere giftige Medikamente ein, werden Sie ein gefahrvolles Unternehmen angehen.

SCHERIFF siehe **WAHLEN** Seite 219, **GERICHTSVOLLZIEHER** Seite 243 ◆ **TÖTEN, MORD** siehe **SCHIESSEN, SCHUSS** Seite 263 ◆
ATTENTÄTER siehe **BLUT** Seite 94 ◆ **GIFT** siehe **RIVALE** Seite 125, **KINDER** Seite 128, **FEIND** Seite 260, **ARZNEI** Seite 116,
MEDIZINER Seite 114

Verhör und Folter

KAUTION

Versuchen Sie eine **Kaution** zu erhalten, werden Schwierigkeiten auftauchen. Unvorteilhafte Verbindungen könnten geschlossen werden.

Stellen Sie im Traum **eine Kaution** für eine andere Person, werden in etwa die gleichen Umstände bleiben, auch wenn sie nicht ganz so schlimm sind. ◎

ZEUGE

Treten Sie als **Zeuge** auf, werden Sie aufgrund belangloser Vorfälle große Niedergeschlagenheit erleiden.

Wenn **andere gegen Sie aussagen**, werden Sie gezwungen sein, Freunden Gefallen zu verwehren.

Treten Sie als **Zeuge für eine schuldige Person** auf, werden Sie in eine beschämende Angelegenheit verwickelt. ◎

FRAGEN

Stellen Sie die Verdienste einer Sache **in Frage**, werden Sie eine geliebte Person der Untreue verdächtigen. Sie werden sich um Ihre Spekulationen sorgen.

Stellen Sie eine Frage, werden Sie ernsthaft nach der Wahrheit suchen und dabei erfolgreich sein.

Werden Sie befragt, behandelt man Sie ungerecht. ◎

VERHÖR

Träumen Sie von einem **Verhör**, stehen Ihnen viele Schwierigkeiten und eine große Enttäuschung bevor.

Werden Sie wegen Vorsätzlichkeit zu einem Verhör geladen, können Sie sich nicht gegen böswillige Verleumdungen verteidigen. ◎

LÜGENDETEKTOR

Werden Sie gezwungen, sich an einen **Lügendetektor** anschließen zu lassen, müssen Sie sich bald mit einem Skandal auseinandersetzen. ◎

FOLTERBANK

Eine **Folterbank** bedeutet Ungewißheit über den Ausgang eines Unternehmens. ◎

FOLTER

Werden Sie gefoltert, erleiden Sie durch die üblen Machenschaften falscher Freunde Enttäuschungen und Kummer.

Foltern Sie andere, werden Sie in der Ausführung gut durchdachter Pläne versagen.

Wenn Sie versuchen, die Folter anderer zu lindern, werden Sie in Geschäft und Liebe erfolgreich sein. ◎

Verurteilung

ANKLAGE

Klagen Sie jemanden einer schrecklichen Tat **an**, werden Sie mit Personen, die Ihnen unterstellt sind, Streitigkeiten haben. Ihre Würde wird von einem hohen Podest hinuntergestoßen.

Wenn Sie **angeklagt werden**, wird man Sie beschuldigen, einen Skandal auf heimliche und gemeine Art zu verbreiten. ◎

HÄFTLING

Häftlinge verheißen Katastrophen und traurige Neuigkeiten.

Sind Sie selbst ein Häftling, werden Sie sich wegen einer Angelegenheit sorgen; doch werden Sie alle Fehler aufdecken.

Sieht eine junge Frau ihren Geliebten in einem **Sträflingsanzug**, wird sie Grund haben, die Aufrichtigkeit seiner Liebe in grundlegend in Frage zu stellen. ◎

Die herbeigesehnte Freilassung

STRAFERLASS

Möchten Sie einen Straferlaß **für eine Tat erhalten, die Sie niemals begangen haben**, werden Sie sich mit gutem Grund über Ihre Angelegenheiten sorgen. Doch schließlich wird sich herausstellen, daß dies zu Ihrem Vorankommen beigetragen hat. Sind Sie schuldig, werden Sie in Bedrängnis kommen.

Wird Ihnen ein Straferlaß **gewährt**, werden Sie nach einer Pechsträhne erfolgreich sein. ✻

FREISPRUCH

Werden Sie im Traum von einem Verbrechen **freigesprochen**, dürften Sie bald wertvollen Besitz erhalten. Doch besteht die Gefahr, daß Sie vorher einen Prozeß führen müssen.

Sehen Sie, wie andere freigesprochen **werden**, gestalten Freunde Ihre Arbeit vergnüglicher. ✻

BEGNADIGUNG

Werden Sie im Traum zum Tode verurteilt und erhalten eine Begnadigung, werden Sie beängstigende Probleme überwinden.

Stellt eine junge Frau fest, daß ihr Geliebter begnadigt **wurde**, wird sie bald von einem Glück hören, das ihm zuteil wurde und das für sie von äußerstem Interesse sein wird. ✻

Verbrechen und Bestrafung

Inhaftierung

HINTER GITTERN
Sieht man andere **hinter Gittern**, werden Sie unwürdigen Personen Privilegien einräumen müssen.

Träumt eine junge Frau, daß ihr **Geliebter hinter Gittern sitzt**, wird sie von seinem Charakter enttäuscht sein, da er sich als Betrüger entpuppt. ◎

GEFÄNGNISWÄRTER
Sehen Sie einen **Gefängniswärter**, vereitelt Betrug Ihre Interessen. Bösartige Frauen werden Sie bezaubern.

Versucht eine Horde, ein Gefängnis aufzubrechen, kündigt sich Schreckliches an. Mit verzweifelten Mitteln wird man versuchen, von Ihnen Geld zu erpressen. ◎

GEFÄNGNIS
Sind Sie oder Ihre Freunde im **Gefängnis**, wird Pech in allen Bereichen vorausgesagt.

Erblickt man eine Person, die **aus dem Gefängnis entlassen** wird, werden Sie das Unglück überwinden. ◎

STRAFANSTALT
Erscheint Ihnen eine **Strafanstalt**, werden Sie sich an Unternehmungen beteiligen, die leider für Sie Verlust bedeuten.

Sind Sie Insasse einer Strafanstalt, verheißt dies Unzufriedenheit zu Hause und schlechtes Geschäft.

Fliehen Sie aus einer Strafanstalt, werden Sie schwierige Hindernisse überwinden. ◎

VERLIES
Befinden Sie sich in einem **Verlies**, müssen Sie Kämpfe in den wichtigen Dingen des Lebens ausfechten. Durch bedachtes Handeln jedoch werden Sie Hindernissen entgehen.

Einer Frau verheißt der Traum Schlechtes. Durch ihre Taktlosigkeit wird sie ihre Position verlieren.

Sehen Sie ein **erleuchtetes Verlies**, werden Sie durch Verwicklungen geängstigt, vor denen Sie Ihr Gefühl warnt. ◎

Todesstrafe

HINRICHTUNG
Steht Ihnen eine **Hinrichtung** bevor, werden Sie durch die Nachlässigkeit anderer Unglück erfahren.

Wird Ihre **Hinrichtung** wie durch ein Wunder verhindert, werden Sie Ihre Feinde überwinden und zu Wohlstand gelangen. ◎

GALGEN
Sehen Sie einen Freund am **Galgen**, müssen Dringlichkeiten mit Entschiedenheit gehandhabt werden, da Sie ansonsten in einer großen Katastrophe landen.

Stehen Sie am Galgen, werden Sie unter der Bösartigkeit falscher Freunde leiden.

Erlebt eine Frau, wie ihr Geliebter am Galgen hingerichtet wird, heiratet sie einen skrupellosen und hinterhältigen Mann.

Können Sie jemanden vor dem Galgen retten, verheißt dies wünschenswerte Errungenschaften.

Einen Feind zu hängen bedeutet Sieg in allen Bereichen. ◎

SCHAFOTT
Träumen Sie von einem **Schafott**, werden Sie große Enttäuschungen erfahren, da es Ihnen nicht gelingt, eine geliebte Person für sich zu gewinnen.

Besteigen Sie ein Schafott, werden Sie von Ihren Freunden mißverstanden und für etwas getadelt, was Sie nie getan haben.

Steigen Sie von einem Schafott **herunter**, werden Sie eines Fehlers schuldig sein und dafür die Strafe erhalten.

Fallen Sie von einem Schafott, werden Sie unerwartet dabei überrascht, wie Sie betrügen und anderen Unrecht zufügen. ◎

SCHARFRICHTER

ERHÄNGEN
Erscheint Ihnen eine große Menschenmasse, die einer **Hinrichtung durch den Strang** beiwohnt, werden viele Feinde sich zusammentun, um Ihre Position zu zerstören. ◎

KÖPFEN
Wenn Sie im Traum **geköpft** werden, so wird bald eine Niederlage folgen.

Sieht man, wie **andere geköpft werden**, kündigen sich Tod und Verbannung an, wenn viel Blut fließt. ◎

Weggeschickt werden

EXIL
Erkennt eine Frau, daß sie ins **Exil geschickt wird**, muß sie eine Reise machen, die sich mit einem Unternehmen oder einem Vergnügen überschneidet. ◎

VERBANNUNG
Schreckliches verfolgt den Unglücklichen, der von **Verbannung** träumt. **Werden Sie** in entfernte Länder **verbannt**, sterben Sie jung.

Verbannt man ein Kind, werden geschäftlich Verbündete einen Meineid leisten. Dieser Traum kann auch einen Todesfall prophezeien. ◎

Ihre Träume können durch die Schlinge des Galgens oder die Axt des Scharfrichters *oben* verdüstert werden. Dies sind die schlimmsten Strafen, die eine Gesellschaft ihren kriminellen Mitgliedern auferlegen kann.

Laster und Tugenden

Von den boshaften Seiten der menschlichen Natur zu träumen mag beängstigend sein, kann aber einen Ausgleich durch Träume von unseren guten Eigenschaften finden. In diesem Abschnitt wird ein Teil unserer Schwächen besprochen, von kleinen Verfehlungen bis hin zu Zorn und Rache. Unter anderem gehören zu den Tugenden Mildtätigkeit, Gehorsam und Hingabe.

Laster und Versuchung

LASTER
Träumen Sie, einem **Laster** zugeneigt zu sein, so sind Sie in Gefahr, Ihren Ruf zu gefährden, weil Sie sich von schlechten Einflüssen leiten lassen.

Wenn Sie andere einem Laster frönen sehen, so wird einem Verwandten ein Unglück geschehen.

VERSUCHUNG
Erliegen Sie der **Versuchung**, so bedeutet dies, daß Sie durch einen neidischen Menschen Schwierigkeiten bekommen werden, der versucht, Sie bei Ihren Freunden in Mißkredit zu bringen. Widerstehen Sie ihr, dann sind Sie in einer heiklen Angelegenheit erfolgreich.

Schimpfworte

GOTTESLÄSTERUNG
Eine **Gotteslästerung** zeigt an, daß Sie jene Wesenszüge pflegen, die Sie Ihren Mitmenschen gegenüber grob und gefühllos machen.

Wenn **andere gotteslästerliche Äußerungen** machen, werden Sie auf irgendeine Art und Weise verletzt und beleidigt.

SCHMÄHUNG
Im Traum **Schmähungen** ausgesetzt zu sein verheißt, daß sich ein Feind in Ihr Leben einschleicht.

Wenn Sie selbst Schmähungen ausstoßen, wird Ihnen übel mitgespielt. Von anderen Schmähungen zu erfahren weist auf Beistand hin.

Todsünden

VERÄRGERUNG
Wenn Sie **verärgert** sind, dann werden Sie sehen, daß viele Sorgen beim morgendlichen Aufwachen verschwunden sind. Glauben Sie, jemand habe sich über Sie geärgert, dann können Sie in Kürze ein kleines Mißverständnis aufklären.

WUT
Sind Sie **wütend,** so steht Ihnen eine schreckliche Versuchung bevor. Enttäuschungen durch nahestehende Personen, zerbrochene Freundschaften oder Feinde können erneut Ihr Eigentum oder Ihren Charakter angreifen. Bleiben Sie gelassen, während Verwandte **auf Sie wütend** sind, können Sie zwischen streitenden Freunden vermitteln, die Ihnen dafür Dankbarkeit entgegenbringen werden.

RASEREI
In **Raserei** zu geraten sowie generell Gegenstände zu zerreißen bedeutet Streit und Verletzung unter Freunden.

Sind **andere wütend**, ist das ein Zeichen für unglückliche Geschäftsverhältnisse.

Wenn eine junge Frau träumt, ihr **Liebster sei wütend**, so wird es einige Unstimmigkeiten in ihrer Beziehung geben.

GRAUSAMKEIT
Sehen Sie **Grausamkeiten**, werden Schwierigkeiten bei einigen Vorhaben vorausgesagt. Widerfahren sie anderen Menschen, weisen Sie diesen eine unangenehme Aufgabe zu, durch die Sie selbst Verluste erleiden.

NEID
Sind Sie anderen gegenüber **neidisch**, dann werden Sie treue Freunde gewinnen.

Sind **andere auf Sie neidisch**, so werden Sie durch übertrieben besorgte Freunde Unannehmlichkeiten bekommen.

EIFERSUCHT
Wenn Sie von der **Eifersucht** Ihrer Gattin träumen, dann haben Feinde und engstirnige Menschen Einfluß über Sie. Sind Sie auf Ihre Liebste eifersüchtig, trachten Sie danach, einen Rivalen auszuschalten.

Ist eine Frau **auf ihren Gatten eifersüchtig**, dann wird sie viele Verunsicherungen erleben, und ihr Glück wird sich als Trugbild herausstellen.

Ist eine junge Frau **auf ihren Freund eifersüchtig**, wird sich herausstellen, daß dieser eher von den Reizen einer anderen Frau beeindruckt ist als von den ihren.

Sind Mann und Frau aufeinander eifersüchtig, werden sie in alltäglichen Angelegenheiten viele unangenehme Situationen erleben.

HASS
Wenn Sie eine andere Person **hassen**, müssen Sie aufpassen, daß Sie jemanden nicht unbeabsichtigt verletzen.

Werden Sie wegen Ungerechtigkeiten gehaßt, so finden Sie aufrichtige Kameraden; der Umgang mit Bekannten wird sehr erfreulich sein. Im umgekehrten Falle weist der Traum auf Unannehmlichkeiten hin.

Heuchelei, Rücksichtslosigkeit und Verrat

HEUCHELEI
Glauben Sie, jemand **heuchle** Ihnen gegenüber, dann werden Sie von falschen Freunden verraten.

Wenn Sie selbst heucheln, wird sich herausstellen, daß Sie ein Betrüger und Ihren Freunden gegenüber unehrlich sind.

RÜCKSICHTSLOSIGKEIT
Von **rücksichtslosen** Gedanken zu träumen bedeutet, nach nutzlosem Wissen zu streben, keinen Vorteil daraus ziehen zu können sowie Freunden Schmerz und Kummer zu bereiten.

Verhalten Sie sich in der Liebe oder anderen **Gefühlsdingen rücksichtslos**, werden Sie erkranken. Wenn eine junge Frau dies erlebt, wird sie einen Geliebten verlieren und bei ihren Freunden Mißfallen hervorrufen.

VERRÄTER
Einen **Verräter** zu sehen, zeigt an, daß Feinde darauf warten, Sie auszunutzen. Werden Sie von jemandem als solcher bezeichnet oder sehen Sie sich so, dann werden Sie wenig Angenehmes erleben.

Rache

RACHE
Wenn Sie sich **rächen**, ist dies ein Zeichen für eine schwache und hartherzige Natur. Wird diese nicht ausreichend beherrscht, bringt sie Ihnen den Verlust von Freunden ein.

Wenn andere sich an Ihnen **rächen**, haben Sie viele Gründe, Ihre Feinde zu fürchten.

Lügen und Lügner

LÜGNER
Wenn Sie glauben, Menschen seien **Lügner**, so verlieren Sie den Glauben an einige Dinge, für die Sie sich eingesetzt hatten.

Bezeichnen Sie jemanden als Lügner, werden Ihnen betrügerische Menschen Kummer bereiten.

Träumt eine Frau, ihr Liebster sei ein Lügner, so wird sie davor gewarnt, daß sie den geschätzten Freund verlieren wird.

DER LÜGNER

LÜGEN
Lügen Sie, um dadurch einer Strafe zu entkommen, werden Sie sich einem unschuldigem Menschen gegenüber unehrenhaft verhalten.

Lügen Sie, um einen Freund vor unverdienter Strafe **zu bewahren,** so werden Sie wegen Ihres Verhaltens viel ungerechter Kritik ausgesetzt sein, sich aber darüber hinwegsetzen und sehr beliebt werden.

Hören Sie andere lügen, möchten diese Sie in die Irre führen.

Sich im Traum zu ärgern oder von leichtfertigem Lügen *oben* zu träumen oder träge und untätig zu sein *rechts* kann Sie um den Schlaf bringen.

Trägheit

DER TRÄGE

GLEICHGÜLTIGKEIT
Träumen Sie von **Gleichgültigkeit,** so haben Sie für eine sehr kurze Zeit angenehme Weggefährten.

Ist der Liebste einer jungen Frau gegenüber **gleichgültig**, wird er ihr seine Zuneigung nicht auf angemessene Art und Weise zeigen. Wenn sie ihm gegenüber gleichgültig ist, wird sie ihm untreu.

FAULHEIT
Zu träumen, Sie seien **faul,** weist darauf hin, daß Ihnen bei der Durchführung von Vorhaben ein Fehler unterläuft und Sie eine schwere Enttäuschung erleben werden.

Wenn eine junge Frau vermutet, ihr **Liebster sei faul,** wird sie beim Versuch, seine Gunst zu erringen, erfolglos bleiben. Ihr Verhalten wird Männer mit ehrlichen Absichten abstoßen.

UNTÄTIGKEIT
Sind Sie **untätig**, werden Sie Ihre Pläne nicht verwirklichen können. Sehen Sie **untätige** Freunde, so werden Sie bald von deren Schwierigkeiten hören.

Lebt eine junge Frau ein **sorgloses Dasein,** wird sie schlechte Angewohnheiten annehmen.

Tugendhafte Eigenschaften

REUE

HINGABE
Zeigt ein Bauer seine **Hingabe** an Gott, wird er eine gute Ernte und friedfertige Nachbarn haben. Geschäftsleute werden davor gewarnt, daß sich durch Betrug kein Gewinn erzielen läßt. Bei einer jungen Frau läßt dies auf Keuschheit und einen sie verehrenden Gatten schließen.

BARMHERZIGKEIT
Barmherzigkeit bedeutet, daß man Sie mit Bitten bedrängt, die Armen zu unterstützen, und Ihre Geschäfte zum Stillstand kommen. Träume von **Hilfsorganisationen** stellen Ihren Anspruch auf gewinnbringendes Eigentum in Frage. Sorgen und schlechter Gesundheitszustand bedrohen Sie. Kommen junge Menschen mit Barmherzigkeit in Berührung, werden diese von betrügerischen Rivalen belästigt.

Widerfährt Ihnen Barmherzigkeit, werden Sie erst nach schweren Zeiten und Pech erfolgreich sein.

REUE
Dies bedeutet erfreuliches Zusammenkommen mit Freunden. Die Brautwerbung wird freudig angenommen werden.

Das Opfer oder die **Reue** eines anderen Menschen weist auf Vernachlässigung von Aufgaben hin, durch die Sie selbst oder Freunde gedemütigt werden. Eine Frau wird vor einer bevorstehenden Enttäuschung gewarnt.

GEWISSEN
Hält Sie im Traum Ihr **Gewissen** davon ab, jemanden zu betrügen, so werden Sie in Versuchung kommen, Schlechtes zu tun, und sollten ständig auf der Hut sein. Ein **ruhiges Gewissen** bedeutet, in hohem Ansehen zu stehen.

BEISTAND
Stehen Sie im Traum jemandem bei, so werden Ihre Bemühungen um eine bessere Position begünstigt sein.

Wenn Sie Beistand bekommen, verheißt dies, daß Sie sich in einer erfreulichen Lage befinden und liebevolle Freunde in Ihrer Nähe sind.

RAT
Erhalten Sie **Ratschläge**, werden Sie auf die eine oder andere Weise in der Lage sein, Ihre hohen moralischen Vorstellungen durchzusetzen und mit rechtschaffenen Mitteln Unabhängigkeit einnehmen zu können.

Träumen Sie davon, wegen eines Problems **rechtlichen Beistand** zu suchen, so werden bei einem Vorhaben Zweifel über dessen Nutzen und Rechtmäßigkeit aufkommen.

GEHORSAM
Gehorchen Sie jemandem, so wird Ihnen dadurch eine belanglose, angenehme und ereignislose Zeit in Ihrem Leben angekündigt.

Gehorchen Ihnen andere, dann haben Sie das Glück auf Ihrer Seite und stehen in hohem Ansehen.

UNABHÄNGIGKEIT
Wenn Sie sehr **unabhängig** sind, bedeutet dies, daß Ihnen durch einen Gegner eine Ungerechtigkeit widerfahren könnte.

Wenn Sie durch **Wohlstand unabhängig** werden, haben Sie zur Zeit vielleicht nicht den erwarteten Erfolg; die Zukunft ist jedoch vielversprechend.

ASKESE
Von der **Askese** zu träumen kündigt an, daß Sie eigenbrötlerische Ideen entwickeln, die Fremde faszinieren, Freunde jedoch abschrecken.

Angst und Abscheu

Während des Traumes können einen starke Gefühle genauso aufregen wie im Wachzustand. Im Traum durchlebt man oftmals unbeschreibliche Gefühle, wie zum Beispiel abgrundtiefen Ekel. Dieser Abschnitt behandelt verschiedene intensive Gefühle, von Angst und Panik bis hin zu Bosheit und Haß.

Angst und Panik

ANGST
Wenn Sie aus irgendeinem Grund **Angst** verspüren, dann werden Sie mit Ihren Vorhaben keinen Erfolg haben. Bei einer jungen Frau bedeutet dies Enttäuschung und unglückliche Liebe.

ERSCHRECKEN
Erschrecken Sie, dann werden Sie sich durch einen Unfall eine Verletzung zuziehen.

Erschrecken sich andere, so verheißt dies, daß bedrückende Ereignisse auf Sie zukommen. Träume dieser Art werden oftmals von nervösen und fiebrigen Zuständen, wie etwa Malaria oder Aufregung, ausgelöst. Wenn dies der Fall ist, sollte man sofort Maßnahmen zur Beseitigung vornehmen. Diese Träume oder Phantasien treten nur bei Schlafstörungen auf.

ÄNGSTIGEN
Haben Sie **Angst** davor, eine Sache voranzutreiben, werden im Haushalt Schwierigkeiten auftreten, und ein Vorhaben wird erfolglos bleiben.

Wenn andere sich ängstigen, so weist dies darauf hin, daß ein Freund Ihnen keinen Gefallen erweisen kann.

Sieht eine junge Frau einen **Hund** und **ängstigt sich vor ihm,** zweifelt sie möglicherweise an einem guten Freund.

ÄNGSTIGUNG
Wenn Sie **verängstigt sind,** signalisiert dies zeitweilige, jedoch vorübergehende Sorgen.

SORGEN
Dies ist ein gutes Omen und verheißt eine Neubelebung des Geistes nach bedrohlichen Zuständen. Wenn man sich jedoch **Sorgen** wegen derzeitiger Angelegenheiten macht, weist dies auf eine verheerende Verknüpfung von geschäftlicher und gesellschaftlicher Stellung hin.

BESCHÄMUNG
Sind Sie **beschämt**, ist dies ein Hinweis darauf, daß Sie bei Personen, bei denen Sie ehrenhaft und rechtschaffen erscheinen wollen, in ein schiefes Licht geraten werden. Finanzielle Angelegenheiten gestalten sich schwierig.

Beschämende Handlungen zu sehen bedeutet fehlgeschlagene Pläne und Enttäuschungen in der Liebe.

PANIK
Geraten Sie in **Panik**, steht dies für Enttäuschung und Verlust.

Erblicken Sie **andere in Panik,** wird das Unglück von Freunden Ihnen ernste Probleme bereiten.

Abscheu und Verachtung

MISSACHTUNG
Wenn Sie glauben, jemand **mißachte** die Würde des Gerichtes, dann haben Sie einem Menschen gegenüber geschäftlich oder gesellschaftlich eine Ungerechtigkeit begangen.

Wird Ihnen von anderen **Mißachtung entgegengebracht,** so erringen Sie deren höchste Wertschätzung. Ist die Abscheu gerechtfertigt, werden Sie aus geschäftlichen oder gesellschaftlichen Kreisen ausgeschlossen.

WUT
Sind Sie im Traum **wütend**, müssen Sie damit rechnen, von einer Gruppe von Menschen verletzt zu werden.

Von tugendhaften Motiven wie Buße *gegenüber* zu träumen bedeutet, daß Gutes im wahren Leben belohnt wird.

BOSHAFTIGKEIT
Bringen Sie im Traum einem Menschen **Boshaftigkeit** entgegen, haben Freunde keine hohe Meinung von Ihnen.

Wenn Sie von Personen in boshafter Weise benutzt werden, so fügt Ihnen ein Feind Schaden zu.

ABSCHEU
Verabscheuen Sie einen Menschen, dann hegen Sie eine Abneigung gegenüber jemandem, und Ihr Verdacht wird sich als zutreffend erweisen.

Wenn Sie sich selbst von anderen **verabscheut** glauben, dann werden Ihre guten Absichten andere zur Selbstlosigkeit führen.

Träumt eine junge Frau, *ihr Liebster verabscheue sie,* wird sie einen Mann lieben, der in keiner Weise sympathisch ist.

ÄNGSTIGEN siehe **REISE** Seite 221, **HUND** Seite 41 ◆ **BESCHÄMUNG** siehe **LEICHE** Seite 121 ◆ **MISSACHTUNG** siehe **RICHTER** Seite 245 ◆ **WUT** siehe **RASEREI** Seite 250 ◆ **ABSCHEU** siehe **HASS** Seite 250

Schlechtes Benehmen

Zu träumen, man benehme sich schlecht, kann bisweilen erleichternd sein, doch wird einem selbst schlechtes Benehmen entgegengebracht – sei es im Traum oder im wirklichen Leben –, ist dies weniger angenehm. Dieser Abschnitt behandelt das Spektrum schlechten Verhaltens, vom leichten, tadelnswerten Ausfall bis hin zur unverschämten Beleidigung.

Beleidigungen und Verärgerung

KRÄNKEN

Kränken Sie jemanden, so werden Sie kein Glück haben, da Sie eine verdrießliche Haltung einnehmen.

Wenn Sie *gekränkt werden,* haben Sie allen Grund, über Ihre Situation zu klagen.

ÄRGER

Träumen Sie, jemanden zu *ärgern* oder *geärgert zu werden*, dann haben Sie Feinde, die sich gegen Sie richten. Diese *Ärgernisse* erfüllen sich schnell durch geringfügige Begebenheiten am folgenden Tag.

BELEIDIGUNG

Dies ist ein schlechter Traum, und man wird Tränen vergießen. Bei einer jungen Frau bedeutet die *Beleidigung,* daß eine ihr mißgünstig gesonnene Person ihre Unwissenheit ausnutzt und sie in eine kompromittierende Lage mit einem Fremden bringt oder ihr Interesse an einem Freund gefährdet.

Schlechte Angewohnheiten

GERISSENHEIT

Sind Sie *gerissen*, weist dies darauf hin, daß Sie gute Laune vortäuschen, um die Freundschaft wohlhabender und froher Menschen zu erringen. Sind Sie mit *falschen Menschen* befreundet, werden Sie davor gewarnt, daß Sie durch diese getäuscht und Ihre Mittel zu deren Vorteil benutzt werden.

ANGEBEREI

Wenn Sie jemanden im Traum *angeben* hören, werden Sie eine Tat zutiefst bereuen, die Ihnen und Ihren Freunden Kummer bereitet.

Vor einem Konkurrenten anzugeben weist darauf hin, daß Sie sich ungerecht verhalten und zur Beseitigung von Konkurrenten zu unehrlichen Mitteln greifen werden.

KRÄNKUNG

Wenn Sie *gekränkt werden*, entdeckt man Fehler in Ihrem Benehmen. Dies versetzt Sie innerlich in Wut, und Sie werden sich verteidigen.

Kränken Sie andere, so werden Sie Ihr Ziel nur mit Mühen erreichen.

Wenn eine junge Frau *kränkt oder gekränkt* wird, so bereut sie voreilige Schlüsse und Ungehorsam gegenüber Eltern oder Vormund.

BESCHIMPFEN

Beschimpfen Sie eine Person, werden Ihre Angelegenheiten nicht vom Glück gesegnet sein und Sie Ihr Geld durch übertriebene Hartnäckigkeit in Geschäften verlieren.

Wenn Sie sich *beschimpft* fühlen, werden Sie von der Feindseligkeit anderer beeinträchtigt werden.

Hört eine junge Frau *Beschimpfungen,* so wird sie in den Bann einer eifersüchtigen Person geraten. Wenn sie selbst sich dieser Sprache bedient, wird sie mit Zurückweisung rechnen müssen; sie wird wegen ihres schlechten Verhaltens gegenüber Freunden von Schmach und Bedauern erfüllt sein.

SPUCKEN

Träumen Sie vom *Spucken*, kündigt dies ein unglückliches Ende aussichtsreicher Vorhaben an. Werden Sie bespuckt, streiten sich einander zugeneigte Personen.

Schlechte Manieren

MANIEREN

Wenn Sie Menschen mit *schlechten Manieren* sehen, so weist dies auf das Fehlschlagen von Vorhaben hin, die durch das unleidliche Wesen einer in die Angelegenheit verwickelten Person verursacht werden.

Treffen Sie auf Menschen mit *guten Manieren,* werden Sie vom augenblicklichen Stand der Dinge angenehm überrascht sein; alles wendet sich zu Ihrem Vorteil.

NECKEN

Wenn Sie sich dabei ertappen, einen Menschen zu *necken*, bedeutet dies, daß Sie wegen Ihrer fröhlichen und umgänglichen Art geliebt werden.

Werden Sie *geneckt,* gewinnen Sie die Zuneigung eines fröhlichen Menschen.

Wird eine junge Frau geneckt, signalisiert dies, daß sie eine übereilte Bindung eingeht, sich aber nicht so schnell verheiraten wird.

Ruin und Zerstörung

Ruin und Zerstörung

Ihre Traumlandschaft ist nicht immer grün und behaglich. Dieser Abschnitt behandelt Träume von Schmutz und Dreck, Erniedrigung, spirituellen und materiellen Nöten sowie Visionen von Zusammenbruch und Zerfall. Darüber hinaus werden sowohl Verfall als auch Ruin behandelt.

Dreck und Erniedrigung

SCHMUTZ
Sieht man frisch verstreuten **Schmutz** um Blumen oder Bäume herum, so bestehen wirtschaftlich günstige und förderliche Bedingungen in Hülle und Fülle.

Ist Ihre Kleidung **mit Dreck verschmutzt**, so müssen Sie sich vor ansteckenden Krankheiten schützen.

Wenn Sie jemand mit Schmutz bewirft, bedeutet dies, daß Feinde einen Angriff auf Ihre Persönlichkeit unternehmen. ◉

ABSCHAUM
Vom **Abschaum** zu träumen zeigt an, daß Sie eine gesellschaftliche Niederlage erleiden werden. ◉

ROST
Rost auf Gegenständen, alten Blechdosen oder auf Eisen ist ein Hinweis auf einen Niedergang in Ihrer Umgebung. Krankheiten, Vermögensverluste und falsche Freunde machen Ihr Umfeld aus. ◉

ABFALL
Sehen Sie **Abfall** verheißt dies, daß Sie Ihre Angelegenheiten schlecht bewältigen werden. ◉

MÜLL
Wenn Ihnen **Müllberge** erscheinen, weist dies auf Gedanken über gesellschaftliche Skandale und ungünstige Geschäfte hin. Frauen werden vom Liebsten verlassen. ◉

SCHÄDLING
Von **Schädlingen** jeglicher Art zu träumen bedeutet, daß Ihre Zukunft von Sorgen beherrscht sein wird.

Wenn andere sich Sorgen machen, so signalisiert das, daß Sie durch eine unangenehme Entwicklung verärgert sein werden. ◉

STAUB
Wenn Sie von **Staub** bedeckt sind, dann werden Sie im Geschäftsleben Schaden erleiden. Eine Frau wird von ihrem Geliebten wegen einer neuen Flamme verlassen. Wenn Sie sich durch umsichtiges Handeln vom Staub befreien, machen Sie den Verlust wieder wett. ◉

GOSSE
Die **Gosse** ist ein Zeichen des Verfalls. Sie werden anderen Kummer bereiten. Wertvolle Gegenstände in der Gosse zu finden bedeutet, daß Ihr Anrecht auf bestimmtes Eigentum in Frage gestellt wird. ◉

Verwüstungen

VERWÜSTUNG
Geht man durch **verwüstete** Landschaften, drohen Zweifel und Mißlingen dort, wo der Erfolg zum Greifen nahe schien.

Vergeuden Sie Ihr Vermögen, dann kündigt dies an, daß Ihnen durch häusliche Sorgen unangenehme Belastungen entstehen werden. ◉

RUINEN
Wenn Sie **Ruinen** sehen, werden Verlobungen von Liebenden aufgelöst, es herrschen besorgniserregende Gegebenheiten im beruflichen Bereich, oder Sie erkranken.

Alte Ruinen signalisieren ausgedehnte Reisen, aber unter die Freude über die Erfüllung eines langgehegten Traumes mischt sich leichte Traurigkeit. Sie leiden unter der Abwesenheit eines Freundes. ◉

SCHAM
Wenn Sie sich wegen des Verhaltens von Kindern oder Freunden **schämen**, werden Erwartungen nicht erfüllt; Sorgen belasten Sie. Sich wegen sich selbst zu schämen drückt aus, daß Sie Moral nicht sehr schätzen und Gefahr laufen, Ihren guten Ruf zu verlieren. Feinde bereiten Ihnen Schwierigkeiten. ◉

ABFALL

Flüsse, die von Unrat überquellen *links*, sind in Ihren Träumen genauso unappetitlich wie im wirklichen Leben.

SCHMUTZ siehe **KLEIDUNG** Seite 154, **FLECK** Seite 218 ◆ **ROST** siehe **EISEN** Seite 72 ◆ **GOSSE** siehe **SCHÄTZE** Seite 238 ◆ **VERWÜSTUNG** siehe **WÜSTE** Seite 89, **VERMÖGEN** Seite 238 ◆ **RUINE** siehe **GEBÄUDE** Seite 188 ◆ **SCHAM** siehe **KINDER** Seite 128, **FREUND** Seite 124, **MANIEREN** Seite 254

Freude und Traurigkeit

Viele Gefühle werden im Traum ebenso stark empfunden wie im Wachzustand. Dieser Abschnitt beschreibt gute Laune und die Bandbreite der Stimmungslagen, von Ekstase bis zu abgrundtiefer Verzweiflung. Fehlschläge werden genauso besprochen wie Kummer und Traurigkeit, die durch Abschied und Verlassenwerden entstehen.

Gute Laune

LACHEN
Zu lachen und gut gelaunt zu sein bedeutet Erfolg bei allen Ihren Vorhaben und die Gesellschaft fröhlicher Menschen.

Übertriebenes *Lachen* über einen seltsamen Gegenstand verheißt Enttäuschung und fehlende Harmonie in Ihrer Umgebung.

Fröhliches Kindergelächter ist gleichbedeutend mit Freude und Gesundheit.

Über das Pech anderer zu lachen weist darauf hin, daß Sie zur Erfüllung Ihrer egoistischen Wünsche vorsätzlich Ihre Freunde verletzen werden.

Hören Sie das *Hohngelächter* anderer, erwarten Sie Krankheiten und enttäuschende Ereignisse.

FRÖHLICHKEIT
Wenn Sie im Traum *Fröhlichkeit* empfinden, werden Sie sich am guten Betragen von Kindern erfreuen und im Geschäft erfreuliche Ergebnisse erzielen. Ist die Freude auch nur gering getrübt, gesellen sich zum Erfolg auch Sorgen.

FRÖHLICHER JUNGE

VERGNÜGEN
Ist man *vergnügt* oder in vergnügter Gesellschaft, zeigt dies an, daß angenehme Ereignisse Sie in Anspruch nehmen und Ihre Vorhaben einträglich sein werden.

Pure Freude

REIZ
Von *reizenden* Dingen zu träumen bedeutet Glück für alle Personen in Ihrem Umkreis.

Wenn Verliebte eine Angebetete mit *liebreizender Persönlichkeit* sowie mit Charakter sehen, prophezeit dies eine schnelle Heirat.

Halten *Sie sich selbst für reizvoll*, ist das Schicksal auf Ihrer Seite, und Sie erwachen gelöst.

VERGNÜGUNG
Vergnügungen verheißen dem Träumenden Gewinn und persönliche Freude.

KITZELN
Wenn Sie *gekitzelt* werden, weist dies auf Sorgen und Krankheit hin.

Wenn Sie andere kitzeln, werden Sie sich durch Schwäche und Dummheit um viel Freude bringen.

ENTZÜCKEN
Wenn Sie davon träumen, *entzückt* über ein Ereignis zu sein, so werden sich Ihre Angelegenheiten zum Guten wenden.

Sind Verliebte *vom Verhalten der Liebsten entzückt*, dann erfahren sie angenehme Nachrichten.

Entzücken beim Anblick schöner Landschaften *zu empfinden* verheißt Ihnen sehr viel Erfolg und eine angenehme Zusammenarbeit.

VERZÜCKUNG
Geraten Sie in *Verzückung,* so werden Sie Besuch von einem lange vermißten Freund bekommen.

VERZÜCKUNG

Wenn Sie Verzückung in schlechten Träumen erleben, werden Sie Sorgen und bittere Enttäuschungen erfahren.

FREUDE
Fühlen Sie wegen eines Ereignisses *Freude*, so sind Freundschaften harmonisch.

SEHNSUCHT
Sehnen Sie sich im Traum nach der Gegenwart eines Menschen, so bekommen Sie sehr bald beruhigende Nachrichten von abwesenden Freunden.

Wenn eine junge Frau glaubt, ihr Geliebter *sehne sich nach ihr,* wird sie sich bald darüber freuen können, daß ihr jemand den langersehnten Heiratsantrag macht.

Wenn sie davon träumt, daß sie sich *nach ihm sehnt*, wird sie allein gelassen werden, und ihre Sehnsucht wird schnell wachsen.

Wehklagen und Jammern

SEUFZEN
Seufzen Sie wegen eines traurigen Ereignisses, bedeutet dies, daß Sie überraschend Trauer erleben werden, Ihnen die traurige Zeit aber durch Beistand erleichtert wird.

Das *Seufzen* anderer steht für das Fehlverhalten teurer Freunde, das Sie mit großer Traurigkeit erfüllen wird. ◉

KLAGEN
Andere bitterlich über den Verlust von Freunden *klagen* zu hören signalisiert Schwierigkeiten und viel Leid, woraus aber viel Freude und persönliche Reife erwächst.

Über den *Verlust von Verwandten* zu klagen heißt, daß Sie durch Krankheit ihren Kameraden näherkommen und für Sie daraus glänzende Chancen entstehen. ◉

TRÄNEN

TRÄNEN
Wenn Sie sie im Traum *Tränen* vergießen, werden Sie bald in Not geraten.

Wenn Sie *andere Tränen vergießen* sehen, zeigt dies an, daß Ihre Sorgen das Befinden anderer ebenfalls beeinträchtigen. ◉

WEINEN
Weinen ist ein Zeichen für schlechte Einflüsse, die geschäftliche Verpflichtungen und häusliche Angelegenheiten beeinträchtigen und zu Trauer führen werden.

Andere weinen zu sehen bedeutet, daß ein Hilferuf an Sie ergeht. ◉

SCHLUCHZEN
Wenn Sie *schluchzen,* wird Kummer in Ihrer Familie entstehen.

Schluchzen dagegen andere, weist dies auf eine Wiedervereinigung nach traurigen Zeiten der Entfremdung hin.

Wenn eine junge Frau dies träumt, wird zwischen Liebenden ein Streit entstehen, der nur durch Selbstverleugnung beigelegt werden kann.

Für den Geschäftsmann verheißt dies, daß er vorübergehend Entmutigungen und Rückschläge erleidet. ◉

Besorgnis und Niedergeschlagenheit

VERDRIESSLICHKEIT
Erleben Sie sich *verdrießlich,* werden Sie aufwachen und entdecken, daß sich Ihre Angelegenheiten in fataler Weise falsch entwickeln.

Andere verdrießlich zu sehen ist ein Zeichen für unangenehme Tätigkeiten und schlechte Gefährten. ◉

TRAURIGKEIT

KUMMER
Erleiden Sie viel *Kummer*, dann werden Sie vor schnell eintretenden unangenehmen Ereignissen und Verlusten gewarnt. ◉

TRAURIGKEIT
Sind Sie wegen eines Ereignisses *traurig*, zeigt dies an, daß Sie von gewinnverheißenden Vorhaben enttäuscht sein werden.

Wenn Sie andere traurig sehen, bedeutet das die unangenehme Unterbrechung eines Vorhabens. Liebenden steht die Trennung bevor. ◉

ELEND
Befinden Sie sich im *Elend,* so werden Sie traurige Nachrichten erhalten, und Ihr starkes Streben nach größtmöglichem Wohlstand wird erlahmen.

Andere im Elend zu erblicken weist auf Streit und unehrliche Geschäfte zwischen Freunden hin. ◉

Tiefe Verzweiflung

VERZWEIFLUNG
Wenn Sie *verzweifelt* sind, dann sehen Sie Schwierigkeiten im Arbeitsleben entgegen.

Sind andere *verzweifelt,* wird dadurch die unglückliche Stellung eines Verwandten vorausgesagt. ◉

SELBSTMORD
Im Traum *Selbstmord* zu begehen bedeutet, daß Sie stark unter einem Mißerfolg leiden.

Andere zu sehen oder zu hören, die diese Tat begehen, signalisiert, daß Fremde Einfluß auf Sie ausüben.

Glaubt eine junge Frau, Ihr *Liebster begehe Selbstmord,* so wird Ihre Enttäuschung über seine Untreue sich noch verstärken. ◉

Im Traum kann die Stimmung von Fröhlichkeit *gegenüber links* **zur Verzückung** *gegenüber rechts* **und vom Schluchzen** *oben* **bis zur tiefen Traurigkeit** *links* **reichen.**

Fehlschläge und Not

SCHWIERIGKEIT
Dieser Traum deutet auf vorübergehende Schwierigkeiten für Geschäftsleute aller Art sowie für Soldaten und Schriftsteller hin. Sich aus diesen *Schwierigkeiten* zu befreien weist auf Wohlstand hin. Wenn eine Frau in Schwierigkeiten ist, so erkrankt sie oder hat Feinde.

Für Liebende bedeutet dies eine vorteilhafte Brautwerbung.

NOT
Wenn Sie sich in *Not* befinden, heißt dies, daß Sie Fehlschlägen und fortgesetzt schlechten Perspektiven entgegengehen.

Andere in Not zu sehen kündigt Kummer in der Umgebung an; die Krankheit eines Menschen ruft starke Zweifel an der erfolgreichen Durchführung von Plänen hervor.

FEHLSCHLAG
Bei Verliebten kehrt sich bisweilen die Bedeutung um. Meint der Mann, sein Vorhaben schlage fehl, bedeutet dies, daß er sich lediglich souveräner und energischer verhalten muß, da er bereits die Liebe und Wertschätzung seiner Angebeteten besitzt. (Als widersprüchliche Träume gelten jene, in denen man Angst fühlt, aber nicht verletzt wird.)

Wenn eine junge Frau glaubt, ihr Leben sei ein *Fehlschlag*, so zieht sie keinen Nutzen aus den sich bietenden Möglichkeiten.

Erleidet ein Geschäftsmann einen Fehlschlag, so kündigt dies Verluste und schlechtes Management an. Dies muß bereinigt werden, wenn ein größerer Fehlschlag vermieden werden soll.

Endgültiger Abschied

VERABSCHIEDEN
Sich fröhlich von Menschen zu *verabschieden* heißt, daß Sie angenehme Besuche machen und viele gesellschaftliche Anlässe absolvieren werden; wenn der Abschied aber in einer traurigen Weise vonstatten geht, werden Sie Verluste erleiden.

Verabschieden Sie sich von Heim und Land, so werden Sie von Glück und Liebe ausgeschlossen sein.

Den Kindern *Abschiedsküsse* zuzuwerfen bedeutet, daß Sie bald eine schöne Reise unternehmen werden.

SCHEIDEN
Wenn Sie von Freunden *scheiden*, werden Ihnen viele kleine Ärgernisse im Leben widerfahren.

Scheiden Sie von Feinden, so ist dies ein Zeichen für Erfolg in Liebe und Beruf.

LEBEWOHL
Sagen Sie *Lebewohl*, ist das nicht sehr glückverheißend, da Sie unangenehme Nachrichten von Freunden erfahren.

Sagt eine junge Frau ihrem *Liebsten Lebewohl*, so ist er ihr gegenüber gleichgültig. Verspürt sie über diesen Abschied keine Trauer, wird sie bald andere finden, die ihr Trost spenden.

LEBEWOHL

ABWESENHEIT
Wenn Sie wegen der *Abwesenheit* einer Person Schmerz empfinden, bedeutet dies Reue wegen einer übereilten Handlung, woraus sich allerdings lebenslange Freundschaften ergeben.

Wenn Sie sich über die Abwesenheit von Freunden freuen, werden Sie bald einen Feind weniger haben.

VERLASSEN
Träumen Sie, *verlassen zu werden*, haben Sie Schwierigkeiten, den Grundstein für Ihren zukünftigen Erfolg zu legen.

Wenn Sie *andere verlassen*, so werden sich ungünstige Bedingungen für Sie mehren.

Ist es Ihr Haus, das Sie verlassen, dann werden Sie Sorgen haben, weil Sie Ihr Glück aufs Spiel setzen.

Verlassen Sie Ihre Liebste, werden Sie verlorene Wertgegenstände nicht mehr zurückbekommen, und Ihre Freunde wenden sich von Ihnen ab.

Wenn Sie eine *Geliebte verlassen*, machen Sie eine große Erbschaft.

Wenn Sie vom Glauben abfallen, werden Sie Probleme bekommen.

Kinder zu verlassen bedeutet, daß Sie Ihr Vermögen durch fehlende Gelassenheit und fehlendes Urteilsvermögen verlieren werden.

Ihr Geschäft aufzugeben weist auf betrübliche Umstände hin; es wird Streit und Argwohn geben. (Dieser Traum kann sich im täglichen Leben tatsächlich erfüllen und bewahrheiten, ob Sie nun einen Menschen verlassen oder dieser Sie verläßt. Der Traum kann aber auch, wie bereits gesagt, auf andere Sorgen hinweisen.)

Sich selbst oder einen Freund ein *Schiff verlassen* zu sehen kündigt an, daß Sie möglicherweise in einen Konkurs verwickelt werden; gelangen Sie jedoch an die Küste, werden Ihre Interessen gewahrt bleiben.

AUFGEBEN
Wenn eine junge Frau träumt, Heim oder Freunde *aufzugeben*, so werden Liebesdinge für sie problematisch, weil die Achtung vor ihrem Liebsten mit zunehmender Dauer der Verbindung schwächer werden wird.

....

Abschiednehmen ist immer schwer, und auch in Ihren Träumen ist es nicht leichter *oben* als im täglichen Leben.

Ruhm und Ehre

Es ist schon fast ein Klischee, wenn man träumt, berühmt und eine Person des öffentlichen Lebens zu sein; trotzdem besitzen diese Träume ihre eigene Bedeutung. In diesem Abschnitt werden Anerkennung und Aufstieg, Ruhm und Ehre sowie das Erscheinungsbild einer Persönlichkeit mit Orden und Auszeichnungen besprochen.

Anerkennung

ANERKENNUNG
Findet der Vorschlag eines Geschäftsmanns **Anerkennung,** bedeutet dies, daß er beim Aufbau eines Geschäftes, das bislang nach einem Mißerfolg aussah, Erfolg haben wird.

Wenn ein Verliebter träumt, daß seine Liebste ihm Anerkennung zollt, heißt das, daß er glücklich heiraten und allgemein bewundert werden wird.

AUFSTIEG
Der **Aufstieg** bei einer Verpflichtung signalisiert, daß sich Herzenswünsche erfüllen werden.

Wenn andere aufsteigen, so besagt dies, daß sich wohlmeinende Freunde in Ihrer Nähe befinden.

GEFALLEN
Bitten Sie jemanden um einen **Gefallen,** werden Sie Reichtum genießen, und es wird Ihnen an nichts fehlen.

Einen **Gefallen zu erweisen** steht für Verlust.

NACHAHMUNG
Nachahmungen prophezeien Ihnen Menschen, die darauf aus sind, Sie hinters Licht zu führen. Wenn eine junge Frau glaubt, ihr Liebster werde nachgeahmt, so nutzt man ihre Großzügigkeit aus, und sie wird für die Fehler anderer büßen.

VEREHRUNG
Werden Sie **verehrt**, bleibt Ihnen die Gunst ehemaliger Bekannter, auch wenn Sie gesellschaftlich eine höhere Stellung einnehmen.

VERHERRLICHUNG
Streben Sie nach **Verherrlichung**, nehmen Sie eine Ihnen nicht zustehende Ehrenstellung ein.

Verherrlichen Sie, werden Sie sich in der Hoffnung auf die Durchsetzung materieller Interessen von liebgewonnenem Besitz trennen.

ANBIEDERUNG
Biedert sich jemand bei Ihnen **an** oder versucht Sie zu überreden, so sind Sie von Feinden umgeben, die sich als Freunde ausgeben.

Öffentliche Anerkennung

ORDEN
Orden bedeuten Anerkennung durch Arbeit und Fleiß. Einen Orden zu verlieren verheißt Unglück durch die Treuelosigkeit anderer.

WAPPEN
Sehen Sie Ihr **Wappen,** signalisiert dies Unglück. Sie werden nie einen Titel besitzen.

ANERKENNUNG SUCHEN

BERÜHMTE HELDEN

RUHM
Berühmt zu sein bringt enttäuschte Hoffnungen. Berühmte Menschen weisen darauf hin, daß Sie in die Öffentlichkeit treten und einen Ehrenplatz einnehmen werden.

AUSZEICHNUNG
Werden Sie **ausgezeichnet** oder sehen **andere, die Auszeichnungen erhalten,** erweisen Sie sich als würdig, aber wenige erkennen Ihre Fähigkeiten an.

In Ihren Träumen suchen Sie vielleicht Verehrung *links*, **oder die Öffentlichkeit bringt Ihnen bereits Verehrung entgegen** *oben*.

Krieg und Frieden

Träumen Sie von Tod und Ruhm im Kampf, werden Sie Zeuge von Grauen und Blutvergießen oder wohnen dem Krieg als Zuschauer bei, so spiegelt dies wahrscheinlich Konflikte im täglichen Leben wider. Dieser Abschnitt behandelt Gesichtspunkte bei Träumen vom Schlachtfeld: Feinde zu besiegen, Militärstrategien, Waffen und das Grauen eines Atomkrieges.

Feinde besiegen

STREIT
Im Traum zu **streiten** verheißt Unglück und Auseinandersetzungen. Bei einer jungen Frau ist dies ein Zeichen für große Unannehmlichkeiten; bei einer verheirateten Frau weist es auf Trennung oder dauerhafte Unstimmigkeiten hin.

Wenn Sie **andere streiten** hören, bedeutet dies unbefriedigende Geschäfte und enttäuschenden Handel.

KAMPF
Werden Sie in einen **Kampf** verwickelt, erleben Sie Auseinandersetzungen mit geschäftlichen Rivalen; Gerichtsverfahren drohen.

Erscheint Ihnen ein **Kampf**, dann vergeuden Sie Zeit und Geld. Frauen werden vor übler Nachrede und Tratsch gewarnt.

Sieht eine junge Frau ihren **Liebsten kämpfen**, ist er ihrer nicht würdig.

Unterliegen Sie im Kampf, dann verlieren Sie Besitzansprüche. Peitschen Sie Ihren Angreifer aus, werden Sie durch Mut und Ausdauer zu Ehre und Reichtum kommen.

Wenn zwei **Männer mit Pistolen** kämpfen, stehen Ihnen Sorgen und Verunsicherungen bevor; tritt kein echter Verlust auf, signalisiert dies einen Gewinn sowie einige Unannehmlichkeiten.

WIDERSACHER
Treffen Sie auf einen **Widersacher** oder fordern ihn heraus, so können Sie unverzüglich Angriffe auf Ihre Interessen abwehren. Danach kann Krankheit drohen.

Wenn Sie einen **Widersacher überwältigen,** entkommen Sie den Auswirkungen einer Katastrophe.

FEIND
Wenn Sie Ihre **Feinde** besiegen, bedeutet dies, daß Sie alle Schwierigkeiten im Geschäftsleben umgehen können und sich größten Wohlstandes erfreuen werden.

Werden Sie **von Ihren Feinden verleumdet,** dann müssen Sie mit Fehlschlägen bei der Arbeit rechnen. Führen Sie Ihre Vorhaben mit äußerster Vorsicht durch.

Ihre Feinde in jeder Hinsicht zu besiegen prophezeit Ihnen Gewinn. Wenn diese Sie besiegen, folgen widrige Umstände. Dieser Traum kann wörtlich genommen werden.

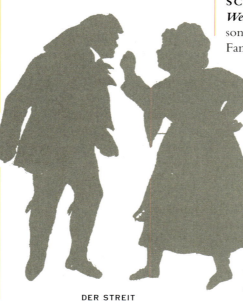

DER STREIT

Gewalt

GEWALT
Tut Ihnen jemand **Gewalt** an, werden Ihre Feinde Sie besiegen. Erfährt eine andere Person durch Sie Gewalt, so verlieren Sie durch unangebrachte Vorgehensweisen bei Unternehmungen Vermögen und Gunst.

VERLETZUNG
Verletzen Sie jemanden, werden Sie niedere Arbeiten erledigen, sich rächen und andere verletzen. Werden Sie verletzt, haben Sie Feinde, die Sie unterwerfen werden.

SCHLAG
Schläge bedeuten eine Verletzung. Bekommen Sie einen Schlag, droht eine Gehirnerkrankung. Verteidigen Sie sich, folgt geschäftlicher Erfolg.

SCHLAGEN
Werden Sie von einer wütenden Person **geschlagen**, drohen Zwist in der Familie und Unstimmigkeiten.

Schlagen Sie ein Kind, dann nutzen Sie jemanden aus; vielleicht neigen Sie dazu, ein Kind schlecht zu behandeln.

VERPRÜGELN
Wenn Sie jemanden verprügeln, verheißt dies Streit und unnötige gegenseitige Beschuldigungen.

Im Traum kann sich Gewalt durch einen häuslichen Streit *links,* **einen Kriegshelden wie General Norman Schwarzkopf** *gegenüber rechts* **oder einen Angriff** *gegenüber Mitte* **ausdrücken.**

Im Krieg

NORMAN SCHWARZKOPF

KRIEG
Vom **Krieg** zu träumen bedeutet ungünstige Voraussetzungen im Geschäft sowie Unordnung und Unfrieden in häuslichen Angelegenheiten.

Sieht eine junge Frau ihren **Liebsten in den Krieg** ziehen, dann wird sie Nachteiliges über ihn hören.

Glauben Sie, Ihr Land habe einen **Krieg verloren**, so ist dies ein Zeichen für politische und geschäftliche Umwälzungen. Persönliche Interessen werden einen Rückschlag erleiden.

Siegen Sie, werden geschäftliche Aktivitäten lebhaft und das häusliche Leben harmonisch sein.

SCHLACHT
Eine **Schlacht** verheißt, mit Schwierigkeiten zu kämpfen, jene aber schließlich zu bewältigen.

Unterliegen Sie in der Schlacht, werden schlechte Geschäfte anderer Ihre Aussichten zunichte machen.

KAMPFHANDLUNG
Nehmen Sie an **Kampfhandlungen** teil, so versuchen Sie bei einer Person durch Schmeichelei Gefühle zu erwecken, obwohl Sie wissen, daß dieses vergebens ist. Die Gefahr ist groß, daß Sie Ihren guten Ruf in Geschäftsdingen verlieren. Sie müssen große Anstrengungen unternehmen, um ehrlich zu bleiben.

Meint eine junge Frau, **Kämpfer** zu sehen, so wird sie bald die Wahl zwischen zwei Verehrern haben.

Taktiken

HINTERHALT
Werden Sie aus dem **Hinterhalt** angegriffen, signalisiert dies, daß in Ihrer Nähe eine Gefahr lauert und bald über Sie hereinbricht, sofern Sie die Warnzeichen unbeachtet lassen.

Wenn Sie andere aus dem Hinterhalt angreifen, um sich an ihnen zu rächen, dann werden Sie unehrlich handeln und Ihre Freunde betrügen.

BELAGERUNG
Träumt eine junge Frau, Sie lebe im **Belagerungszustand** und sei von Kavallerie umgeben, so wird sie bald ernsthafte Enttäuschungen beim Vergnügen erleben, überwindet diese aber und zieht aus scheinbaren Fehlschlägen Freude und Gewinn.

GEFANGENNAHME
Sind Sie ein **Gefangener**, dann werden Sie mit Verrat zu kämpfen haben, dem Sie sich nicht entziehen können; Verletzungen und Unglück werden Sie heimsuchen.

Nehmen Sie jemanden gefangen, werden Sie sich Zielen von Menschen geringeren Standes anschließen.

Wird eine junge Frau gefangengenommen, bedeutet dies, daß sie einen Ehemann bekommt, der auf ihr Vertrauen zu anderen Menschen eifersüchtig ist; oder sie erhält die Strafe für eine Indiskretion.

Gewinner und Verlierer

SIEG
Tragen Sie einen **Sieg** davon, so widerstehen Sie erfolgreich Angriffen von Feinden, und die Frauen liegen Ihnen zu Füßen.

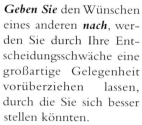
BELAGERUNG

NACHGEBEN
Geben Sie den Wünschen eines anderen **nach**, werden Sie durch Ihre Entscheidungsschwäche eine großartige Gelegenheit vorüberziehen lassen, durch die Sie sich besser stellen könnten.

Wenn andere **Ihnen nachgeben**, werden Ihnen spezielle Sonderrechte eingeräumt, und Sie werden besser gestellt sein als Ihre Partner.

Wenn Sie für Ihre Mühen **schlecht belohnt** werden, dann erwarten Sie Sorgen und Ängste.

BESCHWICHTIGEN
Beschwichtigen Sie Leidende, so zeigt dies an, daß Sie wegen Ihres liebenswerten Wesens geachtet werden. Einer jungen Frau verspricht dieser Traum einen ihr ergebenen Ehemann oder viele Freunde.

Beschwichtigen Sie die Wut anderer, werden Sie sich um deren Förderung einsetzen.

Wenn Liebende die Eifersucht der Geliebten beschwichtigen, wird sich herausstellen, daß deren Gefühle nicht erwidert werden.

Kampfschauplätze

FESTUNG
Sind Sie in eine **Festung** eingeschlossen, so wird es Ihren Feinden gelingen, Sie in eine unangenehme Situation zu bringen.

Wenn Sie **andere in eine Festung** einschließen, bestimmen Sie in der Liebe oder bei den Frauen das Geschehen.

FORT
Wenn Sie ein **Fort verteidigen**, bedeutet dies, daß Ihre Ehre und Besitz angegriffen werden und Ihnen dies große Sorgen bereiten wird.

Greifen Sie im Traum ein Fort an, so werden Sie Ihren ärgsten Feind besiegen und vorteilhafte Verpflichtungen eingehen.

Offiziere und andere Ränge

SOLDAT
Marschieren durch Ihre Träume **Soldaten**, so weist dies auf eine Zeit krasser Ausschweifungen hin, zur gleichen Zeit werden Sie aber über Ihre Gegner triumphieren.

Verwundete Soldaten sind ein Zeichen dafür, daß andere in Ihrem Leben ernste Komplikationen verursachen werden. Ihr Mitgefühl wird über Ihre Urteilsfähigkeit siegen.

Sind Sie ein tapferer Soldat, werden sich Ihre Wünsche buchstabengetreu erfüllen.

Sehen Frauen Soldaten, so ist ihr Ruf in Gefahr. ◎

OBERST
Erscheint Ihnen ein **Oberst** oder werden Sie von ihm befehligt, bedeutet dies, daß Sie in gesellschaftlichen Kreisen keine bedeutende Stellung einnehmen werden. Sind Sie selbst ein Oberst, so werden Sie eine Freunden und Bekannten übergeordnete Position einnehmen. ◎

HAUPTMANN
Der **Hauptmann** einer Kompanie verheißt, daß sich Ihre edelsten Ziele verwirklichen werden. Glaubt eine Frau, ihr Liebster sei ein Hauptmann, dann wird sie stark von Eifersucht geplagt werden. ◎

BEFEHL
Wenn Sie **Befehle entgegennehmen**, so werden Sie von Ihren Geschäftsfreunden für den Hohn getadelt, den Sie höhergestellten Personen gegenüber an den Tag gelegt haben.

Erteilen Sie Befehle, wird Ihnen bald eine Ehre zuteil. Geschieht dies auf eine herrische Art und Weise, werden Enttäuschungen folgen.

Wenn Sie **Befehle erhalten**, übt ein Mensch mit stärkerem Willen als Sie einen ungünstigen Einfluß auf Sie und Ihr Leben aus. ◎

KAVALLERIE
Wenn Sie einer Abteilung der **Kavallerie** angehören, werden Sie persönliche Förderung erfahren. Ihre erhöhte Stellung wird von einer kleinen Sensation begleitet sein. ◎

WACHEN
Eine **Wache** signalisiert, daß Sie wohlgesinnte Förderer haben. ◎

Seeschlachten

MARINE
Von der **Marine** zu träumen drückt aus, daß Sie lästige Hindernisse überwinden.

Wenn Sie verängstigt sind, werden Sie ungewöhnliche Hindernisse überwinden müssen, ehe Sie Ihr Glück machen..

Eine **verwahrloste Marine** ist ein Hinweis auf unvorteilhafte Freundschaften in Beruf oder Liebe. ◎

FLOTTE
Sehen Sie eine große **Flotte**, weist dies auf schnellen Wechsel im Beruf hin. Wo Niedergeschlagenheit herrscht, werden geschäftliche Dinge schnell vorangehen. ◎

SEGELSCHIFF
Ein **Segelschiff** prophezeit lange Reisen und Trennungen von Freunden; in politischen Angelegenheiten treten Zwistigkeiten auf.

Ist es beschädigt, werden Ihre heimischen Angelegenheiten durch außergewöhnliche Ereignisse Schaden nehmen.

Wenn es durch rauhe See segelt, können Schwierigkeiten private Angelegenheiten gefährden. ◎

UNTERWASSERFAHRZEUG
Unterwasserfahrzeugen zeigen an, daß eine in der Vergangenheit begangene Taktlosigkeit bekannt wird und Ihr Leben negativ beeinflußt.

Befinden Sie sich in einem Unterwasserfahrzeug, werden Sie ohne Absicht beunruhigende Neuigkeiten preisgeben. ◎

FLAGGE

Flaggen

BANNER
Wenn man das **Banner** des eigenen Landes wehen sieht, wird man über Feinde triumphieren.

Es zerstört zu sehen weist auf Kriege und den Verlust militärischer Ehren zu Land und zur See hin. ◎

STANDARTENTRÄGER
Wenn Sie träumen, ein **Standartenträger** zu sein, wird Ihre Tätigkeit angenehm und abwechslungsreich sein.

Wenn Sie andere als Standartenträger erblicken, werden Sie auf Freunde eifersüchtig und neidisch sein. ◎

Luftkrieg

OFFIZIER DER LUFTWAFFE
Sehen Sie einen **Luftwaffenoffizier**, werden Sie bald eine Reise unternehmen oder in naher Zukunft Besuch bekommen.

Sind Sie selbst ein Luftwaffenoffizier, so bedeutet dies, daß Sie eine leitende Position übernehmen werden. ◎

Vielleicht träumen Sie von Ihrer Landesflagge ganz links oder einem Leben beim Militär links, oder Sie werden von einem Gesetzeshüter getötet.

BEI DER MARINE

Schießen und Töten

SCHIESSEN
Andere *schießen* zu sehen oder zu hören bedeutet bei Ehegatten und Liebenden Unglück durch zu großen Egoismus. Dieser Traum weist auch darauf hin, daß durch Fahrlässigkeit Geschäfte unbefriedigend verlaufen und Vorhaben scheitern werden. ◉

SCHUSS
Glauben Sie, *erschossen* zu werden und zu sterben, dann werden Sie durch Mißverständnisse mit Freunden unerwarteten Schwierigkeiten gegenüberstehen. Entkommen Sie dem Tod jedoch durch Erwachen, werden Sie sich später mit ihnen wieder vollständig aussöhnen.

Werden Sie von einem *Priester erschossen*, dann wird Sie ein Freund verärgern, der eine andere Meinung als Sie vertritt. ◉

SCHROTFLINTE
Eine *Schrotflinte* weist auf häusliche Schwierigkeiten und Sorgen mit Kindern hin.

Aus beiden Läufen einer *zweiläufigen Schrotflinte* zu schießen heißt, daß Sie in Ihren privaten Angelegenheiten einer derart unfreundlichen Behandlung ausgesetzt sind, daß gerechter Zorn angebracht ist. ◉

REVOLVER
Wenn eine junge Frau ihren Liebsten mit einem *Revolver* sieht, dann wird sie sich von ihm trennen. ◉

PISTOLE
Eine *Pistole* bedeutet ganz allgemein Pech und Schicksalsschläge.

Wenn Sie selbst eine Pistole besitzen, dann werden Sie einen schlechten, hinterhältigen Charakter entwickeln.

Wenn Sie eine Pistole hören, werden Sie auf eine Intrige aufmerksam gemacht, die Ihre Vorhaben zunichte machen könnte.

Feuern Sie Ihre Pistole ab, so unternehmen Sie große Anstrengungen, um ein vermeintliches Unrecht wieder richtigzustellen. ◉

CLINT EASTWOOD

GEWEHR
Dies verheißt Leid. Wenn Sie das Geräusch einer *Pistole* hören, verlieren Sie Ihre Arbeitsstelle.

Wenn Sie *mit einer Pistole einen Menschen erschießen*, werden Sie in Ungnade fallen.

Selbst erschossen zu werden prophezeit, von schlechten Menschen verärgert zu werden und vielleicht eine akute Krankheit zu erleiden.

Träumt eine Frau vom Schießen, dann wird ihr im Zusammenhang mit Skandalen ein streitbarer Ruf vorhergesagt. Eine verheiratete Frau wird durch andere Frauen unglücklich. ◉

PATRONE
Patronen zeigen unglückliche Streitereien und Unstimmigkeiten an. Ein trauriges Schicksal bedroht Sie oder jemanden, mit dem Sie eng verbunden sind. Sind diese leer, wird es Meinungsverschiedenheiten in Ihrem Bekanntenkreis geben. ◉

BAJONETT
Gelangen Sie im Traum nicht in den Besitz des *Bajonetts,* so stehen Sie weiter in der Macht Ihrer Feinde. ◉

MUNITION
Munition ist ein Zeichen für ein Vorhaben, dessen Vollendung reichen Ertrag verspricht.

Glauben Sie, *Ihre Munition sei ausgegangen*, bedeutet das vergebliche Mühen und Anstrengungen.

Schwere Geschütze

KANONE
Eine *Kanone* signalisiert, daß Heim und Land in Gefahr sind, vom Ausland überfallen zu werden, und daß die Jugend unter den Gefahren des Krieges leidet.

Wenn eine junge Frau Kanonen hört oder sieht, dann wird sie einen Soldaten heiraten und ihm Glück wünschen, während er zu ihrer Verteidigung und Ehre in den Krieg zieht.

Sie sollten Träume dieser Art mittels Ihres Lebensumfeldes und den im Unterbewußtsein gespeicherten Erfahrungen deuten. Träumen Sie in Friedenszeiten von Kanonen, ist dies höchstwahrscheinlich eine Warnung vor Reibereien und möglichen Niederlagen. Leiten Sie ein Unternehmen, so kann sich nach vielen Sorgen und Fehlschlägen der Erfolg doch noch einstellen. ◉

KANONENKUGEL
Geheime Feinde machen gemeinsame Sache gegen Sie.

Wenn eine Dienerin eine *Kanonenkugel* sieht, wird sie einen Soldaten zum Freund bekommen.

Erblickt ein Jugendlicher eine solche, ist dies ein Aufruf, seinem Land zu dienen. ◉

Schwerter und Dolche

SCHWERT
Tragen Sie ein *Schwert*, so weist dies darauf hin, daß Sie eine öffentliche Funktion einnehmen werden.

Wird Ihnen ein *Schwert weggenommen*, unterliegen Sie einem Gegner.

Andere Schwerter tragen zu sehen bedeutet gefährliche Auseinandersetzungen.

Ein *zerbrochenes Schwert* verheißt Verzweiflung.

SCHEIDE
Wenn Sie von einer *Scheide* träumen, werden Sie ein Mißverständnis beilegen können.

DOLCH
Erscheint Ihnen ein *Dolch*, dann bedrohen Sie Feinde. Entreißen Sie den Dolch den Händen eines anderen, so werden Sie in der Lage sein, dem schlechten Einfluß Ihrer Feinde entgegenzuwirken.

STILETT
Sticht jemand mit einem Stilett auf Sie ein, so verursachen verborgene Feinde Beunruhigung.

Wenn Sie einen Menschen mit einer solchen Waffe angreifen, verdächtigen Sie Ihre Freunde der Untreue.

Der große Knall

EXPLOSION
Von einer Explosion *zu träumen heißt*, daß schlechte Taten nahestehender Personen Ihnen vorübergehenden Kummer und Verluste bereiten werden und daß eine geschäftliche Entwicklung enttäuschend sein wird.

Wenn Sie glauben, Ihr Gesicht oder das anderer sei geschwärzt oder entstellt, bedeutet dies, daß Sie ohne Ihr Zutun einer Taktlosigkeit beschuldigt werden, wobei die Umstände aber gegen Sie sprechen.

Sehen Sie Rauch und Schutt in der Luft, weist dies auf Unzufriedenheit in geschäftlichen Kreisen und sehr viel Feindseligkeit hin.

Wenn Sie meinen, vom Feuer eingeschlossen zu sein oder von der Explosion hoch in die Luft gewirbelt zu werden, sagt dies, daß Ihrer nicht würdige Freunde Ihr Vertrauen mißbrauchen werden.

Junge Frauen sollten sich nach einem solchen Traum vor Kontakten mit dem anderen Geschlecht hüten.

DYNAMIT
Dynamit *zu sehen ist ein Zeichen für herannahende Veränderung und die Erweiterung eigener Vorhaben.* Haben Sie davor Angst, so arbeitet insgeheim ein Feind gegen Sie, und wenn Sie nicht auf Ihr Verhalten achten, wird er sich zu einem ungünstigen Zeitpunkt zu erkennen geben.

BOMBE
Bomben *prophezeien Wut und Streit, der vor Gericht enden wird.* Es folgen viele Ärgernisse und unangenehme Vorfälle.

ATOMBOMBE
Erscheint Ihnen eine Atombombe, *wird bald eine Katastrophe eintreten, die Sie und Ihre Lieben betrifft.*

Von einer nuklearen Auseinandersetzung zu träumen heißt, daß Sie sehr viel Ärger herunterschlucken, der sich bald auf eine äußerst zerstörerische Art und Weise entladen wird.

Sporen und Lanzen

SPOREN
Tragen Sie *Sporen*, werden Sie in Streitigkeiten verwickelt.

Tragen andere sie, dann sagt dies Feindschaft voraus.

LANZEN
Lanzen bedeutet, daß bedrohliche Feinde auf Sie zukommen.

Wenn Sie von einer Lanze verwundet werden, dann wird Ihnen ein falsches Urteil Verdruß bereiten.

Eine *Lanze zu brechen* signalisiert, daß scheinbar Unmögliches erreicht wird und Wünsche erfüllt werden.

Alte Waffen

PFEIL UND BOGEN
Pfeil und Bogen stehen für großen Gewinn durch das Unvermögen anderer, ihren Verpflichtungen nachzukommen.

Wenn ein Schuß danebengeht, werden Hoffnungen auf erfolgreiches Vorwärtskommen zerstört.

PFEIL
Auf diesen Traum folgt Freude. Unterhaltung, Festlichkeiten und angenehme Reisen können erwartet werden.

Ein zerbrochener *Pfeil* symbolisiert Enttäuschung in Liebe und Beruf.

PRÜGEL
Werden Sie von einem Menschen mit einem *Prügel* angegriffen, drückt dies aus, daß Sie von Ihren Gegnern angegriffen werden, diese aber besiegen und außergewöhnlich glücklich und erfolgreich sein werden; greifen Sie jedoch einen Menschen an, werden Sie eine schwere und erfolglose Reise unternehmen.

SCHWERT siehe ZERBRECHEN Seite 265 ◆ DOLCH siehe HAND Seite 97 ◆ STILETT siehe KAMPF Seite 260 ◆ SPOREN siehe PFERDETRÄUME Seiten 34f. ◆ LANZE siehe GESICHT Seite 101, RAUCH, FLAMME Seite 80 ◆ DYNAMIT siehe ÄNGSTIGUNG Seite 253 ◆ ATOMBOMBE siehe WOLKEN Seite 74

Unfälle und Abenteuer

In Träumen sind wir Helden unserer eigenen Abenteuer: Das kann prikkelnd, furchterregend und spannend sein; es sind gefahrlose Abenteuer wie eine Fahrt auf der Achterbahn. In diesem Abschnitt werden Unfälle, Katastrophen, Aufruhr und Schiffbruch, Todesmut, die Annahme von Herausforderungen sowie Entkommen und Rettung in letzter Sekunde besprochen.

Brüche und Stürze

OBEN
Wenn Sie etwas *über* sich hängen sehen, weist das auf Gefahr hin. Stürzt es auf Sie herab, so kann dies den Ruin bedeuten. Verfehlt es Sie knapp, so werden Sie einem Geldverlust nur knapp entgehen.

Sollte es gut über Ihnen befestigt sein und keine Gefahr darstellen, wird sich Ihre Lage nach einem bedrohlichen Verlust bessern.

STOLPERN
Stolpern Sie während eines Traumes beim Gehen oder Rennen, dann begegnet man Ihnen mit Mißgunst. Auf Ihrem Weg zum Erfolg warten Hindernisse auf Sie. Wenn Sie aber nicht fallen, werden Sie diese schließlich überwinden.

STÜRZEN
Wenn Sie von etwas *abstürzen*, dann sind Sie unvorsichtig geworden und sollten sich bemühen, Ihre Angelegenheiten zu ordnen.

Wenn Sie andere stürzen sehen, ist dies ein Zeichen dafür, daß Sie von den Nachlässigkeiten anderer profitieren werden.

FALLEN
Wenn Sie *fallen* und dabei sehr erschrecken, werden Sie heftige Kämpfe durchstehen, schließlich aber zu Ehre und Reichtum gelangen. Werden Sie beim Fallen verletzt, so stehen Ihnen Not und der Verlust von Freunden bevor.

ZERBRECHEN
Dies verheißt Unheil. **Brechen** Sie sich *eines Ihrer Glieder*, so prognostiziert dies Ihren Unternehmungen einen möglichen Fehlschlag.

Wenn Sie **Möbel zerbrechen**, entsteht häuslicher Streit.

Zerbrechen Sie ein Fenster, so steht dies für einen Trauerfall.

Einen *zerbrochenen Ring* zu sehen bedeutet, daß die Ordnung durch heftige und gefährliche Aufstände bedroht wird, wie sie oftmals durch zänkische Streitereien entstehen.

Furchtbare Unfälle

UNFALL
Wer von einem Unfall *träumt, wird gewarnt, für kurze Zeit keine Reise zu unternehmen, da ihm der Verlust des Lebens droht. Sind Aktien betroffen, dann müssen Sie mit allen Kräften kämpfen, in den Besitz eines Gegenstandes zu gelangen – nur um danach einen Freund den gleichen Geldbetrag verlieren zu sehen, den er zu Ihrer Hilfe investiert hatte.*

KATASTROPHE
Wenn Sie eine Katastrophe *mit öffentlichen Verkehrsmitteln erleben, laufen Sie Gefahr, Eigentum zu verlieren oder von einer heimtückischen Krankheit heimgesucht zu werden.*

Glaubt eine junge Frau, in eine Katastrophe verwickelt zu sein, dann wird sie den Verlust ihres Geliebten durch Tod oder Fortgang betrauern.

Eine Katastrophe auf See bedeutet für Seeleute ein Unglück und den Verlust ihrer Heuer. Für andere zeigt dies Verlust durch Tod an. Wenn Sie aber gerettet werden, so kommen Sie in Versuchung, entgehen ihr aber unversehrt.

Sind Sie in ein Eisenbahnunglück verwickelt, so richtet sich Ihr Augenmerk auf einen Unfall, weil ein Bekannter oder Freund verletzt wurde, oder es stehen Ihnen geschäftliche Sorgen bevor.

ZUSAMMENSTOSS
Sehen Sie einen Zusammenstoß, *so widerfahren Ihnen ein ernster Unfall und Enttäuschungen im geschäftlichen Bereich.*

Träumt eine junge Frau, sie sehe einen Zusammenstoß, zeigt dies an, daß sie sich nicht zwischen zwei Verehrern entscheiden kann und zum Zankapfel wird.

STOLPERN *siehe* SPAZIERGANG, RENNEN *Seite* 267 ◆ FALLEN *siehe* ÄNGSTIGUNG *Seite* 253 ◆
ZERBRECHEN (KNOCHENBRUCH!) *siehe* ARM *Seite* 97, BEIN *Seite* 96, FENSTER *Seite* 213, RING *Seite* 161 ◆
KATASTROPHE *siehe* MEER *Seite* 79, SCHIFF *Seite* 226, RETTUNG *Seite* 266, ZUG *Seite* 225, WRACK *Seite* 266

Aufruhr und Trümmer

RASEREI
Wenn Sie im Traum **rasend** sind, werden Sie einen ernsthaften Sturz oder Unfall erleiden.

Sehen Sie andere so, dann werden Ihnen ungünstige Aussichten Kummer und Sorgen bereiten. ◎

WÜTENDER MANN
Erblicken Sie einen **wütenden Mann**, dann werden sich Ihre Feinde offen gegen Ihre Vorhaben wenden.

Wenn Sie selbst wütend sind, verheißt dies nichts Gutes. ◎

AUFRUHR
Aufruhr bedeutet große Enttäuschungen.

Wird ein **Freund bei einem Aufruhr getötet,** dann haben Sie in allen Dingen Pech. Der Tod oder die schwere Erkrankung eines Menschen wird Ihnen Kummer bereiten. ◎

WRACK
Erscheint Ihnen im Traum ein **Wrack,** werden Sie von Ängsten vor Armut oder plötzlichem Bankrott geplagt. ◎

ALARMGLOCKE
Hören Sie im Schlaf eine **Glocke**, verheißt dies, daß Sie Anlaß zur Sorge haben. ◎

GEFAHR
Sind Sie in einer **bedrohlichen Situation** und scheint der Tod bevorzustehen, dann werden Sie aus dem Nichts zu Rang und Ehre emporsteigen; sollten Sie aber der **Gefahr** nicht entkommen, so erleiden Sie geschäftliche Verluste.

Wenn Sie verliebt sind, sinken Ihre Chancen. ◎

FALLE
Stellen Sie eine **Falle** auf, bedeutet dies, daß Sie zur Durchsetzung Ihrer Pläne Intrigen einsetzen.

Wenn Sie **in eine Falle geraten**, werden Sie überlistet.

Fangen Sie **Wild in einer Falle,** sind Sie in Ihrem Beruf erfolgreich.

Sehen Sie eine **leere Falle,** wird bald ein Unglück geschehen.

Eine alte oder **kaputte Falle** prophezeit Fehlschläge im geschäftlichen Bereich. ◎

Tödliche Gefahren

NOT LEIDEN
Leiden Sie **Not,** so weist das darauf hin, daß Sie ernsthaften Schwierigkeiten begegnen; siegen Sie aber, werden Sie Ihre derzeitigen Schwierigkeiten bewältigen. ◎

ERSTICKEN
Wenn Sie **ersticken**, dann werden Sie durch das Benehmen einer geliebten Person schweren Kummer und Demütigungen erleiden. Sie sollten nach diesem Traum besonders auf Ihre Gesundheit achten. ◎

In Ihren Träumen können Sie eine heldenhafte Rettung sehen *oben* oder einen Sprung ins Nichts erleben *gegenüber*.

VON UNSICHTBAREN HÄNDEN GEWÜRGT WERDEN
Würgen Sie unsichtbare Hände, wird eine Ihnen nahestehende Person versuchen, Sie zu verletzen.

Werden Sie **erdrosselt**, so zeigt dies an, daß Sie bald in eine erdrückende und anstrengende Beziehung verwickelt werden. ◎

LEBENDIG BEGRABEN WERDEN
Wenn Sie **lebendig begraben werden,** sind Sie dabei, einen großen Fehler zu begehen, den Ihre Gegner ausnutzen werden. Wenn Sie gerettet werden, können Sie Ihr Mißgeschick mit etwas Anstrengung wiedergutmachen. ◎

RETTUNG

Dem Schicksal ein Schnippchen schlagen

HERAUSFORDERUNG
Werden Sie zu einem Kampf **herausgefordert**, kommen gesellschaftliche Schwierigkeiten auf Sie zu, und wenn Sie keine Freunde verlieren wollen, werden Sie sich entschuldigen müssen.

Eine Herausforderung anzunehmen bedeutet, daß Sie vielen Schwierigkeiten begegnen werden. ◎

ENTKOMMEN
Entkommen Sie einem Unglück, so ist dies meist ein ungünstiges Zeichen.

Entkommen Sie aus einer Gefangenschaft, weist dies auf Ihren Aufstieg von Armut zu Reichtum hin.

Entkommen Sie einer Seuche, verheißt dies Gesundheit und Wohlstand. Wenn Sie sich zu schützen suchen und dennoch erkranken, werden Sie durch die Pläne Ihrer Gegner leiden. ◎

RETTUNG
Werden Sie aus einer Gefahr **gerettet**, droht Ihnen Unglück, und Sie kommen ohne eigenes Zutun mit einem kleinen Verlust davon.

Andere zu retten signalisiert, daß Sie für gute Taten geachtet werden. ◎

RASEREI siehe **RENNEN** Seite 267 ◆ **AUFRUHR** siehe **FREUND** Seite 124, **TÖTEN** Seite 247 ◆ **WRACK** siehe **SCHIFF** Seite 226 ◆ **GEFAHR** siehe **WUNDE** Seite 112, **TOD** Seite 120 ◆ **FALLE** siehe **MAUSEFALLE** Seite 40, **RATTENFALLE** Seite 41, **FLIEGENFALLE** Seite 48, **WILD** Seite 174, **ZERBRECHEN** Seite 265 ◆ **VON UNSICHTBAREN HÄNDEN GEWÜRGT WERDEN** siehe **HAND** Seite 97 ◆ **LEBENDIG BEGRABEN WERDEN** siehe **GRAB** Seite 122 ◆ **HERAUSFORDERUNG** siehe **KAMPF** Seite 260 ◆ **ENTKOMMEN** siehe **VERLETZUNG, EPIDEMIE** Seite 106, **UNFALL** Seite 265

Bewegung im Traum

Im Traum eine Ihnen unbekannte Bewegung auszuführen, die Sie entweder urplötzlich oder in einer unangemessenen Geschwindigkeit ausführen, ist ganz alltäglich. Dieser Abschnitt behandelt all jene Träume, in denen Sie körperliche Bewegungen erleben, die Ihnen auch im Wachzustand angenehm sind: Kriechen und Rutschen, Gehen und Rennen, Klettern und Fliegen.

Kriechen und Rutschen

KRIECHEN
*Kriechen Sie auf der Erd*e und verletzen dabei Ihre Hand, weist dies darauf hin, daß Ihnen unangenehme Aufgaben übertragen werden. *Kriechen* Sie durch unebenes Gelände, so haben Sie Ihre Möglichkeiten nicht angemessen genutzt. Wenn eine junge Frau nach diesem Traum nicht auf ihr Benehmen achtet, wird sie die Achtung ihres Geliebten verlieren.

Mit anderen *durch den Schlamm zu kriechen* bedeutet eine Flaute im Geschäft. Ihre Freunde haben Grund, Sie zu tadeln. ◎

RUTSCHEN
Rutschen signalisiert Enttäuschung in der Liebe. Die Geliebten werden Versprechungen nicht einhalten.

Wenn Sie *einen Hügel hinunterrutschen,* der mit grünem Gras bewachsen ist, werden Sie durch Schmeicheleien in den Ruin getrieben. ◎

Flucht
Vom Flüchten *zu träumen* bedeutet Schande und unangenehme Nachrichten von Abwesenden. Träumt eine junge Frau von der Flucht, so war ihr Verhalten fragwürdig, und ihr Liebster wird sie im Stich lassen. *Wenn etwas* vor Ihnen flieht, *heißt das, daß Sie aus einer Auseinandersetzung siegreich hervorgehen werden.* ✽

Gehen

WANDERN
Wenn Sie durch eine Landschaft **wandern**, verheißt dies, daß Traurigkeit Sie bedrücken wird. Ihr materielles Umfeld läßt aber nichts zu wünschen übrig. Einer jungen Frau prophezeit dies ein komfortables Heim, jedoch frühen Verlust Ihres Ehemanns oder Geliebten. ◎

SPAZIERGANG
Spazieren Sie auf baumgesäumten Wegen, dann werden Sie wegen geschäftlicher Verwicklungen sehr beansprucht sein; unangenehme Mißverständnisse verursachen Kälte und Gleichgültigkeit.

Durch schöne Landschaften zu spazieren bedeutet, Reichtum und Ansehen zu genießen.

Nachts spazierenzugehen bringt Mißgeschick und vergebliches Streben nach Zufriedenheit.

Wenn eine junge Frau **schnell spazierengeht**, wird sie ein großes Vermögen erben und einen heißbegehrten Gegenstand besitzen. ◎

SPAZIERSTOCK
Ein *Spazierstock* weist darauf hin, daß Sie Verträge ohne gründliche Prüfung eingehen und Ihnen aus diesem Grund daraus Nachteile erwachsen werden.

Benutzen Sie einen Spazierstock beim Gehen, dann werden Sie wahrscheinlich auf den Rat anderer angewiesen sein.

Wenn Sie schöne Stöcke bewundern, werden Sie anderen Ihre Angelegenheiten anvertrauen. ◎

Rennen und Springen

SPRINGEN
Springen Sie über einen Gegenstand, werden Sie erfolgreich sein; fallen Sie aber dabei, machen unangenehme Ereignisse Ihnen das Leben fast unerträglich.

Von einer Mauer **herabzuspringen** bedeutet rücksichtslose Spekulationen und Enttäuschung in der Liebe. ◎

SPRINGEN

HÜPFEN
Hüpft eine junge Frau über ein Hindernis, dann wird sie gegen Widerstände ihren Willen durchsetzen. ◎

RENNEN
Wenn Sie in Gesellschaft anderer *rennen*, ist das ein Zeichen dafür, daß Sie an einer Festlichkeit teilnehmen und sehen werden, wie Ihre Angelegenheiten sich zum Guten wenden. Stolpern oder fallen Sie, werden Sie Besitz und Ansehen verlieren.

Rennen Sie allein, weist das darauf hin, daß Sie Ihre Freunde im Wettlauf um Wohlstand übertreffen und eine höhere Stellung im gesellschaftlichen Leben einnehmen werden.

Rennen Sie vor einer Gefahr davon, werden Sie beim Versuch verzweifeln, die Dinge friedlich zu regeln.

Andere derart rennen zu sehen zeigt an, daß der drohende Fall von Freunden Sie bedrücken wird.

Rennendes Vieh ist eine Warnung, bei der Annahme neuer Aufgaben vorsichtig zu sein. ◎

Träume von Wasser

ERTRINKEN

WATEN
Wenn Sie in klarem Wasser **waten**, erleben Sie kurze, aber vortreffliche Freuden. Wenn das Wasser schlammig ist, erleiden Sie Krankheit oder Kummer.

Kinder in klarem Wasser waten zu sehen ist ein Vorzeichen von Glück, und Ihre Vorhaben sind erfolgversprechend.

Träumt eine junge Frau, sie wate in schaumigem Wasser, so wird sie bald in der höchsten Gunst ihres Angebeteten stehen. ◎

SCHWEBEN
Zu **schweben** bedeutet, daß Sie scheinbar unüberwindliche Hindernisse erfolgreich bewältigen können. Ist das Wasser schlammig, so werden Ihre Erfolge zu wünschen übrig lassen. ◎

ERTRINKEN
Ertrinken zeigt den Verlust von Eigentum und Leben an; werden Sie aber gerettet, so steigen Sie aus Ihrer gegenwärtigen Position zu Wohlstand und Ehre auf.

Wenn andere ertrinken und Sie zu deren Rettung eilen, so haben Sie einen einflußreichen Freund und werden wohlverdientes Glück genießen.

Sieht eine junge Frau ihren Liebsten ertrunken, prophezeit dies Verlust durch Tod. ◎

In Träumen von Wasser ertrinken Sie eher oben, *als zu winken.*

Aufsteigen, Klettern und Fliegen

AUFSTEIGEN
Wenn Sie zu einer hohen Position **aufsteigen**, bedeutet dies, daß Sie durch Studium und Förderung zu Wohlstand kommen.

Steigen Sie hoch in die Luft auf, so erwarten Sie unerwarteter Reichtum und Freude. Nehmen Sie aber Ihre Pflichten nicht sorgsam wahr, könnten Sie in eine unangenehme Situation geraten. ◎

KLETTERN
Wenn Sie während eines Traumes einen Hügel oder Berg **hinaufklettern**, werden Sie die bedrohlichsten Hindernisse überwinden können, die einer erfolgreichen Zukunft im Wege stehen; sollten Sie nicht zum Gipfel kommen, werden jene Pläne fehlschlagen, die Ihnen am meisten bedeuten.

Klettern Sie eine Leiter oder die letzte Sprosse hinauf, werden Sie im Beruf Erfolg haben. Zerbricht die Leiter, geraten Sie unerwartet in Not, und Unfälle können geschehen.

Sehen Sie sich auf merkwürdige Weise **an der Wand eines Hauses hinaufklettern**, und öffnet sich plötzlich ein Fenster, um Sie hineinzulassen, dann werden Sie mit außerordentlicher Kraft gegen den Rat Ihrer Freunde vorgehen. Und obwohl Sie Erfolg damit haben werden, überwältigt Sie zeitweise der Schmerz darüber. ◎

STEIGEN
Wenn Sie zu einem sehr hohen Ort **aufsteigen**, ist das ein gutes Zeichen; andernfalls werden Ihnen Hindernisse im Wege stehen. ◎

FLIEGEN
Wenn Sie durch das Weltall **fliegen**, verheißt dies Unglück in der Ehe.

Niedrig und fast über dem Boden **zu fliegen** weist auf Krankheiten und Unruhezustände hin, von denen man sich aber erholt.

Glauben Sie, **über schmutzigen Gewässern zu fliegen**, werden Sie gewarnt, Ihre Privatangelegenheiten für sich zu behalten, da Feinde Sie umgarnen wollen.

Über einer zerstörten Gegend zu fliegen, bedeutet Unglück. Wenn Sie während des Fluges grüne Bäume und Pflanzenwuchs bemerken, werden Sie in vorübergehende Verlegenheiten kommen, Sie werden aber großen Reichtum erlangen. Sehen Sie während des Fluges die Sonne, so machen Sie sich unnötige Sorgen.

Am Firmament, am Mond und anderen Planeten **vorbeizufliegen** signalisiert Hunger, Krieg und Schwierigkeiten aller Art.

Besitzen Sie schwarze Flügel, so werden Sie bitter enttäuscht.

Während des Fluges zu fallen verkündet Ruin. Wachen Sie im Fallen auf, wendet sich alles zum Guten.

Träumt ein junger Mann, **mit weißen Flügeln** über grünem Laub **zu fliegen**, so steigt er im Beruf auf; auch in der Liebe wird er Erfolg haben. Erscheint ihm dies oft, ist es ein Zeichen für steigenden Wohlstand und die Erfüllung von Wünschen. Wenn die Bäume kahl oder tot sind, wird er beim Erreichen seiner Ziele mit Hindernissen rechnen müssen. Er kommt damit zurecht, seine Anstrengung wird aber nur kleine Erfolge bringen.

Wenn eine Frau glaubt, sie fliege von einer Stadt zur anderen und ließe sich auf Kirchtürmen nieder, so wird sie sich gegen viele falsche Anschuldigungen und Liebeserklärungen behaupten müssen. Es drohen ihr Krankheiten und der Tod einer nahestehenden Person.

Wird eine Frau **während des Fluges beschossen**, heißt dies, daß ihre Feinde ihren Aufstieg in höhere Sphären des Nutzens und des Wohlstandes zu verhindern suchen.

Wenn Sie **am Himmel** zwischen seltsamen Gesichtern und Tieren **schweben**, so werden Ihnen durch Eifersucht große Leiden und Schmerzen widerfahren. Ihre Liebe und Treue werden auf der Strecke bleiben. ◎

Schicksal und Zukunft

Träume von Glück, Schicksal und der Zukunft sollten niemals als die Prophezeiung betrachtet werden, als die sie zunächst erscheinen. In den meisten Fällen beschreiben sie, wie ein Konflikt zu lösen ist, der Ihnen tagsüber Probleme bereitet. In diesem Abschnitt werden Glück und Pech besprochen, verschiedene Arten der Weissagung und was in den Sternen steht.

Glück

GLÜCK
Zu träumen, man habe *Glück*, ist höchst vorteilhaft für einen. Angenehme Pflichten werden Ihnen zu Ihrer Freude auferlegt.

Einem Niedergeschlagenen sagt dies Besserung und Erneuerung des Wohlstandes voraus.

UNGLÜCK
Sind Sie im Traum *unglücklich*, dann weist dies auf einen größeren Verlust für Sie hin.

TALISMAN
Wenn Sie einen *Talisman* tragen, haben Sie angenehme Gesellschaft, und reiche Personen erweisen Ihnen einen Gefallen. Glaubt eine junge Frau, ihr Liebster schenke ihr einen Talisman, erfüllt sich ihr Heiratswunsch.

GLÜCKSSTERNE

Wahrsagen

ZUKUNFT
Beschäftigen Sie sich mit der *Zukunft*, so können Sie durch umsichtiges Vorgehen nachteilige Extravaganzen vermeiden.

HELLSEHEN
Wenn Sie vom *Hellsehen* träumen und sich selbst in der Zukunft erblicken, wechseln Sie Ihren derzeitigen Beruf, und es kommen eine Reihe unglücklicher Konflikte auf Sie zu.

Der *Besuch bei einem Hellseher* prophezeit Nachteile.

HANDLESEN
Für eine junge Frau ist das *Handlesen* ein Zeichen dafür, daß ein Verdacht auf sie fallen wird. Liest man ihr aus der Hand, so hat sie viele Freunde des anderen Geschlechts, ihr eigenes wird sie aber ablehnen. Liest sie anderen aus der Hand, wird sie aus klugem Verhalten Gewinn ziehen, jedoch trotz ihrer Vornehmheit die Hilfe eines Freundes in Anspruch nehmen müssen.

WAHRSAGEN
Wenn Ihnen die Zukunft *geweissagt* wird, denken Sie viel über ein schwieriges Problem nach und sollten Ihre Zustimmung zu dessen Bereinigung nur nach reiflicher Überlegung geben.

Einer jungen Frau wird hierdurch die Wahl zwischen zwei Rivalen vorhergesagt. Sie wird sich bemühen, die Stellung eines der beiden in Beruf und in der Gesellschaft herauszubekommen. Träumt sie, sie sei *mit einem Wahrsager verlobt*, bedeutet dies, daß sie die sprichwörtliche Nadel im Heuhaufen gefunden hat. Sie sollte nach Selbständigkeit streben, ansonsten wird sie in der Ehe Not leiden.

Astrologie

KIRCHLICHE SYMBOLE
Kirchliche Symbole weisen auf eine außerplanmäßige Reise hin, die Sie wegen eines unglücklichen Vorkommnisses unternehmen müssen. Darüber hinaus müssen Sie bei Ihren Verpflichtungen umsichtig vorgehen, wenn Streitigkeiten vermieden werden sollen.

HOROSKOP
Erleben Sie, wie Ihr *Horoskop* gedeutet wird, so kündigt dies unerwartete Wechsel in verschiedenen Dingen und eine weite Reise an. Wahrscheinlich werden Sie sich mit einem Fremden anfreunden.

Wenn Ihnen die Sterne gedeutet werden und Ihnen Ihr Schicksal vorhergesagt wird, erwartet Sie eine Enttäuschung.

TIERKREISZEICHEN
Die *Tierkreiszeichen* sind ein Zeichen für Aufstieg zu Wohlstand.

Sehen diese ungewöhnlich aus, so wird unerwartetes Leid über Sie kommen.

Blicken Sie im Traum *auf die Tierkreiszeichen*, heißt dies, daß Sie durch die Begegnung mit Fremden einen hohen Rang erlangen werden.

Kommen Sie den Tierkreiszeichen näher, so wird dadurch vorhergesagt, daß Sie das Rätsel der Menschheit lösen und dies Ihre kühnsten Vorstellungen übertreffen wird.

Geheimnisse und Mysterien

Geheimnisse und Mysterien sind im Traum genauso faszinierend wie in der Wirklichkeit. Dieser Abschnitt erkundet die alltäglichen Geheimnisse unbekannter Menschen und verborgener Gegenstände, von Menschen geschaffene Mysterien der Geheimbünde und Labyrinthe, das politische Geheimnis der Spionage, das Okkulte sowie das Schreibbrett.

Verborgene Bedeutungen

FREMDE MENSCHEN
Treffen Sie auf *fremde* Menschen, bedeutet dies eine Wende zum Guten oder Schlechten, je nachdem, ob man gut aussieht oder verunstaltet ist. Fühlen Sie sich fremd, verheißt dies, daß Sie ein Unglück in Mitleidenschaft zieht. ◎

VERSTECKEN
Haben Sie etwas *versteckt,* so wird Ihnen eine Beschämung widerfahren.
Versteckte Dinge zu finden prophezeit Ihnen unerwartete Freuden. Wenn eine junge Frau von versteckten Gegenständen träumt, wird sie Gegenstand widersprüchlichen Tratsches sein, sich aber als ehrenhaft erweisen. ◎

PRIVATSPHÄRE
Leidet Ihre *Privatsphäre* unter Eindringlingen, werden anmaßende Menschen Ihnen Sorgen bereiten. Eine Frau sollte genauer auf ihre Privatangelegenheiten achten. Stört sie die Privatsphäre ihres Liebsten, so wird sie auf Ihre Wortwahl achten müssen, um nicht das Vertrauen eines Menschen zu verlieren. ◎

GEHEIMNIS
Wundern Sie sich über ein *geheimnisvolles* Ereignis, zeigt dies, daß Fremde Sie mit ihren Sorgen belästigen und Hilfe fordern. Sie werden auch vor der Vernachlässigung Ihrer Pflichten gewarnt. Durch den Beruf werden Sie in unangenehme Komplikationen verwickelt.

Wenn Sie das *Geheimnis der Schöpfung* untersuchen, dann wird eine Veränderung in Ihrem Leben Sie in höhere Sphären des Wissens und somit näher zu wahrer Freude und Glück bringen. ◎

EINE SIBYLLE

LABYRINTH
Wenn Sie von einem *Labyrinth* träumen, werden Sie in schwierige und verwirrende geschäftliche Angelegenheiten verwickelt, und Ihre Frau wird das häusliche Umfeld unerträglich machen. Kinder und Liebste stellen sich als unausstehlich heraus.

Befinden Sie sich im Labyrinth der Nacht oder der Dunkelheit, so werden Sie vorübergehend schmerzhafte Krankheit und Kummer erleben.

Ein *Labyrinth aus grünen Reben* und Hölzern bedeutet, daß sich scheinbarer Verlust und Verzweiflung als Glück herausstellen werden.

Ein *Labyrinth aus Schienen* verspricht lange Reisen. Sie treffen auf interessante Menschen, werden auf diesen Reisen aber keine finanziellen Gewinne erzielen. ◎

Geheime Zeichen

SCHREIBBRETT
Mit einem *Schreibbrett* zu arbeiten signalisiert das Mißlingen von Plänen und unglückliche Partnerschaften.

Nicht damit arbeiten zu können steht für Schwierigkeiten durch Vernachlässigung der Arbeit zugunsten des Vergnügens. Wenn es fließend schreibt, folgen gute Ergebnisse. ◎

SIBYLLEN
Sibyllen drücken aus, daß Sie der Versuchung und anderen unmoralischen Freuden erliegen. ◎

WÜNSCHELRUTE
Sehen Sie eine *Wünschelrute*, wird ein Unglück Unzufriedenheit mit ihrer Umgebung auslösen. ◎

OKKULTIST
Hören Sie den Lehren eines *Okkultisten* zu, möchten Sie andere zu einem ausgeprägteren Gerechtigkeitssinn und nobleren Ansichten hinführen. Übernehmen Sie seine Meinung, verheißt dies materielle Ausschweifungen. ◎

AURA
Sprechen Sie über etwas, das mit der *Aura* zu tun hat, dann werden Sie in geistige Unrast geraten und daran arbeiten, die Kraft zu erkunden, die Sie innerlich antreibt. ◎

ASTRALKÖRPER
Träume vom *Astralkörper* bedeuten, daß Ihre Vorhaben Sie zu weltlichem Erfolg führen werden. Ein Bild Ihres Astralkörpers bringt Kummer. ◎

Geheimnisse und Mysterien

Spione

SPION
Wenn **Spione** Sie schikanieren, so bedeutet dies gefährliche Streitereien und Unruhe.

Sind Sie ein Spion, dann werden Sie ungünstige Wagnisse eingehen.

KENNWORT
Träumen Sie von einem **Kennwort**, werden Sie bald von einflußreicher Seite bei der Beseitigung eines Hindernisses Hilfe bekommen.

Eine Frau, die ein **Kennwort weitergegeben** hat, wird darauf hingewiesen, daß sie ihre eigene gesellschaftliche Stellung durch leichtfertige Liebschaften oder unstatthafte Begierden gefährdet.

VERSCHWÖRUNG
Ist im Traum eine **Verschwörung** gegen Sie gerichtet, zielen Ihre Bemühungen nicht auf die richtigen Objekte und Menschen.

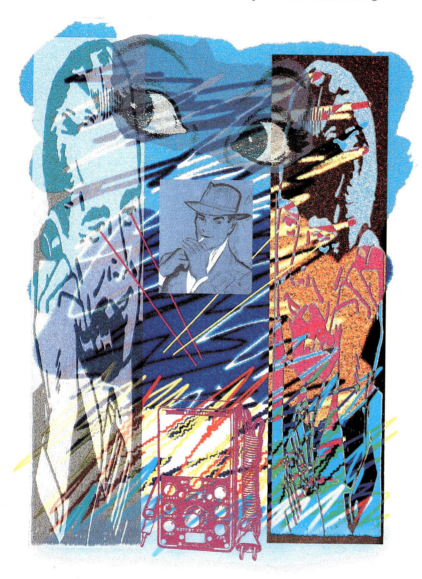

DIE WELT DES SPIONS

Geheimbünde

GEHEIMBUND
Sehen Sie einen **Geheimbund**, so heißt dies, daß Sie einen empfindlichen Organismus besitzen; Sie sollten nach praktischen und selbstlosen Idealen streben. Sie könnten bald Gelegenheit haben, ehrliche Freuden zu erleben und literarische Auszeichnungen zu ernten. Für jemanden, der einem Geheimbund beitritt, besteht ein Hang zu berechnenden Freundschaften. Junge Frauen sollten den Rat erfahrener Personen beherzigen, oder sie legen sich schlechte und abstoßende Gewohnheiten zu.

Trifft eine junge Frau den Vorsitzenden des Bundes, sollte sie energisch den Versuchungen widerstehen, die sich ihr verlockend darbieten. Glaubt sie, ihre Mutter habe sich dem Orden angeschlossen, und bemüht sie sich nach besten Kräften, diese zur Zurücknahme des Gelöbnisses zu überreden, bedeutet dies, daß sie ihren Eltern sehr viel Liebe entgegenbringt und ihnen dennoch durch Zorn und Ungehorsam Kummer bereiten wird. Ist der Vorsitzende tot, werden schwere Belastungen und Gerichtsverfahren vergleichsweise gut ausgehen.

SYMBOL DER FREIMAURER

ODD FELLOW
Von diesem alten englischen Orden zu träumen zeigt an, daß Sie ehrliche Freunde haben und das Unglück Ihnen wenig anhaben kann. Treten Sie dem Bund bei, erlangen Sie Ansehen und Glück.

....

Träume von Geheimnissen und Mysterien können Ihnen geheimnisvolle Vorgänge aufzeigen. Im Gegensatz dazu können Sie menschliche Geheimnisse in die aufregende Welt der Spione führen *links*, **oder Sie lassen sich durch den obskuren Symbolismus der Freimaurer verwirren** *oben*.

Magie und Mythen

Die meisten Träume besitzen ihre eigene Magie; Träume von Magie und jenen, die sie ausüben, besitzen jedoch einen eigenen Zauber. In diesem Abschnitt werden Hexen, Hexenmeister, Hexerei, mythische Geschöpfe, Fabelwesen wie Drachen und Einhörner, grauenhafte Erscheinungen wie Vampire und Wassergeister sowie klassische Mythen besprochen.

Hexen und Hexer

VERZAUBERUNG
Wenn Sie unter einem Bann oder *Zauber* stehen, bedeutet dies, daß Sie, wenn Sie nicht aufpassen, dem als Vergnügen getarnten Bösen erliegen werden. Junge Menschen sollten auf den gutgemeinten Rat Älterer hören.

Widerstehen Sie der Verzauberung, dann werden Sie wegen Ihrer weisen Ratschläge und Großzügigkeit sehr begehrt sein. Verzaubern Sie andere, so werden Sie dem Bösen verfallen.

MAGIE
Verwirklichen Sie ein Vorhaben mittels *Magie*, stehen Ihnen angenehme Überraschungen bevor.

Wenn andere diese Kunst ausüben, bringt dies all jenen, die solches träumen, Veränderungen.

Sehen Sie einen *Zauberer*, dann erwarten Personen, die mit höherer Bildung befaßt sind, interessante Reisen; Kaufleute werden gute Gewinne machen.

Magie sollte in diesem Falle nicht mit Hexerei und Spiritismus verwechselt werden. Deutet der Leser seinen Traum, so kann er das Gegenteil des Geträumten erwarten. Echte Magie ist das Studium der höheren Wahrheiten der Natur.

GEISTERBESCHWÖRER
Ein *Geisterbeschwörer* und seine Kunst signalisiert, daß Sie durch schlechte Bekanntschaften gefährdet sind, die Sie zum Bösen verleiten werden.

HEXER
Erscheint Ihnen ein *Hexenmeister*, erleben Sie durch Ehrgeiz Enttäuschungen und Veränderungen.

ZAUBERER
Sehen Sie einen *Zauberer*, so werden Sie eine große Familie haben, die Ihnen viele Unbequemlichkeiten bereiten wird. Jungen Menschen wird dadurch Verlust und die Auflösung von Verlobungen angekündigt.

HEXE
Hexen sind ein Zeichen dafür, daß Sie und andere Abenteuer suchen, die Ihnen übermütige Freuden bereiten, sich aber als für Sie beschämend herausstellen werden. Wenn Hexen über Sie kommen, wird der Beruf leiden, und häusliche Angelegenheiten können enttäuschend sein.

HEXE

DER HEILIGE GEORG MIT DEM DRACHEN

VERZAUBERUNG siehe VERSUCHUNG Seite 250 ◆ MAGIE siehe ZAUBERER, ZAUBERTRICK Seite 170

Magie und Mythen

Fabelwesen

DRACHE
Drachen kündigen an, daß Sie sich von Leidenschaften beherrschen lassen und durch diese lasterhaften Neigungen Ihren Feinden Vorteile verschaffen. Durch diesen Traum wird Ihnen mitgeteilt, daß Sie mehr Selbstbeherrschung üben sollten. ◎

EINHORN
Erscheint Ihnen ein *Einhorn*, so winken Ihnen Glück und günstige Begebenheiten. ◎

MONSTER
Werden Sie von einem *Monster* verfolgt, dann wird Ihre unmittelbare Zukunft von Sorgen und Unglück bestimmt werden.
Besiegen Sie ein Monster, werden Sie gegen Ihre Feinde erfolgreich vorgehen und zu herausragender Stellung aufsteigen. ◎

MONSTER

WASSERGEIST
Sehen Sie einen *Wassergeist*, werden Sie sich bald von einem treuen Freund trennen.
Glauben Sie, er werde lebendig, so stehen Ihnen Sorgen und Unglück bevor. ◎

VAMPIR
Bei *Vampiren* sollten Sie sich vor jemandem in acht nehmen, der sie ausnutzen möchte.
Werden Sie *von einem Vampir gebissen* oder angegriffen, so müssen Sie sich vor falschen Freunden in acht nehmen.
Kämpfen Sie mit einem Vampir oder *töten ihn mit einem Pflock*, dann werden Sie jemanden besiegen, der Ihnen gegenüber schlechte oder schädliche Absichten hegt.
Ist ein guter Bekannter der Vampir, so sollten Sie sich vor den Absichten dieser Person hüten. ◎

In Träumen aus dem Bereich von Mythen und Magie können Sie den heiligen Georg mit dem Drachen kämpfen sehen *links*, eine Hexe *gegenüber rechts* oder den grotesken Körper eines Monsters *oben*.

Elfen und Nymphen

KOBOLD
Kobolde kündigen Ihnen an, daß Ihnen Schwierigkeiten aus einem scheinbar belanglosen Vergnügen erwachsen werden.
Meinen Sie, Sie seien ein Kobold, werden Dummheit und Laster Sie verarmen lassen. ◎

ELFE
Elfen sind ein gutes Omen, da immer das fröhliche Gesicht eines Kindes oder einer Frau erscheint. ◎

NYMPHE
Nymphen in klarem Wasser prophezeien, daß leidenschaftliche Wünsche bald erfüllt werden. Heitere Unterhaltung wird Sie erfreuen.
Wer sie außerhalb Ihres Elements sieht, wird von der Welt enttäuscht.
Sieht eine junge Frau eine Nymphe baden, dann wird sie große Gunst und Freude genießen, die sich aber nicht innerhalb schicklicher Grenzen bewegen werden.
Stellt sie selbst eine Nymphe dar, ist dies ein Zeichen dafür, daß sie ihre Anziehungskraft für selbstsüchtige Zwecke und somit zum Schaden von Männern nutzt. ◎

Schicksalsgöttin

SCHICKSALSGÖTTIN
Die *Schicksalsgöttin* weist auf unnötige Streitereien und Unglück hin. Spielt eine junge Frau mit dem Schicksal, so wird sie sich mutig zwischen treue Freunde oder Geliebte stellen. ◎

Geräusche und Visionen

In diesem Abschnitt werden Träume mit doppelter Wahrnehmung besprochen. Träume vom Schlafen, von phantastischen Erscheinungen, Geistern und Phantomen werden aufgezeigt, aber auch die vielen seltsamen Geräusche und mysteriösen Stimmen, die Sie manchmal in Ihrem Traum hören können.

Träume vom Schlaf

GÄHNEN
Gähnen Sie, dann werden Sie vergeblich nach Gesundheit und Zufriedenheit streben.

Sehen Sie andere *gähnen,* wird vorausgesagt, daß Sie einige Ihrer Freunde in erbärmlichem Zustand sehen werden. Diese werden durch Krankheiten von ihren üblichen Tätigkeiten abgehalten.

SCHLAF
Liegen Sie in frischen Betten, bedeutet dies Frieden und Wohlwollen für alle, die Ihnen lieb sind. An außergewöhnlichen Orten zu *ruhen* verheißt Krankheit und gebrochene Versprechen. *Neben einem kleinen Kind zu schlafen* weist auf häusliche Freuden und Zuneigung hin.

Andere schlafen zu sehen zeigt an, daß Sie Ihre Widersacher im Kampf um eine Frau besiegen und deren Gunst erringen werden.

Schlafen Sie mit einer abstoßenden Person oder einem Gegenstand, so werden Sie davor gewarnt, daß die eigene Liebe schneller als die des Liebsten vergeht und Sie wegen Ihrer Eskapaden leiden werden. Träumt eine junge Frau, sie *schlafe mit ihrem Liebsten* oder einem faszinierenden Gegenstand, wird sie davor gewarnt, seinem Charme willig zu erliegen.

SCHLAFWANDLER
Sich vorzustellen, Sie seien ein *Schlafwandler,* bedeutet, daß Sie unbewußt einer Vereinbarung oder Plänen zustimmen, die Ihnen Angst oder Kummer bereiten werden.

ALPTRAUM
Erleben Sie dieses grauenhafte Gefühl im Traum, so drohen Zank und Fehlschläge bei Geschäften.

Einer jungen Frau verheißt dies Enttäuschung und unverdiente Angriffe. Sie können ebenso darauf aufmerksam gemacht werden, mit Gesundheit und Lebensmitteln vorsichtig umzugehen.

WACHZUSTAND
Glauben Sie, *wach* zu sein, so werden Sie durch merkwürdige Vorkommnisse in düstere Stimmung versetzt.

Durch grüne Felder zu gehen oder eine Landschaft zu sehen und dabei zu bemerken, daß dies im *Wachzustand* geschieht, signalisiert, daß Ihnen Gutes und Heiteres bevorsteht, daß aber zwischen Gegenwart und Zukunft noch Unangenehmes geschehen wird.

Bildnisse

Sehen Sie Bildnisse, *werden Sie in Beruf und Liebe wenig Erfolg haben. Ein Bild in Ihrer Wohnung aufzuhängen bedeutet, daß Sie einen schwachen Geist haben und leicht vom Weg abgebracht werden können. Nach einem Traum dieser Art sollten Frauen auf ihren Ruf achten. Sind die Bildnisse häßlich, werden Sie zu Hause Ärger bekommen.*

Offenbarungen und Visionen

OFFENBARUNG
Erscheint Ihnen eine *Offenbarung* und ist diese von angenehmer Natur, dürfen Sie entweder im Beruf oder in der Liebe gute Chancen erwarten. Ist die Offenbarung düster, so werden Sie viele entmutigende Vorkommnisse zu überwinden haben.

ERSCHEINUNG
Tragen Sie außergewöhnliche Sorge für alle, die auf Sie angewiesen sind. Eine Katastrophe erwartet Sie und die Ihren. Sowohl Besitz als auch Leben sind in Gefahr. In der Beziehung zum anderen Geschlecht sollten junge Menschen ausgesprochen standhaft sein. Charakterstärke wird wahrscheinlich wenig geschätzt werden.

VISION
Träumen Sie von einer seltsamen Vision, heißt dies, daß Sie bei Ihren Unternehmungen kein Glück erwartet und Krankheit die Teilnahme an angenehmer Unterhaltung verhindern wird. Wenn Menschen in den *Visionen* auftauchen, sagt dies Aufruhr und Kampf voraus.

Wenn ein Freund vor dem Ruin steht und Sie *durch eine Vision gewarnt* werden, erscheint er normalerweise in weißer Kleidung.

Sehen Sie Visionen jeglicher Art, dann achten Sie auf außergewöhnliche Entwicklungen im Beruf sowie auf Veränderungen der Atmosphäre und Umgebung in Ihrem Privatleben. Diese werden zunächst negativ aussehen, aber schließlich für alle Beteiligten Vorteile bringen.

---

274 ◆ **SCHLAF** *siehe* **BETT** *Seite* **207,** **KINDER** *Seite* **128,** **HÄSSLICHKEIT** *Seite* **100** ◆ **WACHZUSTAND** *siehe* **FELDER** *Seite* **60** ◆
VISION *siehe* **FREUND** *Seite* **124** ◆ **BILDNIS** *siehe* **BILD** *Seite* **181,** **HEIM** *Seite* **205,** **HÄSSLICHKEIT** *Seite* **100,** **GÖTZE** *Seite* **279** ◆

Geister und Gespenster

GEIST

Vom **Geist** eines Elternteils zu träumen bedeutet Gefahr. Sie sollten beim Aufbau einer Partnerschaft mit Fremden vorsichtig sein.

Sehen Sie den **Geist eines lieben Freundes**, werden Sie eine weite Reise mit einem unangenehmen Begleiter unternehmen und Enttäuschungen erleben.

Spricht ein Geist zu Ihnen, so werden Sie Feinde in eine Falle locken. Einer Frau wird Witwenschaft und Täuschung vorhergesagt.

Einen Engel oder Geist am Himmel zu erblicken, weist auf den Verlust von Verwandtschaft und auf Unglück hin.

Erscheint am Himmel ein **weiblicher Geist** zu Ihrer rechten und ein männlicher zu Ihrer linken, beide gutaussehend, prophezeit dies einen schnellen Aufstieg aus dem Nichts zum Ruhm. Dies dauert aber nur kurze Zeit, da der Tod Sie heimsuchen und dahinraffen wird.

Ein weiblicher Geist in langen Gewändern, der ruhig durch den Himmel schwebt, weist darauf hin, daß Sie bei wissenschaftlichen Studien Fortschritte machen und mühelos Reichtum ansammeln, in Ihrem Leben aber ein Unterton von Traurigkeit herrschen wird.

Sehen Sie im Traum den **Geist eines lebenden Verwandten** oder Freundes, wird Ihnen von einem Freund Böses drohen. Sie werden gewarnt, Ihre Vorhaben selbst zu überwachen. Wenn der Geist ausgezehrt erscheint, kann dies ein Zeichen für den frühen Tod dieses Freundes sein.

PHANTOM

Verfolgt Sie ein **Phantom**, werden sonderbare und beunruhigende Erfahrungen vorhergesagt.

Flieht ein Phantom vor Ihnen, so nimmt der Kummer kleinere Ausmaße an.

GEIST ODER GESPENST

Gespenster signalisieren, daß Ihnen Ärger widerfahren wird. Tragen sie weiße Gewänder, ist die Gesundheit Ihres besten Freundes in Gefahr, oder geschäftliche Spekulationen erfüllen nicht Ihre Erwartungen. Wenn sie schwarze Gewänder tragen, müssen Sie mit Betrug und Untreue rechnen.

Spricht der Geist, droht Unheil, das Sie aber durch die Beherzigung von Ratschlägen abwenden können.

Wenn Sie den **Geist** an Türen und Wänden **klopfen** hören, so werden Schwierigkeiten auftauchen.

Sehen Sie ihn hinter Vorhängen, sollten Sie Ihre Gefühle unter Kontrolle halten, da Sie sonst eine Indiskretion begehen werden.

Schwebt der **Geist Ihres Freundes** durch den Raum, steht dies für Enttäuschung und Unsicherheit.

Musizieren die Geister, dann wird es unvorteilhafte Veränderungen und Traurigkeit zu Hause geben.

Seltsame Erscheinungen

LICHTER

Sehen Sie seltsame und unheimliche **Lichter**, dann werden Sie überall Enttäuschungen und Fehlschläge erleben.

Leuchtende Gesichter weisen auf unerledigte Dinge im privaten wie geschäftlichen Bereich hin.

Ein **leuchtender Himmel** und Mond sowie unnatürliche Sterne und eine rote oder goldene Sonne prophezeien schlimme Leiden. Tod, Familientragödien und nationale Aufstände werden sich ereignen.

Wenn Sie Kinder am erleuchteten Himmel erblicken, werden Sie darauf hingewiesen, Ihre Gefühle unter Kontrolle zu halten, da in der Aufregung über eine scheinbare Nachlässigkeit irreparable Fehler gemacht werden.

Leuchtende menschliche Figuren oder Tiere am Himmel bedeuten Fehlschlag und Kummer. Sehen Sie diese zur Erde fallen und Männer mit Gewehren auf sie schießen, werden viele Hindernisse durch Ihren Einsatz und Ihre Entschlossenheit beseitigt werden.

Leuchtende Schlangen zeigen an, daß Feinde Sie umgeben und zu bösen Mitteln greifen, um Sie zu besiegen.

VERWANDLUNG

Verwandelt sich etwas, weist dies auf einen plötzlichen Wandel Ihres Lebens zum Guten oder Schlechten hin, je nachdem, ob der Traum angenehm oder beängstigend war.

UNDEUTLICHKEIT

Sind die Gegenstände **undeutlich**, so wird es in Freundschaften Untreue und fragwürdiges Handeln geben.

Fernes Geläut

STURMGLOCKE

Hören Sie **Sturmglocken**, dann werden Sie ein Problem erfolgreich lösen. Eine Frau wird vor der Trennung von ihrem Liebsten gewarnt.

GLOCKE

Hören Sie **Glocken** läuten, dann sterben Freunde in der Fremde, und schlechte Nachrichten bereiten Ihnen Sorgen. **Freiheitsglocken** bedeuten einen Sieg über einen Gegner.

GELÄUT

Träumen Geschäftsleute und Bauern von **Weihnachtsgeläut**, so bestehen günstige Aussichten. Jungen Menschen stehen frohe Ereignisse bevor.

Normales Geläut bedeutet, daß Ärgernisse durch Nachrichten von Freunden in der Fremde schnell vergessen sein werden.

Nächtliche Geräusche

STIMME
Stimmen zu hören weist bei ruhigen und wohlklingenden Lauten auf angenehme Versöhnungen hin. Kreischende und wütende Stimmen bedeuten Enttäuschungen und unangenehme Situationen.

Hören Sie **schluchzende Stimmen,** fügen Sie durch plötzliche Wut einem Freund Verletzungen zu.

Wenn Sie die **Stimme Gottes** hören, machen Sie lobenswerte Anstrengungen, nach selbstlosen und ehrenhaften Grundsätzen zu streben; Sie werden die gerechte Achtung hochgestellter Personen ernten.

Hört eine Mutter die **Stimme ihres Kindes**, kommen Kummer und schmerzhafte Zweifel auf sie zu.

Hören Sie **verzweifelte Stimmen** oder eine Warnung, zeigt dies an, daß Ihnen selbst oder einem Nahestehenden ein Unglück geschehen wird. Erkennen Sie die Stimme, dann steht oftmals ein Unfall oder eine Krankheit bevor, die Tod oder Verlust mit sich bringt. ◎

BESCHWÖRUNG
Eine **Beschwörung** weist auf Zank zwischen Eheleuten oder Liebenden hin. Hören Sie andere Beschwörungen aussprechen, so gibt es Heucheleien unter Freunden. ◎

STÖHNEN
Bei **Stöhnen** sollten Sie rasch Ihre Vorgehensweise festlegen, weil Freunde Ihre Angelegenheiten untergraben. Wenn Sie vor Angst stöhnen, dann werden Sie angenehm überrascht sein, weil sich Ihre Angelegenheiten zum Guten hin wenden und Sie Besuch von lieben Freunden erwarten können. ◎

SCHREI
Angstschreie drücken aus, daß Sie in ernsthafte Schwierigkeiten verwickelt werden. Sind Sie aber auf der Hut, so werden Sie diesen betrüblichen Nöten schließlich entkommen und aus vorübergehenden Schwierigkeiten gelernt haben.

Hören Sie **Überraschungslaute**, dann wird Ihnen unerwartet Hilfe zuteil. Das **Schreien wilder Tiere** weist auf einen schweren Unfall hin.

Hilferufe von Verwandten und Freunden signalisieren, daß diese krank oder in Bedrängnis sind. ◎

RUFEN
Wird Ihr Name von seltsamen Stimmen **gerufen**, erleben Sie eine Verunsicherung; Fremde werden Ihnen helfen, oder Sie kommen Ihren Verpflichtungen nicht nach.

Hören Sie die **Stimme eines Freundes** oder Verwandten, so bedeutet dies eine schwere Erkrankung und vielleicht Tod. Im letzteren Falle werden Sie zum Vormund über jemanden; lassen Sie bei dieser Aufgabe viel Umsicht walten.

Wenn Liebende die Stimme des Geliebten hören, ist dies eine Warnung. Wenn Sie in Ihrer Zuwendung nachlässig waren, sollten Sie dies ändern. Andernfalls ergibt sich durch Mißverständnisse die Trennung.

Die **Stimme Verstorbener** zu hören kann eine Warnung vor Ihrer eigenen schweren Erkrankung sein, oder es stehen durch geschäftliche Fehleinschätzungen Verluste ins Haus. Ihr Unterbewußtsein ist ein Echo der Zukunft und bedient sich der Stimme eines verstorbenen Vorfahren.

Innerhalb einer Familie ähnelt sich die geistige Struktur bis zu einem gewissen Grad. ◎

ZISCHEN
Von **zischenden** Personen zu träumen ist ein Vorzeichen dafür, daß Sie sehr enttäuscht werden und neue Bekannte sich unhöflich verhalten. Zischen diese Sie an, so droht der Verlust eines Freundes. ◎

FLÜSTERN
Flüstern verheißt, daß Sie durch üble Nachrede in Mitleidenschaft gezogen werden. Hören Sie das Flüstern als Rat oder Warnung, dann brauchen Sie Hilfe und Beistand. ◎

KLAGE
Hören Sie **Klagen**, dann nahen Mitteilungen über Katastrophen und Leid.

Hört eine junge Frau Klagen, wird sie Kummer und Sorgen ertragen müssen und vielleicht in Schande allein gelassen werden. ◎

Sonderbare Geräusche

ECHO
Ein **Echo** steht für sorgenvolle Zeiten. Sie können wegen einer Krankheit Ihre Arbeitsstelle verlieren, oder Freunde werden Sie in der Not verlassen. ◎

GERÄUSCH
Wenn Sie ein sonderbares **Geräusch** hören, so erwarten Sie unangenehme Nachrichten. Erwachen Sie durch das Geräusch, ergibt sich eine Veränderung. ◎

KLOPFEN
Hören Sie im Traum ein **Klopfen**, dann erhalten Sie bald schlechte Nachrichten.

Erwachen Sie davon, so werden diese Nachrichten ernste Konsequenzen für Sie haben. ◎

PFEIFE
Der Klang einer **Pfeife** sagt Ihnen voraus, daß Sie über eine traurige Nachricht erschrocken sein werden, die Ihre Pläne für ein harmloses Vergnügen durchkreuzen wird.

Träumen Sie, selbst zu **pfeifen**, so wird dadurch ein angenehmes Ereignis angekündigt, von dem Sie sich viel versprechen. Bei einer jungen Frau bedeutet dies taktloses Benehmen und unerfüllte Wünsche. ◎

Religiöse Themen

Träume von verschiedenen Aspekten der Religion sind weit verbreitet. Träume und Visionen spielen eine wichtige Rolle in jüdisch-christlichen sowie buddhistischen Traditionen. Religiöse Träume werden jedoch durch die jeweilige Kultur des Träumenden beeinflußt, daher wird in diesem Abschnitt das Gedankengut des westlichen Glaubenssystems behandelt.

Religion und Auferstehung

RELIGION

Wenn Sie glauben, Sie diskutierten über die **Religion** und fühlten sich zu ihr hingezogen, dann wird vieles die Ruhe in Ihrem Leben stören. Im Beruf treten unangenehme Dinge auf.

Träumt eine Frau, sie sei *übertrieben religiös*, wird sie ihren Liebsten dadurch gegen sich aufbringen, daß sie ihm Unschuld und Güte vorspielt.

Ist sie *nicht religiös* und keine Sünderin, bedeutet dies, daß sie jene eigenständige Ehrlichkeit und Warmherzigkeit gegenüber anderen besitzen wird, die Frauen vom anderen wie auch vom eigenen Geschlecht Respekt und Liebe einbringen. Wenn sie aber vor der Religion eine Sünderin ist, dann wird sie feststellen, daß es moralische Gesetze gibt, deren Nichtbeachtung ihr einen Platz außerhalb der Gesellschaft zuweist. Sie sollte gut auf ihr Verhalten achten. Weint sie wegen des Glaubens, so wird sie in Herzensdingen enttäuscht werden. Ist sie aufsässig, hat aber nichts Schlechtes getan, dann wird sie ihre Last tapfer tragen und gegenüber betrügerischen Einflüsterungen standhaft bleiben.

Machen Sie sich in *religiöser Verzückung* Selbstvorwürfe, dann werden Sie fast dazu gezwungen, Ihre eigene Persönlichkeit aufzugeben, um jemandem zu gefallen, der bei Ihnen in hohem Ansehen steht.

Läßt Ihre Religiosität nach, bedeutet dies, daß in Ihrem Leben mehr Harmonie mit der Schöpfung bestehen wird als bisher. Ihre Ansprüche werden nicht mehr so hoch sein.

Erzählt Ihnen ein Pastor freundlich, er habe seine Arbeit aufgegeben, dann werden Sie unerwartete gute Nachrichten erhalten; erzählt er es aber auf eine berufsmäßige und warnende Weise, dann wird Ihre vorgetäuschte Faszination entlarvt, oder Enttäuschungen folgen.

Diese Träume erfüllen sich manchmal im täglichen Leben. Wenn dies geschieht, dann haben sie keine symbolische Bedeutung. Der Glaube dient dazu, die Menschen vom Laster abzuhalten. Entschließen diese sich insgeheim, die Lehren außer acht zu lassen, dann sehen sie als Warnung davor wahrscheinlich einen Pastor oder einen heiligen Ort.

ERWECKUNG

Wenn Sie eine religiöse **Erweckung** erleben, verheißt dies familiäre Unannehmlichkeiten und unwirtschaftliche Verpflichtungen.

Spielen Sie selbst eine Rolle dabei, werden Sie durch Ihr widersprüchliches Verhalten die Mißbilligung Ihrer Freunde auf sich ziehen.

Träume vom Glauben oben können ein Hinweis dafür sein, daß Sie vom rechten Weg abkommen.

Gott der Allmächtige

GOTT

Erscheint Ihnen **Gott**, so werden Sie von einer tyrannischen Frau beherrscht, die sich unter dem Deckmantel der Christlichkeit verbirgt. Dieser Traum verheißt nichts Gutes.

Spricht Gott zu Ihnen, so sehen Sie sich vor, daß Sie nicht ins Verderben rennen. Geschäfte aller Art wenden sich zum Schlechten. Es ist das Vorzeichen für eine sich verschlechternde Gesundheit und kann frühes Altern bedeuten.

Beten Sie im Traum *zu Gott*, dann können Sie einen begangenen Fehler wiedergutmachen. Achten Sie gut darauf, nach diesem Traum die Zehn Gebote zu befolgen.

BEIM GEBET

Träumen Sie, *in der Gnade Gottes zu stehen,* so werden Sie Günstling einer umsichtigen und berühmten Person, die ihre Stellung einsetzen wird, um Sie zu fördern.

Kommt der Geist Gottes über Sie, werden sich nachhaltige Veränderungen in Ihrem Glauben ereignen. Ansichten zum christlichen Dogma sollten sich erweitern, oder Sie werden für eine Taktlosigkeit schwer bestraft. Gott spricht öfter zu Menschen, die vom rechten Weg abkommen. Es ist die Schöpferkraft der spirituellen Gesetze, die die verlorenen Kinder durch Zeichen wieder auf den rechten Weg zurückbringt. Elias, Jonas, David und Paul wurden durch eine wachsame Kraft im Inneren zur Umkehr bewegt.

RELIGION siehe PASTOR Seite 280, WEINEN Seite 257, KRÄNKUNG Seite 254
GOTT siehe STIMME Seite 276, GEFALLEN Seite 259

Engel und Himmel

ENGEL
Sehen Sie **Engel,** so werden beunruhigende Einflüsse vorhergesagt. Das Schicksal wird sich wenden. Wenn der Traum außergewöhnlich angenehm ist, dann hören Sie von der Gesundheit Ihrer Freunde und erhalten eine Erbschaft von unbekannten Verwandten. Äußert sich der Traum als Warnsignal, erwarten Sie Bedrohung und Unruhe in der Liebe und Geldangelegenheiten. Für boshafte Menschen ist dies ein Zeichen, zu bereuen; guten Menschen sollte er ein Trost sein.

CHERUB
Erscheinen Ihnen **Cherubime,** bedeutet dies große Freude, die einen Eindruck von bleibender Güte in Ihrem Leben hinterläßt.

Wenn diese Engel besorgt oder vorwurfsvoll aussehen, so wird unerwarteter Kummer über Sie kommen.

HIMMEL
Wenn Sie zum **Himmel** auffahren, dann werden Sie die angestrebte Position nicht erreichen, und Freude wird in Trauer enden.

Steigen junge Menschen **auf einer Leiter zum Himmel hinauf,** werden sie von einem niederen Stand zu außergewöhnlichen Ehren erhoben, finden aber weder Zufriedenheit noch viele Freuden.

Befinden Sie sich im Himmel und treffen Christus oder Freunde, so werden Sie Verluste erleben, aber durch das wahre Verständnis der menschlichen Natur entschädigt werden.

Träumen Sie von der **himmlischen Stadt,** signalisiert dies Zufriedenheit und eine fromme Einstellung, Kummer kann Ihnen nichts anhaben.

Sehen Sie das Firmament erleuchtet und darin den Herrn des Himmels, bedeutet dies großes spirituelles Streben und einen erquickenden und tröstlichen Rückzug zum Wesentlichen. Oft werden Sie auch vom Schicksal enttäuscht.

Verlorenes Paradies

PARADIES
Glauben Sie, Sie seien im **Paradies,** besitzen Sie treue Freunde. Dieser Traum bringt gute Aussichten für Seeleute oder jene, die eine lange Reise unternehmen werden. Mütter haben brave Kinder. Sind Sie erkrankt, so erwartet Sie eine schnelle Genesung, und das Schicksal wird Ihnen gewogen sein. Für Liebende verspricht es Reichtum und Treue.

Wenn Sie ins Paradies aufbrechen und sich verunsichert und verloren fühlen, dann werden Vorhaben, die außerordentlich einfach und ertragreich erschienen, in Enttäuschung und Kummer enden.

ADAM UND EVA
Adam und Eva zeigen Ihnen an, daß ein aufregendes Ereignis Ihnen die Hoffnung auf das Gelingen eines Vorhabens nimmt. Adam mit seinem Feigenblatt und Eva völlig nackt, außer mit einer Schlange um Hüfte und Unterleib, bedeuten, daß sowohl Tücke als auch Fehlglaube Ihr Schicksal beeinflussen.

Sehen oder hören Sie Eva mit der Schlange reden, so heißt dies, daß gerissene Frauen Ihrem Wohlstand und Ruf Schaden zufügen werden.

Meint eine junge Frau, sie verkörpere Eva, so sollte sie Vorsicht walten lassen. Sie mag klüger sein als ihre Verwandte im Altertum, aber das Böse bekommt nach wie vor tatkräftige Unterstützung in Gestalt eines attraktiven jungen Mannes. Sie könnte, ohne es zu ahnen, in Versuchung geraten und den Preis dafür zahlen.

Das Jüngste Gericht

DER JÜNGSTE TAG
Wenn Sie weiterleben und sich auf den **Jüngsten Tag** freuen, ist das eine Warnung, daß Sie wichtigen und materiellen Dingen Ihre ganze Aufmerksamkeit schenken sollten, oder gerissene Freunde, die Sie unterhalten, werden durch Intrigen das bekommen, was sie von Ihnen wollen, nämlich Ihr Vermögen.

Einer jungen Frau verheißt dies, das Werben eines höhergestellten Mannes zu ignorieren und das eines anständigen und ehrlichen Mannes anzunehmen.

TAG DES JÜNGSTEN GERICHTS
Träumen Sie vom **Tag des Jüngsten Gerichts,** so werden Sie ein gutgeplantes Vorhaben beenden können. Zeigen Sie Reue und sind hoffnungsvoll, dann entgehen Sie der Strafe. Sonst erwartet Sie ein Fehlschlag.

Erscheint eine junge Frau vor dem **Richter** und hört das Urteil »Schuldig«, zeigt dies, daß sie durch ihr selbstbezogenes und unschickliches Benehmen ihren Freunden viel Leid verursachen wird. Sieht sie die Toten wiederauferstehen und alle Welt angstvoll das Ende erwarten, dann wird um sie gekämpft, und ihre Freunde werden ihr die Unterstützung versagen. Es ist auch ein Vorzeichen für unangenehmen Tratsch.

Gebote

GEBOT
Die zehn **Gebote** zu hören oder zu lesen bedeutet, daß Sie Fehler begehen werden, die Sie nur schlecht wiedergutmachen können, auch nicht durch den Rat kluger Freunde.

MOSES
Sehen Sie **Moses,** so erleben Sie persönlichen Gewinn und gehen eine Ehe ein, zu der Sie sich beglückwünschen können.

Religiöse Themen

Jesus und das Kreuz

CHRISTUS
Erblicken Sie **Christus** als Kind, das von gelehrten Männern angebetet wird, dann bedeutet das eine lange friedliche Zeit voll Wohlstand und Weisheit und viel Freude und Zufriedenheit.

Befindet er sich im Garten Gethsemane, wird Ihre Seele von Kummer und Not geplagt werden und großes Verlangen nach Veränderung und fernen Geliebten verspüren.

Sehen Sie ihn die Händler aus dem Tempel vertreiben, dann werden böse Feinde besiegt und ehrliche Anstrengungen belohnt werden. ◎

KRUZIFIX
Erscheint Ihnen ein **Kruzifix,** werden Sie vor bevorstehendem Kummer gewarnt, in den auch andere verwickelt werden.

Eines zu küssen prophezeit Ihnen, daß Sie Sorgen resigniert annehmen werden.

Besitzt eine junge Frau eines, dann wird sie eine bescheidene und liebenswürdige Haltung bewahren, die Zuneigung anderer gewinnen und dadurch ihr Schicksal zum Guten wenden. ◎

KREUZIGUNG
Wohnen Sie der **Kreuzigung** bei, so verschlechtern sich Ihre Aussichten. Ihre Pläne werden kurz vor dem Ziel zunichte gemacht, und Sie werden wegen zerschlagener Hoffnungen klagen. ◎

VERKLÄRUNG
Die **Verklärung** weist darauf hin, daß Ihr Glaube an die Nähe Gottes zur Menschheit Sie über Alltägliches erheben und Sie eine ehrenvolle Stellung einnehmen werden, Kraft deren Sie das Wohlergehen der Unwissenden und Verfolgten fördern können.

Sehen Sie sich selbst **verklärt**, werden Sie die Hochachtung ehrlicher und angesehener Menschen genießen. ◎

Der Teufel und seine Taten

SATAN
Der **Satan** kündigt an, daß Sie gefährliche Abenteuer eingehen werden und taktieren müssen, um ein ehrenwertes Bild aufrechtzuerhalten.

Träumen Sie, ihn zu töten, dann werden Sie schlechte und unmoralische Freunde verlassen.

Nähert er sich Ihnen als Freund, sollten Sie dies als Warnung vor falschen Freunden sehen. Steht er Ihnen in Form von Reichtum und Macht gegenüber, werden Sie Ihren Einfluß nicht zur Zufriedenheit und Hilfe anderer einsetzen können.

Tritt er als Musik auf, so erliegen Sie wahrscheinlich seiner List.

Bedient er sich der Gestalt schöner Frauen, werden Sie wahrscheinlich jede Wärme für diese moralische Schrecklichkeit verlieren.

Wollen Sie sich vor ihm schützen, so bedeutet das, daß Sie das Joch des selbstsüchtigen Vergnügens abwerfen und danach trachten müssen, für andere das Beste zu tun. ◎

TEUFEL
Für Bauern bedeutet der **Teufel** zerstörte Ernte und getötetes Vieh, aber auch Krankheit in der Familie. Anständige Menschen sollten diesen Traum als Warnung ansehen, bei ihren Interessen Vorsicht walten zu lassen, da sie in Gefahr sind, die Gesetze ihres Landes zu brechen.

Bei einem Priester ist dieser Traum ein Hinweis darauf, daß er übereifrig ist und verzichten sollte, Gott zu ehren, indem er seinen Nächsten mit der Zunge geißelt.

Wenn Sie den Teufel als große, eindrucksvoll gekleidete Person erblicken, die Sie zum Besuch seiner Wohnung zu überreden versucht, dann signalisiert dies, daß skrupellose Menschen Sie durch Schmeicheleien in den Ruin treiben wollen. Junge Frauen sollten nach diesem Traum den Beistand von Freunden suchen und nicht die Aufmerksamkeit Fremder, besonders verheirateter Männer, erwecken. Frauen mit schlechtem Charakter werden Geld und Juwelen von Fremden entwendet bekommen.

Hüten Sie sich auch davor, mit dem Teufel einen Pakt zu schließen. Dies ist immer ein Vorbote von Verzweiflung. Wenn Sie von ihm verfolgt werden, dann geraten Sie in Fallen, die als Freunde getarnte Feinde für Sie aufgestellt haben. Einem Liebenden verheißt dies, daß er durch Liederlichkeit seine Treue aufs Spiel setzt. ◎

HÖLLE
Befinden Sie sich in der **Hölle**, geraten Sie in Versuchungen, die Sie beinahe ruinieren werden.

Sehen Sie Ihre **Freunde in der Hölle**, bedeutet dies Kummer und Sorgen. Sie werden vom Unglück eines Freundes hören.

Weinen Sie in der Hölle, dann können auch Ihre Freunde Sie nicht vor den Fallen Ihrer Feinde bewahren. ◎

DÄMON
Begegnen Sie einem **Dämon**, weist dies auf ein rücksichtsloses Leben und Unmoral hin. Einer Frau verspricht dies einen schlechten Ruf.

Sehen Sie einen Dämonen, werden Sie vor den Angriffen falscher Freunde gewarnt. Besiegen Sie ihn, durchkreuzen Sie die Pläne Ihrer Feinde. ◎

GÖTZE
Beten Sie **Götzen** an, so werden Sie nur langsam reich oder berühmt werden, da Sie sich von Nebensächlichkeiten ablenken lassen.

Götzenbilder zu zerstören weist auf eine starke Selbstbeherrschung hin und daß keine Schwierigkeiten Sie bei Ihrem Aufstieg bremsen können.

Beten andere **Götzen an**, wird es zwischen Freunden Streit geben.

Träumen Sie, **Götzenanbetung** anzuprangern, werden Ihnen wegen Ihres Verständnisses der naturgegebenen Eigenschaften des menschlichen Geistes große Ehren zuteil. ◎

KRUZIFIX siehe KREUZ Seite 229, KÜSSEN Seite 125 ◆ VERKLÄRUNG siehe VERWANDLUNG Seite 275 ◆
SATAN siehe TÖTEN Seite 247, VERMÖGEN Seite 238, MUSIK Seite 164 ◆ TEUFEL siehe JUWELEN Seite 162 ◆
HÖLLE siehe FREUND Seite 124, WEINEN Seite 257 ◆ GÖTZE siehe ZERBRECHEN Seite 265

Kirchliche Orden

GEISTLICHER
Rufen Sie nach einem **Geistlichen**, der eine Bestattung durchführen soll, kämpfen Sie vergeblich darum, eine Krankheit und schlechte Einflüsse abzuwehren.

Heiratet eine Frau einen **Geistlichen**, dann wird sie viel seelischen Kummer erleiden, und die eigenwillige Hand des Schicksals wird sie in den Abgrund der Not führen.

PASTOR
Sehen Sie einen **Pastor**, so nehmen die Dinge eine Wende zum Schlechten, und unangenehme Reisen stehen bevor.

Hören Sie die **Mahnung** eines **Pastors,** so weist dies auf einen berechnenden Menschen hin, der Sie zum Bösen beeinflussen will. **Sind Sie ein Pastor,** beanspruchen Sie die Rechte eines anderen für sich.

INNENRAUM EINER KIRCHE

PASTOR

PRIESTER
Sehen Sie einen **Priester**, ist dies ein schlechtes Vorzeichen.

Steht er auf der Kanzel, verheißt dies Krankheit und Kummer. Träumt eine Frau, sie **sei in einen Priester verliebt,** wird sie vor den Betrügereien ihres Geliebten gewarnt. Schläft der Priester mit ihr, dann wird sie wegen ihrer Neigung zu Fröhlichkeit und Streichen heftige Vorwürfe zu hören bekommen.

Bei einem **Priester zu beichten** bedeutet, daß Sie Erniedrigung und Sorgen erleben werden.

Diese Träume weisen immer darauf hin, daß Sie etwas getan haben oder tun werden, das Ihnen und Ihrer Familie Unbehagen bereiten wird. Dadurch werden Sie auf Ihre eigene Unvollkommenheit hingewiesen. Auf das gesellschaftliche Umfeld bezogen, gelten hier die gleichen Regeln wie für andere Freunde (es sei denn, sie stehen als Geist vor Ihnen).

PFARRER
Ein **Pfarrer** kündigt an, daß Sie aus Eifersucht und Neid zu törichten Handlungen neigen.

Glaubt eine junge Frau, sie **heirate einen Pfarrer,** wird sie bei dem Mann, den sie verehrt, auf keine Gegenliebe stoßen. Sie wird als alte Jungfer enden oder eine Vernunftehe eingehen.

Kirchenausstattung

KANZEL
Eine **Kanzel** signalisiert Sorgen und Ärgernisse.

Befinden Sie sich auf einer Kanzel, stehen Krankheit und unzufriedenstellende Geschäfts- oder Handelsergebnisse jeder Art ins Haus.

ALTAR
Sehen Sie einen Priester am **Altar,** so prophezeit dies Streit und schlechte Bedingungen im Beruf und zu Hause. Erleben Sie eine Hochzeit, bereiten Freunde Ihnen Sorgen, und es sterben alte Menschen.

BETKISSEN
Das **Betkissen** bedeutet ein Nachlassen Ihrer Kräfte zum Vorteil eines anderen. Träumt eine Frau vom Betkissen, sollte sie ihren Geist kultivieren und Unabhängigkeit anstreben.

Pilger

Pilger sind ein Zeichen dafür, daß Sie auf eine ausgedehnte Reise gehen sowie Ihr Heim und die wertvollsten Gegenstände verlassen werden; Sie glauben, alles stehe zum Besten.

Träumen Sie, ein Pilger zu sein, dann werden Sie mit der Armut kämpfen und unsympathische Gefährten haben.

Wenn eine junge Frau meint, ein Pilger nähere sich ihr, dann wird sie ein leichtes Opfer von Betrug. Verläßt er sie, wird sie aus der Charakterschwäche erwachen und die Unabhängigkeit des Geistes anstreben.

Religiöse Themen

Hohe Würdenträger

KARDINAL
Es ist ein unheilvolles Vorzeichen, einen **Kardinal** in seinem Gewand zu sehen. Sie werden ein großes Unglück erleben, welches Sie zwingt, in fremde Länder zu ziehen, um sich eine neue Existenz aufzubauen. Träumt eine Frau dies, dann wird sie durch falsche Versprechungen in den Ruin gestürzt.

BISCHOF
Ein **Bischof** bedeutet, daß Lehrer und Schriftsteller großes seelisches Leiden erwartet, welches aus ihrer Vertiefung in komplizierte Vorgänge entsteht.

Dem Geschäftsmann prophezeit dies einen unklugen Kauf, durch den er aller Voraussicht nach gutes Geld verlieren wird.

Sieht man einen Bischof, werden harte Arbeit sowie Kälte und Einsamkeit sein Begleiter werden. Erhalten Sie den Segen eines sehr verehrten Bischofs, werden Sie bei Ihren Vorhaben in Liebe und Beruf Erfolg haben.

ERZBISCHOF
Erscheint Ihnen ein *Erzbischof*, dann werden Sie beim Versuch, ein Vermögen zu erwerben und zu öffentlichem Ansehen zu gelangen, viele Hindernisse überwinden müssen. Sehen Sie ihn im Alltagsgewand eines normalen Bürgers, werden Sie Hilfe und Unterstützung von Personen in höheren Positionen bekommen; Ihre Vorhaben werden von Erfolg gekrönt sein.

Glaubt eine junge Frau, ein Erzbischof erteile ihr freundlich Anweisungen, dann wird sie mit ihren Freundschaften Glück haben.

Religiöse Träume haben ihre Wurzeln eher im Diesseits als im Jenseits; Sie können von einem Pastor *gegenüber Mitte* oder vom Inneren einer Kirche *gegenüber links* träumen.

PAPST
Durch jeden Traum, in dem Sie den **Papst** sehen, aber nicht mit ihm sprechen, werden Sie auf Knechtschaft hingewiesen. Sie werden sich dem starken Willen eines Herrschers beugen müssen.

Wenn Sie **mit dem Papst sprechen**, so werden Ihnen hohe Ehren zuteil.

Sieht der Papst traurig oder verstimmt **aus**, werden Sie vor Laster oder Sorgen gewarnt.

VATIKAN
Träumen Sie vom *Vatikan*, kommt unerwartete Gunst auf Sie zu.

Hören Sie Angehörige des Königshauses im Vatikan mit dem Papst sprechen, so werden Sie die Bekanntschaft vornehmer Menschen machen.

Quäker

Ein Quäker *weist darauf hin, daß Sie einflußreiche Freunde besitzen und ein gutes Geschäft machen. Sind Sie selbst einer, dann werden Sie sich ehrenhaft gegen den Feind zur Wehr setzen. Nimmt eine junge Frau an einem Treffen der Quäker teil, gewinnt sie durch ihr bescheidenes Auftreten einen treuen Ehemann, der gut für den Haushalt sorgt.*

Mönche und Nonnen

MÖNCH
Erscheint Ihnen ein **Mönch**, gibt es in der Familie Streit und unangenehme Reisen. Eine junge Frau muß mit Tratsch und Betrug rechnen.

Sind Sie selbst ein Mönch, dann erleiden Sie persönliche Verluste und Krankheiten.

NONNE
Träumt ein religiöser Mann von einer **Nonne**, werden materielle Annehmlichkeiten mit seinem Glauben in Konflikt geraten. Er sollte sich gut unter Kontrolle halten.

Sieht eine Frau Nonnen, wird ihr Witwenschaft oder die Trennung vom Geliebten vorausgesagt.

Ist sie selbst eine Nonne, dann wird sich Unzufriedenheit mit ihrer derzeitigen Umgebung einstellen.

Eine **tote Nonne** weist auf Verzweiflung über Untreue der Lieben sowie verlorenes Vermögen hin.

Wenn eine Frau den Orden verläßt, so wird ihre Sehnsucht nach irdischen Freuden mit ihren gewählten Pflichten in Konflikt geraten.

KLOSTER
Suchen Sie in einem **Kloster** Zuflucht, wird Ihre Zukunft nur dann frei von Sorgen und Feinden sein, wenn Sie beim Betreten des Gebäudes keinem Priester begegnen. Geschieht das, so werden Sie vergeblich versuchen, weltlichen Sorgen und seelischem Kummer zu entfliehen.

Erblickt ein junges Mädchen ein Kloster, wird ihre Tugend auf die Probe gestellt.

Märtyrer

Märtyrer *sind ein Zeichen für falsche Freunde, ein unglückliches Zuhause und Verluste in wichtigen Angelegenheiten.*

Sind Sie selbst ein Märtyrer, *werden Sie von Ihren Freunden getrennt und von Feinden verleumdet.*

KARDINAL siehe **PRIESTER** Seite 280 ◆ **ERZBISCHOF** siehe **FEINES GEWAND** Seite 154 ◆ **PAPST** siehe **SPRECHEN** Seite 230, **TRAURIGKEIT** Seite 257 ◆ **VATIKAN** siehe **KÖNIG, KÖNIGIN** Seite 86, **GEBÄUDE** Seite 188 ◆ **MÖNCH** siehe **KLOSTER** Seite 189, **ASKESE** Seite 252 ◆ **NONNE** siehe **TOD** Seite 120 ◆ **KLOSTER** siehe **GEBÄUDE** Seite 188

Gebete, Rituale und Zeremonien

PREDIGER
Ein **Prediger** bedeutet, daß Sie nicht ohne Tadel bleiben und daß Ihre Angelegenheiten nicht einfach sein werden.

Sind Sie ein Prediger, dann werden Sie Verluste im Geschäft erleben, und ungebührliche Vergnügungen werden Ihre Zeit in Anspruch nehmen.

Eine Predigt zu hören weist darauf hin, daß Ihnen Pech widerfahren wird.

Diskutieren Sie mit einem Prediger, verlieren Sie bei einem Wettbewerb.

Wendet er sich von Ihnen ab, so werden Sie mit frischer Kraft noch einmal von vorne beginnen. Schaut er besorgt, werden Sie durch Vorwürfe belastet.

Sehen Sie einen **langhaarigen Prediger**, müssen Sie sich mit egoistischen Menschen auseinandersetzen.

DAS HIMMLISCHE KÖNIGREICH

GEBET
Beten Sie im Traum, oder sehen Sie andere beten, so sind Sie von Fehlschlägen bedroht. Um diese glücklich abzuwenden, wird Ihre ganze Kraft vonnöten sein.

VATERUNSER
Beten Sie das **Vaterunser**, dann werden Sie von geheimen Feinden bedroht; Sie brauchen die Unterstützung und Hilfe von Freunden, damit Sie diese Schwierigkeiten überwinden können.

Beten andere, so ist ein Freund in Gefahr.

KATECHISMUS
Der **Katechismus** sagt Ihnen voraus, daß Sie einen einträglichen Posten angetragen bekommen und die Bedingungen so gestaltet sind, daß Sie sich dessen Übernahme ernsthaft überlegen.

TAUFE
Träumen Sie von einer **Taufe**, so bedeutet dies, daß Ihr Charakter so gestärkt werden muß, daß Sie Ihre Meinung diplomatisch vorbringen und daß Ihre Freunde nicht verärgert werden.

Glauben Sie, bekehrt worden zu sein, dann werden Sie sich zur Freude der Allgemeinheit innerlich erniedrigen.

Sehen Sie, wie **Johannes der Täufer** Christus im Jordan tauft, prophezeit dies, daß Sie verzweifelte seelische Anstrengungen unternehmen, um selbst in untergeordneter Stellung zum Besten anderer zu wirken, und daß Sie Wünsche verfolgen, die Ihnen Reichtum und Vornehmheit einbringen werden.

Erblicken Sie, wie der Heilige Geist über Jesus kommt, dann üben Sie Verzicht und Selbstverleugnung.

Werden Sie **vom Heiligen Geist mit Feuer getauft**, müssen Sie bald Angst davor haben, bei einem lüsternen Vergnügen entdeckt zu werden.

KOMMUNION
Nehmen Sie an einer **Kommunion** teil, so werden Sie gewarnt, daß Sie Ihre unabhängige Meinung zugunsten eines leichtsinnigen Verlangens aufgeben werden.

Wenn es beim Abendmahl weder Brot noch Wein gibt, dann leiden Sie darunter, daß Sie Ihre Ideen umsonst verändert haben.

Wird Ihnen die Kommunion verweigert und fühlen Sie sich würdig, dann dürfen Sie darauf hoffen, eine bedeutende Position zu erreichen. Dies war bislang sehr zweifelhaft, da Ihre Gegner angesehen und mächtig sind. Wenn Sie sich unwürdig fühlen, werden Ihnen viele Unannehmlichkeiten widerfahren.

Träumen Sie, sich im Körper eines Baptisten zu befinden, der die Kommunion empfängt, dann bedeutet dies, daß Ihre Freunde zusehends streitlustiger werden und Sie bei Fremden Harmonie suchen müssen.

Heilige Schriften

BIBEL
Die **Bibel** kündigt an, daß Sie unschuldige Freuden genießen werden.

Wenn Sie die Lehren der Bibel verachten, werden Sie durch einen Freund der Versuchung erliegen.

BHAGAWADGITA
Wenn Ihnen die **Bhagawadgita** erscheint, so verbringen Sie einige Zeit in Abgeschiedenheit, und erschöpfte Kräfte werden sich erneuern. Freunde planen eine angenehme Reise zu Ihrer Erbauung. Durch diesen Traum wird ein geringer finanzieller Vorteil vorausgesagt.

....

Träume von religiösen Themen können Ihnen das himmlische Königreich zeigen *links*.

WEGWEISER ZU IHREN TRÄUMEN

A

Aal 52
Aas 44
Abend 82
Abendtasche siehe Gobelinstickerei 183
Abfall 255
Abgetrennter Kopf siehe Kopf 92
Abgrund 193
Ablegen vom Hafen siehe Schiffscrew 226
Abschaum 255
Abscheu 253
Abszeß 108
Abtei 189
Abwesenheit 258
Abwiegen 202
Achat 163
Adam und Eva 278
Addition 180
Adel 86
Ader 94
Adler 44
  Feder 43
Adoption 129
Affe 29
Ähren lesen 63
Akademie 179
Akkordeon 164
Akkumulator 198
Akrobat 170
Aktenmappe 181
Aktenordner (Amt) 201
Alabaster 71
Alarmglocke 266
Alaun 73
Album 181
Alchimist siehe Körperliche Arbeit 181
Alkohol 150-151
Allegorische Träume 17-18
Alligator 55
Almanach 83
Almosen 244
Almosenempfänger 244
  siehe auch Bettler; Armut; Töpferacker; Landstreicher
Alptraum 274
Altar 280
Alter 100
Alter Mann, alte Frau 85
  siehe auch Alter
Aluminum 72
Amateur (Schauspieler) 169
Amboß 196
Ambulanz 113
Ameisen 48
Amerika 88
Amerikanischer Briefkasten 235
Amethyst 162
Amme 119
Ammoniak 73
Amputation 115
  Arm 97
  Bein 96
  Finger 97
Amt
  Druckerei 234
  Einrichtung 201
  Maschine 201
  Telegraphenamt siehe Telegramm 237
Amt (öffentlich) 219
Amtseinführung 219
Ananas 142
Anbiederung 259
Anekdoten 231
Anerkennung 259
Anfälle 107
Angeberei 254
Angelhaken 51
Angeln 174
  siehe auch Fisch 51
Anger 89
Angestellter 194
Angler 51
Angst 253
Ängstigen 253
Ängstigung 253
Anker 227
Anklage 248
Ankleiden 155
Anlegestelle 192
Anmut 100
Anonymer Brief siehe Brief 236
Anschaffung 202
Antenne 237
Antibiotika 116
Antilope 29
Anwalt 245
Anzeige 234
Apfel 140
  Adam und Eva 278
  Apfelwein 151
Apfelwein 151
Aprikose 141
April 83
Arbeit 194
  Gesellschaft 204
  Hotel 188
  Kleidung 157
Arbeit 194-201
Architekt 188
Aristoteles 9, 16
Arm 97
  gebrochen siehe Zerbrechen 265
Armband 161
Armbanduhr 83
Armee 262
  Lager 191
  Soldat 262
Armenhaus 243
Armut 243-244
Aroma 98
Artesischer Brunnen siehe Schacht 193
Arznei 116
  Antibiotika 116
  giftig siehe Gift 247
  Korken 151
  Patent 117
  Wunderdrogen 117
Arznei 116-117
Arzt 114
  Quacksalber 117

Asche 70
Aschehügel siehe Lehm 182
Asien 88
Askese 252
Astralkörper 270
Astrologie 269
Atem 91
  Atemprobleme 109
  Wiederbelebung 115
Atemwegsbeschwerden 109
Atlas 88
Atombombe 264
Atomkrieg siehe Atombombe 264
Attentäter 247
Attila 8
Auferstehung 123, 277
Aufgeben 258
Aufruhr 266
Aufstieg 259
Auge 99
  Leiche 121
Augenarzt 114
Augenbinde 177
Augenbrauen 99
August 83
Augustus, Kaiser 8
Auktion 202
Aura 270
Ausgraben 193
Aussatz 111
Ausschlagen
  Esel 38
  Maultier 38
  Pferde 34
Ausschluß vom Unterricht siehe Oberschule 179
Ausschuß 220
Außerirdische 228
Außerirdischer 87
  Außerirdische 228
Austern 136
  Austernsuppe siehe Suppe 135, Buttermilch 145
Austernschalen 136
Auszeichnung 259
Ausziehen 155
Auto 224, 233
Axt 199

B

Baby 119
  Kahlköpfigkeit 103
  Kinderwagen 119
  Spielzeug 178
  Totgeburt 118
Backen 146
  siehe auch Kochen
Bäckerei 146
Backgammon 177
Backstein 190
Bad 105
  siehe auch Türkisches Bad; Dampfbad
  Parfüm 98
Baden
  Bad 105

Eis 77
Milch 144
Nymphe 273
Waschschüssel 104
Badezimmer 206
Bagger 193
Bahn
   U-Bahn 225
   Unter dem Erdboden 193
Bahre 121
Bahrtuch 121
Bajonett 263
Balkon 191
Ballett 168
Ballspiele 174
Banane 142
Band 159, 184
Bandwurm 109
Banjo 165
Bank 214
Bank (Geldinstitut) 242
Bankett 133
Bankrott 242
Banner 262
Bar 150
Bär 29
Barbier 103
Barfuß 96
Bargeld 242
Barmherzigkeit 252
   Forderung 244
Barometer 74
Bart 104
Baseball 174
Baß 167
Batterie *siehe* Akkumulator 198
Bauch 95
Bauchredner 170
Bauernhof 60-63
   siehe auch Rind; Lamm; Schwein; Schaf; Vieh
Baum 64
   an Straße *siehe* Landstraße 222
   Eigenes Abbild im Baum *siehe* Bild 181
   Eiszapfen 77
   Früchte 140-142
   Kokosnüsse 143
   Menschenaffe 29
   Spiegelung *siehe* See 79
Bäume 64-67
Baumblätter
   Baum 64
   Spiegelung *siehe* See 79
   Verborgene Dornen *siehe* Dornen 67
Baumheide 66
   Spaziergang 267
Baumstumpf 67
Baumwollballen *siehe* Baumwolle 186
Baumwolle 186
Becken 104
Becken (Instrument) 166
Bediensteter 195
   siehe auch Zimmermädchen, Haushälterin
Bedürftigkeit 243
Beerdigung 122
   Grab 122
   Lebendig begraben werden 266
   Leichentuch 121
   Sarg 121

Töpferacker 182
Beerdigung 120-123
Beerdigungen 120
   Gekreuzte Knochen 87
Beeren
   siehe auch Früchte 141
Befehl 262
Begießen 183
Begießen (Fleisch) 135
Begnadigung 248
Begrüßen 205
Behaarte Hände 97
Behälter 211
Beichte *siehe* Priester 280
Beil 199
Bein 96
   gebrochen *siehe* Zerbrechen 265
   lahm 112
Beistand 252
Bekannter 124
Belagerung 261
Belastung 38
   Körperliche Arbeit 194
   schwer beladen *siehe* Güterwagen 223
Beleidigung 254
Belladonna 116
Bellender Hund *siehe* Hund 41
Benommenheit 108
Benzin 224
Beredtsamkeit 230
Berg 90
   jenseits Grasebene *siehe* Gras 56
   Kahlköpfigkeit 103
   schneebedeckt *siehe* Schnee 77
Bergarbeiterkappe *siehe* Kappe 160
Bergbau 195
   Kohle 195
Beschäftigung 194
Beschämende Handlungen *siehe* Beschämung 253
Beschämung 253
Beschimpfen 254
Beschwerden 107
   Herz 94
   Kopf 92
   Rachen 92
Beschwichtigen 261
Beschwörung 276
Besen 215
Besitztum 239
Besorgnis 257
Besuch 205
Betkissen 280
Betrogen werden 204
   siehe Pferdehändler 33
Betrug 204
   Stimme 219
Bett 207
   Schlaf 274
Bettdecke 207
Bettgenossen 207
Bettler 244
Bettnässen *siehe* Bett 207
Bewußtsein 21, 24
Bhagawadgita 282
Bibel 8, 16, 282
Biber 32
Biberöl 116
Bibliothek 233

Bienen 48
   Pferde 102
Bier 151
Bigamie 132
Bild 181
   siehe auch Farbe und Streichen
Bildhauer 182
Bildnisse 274
Bildung 179-180
Billard 175
Bindfaden 184
Binnensee 79
Birne 140
Bischof 281
Biß 112
   Flöhe 49
   Hund 41
   Spinne 49
   Schlange 54
   Vampir 273
Blase 95
Blasebalg 196
Blasinstrumente 166
Blatt 64
   Gold 163
Blau
   Feines Gewand 154
Blaulicht *siehe* Ambulanz 113
Blechblasinstrumente 165
Blei 72
Bleiweiß 72
Bleistift 232
Bleiweiß 72
Blindekuh 177
Blindheit 99
Blitz 76
Blitzableiter 76
Blöken 28
   Lamm 36
Blumen 57-59
   an Straße *siehe* Pfad, Landstraße 222
   Bahre 121
   Baum 64
   Blumenstrauß 57
   duftend 58-59
   Friedhof 123
   Haar 102
   Kranz 57
   Schmücken mit Blumen *siehe* Renovieren 218
Blumenkohl 138
Blut 94
   Arzt 114
   Erbrechen 108
   Metzger 135
   Nase 98
   Unterleib 95
Blüte 64
   Obstgarten 140
Blutegel 117
Bluten 94
Bluthund *siehe* Hund 41
Blutstein 163
Boa Constrictor 53
Bogen 190
Bohnen 138
Bolzen 200
Bombe 264
Boot 226

Rettungsboot 227
Ruderboot 227
See 78
sinkend 227
Wasser 78
Bordell 126
Bordstein 222
Borkenflechte 109
Bösartiger Hund 42
    Hund 41
Boshaftigkeit 253
Botengang 202
Bowling 175
    siehe auch Kegeln
Boxen siehe Profiboxkampf; Profiboxer
Brand 108
Brandwunde 112
    siehe auch Feuersbrunst 80
Braten (Fleisch) 135
Brauerei 151
Braunes Pferd siehe Pferde 34
Braut 131
Brautkranz siehe Kranz 57
Brautschleier siehe Schleier 158
    Meeresschaum 79
Brennendes Holzscheit 80
Brennholz siehe Gehölz 64
Brett 197
Brief 236
    anonym siehe Brief 236
    eingeschrieben siehe Brief 236
    Kopieren 201
    von Brieftaube siehe Friedenstaube 47
Briefmarken 235
Brieftasche 241
Briefträger 235
Brise siehe Westwind 75
Brombeere 141
Brombeerstrauch 66
    Friedhof 123
    Orchidee 140
Bronchitis 109
Bronze 71
    Bronzestatue 182
Brosche, Kamee siehe Kameebrosche
Brot 146
Brotlaib 146
Bruch 108
Bruchband 115
Brücke 192
    Kanu 78
Bruder 129
    Berg 90
    Küssen 125
    Tote 120
Brüllen siehe Löwe 30
Brunnen 78
Bücher 233
    Nachschlagewerke 180
Bücherladen 233
Bücherschrank 233
Buckliger 87
Buddha 14
Büffel 29
Bügeln 218
Bulldogge 42
Bürsten 215
    Haarbürste 103
    Kleiderbürste 155

Bus 224
Busen 94
Bussard 44
Butter 145
Buttermilch 145
    Austernsuppe siehe Suppe 135
Buttern 144

C

Caesar, Julius 8
Café 153
Calpurnia 8
Camcorder 171
Cazotte 9
CD 171
Chamäleon 55
Champagnerkorken siehe Korken 151
Chemikalien 73
Cherub 278
Chinin 116
Chirurg 115
Cholera 110
Chor 167
Christus 279
    siehe auch 13, 14
Chrysantemen 161
    Blumenstrauß 59
Chrysippus 8
Cicero 8
Clown 170
Cocktail 151
Coleridge 9
Computer 201
Condorcet 9
Couch 214
Cousin(e) 129
    Berg 90
Creme 116

D

Dach 190
    Leck 190
Dachboden 206
Dachkammer 206
Dachs 32
Dahlie 58
Damaszenerpflaume 140
Damaszenerrose 58
Dame 177
Damm (Mühle) siehe Mühlwehr
Dämmerung 82
Dämon 279
Dampf 226
    siehe auch Schiff
    Kai 228
Dampfbad 105
Daniel in der Löwengrube siehe Löwe 30
Darben 133
Darm 95
Dattel 143

Daumen 97
David, König 15
Deck 227
Decke 207
Delphin 52
Denkmal 123
Desserts 149
Detektiv 247
Deutung von Träumen 22
Dezember 83
Diadem 161
Diamant 71
Diamanten 162
    Geldbörse 241
    Rheinkiesel 163
    Spielkarten 176
Diarrhöe (Durchfall) 108
Dichter Nebel 74
Dicke 100
Dieb 246
Dinner 134
Diskothek 172
Diskussion siehe Prediger 282
Distanz 88
Dividende 239
Diwan 214
Docks 228
Dogge siehe Hund 41
Dolch 264
Dolmetscher 231
Domino 177
Don Juan 126
Donner 76
Dorf 88
Dornen 67
Drache 273
Drachen 178
Draht 200
    elektrisch siehe Elektrizität 212
    Zaun 200
Drama 169
Dreieck 229
Dreschen 63
    Weizen 61
Drillinge 119
Dringlichkeit 83
Drogen 116-117
Dromedar 39
Drucker 234
Druckerei 234
Drucktype 201
Dudelsack 166
Duell siehe Herausforderung 266
Duett 167
Duft siehe Parfüm 98
    Blumen 58-59
    Rose 59
    Schinken 136
Dünger 60
Dunkelheit 82
    Gasse 222
    Streichholz 212
Durchbrennen 130
Durchfall 108
Durchgehen siehe Pferde 34
Durchsuchungsbefehl 247
Dürre 81
Durst 150 siehe auch Trinken und Getränke
    Tee 153

Dynamit 264
Dynamo 198

E

Ebene 89
    siehe auch Prärie
Ebenholz 70
Echo 276
Ecke 229
Edelmetall 71
Edelsteine 162
Efeu 66
    Schornstein 190
Ehebruch 132
Ehefrau 132
Ehemann 132
Ehre 259
Eibe 65
Eiche 65
Eichel 65
Eichelhäher 45
Eichhörnchen 32
Eid 219
Eidechse 55
Eier 145
    Frühstück 134
    Kaputte Eier *siehe* Nest 43
    Nest 43
Eierkuchen 147
Eifersucht 250
    Beschwichtigen 261
Eigentum 239
    Miete 206
Eimer 211
Einäugigkeit 99
Einbalsamieren 122
Einbrecher 246
Einfluß 219
Eingeweide 95
Einhorn 273
Einkommen 241
Einladen 205
Einsatz 220
Einschreiben *siehe* Brief 236
Einsiedler 87
Einspänner 223
Eis 77
    Kühlschrank 208
    Schlittschuhlaufen 174
Eiscreme 149
Eisen 72
    siehe auch Schmied
Eisenbahn 225
    Bussard 44
    Katastrophe 265
    Labyrinth 270
    Schalter 212
Eisenblech 72
Eisfach 208
Eiszapfen 77
Elefant 29
    Efeu 70
Elektrizität 212
Elemente 74–81
Elend 257

Elfe 273
Ellenbogen 97
Elster 45
Eltern 127
Empfang 173
Energie 212
Engel 278
    Geist 275
Englisch 231
Ente 45
    Feder 43
Enterbung 243
    siehe auch Erbe
Entkommen 266
Entzücken 256
Enzyklopädie 180
Epauletten 159
Epidemie 106
Erbe 240
    Eigentum 239
    Enterbung 243
    Juwelen 162
Erbrechen 108
Erbsen 138
Erdbeben 81
Erdbeere 141
Erdrosseln *siehe* Von unsichtbaren Händen
    gewürgt werden 266
Erfinder 204
Erhängen 249
Erkrankung 106–117
Erniedrigung 255
Ernte 62, 63
Erröten 101
Erscheinung 274
Erschrecken 253
Erstechen
    Messer 200
    Stilett 264
Ersticken 266
Ertrinken 268
Erz
    Blei 72
    Gold 71
    Zink 72
Erzbischof 281
Esel 38
    Schreien 28
Essen 133
    siehe Essen und Trinken 133–149
    Adler 44
    allein 134
    Eis 77
    Fasan 47
    Fisch 51
    Frosch 55
    Gans 39
    Hecht 52
    Huhn 39
    Lachs 51
    Lamm 36
    Leber 95
    Niere 95
    Rebhuhn 47
    Schaf 36
    Schnee 77
    Truthahn 39
    Wachtel 47
Essen und Trinken 133–419

Eßgeschirr 209
    siehe auch Tafelgeschirr; Tonwaren; Teller
Essig 148
Eßzimmer *siehe* Kristall 69
Etikett 235
Eule 43
Eulenschrei *siehe* Eule 43
Europa 88
Eva *siehe* Adam und Eva 278
Exil 249
Explosion 264

F

Fabel 231
Fabrik 194
    Matratze 207
Fächer 159
Fackel 216
Fackelzug *siehe* Umzug 173
Fähre 228
Fahren 223
    Güterwagen 223
    Karren 224
    Taxi 224
Fahrrad 224
Fahrstuhl 192
Fahrzeug 223
Falke 44
Falle 266
    Fliegen 48
    Lerche 46
    Mausefalle 40
    Netz 185
    Rattenfalle 41
    Rebhuhn 47
Fallen 265
Fallgrube 193
Fallschirm 228
Falschgeld 239
Familie 127
    Erbe 241
    Erkrankung 106, 107
    Familienzuwachs 127
    Flicken 159
    Küssen 125
    Leiche 121
    Tote 120
    Umschlingen 125
    Verlust 123
Familienzuwachs 127
Fangen
    Eichelhäher 45
    Fisch 51
    Hecht 52
    Maulwurf 32
    Pelikan 45
    Pferd 34
    Ratten 41
    Strauß 47
    Vogel 43
Farbe und Streichen 218
Farbstoff 186
Farn 66
Fasan 47
Faß 210

Likör 150
Wein 151
Fäßchen 210
Faulheit 251
Faxgerät 237
Februar 83
Feder 43
    Strauß 43
Federkiel 232
Fegen 215
Fehlschlag 258
    Amt zu erlangen siehe Amt 219
    Quiz 171
Feige 142
Feind 260
    küssen 125
Feiner Nebel 74
Feines Gewand 154
    siehe auch Kleidung 51
    brennend siehe Lampe 217
Feinschmecker 133
Felder 60
    Baumstumpf 67
    Baumwolle 186
    Gerstenfeld 60
    Heu 63
    Klee 60
    Mais und Maisfelder 60
    Töpferacker 182
    Wachzustand 274
    Weizen 61
Felder pflügen siehe Felder 60
Feldfrüchte 60-63
Felsen und Minerale 68-73
Felsgestein 68
Fenster 213
    Durchsehen siehe Glas 69
    kaputt siehe Zerbrechen 265
    Kitt 182
Fernbedienung 171
Fernglas 237
Fernsehen 171
Fernsehquiz 171
Fertigstellung (Arbeit) 194
Fest 173
Festessen 133
Festung 261
Feuchtigkeit 74, 75
Feuer
    Fuß 112
    Hand 97
    Kleidung siehe Lampe 217
Feuer 80
    Brandwunde 112
    Entzünden siehe Feuer 80
    Gehölz 64
    Hauptbuch zerstört siehe Hauptbuch 203
    Kohle 70
    Laden 203
    Manuskript 233
    Schnittholz 67
    Schornstein 190
    Schwefel 73
    Stall 33
    Stroh 63
    Verbrannte Hände siehe Hand 97
Feuerbestattung 122
Feuerlöschübung 80
Feuermann 80

Feuersbrunst 80
    siehe auch Feuer
Feuerwerk 173
Fidel 165
Fieber 107
Fieberthermometer 115
Figuren 229
    leuchtend 275
Finger 97
    Tinte 232
Fingerhut 184
Fingernägel 97
Finsternis 84
    Sonne 84
Firmament 84
    Fliegen 268
    erleuchtet 278
Fische und Angeln 51-52, 136, 174
    Angeln 174
    Fisch 51
    Fischmarkt 51
    Köder siehe Würmer 53
    Korken 151
    Teich siehe Fischteich 51
    Zierfisch siehe Goldfisch 51
Fischbein 156
Fischen 51
Fischteich 51
Flachs 186
Flachs spinnen 186
Flagge 230
    Banner 262
Flammarion, Camille 9, 10
Flamme 80
Flasche 210
    Ammoniak 73
    Korken 151
    Oliven 38
    Rotwein 152
    Tinte 232
    Wein 151
    Whisky 152
Fleck 218
    Walnuß 143
Fledermäuse 32
Fleisch 135
    Begießen 135
    Salz 139
    Tranchieren 135
Fleischbrühe 135
Flicken 183
Flicken (Stoffrest) 159
Fliegen 48, 268
    Drache 178
    Ente 45
    Haustaube 47
    Lerche 46
    Luftballon 178
    Luftfahrt 228
    Pelikan 45
    Rebhuhn 47
    Truthahn 39
    Vogel 43
Fliegenfalle 48
Fliegenfänger 48
Fliehen siehe Flucht 267
Flöhe 49
Floß 227
Flöte 166

Flotte 262
Fluchen 230
    Gotteslästerung 250
Flucht 267
Flügel 28
    schwarz 268
    weiß 268
Flugzeug 228
Fluß 79
    Brücke 192
    durch Furt reiten siehe Pferde 34
    Eis 77
    Kanu 227
    Otter 32
    Taufe 282
    Ufer 192
    Wasserfall 78
    Wildbach 78
Fluß überqueren siehe Pferde 34
Flüßchen 78
Flüstern 276
Flut 79, 81
Fohlen 35
    siehe auch Pferde
Folter 248
Folterbank 248
Forderung 244
Forelle 51
Form 229
Fotografie 182
    Album 181
Frachter 227
Fragen 248
Frau 85
Freiheitsglocken siehe Glocken 275
Freimaurer siehe Steinmetz 195
Freispruch 248
Fremdsprachen 231
Freude 256
Freund 124
    bei einem Aufruhr getötet siehe
        Aufruhr 266
    Besuchen 205
    Frost 77
    Geist 275
    Geizkragen 243
    Hölle 279
    Hügel 90
    im Dunkeln verlieren siehe
        Dunkelheit 82
    Reise 221
    Rufen 276
    Schädel 91
    Untreue 125
    Verlust 123
    Zeug 87
Freundschaft 124-125
Friedenstaube 47
Friedhof 123
Friseur 103
Fröhlichkeit 256
Frosch 55
Frost 77
Fruchtbares Land siehe Land 89
Früchte 140-142
    Frühstück 134
    Obstverkäufer 140
Frühling 82
Frühstück 134

Fuchs 31
    von Hunden gejagt *siehe* Hund 41
Füller 232
Füllung 93
    siehe auch Zähne
Furnier 197
Füße 96
    Brandwunde 112
    Hühnerauge 112
    Nässe 75
    Splitter 112

G

Gabe 240
Gabel 209
Gackern 28
Gähnen 274
Galerie 181
Galgen 249
Gamaschen 156
Gans 39
    Feder 43
Gänseblümchen 59
Garben 62
Garn 183
Garten 56
    Adam und Eva 278
Gas 212
Gasse 222
Gästebuch, Hotel 188
Gasthaus 188
Gaze 187
Gebäck 147
Gebäude 188
    geweiht 189
    Unter dem Erdboden 193
Gebäude und Bauwerke 188-193
Gebet 282
Gebot 278
Gebrechen 106
Geburt 118-119
Geburtstag 118
    Geburtstagsgeschenke 118
Geck 87
Gefahr 266
    Rennen 267
Gefangenenkappe *siehe* Kappe 160
Gefangennahme 261
Gefängnis 249
    siehe auch Verlies; hinter Gittern; Strafanstalt
    Festung 261
    Häftling 248
Gefängniswärter 249
Gefäß 210
Geflügel 39, 136
    Flügel 28
    Küken 39
    Tranchieren 135
Gefühle 256-257
Gegenstände *siehe* Oben 265
Gehacktes 135
Geheimbund 271
Geheimnis 270
Geheimnis der Schöpfung *siehe* Geheimnis 270

Geheimnisse 270-271
    geheime Hochzeit *siehe* Hochzeit 131
Geheimschrift 229
Gehirn 92
Gehölz 64
    siehe auch Wald; Baum
Gehorsam 252
Geier 44
Geißblatt 58
Geist 275
Geist oder Gespenst 275
    Gott 277
    (Seele) verläßt den Körper *siehe*
    Chrysantemen 59
    Seele 105
Geisterbeschwörer 272
Geisteskranker 105
Geistlicher 280
Geizkragen 243
Gekreuzte Knochen 87
Geländer 191
Geläut 275
Gelb
    Chrysantemen 59
    Feines Gewand 154
    Rose in Schachtel *siehe* Badezimmer 206
Gelbsucht 111
Geld 239, 241, 242
    Falschgeld 239
    Geldbörse 241
    Geldkassette 242
    Kasten 211
    Münzen 242
    zählen 180
Geld verschlucken *siehe* Geld 239
Geldkasse 242
Geldkassette 242
Geldstrafe 244
Gelee 148
Gelehrtheit 179
Geliebte *siehe* Verlassen 258
Gemahlener Kaffee *siehe* Kaffee 153
Gemälde 181
    siehe auch Farbe und Streichen
Gemüse 137
    Garten 56
Genitalien 96
Gennadius 8
Geografie 88
Gepäck 221
Geräusch 276
Geräusche 10, 275-276
Gerber *siehe* Gerberei 187
Gerberei 187
Gerechtigkeit 245
Gericht, Richter 245
Gerichtsvollzieher 243
Gerissenheit 254
Gerstenfeld 60
Geruch 98
Gerücht 231
Gesang 167
    Orgel 164
Geschäft 203
    Betrogen werden 204
    Einbrecher 246
    Fehlschlag 258
    Geschäftspraktiken 204
    Verlassen 258

Geschäftspartner 204
Geschenk 240
    siehe auch Geschichte 180
Geschlagen von Ehemann *siehe* Ehefrau 132
Geschlechtsverkehr 126
Geschliffenes Glas *siehe* Glas 69
Geschworene 245
Geschwür 108
Geschwüre 111
Geselle 195
Gesellschaft 204
Gesicht 101
    Haare 102
    leuchtend 275
    Rasieren 104
    Spiegel 69
    Verhärmtes Gesicht 107
Gesichtsausdruck 101
    siehe auch Gesicht
Gespenst *siehe* Geist oder Gespenst
Gethsemane *siehe* Christus 279
Getränke
    Buttermilch in Austernsuppe 145
    Eselsmilch *siehe* Esel 38
    Essig 148
    Kaffee 153
    Malzdrinks 153
    Milch 144
    Ochse 37
    Pfefferminze 139
    Punsch 152
    Rotwein 152
    Rum 152
    Sahne 145
    Tee 153
    Whisky 152
    Ziegenmilch *siehe* Ziege 36
Getreide 60-61, 147
Getreidekorn 62
    Weizen 61
Getreidemäher 63
Gewalt 260
Gewebe 185
    Spinnennetz 49
Gewehr 263 *siehe auch* Schießen
    Vogel 43
Geweihte Gebäude 189
Gewerbe 202
Gewicht (Eisenlast) *siehe* Eisen 72
Gewinn 239
Gewinnen *siehe* Glückssträhne 175
    Glücksspiel 176
    Spiele 177
Gewissen 252
Gewitter 76
Gewölbe 190
Gewürz 139
Gicht 109
Gift 247
Gitarre 165
Glanz 238
Glas 69
Glasbläser 69
Glashaus 69
Glasscheibe 69
Gleichgültigkeit 251
Gliedmaßen
    gebrochen *siehe* Zerbrechen 265
    Gummi 187

Glocke 275
  Alarmglocke 266
  Sturmglocke 275
  Totenglocke 121
  Tür 213
Glück 269
Glücksspiel 176
Gobelinstickerei 183
Goethe 8
Gold 71, 163
  Gold 163
  Münzen 242
  Spinne 49
Goldfische 51
Golf 174
Gong 166
Gosse 255
Gott 277
  Stimme 276
Gotteslästerung 250
  Bibel 282
Götze 279
Götzenverehrung *siehe* Götze 279
Grab 122
  Lebendig begraben werden 266
  Weiße Blumen *siehe* Blumen 57
Graben 193
Granatapfel 142
Gras 56
  Heu 63
  Prärie 89
Grashüpfer 50
Grausamkeit 250
Griechisch 231
Grille 50
Grog 152
Großeltern 127
Großer Reichtum 238
Großwild 29
Grotte 193
Grube 193
Gruft 122
Grün 56-67
  Baum 64
  Feines Gewand 154
  Felder 60
  Früchte 140
  Gras 56
Grüner Salat 138
Grünes Gemüse 138
  Rüben 137
Gruppe (Gesellschaft) 85
  Rasen 56
Gummi 187
Gurke 138
Gürtel 158
Güterwagen 223
Güterzug *siehe* Eisenbahn 225
Gutschein 203

H

Haare 102
  Barbier 103
  Behaarte Hände 97
  Bein 96
  Farbe *siehe* Haare 102
  Friseur 103
  Haarbürste 103
  Kämmen 103
  Nase 98
  Prediger 282
  Rose im Haar *siehe* Damaszenerrose 58
  Schampoo 103
  sich in Schlangen verwandeln *siehe*
  Schlange 54
Haarbürste 103
Habicht 44
Hacke 57
Hafer 61
Haferschleim 147
Häftling 248
Hagel 77
Hahn 39
Hai 52
Häkelarbeit 183
Haken 199
Halfter 33, 38
Hals 92
Halsband 161
Halsschmerzen *siehe* Hals 92
Hammer 245
  Reißnagel 200
Hampelmann 178
Hand 97
  Behaarte Hände 97
  Blut 94
  Händeschütteln 97
  Teer 72
  Walnußflecken *siehe* Walnuß 143
  Warzen 111
Handarbeit 183-184
Handbohrer 197
Hände halten *siehe* Hand 97
Handel 203
Handeln
  Bananen 142
  Handarbeit 183
  Kaffee 153
  Leder 187
  Mehl 146
  Milch 144
  Nagel 200
  Pelz 157
  Pferde 33
  Schleifstein 200
  Schinken 136
  Schwein 37
  Wachstuch 187
  Wein 151
  Zigeuner 87
  Zucker 148
Händeschütteln 97
Handlesen 269
Handsäge *siehe* Säge 197
Handschrift 232
Handschuh 158
  Laden 203

Handzettel 234
Hanf 61
Hanfsamen 61
Hängende Objekte *siehe* Oben 265
Harem 126
Harfe 165
Harke 57
Harlekin 170
Hase 31
Haselnuß 143
Haß 250
Häßlichkeit 100
  Gesicht 101
Haube 160
Hauptbuch 203
Hauptmann 262
Haus 188
  siehe auch Wohnung; Heim
  Badezimmer 206
  Brennen *siehe* Feuer 80
  Dach 190
  Dachboden 206
  Dachkammer 206
  Eiszapfen 77
  farbig *siehe* Farbe und Streichen 218
  Fenster 213
  Gebäude 188
  Hagel 77
  Keller 206
  Klettern 268
  Krankenschwester 114
  Miete 206
  Orkan 81
  Regen 75
  Schlafzimmer 207
  Treibhaus 69
  Tür 213
  Umzug *siehe* Wohnung 205
  Unter dem Erdboden 193
  Untergeschoß 206
  Wasser 78
  Zimmer 206
Haushälterin 205
Hausmeister 195
Hauspersonal 195, 205
Hausschuhe 160
Haustaube 47
Haustiere 33-42
  siehe auch Vieh
  Körperliche Arbeit 194
  Nachkommen 128
  Sterben 120
Haut
  Gesicht 101
  Probleme 111
Hautausschlag 111
Häute
  siehe auch Verstecken
  Biber 32
  Lamm 36
  Leopard 30
  Löwe 30
  Polarbär 29
  Tiger 30
Hebamme 118
Hecht 52
Hecke 64
Heckenschere 199
Heftiger Windstoß 76

Heilbrunnen *134*
Heilige Schriften *282*
Heiliger Geist *siehe* Taufe *282*
Heilmittel *116-117*
Heilwässerchen *117*
Heim *205*
   Dorf *88*
   Einbrecher *246*
   Verlassen *siehe* Verabschieden *258*
   Wohnwagen *224*
Heimweh *205*
Heirat *130-132*
   siehe auch Druchbrennen; Hochzeit
   Arzt *114*
   Geistlicher *280*
   Heiratsurkunde *130*
Heiratsurkunde *130*
Heiratsversprechen *130*
Heizdecke *207*
   siehe auch Decke
Heizkessel *212*
Heizkörper, Gedärme auf *siehe* Gedärme *95*
Hellsehen *269*
Helm *160*
Hemd *157*
Hemdchen *156*
Hengst *35*
   siehe auch Pferde
Henne *39*
   Gackern *28*
   Nest *43*
Herausforderung *266*
Herbst *82*
Herde *siehe* Schaf *36*
Hering *52*
Hermelin *157*
Herz *94*
Herz (Farbe) *siehe* Spielkarten *176*
Herzinfarkt
   Beschwerden *107*
   Herz *94*
Hetze *231*
Heu *63*
Heuchelei *251*
Heulender Wolf *siehe* Wolf *31*
Heuschrecken *50*
Hexe *272*
   Wetterhexe *siehe* Wetter *74*
Hexer *272*
   siehe auch Zauberer
Hieroglyphen *229*
Hilferufe *siehe* Schrei *276*
Himbeere *141*
Himmel *84, 278*
   siehe auch Firmament
   erleuchtet *275*
   Firmament *84*
   Observatorium *237*
   Teleskop *237*
Hingabe *252*
Hinkefuß *96*
Hinken *112*
   siehe auch Krüppel; Krücken
Hinrichtung *249*
Hinter Gittern *249*
Hinterhalt *261*
Hiob *13, 14*
Hirsch *31*
   siehe auch Reh; Kitz

Hitze *10, 74*
Hobel *197*
Hochwasser *siehe* Flut
Hochzeit *131*
   siehe auch Braut; Heirat
   Keil *187*
   Konfetti *131*
   Kuchen *147*
   Hochzeitskleid *131*
   Hochzeitsring *131*
Hochzeitskleid *131*
Hochzeitsring *131*
Höhle *193*
Hohlspatel *57*
Hölle *279*
Holunderbeere *141*
Holz *67*
   siehe auch Zimmermann; Polieren; Lackieren
   Ebenholz *70*
   Furnier *197*
   Holzkohle *70*
Holzbein *siehe* Bein *96*
Holzhammer *199*
Holzkohle *70*
Holzschuh *160*
Holzstoß *67*
Homer *9, 16*
Honig *148*
Hopfen *61*
Hören
   Hörgerät *99*
   Rufen *276*
   Stimme *276*
Hörgerät *99*
Horn (Instrument) *165*
Hörner *siehe* Rind *37*
Hornissen *48*
Horoskop *269*
Hotel *188*
Hubschrauber *228*
Hüfte *96*
Hüfthalter *156*
Hügel *90*
   Auf und ab reiten *siehe* Pferde *35*
   Fahrrad *224*
   Güterwagen *223*
   Kahlköpfigkeit *103*
   Klettern *26*
   Rutschen *267*
   Weizen *61*
Huhn *39*
   siehe auch Küken; Henne; Hahn
   Erbrechen *108*
   Feder *43*
   Habichte *44*
   Herz *94*
Hühnerauge *112*
Hund *41*
   Angst vor Hunden *siehe* Ängstigen *253*
   beißend *siehe* Hund *41*
   bissig *42*
   bösartig *42 siehe auch* Hund *41*
   bringt Schlange um *siehe* Hund *41*
   Eichhörnchenjagd *siehe* Eichhörnchen *32*
   Fuchsjagd *siehe* Hund *41*
   Hasenjagd *siehe* Hase *31*
   Hundeausstellung *siehe* Hund *41*
   klein *siehe* Hund *41*

   mit Katzen *siehe* Hund *41*
   reißt Lamm *siehe* Lamm *36*
   schwimmend *siehe* Hund *41*
   vielköpfiger *siehe* Hund *41*
   weiß *siehe* Hund *41*
   Welpen *42*
Hunger *133*
Hüpfen *267*
Hure *126*
Husten *109*
Hut *160*
   mit Federkiel *siehe* Federkiel *232*
Hütte *188*
Hyäne *31*
Hyazinthe *59*
Hymne *168*
Hypnotiseur *170*
Hypothek *239*

I

Idol *125*
Im Ausland *88*
Im Flug fallen *siehe* Fliegen *268*
Immergrün *66*
   Eiszapfen *77*
   Hecke *64*
Impfung *115*
Indigo *186*
Industrie *194*
Inschrift *232*
   Brief *236*
   Manuskript *233*
   Schultafel *180*
Insekten *48-50*
   Bisse *siehe* Flöhe *49*
   Bronze *71*
   Stiche *siehe* Bienen; Wespen; Hornissen *112*
   Wanzen *207*
Inseln *89*
Instrumente
   medizinische *115*
   Musikinstrumente *164*
Invalide *106*
Inzest *129*
Irrenhaus *105, 113*
Irrsinn *105*

J

Jacht *227*
Jäten *57*
Jagd
   durch ein Monster *273*
   durch einen Esel *38*
   durch einen Hai *52*
   durch einen Stier *37*
   Fuchs *31*
   von Hunden auf Füchse *siehe* Hund *41*
   von Hunden auf Hasen *siehe* Hase *31*
   von Hunden auf Eichhörnchen *siehe*

Eichhörnchen 32
Jagdhorn 165
Jagdhund 42
    Hund 41
Jagen 174
    Ente 45
    Reh 31
    Minen *siehe* Bergbau 195
Jahreszeiten 82-83
Januar 83
Jasmin 58
Jaspis 71
Joch 38
    Ochse 37
Jockey 176
Johannes der Täufer *siehe* Taufe 282
Jona 15
Joseph 8
Jubiläum 173
Jugend 100
Juli 83
Junger Stier 37
Jungfrau 87
Jungfrau von Orléans 9
Junggeselle 125
Jüngster Tag 278
Jüngstes Gericht 278
Jungtiere
    Adler 44
    Blöken 28
    Fohlen 35
    Huhn 39
    Hund 42
    Kalb 37
    Kitz 31
    Löwe 30
    Zicklein 36
Juni 83
Juwelen 162
Juwelenbesetzte Kleider *siehe* Juwelen 162
Juwelenbesetzter Hüfthalter *siehe* Hüfthalter 156
Juwelenbesetztes Strumpfband *siehe* Strumpfband 156

K

Kabel 237
Kabine 227
Käfer 48
Kaffee 153
    Café 153
    mit Roggen *siehe* Roggen 60
Kaffeemühle 153
Käfig 28
    Fahrstuhl 192
    Leopard 30
    Löwe 30
    Tiger 30
    Vogel 28
Kahlköpfigkeit 103
    Haare 102
Kai 228
Kaiser 86
Kaiserin 86
Kakao 153

Kalb 37
    siehe auch Rind
Kaleidoskop 178
Kalender 83
Kalk 73
Kalkofen 73
Kalligrapie 232
Kalomel 116
Kälte 74
    Luft 75
Kameebrosche 161
Kamele 39
    siehe auch Dromedar
Kamera 182
Kaminbock 212
Kampagne 220
Kampf 260
    Duell *siehe* Herausforderung 266
    Feuer 80
    Hahn 39
    Hund 41
    Krähen 39
    mit Schürhaken *siehe* Schürhaken 212
    Rasierer *siehe* Rasierapparat 104
Kampfhandlung 261
Kanal 78
Kanarienvogel 46
Känguruh 29
Kaninchen 31
Kanne 210
Kanone 263
Kanonenkugel 263
Kanu 227
    Kanal 78
Kanzel 280
Kapelle 189
    siehe auch Kirche
Käppe 160
Kardinal 281
Karneval 173
Karotten 137
Karren 223
Karte 88
Karten *siehe* Spielkarten 176
Kartoffeln 137
Karussell 173
Karzinom 110
Käse 145
Kassettenrekorder 171
Kassierer 242
Kastanie 143
Kasten 211
    Alabaster 71
    Bargeld 242
    Gelbe Rose im Badezimmer 206
    Negligé 156
Katastrophe 265
Katechismus 282
Kathedrale 189
Kätzchen 40
Katze 40
    siehe auch Raubkatzen; Kätzchen
    Hund 41
    mit Schlange *siehe* Katze 40
    Schoß 125
Katzenfisch 51
Kaufen 202
    Früchte 140
    Gefäß 210

Orange 142
Teppich 215
Kaulquappe 55
Kaution 248
Käuzchen 43
Kavallerie 262
    Belagerung 261
Kegeln 175
    siehe auch Bowling
Keil 187, 229
Keks 147
Kelch 210
Kelle 209
Keller 206
    siehe auch Untergeschoß
    Heizkessel 212
    Wein 151
Kennwort 271
Kerze 216
Kerzenleuchter 216
Kessel 211
Kiefer 65
Kiefersperre 110
Kies 68
Kieselsteine 68
Kinder 128
    Beerdigung 120
    Bettnässen *siehe* Bett 207
    Blase 95
    Bücher 233
    Eingeweide 95
    Esel 38
    Geisteskranker 105
    Hautausschlag 111
    Horn 165
    Im Dunkeln verlieren *siehe* Dunkelheit 82
    Kinderbett 207
    Kopf 92
    Küssen 125
    Lachen 256
    leuchtend 275
    Lilien 59
    Löwe 30
    Scham 255
    Schlafen 274
    Schlagen 260
    Spielen mit Schlangen *siehe* Schlange 54
    Spielzeug 178
    Stimme 276
    Tanz 168
    Unterleib 95
    Verbannung 249
    Verlassen 258
    Waten 268
Kinderbett 207
Kirche 189
    siehe auch Kapelle; Religion
    Ausstattung 280
    Menschenmenge 85
    Orgel 164
    Schwüre 219
    Verlosung 176
Kirchhof 123
Kirchliche Symbole 269
Kirchturm 189
Kirsche 140
Kissen 215
    Gobelinstickerei 183
    seiden *siehe* Seide 215

Kitt *182*
Kitz *31*
  siehe auch Reh
Kitzeln *256*
Klagen *257, 276*
Klarinette *166*
Klavier *164*
Klee *60*
Kleider färben siehe Farbstoff *186*
Kleider siehe Feines Gewand; Kleidung
Kleiderschrank *155*
Kleidung *154*
  Accessories *158*
  Bänder *159*
  blutgetränkt siehe Blut *94*
  Bügeln *218*
  Epauletten *159*
  Farbe siehe Farbe und Streichen *218*
  Flicken *159*
  Gaze *187*
  Gummi *187*
  Häftling *248*
  Hochzeit *131*
  juwelenbesetzt siehe Juwelen *162*
  Keil *187*
  Kleiderbürste *155*
  Kragen *159*
  Leinen *186*
  Melasse *148*
  Nähen *183*
  Nässe *74*
  Nässe im Regen siehe Regen *75*
  Parfüm *98*
  Rot siehe Freund *124*
  Rouge *101*
  Samt *187*
  Schlick *90*
  Schmutz *255*
  Seide *187*
  Tasche *159*
  Teer *72*
  Tinte *232*
  Trauer *123*
  Troddel *159*
  Verbrennen siehe Lampe *217*
Klette *66*
Klettern *268*
  Baum *64*
  Felsgestein *68*
  Hügel *90*
  in den Himmel *278*
  Seil *185*
Klopfen *276*
  Geister siehe Geist oder Gespenst *275*
Kloster *189, 281*
Knappheit *243*
Knie *96*
Knoblauch *137*
Knochen *91*
Knochenbruch *265*
Knopf *184*
Knoten *185*
Knüppel *264*
Knurrender Hund siehe Hund *41*
Kobold *273*
Kochen *208*
  Kessel *211*
  Topf *210*
Kochherd *208*

Koffer *221*
Kohl *138*
Kohle *70*
Kohlenmine siehe Zeche oder Kohlenmine *195*
Kokosnüsse *143*
Kokospalme siehe Wald *64*
Kolonialwarenladen *134*
Komet *84*
Komisches Lied *168*
Kommunion *282*
Komödie *169*
Kompaß *88*
Kompost *60*
Konditorei *149*
Konfetti *131*
Konfitüre *148*
König *86*
Königin *86*
Königtum *86*
Konkubine *126*
Konzert *167*
Kopf *92*
  Haare *102*
  Leiche *121*
Kopfbedeckung *160*
Köpfen *249*
Kopfkissen *207*
Kopfkratzen *92*
Kopfschmerzen
  Beschwerden *107*
  Kopf *92*
Kopieren *201*
Kopiergerät *201*
Korallen *70*
Korb *211*
Korken *151*
Korkenzieher *151*
Kornkammer siehe Weizen *61*
Körper *14, 91–105*
  Tätowierung *91*
Körperliche Arbeit *194*
Körperliche Träume *15*
Korpulenz *100*
Korsett *156*
Krabben *52*
Krächzen siehe Krähe *44*
Kragen *159*
Krähe *44*
Krähen *39*
  Hahnenkampf siehe Krähen *39*; siehe auch Hahn *39*
Kranich *45*
Kränken *254*
Krankenbahre *113*
Krankenhaus *113*
Krankenschwester *114*
Krankheit *106*
Krankheiten *106–117*
Kränkung *254*
Kranz *57*
  Lorbeerstrauch *66*
Krätze *111*
Kräuter *139*
Krebs (Krankheit) *110*
Krebs (Tier) *136*
Kreditkarte
Kreide (Klassenzimmer) *180*
Kreide (Kosmetik) *101*

Kreis *229*
Kreisel *178*
Kreuz *229*
  siehe auch Kruzifix *279*
Kreuzigung *279*
Kreuzotter *53*
Kreuzung *222*
Kriechen *267*
Krieg *261, 262, 264*
Kristall *69*
Krokodil *55*
Krone *86*
Kronleuchter *216*
Krönung *86*
Krösus *8*
Kröte *55*
Krücken *112*
Krug *210*
Krupp *109*
Krüppel *112*
Kruste (Brot) *146*
Kruzifix *279*
Küche *208*
Kuchen *147*
Kuckuck *46*
Kugelschreiber *232*
Kuh *37*
  siehe auch Kalb; Rind; Vieh
  Melken *144*
Kühlschrank *208*
Küken *39*
Kummer *257*
Kunstgalerie siehe Galerie *181*
Kupfer *71*
  Münzen *242*
Kupferschmied *196*
Kupferstich *232*
Kuppel *190*
Kurzsichtigkeit *99*
Küssen *125*
  Braut *131*
  Kruzifix *279*
  Scheiden *258*
  Stirn *92*
Kutsche *223, 224*
  Fahren *223*
Kutscher *223*
Kutteln *136*

L

Labor *181*
Labyrinth *270*
Lachen *256*
Lachs *51*
Lackieren *197*
Laden *203*
  siehe auch Geschäft
  Bücherladen *233*
  Brennen siehe Feuer *80*
  Porzellanladen *209*
  Tonwaren *209*
Ladentheke *203*
Ladestock *199*
Lager *191, 203*
Lagune *78*

Lahm 112
Lähmung 108
Lamm 36
    siehe auch Schaf
    Besitzen siehe Lamm 36
    Blöken 28
    Essen siehe Lamm 36
    Füttern siehe Lamm 36
    Haut siehe Lamm 36
    Scheren siehe Lamm 36
    Tragen siehe Lamm 36
Lampe 217
Land 89
Landschaft
    siehe auch Felder; Gras
    Hütte 188
Landschaft 89
    Wandern 267
Landstraße 222
Landstreicher 244
Langusten 52
Lanze 264
Laser 198
Last
    siehe auch Bürde
    Esel 38
Laster 250
Latein 231
Laternenpfahl 217
Laubheuschrecken 50
Laus 49
    siehe auch Läuse
Läuse 49
    siehe auch Laus
Laute 165
Lebenselixier 117
Lebenspartner 132
Lebensversicherung siehe
    Versicherungsvertreter 240
Leber 95
Leberfleck (Haut) 111
Lebewohl 258
Leck 212
    Dach 190
    Regenschirm 159
Leder 187
Lederschmuck siehe Leder 187
Leewärts 226
Legislative 219
Lehm 182
Lehmbank siehe Lehm 182
Lehren
    Papagei 46
    Schule 180
Lehrer siehe Schule 180
Lehrling 195
Leibchen 157
Leiche 121
    Fluß 79
    Grab 122
    Schatz 124
Leiche 121
    Gold 71
    Silber 71
    Verlust siehe Seelenqual 107
Leichenschmaus 122
Leichentuch 121
Leichenwagen 121
Leiden 106

Entkommen 266
Leihen 241
    Bargeld 242
Leinen 186
    Serviette 214
    Tisch 214
Leiter 192
    Himmel 278
    Klettern 268
Leopard 30
Lerche 46
Lernen 179-180
    Bücher, Bibliothek 233
    Recht und Prozeß 245
Lesen 233
    Hypothek 239
    Schreiben 232
Leuchten 230
Leuchtkugeln 73
    siehe auch Feuerwerk
Leuchtturm 228
    Leuchtfeuer 230
Licht 10, 216-217
    Leuchtfeuer 230
    Straße 222
Lichter 275
    Firmament 278
Liebe 124
Liebe und Freundschaft 124-126
    Eltern 127
Liebesbrief 124
Lied 167, 168
Likör 150
Lilie 59
Limonade 153
Limone 142
Limousine 224
Linsen 138
Lippen 92
Lizenz 204
    Heiratsurkunde 130
Loch graben siehe Ausgraben 193
Locken siehe Haare 102
Löffel 209
Lohn 241
Lokomotive 225
Lorbeerbaum 65
Lorbeerstrauch 66
Löschfahrzeug 80
Lösegeld 244
Lotterie 176
Löwe 30
Löwenzahn 59
Luchs 30
Luft 75
Luftballon 178
Luftfahrt 228
Lügen 251
    siehe auch Lügner
Lügendetektor 248
Lügner 251
    siehe auch Lügen
Lupe 237
Lutschpastillen 149
Luxus 238
Lyra 165

M

Mädchen 85
Magen 95
Magie 272
Magier siehe Magie 272
Magnet 200
Mahlzeiten 134
Mähne siehe Pferde 34
Mahnung 243
Mai 83
Maikäfer 48
Mais und Maisfelder 60
Maisbrei 147
Maismehl 146
Makkaroni 147
Malen
    Bild 181
    Farbe und Streichen 218
    Renovieren 218
Malzdrinks 153
Mandel 143
Manieren 254
Mann 85
Manschettenknopf 157
Mantel 157
Manufaktur 194
Manuskript 233
    Verleger 234
Marcian, Kaiser 8
Marine 262
Marinemitglied 226
Markise 191
Markt 202
    Fischmarkt 51
Marmelade 148
Marmor 71
Marokko 88
Mars 84
Marsch (Musik) 168
    Soldat 262
Marschland 90
    siehe auch Moor; Schlamm; Schlick; Morast; Sumpf
    Frosch 55
    Rasen 56
Märtyrer 281
März 83
Masche 185
Maschine 198
    Amt 201
    Grube graben 193
    Kopieren 201
    Mähen
    Säge 197
    Spielautomat 176
Masern 110
Maske 172
Maßstab 199
Mast 227
Mastschwein 37
Materialien 187
Matratze 207
Matrose 226
Matte 215
Matten verlegen 215
Mauer 190
    Springen 267

Maulbeere 141
Maultier 38
Maultrommel 165
Maulwurf 32
Maunzende Katze siehe Katze 40
Maus 40
   siehe auch Mäuse
   in Kleidern siehe Mäuse 40
Mäusefalle 40
Mauser siehe Vogel 43
Mausoleum 122
Mechaniker 198
Medaillon 161
Medien und Botschaften 229-237
Mediziner 114
Medizische Instrumente 115
Meer 79
   siehe auch Ozean; Schiff
   Flut 79
   Katastrophe 265
   Seehafen 228
   Wellen 79
   Windstille 75
Meeresschaum 79
Meerrettich 137
Mehl 146
Meilenstein 222
Meister 195
Melasse 148
Melken 144
   Rind 37
Melone 142
Menagerie 28
Menschen 85-87
Menschenaffe 29
Menschenmenge 85
   Reise 221
Menuett 168
Messer 200
   Löwe 30
Messerschärfer siehe Scherenschleifer 200
Messing 71
Metalle 71-72
Metallegierung 72
Metella, Cecilia 8
Metzger 135
   Schlachthof 135
Miete 206
Mieter 206
Mikroskop 237
Mikrowellenherd 208
Milch 144
   Baby 119
   Eimer 211
   Esel 38
   Frühstück 134
   Milchpudding 149
   Rind 37
   Saure Milch siehe Milch 144
   Verschüttete Milch siehe Milch 144
   Ziege 36
Milchprodukte 144-145
Milchpudding 149
Mine 195
   siehe auch Zeche oder Kohlenmine
Minen
   Blei 72
   Gold 71
   Kohle 195

Mine 195
Minerale 68
Mineralwasser 153
Mißachtung 253
Mistel 66
Mistgabel 62
Misthaufen 60
Mittellose Frauen siehe Kampagne 220
Mixer 208
Mixpickles 148
Möbel
   Büro 201
   Herstellung siehe Stuhlmacher 197
   Kristall 69
   Lackieren 197
   zerbrochen siehe Zerbechen 265
Möbelstoffe 215
Mobiltelefon 237
Model 100
Mohnblumen 59
Monarch 86
Mönch 281
Mond 84
Monster 273
Montagekran 198
Moor 90
   siehe auch Marschland; Schlamm; Schlick;
   Morast; Sumpf
Moos 66
Morast 90
   siehe auch Moor; Marschland; Schlamm;
   Schlick; Sumpf
Mord 247
Morgen 82
Moschus 98
Moses 278
Moskitos 48
Motor 198
Motorrad 224
Möwe 45
Müdigkeit 107
Muff 158
Mühle 196
   Kaffee 153
   Stricken 183
   Windmühle 196
Mühlwehr 196
Müll 255
Müller 196
Munition 263
Münzen 242
   siehe auch Geld
Murmeltier 31
Muscheln 52, 70, 136
   Austernschalen 136
Museum 181
Musik 164
   Musikinstrumente 164-166
   von Geistern siehe Geist oder Gespenst 275
Muskat 139
Muskeln 91
Muster 202
Mutter 128
   Geheimbund 271
   Küssen 125
   Tote 120
Myrrhe 98
Myrte 59

N

Nachahmung 259
Nachbar 124
Nachgeben 261
Nachkommen siehe auch Kinder 128
Nachlaß 240
Nachmittag 82
Nachricht 235
Nachrichten 234
Nachschlagewerke 180
Nacht 82
   Friedhof siehe Grab 122
   Labyrinth 270
   Nachtfalter 50
Nachthemd 156
Nachtigall 43
Nacken 92
   Küssen 125
Nacktheit
   Genitalien 96
   Nacktheit 91
   Schulter 94
Nadel 184
Nagel 200
Nagel (Finger) siehe Fingernägel
Nähen 183-184
   Flicken 159
Näherin 183
Name siehe Rufen 276
Napoleon 8
Narr 170
Nase 98
Nashorn 29
Nässe 74
Natter 53
Naturkatastrophen 81
Necken 254
Neffe 129
Negligé 156
Neid 250
Nerz 32
Nesseln 67
Nest 43
   Eier 145
   Tauben 47
   Vogelnest 43
Netz 51, 185
   Masche 185
Neues Jahr 82
Nichte 129
Nickelmünzen siehe Münzen 242
Niedergeschlagenheit 106
Niederkunft 118
Niederlage
   Kampf 260
   Krieg 261
Niere 95
Niesen 98
Nonne 281
Not 243, 258
Not leiden 266
Notar 245
November 83
Nudeln 147
Nuß 143
Nutzholz 67
Nymphe 273

O

Obdachloser 244
Obelisk 182
Oben 265
Ober 134
Oberbekleidung 157
Oberschenkel 96
Oberschule 179
Oberst 262
Observatorium 237
Obstgarten 140
Obszöne Lieder *siehe* Lied 167
Ochse 37
   Joch 38
Ochsenfrosch *siehe* Frosch 55
Odd-Fellow-Orden 271
Ofen 208
Offenbarung 274
Öffentliche Verkehrsmittel 224
   siehe auch Eisenbahn
      Katastrophe 265
Öffentlicher Ausrufer 87
Öffentliches Leben 219-220
Offizier der Luftwaffe 262
Ohne Sattel reiten *siehe* Pferde 34, 35
Ohne Zusammenhang 230
Ohnmacht 108
Ohren 99
Ohrring 161
Okkultist 270
Oktober 83
Öl 72
   Biberöl 116
   Lampe 217
   Süßes Öl 148
Oliven 138
Omelett 145
Onkel 129
Oper 169
Operationsbesteck 115
Opfer 246
   Vergewaltigung 246
Opium 117
Opiumtinktur 117
Optische Geräte 237
Orang-Utan 29
Orange 142
Orangen schälen *siehe* Orange 142
Orchester 167
Orden 259
Organist 164
Orgel 164
Orientierung verlieren *siehe* Weg 222
Orkan 81
Ornamentschmuck 161
Orte 88-90
Otter 32
Overall 157
Ozean 79
   siehe auch Meer; Wellen
   Flut 79
   Land in Sicht *siehe* Land 89

P

Page 86
Pagode 188
Paket 235
Palast 189
Palisade 191
Palme 65
Panik 253
Panikartige Flucht von Vieh, *siehe* Rind 37
Panorama 88
Panther 30
Pantoffel 157
Pantomime 169
Papagei 46
Papier oder Pergament 232
Pappel 65
Papst 281
   siehe auch Vatikan
Parabel 231
Paradies 278
   siehe auch Adam und Eva
Parfüm 98
Park 56
Passagier 222
Pastinak 137
Pastor 280
Patent 204
   siehe auch Erfinder
Patient
   Krankenhaus 113
   Psychiater 114
Patrone 263
Paulus 13
Pekannuß 143
Pelikan 45
Pelz 157
   Hermelin 157
   Nerz 32
Pension 206
Pergament *siehe* Papier oder Pergament 232
Perlen 161, 163
Personal (Haus) 205
Perücke 103
Pest 106
Petersilie 139
Petrarch 8
Pfad 222
Pfannkuchen 147
Pfarrer 280
Pfau 47
Pfeffer 139
Pfefferminze 139
Pfeife (Instrument) 166
Pfeife 276
   Lokomotive 225
Pfeil 264
Pfeil und Bogen 264
Pfennig 239
Pferde 33-35
   siehe auch Schmied
   Ausschlagen *siehe* Pferde 34
   Bergab reiten *siehe* Pferde 35
   Bergauf reiten *siehe* Pferde 35
   Beschlagen *siehe* Pferde 34, *siehe auch*
      Hufeisen 33
   Brauner *siehe* Pferde 34
   Dunkle Pferde *siehe* Pferde 34
   durch Furt reiten *siehe* Pferde 34
   Durchgehen *siehe* Pferde 34
   Fangen *siehe* Pferde 34
   Fohlen 35
   Gerte 33
   Halfter 33
   Hengst 34, *siehe auch* Pferde 35
   Hufeisen 33, *siehe auch* Pferde 35
   in Menschengestalt *siehe* Pferde 35
   Lahmen *siehe* Pferde 35
   Mähne *siehe* Pferde 34
   ohne Sattel reiten *siehe* Pferde 34, 35
   Pferdegeschirr 33
   Pferdehändler 33
   Pony 35
   Rappe *siehe* Pferde 34, 35
   Reiten 33, *siehe auch* Pferde 34
   Rennen 176
   Rennpferde *siehe* Pferde 34
   Sattel 33
   Schecken *siehe* Pferde 34
   Schwanz *siehe* Pferde 34
   Striegeln 33, *siehe auch* Pferde 34
   stur *siehe* Pferde 34
   Stute 34, *siehe auch* Pferde 35
   Tote Pferde *siehe* Pferde 34
   Verletzte Pferde *siehe* Pferde 34
   Weiße Pferde *siehe* Pferde 34, 35
   Zaumzeug 33
   Zuchtstute *siehe* Pferde 34
   Zugpferde *siehe* Pferde 35, *siehe auch*
      Güterwagen 223
Pferdegeschirr 33
Pferdegespann
   Güterwagen 223
   Pferde 35
Pferdewagen 223
Pfirsich 141
Pflanzen 56-67
Pflaume 140
Pflock *siehe* Vampir 273
Pflug 62
Pflügen *siehe* Pflug 62
Pfundkuchen *siehe* Kuchen 147
Pfütze 75
Phantom 275
Phosphor 73
Picknick 134
Pie 147
Pieper 237
Pik *siehe* Spielkarten 176
Pilatus 8
Pilger 280
Pille 116
Pilz 138
Pinzette 199
Pirat 87
Pirol 46
Pistole 263
   siehe auch Gewehr; Revolver
   Kämpfen mit *siehe* Kampf 260
Planet 84
   Observatorium 237
Plato 8, 9, 14
Plattenspieler 171
Plutarch 8
Pocken 110
Pokal 210
Poker (Spiel) 176

Polarbär 29
Polieren 218
    Marmor 71
Politik 219-220
Politiker 219
Polizei 247
Polka 168
Pony 35
Portier 221
Porträt 181
Porzellan 209
    siehe auch Tafelgeschirr; Tonwaren;
    Eßgeschirr; Teller
Porzellanladen 209
Postamt 235
Postkarte 236
Prärie 89
Präsent 240
    Barmherzigkeit 252
    Geburtstagsgeschenke 118
Präsident der USA 219
Prediger 282
Predigt siehe Geistlicher 280
Priester 280
    erschossen von einem Priester siehe Schuß
    263
Primel 59
Pritsche 197
Privatsphäre 270
Profiboxer 175
Profiboxkampf 175
Promenade 222
Prostituierte 126
    siehe auch Bordell; Hure
Prozeß siehe Recht und Prozeß 45
Prunk 238
    siehe auch Wohlstand; Palast; Reichtümer;
    Vermögen
Psyche 10-11, 16
Psychiater 114
Pudding 147
Puder 68
Puls 115
Pumpe 198
    Schacht 193
Punsch 152
Purpurrot
    Feines Gewand 154
Pusteln 111
Pyramide 188
Pythagoras 14

Q

Quacksalber 117
Quadrille 168
Quakender Frosch siehe Frosch 55
Quaker 281
Quarantäne 115
Quartett 167
Quecksilber 73
Quiekende Schweine siehe Schwein 37
Quiz 171
    Fernsehquiz 171

R

Rabe 44
    siehe auch Krähe
Rache 251, 261
Rachen 92
Räder 223
Radio 171
Rakete 228
Rasen 56
Rasenmähen siehe Gras, Rasen, Rasenmäher
    56
Rasenmäher 56
Raserei 266
Rasierapparat 104
Rasieren 104
Rassel 178
Rathaus 220
Ratschlag 252
Rätsel 171
Ratsmitglied 220
Rattan 214
Ratte 41
    siehe auch Rattenfalle
Rattenfalle 41
Raubkatzen 30
Rauch 80
Rauchen siehe Tabakpfeife; Tabak 152
Raupe 50
Rebhuhn 47
Rechnung 203
Recht und Prozeß 245
Rechtsanwalt 245
Redner 230
Regal 211
Regen 75
    Nachmittag 82
    Regenschauer 75
    Regenschirm 159
    Tür 213
Regenbogen 75
Regenschirm 159
Reh 31
Reichtümer 238
Reifen 178
Reihe von Kinderbetten siehe Kinderbett 207
Reis 147
Reise 221, 222
    Dunkelheit 82
    Zug 225
Reisen 88-89, 221-228
Reißnagel 200
Reiten 33
    Adler 44
    durch Muskatellerweinstöcke reiten siehe
    Traube 143
    Elefant 29
    Esel 38
    Karussell 173
    Löschfahrzeug 80
    Löwe 30
    Maultier 38
    Motorrad 224
    Pferde 34-35
    Reitschule 33
    Schlitten 223
    Ufer 192

Zeigenbock siehe Ziege 36
Reitschule 33
Reiz 256
Religion 277
    Auferstehung 277
    Fabel 231
    Gebäude 189
    Hingabe 252
    Jubiläum 173
    Klerus 280-281, 282
    Schwüre 219
Religion 277-282
Rennbahn 176
    siehe auch Gras; Rasen
Rennen (Laufen) 267
Rennen 175
    Wetten 176
    Rennbahn 176
    Rudern siehe Ruderboot 227
Rennpferde siehe Pferde 34
Renovieren (Haus) 218
Rente 240
Rentier 31
Reptil 53
Reptilien 53-55
Rettung 266
    Katastrophe 265
Rettich 137
Rettungsboot 227
Reue 252
Revolver 263
    siehe auch Gewehr; Pistole
Rhabarber 141
Rheinkiesel 163
Rheuma 107
Richter 245
Riese 87
Rind 37
    siehe auch Stier; Kuh; Vieh
    Kalb 37
    Melken 144
    Metzger 135
Rindfleisch 135
Ring 161
    Hochzeit 131
    zerbrochen siehe Zerbrechen 265
Ringelblume 59
Rippe 94
Rivale 125
Roggen 60
Roggenbrot 146
Rohrleitungen 212
Rolle 184
Rollschuhlaufen siehe Schlittschuh- und
    Rollschuhlaufen 174
Rolltreppe 192
Röntgengerät 115
Rose 58
    Badezimmer 206
    Damaszenerrose 58
    Rosenstrauch 58
Rosenstrauch 58
Rosette 175
Rosine 143
Rosmarin 139
Rost 255
    Beil 199
    Draht 200
    Eisen 72

Hohlspatel 57
Messer 200
Säge 197
Stecknadel 184
Zähne 93
Röstkaffee *siehe* Kaffee 153
Rot
    Feines Gewand 54
    Freund 124
    Gesicht 101
Rote Bete 137
Rotwein 152
Rotweinglas 152
Rouge 101
Rüben 137
Rubin 162
Rücken 96
    Beschwerden 107
Rucksack 159
Rücksichtslosigkeit 251
Rücktritt 220
Ruder 227
Ruderboot 227
Rufen (gerufen werden) 276
Ruhm 259
Ruinen 255
Rum 152
Ruß 70
Rüsselkäfer 48
Rutschen 267

S

Saatkrähen 44
Säen 62
    Grüner Salat 138
Safran 139
Säge 197
Sägespäne 197
Sahne 145
    siehe auch Eiscreme
Saiteninstrumente 165
Salat 138
Salbe 116
Salbei 139
Salpeter 73
Salz 139
Samen 62
    Hanf 61
    Rüben 137
    Säen 62
    Senf 139
Sammelalbum 181
Samt 187
    Hüfthalter 156
Sand 68
Saphir 163
Sardinen 136
Sardonyx 163
Sarg 121
    mit weißen Blumen *siehe* Blumen 57
Sargträger 121
Satan 279
Sattel 33
Sau mit Ferkeln *siehe* Schwein 37
Saugen 119

Säugling 119
Säure 73
Saure Milch *siehe* Milch 144
Saurer Geschmack 148
Schach 177
Schacht 193
    Sohn 128
Schädel 91
Schädling 255
Schaf 36
    siehe auch Lamm; Widder; Vieh
Schäfer 36
Schafott 249
Schal 158
Schaltiere 52, 136
Schalter 212
Scham 255
Schampoo 103
Schärfen
    Messer 200
    Schere 184
Scharlach 110
Schärpe 158
Schatz 124
    Küssen 125
    Verlassen 258
Schätze 238
Schauer (Regen) 75
Schaufel 199
Schaukelstuhl 214
Schauspieler(in) 169
Scheck 242
Schecken *siehe* Pferde 34
Scheide 264
Scheiden 258
Scheidung 132
Schere 184
Scheren
    Lamm 36
    Schaf 36
Scherenschleifer 200
Scheune 63
Schicksal 273
Schiedsmann 245
Schielen 99
Schießen 263
    siehe auch Schuß
    Ente 45
    Fasan 47
    Habicht 44
    Hase 31
    Haustaube 47
    Truthahn 39
    Vogel 43
    Wachtel 47
    Wild 174
Schiff 226
    Verlassen 258
    Walfisch 52
Schiff 226-227
Schiffscrew 226
Schiffswrack
    Mast 227
    Schiff 226
Schildkröte 55
Schimpfwort 230
Schinken 136
    siehe auch Speck; Schweinefleisch
Schlacht 261

Schlachthof 135
Schlaf 274
    Bett 207
    Dach 190
    Dachkammer 206
    Hütte 188
    Zug 225
Schlafwandler 274
Schlafzimmer 207
Schlag 260
Schlagen 260
Schläger 175
Schlaginstrumente 166
Schlamm 90
    siehe auch Moor; Marschland; Schlick;
    Morast; Sumpf
    Kriechen im Schlamm *siehe* Kriechen 267
    Schwein 37
Schlammwasser
    Fluß 79
    See 79
    Teich 78
    Wasser 78
    Waten 268
Schlange 53
    siehe auch Schlange
    Adam und Eva 278
    Bronze 71
    Gras 56
    Schoß 125
Schlange hypnotisieren *siehe* Schlange 54
Schlange, gesprenkelt 54
Schlangen 53-54
    Katze 40
    Klee 60
    leuchtend 275
    tötet Kätzchen *siehe* Kätzchen 40
    von Hund getötet *siehe* Hund 41
Schlechte Manieren 254
Schlechtes Verhalten 254
Schleier 158
Schleifstein 200
Schlick 90
    siehe auch Moor; Marschland; Schlamm;
    Morast; Sumpf
Schlitten 223
Schlittschuh- und Rollschuhlaufen 174
Schloß (Gebäude) 189
Schloß 213
    Koffer 221
    Tresor 242
Schlüssel 213
Schlüsselblume 59
Schlüsselloch 213
Schmalz 136
Schmelzofen 196
Schmerz 107
    siehe auch Beschwerden; Verletzung
    Füße 96
    Herz 94
Schmerzender Daumen *siehe* Daumen 97
Schmetterling 50
Schmied 196
Schmiere 218
Schmuck 162
    zerbrochen *siehe* Schmuck 162
Schmutz 255
Schnalle 158
Schnatternde Gänse *siehe* Gans 39

Schnauzen *28*
Schnecke *55*
Schnee *77*
   Schlitten *223*
Schneebälle *siehe* Schnee *77*
Schneider *155*
Schneiderin *183*
Schnitt *112*
   Arzt *114*
   Rasierer *siehe* Rasierapparat *104*
Schnittholz *67*
   Sägen *siehe* Schnittholz *67*
Schnupftabak *152*
Schnur *185*
Schnurrbart *104*
Schokolade *149*
Schönheit *100*
Schopenhauer *15*
Schornstein *190*
Schoß *125*
Schoßhündchen *42*
   Hund *41*
Schoßtiere
   Hase *31*
   Hund *41*
Schramme *112*
   Eidechse *55*
   Hand *97*
   Katze *40*
Schrank *211*
Schraube *200*
Schreibbrett *270*
Schreiben *232*
   siehe auch Kupferstich; Handschrift;
   Hieroglyphen
   Schreibmaschine *201*
Schreien *28*
   Esel *28, 38*
Schuhe *160*
Schuhmacher *160*
Schulden *243*
Schule *100, 180*
   siehe auch Oberschule *179*
   Jugend *100*
   Reitschule *33*
Schulhaus *siehe* Schule *180*
Schultafel *180*
Schulter *94*
Schürhaken (Werkzeug) *212*
Schürze *157*
Schuß *263*
   während des Fliegens *siehe* Fliegen *268*
Schüttelfrost *107*
Schutzbrille *158*
Schwäche *107*
Schwalbe *46*
Schwämme *218*
Schwan *45*
Schwangerschaft *118*
Schwanz *28*
   Pferde *34*
Schwarz
   Federn *43*
   Feines Gewand *154*
   Flügel *268*
   Haube *160*
   Leiche *121*
   Pfeffer *139*
   Pferde *34-35*

Schwäne *45*
Schweben *268*
   am Himmel *siehe* Fliegen *268*
Schwefel *73, 116*
Schwefelsäure *siehe* Vitriol
Schwein *37*
   siehe auch Mastschwein; Vieh
   Buttermilch *145*
   Obstgarten *140*
Schweinefleisch *136*
   siehe auch Speck; Schinken
Schweizer Käse *145*
Schwellung *108*
Schwert *264*
Schwester küssen *siehe* Küssen *125*
Schwiegermutter *128*
Schwiegertochter *128*
Schwiegervater *128*
Schwierigkeit *258*
Schwimmen *174*
   Gans *39*
   Hund *41*
   Nacktheit *91*
   Pferd *34*
   Säugling *119*
Schwindel *108*
Schwindsucht (Tuberkulose) *109*
Schwips *150*
Schwur *219*
Seehafen *228*
Seehund *29*
Seele *10, 11, 14, 25, 105*
Seerose *59*
Segeln *79, 226*
Segelschiff *262*
Sehnsucht *256*
Sehvermögen *99*
Seide *187*
   Kissen *215*
   Taschentuch *158*
Seidenraupe *187*
Seife *104*
Seil *185*
Seite *229*
Selbstmord *257*
Sellerie *138*
Senf *139*
Sense *62*
September *83*
Serenade *167*
Serviette *214*
Seufzen *257*
Sex *126*
   Weihrauch *129*
Shakespeare *8, 169*
Shanty *168*
Sheriff *247*
Sibyllen *270*
Sich einsetzen *245*
Sieb *209*
Sieg *261*
Sieger *175*
Signale *230*
Silber *71*
   Münzen *242*
   Pokal *210*
Single *132*
Singvögel *46*
Sitzplatz *214*

Skandal *231*
Skelett *91*
Skorpion *50*
Smaragd *163*
Sohn *128*
Soldat *262*
   Lager *191*
Sommersprossen *101*
Somnambulist *siehe* Schlafwandler *274*
Sonne *84*
Sonnenschirm *159*
Sorgen *253*
Soße *135*
Sozialismus *219*
Spargel *138*
Spaten *57*
Spatz *46*
Spaziergang *267*
   Abend *82*
   Pfad *222*
Spazierstock *267*
Speck *136*
   siehe auch Schinken; Schweinefleisch
Speer *175*
Spiegel *101*
   Glas *69*
Spiegelung
   Spiegel *69*
   Wasser *79*
Spielautomat *176*
Spiele *174-177*
   Spielkarten *176*
Spielkarten *176*
Spielzeug *178*
Spindel *186*
Spinne *49*
   Spinnennetz *49*
   Taranteln *49*
Spinnen *186*
   siehe auch Flachs spinnen
Spinnennetz *49*
Spion *271*
Spionieren mit Fernglas *siehe* Fernglas *237*
Spitzhacke *199*
Spitzmaus *32*
Splitter *112*
Sporen *264*
Sport *174-175*
Spottdrossel *46*
Sprache
   Fremdsprachen *231*
   Laterne *217*
   Verunglimpfende Sprache *230, 250, 254*
Sprechen *99, 230*
   Geist *275*
   Gespenst *275*
   mit dem Präsidenten der USA *219*
   Papst *281*
Spreu *63*
Springen *267*
   Fallschirm *228*
   Grube *193*
   Seil *185*
   Wand *90*
Spritze *115*
Spucken *254*
Spucknapf *211*
Spukgebäude *siehe* Villa *189*
Spule (Garnspule) *184*

Spülmaschine 209
Stachelbeere 141
Stachelschwein 31
Stadt 220
    Himmlische Stadt siehe Himmel 278
Stadtrat 220
Stall 33
Stammbaum 127
Stand 202
Standartenträger 262
Statue 182
    Alabaster 71
    Bronze 71
    Kobold 273
Staub 255
Staubsauger 215
Staufläche 211
Stecknadel 184
Stehlen 246
    Bediensteter 195
    Geld 239
Steife Brise 76
Steigen 268
    Himmel 278
Steilhang 193
    siehe auch Abgrund; Fallgrube
Steinbruch 68
    Marmor 71
Steine 68
Steinmetz 195
    Geheimbund 271
Steinmetz 68, 195
Stelzen 178
Stempel siehe Briefmarken 235
Steppdecke 207
    siehe auch Bettdecke
Sterben 120
    siehe auch Leiche; Tote; Tod
Sterne 84
    Abend 82
    Observatorium 237
    Wolken 74
Sternschnuppe siehe Sterne 84
Stethoskop 115
Steuern 241
Steuerruder 227
Stiche 112
    Bienen 48
    Hornissen 48
    Nesseln 67
    Wespen 48
Stickerei 183
Stiefel 160
Stiefschwester 129
Stier 37
Stilett 264
Stillen (Babys) 119
    siehe auch Saugen; Amme
Stimme 276
    Bauchredner 170
    Gott 277
    Menschliche Stimme 167
    Panther 30
    Pfau 47
    Tauben 47
    von Toten 10
Stimme (Wahl) 219
Stirn 92
    Geschwür 111

Stöhnen 276
Stolpern 265
    Rennen 267
Stoppelfelder siehe Felder 60
Stottern 99
Strafanstalt 249
    siehe auch Hinter Gittern; Gefängnis
Straferlaß 248
Straftäter 246
Straße 222
    Menschenmenge 85
Straßenbahn 224
Strauß
    Blumen 57
    Chrysantheme 59
    Damaszenerrose 58
Strauß (Tier) 47
    Feder 43
Streichhölzer 67
    Spaziergang 267
Streit 230, 260
Stricken 183
Strickmühle siehe Stricken 183
Stroh 63
Strohdach 190
Strom 212
Stromausfall 212
Stromschnellen 78
Strudel 81
Strumpf 156
Strumpfband 156
Strychnin siehe Gift 247
Stück 169
Stufe 192
Stuhl 214
Stuhlmacher 197
Stukkateur siehe Wandputz 218
Stummheit 99
Sturm 76
    siehe auch Steife Brise; Orkan; Gewitter
    Boot 226
    Deck 227
    Leuchtturm 228
    Obstgarten 140
    Picknick 134
    Regen 75
    Schiff 226
    Schnee 77
Sturmglocke 275
Stute 35
    Zuchtstute siehe Pferde 34
Subjektive Träume 15, 16, 17, 24
Sumpf 90
    siehe auch Moor; Marschland; Schlamm;
    Schlick; Morast
Sünden 250
Suppe 135
    Austernsuppe 135
    Buttermilchsuppe 145
    Schildkrötensuppe 55
Süßer Geschmack 148
Süßigkeiten 149
Symbole 229
Symphonie 167
Synagoge 189
Synesios 9

T

Tabak 152
Tabakpfeife 152
Tablett 211
Tafelgeschirr 209
    siehe auch Tonwaren; Eßgeschirr; Teller
Tag 82
Tagebuch 83
Tagesanbruch 82
Taille 94
Teint 101
Tal 89
Talisman 269
Tamburin 166
Tante 129
Tanz 168
Tanzball 172
Tanzen 168, 172
    Palast 189
Tanzlehrer 168
Tanzparty 168
Taranteln 49
Tartini 9
Tasche 159
    Gobelinstickerei 183
    Reise 221
    Rucksack 159
Taschendieb 246
Taschenspielertricks siehe Hypnotiseur 170
Taschentuch 158
Tassen siehe Teetasse 211
Tasteninstrumente 164
Tätowierer 91
Tätowierung 91
Tau 74
Tauchen 174
Taufe 282
Tauwetter 77
Taxi 224
    Fahren 223
Techniker 198
Tee 153
    Kessel siehe Teekessel 211
    Safran 139
    Tassen siehe Teetasse 211
Teekessel 211
Teer 72
Teetasse 211
Teich 78
    Fischteich 51
Telefon 237
    siehe auch Mobiltelefon
Telegramm 237
Telegraphenamt siehe Telegramm 237
Teleskop 237
Teller 209
    siehe auch Tonwaren; Tafelgeschirr;
    Eßgeschirr
Teppich 215
Terpentin 72
Testament 240
Tetanus siehe Kiefersperre
Teufel 279
    siehe auch Satan
Text 233
Textilien 183, 187

Theater *169*
Thermoskanne *210*
Thron *86*
Tiere *28-55*
    Ärger *254*
    Bett *207*
    Gehirn *92*
    Geräusch *28*
    Herz *94*
    in Menschengestalt *siehe* Pferde *35*
    Käfig *28*
    Leiche *121*
    Lichter *275*
    Liebe *124*
    Nachkommen *128*
    Schnauzen *28*
    Spiegel *101*
    Sterben *120*
    Tollwut *110*
    Verstecken *28*
    Zecken *49*
Tiere des Waldes *32*
Tierkreiszeichen *269*
Tierpark *28*
Tiger *30*
Tinte *232*
Tintenfaß *232*
Tisch *201, 214*
Tischdecke *siehe* Tisch *214*
Toaster *208*
Tochter *128*
    Essen *133*
Tod *120*
    siehe auch Leiche; Tote; Sterben; Töten
Todesanzeige *123*
Todesstrafe *249*
Tollwut *110*
    Hengst *35*
Tollwutstein *117*
Tomaten *141*
Tonwaren *209*
    Geschäftspartner *204*
Topas *163*
Topf *210*
Töpfer *182*
Töpferacker *182*
Tor *191*
Tornado *81*
Tote *120*
    Eltern *128*
    Kinder *128*
    Onkel *129*
    Rufen *276*
    Stimme *20*
Töten *247*
    siehe auch Attentäter; Mord; Totschlag; Mörder
    Monster *273*
Totenglocke *121*
Totenwache *123*
Totgeburt *118*
Totschlag *247*
Tourist *222*
Tragen
    Katze *40*
    Lamm *36*
    Wassermann *78*
Tragödie *169*
Tranchieren *135*

Tränen *257*
Tränengas *246*
Transpiration *91*
Transport und Verkehr *221-228*
Traube *143*
Trauer *123*
    Hochzeit *131*
    Schleier *158*
Trauer *123*
Traumdeutung *22*
Träume
    Traumsymbole *18, 22, 24*
    Vorbereitung *19*
Traurigkeit *257*
Trauung *131*
Treibsand *90*
Tremor *108*
Treppe *192*
Tresor *242*
    Hauptbuch *203*
Treuhandgesellschaft *240*
Tricks *170*
Trinken und Getränke *150-153*
    aus einer Vase *siehe* Vase *210*
Trinkgläser *210*
    Weinglas *151*
Troddel *159*
Trommel *166*
Trompete *165*
Trophäe *175*
Tropische Früchte *142*
Trumpf *siehe* Spielkarten *176*
Trunkenheit *150*
    siehe auch Vergiftung
Truthahn *39*
Tugend *252*
Tulpenpappel *siehe* Pappel *65*
Tümmler *52*
Tünche *218*
Tunnel *193*
Tür *213*
Türkis *163*
Türkisches Bad *105*
Türklingel *213*
Türklinke *213*
Türklopfer *213*
Turm *192*
Turner *175*
Türspion *237*
Typhus *110*

U

U-Bahn *225*
    Unter dem Erdboden *193*
U-Boot *262*
Überbackene Käseschnitte *145*
Übergewicht *100*
Überraschungsschrei *siehe* Schrei *276*
Überschwemmung *81*
Übersinnliche Träume *15, 16-17, 24*
Übersinnliche Welt *10, 12, 14*
Übertragungsurkunde von Eigentum *239*
Überzieher *157*
Ufer *192*
Umarmen *125*

Umgang *158*
Umschlag *236*
Umschlingen *125*
Umzug *173*
Unabhängigkeit *252*
Unbekannte, Das *10-11*
Undeutlichkeit *275*
Unfall *265*
Ungeziefer *49*
Unglück *269*
Uniform *157*
    Helm *160*
    Knopf *184*
Universität *179*
Unsterblichkeit der Seele *siehe* Seele *105*
Untätigkeit *251*
    Getreidemäher *63*
    Schäfer *36*
Unter dem Erdboden *193*
    U-Bahn *225*
Untergeschoß *206*
Unterhaltung *164-173*
Unterkunft *188*
Unterleib *95*
Untermieter *206*
Unterrock *156*
Untersuchung *122*
Unterwäsche *156*
Untreue *125*
    Ehemann *132*
Urin *95*
    Bettnässen *207*
Urinal *95*
Urlaub *173*
Urne *210*
Usurpator *86*

V

Vampir *273*
    siehe auch Fledermäuse
Vase *210*
Vater *128*
Vaterunser *282*
Vatikan *281*
    siehe auch Papst
Veilchen *59*
Verabschieden *258*
    Balkon *191*
Verachtung *253*
Veranda *191*
Verärgerung *250*
Verbannung *249*
Verbrechen und Bestrafung *245-249*
Verbrecher *87*
Verbrecherkartei *87*
Verbrühung *112*
Verdrießlichkeit *257*
Verehren
    Götze *279*
    Gott *277*
Verehrung *259*
Vereinigte Staaten von Amerika
    Amerikanischer Briefkasten *235*
    Präsident der USA *219*
Verführer *126*

Vergewaltigung 246
Vergiftung 150
Vergnügung 256
Vergnügungspark 173
Vergrößerungsglas 101
Verhaftung 262, 247, 249
    Festung 261
    Gerichtsvollzieher 243
Verhärmtes Gesicht 107
    Freund 124
    Geist 275
    Gesicht 101
Verherrlichung 259
Verhör 248
Verhungern 133
Verkauf 202
    Butter 145
    Eisen 72
    Früchte 140
Verklärung 279
Verkleidung 172
Verlassen 258
Verleger 234
Verleihen 241
Verletzung 106, 260
Verleumdung 231
    Feind 260
Verlieren
    siehe auch Fehlschlag
    beim Kartenspiel siehe Spielkarten 176
    Glücksspiel 176
    Orientierung siehe Weg 222
    Spiele 177
Verlies 249
Verlobung 130
    mit Schauspieler(in) 169
Wahrsager siehe Wahrsager 269
Verlosung 176
Verlust 123
Vermögen 238
    Satan 279
    Unabhängigkeit 252
Verpflichtung 244
Verreisen 221
Verrräter 251
Versammlung 220
Verschwörung 271
Versicherungsvertreter 240
Verspätung 83
Verstecken
    siehe auch Häute
    Känguruh 29
    Tier 28
Versteckte Gegenstände siehe Verstecken 270
Versuchung 250
Vertrauensstörung 109
Verwandlung 275
Verzauberung 272
Verzückung 256
Verzweiflung 257
Vieh
    Heu 63
    Läuse 49
    Regen 75
    Rennen 267
    Roggen 60
    springt über einen Zaun 191
    Stroh 63
    Unfall 265

Zecken 49
Villa 189
Violine 165
    siehe auch Fidel
Viper 53
Vision 274
Vitriol (Schwefelsäure) 73
Vlies siehe Lamm 36
Vogel 43–47
    Aas 45
    Diebischer Vogel 45
    Eier 43
    Feder 43
    Flügel 28
    Greifvögel 44
    Käfig 28
    Mauser 43
    Nest 43
    Singvögel 46
    Wasservögel 45
    Wild 47
Volksfest 173
Von unsichtbaren Händen gewürgt werden 266
Vordach 191
Vorhang 215
Vormund 129
Vorsitzender 220
Vulkan 81

W

Waage 202
Wache 262
Wacholder 65
Wachskerze 216
Wachstuch 187
Wachzustand 274
Wachtel 47
Waffel 147
Waffen 263–264
Wagen 224
    Reise 221
    Tunnel 193
Waggon siehe Güterwagen 223
Wahl 219
    Sheriff 247
Wahlen 219–220
Wahnsinn 105
Wahrsagen 269
    Zigeuner 87
Waise 129
Wald 64
Walfisch 52
Walnuß 143
Walzer 168
Wandern 267
Wandputz 218
Wandteppich 183
Wanne 105
Wanst 95
Wanzen 207
Wanzen 49
    Maikäfer 48
Wappen 259
Warnsignale 266

Warzen 111
Waschautomat 218
Waschbär 31
Waschbrett 218
Waschen 104–105
    Füße 96
    Hand 97
    Kopf 92
Wäscherei 218
Wäscherin 218
    siehe auch Waschautomat; Wäscherei
Waschschüssel 105
Wasser 78
    siehe auch Boote; Fische und Angeln; Ozean; Fluß; Waschen
    auf Schienen siehe Eisenbahn 225
    Dürre 81
    Eis 77
    Ertrinken 268
    Fliegen über Wasser siehe Fliegen 268
    Flut 81
    in einem Loch siehe Ausgraben 193
    Indigo 186
    Kessel 211
    Minerale 153
    Mühlwehr 196
    Schacht 193
    Schweben 268
    Trinken 150
    Verbrühung 112
    Waten 268
Wasserfall 78
Wassergeist 273
Wassermann 78
Wassersport 174
Wassertank 212
Wasservögel 45
Waten 268
Weben 186
Webstuhl 186
Wechsel 204
Wecker 83
Weg 222
Weide 65
Weihnachtsbaum 67
Weihnachtsscheit 67
Weihrauch 98
Wein 151–152
    Kanne 210
    Keller 206
    Teetasse 211
    Trunkenheit 150
Wein 61
    Weinumranktes Schloss siehe Schloß 189
    Weinumrankter Schornstein siehe Schornstein 190
    Labyrinth 270
Weinberg 61
Weinen 257, 276
    Baby 119
    in der Hölle siehe Hölle 279
    Weinende Stimme siehe Stimme 276
Weinglas 151
Weinkeller 151
Weisheit 179
Weiß
    Blumen 57
    Chrysantemen 59
    Ente 45

Esel 38
Feines Gewand 154
Fledermäuse 32
Flügel 268
Hund 41
Kaninchen 31
Kätzchen 40
Katze 40
Korallen 70
Maultier 38
Nachtfalter 50
Pferde 34-35
Rose 58
Schnee 77
Schwan 45
Stier 37
Strumpf 156
Taschentuch 158
Taube 47
Weiße Rosen im Badezimmer *siehe* Badezimmer 206
Weite Räume 89
Weizen 61
Wellen 79
Welpen 42
Weltraum 84, 228
    Außerirdische 228
    Fliegen 268
Werbung 125
Werkstatt 194
Werkzeug 199
Werkzeuge 199-200
    Garten 57
    Küche 209
    Zimmermann 197
Wermut (Absinth) 152
Wespen 48
Westwind 75
Wetten 176
Wetten eingehen 176
Wetter 74
Wetteramt *siehe* Wetter 74
Wetterhexe *siehe* Wetter 74
Wetzstein 200
Whisky 152
Widder 36
Widerbelebung 115
Widersacher 260
Wiege 119
Wiesel 32
Wild (Jagen) 174
    Falle 266
    Vogel 47
Wildbach 78
Wilde Tiere 29-32
    Eingeweide 95
    Käfig 28
    Rachen 92
    Weinen 276
Wildente *siehe* Ente 45
Wind 75
    siehe auch Steife Brise; Orkan; Wirbelwind; Westwind
    bläst Hut davon *siehe* Hut 160
Windhund 42
Windmühle 196
Windstille 75
    Anker, Kanu, Deck 227
    Ozean 79

Winkelhaken 234
Winter 82
    Obstgarten 140
Wirbelwind 81
Witwe 132
Wohlleben 133
Wohlstand 238
Wohlwollen 259
Wohnung 205
    siehe auch Heim; Haus
Wohnwagen 224
Wolf 31
    reißt Lamm *siehe* Lamm 36
Wolken 74
    Blitz 76
    Nachmittag 82
    Sonne scheint durch Wolken *siehe* Sonne 84
Wolle 183
Wörterbuch 180
Wortlosigkeit 99
Wrack 266
    Eisenbahn 265
    Mast 227
    Schiff 226
Wucherer 241
Würmer 53
Wunde 112
    Blut 94
    Soldat 262
Wunde Stellen 111
Wunderdrogen 117
Wünschelrute 270
Wurfring 178
Wurmbefall 109
Würstchen 136
Wurzel 64
Wurzelgemüse 137
Wüste 89
    Kamel 39
Wut 250
    Beschwichtigen 261
    Schlagen 260
Wut 250, 253
Wütender Mann 266

X

Xylophon 166

Y

Yankee 219

Z

Zählen 180
    Geld 239
    Perlen 161

Zahlen 229
Zahnarzt 93 *siehe auch* Zähne
Zähne 93
    siehe auch Zahnarzt; Zahnlosigkeit
Zähneputzen *siehe* Zähne 93
Zahnlosigkeit 93
    siehe auch Zähne
Zahnstocher 93
Zange 199
Zauberer 170, 272
Zaubertrick 170
    siehe auch Zauberer
Zaumzeug 33
Zaun 191
    Draht 200
    Eiszapfen 77
    Hufeisen 33
Zebra 29
Zeche oder Kohlenmine 195
Zecken 49
Zedern 65
Zeichen 229
Zeit 82-83
Zeitung 234
Zeitungsreporter 234
Zelt 191
Zenith 84
Zepter 86
Zeuge 248
Zicklein 36
Ziege 36
Ziegenbock *siehe* Ziege 36
Zielscheibe 175
Zigeuner 87
Zimmer 206
Zimmermädchen 205
Zimmermann 197
Zink 72
Zinn 71
Zischen 276
    Schlangen 54
Zisterne 212
Zitrone 142
Zitrusfrüchte 142
Zollamt 204
Zuchtstute *siehe* Pferde 34
Zucker 148
Zuckerrohr 61
Zuckerwatte 149
Zuckerzange 148
Zug 225
    Eisenbahn 225
    Tunnel 193
    U-Bahn 225
    Unter dem Erdboden 193
Zukunft 269
    Wahrsagen 269
Zündholz 212
Zunge 92
    Pfeffer 139
Zusammenstoß 265
Zweig 64
Zwerg 87
Zwiebel 137
Zwillinge 119

DANKSAGUNG

ARCHIVE FÜR KUNST UND GESCHICHTE, LONDON: 35

CAMERON COLLECTION: 36, 57, 58, 80, 134, 231, 235, 273

THE BRIDGEMAN ART LIBRARY:
2 (Trevor Neal), 19, 26-7 (Rijksmuseum Kroller-Muller), 21 (Christie's, London),
24 (Russell-Cotes Museum and Art Gallery, Bournemouth), 25, 83 (Lauros-Giraudon), 33 (Staatsgalerie, Stuttgart),
40L (Kunstsammlung, Basel), 53, 56 (Pushkin Museum), 64 (Guildhall Art Gallery), 66, 67 (Farringdon Coll. Buscot),
69, 73 (Derby Museum and Art Gallery; Joseph Wright of Derby: *The Alchemist*), 86, 98, 99 (Rijksmuseum Kroller-Muller),
100, 101 (Hirschprungske Samlung, Copenhagen), 107B (Chelmsford Musuem), 111 (Musée Unterlinden, Colmar),
112 (Prado, Madrid), 113T, 114/15 (Giraudon), 117L (Russell-Cotes Museum and Art Gallery, Bournemouth),
118B (Wolverhampton Art Gallery), 119, 120, 122, 124/5 (Magyar Nemzeti Gallery, Budapest),
129, 130/1, 161, 170, 196, 197 (Musée d'Orsay), 206, 234 (Marseille), 241, 243, 246 (The De Morgan Foundation),
248 (The K and B New Foto, Florence), 249, 252, 274 (Musée Unterlinden, Colmar), 282

E.T. ARCHIVE: 54, 78/9, 108, 131T, 177, 203, 233, 268, 280

FINE ART PHOTOGRAPHIC LIBRARY
8/9, 11, 18, 23, 61, 71, 74, 76, 92, 94, 109, 110, 126, 127, 143, 144/5, 148, 149, 150, 151, 153, 155, 163, 166, 167, 178,
180, 181, 184/5, 186, 195, 200, 202, 205, 207, 211, 217, 223, 236, 240, 258, 262/3

THE IMAGE BANK 88, 229

REX FEATURES: 30, 55, 95, 103, 107T, 113, 117TR, 157, 165, 166, 168, 171, 173, 174, 182, 187, 194,
212, 219, 224, 225, 228, 230, 255, 261, 263

JEREMY THOMAS 136B, 137, 143B, 143CR, 145B, 154, 156B, 160TL

GUY RYECART 48BR, 50T, 61T, 70TR, 71R, 94B, 100BL, 102BR, 115B, 116B, 118TL, 133TR, 139,
146TL, 147BR, 149TL, 161CL, TR, 180BL, 184, 197, 201, 204T, 215

ILLUSTRATIONEN

Glyn Bridgewater 173TR, 204BL, 208T, 210TL, 221B
Amanda Cameron 91TL, 174TL, 229TL, 259TL, 274TL
Jane Couldrey 68TL, 124TL, 194TL, 250TL, 260TL
Lorraine Harrison 56TL, 118TL, 188TL, 245TL, 265TL
Ivan Hissey 42T, 60BL, 63T, 85TL, 89TL, 102TL, 104B, 106BR, 154TL,
162BL 171TL, 198C, 201R, 220BL, 233BR, 242CR, 253TL, 256TR, 257BL, 267TL, 271BL
Katty McMurray 28TL, 106TL, 178TL, 238TL, 277TL
Tony Simpson 74TL, 126TL, 202TL, 254TL, 269TL
Jane Tattersfield 84TL, 164TL, 221TL, 256TL, 272TL
Vikki Yeates 82TL, 133TL, 218TL, 255TL, 270TL